인간,
사회적
동물

사회심리학에 관한 모든 것

인간,
사회적
동물

엘리어트 애런슨·조슈아 애런슨 지음
박재호·박지원·박낭규 옮김

탐구당

이 책에 담긴 이야기

1970년, 내가 텍사스 대학의 비교적 젊은 교수였을 때 거절 할 수 없는 매력적인 제안을 받았다. 아름다운 장소에서 일 년 동안 보내면서 아무것도 하지 않고 연구비도 전부 받을 수 있는 기회가 온 것이다. 누가 봐도 괜찮은 제안 아닌가!

그 위치는 내가 제일 좋아하는 도시인 샌프란시스코에서 조금만 운전하면 갈 수 있는 스탠포드 대학의 가장자리에 있는 전원풍의 언덕꼭대기였다. 이 멋진 언덕에 있는 연구소는 행동 과학 심화 연구 센터라는 이름을 가진 사고의 보고였다. 일 년치의 봉급과 함께, 심화 연구 센터의 훌륭한 직원들은 나에게 내가 선택하지도 않은 사무실과 필요할 수 있는 모든 의전, 대형 도서관 출입권, 무료 식사권, 그리고 수많은 석학들과 수다를 떨 수 있는 기회까지 챙겨주었다. 이는 내가 샌프란시스코의 극장가에 놀러가거나 시에라 고원에 스키를 타러 가는 것을 선호할 것에 대한 대비책이었을 수도 있다. 어찌됐든, 나에게는 이보다 더 좋은 환경이 있을 수 없었다.

그래서 모든 것을 내 마음대로 할 수 있는 일 년을 가지고 내가 무엇을 했을까? 나는 언덕 위의 사무실에서 바리케이드를 치고, 이 책을 쓰는 것에 전념하였다. 도대체 왜? 하나의 이유를 꼽자면, 600명의 학생들이 들었던 내 사회 심리학 입문 수업에서 사회 심리학은 어린 과학이라고 말하였다. 그리고 나는 이를 회고하며 미안한 마음에 움츠러들었다.

설명을 해보겠다. 우리 사회 심리학자들은 사회 심리학이 어린 과학이라고 말하는 데 익숙하다. 그리고 생물학, 천문학과 같은 대부분의 과학에 비해 사회 심리학이 어린 것은 사실이기도 하다. 물론 적어도 아리스토텔레스 시절부터 예리한 관찰자들이 사회적 현상에 대한 흥미로운 명제와 발전적이고 기발한 가설을 고안해온 것은 사실이다. 그러나 이 가설들이 철저하게 검증되기 시작한 것은 20세기부터였다. 최초의 체계적인 사회 심리학 실험은 1898년 노만 트리플렛Norman Triplett에 의해 수행되었다. (그는 수행 능력에서 경쟁의 효과를 측정하였다.) 그러나 사실상 실험 기반의 사회 심리학이 출발한 것은 20세기 중반 커트 르윈Kurt Lewin과 그의 유능한 제자들의 주도하에서였다.

그러나 조금 더 깊이 생각해보면, 내가 사회 심리학이 어린 과학이라고 말한 것은 일종의 책임 회피였다. 이는 학생들에게 우리한테 너무 많은 것을 기대하지 말라고 부탁하는 것과도 같았다. 구체적으로 말하면, 이는 우리의 발견을 우리가 사는 세상의 문제에 적용해야 하는 책임을 피한 것이었으며 그에 내재된 위험에서 도망친 것이었다. 이러한 점에서, 사회 심리학이 어린 과학이라고 말한 것은 학생들의 생활에 중요하고, 유용하고, 밀접한 관련이 있는 논제들을 다룰 준비가 안 되어 있을 수도 있다는 것을 자백하는 것이나 다름없었다.

그러나 한동안 이 발언을 곱씹어본 후에, 나는 이것이 겁쟁이 같은 발언을 넘어서 오해를 유발하는 발언이기도 하다는 것을 깨달았다. 실제로 나는 사회 심리학이 우리의 삶과 관련이 없다고 생각하지 않았다.

1970년에도 그랬고, 당연히 지금도 그렇다. 그래서 나만의 시간을 가질 끝내주는 기회를 받았을 때, 나는 오해를 바로잡는 데 이 시간을 쓰고자 결심하였다. 이 책의 목적은 출판 시점에나 지금 시점에나 사회 심리학적 연구가 현시대의 가장 심각한 문제들을 이해하고 나아가 이를 해결하고자 하는 것을 도울 수 있음을 설명하는 것이다.

이 책에서 논의된 대부분의 데이터는 실험에 기반하지만, 대부분의 설명과 예시는 편견, 선전, 전쟁, 소외, 공격성, 불안, 정치적 격변과 같은 현재의 사회 문제에서 나온다. 이 같은 양면성은 나의 두 가지 소신을 반영한다. 그리고 나는 이 소신을 매우 중요시한다. 첫 번째 소신은 실험 방법이 복잡한 현상을 이해하는 최선의 방법이라는 것이다. 이 세상을 진정으로 알기 위해서는 이 세상을 재구성해야 한다는 말은 과학의 참모습을 보여주는 문장이라고 할 수 있다. 즉, 무엇이 무엇을 야기하는지를 진실로 이해하기 위해서, 우리는 단순히 관찰하는 것 이상을 해야 한다. 우리는 첫 번째 "미지수"를 만들어서 이 미지수가 두 번째 "미지수"의 실근이 되는지를 확실히 알아내야 한다. 두 번째 소신은 실험에서 밝혀진 인과 관계를 확실히 하기 위해서는 이를 실험실에서 꺼내어 현실로 데리고 나와야 한다는 것이다. 따라서 과학자로서 나는 실험실에서 일하지만, 사회인으로서 세상을 보는 창문을 가지기를 원한다. 물론, 이 창이란 안과 밖을 모두 비춘다. 우리는 많은 경우 일상생활에서 가설을 이끌어 낸다. 이 가설을 검증하는 최고의 방법은 실험실의 철저한 조건을 이용하는 것이다. 동시에 우리의 발상이 굳어지지 않기 위해서, 우리는 실험실에서의 발견을 창문을 통해 실제 세상으로 꺼내어 여기에서도 적용되는지를 확인해야 한다.

그래서 나는 일 년 동안 내가 하고 싶은 모든 것을 하였으며, 그 모든 것이란 이 책을 쓰는 것이었다. 나는 착수할 당시부터 이 책에 우리 분야에 가장 중요한 것과 관련하여 나의 의견을 많이 포함시키기로 결정하였다. 이 결정은 필연적으로 내가 내 위주의 관점에서, 나에게 익숙한 방식으로, 내가 발견한 것과 내가 "우리의 과학"이라고 생각하는 것들을 서술하게 하였다. (당시의 교과서와 다르게, 『인간, 사회적 동물』에는 "필자"라는 단어가 반복적으로 등장한다.) 기쁘게도, 얼마 안 있어 학생들은 이 책를 읽는 것을 좋아하였다. 이들은 특히 자기 삶에의 적용점과 개인적으로 와 닿는 부분을 좋아하였다. 『인간, 사회적 동물』은 이 분야에서 가장 널리 읽히고 꾸준히 읽히는 책이 되었다. 결론을 말하자면, 장기적으로 보았을 때, 나의 작업은 끝나지 않았다. 이 분야의 연구 동향과 세상의 드라마틱한 변화를 따라가기 위해서, 나는 4년 정도에 한 번은 이 책을 수정하고 개정해야 함을 알게 되었다.

1970년에 펜을 처음 종이에 갖다 댈 당시(비유적 표현이 아니다!), 나는 장래가 촉망한 38살의 젊은 청년이었다. 그러나 2017년 여름, 여러분에게 이 얘기를 하는 나는, 백발의 노인으로 변신하는 세월의 마법을 겪었다. (단순한 사칙연산으로 내 나이를 계산할 수 있을 것이다.) 지금 나는 스스로 이 책을 개정하기에는 너무도 늙었음을 받아들여야 한다. 다행히도, 나는 이 책의 12번째 판을 위한 최적의 공동 저자를 발견하였다. 그는 조슈아 애런슨Joshua Aronson이라는 이름의, 실험실과 실제 세상의 소용돌이 모두에서 인상적인 연구를 해온 유능하고 숙련된 사회 심리학자이다. 그는 또한 나의 아들이기도 하다. 말할 필요도 없이, 조슈아 또한 "그의 사회 심리학"을 가지고 있다. 이는 어쩌면 당연한 것이다. 그가 한 수많은 공헌은 다양한 방면에서 그만의 활력을 불어넣어 이번 개정판을 더욱 특별하게 하였다. 이번 개정판의 교정 편집 작업을 담당한 나의 오랜 동업자인 캐롤 타브리스의 도움도 컸다. 늘 그렇듯 그녀의 섬세한 터치는 이음매 하나 없이 나와 조슈아의 작업물을 하나로 녹여내었으며 마감 기한에 대해서만큼은 섬세하지 않았다는 것 또한 그녀만의 훌륭한 미덕이었다.

그리고 이번 개정판이 기존의 판과 다른 점은 조슈와와 내가 모든 챕터를 재검증하여 최신화하였으며, 그 시절에는 "뜨거운 감자"였으나, 세월과 재현의 시험을 통과하지 못한 연구와 이론을 제거하였다는 것이다. 우리는 모든 챕터에 새로운 내용을 추가하면서도 철저한 재구성을 통해 이들을 다듬어서 설명의 명료성 또한 놓치지 않았다. 현시대의 사건에 대해 우리가 이해한 바를 알려주는 최근의 연구는 오래된 연구를 대체하였다. 그 예로는 인터넷이 의사 결정에 좋고 나쁜 영향을 미치는 방식, 정보의 거품과 자기 확신적인 언론 보도의 출현이 우리나라의 신념과 행동 극화를 조장하는 데 미치는 영향, 페이스북이 만들어낸 끊임없는 사회적 비교의 정서적 하락, ISIS와 같은 테러리스트 그룹의 출현 등이 있다. 그러나 내가 강하게 느낀 바에 의하면, "시대에 맞는" 책을 집필한다는 것이 우리 정부의 대표적 실책인 베트남과 이라크에서의 전쟁, 제임스타운, 컬럼바인, 헤븐스 게이트의 비극과 같은 스토리를 지워버린다는 것을 의미하지는 않는다. 이 사건들이 일어난 지는 꽤 오래되었지만, 그렇다고 해서 이들로부터 사회 심리학자가 얻은 교훈까지 빛이 바래는 것은 아니다. 나는 학생들이 그 시절 일어났던 일이 이 순간 일어나는 일과도 강력한 고리를 가진다는 것을 알아두기를 원한다.

엘리어트 애런슨

2017년 10월

감사의 말

이제 이 책도 12판에 다다랐다. 첫 번째 판에서, 나는 친구이자 멘토인 레온 페스팅거에게 빚졌음에 감사를 표했다. 두말할 것 없이 이 멋지고 훌륭한 분은 아직도 나에게 감사와 애정의 대상이다. 모든 면에서 이러한 감정은 시간이 지날수록 강해졌다. 나는 그의 학생임을 사랑하며, 앞으로도 그의 학생으로서 계속 살아갈 듯하다. 1989년, 레온은 영면에 들었고, 그의 죽음과 함께 사회 심리학의 중요한 한 시대가 끝이 났다. 그와 알고 지냈고 그를 사랑했던 우리뿐 아니라 그의 연구와 이론에 영향을 받은 모든 이가 (다시 말하면, 모든 사회 심리학도가) 그를 그리워 한다.

이 책과 함께 나이를 먹음에 따라, 나는 제자들에게 많은 빚을 지고 있음을 점점 실감하게 되었다. 4년에 한 번 개정 작업을 시작할 때마다, 나는 이 책의 아이디어가 나 혼자만의 머릿속이 아니라 제자들과의 수많은 협업에 의하여 나온 것이라는 사실을 마주하게 된다. 지난 50년간, 나는 1960년 첫 번째 연구 조수들(메릴 칼스미스, 토니 그린왈드, 존 달리)에서부터 산타크루즈의 캘리포니아 대학 제자들에 이르기까지 수없이 많은 훌륭한 학생들을 만난 행운의 사나이였다. 나는 이들에게 많은 것을 배웠기에, 그들에게 감사를 표하는 데 이 페이지를 할애하고 싶다.

또한 나는 매우 눈부실 정도로 총명한 동료들과 얘기하면서 이들의 아이디어를 훔치기도 하였다. 그중에서도 앤쏘니 프랫카니스와 캐롤 타브리스는 이 책이 지속적으로 개정되며 더 훌륭한 책이 될 수 있도록 큰 공헌을 해주었다. 이들의 관대함에도 기쁜 마음으로 감사를 표한다.

이 판에서, 나는 특히 특유의 온화함과 책에 대한 뜨겁고 끊이지 않는 열정, 인내, 역량을 보여준 크리스틴 카돈 편집장에게 감사를 표하고 싶다. 또한 각 장을 정성스럽게 검토하고, 이 책의 발전에 기여한 수많은 현명한 아이디어를 제공해준 브래드 부시먼, 도날 칼스톤, 일라이 핀켈, 잭 도비디오, 메튜 맥글론에게도 감사를 표한다.

조슈아는 카롤 타브리스에게 전문적인 편집과 끊임없는 영감을 빚졌고, 스테이시, 일라이나, 레오 애런슨에게는 사랑과 지지, 인내를 빚졌다. 우리는 또한 제프와 스펜서 트위디에게도 감사를 표한다. 다음의 학생과 연구 조수들도 소중한 공헌을 해주었으며 우리는 여기에 진심 어린 감사를 보낸다: 조슈아 아들러, 페이지 알레닉, 로템 블랫, 크리스티나 크로스비, 레이나 엡스타인, 매디슨 카츠, 제시카 마르, 카야 멘델슨존, 스콧 멩에비어, 애슐리 파누킨, 엘라 퀸란, 안젤라 스피어스, 자카리 윌리암스, 케이시 유.

여기에 더하여, 우리는 교수용 참고 자료에 대한 작업을 해준 윌리엄 드래곤과 11판을 검토하고 이번 개정판에 피드백을 제공해준 여러 교수들에게도 감사를 아낌없이 드리고 싶다: 크리스틴 앤더슨(휴스턴 대학-다운타운), 프레드 브라이언트(로욜라 대학-시카고), 브래드 J. 부시먼(오하이오 주립 대학 & VU 대학-암스테르담), 도날 E. 칼스톤(퍼듀 대학), 존 F. 도비디오(예일 대학), 윌리엄 드래곤(코넬 대학), 일라이 핀켈(북서부 대학), 주디 호(페퍼다인 대학), 앨리슨 E. 켈리(북다코타 대학), 메튜 맥글론(오스틴의 텍사스 대학), 안자리 미쉬라(북 아리조나 대학), 브랜디 무어(텍사스 A&M 대학-텍사르카나), 마르쿠스 D. 패터슨(보스턴의 메사추세츠 대학), 그리고 마이클 J. 타글러(볼 주립대학)

인간, 사회적 동물Social Animal 제 12판을 내면서

역자가 수십개 분야로 나누어지는 심리학 중에서 사회심리학을 전공으로 선택한 것은 노벨상을 수상한 교수가 약 40여명이 되고, 오랜 역사를 가진 괴팅겐Goettingen대학에서 박사학위 논문을 쓰면서 본격적으로 시작하였다. 이미 잘 알려진 것처럼 심리학은 빌헬름 분트Wilhelm Wundt가 라이프찌히Leipzig대학에 실험실을 개설하면서 탄생했다. 라이프찌히대학과 괴팅겐대학은 서로 거리가 가까운 것 외에도 교수교류등 상호영향을 주고 받았다. 심리학의 탄생지인 독일에서는 지금도 심리학이 자연과학분야에 속한다. 그러나 심리학은 자연과학적 특성외에도 인간, 집단, 그리고 사회라는 추가적인 속성떼문에 오늘날에 와서는 독일 및 선진국의 다수 대학들이 사회 및 경제심리학이라는 분야를 추가하고 있다. 따라서 심리학은 자연과학과 사회과학 양대 분야를 걸쳐서 박사학위가 있고 특히 사회심리학분야 원류는 사회심리학의 아버지라고 칭해지고 컨설팅 분야의 태두라고 일컬어지는 쿠트 레빈Kurt Lewin교수로까지 올라간다.

그는 베를린대학의 교수로 재직하면서부터 수많은 제자들을 저명한 사회심리학자로 배출시킨바 있다. 그 후 그는 미국으로 건너가서 MIT대학교수로 재직하면서 "집단역학연구소"Center for Group Dynamics"라는 영역을 개척하여 사회심리학을 컨설팅 영역과 접목하는 큰 업적을 남겼다. 추후 이 집단역학연구소는 미시건대학교University of Michigan으로 자리를 옮겨간다.

개인, 집단 및 팀 그리고 조직을 연구하는 사회심리학은 실험연구와 조사연구를 병행한다. 특히 사회과학의 여러 분야 중에서 사회심리학만이 유일한 실험연구를 하는 것으로 널리 알려져 있다. 이 분야 연구로 노벨상을 획득한 다니에 카네만교수는 심리학자로서 의사결정 등을 연구하였지만, 노벨상에 심리학 분야가 수상 분야로 들어있지 아니한 까닭에 경제심리학이란 새로운 분야로 수상하는 영예를 가지게 되었다.

본서 "인간-사회적 동물"은 사회심리학이 실험연구를 통해서 밝혀진 결과들을 주로 다룬다. 본서는 초판부터 엘리어트 에론슨교수는 혼자서 저술해 왔다. 그런데 제 12판은 자신의 아들이며 그 역시 사회심리학 교수인 죠수아 애론슨과 함께 저술하였다. 아버지 애론슨은 일찍이 1970년대에 과학적 사회심리학을 다루는 수준 높은 텍스트의 필요성을 인지하고 스탠포드대학소재 Center for Advanced Study in the Behavioral Sciences의 연구초빙을 받은 것을 계기로 본서를 저술한다.

그후 본서는 미국 및 유럽 그리고 아사아 지역의 대학생, 대학원생 나아가 일반인들까지 포함하여 가장 읽기 쉽고 도움이 되는 사회심리학책으로 알려졌고 그 공로로 여러 차례 큰 상을 받았다.

사회심리학은 우리가 살고 있는 세상의 사회적 현상을 분석, 설명 그리고 예측하고자 시도한다. 본서는 현대 사회의 핫 이슈에 속하는 편견,

선전, 전쟁, 소외, 폭력, 소요, 정치적 혼란, 선거 및 투표 행동 등을 포함하는 사회문제를 밝히고 이에 대한 답을 찾고자 시도한다. 우리나라에서도 사회심리학이 국민들에게 많은 영향을 끼치고 있다. 그 예로 선거와 관련된 여론조사가 이제는 일상화되었고, 평상시에도 수많은 종류의 사회조사들이 이루어지고 발표되는 데 그 조사방법론은 바로 사회심리학에서 출발한 것이다.

본서에 실린 자료는 실험연구에 기초한 것이다. 왜냐하면 실험적 방법이야 말로 복잡한 사회현상을 이해하는 최선의 길이기 때문이다. 나아가 복잡한 인간사회를 진실로 이해하는 방법은 과학적 실험을 통해 이를 재구성해 보는 것이라는 사실은 과학이 공인하는 상식이다. 즉, 현상들 사이에 인과관계를 옳게 이해하기 위해서는 단순한 관찰 그 이상인 실험을 통한 재구성이 반드시 필요하다.

사회심리학자들은 사회현상을 이해하고 또 설명하는 데 동원하는 분야로 동조, 설득, 편견, 사랑, 그리고 폭력 등과 같은 매우 중요한 현상들이 있고 이들에 대한 이해를 증진시킴으로써 우리의 삶에 심오하고도 유익한 영향을 줄 수 있다.

본서의 구성을 살펴보면 다음과 같다;

제1장 사회심리학이란 무엇인가?

제2장 사회적 인지

제3장 자기-정당화

제4장 동조

제5장 매스커뮤니케이션, 선전선동 그리고 설득

제6장 인간의 공격성

제7장 편견

제8장 좋아하기, 사랑, 그리고 연결하기

제9장 과학으로서의 사회심리학

인간, 사회적 동물은 초판부터 지금까지 국내에서는 탐구당이 출판을 맡아서 해 왔다. 본서 11판이 2014년에 출간되었지만, 12판은 준비를 완료해 놓고도 긴 시간 빛을 보지 못했다. 그 이유 중 하나는 코로나-19라는 글로벌 팬데믹 현상 때문이었다.

본서에는 4차 산업혁명 및 디지털 트랜스포메이션과 연관되는 소셜미디어 그리고 정치사회심리학적 연구들을 새롭게 보완하고 업데이트하였다. 이는 새로운 접근으로 사회심리학을 업그레이드 시켰다.

본서 번역작업에 기여한 후학들에게 감사드린다. 특히 박지원 씨가 번역 작업을 맡아서 수고를 해 주었고, 박낭규 씨도 번역에 많은 기여를 하였다. 그럼에도 불구하고 만일 본서에서 오류나 잘못이 발견된다면 그것은 전적으로 본인의 책임이라고 밝힌다. 그간 수차례 수정 및 정정을 하였지만, 방대한 저서라 작은 실수를 간과했을 가능성은 존재한다. 마지막으로 교정과 토론을 통해서 수많은 미팅을 하면서 본서를 탄생시킨 탐구당 홍정수 대표 및 직원들에게 깊은 감사를 드린다. 이들의 인내 및 협조가 본서가 햇빛을 볼 수 있도록 만들어 준 것이다.

2022.9.

대표 역자 박 재 호

차례

INK

1

사회심리학이란 무엇인가?

What is Social Psychology?

아리스토텔레스는 인간을 처음으로 “사회적 동물”이라 부른 사상가였다. 물론 그는 옳았다. 그러나 이것이 무슨 의미일까? 개미와 벌에서 원숭이와 유인원에 이르기까지, 수많은 창조물 중에서 인간이라는 사회적 동물은 무엇이 특별할까? 그리고 복잡하고, 창조적이고, 분노하는 종인 인간을 연구하는 사회 심리학이라는 분야는 무엇이 특별할까?

필자는 내 모든 커리어를 사회 심리학자로 보냈다. 그리고 필자가 이 분야에 들어서기 전, 사회 심리학이 무엇인지조차 모르고 있었을 때에도 인간 행동의 신비로움을 이해하고 싶어하는 아마추어 사회 심리학자였다. 매사추세츠 리비어의 노동자촌에서 자란 유대인 소년으로서 나는 왜 가톨릭 집안의 아이들이 나에게 셈족을 비난하는 슬로건을 쓰면서 놀리고 가끔씩은 난폭하게 대하는지가 궁금하였다. 1960년대 초등학교에서 치열하게 살았던 나의 아들 조슈아는 왜 몇몇 아이들은 교실에서 성공하고, 다른 아이들은 경쟁과 단체 생활에서 압사당하는지를 궁금해 했다. 이러한 어린 시절의 경험은 우리에게 큰 고통을 주었고, 여러분이 이 책에서 만나게 되는 흥미로운 분야로 우리를 이끌어 주었다. 이 분야는 인간의 사회적 삶과 그보다 더 중요한 개인의 삶을 윤택하게 하는 방법에 대한 과학적인 이해를 제공한다.

사회 심리학의 정의는 여러 개가 있지만, 내가 선호하는 정의를 다루기 전에, 먼저 활동하는 인간 행동의 구체적인 예시를 몇 가지 보자.

> 샘이라는 이름의 대학생과 네 명의 친구는 미국 상원의원 후보자가 텔레비전에서 연설하는 것을 보고 있다. 샘은 한 후보자에게 매우 좋은 인상을 받았다. 그는 여성 후보자가 진정성이 있다고 생각하고, 반대편 후보자보다 더 호감이 갔다. 연설 후에, 한 친구가 자신은 여성 후보자에 실망했고, 그녀는 위선자라고 단언했고, 다른 친구들도 모두 그 친구의 의견에 동의했다. 샘은 혼란스러웠고 매우 우울해졌다. 마침내 그는 친구들에게, "나도 그녀가 생각만큼 진정성을 보여주지 못한 것 같아"라고 중얼거리듯이 말하였다.

> 어느 10살 소녀는 아침마다 휘티스 시리얼을 두 그릇씩 열심히 먹는데, 그 이유가 올림픽 챔피언인 마이클 펠프스 사진이 박스에 그려져 있어 그의 뛰어난 운동 능력이 부분적으로는 이 브랜드의 시리얼 덕분임을 암시하기 때문이다.

> 몬타나의 작은 타운에서만 살아온 가게 주인은 실제 살아있는 무슬림을 만나본 적이 없지만, 이들이 반미주의자고, 불신자이며, 테

러리스트일 가능성이 높은 사람들임을 "알고 있다."

고등학교 3학년인 찰리는 최근에 새로운 도시로 이사를 갔다. 그는 원래 인기가 많은 학생이었지만 이제는 그렇지 않다. 학교의 아이들은 정중하지만 특별히 친근하지는 않았다. 그는 자신이 외롭고, 불안하며, 매력이 없다고 느낀다. 어느 날 점심시간에 그는 두 명의 여학생과 같은 테이블에 앉게 된다. 한 명은 따뜻하고, 지적이고, 명랑하다. 그는 몇 주간이나 그녀와 대화할 기회를 갈망하며 공상에 잠겨 있었다. 다른 여학생에게는 별로 끌리지 않았다. 그런데 찰리는 꿈에 그리던 명랑한 여학생을 무시하고 옆에 있는 여학생과 진솔한 대화를 시작한다.

2016년 12월 4일, 노스캐롤라이나주에서 온 28세 청년 에드가 웰치는 카미트 핑퐁이라는 워싱턴 D.C. 전역에서 성공한 피자 레스토랑에 라이플을 들고 가서 세 번 발포하였다. 다행히도 부상자는 없었다. 웰치는 경찰에 자신이 온라인에서 이 레스토랑이 아동 성노예를 숨겨놓는다는 글을 읽었고, 이것이 사실인지를 확인하고 싶었다고 말했다. 그는 자신의 믿음에 대한 증거가 없다는 것을 발견하고 난 후 항복하였다. 이 사건은 미국 대선 시즌에 급속도로 퍼진 음모론 때문에 벌어진 사건이었다. 한 백인 우월주의자가 트위터 계정에서 뉴욕 시티 경찰이 민주당 의원들과 연결된 페도필리아 조직을 발견하였고, 카미트 핑퐁 레스토랑이 그 중심지라고 주장하였다. 이 소문은 가짜 뉴스 웹사이트에서 널리 퍼졌다. 웰치는 후에 자신이 한 짓을 후회하지만 여전히 음모론을 믿는다고 말하였다.

카야는 2학년 때 자신의 가장 좋아하는 과목을 적으라는 설문지를 받았다. 그녀는 설문지에 "수학"이라고 적었다. 일 년 후에, 삼학년 교실에서 그녀는 비슷한 설문지를 받게 된다. 이번 설문지의 질문은 "제일 좋아하지 않는 과목이 무엇입니까?"였고, 그녀는 "수학"이라고 적었다. 카야는 일 년 만에 수학에 자신 있고 즐거워하는 학생에서 수학을 두려워하는 학생으로 변해버렸다.

1999년 4월 20일, 콜로라도 리틀톤에 있는 한적한 도시 외곽의 고등학교 복도에 총성이 울렸다. 총기와 폭발물로 무장한 두 명의 컬럼바인 고등학교 학생이 날뛰며 교사 한 명과 동급생 여러 명을 쏴죽였다. 그 후 이들은 총구를 자신에게 돌려 자살하였다. 소동이 종료된 후, (가해자까지 포함해서) 15명이 사체로 발견되었고, 23명이 입원하였으며, 많은 사람이 심각한 부상을 입었다. 컬럼바인 고등학교의 학살이 벌어진 거의 20년 후에, 수백 명의 미국 청소년이 학교에서 똑같이 소름끼치는 대량 총살극을 벌였다. 한때는 생각지도 못했던 일이 이제는 평범한 일이 되어버렸다.

대학교 4학년인 스티브는 조심스럽고 보수적이기까지 한 운전자였다. 그는 혼자 운전할 때 안전 운전 비디오의 스타가 되어도 이상하지 않을 정도로 조심스럽게 차를 몰았다. 그러나 두세 명의 친구와 같이 있을 때는 스티브의 운전이 위험천만해진다. 그는 신호등이 노란불로 바뀌는 것을 한 블록 앞에서 볼 때 빈번히 액셀을 밟으며 건너편 차량이 움직이기 전에 교차로를 통과하고자 한다.

1939년, 탐욕스러운 사업가 오스카 쉰들러는 나치당에 들어가서 히틀러 제3제국의 야만적인 통치 기간에 유대인 학살로부터 이득을 얻고자 사업을 시작한다. 쉰들러는 수년간 아우슈비츠의 유대인 수감자로부터 노동력을 착취한 후 심경에 변화가 생겼고, 자신의 공장을 이용해 천 명이 넘는 유대인을 구하기 시작한다. 그는 그 과정에서 죽음의 위험을 무릅쓰고 자신의 모든 재산을 유대인을 구하는 데 쓰게 된다. 이 이야기는 책으로도 출판되었으며, 지금은 오스카상 수상작으로 유명한 영화 『쉰들러 리스트』의 내용이다. 이 영화를 보고 극장을 나오는데, 한 걸인이 나의 아들 조슈아에게 다가와서 혹시 돈이 있으면 적선해달라고 부탁한다. 조슈아는 손을 벌리는 걸인을 무시하는 평소 습관과 달리, 아직 금전적으로 쪼들리던 학생의 처지였음에도, 주머니에 있던 돈을 전부 꺼내어 세보지도 않고 걸인에게 그대로 주었다.

더글라스 맥케인은 미네소타에서 자랐고, 고등학교에서 농구를 했고, 래퍼가 되고 싶어 했다. 친구들은 "묘한 녀석", "정말 좋은 녀석", "선한 사람"으로 기억한다. 그래서 맥케인이 33살에 테러리스트 군사 조직인 ISIS에 가입하여 조국을 상대로 한 전쟁에서 죽었을 때 친구들은 충격을 받았다. 수천 명의 평범해 보이는 서구권 국가의 젊은 남녀들이 집을 떠나 이슬람 지하디스트로 시리아와 이라크에서 싸우다 죽는다.

> 1940년대 필자의 초등학교 시절에 조지 우즈라는 이름의 아프리카계 미국인 절친이 있었다. 그 시절, 조지는 스스로를 "유색 소년"이라 부르며, 그 시절의 수많은 흑인들처럼, 백인 친구들한테 열등감을 느낀다고 토로하였다.[1] 그가 느낀 열등감에는 지배적인 백인 사회가 가진 편견에 자신이 피해를 입었던 직접적인 경험과 같은 많은 이유가 있었다. 그러나 조지의 열등감은 라디오나 텔레비전에서 아프리카계 미국인 성인을 순진하고 멍청한 어린이(게으르고, 무식하고, 다소 태깔스러운)로 묘사하는 것과 같은 간접적인 원인에서 오기도 한다. 영화에 흑인 남성 배우가 출연하면, 이들은 주로 운전사나 천한 노동자인 전형적인 "유색 남성"으로만 묘사되어 추한 농담의 놀림감이 되었다. 조지가 이러한 인종 차별적인 영화를 백인 친구들과 같이 보면서 느꼈을 감정이 어떠할지 어느 정도 상상이 가능하다. 그러나 그는 자신의 감정을 결코 말하지 않았다.

시대는 변한다. 21세기에 자라는 조지 우즈의 손자는 할아버지와는 다른 세상에서 살아간다. 그는 어느 날 흑인 배우가 비중 있는 역할에 캐스팅 되서 아카데미상을 수상하고, 분리와 차별 정책이 불법이고, 흑인이 대통령직을 포함한 모든 직업에 진출할 수 있는 시대가 올 것이라고는 상상하지 못했을 것이다. 그러나 우리는 변화가 바른 방향인 인본주의를 향해 나아간다고 믿으며 만족하기에는 아직 이르다. 조지 우즈의 손자는 할아버지가 감내했던 것과 같은 수준의 편협함에 마주하지는 않을 테지만, 인종적 편견은 지금도 계속되고 있다. 대부분의 아프리카계 미국인은 "흑인 쇼핑"의 경험을 알고 있다. 이 단어는 "판매원이 흑인의 신용에 의문을 품고, 이들이 물건을 훔칠 거라 의심하며, 이들에게 서비스 제공도 거부하면서, 이들을 따라다니는" 행동을 의미한다. 특히 젊은 흑인 남성은 계속해서 "흑인 운전"의 희생양이 되기도 한다. 이들은 사소한 이유로 혹은 아무런 이유도 없이 차를 세워야 한다. 그리고 "흑인 보행"에서는 비극적인 사고가 벌어지기도 한다. 16살 소년 트레이본 마틴이 조지 짐머맨이라는 자경단장에게 미행당하고 살해당한 것이 대표적인 사례이다.[2] 짐머맨은 후디를 입은 키 큰 흑인 십대를 보고, 그가 무장을 한 위험한 범죄자일 수 있다고 생각하였다. 그러나 실제 트레이본은 지멀만의 생각과는 달리 편의점에서 아이스티와 대형 스키틀즈를 사서 집으로 돌아가던 평범한 고등학생이었다.

사회심리학 정의하기

앞의 예시들은 모두 사회 심리학적 상황을 설명한 것이다. 이들은 각자 다 달라 보이지만 한 가지 공통 요인을 가지고 있다. 바로 '사회적 영향'이다.

상원의원 후보자의 장점에 대한 샘의 친구들의 견해는 샘의 판단(이나 적어도 그가 공개적으로 진술한 판단)에 영향을 미쳤다. 휘티스 시리얼을 먹는 젊은이에 대한 올림픽 챔피언의 영향은 부모에게 휘티스 시리얼을 판매하기 위해서 의도적으로 설계되었다. 몬타나 가게 주인은 태어날 때부터 머릿속에 무슬림에 대한 비관적인 고정 관념을 가지고 있지는 않았다. 누군가가, 어느 정도, 주입한 것이다. 스티브의 위험한 운전은 분명히 친구들의 영향을 받았다. 하지만 어떻게 영향을 받았을까? 카야가 수학 애호가에서 수학 혐오자로 변한 것은 드문 일이 아니다.

특히 전통적으로 수학을 축복받은 재능의 학문이나 "남학생의 것"으로 보는 미국에서 여학생에게 이러한 변화는 흔한 일이다. 꿈에 그리던 여학생을 무시한 찰리의 행동은 그가 스스로에게 느끼는 감정과 어떤 여학생이 자신을 거절할 가능성이 낮은지에 대한 그의 가정과 관련이 있다. 거절은 인간에게 가장 고통스러운 경험 중 하나이며 폭식에서 폭력에 이르는 온갖 종류의 자기 패배적이고 자기 파괴적인 행동을 야기한다. 컬럼바인에서 학생 두 명이 총기를 난사한 것도 그 예시 중 하나이다. 실제로 보았든, 『쉰들러 리스트』와 같은 영화에서 보았든, 다른 사람의 존재와 예시는 평소에는 인색한 나의 아들을 걸인에게 모든 돈을 다 주는 훌륭한 자선가로 만든 것처럼 긍정적인 감정과 관용을 불어넣는다.

사회 심리학은 또한 인종주의와 다양한 편견에서부터 이슬람과 아무런 정신적·혈육적 연결 고리가 없는 젊은이들을 고용하는 ISIS와 같은 테러 집단의 성공에 이르기까지 사회를 좀먹는 가장 심각한 문제를 다루기도 한다. 젊은이들은 어떠한 힘에 설득되어 집과 가족을 떠나 자살 폭탄이 되는 것일까? 이 답은 나이, 성격 역동, 사회적 정체성, 설득 전략과 같은, 당신이 이 책을 펼치면서 배울 수많은 요인과 관련이 있다. 당신은 ISIS가, 훌륭한 코치가 스포츠팀을 우승으로 이끌거나 성공적인 초등학교 교장이 학생들의 학업 성취도를 끌어올리기 위하여 사용하는 것과 똑같은 전략을 씀으로써 이점을 누리고 있음을 보게 될 것이다. 사람의 사회적 동기를 이해하는 것은 좋은 목적으로도, 나쁜 목적으로도 쓰일 수 있고, 리얼리티 TV의 경쟁에서 우승할 목적으로 쓰일 수도 있으며, 결국 사회적 영향이 힘을 발휘하는 곳에서 쓰일 수 있고, 그렇기 때문에 거의 모든 것에 쓰일 수 있다.

따라서 **사회 심리학**Social psychology에 대한 우리의 정의는 실제나 가상 또는 암시된 타인의 존재가 우리의 생각, 정서, 행동에 미치는 영향과 우리가 타인에게 영향을 미치는 방식을 연구하는 과학적 학문이다.

어떻게 우리는 영향을 받는가? 왜 우리는 영향을 받아들이는가? 다시 말해, 우리에게 그것이 무슨 의미가 있는가? 우리가 다른 사람이 하는 생각과 행동에 민감해지는 사회적 동기는 무엇인가? 어떤 요인이 사회적 영향의 효과성을 증가시키거나 감소시키는가? 어떤 요인이 사회적 영향의 효과를 더 오래 지속시키거나 더 빨리 사라지게 하는가? 똑같은 원리를 상원 의원 후보자에 대한 우리의 의견에도 동일하게 적용시킬 수 있는가? 그것이 가능하다면, 어린 아이들이 선호하는 학교 과목에도 적용할 수 있을까? 어떻게 사람은 다른 사람을 좋아하게 되는가? 그래놀라 시리얼을 제쳐두고 휘티스 시리얼을 선택하는 것에도 똑같은 과정을 거칠까? 어떻게 사람은 민족, 종교, 집단에 적대적인 편견을 만들어 나갈까? 편견은 호감과 동일한 심리적 과정의 다른 극단일까, 완전히 다른 심리적 과정과 관계된 것일까?

많은 사람은 이러한 질문에 흥미가 있다. 우리 모두는 다른 사람과 상호 작용하면서 많은 시간을 보내기 때문에, 즉 이들의 영향을 받고, 이들에게 영향을 주고, 그러면서 기뻐하고, 놀라워하고, 슬퍼하고, 힘겨워하고, 좌절하고, 분노하기 때문에 사람이 자신의 행동 근거에 관한 가설을 개발하는 것은 일종의 본능이다. 이러한 점에서 모든 사람은 아마추어 사회 심리학자이다. 대부분의 아마추어가 다른 사람과 상호 작용하면서 자기만족의 차원에서 이 가설들을 검증한다 하더라도, 이러한 우연적인 "검증"은 정교한 과학적 연구의 엄격함과 객관성이 부족하다.

정확히 말하면, 때때로 과학적 연구의 결과는 대부분의 사람들이 이미 참이라 믿고 있는 바와 일치한다. 이는 놀랄 만한 일이 아니다. 관습적인 지혜는 주로 세월의 검증을 견뎌낸 통찰력 있는 관찰에서 나온다. 그러나 때때로 이러한 관습적인 지혜가 우리를 혼란스럽게도 한다. 실제로 이번 판에서 논의된 연구 결과를 읽으면서 당신은 가끔씩 "이건 당연한 거잖아, 왜 이런 거를 '발견'하려고 시간과 돈을 투자하는 거지? 이건 나의 할머니도 말해줄 수 있는 거잖아." 아마 그럴 수도 있다. 그러나 이는 주어진 사건의 결과를 알고 난 후 자신의 예측력을 과대평가하는 경향인 **사후 확증 편향**hindsight bias에서 나온 행동일 수도 있다. 이는 정확히 우리가 결과 발표 후에 그 일에 관해 전문가처럼 자신의 의견을 개진하는 사람이 되기 쉬운 이유이며 시력 검사표를 이미 알고 있다면 좌우 시력이 2.0, 2.0이 되는 이유이기도 하다. 수많은 연구가 선거 결과 예측에서부터 사회 심리학 실험의 결과 예측에 이르기까지 수많은 사후 확증 편향을 범한다는 것을 증명하였다. 예를 들어, 우리는 "조사 결과가 모두 그의 패배를 예상했지만, 나는 언제나 그가 승리할 것을 알고 있었어." 또는 "참가자가 잔인한 감독자에게 복종한다는 것은 당연한 결과였어."라는 식의 말을 한다. 사실, 연구에서 일어난 일을 이미 들은 학생들은 연구에서 '일어날' 일을 예상해보라는 지시를 받은 학생보다 연구에서 밝혀낸 사회 심리학적 발견을 훨씬 더 당연한 것이라 생각한다.[3] 모든 것은 사후에야 더 분명해진다.

우리가 참임을 안다고 생각하는 많은 것들이 막상 연구해보면 거짓이거나 원래 생각했던 것보다 정도가 약한 것으로 드러나는 경우가 많기 때문에, 사회 심리학자들은 연구를 수행한다. 예를 들어, 금지되거나 불법적, 자기 패배적, 탐욕적인 언행을 한 것에 대해 처벌의 위협을 받는 사람이 결국은 그 언행을 그만두게 되고, 처벌의 강도가 셀수록 이에 순응할 가능성은 높아진다는 가정은 당연한 것으로 보인다. 결국, 이는 지금 하는 활동을 공포와 고통에 연관시킨 것이다. 그러나 경험적으로 검증한 결과, 이러한 가정은 완전히 틀린 것으로 드러났다. '약한' 처벌의 위협을 받은 사람이 금지된 언행을 싫어하게 되었고, 강한 처벌의 위협을 받은 사람은 어떤 상황에서든, 금지된 언행에 훨씬 더 끌리게 되었다. 마찬가지로, 우리들 대부분은 경험에 근거하여 누군가가 (우리 등 뒤에서) 자신에 대해 좋은 이야기를 하는 것을 엿듣게 되면, 다른 모든 조건이 똑같은 경우, 그 사람을 좋아할 것이라고 추측한다. 이는 참으로 드러났다. 그러나 그 사람의 얘기 속에 좋지 못한 평가도 섞여있을 때, 우리가 그 사람을 좋아하는 정도는 훨씬 높아진다는 것도 사실로 드러났다. 이후의 장에서 이러한 현상을 더 자세히 설명할 것이다.

전문적인 사회 심리학자는 사회적 동물을 이해하는 목적에서 대부분의 아마추어 사회 심리학자에 비해 이점을 가진다. 우리도 아마추어처럼 주로 관찰에서 시작하지만, 우리는 관찰에서 끝나지 않는다. 우리는 사건이 일어나기를 기다렸다가 사람들의 반응을 기다릴 필요가 없다. 우리는 사건을 유발할 수 있다. 우리는 수십 명의 사람을 대상으로 하여 특정 사건을 유발시키는 실험을 할 수 있다. 예를 들면, 우리는 이들에게 강한 처벌 위협과 약한 처벌 위협에 노출시킬 수도 있고, 자신에 대한 좋은 평과 나쁜 평이 섞인 얘기를 엿듣는 상황을 만들어줄 수도 있다. 또한 우리는 연구 대상이 되는 특정 요인을 제외하고는 모든 것이 불변인 상황에서 이를 수행할 수 있다. 그 후 우리는 데이터를 기반으로 무작위 주기로 많은 것들이 동시에 발생하는 사건의 관찰에 의존해야 하는 아마추어보다 더 정확하고 많은 수의 결론을 이끌어낼 수 있다.

이 책에서 제시되는 거의 모든 데이터는 실험적 증거에 기반한다. 이는 우리가 당신이 사회 심리학 실험의 구성과 연구라는 모험과 연관된 장단점, 윤리적 문제, 흥미로운 점, 골치 아픈 점, 번민을 함께 이해하기를 바라는 이유이다. 이 책의 마지막 장인 "과학으로서의 사회 심리학"을 보면 이들을 이해할 수 있을 것이다. 당신은 그 장을 처음에 읽을 수도 있고 마지막에 읽을 수도 있다. 또한 이 책을 읽는 도중에 사회 심리학자가 어떻게 연구를 하는지에 대한 흥미가 솟아날 때마다 그 장을 읽을 수도 있다.

미친 짓을 하는 사람이라고 해서 모두 다 미친 것은 아니다

사회 심리학자는 사회적 상황을 파악하고 그 속에서 행동하는 방식을 연구한다. 사회적 상황은 당신이 보기에는 가끔씩 비정상적이고 미친 사람처럼 행동하도록 사람에게 압력을 가하기도 한다. 여기서 필자가 말하는 사람이란 매우 많은 수의 사람을 말한다. 필자가 보기에, 겉으로 드러나는 행동은 사람으로 치면 호칭에 불과하다. 이에 대한 연구가 인간 행동의 이해를 증진시키는 데 큰 도움이 되지는 않는다. 오히려 그러한 행동을 유발하는, 많은 경우 복잡한 과정인 상황의 본질을 이해하려는 노력이 훨씬 더 유용하다. 필자는 이를 통해 애런슨 제1법칙을 고안하였다.

미친 짓을 하는 사람이라고 해서 모두 다 미친 것은 아니다.

일례로, 유괴된 아이들의 존재를 "직접 조사하기" 위해서 라이플을 들고 카미트 핑퐁에 찾아왔다고 하는 남성을 살펴보자. 그는 미친 사람이었을까? 정말로 진실을 알고 싶었다면 왜 그는 경찰국이나 FBI의 조사 결과나 유괴 주장을 철저히 반박하는 여러 신뢰할 만한 자료들을 받아들이지 않았을까? 그가 미쳤다면, 음모론을 믿는 수천 명의 사람들, 그중에서도 그들이 생각하기에 악의 위협인 "그 집단"의 일부라고 생각되는 카미트 핑퐁과 다른 레스토랑에 가서 사장과 손님을 괴롭혔던 사람들도 미친 것이다. 카미트 핑퐁의 사장은 『뉴욕 타임스』에 "이 정신 나간 조작된 음모론 때문에, 우리는 끊임없는 위협 속에서 살아가고 있습니다. 며칠 동안 내가 할 수 있는 일이라고는 이 음모론을 해명하고 직원과 친구를 테러에서 보호하는 것뿐이었습니다."라고 말하였다.[4] 무엇이 사람에게 "정신 나간" 음모론을 믿게 할까? 그리고 왜 이들은 반박하는 강력한 증거가 있음에도 음모론을 계속 믿을까? 이 장의 후반부에, 우리는 어떤 상황에서든 음모론을 옹호하는 태도와 경향을 유발하는 과정을 다룰 것이다.

사회 심리학의 중대 발견 중 하나가 사람은 나쁜 행동의 원인을 "사이코 같은", "새디스트적인", "사악한" 등의 성격 특성에서 찾음으로써 설명하려 한다는 것이다. 대부분의 사람은, 특히 서구 문화권의 사람은, 의도성이나 의식적인 자각 없이 정보를 조직 및 분류하고, 사건 통제에 대한 욕구를 채우기 위한 방법으로 이러한 설명을 자발적으로 한다. 이러한 인간 행동의 '기질적' 관점은 미친 짓을 하는 사람은 미쳐버릴 성격 기질을 가지고 있으며, 멍청한 짓을 하는 사람은 틀림없이 멍청하며, 사악한 사람만 사악한 짓을 하며, 훌륭한 사람만 훌륭한 행동을 한다고 말한다. 이는 나쁜 짓을 하는 사람을 나머지 "훌륭한 사람"과 정신적으로 구분해주기 때문에, 이러한 사고방식은 매력적이다. 훌륭한 사람으로서 '우리'는 이러한 일을 결코 하지 않기 때문에, 이러한 신념은 나쁜 행동에 대해 생각할 때 우리를 안심시킨다.

그러나 이 가정은 많은 경우 실수이고 과도한 단순화이기 때문에, 우리는 2장에서 보게 될 것과 같이 대가를 치르게 된다. 기질주의 때문에, 우리는 멍청하거나 잔인하거나 미친 행동을 유발할 수 있는 압력에 대해서 안전하다고 자만할 수 있다. 이러면 우리의 초점은 상황을 개선시키는 것에서 사람을 단정 짓는 협소한 접근으로 옮겨진다: 매니저가 도둑질하는 종업원에 대해 걱정하는가? 모든 종업원에게 미래에 도둑질을 할 사람을 가려내는 성격 검사를 실시한다면, 우리의 종업원이 과도한 업무 강도와 분노, 푸대접의 느낌을 못 이겨 도둑질을 할 수 있다는 걱정은 하지 않아도 된다. 우리가 폭력적으로 변할 수 있는 학생이 있을까봐 염려하는가? 모든 학생에게 성격 검사를 해서 불행하거나 괴롭힘 당하는 아이들 중 어떤 아이가 어느 날 '폭발할지'를 예상하자. 그리고 그 아이들이 매일 치고받는 세상에 대해서는 질문하지 말자.

물론, 필자는 지금 정신병이 존재하지 않는다고 말하려는 것이 아니다. 몇몇 성격 특성과 정신질환은 사람의 행동에 영향을 미친다. 또한 모든 사람이 다 똑같아서 똑같은 사회적 압력에 똑같은 양상의 행동을 한다고 말하려는 것도 아니다. 필자는 몇몇 상황들이 우리와 같은 "정상적인" 성인이 예상하지 못한 매력 없고 때로는 비정상적인 방식으로 행동하게 만드는 경우가 놀라울 정도로 많다고 말하고 싶다. 이러한 상황에서 어떤 일이 일어나서 나쁜 혹은 파괴적인 행동을 유발하는지를 이해하는 것은 대단히 중요하다.

유용한 예시를 하나 들어보자. 어떤 부류의 사람이 자신의 아이를 살해할까? 미친 사람? 절망에 빠진 사람? 사악한 사람? 물론 이들의 뇌에 생리적인 결함이 있을 수도 있고, 이러한 성격이 있을 수도 있다. 1977

년 샌프란시스코에 있는 인민 사원의 카리스마 있는 리더인 짐 존스 목사는 추종자들에게 현재의 생활을 청산하고 남쪽의 가이아나로 가서 여러 인종적 배경을 가진 사람들이 조화를 이루며 살 수 있는 유토피아적인 공동체가 될 인본주의적인 지상 낙원을 건설하자고 설득하였다. 1978년에 집단의 존재가 의회의 수사로 위협받게 되자, 존스는 집단에 "혁명적 활동"을 수행하여 자신의 아이를 죽이고 자살하라고 지시함으로써 위기를 타파하기로 결정하였다. 많은 양의 독약이 준비되었고, 살려달라고 외치는 찢어지는 고함 소리와 저항 행위만이 가득 찬 가운데, 어머니와 아버지들은 치명적인 약물을 자신의 아기와 아이에게 주면서 스스로 이를 마시게 하였고, 결국 시체가 되어 바닥에 쓰러지게 하였다.

한 사람이 자신의 아이를 죽였다면, 그 사람이 정신적으로 병들었는지를 묻는 것이 합리적이다. 그러나 613명의 부모가 자신의 아이를 한 장소에서 살해하였다면, 우리는 정신적 상태와 성격 특성을 보는 것을 넘어, 이들이 이토록 미친 짓을 하게 만든 상황의 성질을 생각해 보아야 한다. 물론 우리는 이들을 미친놈들이라 부르면서 우리는 절대로 저런 행동을 하지 않을 것임에 안도할 수도 있다. 그러나 가이아나로 가기 전에는 이웃이나 친구, 친척 중 어느 누구도 이들을 협력적이고 유대가 강한 교회 공동체에 소속된 평범하고 현명한 사람이라는 것에 의심하지 않았을 것이다. "존스타운 학살극"은 알려진 대로 인간의 사고와 감정, 행동의 결정에서 사회적 영향은 많은 경우에 강력한 역할을 하지만 그만큼이나 숨겨진 역할도 한다는 것을 떠올리게 해주는 기념비적인 악몽이다.

우리가 더욱 복잡한 수많은 방식으로 사회적 맥락이 우리의 행동에 영향을 미친다는 인간 행동의 '상황적 관점'을 제대로 이해하도록 도와

주는 것이야말로 사회 심리학에 중대한 공헌이 될 것이며, 이 책의 페이지가 넘어감에 따라 이 가치가 분명해지기를 나는 희망한다.

2

사회 인지

Social Cognition

중세 유럽에서 보행자들이 거리를 걷다가 사람의 배설물을 뒤집어 쓰는 일은 매우 흔한 일이었다. 그 당시 도시에 사는 사람들은 요강의 내용물을 시도 때도 없이 밖으로 던져서 요강을 비웠으며 따라서 거리는 더러워졌다. 이렇게 버려진 오물은 미화원이 거름으로 쓰기 위해 수거하기 전까지 거리 바닥에 눌러 붙어 역병과 질병의 씨앗이 되었다. 이러한 시스템은 현대의 관점에서 볼 때 역겹고 도저히 말도 안 되는 것이다. 그리스, 로마, 마야 문명과 같은 초기 문명이 실내 화장실이나 심지어는 수세식 화장실과 같은 훨씬 더 훌륭한 하수도 시스템을 개발했다는 것을 생각해볼 때, 중세 시대의 시스템은 변명조차 할 수 없는 수준이다.

어쩌다 실내 화장실이 요강으로 대체되었을까? 그 당시 사람들은 전혀 사실이 아닌 수많은 미신들을 믿고 있었다. '나체란 죄스러운 것이다', '옷을 입지 않은 채로 있으면 악령의 공격에 취약해진다', '병은 악령이 만든다' 등의 말도 안 되는 미신들이 그들에게는 진리였다.[1] 아름다운 공중목욕탕에 몸을 담그고 있는 로마인들의 모습으로 유명해진 일일 목욕은 지양되었고 손과 얼굴과 같이 남에게 보이는 신체 부위만 씻는 행위로 대체되었다. 이러한 미신은 두 가지 주효한 결과를 낳았다. 첫째, 거의 모든 사물과 사람에게서 끔찍한 냄새가 났다. 한 작가는 이를 다음과 같이 묘사하였다. "소작농이든 성직자든, 수습생이든, 스승의 아내든, 냄새가 역하다는 점에서는 다 똑같았다. 귀족들은 계절과 상관없이 전부 냄새가 났고, 왕은 냄새가 역한 사자 같았고, 여왕은 나이든 염소 같았다."[2] 두 번째, 실내 목욕탕은 결국 폐허로 전락했고, 시민들은 배관을 보수하는 기술까지 잃게 되었다. 그래서 이 원시적인 하수 시스템과 요강은 그때만큼은 스스로 만들어낸, 문제를 해결하는 최선의 방책이었다. 과학자들이 보이지 않는 미생물로 인해 우리가 아프다는 사실을 밝혀내기 전까지 병의 원인이 "악령"이라는 이론은 무려 수백 년 동안 지속되었다.

여기서 나의 목적은 중세인들의 사고방식을 탐구하는 것이 아니며, 현대에 이뤄진 건강과 위생 분야에서의 발전을 논하려는 것도 아니다. 내가 이러한 이야기를 한 이유는 더 큰 화두를 던지기 위함이다. 우리 현대인들이 요강을 사용하던 중세인들과 완전히 다르다고 할 수 있을까? 모든 세대는 이전 세대의 어리석음을 돌아보면서 우쭐함을 느낄 만한 수많은 이유를 찾을 수 있다. 같은 맥락에서 빅토리아 여왕 시대의 의사들은 목욕과 귀신을 두려워하는 사고방식을 비웃었지만, 정작 그들 자신도 그 시대의 '말도 안 되는 미신'을 믿고 있었다는 것은 꿈에도 몰랐다. 그 시대의 의학 학술지들은 소설책을 읽는 여자들은 (남자는 그렇지 않지만) 병에 더 쉽게 걸리며, 불임과 정신병을 겪을 위험이 더 높다고 경고하였다. 결국 의료 전문인들도 그들이 비웃던 중세인들과 다를 바가 없었다![3]

우리 인간은 자신을 합리적인 존재로 보려 한다. (우리는 우쭐해 하며 호모 사피엔스, 즉 슬기로운 사람임을 자처한다.) 그러나 우리는 수많은 슬기로움과는 거리가 먼 믿음들을 가지고 있으며, 그로 인해 고통 받는다. 아직도 수백만 명의 사람들은 인간이 지구 온난화의 주범이며 그로 인해 상당한 기후 변화가 일어났다는 것을 보여주는 압도적인 증거들이 있음에도 이를 받아들이지 못한다. 몇몇은 "지구 온난화는 중국인들이 퍼뜨린 거짓말이에요."라고 말하거나 "맞아요, 지구가 더워지고 있는 건 사실이죠. 하지만 그게 인간 활동의 산물은 아니에요."라는 식으로 말한다. 그 결과, 빙하는 지금 이 순간에도 녹고 있고, 해수면은 계속 상승하고 있고, 태풍의 발생은 더욱더 빈번해지고 있으며, 곤충은 전보다 훨씬 많은 질병을 옮기고, 매년 수천 명의 사람들이 이러한 변화의 희생양이 되고 있다. 미국에서는 백신이 어린이들에게 자폐증을 일으키지 않는다는 사실을 보여주는 압도적인 증거가 있음에도 수천 명의 사람들이 아직도 이를 부정하고 있다. 그 결과, 홍역과 백일해의 치사율은 백신 미접종자 사이에서 올라가고 있다. 한 번 완치된 것으로 보여도 이러한 치명적인 질병은 언제든 다시 걸릴 수 있다.

사회 심리학의 주요 영역 중 하나가 **사회 인지**social cognition이며, 이 사회 인지란 사람들이 자신의 행동을 어떻게 생각하는지, 어떻게 자신과 타인을 설명하고, 기억하고, 예측하고, 결정하고, 평가하는지, 그리고 그러한 방식이 왜 자꾸 오류를 범하는지에 대한 분야이다. 인간은 이 행성에서 가장 적응력이 뛰어나고, 가장 높은 지능을 가지고, 가장 성공적인 종족을 자처하고 있지만, 말도 안 된다 싶을 정도로 오해, 갈등, 실수,

각종 편견들에 취약한 종족이기도 하다. 생각해 보라. 수많은 문명의 이기를 이룬 것도 인간이지만, 한때는 요강으로 배설물을 처리했던 것도, 오늘날에는 기후 변화와 백신의 과학적 근거를 부정하는 것도 인간이지 않은가!

이 장은 우리의 "사회적 두뇌"에 관련된 이야기들을 다룬다. 영겁의 시간을 거쳐 진화한 이 "사회적 두뇌"는 인생사의 수많은 모순과 딜레마를 낳았다. 진화하는 과정에서 우리의 두뇌는 효율적인 빠른 인지 처리 능력, 생활을 더 쉽고 더 안전하게 만들어준 편견들, 그리고 서로서로 협력하고 도와주는 성향을 가지게 되었으며, 이러한 점들은 우리가 소규모의 수렵-채집민 집단에 적응할 수 있도록 도와주었다. 그러나 복잡하고, 교류가 많고, 다양한 문화가 공존하는 오늘날의 세상에서, 우리를 도와주었던 인지적 기술들은 종종 역효과를 일으켜 잘못된 결정을 내리게 하고, 편견에 갇히게 하며, 선입견과 혐오의 감정으로 상대방과 싸우게 만든다.

만약 우리가 이성의 힘을 진실 판단에 쓴다고 생각하면, 반대를 위해 실제 사실 따위는 가볍게 부정해버리는 사람에게 좌절감을 느낄 것이다. 인간은 수없이 많은 이성, 사실, 비판적 분석을 사용하지만, 그 목적은 자신의 의견을 형성하는 것이 아닌, 자신이 보고, 느끼고, 믿고 있는 것을 확인하는 데 있다. 소설가 아나이스 닌의 말처럼, "우리는 있는 그대로의 대상을 보는 것이 아니라 우리에게 보이는 대로의 대상을 본다."[4] 우리가 세상을 이해하는 상당 부분은 우리의 직관, 성격과 세상을 지각하는 방식, 그리고 일련의 주요한 사회적 동기에 따라 크게 달라진다.

인지적, 사회적 한계점은 우리 마음의 작동 방식에 영향을 미친다. 그러나 이러한 사실을 알고 있음으로써, 우리는 이에 휘둘리지 않을 수 있다. 우리는 한층 더 깊이 사고할 수 있고, 더 훌륭한 결정을 내릴 수 있고, 우리의 삶을 더욱 지혜롭게 살아나갈 수 있다. 필자는 이 장이 여러분에게 자신과 주변 사람들을 더 깊은 수준의 겸손과 연민의 자세로 돌아보는 계기가 되기를 희망한다. 이 겸손과 연민의 자세야말로 우리가 진정한 의미의 슬기로운 사람으로 나아갈 수 있는 덕목임을 확신한다.

진화와 편향된 뇌

수세기 동안 철학자들은 인간의 인지가 완벽하고 합리적이라고 믿어왔다. 인간은 올바른 결정을 내리기 위해서 최선을 다하고, 올바른 신념을 가지고 있으며, 고통을 최소화하면서 기쁨을 최대화하는 동물임을 철석같이 믿고 있었던 것이다.

이러한 고전적인 견해의 지지자 중 한 명이 제레미 벤담Jeremy Bentham, 1748-1832이다. 그는 인간은 행복 계산을 통해 자신의 행동과 선택의 도덕적 상태 — 선함과 악함, 올바름과 잘못됨 — 를 결정하는 존재라고 저술하였다.[5] 내가 자동차 매장에 차를 사러 온 상황을 가정해보자. 구매할 차종과 모델을 선택하는 과정에서, 나는 각 브랜드가 나에게 가져다 줄 기쁨의 요소들(날렵한 디자인, 편안한 내부, 힘차게 돌아가는 엔진)을 다 가산해보고 거기에서 고통의 요소들(매달 나가야 할 지출로 인한 경제적 부담, 높은 기름값)을 감산해본다. 그런 다음, 나는 최대의 기쁨을 가져다 주고 최소의 고통을 겪게 할 차를 선택한다. 벤담에 따르면, 정부와 경제 시스템의 역할은 "최대 다수의 최대 행복"을 보장하는 것이다. 수많은 이들이 이에 동의했고, 벤담의 사상은 근대 자본주의의 주요 기반 중 하나가 되었다.

일반적인 사람들이 이런 식으로 생각할까? 물론 그런 경우도 있기는 할 것이다. 우리 중 상당수는 현명한 결정을 내리기 위해서 각 선택지의 장점과 단점을 적어 내려가 보라고 한 벤자민 프랭클린의 충고를 따를 것이다. 그러나 이는 선택자가 정확하고 유용한 정보와 합리적으로 생각할 수 있는 정신적 자원을 충분히 가지고 있을 때 가능한 이야기이다. 그러나 우리의 인생에서 이러한 상황은 자주 허락되지 않는다. 왜 그럴까? 두 가지 이유를 들 수 있다.

첫 번째로, 어느 누구도 모든 걸 알 수 있고 편견에서 자유로울 수 있는 "신의 눈"으로 세상을 보지 못한다. 앞에서 다룬 자동차 구매 건으로 돌아가 보자. 나는 차의 장점과 단점을 잘 알지 못하기 때문에 장단점 기록 자체를 시작할 수가 없고, 딜러들과 그들의 수법에 대해 안 좋은 얘기들을 이미 충분히 들은 상태이다. 게다가 내가 알 수 있는 차에 대한 정보는 한정되어 있으며, 그마저도 좋은 점만 과장해서 말하는 광고업자나 인터넷에 있는 정보에 의존할 수밖에 없다. 나는 차를 몰아 본 경험도 거의 없다 — 위험한 기상 조건에서의 장시간 운전과는 전혀 다른, 단지 10분 정도의 시운전이 전부이다. 이렇듯 자동차 구매와 같은 평범한 경우에도 누락되거나 잘못 안내된 정보들이 가득 차 있는데, 인생에 중요한 결정을 내릴 때의 어려움이란 얼마나 심하겠는가? 결혼을 약속할 때(혹은 이혼할 때)나 직업을 선택할 때의 어려움은 매우 클 것이다.

두 번째로, 필요하고 신뢰할 만한 정보가 주어진다 하더라도, 나는 모든 변수를 고려하는 전체적인 분석을 할 시간이 없다. 내가 10시간 동안 그 차에 대해 조사하고, 다양한 대안들을 비교하고 분석한다고 치

자. 그러나 그 시간 동안 내가 의사 결정을 내려야 할 또 다른 문제들이 열 개도 넘게 있다. '점심시간 동안 뭐하지?', '내 강의 노트를 어떤 방향으로 수정하지?', '이 후보자들 중에서 누구를 채용하지?', '나의 딸에게 치아 교정기가 정말로 필요할까?'와 같은 수많은 의사 결정을 해야 하기 때문에 사실상 내가 그날에 내려야 할 모든 문제의 장점과 단점을 목록화하여 몇 시간이고 고민하는 것은 불가능하다. 그리고 이것은 모든 사람이 마찬가지다.

이것이 우리들 대부분이 **인지적 구두쇠**cognitive miser인 이유이다. 우리는 인지적(정신적) 에너지를 보존하고, 복잡한 세상을 단순화하려고 노력한다. 우리는 지름길을 찾고, 경험 법칙을 동원한다. 따라서 인지적 부하를 줄이기 위해서 어떠한 정보는 무시하기도 하고, 더 많은 정보를 찾지 않으려고 다른 정보를 과용하기도 하며, 본능적인 직감에 의존하기도 하고, 완벽하지는 않더라도 '이 정도면 충분하다 싶은' 대안을 수용하기도 한다.[6] 이러한 인지적 구두쇠들의 전략은 효율적일 수 있고, 가끔씩 직감은 우리를 훌륭한 의사 결정으로 안내하기도 한다. 그러나 아무런 검토도 없이 맹목적으로 이러한 전략에 기댄다면 심각한 오류를 자초할 수도 있다.

인간의 사고관(思考觀)은 어떻게 발전해왔는가 심리학자들은 지난 수세기 동안 엄청난 발전을 이룩했지만, 아직도 뇌가 어떻게 의식적 경험을 만들며 그 이유가 무엇인지, 그리고 어떻게 자의식을 갖게 하는지에 대해 알지 못한다. 이와 같이 우리가 완전히 이해하지 못한 것을 설명할 때 비유의 힘을 빌린다. 이는 이미 이해하고 있는 것에 빗대어 아직 이해하지 못한 것을 이해하려는 것이다. 비유는 이럴 때 도움이 된다. 그러나 무비판적으로 비유를 수용하면, 이 또한 잘못된 이해에 빠지는 길이 될 수 있다.

사람들이 마음의 작동 방식에 대한 설명을 시도할 때, 그들이 사용하는 비유는 살았던 시대에 따라 달라진다. 플라톤은 인간의 마음을 '이성과 욕망이라는 두 마리의 말이 이끄는 마차의 마부'에 비유한 것으로 유명하다. 1800년대, 마음은 전보(電報)에 비유되었고, 1900년대에는 전화 교환대에 비유되기도 하였다. 컴퓨터가 등장하자 심리학자들은 마음의 작용을 PC의 작동과 비교하기 시작하였다. 인간의 두뇌는 컴퓨터처럼 기억을 저장하고 인출하는 장치와 같으며 합리적이지 못한 판단을 하는 이유는 컴퓨터로 치면 운영 시스템상의 "버그", "처리 용량의 한계", "스트레스에 의한 인지적 대역폭의 감소"라고 설명되었다.[7]

컴퓨터는 뇌의 특정 기능과 한계점을 서술하는 데 쓸 수 있는 여러 단어들을 제공하지만, 우리의 뇌가 실제로 컴퓨터처럼 기억을 저장하고 정보를 처리하지는 않는다. 게다가 컴퓨터는 미래를 걱정하거나 죽음과 거절을 두려워하거나 즐거움, 슬픔, 질투와 같은 감정을 경험하지 않기 때문에, 사고방식을 컴퓨터로 비유하는 것은 정신 작용에 대한 본질적으로 불완전하고 불만족스러운 설명이다.

오랫동안 사용되었던 한 비유는 완전히 틀린 것으로 드러났다. 존 로크는 (1600년대에) 마음을 '백지상태tabula rasa'로 묘사하였다. 이 비유는 우리의 마음, 성격, 특질은 아무것도 없는 도화지에 학습과 경험이라는 물감으로 그려지는 그림과도 같다고 묘사하였다. 이러한 관점은 수세기 동안 전해져 왔으며, 1900년대에는 심리학의 정신 분석학파와 행동주의학파의 열렬한 지지를 받았다. 이 관점에 의하면, 당신이 수줍음이 많은 성격이라면, 이는 부모님과의 경험과 이때까지 받아온 보상과 처벌이 당신을 수줍게 '만들었기' 때문이다. 행동주의학파의 시조인 존 왓슨John Watson은 한발 더 나아가 환경을 적절히 통제하고 올바른 보상과 처벌을 사용한다면, 어떤 아기든지 자신이 원하는 어른(의사, 변호사, 거지, 도둑 등등)으로 키울 수 있다고 주장하였다.[8] 왓슨은 아기 한 명을 토끼를 보기만 해도 두려워하는 아이로 만들었으나, 다행히도 아기를 거지나 도둑으로 키우는 실험을 하지는 않았다.

이러한 '당신은 무엇이든 될 수 있다' 식의 인간의 변화무쌍함을 극단적으로 강조한 관점은 오늘날 사회에도 여전히 남아있다. 그러나 유전적 성향에 대한 과학적 증거들이 발견됨에 따라, 이러한 견해는 심리학자들 사이에서 사라지게 되었다. 일란성 쌍둥이는 출생 직후부터 떼어놓아 다른 가족 밑에서 양육되더라도 버릇, 행동, 습관, 태도 등에서 (심지어는 정치적 견해에서까지도) 놀라울 정도의 유사성을 보였으며, 형제자매는 같은 가족 밑에서 양육되더라도 서로 다른 성격의 소유자로 자랐다.[9] 아기는 상당 부분이 선험적으로 프로그래밍된 상태로 세상에 태어나며, 세상에 나오는 시점에서 이미 기질 및 언어와 문화를 빠르게 습득하는 장치를 가지고 있으며, 선천적으로 물리적 및 사회적 세상의 작동 방식을 예상하고 있다. 폴 블룸Paul Bloom과 그의 동료들은[10] 태어난지 3개월 된 아기도 짤막한 인형극을 보고, 적대적인 행동을 했던 인형보다는 우호적인 행동을 했던 인형을 향해 손을 뻗는다는 것을 발견했다. 이 흥미로운 연구 결과는 우리의 도덕적 직관과 판단력은 타고난다는 것을 보여주었다.

비유적으로 표현하자면, 우리의 마음은 백지보다는 스케치는 되어 있는 그림에 가깝다. 우리의 마음은 순수하게 경험만의 작품이 아니다. 경험은 이미 그려져 있는 스케치를 더욱 상세히 하고, 수정을 하고, 거기에다가 개인적, 문화적, 사회적 영향들로 색칠을 한다. 우리를 지금의 우리 자신으로 만든 것은 선천적 타고남과 후천적 경험이 상호 작용한 결과이다. 이제 우리가 어떤 것을 선천적으로 타고나는지 살펴보자.

수렵-채집민의 마음과 인간 보편성 진화 심리학에 따르면, 두뇌는 진화에 의해 형성되고, 프로그래밍되었으며, 수십만 년 동안 우리의 생물학적 조상인 수렵-채집민이 식량을 구하면서 직면하였던 어려운 점에 적응되어 있는 신체 기관이다.[11] 진화는 우리의 조상에게 오래 살아남아 자손들에게 유전자를 남길 수 있도록 특성과 특질 — 지능, 물리적 힘, 성적 추동, 위험 감수 등이 속함 — 이라는 선물을 주었다. 대부분의 사회 심리학자들은 이 관점을 지지하였으며, 이 관점은 인간의 마음을 이해하는 연구에 지대한 영향을 끼쳤다.

문화 인류학자 로빈 던바Robin Dunbar가[12] 영장류가 털을 정리할 때의 습관적 행동을 탐구하면서 밝혀낸 소름 끼치는 발견을 생각해보자. 그는 동물 집단의 크기와 동물 신피질의 크기 사이에는 강한 상관이 있다는 것을 밝혀내었다. 이 신피질은 포유류의 뇌에서 가장 최근에 진화한 부위이며, 가장 고등한 기능을 가지고 있는 부위이다. 사람들의 경우, 이 신피질은 뇌 전체 부피의 4분의 3을 차지한다. 이 부위가 가지고 있는 수많은 주름 하나하나는 자각, 의식적 생각 문제 해결, 자기 통제, 언어와 같은 고차원적인 처리 과정을 담당한다. 인간은 유독 크면서 복잡한 신피질과 이 신피질이 초기 인류에게 준 능력을 가지고 다른 포유류보다 큰 협력 집단을 형성할 수 있었으며, 지식을 문화로 발전시킬 수 있었다.

던바는 우리의 두뇌 크기가 약 150명 정도의 사람들과 깊고 의미 있는 관계를 맺을 수 있게 세팅되어 있다는 발견을 하였다. 즉, 인간 공동체는 150명을 넘지 않을 때 가장 최적의 상태로 기능할 수 있다. 집단생활은 우리에게 식량 공유와 안전과 같은 굉장한 이점을 선물하지만, 집단원들의 중요한 정보 ― 어떤 이는 나의 식량과 친구를 뺏어갈 가능성이 높다 따위의 ― 를 학습하고, 이를 기억하라는 인지적 숙제도 부과한다. 이 숙제를 하기 위해 큰 두뇌는 다른 집단원들에 대한 모든 정보와 행동 방식까지도 저장한다. 이것이 한 부족에 150명이 넘는 수렵-채집민이 있으면, 집단생활이 어려워지고 힘들어져서 여러 개의 작은 부족으로 와해되는 경향을 보이는 이유이다.

현대의 집단은 다를까? 우리가 우편과 전화를 통해 수천 명의 사람을 만나는 것을 볼 때, 미디어와 기술의 발전이 예전의 '자연스러운 한계치'보다 훨씬 큰 사회적 관계망을 구축하기 쉽게 만든 것은 사실이다. 그러나 짚고 넘어갈 게 하나 있다. 그 수많은 온라인 친구와 팔로워들 중에서 언제라도 진심을 담아 소통하는 친구는 몇 명인가? 실제로, 매우 소수의 사람들만이 150명 이상의 사람들과 쌍방향 소통을 한다. 사람들이 수백에서 수천 명에 달하는 자신의 친구와 팔로워 수를 보고 자신감을 얻는 페이스북과 트위터의 시대에도 이 한계는 여전하다.[13]

이 150명이라는 한계치가 가지는 한 가지 중요한 함의는 인간 조직이 지나치게 크지 않을 때 ― 관료 조직보다는 공동체 단위에서 ― 더 효율적으로 기능한다는 것이다. 학생 수가 적은 학교들은 개인적 관계가 없는 큰 학교에 비해 학교 폭력이나 등교를 거부하는 학생을 찾아보기 어렵고 학생들끼리의 우애가 돈독하며 높은 수준의 학업 성취도를 보였다.[14] 진화된 수렵-채집민의 본질과 한계를 염두에 둔다면 우리의 삶과 제도를 최적화 하는 방법을 찾는 데 도움이 될 것이다.

길고 긴 진화의 과정은 서로 다른 몇 가지의 인간 보편성 — 특질, 행동 경향성, 동기 부여, 감정 시스템과 같은 모든 인간이 문화와 상관없이 가지고 있는 특징 — 을 만들어냈다. 모든 사회에서 (그리고 우리의 사촌뻘 동물인 침팬지들 사이에서도) 특정 표정은 공포, 행복, 슬픔, 혐오, 놀람 등의 기본 정서를 표현한다. 사람들은 낯선 사람보다는 멀리 있는 친척을 좋아하고, 멀리 있는 친척보다는 가까이 있는 친척을 좋아한다. 사람들은 가족 단위로 살고, 가족 안에서는 남자가 여자보다 나이가 많은 경우가 많다. 평균적으로, 남자는 여자보다 신체적으로 공격적이고, 대부분의 활동은 성별로 나눠지며, 여자는 육아에 전념하는 경우가 많다. 어떤 사회에서든 고유한 형태의 종교가 있고, 금기어가 있으며, 행동 규범이 있다. 어떤 사회에서든 사람들은 어린이용 장난감을 만들고, 이야기와 신화를 말하고, 음악을 만들고, 악의적인 뒷담화를 하고, 나이에 따라 통과 의례를 거친다. 이러한 보편성의 존재는 종족의 생존을 위해 집단생활이 중요하다는 것을 보여준다. 집단에서의 생활은 우리의 생존과 직결되기 때문에 집단생활을 쉽게 만들어주는 이러한 적응 방식들은 지구 어느 곳에서나 존재할 수밖에 없다.

인간의 마음에 대한 진화론적 관점이 끼친 영향력은 지대하다. 사회과학자들이, 우리의 비논리적이고 비적응적인 경향성과 동기 부여들 — 그리고 관용적이고, 자비롭고, 감동적인 것들도 — 은 인간이 소규모의 수렵-채집민 집단에서 살았던 시대의 생존 가치에서 나온 것이라는 주장에 동의하는 데는 20년 정도밖에 걸리지 않았다. 그러나 이러한 비논리, 에러, 합리적이지 못한 판단들은 수렵-채집민의 시대에는 좋은 생존 방식이었을지도 모르나 오늘날의 복잡하고 다양한 문화가 공존하는 세상에서는 우리들의 발목을 잡을 수도 있다. 게임의 규칙은 바뀌었는데,

우리의 진화가 만들어낸 기질적 성향은 이를 못 따라가는 것이다.[15]

우리의 생존은 항상 다른 이의 생존을 필요로 하기 때문에, 진화는 극도로 사회 및 집단 지향적으로 이루어졌다 — 우리는 벌들처럼 훌륭한 팀 플레이어면서, 침팬지들처럼 훌륭한 경쟁자이기도 하다. 우리는 필연적으로 집단의 다른 이들과 연락하고, 협력하며, 순응하고, 조화롭게 지내야 한다. 그러나 집단 내에서 자원과 지위를 놓고 경쟁하는 것 또한 우리의 숙명이다. 우리는 외부인 및 위협으로 지각되는 사람들을 경계하고 적대하도록 편견과 공격성을 가지고 있다. 우리의 뇌는 위험을 알리고, 아군과 적군을 빠른 시간 내에 구별하고, 지각된 적과 싸우거나 도망갈 준비를 하는 신속한 정신적 처리 과정을 발달시켰다. 이러한 경향성은 우리가 석기와 둔기를 들고 싸울 때에는 생존에 큰 도움을 주었다. 그러나 지난 천 년 동안, 세상을 부족 사회처럼 '우리 아니면 그들'의 관점으로 보는 인간의 경향성은 갈등, 정치적 분파, 증오, 전쟁의 단초를 제공하였다.[16]

뇌 속에 심어진 편향들 주지하는 것처럼 우리의 정신적인 엉뚱함과 비합리성의 상당 부분은 단순히 어리석음과 임의의 실수에서 비롯된 것이 아니며 뇌 구조의 결함도 아니다. 인간의 뇌는 효율적으로 작동하게 설계되었지만, 그 작동 과정에서 몇몇의 엉뚱함과 편향들이 나타난다. 특징적인 것은 우리가 대부분의 사람들보다 자신을 더 객관적이고 편향되지 않는 사람이라 믿는 **편향의 맹점**bias blind spot을 가진다는 것이다. 즉, 편향되지 않는다고 생각하는 것 자체가 일종의 편향이다! 이 맹점은 우리의 신념 중 상당수가 은연중에 의식적인 자각 밑에 숨어서 작동하기 때문에 생겨난다. 자신의 행동을 볼 때 우리는 맥락을 알기 때문에 그 행동에 관대한 기준을 적용하게 된다. 결국 무엇을 느끼는지 잘 알고 있다. 그러나 타인의 행동을 볼 때는 모든 맥락을 알지 못한다. 이것이 남에게서는 찾기 쉬운 위선이 자신에게서는 찾기 어려운 이유이다. 다른 정치인들의 불륜은 비난하기 바쁜 정치인이 자신의 사무실에서 불륜을 저지르는 것도 같은 이치이다. 우리는 편향의 맹점 때문에 우리 자신의 위선적인 행동에 대해서 쉽게 합리화시켜 버린다("그는 부도덕한 천하의 몹쓸 놈이지만, 나는 엄청난 스트레스 때문에 불륜을 저지를 자격이 있어").[17]

설상가상으로, 사람들은 자신이 해석한 현실이 현실 그 자체라고 믿는 경향인 '순진한 현실주의'에 약하다. 우리는 대상을 있는 그대로 보고, 다른 이들의 해석은 편향된 것이라고 믿는다. 앞의 문장과 같은 믿음이 우리랑 다른 관점을 가진 사람을 잘못 알고 있고, 무지하고, 이기적인 — 혹은 사악하기까지 한 — 사람으로 만들어 버린다. 역사는 사람이 자신의 옳음과 타인의 잘못됨에 대한 확신을 가질 때 증오와 잔인함에 가득 찬 악행을 자행하기가 얼마나 쉬운지를 비극적인 사건을 통해 너무나도 자주 보여주고 있다.[18]

마음의 편향 중에 **확증 편향**confirmation bias은 우리가 세상을 어떻게 보고 정보를 어떻게 처리하는지와 큰 연관이 있다. 우리는 이미 믿고 있는 바를 지지하는 정보를 인지하고, 기억하고, 받아들인다. 그렇지만 우리의 믿음을 반박하는 정보는 거부한다. 마크 스나이더Mark Snyder와 윌리엄 스완William Swan이 실시한 실험에서,[19] 실험 참가 여대생들은 모두 어떤 사람을 만나는데, 이들 중 일부는 만날 사람이 외향적(활발하고, 따뜻하고, 친근한)이라는 말을 들었고, 나머지는 만날 사람이 내향적(내성적이고, 차갑고, 냉정한)이라는 말을 들었다. 그러고 나서 이 여대생들은 자신이 만날 사람을 파악하기 위해 질문을 준비하라는 지시를 받았다. 이들은 어떤 질문을 준비하였을까? 외향적인 사람을 만나기로 되어 있었던 이들은 그들의 기대를 확인하고자 하는 질문, 예를 들면 "파티 분위기를 띄우기 위해서 무엇을 하세요?"와 "어떤 상황에서 가장 말이 많아지나요?"와 같은 질문을 많이 준비하였다. 반면에, 내향적인 사람을 만나기로 되어 있었던 이들은 "어떤 상황에서 좀 더 활발하게 행동하고 싶나요?"와 "시끄러운 파티의 어떤 점이 싫으세요?"와 같은 질문을 준비하였다. 상대방이 어떤 대답을 하든, 그 사람에 대한 질문자의 가설은 더욱 굳건해질 뿐이라는 것을 인지하라. 즉, 그 사람이 실제로 내향적인지, 외향적인지와 상관없이 첫 번째 세트의 질문에 대답하는 사람이 외향적인 사람이고, 두 번째 세트의 질문에 대답하는 사람이 내향적인 사람인 것이다.

확증 편향은 틀린 것으로 드러난 미신에 맹목적으로 집착하는 사람들을 설명하는 데도 도움을 준다. 그들은 자신이 원하는 사실을 지지하는 증거거리를 찾고 있기 때문에 "마음을 돌릴" 필요가 없다. 진화를 거듭해온 과거의 환경에서는 이러한 편향이 적응에 도움이 되었고, 그렇기에 선조들은 특유의 "안 되면 우기기" 작전이 나온 것일 수도 있다. 그러나 현대 사회에서 가끔씩 이러한 전략은 우리를 어두운 뒷골목으로 끌려 가서 죽음을 맞이하게 할 수도 있다.

자아 중심 편향 인간은 사회적 동물이다. 그러나 동시에 자아 중심적인 동물이기도 하다. 우리는 스스로 만든 우주의 중심에 우리 자신을 놓는다. 이는 사람들이 남한테만 영향을 미친다고 생각하는 정보보다는 자신에게 적용되는 정보를 더 잘 기억하는 현상을 설명할 수 있는 근거가 된다.[20] 집단 내에서 활동하는 사람들은 팀 동료의 성과보다 자신의 성과에 초점을 맞추고 기억하는 경향이 있다. 그리고 정보를 수동적으로 받아들일 때보다 적극적으로 정보를 생산한 경우에 더 잘 기억한다.

온 세상이 당신 얼굴의 주름을 본다거나 그날따라 망쳐버린 헤어 스타일을 가지고 수근거릴 것이라고 확신한다면 당신 또한 자신의 **자아 중심 편향**egocentric bias을 볼 수 있다. 십대들은 "모두가 알게 될 것"이라고 확신하는 잘못을 순간적으로 저질렀을 때 학교 가기를 두려워한다. 그러나 사회 심리학자들은 이러한 걱정들은 대부분이 심할 정도로 과장된 것이라는 사실을 밝혀냈다. 사람들은 실제보다 더 많은 사회적 조명이 자신을 비추고 있다고 느끼는데, 토마스 길로비치Thomas Gilovich와 동료들은 이러한 편향을 **조명 효과**spotlight effect라 명명하였다.[21] 한 실험에서 대학생 참가자는 이목을 끄는 티셔츠 — 앞에 배리 매닐로우의 그림이 그려진 티셔츠 — 를 입으라는 지시를 받았다. 그리고 그 참가자는 학생들로 가득 찬 교실로 들어갔다. 후에, 참가자는 교실에 있던 학생들의 반 정도는 자신의 티셔츠를 보고 부정적으로 반응했을 것이라고 생각했다. 그러나 실제로는, 참가자가 그러한 티셔츠를 입었다는 것을 인지한 학생들조차 전체의 20% 정도밖에 되지 않았다.

우리는 다른 사람들의 시선을 그려보며 자신이 조명의 한가운데에 있다고 느낄 수 있다. 그러나 다른 이들이 우리를 인지하고 관찰하는 것 이상으로 우리가 다른 이들을 의식하고 관찰한다고도 느낀다. 이는 '투명 망토 착각cloak of invisibility illusion'이라고 하는 또 다른 형태의 자아 중심주의이다. 예를 들어, 한 실험에서 처음 보는 사람과 대기실에 같이 앉았던 실험 참가 학생들은 그 낯선 자가 자신을 보았다고 생각한 것보다 자신이 그를 본 횟수가 훨씬 더 많다고 나중에 틀린 추정을 하였다. 참가자들은 투명한 채로 관찰하는 느낌을 일관성 있게 보고하였다 —

실험 설계자가 입으라고 한 티셔츠를 입고 있지 않았다면, 이번에는 파블로 에스코바르의 사진이 크게 붙은 티셔츠를 입고 있었다. 이 이야기의 교훈은 다른 이들이 대상을 어떻게 보는지 추정할 때, 현실에 대한 우리의 지각을 넘어서는 것은 매우 어려운 일이라는 것이다.

자아 중심 편향은 아부와 거짓말을 무비판적으로 수용하게 만든다. 위대한 쇼맨인 바넘은 "멍청이는 항상 태어난다."는 말을 한 것으로 유명하다. 그리고 그의 이름은 한 심리학적 현상의 이름으로까지 쓰이게 되었다. '바넘 효과Barnum Effect'는 사람들이 자신에 대해 모호하고 오히려 해당 안 되는 사람이 없을 정도로 다의적 해석이 가능한 말을 들었을 때, "놀라워! 이건 정확히 나를 말하는 거야!"라는 생각이 드는 효과를 말한다. 이 효과는 사람들이 실수로 점성술에 빠지고, 예언을 믿고, 심지어는 사이비 성격 검사도 믿는 이유를 설명해준다.[22] 내가 당신의 별자리를 가지고 점을 친 다음에, "당신은 익숙하지 않은 사회적 상황에서 낯을 가리고, 인생을 기쁜 일도 있고 나쁜 일도 있는 것이라 생각하며, 유순한 성격이지만 필요할 때는 자신의 입장을 분명히 할 줄도 아는군요."라고 말한다고 가정해보자. 나를 특별한 재능을 가진, 당신의 성격을 정확하게 읽어낸 유능한 점성술사로 보겠는가? 일말의 고민도 없이, 이런 말은 누구라도 할 수 있다고 생각하지 않겠는가? 그러나 자아 중심적으로 생각하는 경향은 대부분의 사람들에게 위와 같은 해석이 완벽하다고 느끼게 한다.

왜 나쁜 기억은 좋은 기억보다 오래 남을까? 인간 마음의 발전과 관련해 한 가지 흥미로운 점은 부정 지향적이라는 것이다. 우리는 현재의 즐거움보다는 잠재적 위험에 초점을 맞추는데, 이를 우리는 **부정 편향**

negativity bias이라 부른다. 우리는 군중 속에서 웃는 얼굴보다는 성난 얼굴을 더 빨리 찾아낸다. 사무실에서의 부정적인 상호 작용은 긍정적인 상호 작용보다 훨씬 영향력이 크고, 직원들은 관리자의 칭찬보다는 혹평과 처벌을 더 잘 기억한다. 부정적인 피드백은 긍정적인 피드백보다 더 큰 정서적 영향력을 미친다. 나쁜 소식은 좋은 소식보다 더 빨리 퍼지며 더 자주 입에 오르내린다.[23]

복권 당첨으로 돈을 번 사람들은 짜릿한 행복을 느낄 것이다. 그러나 결국은 당첨 이전의 "기저 수준"의 행복으로 돌아온다.[24] 이런 식으로 둔감화가 일어나는 것은 돈을 잃거나 시험에 떨어지는 것과 같은 부정적인 사건에서도 마찬가지이다. 우리는 새로운 상황에 적응하고, 우리의 감정은 기저선으로 돌아오게 되어 있다. 그러나 진화론에서 설명하는 대로, 복권 당첨자 인터뷰와 사고 희생자를 대상으로 실시한 인터뷰가 보여주는 것은 긍정적인 사건보다 부정적인 사건을 겪을 때 평균적으로 기저선 수준으로 감정이 회귀하는 데 더 오랜 시간이 걸린다는 것이다. 로이 바우마이스터Roy Baumeister와 동료들은 대개의 경우 부정적인 사건이 긍정적인 사건보다 큰 힘을 가진다는 것을 밝혀냈다. 그들은 위험, 고통, 실패와 같은 부정적인 경험에 더 민감한 동물이 위험에서 살아남고, 결국에는 자신의 유전자를 자손에게 남길 수 있는 가능성이 더 크기 때문에, '좋은 것보다 나쁜 것의 힘이 센 것'이 진화론적으로 이 세상에 적응하는 데에 유리하다는 결론을 내렸다.[25]

이러한 진화된 부정 편향은 우리가 경제학자들이 가정해온 합리적인 동물로 일평생 살 수는 없다는 또 다른 근거가 된다. 경제적인 관점에서만 놓고 보면, 50달러를 잃어버렸을 때의 슬픔과 50달러를 벌었을 때의 기쁨은 똑같아야 정상이다. 결국 똑같은 50달러이기 때문이다. 그러나 실험에 의한 결과는 돈을 잃을 때의 슬픔이 똑같은 액수의 돈을 획득하였을 때의 기쁨보다 더 크다는 것을 반복해서 보여주고 있다.[26] 선택할 수 있다면, 사람들은 무언가를 얻는 것보다는 잃지 않는 선택지를 고른다. 이러한 현상은 **손실 회피**loss aversion로도 알려져 있다.

손실을 강조하는 선택지를 내세우며, 연구자와 정책 입안자들은 사람의 행동과 의사 결정에 영향을 미칠 수가 있다.[27] 필자의 제자 마크 코스탄조Mark Costanzo와 마티 곤잘레스Marti Gonzales와 함께 한 현장 실험에서,[28] 우리는 손실 회피를 이용해서 사람들이 자기 집의 에너지를 낭비하지 않도록 유도하였다. 한 조건에서 각 집을 점검하고 나서 에너지 전문가들은 집주인들에게 단열 방식으로 집을 보온하면 매년 얼마를 절약할 수 있는지를 상세히 설명하였다. 다른 조건에서도 전문가들은 똑같은 정보를 주었다. 다만, 여기서는 각 집의 소유주에게 단열을 하지 않으면 매일 얼마의 손실을 보는지를 말해주었다 — 가만히 있는 것은 곧 창문 밖으로 돈을 내다버리는 것과 같다는 식으로. “손실”에 대해 들은 소유주들은 “절약”에 대해 들은 소유주들에 비해 에너지를 보존하는 단열 방식을 도입한 경우가 두 배나 많았다.

부정 편향에 대한 이해는 이 편향에서 벗어날 수 있는 길을 보여준다. 우리 중 일부는 타고난 운으로 복권에 당첨되거나 기질적으로 행복을 많이 느낄 수 있지만 그 외의 사람들은 확실히 생활 속에서 기쁨을 찾는 경향이 무의식적으로 생기지 않기 때문에 적극적으로 자신을 아름다움, 소소한 행복, 다른 사람의 선함에 노출시키려고 노력하여야 한다.[29] 우리는 감사한 일에 초점을 맞추고, 다른 이들에게 친절을 베풂으로써 생산한 만족감으로 부정 편향을 상쇄할 수 있다.[30]

마음의 두 가지 사고 체계 인간의 마음은 처리 과정의 형태에 따라 두 가지로 나눠진다: 자동적 처리와 의식적 처리. **자동적 처리**automatic processing는 무의식적이고(암묵적), 비자발적인 작동 방식으로 우리 행동의 대부분을 이끈다. 우리의 정신 체계가 별다른 노력 없이, 자각도 없이 수행하는 강하게 학습된 연계 행동 혹은 일상적인 행동이 이에 포함된다. 이는 동물의 뇌가 5억 년 동안 수행해온 — 주어진 감각 요소에 대한 빠르고 효율적인 반응을 위한 — 반응이다. 우리는 한 번에 수많은 작업을 자동으로 할 수 있다. 그리고 이는 운전자들이 셀 수도 없이 많은 조절과 결정(룸미러를 점검한다든지, 문자를 보내고 있는 다른 운전자들을 알아차리는 일)을 하는 데 일일이 의식적으로 신경을 쓸 필요가 없는 이유이기도 하다. 우리는 책에 있는 단순한 텍스트를 읽거나 친구의 목소리를 듣고 화났는지 판단을 하거나, "바늘과 ___"의 빈칸을 채우거나, 사람을 인종, 성별, 연령으로 나눌 때 자동적 처리를 사용한다.

대조적으로, **의식적 처리**controlled processing는 운전을 배우거나 복잡한 수학 문제를 풀거나 영화 제목을 떠올리거나 "너는 남자 친구를 왜 사랑하니?" 따위의 질문에 대답하는 것과 같은 새로운 문제를 처리하기 위한 의식적인(명시적) 노력이다. 이러한 유형의 사고가 발생한 것은 진화론적으로 최근의 일이며, 언어의 발달과도 밀접한 관련이 있다. 이 사고는 느리면서 순서가 있다 — 우리는 한꺼번에 여러 개의 생각을 처리하기보다는 순서대로 한 번에 하나의 생각을 처리해 나간다. 노벨상 수상자인 심리학자 대니얼 카너먼Daniel Kahneman은[31] 그의 저서 『생각에 관한 생각Thinking, Fast and Slow』에서 이 두 개의 사고 체계를 기술하였고, 그 함의를 서술하면서 다양한 심리학적 현상을 설명하였다.

대부분의 결정은 두 가지의 과정을 거친다. 첫째로, 자동적 처리 시스템이 현실에 대해 초벌식의 해석을 한다 — 이 자동적 처리에는 직관, 느낌, 왠지 모를 선호도가 동반된다. 그러고 나서 우리에게 동기가 부여되고 필요한 정보를 얻을 수 있다면 우리는 더 의식적이고 깊은 수준의 사고를 통해 처음의 해석을 수정한다. 우리는 항상 이런 식의 작업을 한다 — 예를 들면, 우리가 직관적으로 추정하였던 바와 같이 아이디어가 유용한지, 상황이 안전한지 혹은 위험한지, 이웃이 무심한 사람인지 혹은 나에게 악의가 있는 사람인지를 판단할 때 모두 이러한 작업을 한다.

의식적 처리 과정은 자동적 처리 과정에 비해 더 많은 시간, 집중, 노력, 에너지를 소모하기 때문에 피로와 주의 분산을 일으키기 쉬우며, 그렇기 때문에 우리는 자연스럽게 지름길의 유혹에 빠지고는 한다. 이러한 이유로 우리가 첫 번째로 보는 인상과 첫 번째로 느끼는 강한 자극은 수정되기가 쉽지 않다. 게다가 자동적 처리와는 다르게, 의식적 처리는 두 가지를 동시에 할 수가 없다. 이는 왜 수많은 연구들이 자아 중심적으로 자신의 능력을 확신하는 사람들조차도 효과적으로 멀티태스킹을 못한다는 결과를 내놓는 이유이기도 하다.[32] (문자를 보내면서 운전하려 할 때, 둘 중 하나는 결국 실패한다.) 인간은 자신의 의식적 처리 스킬에 매우 자부심을 가지고 있지만, 조너선 하이트Jonathan Haidt는[33] 우리의 의식적 이성 작용 — 우리가 완전히 의식적으로 처리하는 언어와 이미지의 흐름 — 은 전체 사고의 1% 정도에 불과하다고 말한다. 나머지 99퍼센트는 의식 밖에서 일어난다는 것이다. 그러나 그의 주장에 의하면, 이 의식 밖의 99퍼센트가 우리 행동의 대부분을 지배한다.

진화가 어떻게 인간의 인지 과정을 형성해왔는지를 이해함으로써, 우리는 사회적 문제들에 훨씬 더 넓은 이해의 폭을 가지고 접근할 수 있다. 이제 우리는 마음과 특히 관련이 있는 몇 가지 사회적 특성들을 살펴볼 것이다.

진화와 사회적 두뇌

나는 매혹적인 사람을 볼 때 항상 기분이 좋았다. 실제로, 이는 나뿐만이 아니라 모든 사람에게 인지상정일 것이다. 아무도 돈과 시간을 소비하면서까지 가십에 몰입할 필요는 없다. 자신이 평생 만날 일도 없는 사람을 가십거리로 만들 필요는 더더욱 없다. 그러나 실상은 그렇지 않다. 우리는 가십거리를 알기 위해 돈을 지불한다. 단적인 예로, 미국에서 독자 수와 광고 수입이 가장 많은 매거진이 『피플people』인데, 이 매거진은 유명인들의 일상을 디테일하게 다룬다 — 우리는 이 유명인들을 잘 안다고 느끼지만, 실제 우리와는 아무런 관계도 없는 사람들이다. 이들에 관한 기사를 인터넷으로 하루에 250번도 더 볼 수 있는 세상이지만, 그래도 사람들은 돈을 주고 이 잡지를 구입한다.

우리의 두뇌가 사회적으로 연결되어 있다는 것을 보여주는 또 하나의 증거는 사람과 관련된 대상을 해석하는 속도가 매우 빠르다는 것이다. 우리는 사람 얼굴을 볼 수가 없는 곳에서 가끔 사람 얼굴을 보는 경우가 있다. 우리는 달의 표면에서, 포테이토칩에서, 토스트 조각에서 사람 얼굴을 본다. 나아가 시나몬 빵에서 테레사 수녀와 닮은 얼굴을 보았다는 것은 이미 유명한 일화이다. 이처럼 임의의 자극에서 유의미한 패턴을 만들어내며, 이 패턴들 중 상당수가 사람과 연관이 있는데, 이에 대한 최선의 설명은 '사람의 마음에는 사람이 있기' 때문이라는 것이다.[34]

이러한 경향을 증명한 고전적인 연구로, 프리츠 하이더Fritz Heider와 마리아나 시멜Marianne Simmel의[35] 연구를 들 수 있다. 이들은 대학생들에게 짧은 애니메이션을 보여주었다 이 애니메이션은 몇 개의 기하학 모형이 화면 속에서 돌아다니고, 정해진 방향이 없이 큰 직사각형에 들어가거나 주변부를 도는 영상이었다. 학생들은 단순히 이 영상을 보고 "그 내용을 쓰라"는 지시를 받았다. 34명의 시청자들 중에 한 명은 자신이 본 영상을 있는 그대로 묘사하였다. "크고 단단한 삼각형이 직사각형 안으로 들어가는 모습이 보였다. 이 삼각형은 직사각형 안에 들어갔다 나왔다가 하는데, 그때마다 모서리와 측면 하나가 반 정도 열려서 입구를 만들었다." 이 학생은 자기 주관이 강한 학생이었다. 그러나 그를 뺀 다른 학생들은 이 단순한 영상에서 그 이상을 읽어내어 사람이 등장하는 이야기를 만들어냈다. 다음은 그 중 하나이다.

> 한 남자가 여자를 만나기로 했는데, 그 여자가 다른 남자와 같이 왔다. 첫 번째 남자는 두 번째 남자에게 "꺼져"라고 하는데, 두 번째 남자는 "너나 꺼져"라고 말하면서 고개를 저었다. 그러고 나서 이 둘 사이에 싸움이 벌어졌다. 그러자 여자는 방으로 들어가서 그 자리를 피하려고 했다. 약간 주저하기는 하지만, 결국 여자는 방에 들어가고 만다. 그녀는 첫 번째 남자랑은 상종하기 싫어하는 것 같았다. 첫 번째 남자는 다소 상태가 나빠진 두 번째 남자를 방 바깥쪽의 벽에 기대게 하고서는 방 안에 있는 여자를 쫓아갔다. 여자는 불안해하며, 방의 한 모퉁이에서 멀리 떨어진 다른 모퉁이로 도망갔다."

믿기 어렵겠지만, 이것은 직사각형과 삼각형이 움직이는 영상을 보고 나온 반응이다! 우리의 마음은 어지간해서는 세상을 있는 그대로 보여주는 선에서 만족을 못한다. 무엇이 일어났냐는 질문을 받을 때, 자동적으로 그리고 빠른 속도로 이야기를 만들어버린다. 심지어 기하학적인 도형, 무생물, 더 나아가서 오늘날에는 로봇에게 인간의 의도, 모티브, 성격을 부여하기 위해 주어진 정보를 뛰어넘는다. 우리는 초창기 로보트인 알투디투, 인공지능인 시리, 아마존이 개발한 알렉사를 마치 사람인 것처럼 대한다.

사회적 두뇌의 또 다른 면을 보고 싶다면 이 문제에 대해 생각해보라. "마음이 방황할 때 마음은 어디로 가는가?", "그 마음은 어디로 헤매고 있는가?", "아무런 과제도 없을 때, 무슨 생각을 하고 있는가?" **디폴트 모드 네트워크**default mode network는 두뇌가 과제나 바깥 세상에 집중하지 않을 때, 활성화되어 일련의 상호 작용을 하는 뇌의 특정 영역을 말한다. 이 네트워크는 또한 우리가 의식적으로 사람에 대해 생각할 때에도 활성화된다. 이것이 마음이 심란한 경우, 대체로 사회적 문제 — 친구와 만든 계획, 사랑했던 이와의 기억, 파트너와의 갈등, 모든 부류의 사람들에 대한 성적 환상, 다른 사람에 의해 생긴 문제 — 때문인 이유이기도 하다. 우리는 모든 것에서 사람의 이야기를 보며, 이는 사람들이 우리의 생각에서 결코 멀리 떨어져 있지 않기 때문이다.[36]

여기서 얻을 수 있는 한 가지 교훈은 물건을 팔거나, 아이들에게 수학과 역사의 재미를 가르치거나, 가장 친한 친구를 알코올 중독에서 벗어나도록 돕고 싶다면, 사람과 관련 지어 이야기를 하는 것 — 혹은 사람에 대한 이야기를 시키는 것 — 이 훌륭한 방법이라는 것이다. 데이비드 해밀튼David Hamilton이 주도한 한 실험에서,[37] 두 그룹의 대학생은 사람의 일상적인 행동에 관한 글을 읽었다. 그러나 이 두 그룹에 내려진 지시 사항은 달랐다. 첫 번째 그룹은 나중에 암기 시험을 칠 것이니 이 글의 내용을 외우라는 지시를 받았고, 두 번째 그룹은 이러한 행동을 하는 사람이 어떤 모습일 것 같은지 전체적인 인상을 그려보라는 지시를 받았다. 그리고 두 번째 그룹의 경우는 시험에 대한 예고를 받지 않았다. 그 결과는? 인상 형성을 지시 받은 그룹은 암기 시험을 예고 받은 그룹보다 더 많은 사실을 기억해냈다. 이처럼 사람과 관련된 내용을 다룰 때 디폴트 모드 네트워크가 관여하여 더 많은 기억을 저장할 수 있게 하기 때문에, "사람과 관련하여" 생각하는 것은 기억력을 증진시키고 더 많은 기억을 저장할 수 있도록 도와준다.

무엇 때문에 사회적 고통은 이토록 괴로울까? "나의 마음이 찢어져요.", "기분이 상해요." 찢어진 마음과 부러진 다리는 명백히 다른 문제임에도 불구하고, 사람들이 이런 식으로 말한다는 것은 사회적 고통 — 거절, 모욕, 고립의 상처 — 는 육체적 고통과 같이 우리를 괴롭힌다는 것을 시사한다. 당신이 다른 누군가에게 거절당하고 공개적으로 망신을 당했다고 생각해보자. 당신은 육체적으로도 이를 느껴 장이 뒤틀리고 볼이 발갛게 상기됨을 느낄 것이다.

당신이 실연의 아픔에 괴로워할 때 실연당했다는 사실을 받아들이기 어려울 것이다. 그러나 사회적 고통은 초기 인류의 생존에 필요한 가치 있는 능력이었다.[38] 사람은 큰 두뇌를 담기 위해서 큰 머리가 필요하다. 이는 곧 인간 아기는 두뇌가 상대적으로 미성숙한 채로 태어나야 머리가 걸리지 않고 무사히 자궁 밖으로 나올 수 있다는 것을 의미한다. 자궁 밖의 세상에서 인간은 뇌랑 몸이 자라는 일정 시간 동안 스스로 먹이를 찾고 자기 몸을 지킬 수 없다. 따라서 그들은 양육자 가까이 있어야 음식을 얻을 수 있고 보호를 받을 수 있다. 이러한 타인들과의 관계는 안전과 자원의 보장을 위해 평생 동안 형성되어야 한다. 정서적인 고통은 사회적 관계가 끊어지거나 위태로울 때 걱정하는 것이 타당한 행동이라는 것을 말해준다. 분리와 거절에 무덤덤한 사람은 오래가지 못한다.

나오미 아이젠버거Naomi Eisenberger와 매튜 리버만Matthew Lieberman은[39] fMRI — 뇌의 혈류를 추적해서 특정 과정에서 활성화되는 뇌의 부위를 밝혀내는 기술 — 를 가지고 대학생이 두 명의 가상 플레이어와 삼방향 캐치볼을 주고 받는 동안 뇌의 변화를 촬영하였다. 어느 시점부터 이 두 명의 가상 플레이어들은 이 대학생에게 공을 전달하지 않고 캐치볼에서 배제시켰다. fMRI는 배제된 학생의 뇌에서 나타나는 활성화 패턴이 찌름, 전기 충격과 같은 실험에서 발생하는 신체적 고통을 견딜 때와 매우 흡사하다는 것을 밝혀주었다.

이러한 결과는 인간의 상호 작용과 관련된 정신적 시스템이 그 자체로 신체적 고통을 신호하는 시스템과 붙어있다는 사실을 시사한다. 그리고 이 같은 사실은 모욕, 따돌림, 욕설 등이 결코 신체적 부상보다 덜 심각한 문제가 아님을 보여준다. 학교에서 거부당하거나 괴롭힘을 당하는 아이는 심각한 영향을 지속적으로 받을 수 있다. 사실, 성인들이 학창 시절에 당한 신체적 처벌보다 거부당한 경험을 오히려 더 생생하게 기억하는 경우도 많다.[40]

부족 중심주의 마인드에 대한 피아 식별 사고 진화는 우리를 부족 중심적 마인드의 소유자로 만들었다. 이 부족 마인드는 타인을 "우리와 그들"로 분류하게끔 오묘하게 설계되었다. 우리는 낯선 사람을 만나면 즉각적으로 견적을 재본다. 이 사람은 위험한가? 악의적인 의도가 있는가? 매력적인가? 유능한가? 냉정하고 가차없는 사람인가? 따뜻하고 유혹적인 사람인가?[41] 궁극적인 질문은 바로 이것이다. 우리 편인가, 남의 편인가?

이러한 피아 식별 사고가 습관화되기까지 오랜 시간이 걸리지 않는다. 나의 아들 조슈아는 수년 전에 그 당시 철없는 아이였던 자신과 세 형제자매가 부부의 관심과 피자의 마지막 한 조각을 서로 먹으려고 경쟁하였으며 이번에는 누가 식기세척기를 돌릴 차례인지를 가지고 싸우기도 하였지만, 진정으로 추구하였던 것은 자신들의 재미와 흥미거리였다고 즐겨 말한다. 그러나 집 밖으로 나와 가족 여행을 가거나 낯선 장소에 가면 이 남매는 하나의 팀이 된다. 가족이 '세상에 맞서' 단결하는 것이다. 베두인족의 오래된 속담 중에 "나의 적은 형제고, 형제와 나의 적은 사촌이고, 우리 모두의 적은 모르는 사람들 전부"라는 말이 있다. 이 속담은 우리의 부족적 마음이 현실 세계에서 "우리와 그들"이라는 구분을 어떻게 확장해 나가는지를 완벽하게 짚고 있다.

고전적인 계열의 연구에서, 헨리 타즈펠Henri Tajfel은[42] 사물과 사람을 집단으로 구분하는 것의 효과를 탐구하였다. 프랑스 군대에서 나치에 대항하여 싸우다가 독일의 전쟁 포로수용소까지 갔었던 폴란드 국적의 유대인 타즈펠은 사회 정체성이라는 주제에 대해 지대한 관심을 가졌고 또 발전시켰다. 저명한 사회 심리학자가 된 그는 **사회 정체성 이론**social identity theory을 개발하여 종교(침례교, 이슬람교, 유대교), 정치, 지역(텍사스, 인디아나), 국가, 직업에서 가장 중요한 멤버십이 어떻게 소속감과 자아 존중감을 주고, 어떻게 집단 안팎의 사람들에 대한 우리의 생각을 형성하는지 서술하였다.

타즈펠의 연구는 우리 마음이 일단 사람들을 "우리"와 "그들"로 구분 지으면 자동적으로 "우리"와 "그들"의 유사점을 찾기보다는 다른 점을 과장하여 찾는다는 것을 밝혀냈다. 우리는 우리가 속한 집단 — **내집단**ingroup — 은 유니크한 개인들의 공동체라고 생각하는 반면, **외집단**outgroup은 다들 비슷한 사람들이 모인 집단이라고 생각하는 경향이 있다. 예컨대, "그들은 다 똑같더라.", "내 눈에는 다 똑같이 보여."라는 말들도 이와 같은 맥락이다. 이는 일반적으로 보면 지각적 오류이다. 백인에게 얼굴 사진을 보여주며 사람을 구별하라는 과제를 주면 백인의 얼굴은 잘 구별하지만 아시아인이나 흑인의 얼굴은 잘 구별하지 못한다. 마찬가지로, 아시아인들은 똑같은 과제를 받았을 때 백인의 얼굴과 흑인의 얼굴을 구별하는 데 어려움을 겪는다. 당신은 이 편향이 목격자 증언의 신빙성을 떨어뜨릴 수 있음을 상상할 수 있다. 백인 목격자는 흑인과 관련된 증언을 할 때, 다른 흑인과 구별을 못해서 잘못 증언하는 오류를 범할 수 있다.[43]

우리는 또한 "그들"보다는 "우리"를 평가할 때 훨씬 후한 점수를 준다. 우리는 자신이 속한 집단의 사람들을 개성 있는 사람으로 볼 뿐만 아니라 그 집단 자체를 더 훌륭하고 바람직한 집단으로 본다. 이 '내집단 편향'은 자부심과 자신감을 준다. 우리는 세상에 대한 지각을 왜곡시켜 우리 집단을 더 나은 집단으로 만들고, 이 집단에 속해 있는 우리를 더욱 잘난 사람으로 만든다.

그런데 우리가 실제로 다양한 입맛, 가치관, 신념, 정치 이념 등을 고려해보고 집단에 가입한다면 소속 집단에 대한 우리의 호감은 어쩌면 당연한 것일 수도 있다. 그러나 인간은 너무나도 이 세상을 "우리"와 "그들"로 나누는 것에 익숙한 나머지 집단의 분류가 매우 사소하고 의미 없는 기준으로 이뤄진다고 해도 내집단 편향이 일어난다. 타즈펠은[44] 완전히 면식이 없는 사람들을 임의로 "그룹X"와 "그룹Y"로 나눠서 그룹명에 따라 라벨을 붙였다. 이 참가자들은 연구가 실시되는 동안 어떠한 상호 교류도 하지 않았고, 모든 행동은 익명성이 완전히 보장되었다. 다만, 이들은 자신과 같은 라벨을 붙인 사람들하고는 친한 친구나 친척인 것처럼 지냈다. 사후 연구에서, 참가자들은 그룹명을 제외하고는 아무런 차이도 없었지만 같은 라벨을 공유한 사람들을 선호하였다. 참가자들은 라벨을 공유한 사람을 더 좋은 성격의 소유자 혹은 더 뛰어난 능력의 소유자로 평가하였고, 심지어는 "같은 그룹"이라는 이유로, 더 많은 액수의 돈과 상품을 주기도 하였다.

왜 우리는 이토록 사소한 차이에도 이렇게나 사람을 차별하는 데 익숙한 것일까? 그 원인은 우리의 DNA에 있다. 수렵-채집민 시절에 우리의 조상들은 소속 부족원과 잠재적 경쟁자, 그리고 잠재적 외부 침략자를 구별함으로써 여러 가지 이점을 얻었다. 연합의 형성, 개인들을 하나의 팀으로 묶는 작업은 서로에게 이익을 주는 공동의 목표가 있을 때 자연스럽게 따라왔다. 우리는 자원을 나눠서 단체를 구축함으로써 외부의 끊임없는 위협에 대처할 수 있었기 때문에 부족 혹은 팀 내부에서의 협력은 적응에 매우 유리한 전략이었다.

불행히도 우리는 집단의 생각이 자신의 생각을 덮어버리는 것을 종종 허용한다. 제프리 코헨Geoffrey Cohen과 그의 동료들은[45] 대규모의 자칭 진보주의자와 보수주의자들을 모집하여 두 개의 복지 정책 개혁안을 평가해보라는 지시를 내렸다. 하나는 관대한 안이었고 다른 것은 수혜자들에게 매우 적은 수준의 혜택만을 주는 까다로운 안이었다. 예상한 대로 진보주의자들은 관대한 안을 선호하였고, 보수주의자들은 까다로운 안을 선호하였다. 다음 실험에서는 이전과는 다른 그룹에서 똑같은 개혁안을 보게 하였다. 다만, 이번에는 각 안이 나온 정당을 라벨로 붙여 놓았다. 그 결과, 이 경우에는 집단의 특성이 안의 내용을 압도하였다. 진보주의자들은 민주당에서 제시했다고 생각되는 안을 선택하였고, 보수주의자들은 공화당에서 제시했다고 생각되는 안을 선택하였다. 실제로 그들이 읽었던 내용은 무시되었고, 객관성은 아무런 힘도 발휘하지 못하였다. 흥미롭게도 이 "정책보다 정당" 효과는 복지에 대해 잘 알고 있는 사람과 모르는 사람에게 똑같이 나타났다. 게다가 참가자들은 자신이 순수하게 정책의 내용만 고려해서 논리적인 의사 결정을 하였다고 주장하였다. 그러나 그들의 판단은 변명의 여지 없이 선호하는 정당에 따른 것이었다.

뉴스를 틀고 정치 전문가가 소속 정당의 후보자나 입장을 지키려고 하는 언행을 보면 이러한 현상이 끊임없이 되풀이됨을 볼 수 있다. (국회의 많은 공화당원들은 수년이라는 시간을 버락 오바마 전 대통령의 건강보험개혁법을 반대하는 데 썼다. 그러나 이 정책은 예전에 공화당원인 미트 롬니가 매사추세츠주에서 실행해 성공을 거두었던 정책에 전적으로 기반하였다는 사실을 알면 이보다 더 웃긴 일도 찾기 힘들다.) 또한 정치적으로 편향된 뉴스의 댓글 모음창을 보면, 어디를 보든 "그들"의 아이디어에 대해서 "우리"가 반사적으로 폄하하는 것을 볼 수 있다.

이러한 편향은 팀이나 집단이 공통된 이슈를 가지고 싸울 때 언제나 나타난다. 프린스턴과 다트머스의 미식축구 경기를 가지고 실시한 또 다른 고전 연구가 이를 보여준다. 이 경기는 가장 치열했고 동시에 가장 지저분했던 경기로 오랫동안 회자된다. 어느 정도의 시간이 흐른 후, 다트머스의 알버트 하토프Albert Hartorf와 프린스턴의 해들리 캔트릴Hadley

Cantril은[46] 두 학교를 방문하여 학생들에게 경기 영상을 보여주었다. 그 다음 학생들에게 철저히 객관적으로 각 팀이 한 반칙을 — 어떻게 시작되었으며 누구의 잘못인지까지 — 써내려 가라고 하였다. 코헨이 정치권에서 한 연구에서처럼, 소속 대학에 따라 학생들의 관점은 큰 차이가 있었다. 즉, 학생들은 자기와 같은 대학 선수들을 반칙 공격을 한 범칙자로 보기보다는 반칙에 당한 피해자로 보는 경향이 있었다. 게다가 그 경향의 정도도 상당히 강했다. 프린스턴 학생들은 다트머스 학생들보다 다트머스의 선수들에게서 2배나 많은 반칙 플레이를 찾아냈다.

인지 과학자 스티븐 슬로먼Steven Sloman과 필립 페른백Philip Fernbach은[47] 우리가 문자 그대로 이성적인 개인으로서가 아니라 집단 안에서 생각하며, 거의 모든 일에서 다른 사람의 전문 지식을 빌려야 하는 오늘날처럼 복잡한 세상에서는 이러한 성향이 더 심해진다고 주장한다. 이러한 전문 지식을 빌리는 행위는 부족에서 아이를 키우는 데에도 유용하지만, 이를 넘어 질병을 치유하고, 달에 발을 내딛고, 자율 주행 자동차를 설계하는 데에도 도움을 준다. 진화론적인 관점에서 보았을 때, 다른 사람의 지식에 의존하는 것은 인간의 삶에 상당한 이점을 주었다 — 물론 찾아보면 예외는 있겠지만.

부족 중심적 사고는 자연스러운 것이다. 그러나 이러한 자연스러움을 필연으로 받아들여야 할까? 그렇지만은 않다. 우리의 역사는 동맹 관계가 바뀌고, "우리와 그들"에 기반한 태도가 바뀐 경우로 가득 차 있다. 올해의 진정한 동지가 내년의 적이나 경쟁자가 되는 것은 순식간이다. 물론, 그 반대의 경우도 가능하다. 다니엘 유드킨Daniel Yudkin과 제이 반 바이엘Jay Van Bayel이[48] 지적한 바와 같이, 이러한 변화는 우리에게 부족주의가 팽배한 미래로 역행할 필요는 없다는 희망을 주기도 한다. "'우리'는 친구이고, '그들'은 위협이다"식의 태생적으로 타고난 자동적 충동은 훈련을 통해 충분히 고칠 수 있다. 실험에서, 이성의 합리성을 동반하여 '외집단원을 차별하는 것이 올바른가'를 깊게 사고할 수 있는 시간과 동기 부여가 이루어진 상황에서는 참가자들이 집단만 보는 비합리적인 차별을 상대적으로 적게 하였다.[49]

중심이 되는 사회적 동기

인간은 수많은 보편적인 신체적 욕구를 가지고 있다. 사고, 감정, 관계를 형성하는 기본적인 사회적 욕구도 가지고 있다. 나아가서 사람들은 누구나 사회적 욕구를 가지고 있으며, 그 정도는 자신이 처한 문화나 개인적 성격, 상황의 세부적인 요소의 영향을 받는다. 일반적으로 욕구가 충족될 때 좋은 기분을 느끼며, 반대로 욕구가 좌절될 때나 갈등이 일어날 때에는 스트레스를 받고 불행함을 느끼고, 인간으로서 자신이 작아지는 것을 느낀다. 사회 인지 연구의 선구자 중 한 명인 수잔 피스크Susan Fiske는 이 욕구들 중에서 핵심 욕구들을 추려내었다.[50]

소속의 욕구 사회적 삶을 지배하는 가장 강력한 모티브는 **소속의 욕구**belonging — 다른 이들과 안정적이고 의미 있는 관계를 맺고자 하는 욕구 — 이다.[51] 우리는 어느 집단에나 딱 맞는 사람이기를 원한다. 앞에서 보았듯이, 두 명의 모르는 사람과 가상 캐치볼을 하다가 약간 배제되는 상황이 되면, 우리의 두뇌는 신체적 고통을 느낄 때와 비슷한 신호를 발한다. 그 당시 배제되었던 경험을 회상하거나 연구실에서의 짧은 게임에서 배제되었던 대학생들은 후에 자기 자신을 배제되지 않았던 학생들에 비해 "모자란 사람"으로 평가하였다.

이 기본적인 사회적 욕구는 장기간의 고립이 불편함을 넘어서 심리적인 상처를 내고, 우울, 불안, 자기 파괴적인 충동까지도 느끼게 하는 이유를 설명해준다. 독방에 수감된 죄수들의 자살률은 일반 죄수 자살률의 몇 배를 상회한다. 독방에 감금하는 것은 분명 가장 잔인한 처벌 중 하나이다.[52] 수년간 완전한 고립 상태에서 수감되었던 죄수들을 연구한 크레이그 헤이니Craig Haney는 "그들은 자신의 존재에 대해 자각이 없었고, 있었다고 해도 자신이 누군지 몰랐다."고 보고하였다.[53]

조금 덜 극단적인 수준에서, 사회적인 고립감은 사람들에게서 감정을 조절하고, 주의, 행동, 충동을 통제하는 능력을 빼앗아간다. 거절당하고, 고립된 학생들은 시험 성적이 더 안 좋았고, 정크 푸드를 많이 먹었으며, 소속감을 느끼는 학생들보다 더 공격적으로 행동하였다.[54] 소속감이 흔들리거나 감소할 때 사람들은 평소와는 다른 방식으로 정보를 처리하고 해석하며, 다른 사람들과 교류할 때 더 개방적이고 거절에는 주의하게 된다 — 추가하면 다른 사람의 행동에 과민하게 반응하게 된다.[55] 이것은 사실상 그들이 자신에게 다음과 같이 말하는 것이다. "나는 이 집단에 수용되기를 간절히 원하지만 그들이 나를 원하지 않는다는 사실 때문에 신경을 곤두세우고 있어요."

소속의 욕구는 통일성과 매끄러운 관계 형성에 기여하며 많은 관습을 만든다. 음악을 생각해보라. 왜 모든 문화는 그들만의 노래와 춤, 리듬과 멜로디를 만드는가? 과연 음악은 아무런 가치도 없는 진화의 부산물일 뿐인가? 음악의 보편성을 볼 때 그렇지는 않은 것 같다. 오히려 특유의 사람들을 한 집단이나 팀으로 결집시키고 집단의 분위기나 목표를 사람들에게 알리기 때문에 음악은 어디에나 존재하는 듯하다. 부족 전쟁의 드럼이나 군악대의 행진이 군인들의 열을 맞추고 전투를 준비시키는 것을 생각해보라. 스포츠 이벤트에서 대학교 응원가가 수천 명의 관중을 하나의 무리로 결집시키고 흥을 돋우는 것을 생각해보라. 콘서트 관중들이 음악에 동화되고 우리 모두가 최애곡을 들으며 울음과 웃음을 터뜨리고 춤을 추는 것을 생각해보라. 음악은 우리와 다른 사람들을 정서적으로 연결하는 필수 요소이다.[56]

다른 사람에 대한 이해와 정확한 예측 사람들은 상황을 정확하게 파악하고 이해하여 세상을 안전하게 최선의 관계를 맺으며 항해하고자 하는 강한 욕구를 가진다. 우리는 무엇이 일어날지를 예측하고, 일어나는 모든 상황을 올바르게 판단할 수 있기를 원한다. 이러한 올바른 판단에 대한 욕구가 좌절될 때 그 불확실성은 불안과 직결된다. 상황이 안정적이고 분명해야 우리가 준비하고, 적응하고, 행동할 수 있기 때문이다. 불확실함은 우리로 하여금 어떤 상황이 벌어질지에 대해서 나 자신을 못 믿게 하는 불신지옥에 빠지게 한다. 우리는 실제로 나쁜 일이 일어날 것이라고 가정하는 것보다는 확실히 알고 있을 때 더 안정감을 느낄 수 있다.

한 연구에서,[57] 참가자들은 충격기와 스트레스 수준을 측정하는 모니터에 연결된 채로 비디오 게임을 했다. 그들은 화면상의 바위를 들어서 가상의 뱀이 나오면 손에 세지는 않지만 고통스러운 충격을 받았다. 몇몇 플레이어들은 게임이 진행됨에 따라 바위를 들 때 뱀이 나와서 자신에게 충격이 올 가능성을 더 잘 예측할 수 있게 되었다. 충격을 피할 수는 없어도 충격이 올 것이라는 것은 알 수 있게 된 것이다. 그러나 또 다른 몇몇은 뱀이 나올 가능성이 계속 변하는 조건에서 게임을 하기 때문에 충격 시점을 예측할 수 없었다. 이 때, 뱀이 나올 시점을 확신했던 참가자들의 스트레스 수준이 그러지 못했던 참가자들보다 훨씬 낮았다.

통제 확실성은 그것이 불행한 사건에 대한 것이라고 해도 제삼의 강력한 사회적 욕구 — '통제 욕구', 자율성과 능력을 가지고 자신의 행동을 주도하고 어떤 일을 일어나게 할 수 있다는 느낌 — 를 충족한다. 통제감은 우리에게 일을 처리할 계획과 능력이 있다는 느낌을 줌으로써 우리의 웰빙에 큰 공헌을 한다. 통제력이 부족하다는 느낌은 우리를 불쾌하게 만들고, 장기적으로는 건강을 해친다. 브루스 맥쿠엔Bruce McEwen은[58] 사회적 지위가 낮은 — 상대적으로 자기 삶에 대한 통제력이 적은 — 사람은 스트레스 관련 질병에 고통받는 사실을 발견하였다. 또한 힘센 원숭이에게 시달리는 영장류 원숭이의 경우 역시 스트레스 관련 질병이 많고, 사회적 지위가 높은 다른 원숭이보다 일찍 생을 마감하는 사실을 발견하였다.

이처럼 통제감은 웰빙에 필수적인 요소이기 때문에, 사람들은 통제력이 없는 상황에서도 통제력이 있는 것처럼 행동한다. 일례로, 사람들은 수동으로 번호를 골랐을 때, 복권 당첨을 은근히 더 기대하게 되고, 크랩스 게임에서 주사위를 세게 흔들면 더 높은 숫자가 나올 거라 믿는다.

중요함의 욕구 인간은 자신이 가치가 있는 존재라고 느끼고, 자신이 속한 공동체에서 사회적 지위를 가지고 긍정적인 평판을 얻고자 하는 강한 욕구를 가지고 있다. 그들은 자신의 삶이 — 그 대상이 상대방이든, 가족이든, 세상이든 — 중요하기를 원한다; 피스크는 이를 "자기 확대"의 욕구라고 불렀다. 실제로, 스스로를 존중하는 정도는 우리가 타인에게 가치 있는 존재라고 생각하는 정도에 직접적으로 연관된다.[59] 이 욕구는 스스로를 발전시키고, 우리의 공동체를 발전시키고, 정치적으로 활발한 활동을 하고, 부와 지위의 징표를 자랑하고, 소소한 친절을 베푸는 등 여러 가지 행동으로 나타난다. 반대로, 자신이 중요하지 않다고 느낄 때 — 자신이 죽든 말든, 자신에게 안정과 의미를 주는 일이 사라지든 말든, 사회는 아무런 신경도 쓰지 않는다고 느낄 때 — 그 결과는 절망과 분노에 의한 투쟁심으로 나타난다. 단적인 예를 들자면, Black Lives Matter 운동은 백인 주류층에 흑인이든 백인이든 똑같이 삶을 영위하고 안전을 보장받아야 함을 이해시키려 하는 아프리카계 미국인 공동체의 절규에서 시작되었다.[60]

신뢰 사회적 동물인 우리는 다른 사람을 믿지 않고는 살아가지 못한다. 진화가 우리에게 부정 편향 — "악은 선보다 더 강하다" 효과 — 을 주었다고 하더라도, 우리 안에는 이 세상이 안전하고, 은혜롭고, 공정하다는 것을 믿으려고 하는 동기가 있다. 우리는 다른 이들이 우리의 안전을 보장하고, 친절로 대하며, 자원을 제공해 줄 것이라 느끼길 원한다. 믿음이 약점으로 작용할 위험이 있음에도, 우리는 일반적으로 다른 이들 — 특히 우리와 비슷한 사람들 — 이 우리를 해치지 않을 것이라 기대한다. 모든 사회적 동기가 그렇듯, 기질적인 성향과 유년 시절의 경험이 사람마다 다르기 때문에 타인과 이 세상을 믿는 정도도 역시 다르다. 그러나 우리는 다른 사람이 자신을 속인다고 느낄 때 놀라고, 화나고, 상처를 받을 거란 사실을 지당하게 받아들인다. 다른 누군가를 믿는다는 것은 상호 작용을 더 간단하고, 기쁜 일로 만든다; 믿음은 우리가 자신을 솔직하게 드러냈을 때 다른 사람들이 우리를 내치려 하고 놀림감으로 삼을 것이라는 걱정에서 우리를 자유롭게 만든다. 빅토리아 시대의 소설가 조지 엘리엇은 "어떤 외로움이 불신보다 더 외롭겠는가?"라는 문장으로 이를 맛깔나게 표현하였다.

다른 사회적 동기에도 해당되지만, 우리는 종종 신뢰에 대한 욕구를 충족하고 은혜로운 세상에 대한 믿음을 유지하기 위해서 우리가 보는 세상을 왜곡한다. 당신이 혹은 당신이 아는 누군가가 강도를 당했거나 강간을 당하고, 공격받고, 트라우마에 괴로워하는 것이 — 사건의 충격과 고통에 더하여 이 세상의 안전과 정의에 대한 믿음이 무너지기 때문에 — 얼마나 절망적인 일인지 알고 있다. 이때 우리의 믿음은 산산조각이 나고 만다. 기분을 좋게 하고 우리에게는 그러한 일이 일어나지 않음을 믿기 위한, 흔하지만 씁쓸한 노력의 일환으로 우리는 피해자에게 책임을 묻고 피해자가 왜 그런 일을 당할 행동을 했는지의 이유를 찾으려 한다.[61]

사회적 동기를 정리하며 이 책의 전반에서, 당신은 사회적 동기에 대한 이해가 어떻게 사회 인지와 행동을 보는 창을 제공하는지를 볼 수 있다. 우리는 소속감을 느끼고, 결과를 알 수 있고, 자유롭게 선택하고 통제할 수 있고, 자신의 가치 있음을 느낄 수 있는 일을 하고, 사랑하는 이와 동료들을 믿을 때에 최고의 결과물을 낼 수 있다.[62] 따라서 사실이 아닌 것을 믿거나 말도 안 돼 보이는 것을 믿을 때, 이러한 핵심 동기들은 종종 몇 가지 방식으로 표출된다.

나는 1장에서 종교적 근본주의와 특별히 연결고리가 없는 중산층의 십대들이 왜 집을 떠나 테러 집단에 가입하는지를 질문한 적이 있다. 선한 10대의 마음 속의 누군가가 안전한 집을 떠나 ISIS에 가입하여 높은 확률로 자살 테러범이 되면 즐겁다는 것을 발견하기라도 했을까? 테러리즘 전문가인 아리 크루글랑스키는 테러리스트들의 여러 가지 공통점을 발견했고, 여기에는 세 가지 중점 동기가 있었다.[63] 첫 번째, 그들은 자신에게 뚜렷한 정체성과 목적을 제공해줄 더 큰 집단의 일원이 되고자 하는 강렬한 소속 욕구를 가지고 있었다. 두 번째, 그들은 확실성, 질서, 구조화에 대한 욕구가 강했다; 근본주의자들의 흑백 교리는 그들에게 명확한 — 불확실한 세상에서 그토록 찾아 헤매던 확실성을 가진 — 답을 제공하였다. 세 번째, 테러 집단에 소속된다는 것은 자신의 삶이 보잘 것 없고 무의미하다는 느낌을 해소해주었다; 테러 집단에 가입함으로써 그들은 삶의 의미를 찾았으며 자신의 삶이 중요하다는 강렬한 느낌을 받게 되었다.

나는 대부분의 인간은 이러한 보편적인 욕구들을 사회에서 평화롭게 살아가면서 충족시킨다는 것을 강조하고 싶다. 그러나 자신이 하찮은 존재이며 이 사회의 이방인임을 느끼는 사람들에게 소속과 중요함의 욕구는 목숨보다 큰 문제일 수도 있다.

우리가 사는 세상을 지각하고 설명하기

우리는 살아가면서 하루도 빠짐없이 일어나는 수많은 사건들을 설명하려고 노력한다: 북한인들은 왜 그리도 변덕스럽게 행동할까? 저 편에 있는 매력적인 사람은 왜 나를 무시했을까? 최근에 있었던 에세이 과제에서 나는 나쁜 점수를 받고 너는 좋은 점수를 받은 까닭은 무엇일까? 우리의 설명은 합리적이고 올바른 경우가 많다. 그러나 동시에 이 설명들은 편향과 불합리에 취약하기도 하다.

귀인과 설명: 왜 사람들은 그들답게 행동하는가? 20세기 중반, 프리츠 하이더와 해롤드 켈리는 사람들이 "초보 과학자들"처럼 생각한다고 주장하였다.[64] 이 초보 과학자들은 행동에 대한 자신의 가설을 전문적인 과학자들처럼 체계적으로 검증하려 들지는 않지만, 다른 사람들이 왜 그렇게 행동하는지에 대해서 이해하려고 노력한다. 이 목표와 관련해서 그들은 **인과 귀인**causal attribution을 만든다: 그들은 조가 이기적으로 행동하는 이유나 짐이 너그러운 이유를 알고 싶어한다. 이 아이들은 항상 이기적으로 혹은 너그럽게 행동하는 것일까? 그렇지 않으면 주변 상황이 그들의 행동에 영향을 끼쳤을까?

당신이 친구와 캠퍼스를 돌아다니다가 같은 학교 친구인 마고가 스콧이랑 키스하고 있는 것을 보았다고 가정하자. "그녀는 왜 키스를 하고 있지?" 하고 당신의 친구가 물었다. "나는 그녀가 스콧을 싫어한다고 생각했어." **귀인 이론**attribution theory에 따르면, 사람들은 대답하기 전에 인과 관계에 대한 두 종류의 설명 중 하나를 만든다: 한 설명은 그 사람의 전형적인 성격에 의한 설명이다(**기질적 귀인**dispositional attribution); 다른 설명은 그 사람이 처해 있는 상황에 의한 설명이다(**상황적 귀인**situational attribution). 마고가 스콧과 키스한 것은 원래 그녀가 느낌만 오면 즉시 아무하고나 키스를 하는 성격인가? 그렇다면 당신은 그녀의 키스 행위가 그녀의 매우 애정이 넘치는 성격 때문이라고 결론지은 것이다. 이것은 기질적 귀인이다: 당신은 사람이 특정한 방식으로 행동하는 것은 성격 특질이나 동기와 같은, 그 사람의 내면에 있는 무언가 때문이라고 추론하는 것이다.

그러나 당신이 거의 모든 사람이 스콧과 키스를 한다는 것을 알게 되었다고 가정해보자. 이제 당신은 마고의 키스 행위가 그녀가 스콧이라는 매력적인 사람을 만난 상황에 의한 것이라고 추론할 수도 있다 — 그녀의 행동이 상황에서 귀인한 것이라고 추론하는 것이다. 마지막으로, 마고가 스콧이랑만 키스를 하고 다른 사람과는 키스를 하지 않는다면, 그 이유는 그 둘 사이가 특별한 관계에 있을 가능성이 높다; 이때에도 당신은 '그 둘이 서로를 사랑하고 있다.'와 '스콧이 키스 받을만한 무언가를 하였다.' 두 가지 중 하나라고 결론지을 것이다.

이러한 종류의 귀인적 분석은 엄청 유용하고, 이 사람이 왜 저 사람한테 키스하는지를 판단하는 것보다 훨씬 중요한 결정을 내리는 것을 도울 수도 있다. 교사는 학생들이 노력하는 이유를 알아야 한다. 판사는 피고인이 무죄인지, 유죄인지 결정해야 한다. 국가의 수뇌부는 상대국가의 도발에 어떻게 대처해야 할지를 결정해야 한다. 이러한 모든 경우에서, 우리가 만드는 귀인은 강력한 결과를 낳는다. 이러한 이유로, 사회 심리학자들은 우리의 귀인과 설명에 영향을 미치는 수많은 요인들을 파악해 왔다: 그 요인들로 근본적 귀인 오류, 자기 충족적 예언, 그리고 자기 위주 편향을 들 수가 있다.

근본적 귀인 오류 **근본적 귀인 오류**fundamental attribution error는 우리가 어떤 행동을 묘사하고 그 원인을 설명할 때 성격과 같은 기질적 요인을 상황적·환경적 요인들에 비해 중요하게 평가하는 경향성을 말하는 용어이다.[65] 당신의 반 친구가 공부를 멈추고 수업을 듣는둥 마는둥 하고 있다면, 당신은 아마도 원인을 그의 성격에서 찾으려 할 것이다: "그녀는 게을러졌어." 혹은 "그는 생각보다 똑똑하지 않네." 결과적으로 당신은 그가 부모님의 병환과 같은 외부적인 문제에 잠시 시달리고 있는 것이라고 생각하기보다는 그는 원래 그런 성격이다라는 식으로만 계속 생각할 가능성이 높다.

결정적인 상황적 요인 중 하나는 우리가 항상 수행하고 있는 사회에서의 역할이다. 리 로스Lee Ross, 테레사 아마빌Teresa Amabile, 줄리아 스테인메츠Julia Steinmetz가 실시한 기발한 실험은 사람들이 행동을 설명할 때 역할의 힘을 과소평가한다는 것을 보여준다.[66] 그들은 퀴즈 쇼의 형식을 구성해서 참가자들에게 무작위로 두 가지 역할 중 하나를 배정하였다: (1) 질문자의 역할은 퀴즈 쇼 출연자에게 문제를 내는 것이고, (2) 출연자의 역할은 질문자에게 답변을 내놓는 것이었다. 한 명의 관찰자는 이렇게 구성된 퀴즈 쇼를 관람하고, 질문자와 출연자의 일반적인 지식 수준을 측정하였다. 당신 스스로 관찰자의 입장이 되어 보라. 당신이 관찰자라면 누구를 보겠는가? 틀림없이 당신은 멍청하고 무지한 사람보다는 매우 똑똑하고 유식한 사람을 볼 것이다. 그러나 이 두 가지 역할이 어떻게 참가자들의 행동을 제약하는지 유심히 보라. 질문자는 그 분야의 마니아들이나 알 법한 지식을 동원해 어려운 문제를 낸다: "베이브 루스가 자신의 마지막에서 두 번째 홈런을 친 경기장은 어디일까요?", "리투아니아의 수도는 어디일까요?", "토머스 제퍼슨 전 대통령의 사망일은 언제일까요?" 따위의 문제이다.

단순히 문제를 내는 것만으로도 질문자는 똑똑해보인다. 형편 없는 출연자는 답변을 하면서 수많은 오답 판정을 받게 되고, 이는 그를 멍청한 사람으로 보이게 만든다. 그리고 실험 상황은 정확히 그와 같이 흘러갔다. 관찰자들은 질문자들이 출연자들보다 훨씬 아는 것이 많다고 느꼈다. 그러나 모든 참가자들은 자신의 역할을 무작위로 배정받았기 때문에, 모든 질문자가 실제로 모든 출연자보다 똑똑하고 유식할 가능성은 거의 없다. 그리고 정말로 놀라운 사실이 하나 있다: 관찰자들은 참가자들이 무작위로 역할을 배정받았다는 사실을 알고 있더라도, 사회적 역할이 퀴즈 쇼 참가자들에 대한 자신의 판단에 영향을 미친다는 것을 인정하지 못하였다. 그들은 자신이 본 행동을 개인적 성향에 귀인歸因하는 함정에 빠져들었다.

근본적 귀인 오류는 우리의 사적이고 낭만적인 삶 안에서도 일어난다. 예를 들어, 당신의 동료가 생각 없이 행동할 때 당신은 기질적 귀인("내 파트너는 생각 없지 사는 거렁뱅이야; 관계를 끊고 싶어.")을 만들거나 상황적 귀인("내 파트너는 직장에서 엄청난 압박감에 시달렸음에 틀림없어; 같이 휴가를 갔다 와야겠어.")을 만들 수 있다. 어느 쪽이 더 행복한 관계 형성으로 이어질까?

귀인은 사회적 이슈들과 그 해결책에 대한 믿음의 근간이 된다. 많은 미국인들이 슈퍼마켓에서 식료품 할인권을 사용하는 사람들을 일할 의지가 없는 사람으로 간주한다: "그녀가 좀 더 열심히 살았다면 직업을 가질 수 있었을 거야." 혹은 그들은 유죄 선고를 받은 범죄자는 "틀림없이 흉악하고 잔인한 인간이다."라고 말하기도 한다. 이 두 개의 설명이 올바른 설명일 수도 있다. 하지만 그들은 근본적 귀인 오류를 일으켰을 가능성에서 완전히 눈을 돌렸다. 성격 특질 말고도 직업 기회의 부족, 문맹, 불경기, 자라온 가정 환경의 문제 등의 수많은 요인들이 왜 그 사람이 가난한지, 왜 그 사람이 범죄를 저질렀는지를 설명하는 이유가 될 수 있다.

필자는 범죄자들이 그들의 행동에 대한 책임이 없다고 말하는 것이 아니다. 그리고 게으름, 잔인성, 폭력성과 같은 기질적 요인이 존재하지 않는다고 말하는 것도 절대 아니다. 이들은 분명히 존재한다! 그러나 상황적 요인들보다 개인적인 요인에 초점을 맞추는 것은 빈곤 타파와 범죄 감소를 위한 또 다른 정책을 낳을 수 있다. "이 범죄자는 선천적으로 사악하다."는 귀인은 우리가 감옥을 짓는 데 더 많은 돈을 쓰고, 더 길고 가혹한 형을 선고하는 것을 지지하도록 이끈다. 반면, 범죄의 원인을 전적으로 실업, 질 나쁜 롤 모델, 문맹에서 찾는 것은 더 좋은 학교를 짓고 가난 타파를 위해 투자하는 사업에 세제 혜택을 늘리는 정책으로 이어진다.

적어도 근본적 귀인 오류에 대한 지식은 우리의 귀인이 틀릴 수 있음을 경고한다. 상황적 요인을 고려하는 것은 우리도 상황에 따라 나쁜 행동을 할 수 있다는 사실을 상기시킨다. 우리는 미국 신교도 개혁가 존 브래드포드의 말을 진지하게 생각해 볼 필요가 있다: "신의 은총이 없었더라면 나도 그렇게 되었을 것이다."

성공과 실패에 대한 귀인들 - 그리고 자기 충족적 예언 우리가 하는 모든 귀인들 중에서 성공과 실패에 대한 귀인은 우리의 통제감에 영향을 미치기 때문에 가장 중요한 귀인 중 하나이다. 어린이가 학교에서 문제를 겪거나 시험에서 낙제할 때 자신과 다른 이들에게 그 이유에 대해 말하는 설명은 그들이 계속 낙제할지, 혹은 결국에는 합격할지를 결정한다.

우리는 성과에 대한 기질적 귀인을 분석할 때, 그 원인이 자신에게 있다고 판단하며, 성공 여부는 자신의 성격, 능력, 노력에 달려있다고 본다. 반면, 우리가 상황적 귀인을 분석할 때, 문제의 원인이 직무의 난이도나 직무 수행 시의 조건에 있다고 판단한다. 당신이 수학 시험에서 낙제를 했다면 그 원인을 내적인 것에서 찾을 수도 있거나("나는 수학에 약하다"; "나는 공부를 충분히 하지 않았다") 외부적인 것에서 찾을 수도 있다

("시험 문제가 말도 안되게 어려웠고, 함정도 많았다"; "시험보는 교실이 너무 시끄러워서 집중을 할 수 없었다").

사람들은 오랜 시간 동안 자신의 성공과 실패를 설명하는 습관적인 패턴을 개발한다. **설명 방식**explanatory style이라고 불리는 이 패턴은 사람들의 통제감과 정서적 안녕에 영향을 미친다.[67] 비관적인 설명 방식을 가지고 있는 사람은 문제의 원인이 자신의 삶 속에 스며들어 있기 때문에 개선할 수가 없으며 평생 동안 자신을 괴롭힐 것이라고 생각해서("나는 모든 게 두렵고 내가 어떤 노력을 하든 이 현실은 바뀌지 않을 거야"), 시도때도 없이 우울하다. 이에 반해, 낙관적인 설명 방식을 가지고 있는 사람은 불행한 사건의 원인을 외부에서, 상황에서, 그리고 자신의 통제 범위 내에서 찾는다: "그래, 나는 이 수학 시험을 말아먹었지만, 다음 번에는 더 열심히 공부해서 좋은 점수를 받을 수 있을 거야. 게다가 이번 시험은 굉장히 어려웠지만 다른 시험에서는 좋은 점수를 받았어."

당신은 이러한 귀인들이 미래의 성공 혹은 실패를 주장하는 빈틈없는 시나리오를 만들어내는 방식을 알 수 있다. 이 메커니즘은 **자기 충족적 예언**self-fulfilling prophecy을 창조한다. 이 예언은 우리의 행동에 대한 처음의 귀인을 만들고, 이 귀인이 맞다는 것을 확인하는 방식으로 행동하는 것을 말한다: "시험에 낙제했어. 나는 멍청해. 따라서 나는 공부를 하지 않을 거고, 그래서 나는 다음에도 떨어질 거야. 거봐, 내가 멍청하다고 말했잖아." 그러나 우리는 또한 긍정적인 자기 충족적 예언도 만들어낸다: "시험에 낙제했어. 내가 공부를 충분히 안 해서 그런가봐. 그러니 나는 더 열심히 공부해서 이 내용을 마스터할 거야. 그러면 더 좋은 점수를 받을 수 있을 거야. 거봐, 내가 할 수 있다고 했잖아."

자기 충족적 예언들은 다른 사람들에 대한 귀인에도 적용할 수 있다:

우리는 그들이 멍청하다고 생각하고, 그 생각에 기반해서 그들을 대하고, 그들이 멍청하다는 우리의 예언을 수행하는 방식으로 행동한다. 이 악순환을 설명한 고전 실험에서 로버트 로젠탈Robert Rosenthal과 레노어 제이콥슨Renore Jacobson은[68] 교사들에게 거짓된 고정 관념을 심었고, 그 결과 선생님들이 학생들을 대상으로 만드는 귀인들은 학생들의 학업에도 영향을 끼쳤다. 이 연구에서 실험자들은 처음에 초등학교의 학생들을 대상으로 IQ 테스트를 하였다. 채점이 완료된 후에, 각 반의 20퍼센트의 아이들이 무작위로 선택되었다. 교사들은 이 학생들이 다가올 해에 지능이 만개하기 직전의 "피어날 꽃"이라는 검사 결과를 들었다. 이 완전히 거짓된 정보는 교사들이 이 학생들에 대해 긍정적인 기대를 찾도록 만들었다. 그후 이 연구자들은 단순히 앉아서 지켜보기만 하였다. 일 년 후에, 그들은 IQ 테스트를 다시 하였다.

전반적으로 모든 학생들은 한 해만에 IQ가 상당히 높아졌다. 그러나 "피어날 꽃"으로 선택되었던 학생들은 그렇지 않은 학생들에 비해 훨씬 더 IQ가 높아졌다. 보기에, 피어날 꽃들이 만개할 것이라고 믿은 교사들은 이들에게 더 많은 관심을 기울였고, 이들을 더 존중하면서 대하였고, 자신의 능력에 자신감을 가질 수 있도록 만들었다. 그 답례로, 학생들은 교사의 긍정적인 기대를 만족시켰다.

이 효과는 주로 1학년이나 2학년 교실에서 나타났는데, 이는 학교에 새로 왔고 아직 학업에서의 자기 개념이 형성 중인 학생들이 담임 교사들의 기대에 특히 민감하다는 것을 시사한다. 고학년이 되자 점수 차는 줄어들었고, 거의 차이가 없는 경우도 있었다. 그러나 소수 인원의 그룹에 속해 있는 학생들에게 교사들의 기대는 더 많은 인원의 더 큰 영향을 미쳤는데, 이는 소수만 있는 환경이 학생들로 하여금 교사가 자신을

대하는 태도에 더 민감하게 만들었음을 시사한다.[69]

사회적 판단에서의 맥락 효과

사회 인지의 기본 원리는 '모든 판단은 상대적'이라는 것이다. '우리가 사람이나 사건에 대해 지각하고 생각하는 것은 사회적 맥락에 달려 있다.' "사회적 맥락"은 매우 큰 개념이기 때문에, 여기서는 어떻게 바깥 세상이 우리 마음에 들어와서 우리가 결정을 하는 방식과 행동을 설명하는 방식에 영향을 미치는지에 대해서 몇 가지를 살펴보고자 한다.

대비 효과와 사회적 비교 비교하는 그 대상에 따라 원래의 그 대상이 상태보다 더 좋아 보일 수도있고 나빠 보일 수도 있다. 대부분의 판매원들은 은연중에 이를 이해하고 판매 전략에 적용하기도 한다. 당신이 집을 사러 부동산 중개업자에게 간 상황을 떠올려보자. 업자가 처음 소개해준 곳은 조그마한 창고가 있는 두 칸짜리 침실이 따린 집이었다. 그 집은 페인트칠을 다시 해야 하고, 인테리어도 필요하고, 부엌의 바닥은 찌그러져 있고, 거실의 카펫도 찢어져 있고, 불쾌한 냄새가 났다. 중개업자가 그 집의 예상 가격을 말할 때, 당신은 경악에 굳어버리고 만다: '이런 제길! 이 물건을 이 가격까지 받으려 한다고? 이 판잣집을 누가 그 돈 주고 사?' 당신뿐만 아니라 거의 모든 사람이 그런 반응을 보일 것이다. 이제 업자는 당신을 평균 수준으로 보이는 집으로 데려간다. 다 쓰러져가는 집을 먼저 보여준 것이 그 다음 본 집에 대한 당신의 평가에 영향을 미칠지도 모른다는 것을 어찌 알겠는가? 그렇다. 그 다 쓰러져가는 처음에 보여준 집은 두 번째 보여주는 집이 당신의 지각에 영향을 주기 위해 설계된 바람잡이였던 것이다.

대부분 레스토랑의 와인 리스트를 보면, 일반적으로 큰 차이가 나는 다양한 가격대의 와인들이 있다. 가격이 각각 병당 14달러, 35달러, 70달러, 170달러인 4개의 와인들이 있다고 가정해보자. 레스토랑이 170달러짜리 와인을 못 팔지라도 그 와인이 있음으로써 다른 와인들은 상대적으로 싸게 보일 수 있다. 그리고 대부분의 사람들은 가장 싼 와인을 구매함으로써 격이 낮은 사람으로 보이고 싶어하지 않기 때문에 겁날 정도로 비싼 바람잡이를 배치하는 것은 레스토랑에서 두 번째나 세 번째로 싼 와인의 가격을 올려 원래 가격보다 더 비싸게 팔 수 있는 효과적인 전략이다.[70]

이러한 바람잡이를 사용하는 원리는 **대비 효과**contrast effect로, 한 물건을 유사한 물품과 대비할 시 당신이 경험하는 그 물건에 대한 느낌의 변화이다. 과다한 가격의 판잣집에 비하면, 평균 수준으로 보이는 집은 매우 좋은 매물이다; 170달러짜리 와인에 비하면, 70달러짜리 와인은 괜찮아 보인다. 어떤 물건이든지 그와 유사하지만 좋지는(예쁘지는, 많지는, 싸지는) 않은 물건과 대비될 때에는, 원래보다 더 예쁘고, 더 많고, 더 가성비 좋은 구매 상품으로 판단된다. 조나단 스위프트의 고전 소설 『걸리버 여행기』에서 보통 정도의 키를 가진 주인공은 릴리풋의 원주민들한테는 거인으로 간주되지만, 브롭딩내그의 거인들 사이에서는 난쟁이가 된다.

대비 효과는 전략적으로 사용될 때 큰 효과를 거둘 수 있다. 한 중고차 딜러는 차고에 낡은 고물차를 갖다 놓음으로써 바로 옆에 있는 자동차의 외관을 개선할 수 있다. 대통령 후보는 지명도가 다소 떨어지는 사람을 부통령 러닝 메이트로 선택함으로써 자신이 대통령으로서의 훌륭한 자질을 가진 사람이라는 이미지를 더욱 강화할 수 있다. 우리는 종종 맥락의 영향을 간과하며 제시된 대안의 타당성에 대한 질문은 하지 않는다. 이는 정치인, 광고주, 판매원과 같은 "맥락 제작자"의 힘을 강화한다: 그들이 제작한 맥락은 우리의 지각과 판단에 영향을 미치며, 원래라면 하지 않았을 결정을 하도록 은근슬쩍 유도한다.

우리가 스스로에 대해 내리는 중요한 판단 또한 대비 효과의 영향을 받는다. 우리 자신에 대한 정보를 얻는 가장 강력한 자원 중 하나는 **사회적 비교**social comparison인데, 이는 자신을 남과 비교함으로써 우리의 능력, 성취도, 태도를 비롯한 특징을 평가하는 것이다. 우리가 자신을 누구와 비교하느냐에 따라 그 결과로 많은 것을 배울 수도 있고, 마음이 편안해질 수도 있고, 영감을 얻을 수도 있고, 기가 꺾일 수도 있다. 이는 많은 고등학생 수석 졸업생들이 일류 대학에 가서 다른 수석 졸업생들에 둘러싸였을 때 자존감이 떨어지는 경험을 하는 이유이기도 하다. 더 이상 주변에서 가장 똑똑한 아이가 아님에도, 그들은 새로운 맥락에서 평균 정도밖에 안 된다는 사실에 자신이 무식하다고 느낀다.[71] 유사하게, 젊은 여성들은 미디어에서 모델 사진을 보면 더 많은 평균 수준의 외모를 가진 여성들을 볼 때보다 자신이 덜 매력적이라고 느낀다.[72] 그리고 많은 사람들은 친구들의 삶을 체크하면서 그들의 삶이 — 그들의 모든 휴가, 그들이 가진 귀여운 강아지, 완벽한 가족, 파티들 등으로 — 얼마나 완벽한지를 알게 된 후에 따라오는 왠지 모를 우울감인 "페이스북 우울증"으로 고통받고 있다.[73]

손자 류보미르스키Sonja Lyubomirsky는 사회적 비교가 전적으로 부적절과 불만족의 감정을 비난하는 것이라는 사실을 한번 관찰해보았다. 당신이 아무리 좋은 조건에 있더라도 결국 세상에는 항상 비교할수록 비교를 멈추고 싶은 사람 — 당신보다 더 강한 신체를 가진 사람, 더 좋은 운동 신경을 가진 사람, 더 많은 페이스북 친구를 가진 사람, 더 많은 급여를 받는 사람, 혹은 더 큰 요트를 가진 사람 — 이 있다. 우리는 사회적 비교를 안 하고 살 수는 없다; 사회적 비교는 아무런 노력을 하지 않아도 자동적으로 떠오른다. 류보미르스키는 행복한 사람들과 불행한 사람들의 사회 인지를 비교한 결과, 가장 행복한 사람들은 자신을 평가할 때 다른 사람들의 행동에 신경쓰지 않고, 자신의 내면이 추구하는 성공 기준에 초점을 맞춘다는 것을 발견하였다.[74] 우리는 또한 캐롤 드웩Carol Dweck이 **성장 마인드셋**growth mindset이라 부른, 인간의 성장 능력과 자기 계발에의 헌신에 대한 신념을 키움으로써 다른 사람과의 고통스러운 비교를 피할 수도 있다. 그녀는 우리가 다른 사람을 부적절함을 느낄 기회가 아닌 영감과 지식의 원천으로 볼 수도 있다고 말한다.[75]

스키마와 점화 세상을 이해하고 다른 사람의 행동을 설명하려는 인간의 노력은 종종 애매함이라는 벽을 만난다. 그리고 애매함에 직면한 사람들은 돌아가는 상황에 대한 여러 가지 이야기를 떠올려 낸다. 그들이 말하는 스토리에 영향을 미치는 것에는 무엇이 있을까?

인지적 구두쇠로서 우리는 세상의 정신적 모델인 **스키마**schema를 이용하여 쉽게 정보를 조직하고 검색한다. 스키마는 고정 관념이 될 수도 있고, 범주가 될 수도 있고 기대, 태도, 그리고 마음가짐이 될 수도 있다. 같은 문화권의 사람들 대부분은 유사한 스키마를 공유하지만, 개인은 자신이 사회 정보를 구성하는 방식에 의존하는 습관을 개발하게 된다. 우리 자신과 세상에 대한 기억들, 감정들, 신념들은 결국 통합된 전체를 형성하게 된다. 따라서 우리 중 몇 명은 장밋빛 유리로 이 세상을 보고

(앞에서 보았듯이, 그들은 낙관적인 설명 방식의 소유자들이다), 다른 이들은 적대적이거나 우울한 관점에서 세상을 본다. 이러한 우리 자신에 대한 스키마들은 주변 세상을 특징적이고 결과 중심적인 방식으로 보게 한다.

스키마는 우리의 생각을 이끄는 미묘한 단서들의 사용 방식인 **점화** priming를 통해 활성화될 수 있다. 토리 히긴스Tory Higgins, 윌리엄 롤스 William Rholes, 칼 존스Carl Jones에 의해 시행된 한 고전적인 연구는 다른 사람에 대한 인상 형성에서 점화가 어떤 역할을 하는지를 설명한다.[76] 그들의 실험에서, 대학생들은 겉보기에는 다른 두 개의 연구 프로젝트에 참가하였다: 하나는 지각에, 하나는 독해 능력에 관한 것이었다. 첫 번째 실험은 다양한 특질 범주를 점화하고자 하였다; 학생들 중 일부는 긍정적인 특질(모험적인, 자신감 있는, 독립적인, 끈기 있는) 목록을 기억하라는 지시를 받았고, 다른 학생들은 부정적인 특질(무모한, 자만하는, 독단적인, 고집이 센) 목록을 기억하라는 지시를 받았다. 5분 후에 독해 능력과는 상관없는 연구라고 믿으면서, 학생들은 도날드라는 허구의 인물에 대한 문장을 읽고 그에 대한 질문에 답하였다.

그 문장은 애매하였다. 그 문장에서 도날드는 당신의 관점에 따라 다르게 해석될 수 있는 행동들을 하였다. 그는 스카이다이빙과 같은, 모험적 혹은 무모함으로 해석될 수 있는 행동을 하였고, 그의 능력을 믿는, 자신감 혹은 자만심으로 해석될 수 있는 행동을 하였으며, 누구의 도움도 받지 않는, 독립적 혹은 독단적으로 해석될 수 있는 행동을 하였고, 자신의 마음을 잘 바꾸지 않는, 끈기 혹은 고집으로 해석될 수 있는 행동을 하였다. 그러고 나서 학생들은 도날드를 자신의 생각대로 묘사하고, 이 인물에 대한 호감도를 매겨 보았다. 학생들은 긍정적인 특질 범주 안에서 생각하도록 점화되었을 때보다 부정적인 특질을 읽으면서 점화되었을 때에 도날드를 부정적인 단어들로 묘사하였고 호감이 덜 가는 인물로 보았다.

대부분의 경우, 현실은 도널드의 이야기와 같이 돌아간다: 모든 것은 해석의 문제다. 점화 효과에 관한 연구는 최근의 사건들을 비롯한 현재의 상황이 주는 신호들이 우리의 지각을 예상 가능한 방식으로 물들인다는 것을 밝혀주었다. 한 연구에서, 경찰관들과 청소년 보호 관찰관들은 인종을 밝히지는 않았지만 범죄 혐의가 있는 십대 소년에 대한 이야기를 읽었다. 이들 중 절반은 자신도 모르게 흑인에 관련된 용어("고향 친구", "할렘")들에 점화가 되었다. 그리고 나머지 절반은 중립적인 용어에 점화되었다. 첫 번째 그룹은 그 소년을 좀 더 나이 많고, 범죄를 저지르고, 문제에 빠지기 쉬운 사람으로 보았으며, 그에게 더 가혹한 형벌을 내리는 것을 추천하였다. 단순히 인종적인 스키마를 활성화하는 것이 이 전문가들에게 편향된 시각으로 소년을 문제아로 보게 하였다.[77]

언론에 보도된 기사들도 그 기사들을 그 날의 가장 심각한 문제들로 보이게 하기 위하여 독자들을 "점화한다".[78] 특정한 이슈와 컨셉을 정신적으로 접근 가능하게 만듦으로써, 언론은 대중의 정치 및 사회 의제를 설정한다. 정치 과학자인 버나드 코헨Bernard Cohen이[79] 관찰한 대로, "대중 매체들은 사람들에게 무엇을 생각하라고what to think 전달하는 데는 대개 성공하지 못할 수도 있지만, 무엇에 대해 생각하게끔what to think about 하는 데는 놀라울 정도로 성공적이다."

초두 효과의 위력 사회적 맥락이 사람들의 생각에 영향을 미치는 또 다른 방식은 기만적이다 싶을 정도로 단순하면서도 굉장히 효과적이다. "가장 좋은 것을 앞에 놓아라"라는 말은 훌륭한 충고임에 틀림없다; 우리가 어떤 사람에 대해서 처음으로 알게 되는 사실은 매우 영향력이 크다. 한 실험에서, 솔로몬 애쉬Solomon Asch는[80] 학생들에게 두 개의 문장을 읽고, 각 문장에서 등장하는 사람을 평가하게 하였다. 그 문장들은 다음과 같았다.

a. 스티브는 지적이고, 성실하고, 충동적이고, 비관적이고, 고집 세고, 질투심이 많다.
b. 스티브는 질투심이 많고, 고집 세고, 비관적이고, 충동적이고, 성실하고, 지적이다.

이 두 문장은 스티브에 대한 똑같은 내용을 담고 있다. 그러나 첫 번째 문장은 긍정적인 면을 먼저 제시하는 반면, 두 번째 문장은 긍정적인 면을 마지막에 제시하였다. 학생들은 첫 번째 문장에서의 스티브를 더 긍정적으로 평가하였다. 이는 **초두 효과**primacy effect로 불리는 현상으로, 초기에 받아들인 정보가 이후에 받아들인 정보보다 더 큰 영향력을 가지는 것을 말한다. 소셜 미디어나 구직 사이트, 대학원 지원서 등에 자신을 묘사할 때, 당신이 처음 사용하는 단어가 무엇인지는 어떤 단어를 쓰는지 만큼이나 중요하다. 자연스럽게 초두 효과는 오해를 불러일으킬 수도 있다. 사람들이 당신에 대해 처음으로 알게 되는 것이 당신의 가장 중요한 부분이 아닐 수도 있다. 그러나 그들이 당신에 대해 듣게 되는 처음의 설명은 그들이 당신을 대하는 방식을 결정짓는다. 따라서 입사 지원서에 가장 좋아하는 과목이 물리학이라고 쓴다면 그 에세이의 끝부분보다는 전반부에 적음으로써, 지망하는 회사의 고용주로 하여금 당신에 대한 다른 인상들은 다 날려버리고 과학적이고, 성실하고, 어느 정도 머리는 좋으나 세상 물정 모르는 사람으로만 기억하게 유도할 수 있다.

초두 효과는 다양한 방식으로 입증할 수 있다. 에드워드 존스와 그의 동료들이 시행한 실험에서,[81] 참가자들은 30개의 문제로 구성된 지능 검사를 받는 사람을 관찰하였다. 각각의 경우에서, 그 사람은 30개의 문제 중에서 15개의 문제를 맞힌다. 그러나 어떤 경우에 그 사람은 — 초반부에 높은 정답률을 보이며 — "기세 좋게" 출발하다가 후반부에서 많이 틀렸다; 어떤 경우에는 낮은 정답률로 시작하여 초반부에는 적은 문제를 맞히다가 후반부에는 거의 다 맞혔다. 이때 지능 검사를 치른 학생들 모두는 맞힌 문제 개수가 똑같았음에도, "기세 좋게" 출발하였던 학생들이 초두에 낮은 정답률로 출발한 학생들보다 더 똑똑하다는 평가를 들었다.

물론, 우리는 단지 수동적으로 앉아서 판단할 사람을 단순히 관찰만 하지는 않는다; 우리는 그들과 상호 작용하며, 적극적으로 그들에게 영향을 미치며, 지각을 형성할 동기를 가질 수도 있다. 교사들은 학생들의 지능을 판단하지만, 이와 동시에 학생들을 가르치고, 그들에게 영향을 미치기도 한다. 초두 효과의 흥미로운 예외는 조슈아 애런슨과 에드워드 존스가 시행한 실험에서 발견되었다.[82] 그 실험에서 대학생들은 일련의 글자 수수께끼를 푸는 수행자들을 코칭하였다. 코치들 중 절반은 수행자들의 점수를 상승시키면 보상을 받을 것이라고 약속받았다; 반면, 나머지 절반의 코치들은 수행자들의 문제 풀이 능력을 향상하여 미래에 글자 수수께끼를 만나면 더 잘할 수 있도록 하면 보상을 받을 것이라고 약속받았다. 코칭 세션 동안, 수행자들은 대본대로 행동하였다. 절반은 처음에 매우 높은 수행력을 보였으나 나중에는 수행도가 떨어졌다; 반면, 나머지 절반은 처음에 수행력이 떨어졌지만, 시간이 지남에 따라 수행도가 높아졌다. 총점은 같았다; 단지 패턴만이 달랐다. 수행자의 점수를 최대한 끌어올리라는 동기 부여를 받았던 코치들은 초반에 높은 수행력을 보였던 수행자들을 높게 평가하였다. 이것은 작업상의 초두 효과였다: 그들은 자신의 학생이 잘하도록 도와주기를 원하였으며 초반 몇 번의 시험 후에 — 후반부 시험 결과와 상관없이 — 자신의 학생들이 똑똑하다고 결론을 내렸다. 하지만 자신의 수행자들의 문제 해결 능력을 키우라는 동기 부여를 받은 코치들은 처음에는 실패가 많았지만 나중에는 성공이 많아진 수행자들을 더 똑똑하다고 평가하였다. 다르게 말하면, 그들은 기세 좋은 출발보다는 수행 능력 발전에 더 깊은 인상을 받았다.

이러한 발견들은 교사들이 (학생들의 다음 시험 성적 향상에 초점을 맞추기보다는) 학생의 장기적인 발전에 유념한다면 첫인상에 기반한 순간적인 판단을 내리지 않도록 주의해야 한다는 것을 시사한다. 애런슨과 존스의 실험은, 특히 신경을 많이 쓰도록 동기 부여가 되었을 때에는, 초두 효과가 필연적인 것이 아님을 보여준다. 그러나 인지적 구두쇠의 경향성은 첫인상이 빠르게 형성되며 오래 지속된다는 것을 의미한다.

사회적 세상으로의 안내자: 어림법과 기억법

이 장의 초반부에 언급한 바와 같이, 우리는 쏟아지는 수많은 정보를 처리하기 위해서 자동 처리 과정 — 직관 — 에 의존하는 경우가 많다. 이러한 과정의 효율을 높이기 위해서 우리의 마음은 대개 문제 풀이와 판단 내리기의 길잡이가 되는 경험 법칙을 제공하는 정신적 기법인 **어**

림법heuristics에 의존한다.[83] 어림법은 의식적인 생각을 거의 요하지 않는다; 우리는 인생을 살아가면서 생각하지도 않고 처리하는 문제에 이 어림법을 적용한다. 대부분의 경우에 어림법은 효과적인 지름길이 된다. 그러나 모든 인간의 인지적 기술이 그렇듯이, 이 어림법이 때로는 우리를 혼란에 빠뜨리기도 한다.

가장 많이 사용하는 세 가지 어림법을 탐구해보자: 대표성 어림법, 가용성 어림법, 정서 어림법.

대표성 어림법 추론 과정에서 표면적인 유사성에 초점을 맞출 때, **대표성 어림법**representativeness heuristic을 사용한다. 우리는 우수한 품질의 상품은 비싼 경우가 많다는 것을 알고 있다; 따라서 비싼 상품을 보게 되면 그 상품이 싼 상품보다는 좋을 것이라 추론한다. 나의 친구인 올리버는 항상 비싼 와인을 사며, 자신이 싼 와인보다는 비싼 와인을 좋아한다고 상정한다. 그는 초점을 맞출 수 있는 많은 정보들 중에서 (가격이라는) 한 가지 근원적인 정보만을 이용한 것이다.

유사하게, 시리얼을 선택할 때에도 우리는 그 시리얼의 건강성을 추론하기 위해 포장이라는 정보에 의존하기 쉽다. '럭키참'이라는 제품은 레프리콘 요정이 설탕을 뿌리는, 분홍색과 자주색의 마시멜로 조각들 위에 별이 빛나는 듯한 그림의 포장지가 감싸고 있는 빨간색 박스에 담겨져 있다. 그러나 백퍼센트 자연산 그래놀라는 나무 줄기에 미가공된 곡물들이 달려있는 나무-곡물 배경에 밝은 갈색의 시리얼이 담긴 그릇이 그려진 포장지가 붙은 박스 안에 담겨 있다. 그리고 박스에는 "자연산"이라는 이름이 적혀 있다. 이 그래놀라가 럭키참보다 건강에 좋을까? 그렇지 않다. 미국 『소비자 보고서』는[84] 인간과 비슷한 조건의 영양분이 필요한 어린 쥐들에게 럭키참을 먹였을 때는 건강하게 자라지만, 백퍼센트 자연산 그래놀라를 먹였을 때는 실제로 성장이 멈춘다는 사실을 적시하였다. 박스에 붙은 상세 설명서에는 그래놀라에 들어있는 건강에 안 좋은 성분들이 모두 표시되었으나, 포장지에는 이 성분들이 건강에 좋은 것처럼 잘못 묘사되었다. 이것이 대표성 어림법이 작용하는 과정이다.

가용성 어림법 **가용성 어림법**availability heuristic은 우리의 마음이 얼마나 쉽게 구체적인 그림을 그릴 수가 있는지에 기반하여, 사건의 가능성과 위험성을 예측하고 판단하는 경향성이다. 미국인들 중에 상어의 공격으로 죽는 사람이 더 많은가 또는 추락하는 비행기 파편에 맞아 죽는 사람이 더 많은가? 화재로 죽는 사람이 더 많은가 물에 빠져서 익사하는 사람이 더 많은가? 테러리스트들과 유아들 중에 누가 더 많은 미국인들을 죽일까? 압도적으로 많은 사람들은 상어의 공격과 화재로 인한 사망자가 비행기 파편에 맞거나 또는 물에 빠져 죽는 경우보다 더 흔하다고 생각한다. 그러나 이 두 개는 모두 틀린 생각이다. 테러리즘의 공포가 널리 퍼진 미국이지만, 현재의 통계는 유아가 쏜 총에 죽는 사람이 테러로 인해 죽는 사람보다 훨씬 많다는 사실을 보여준다. 그러나 이러한 오답들은 우리의 마음속에서 상어, 테러리스트, 화재 등에 대한 이미지가 더 생생하게 그려지고 또 상상하기 쉽기 때문에 심리적으로 훨씬 "가용적"이다. 무엇이 되었든 우리 마음 속에 빨리 떠오르는 사건들은 실제로는 드물게 일어나는 사건이라 하더라도 더 많이 일어날 것 같은 느낌을 준다. 우리는 이 세상의 사건들이 일어나는 빈도에 관련된 기억 속에서 가용성을 착각한다. 상어의 공격은 드물게 일어나겠지만 이러한 사건은 굉장히 무섭기도 하거니와 동시에 시각화가 쉽다.

점화는 우리에게 가용적인 이미지를 증가시킨다. 당신이 사람들에게 매년 미국에서 일어나는 폭력 범죄의 빈도를 측정하라고 요구한다면, 그들이 미디어를 보는 데 소비하는 시간과 또 시청하는 방송에 따라 매우 다양한 대답을 들을 것이다. TV 뉴스는 "피를 흘리면, 시청자들은 몰린다."는 주문에 기반하는 경우가 많다 — 최근의 재앙, 충격을 비롯한 비극들로 뉴스쇼는 시작된다. 범죄나 폭력성이 미디어에서 지배적인 역할을 하고 소름끼치게 묘사되는 경우가 많기 때문에, 범죄에 대한 시청자들의 인지적 가용성은 증가한다. 이것은 범죄 드라마나 텔레비전 뉴스를 많이 보는 사람들이 비현실적으로 범죄율을 높게 측정하는 이유이기도 하다. 다시 말해서 많이 볼수록, 더 두려워진다.[85]

가용성 어림법은 나아가 우리가 생각하는 자신의 모습이나 믿는 것들에도 영향을 끼친다. 정보를 유창하고 쉽게 기억하고 처리할 수 있다면, 그 정보는 진실성을 평가하려고 애써야 할 때에 비해 "더 진실되게" 다가올 것이다. 한 가지 단순한 증거를 들어보자면, 깔끔하고 읽기 쉬운 폰트로 인쇄된 논설문을 읽는 사람들은 흐리고 읽기 어려운 폰트로 인쇄된 똑같은 논설문을 읽는 사람들에 비해 그 내용을 더 쉽게 믿는다.[86] 운율이 맞아 떨어지거나 "혀에 착착 감기는" 진술문은 똑같은 내용을 말하고 있지만 운율이 덜 맞아떨어지는 진술문에 비해서 더 진실한 것으로 판단되었다.[87]

그리고 우리는 진술문이나 아이디어와 친숙할수록 이를 더 가용적으로 받아들인다. 단순히 반복되는 진술문을 계속해서 듣기만 해도 사람들은 — 거짓임이 분명하더라도 — 그 진술문에 친숙해지고, 친숙해질수록 그 진술문이 틀림없는 사실이라고 믿게 된다. 가용성 어림법은 대부분의 경우에 효율적이고 유용한 경우가 많다. 그러나 이 어림법은 우리로 하여금 주장의 진위를 논리적 타당함이 아닌 인출의 용이함에 기반하여 판단하게 유도할 수 있다는 점에서 어두운 단점을 가지고 있다: 의도치 않았던 인터넷의 위험성은 음모론적 주장에서부터 사이비 과학에 근거한 의학적 조언에 이르는 모든 정보들이 끊임없이 반복되고 검증되지 않은 채로 득세할 수 있다는 것이다. 윌리엄 제임스William James가 1890년에 말한 바와 같이, "반복은 모든 모호함을 진실로 만든다." 이 말은 나치의 선전 기계에 의해 구현되었고, 후에 빅 라이Big Lie로 알려졌다.

정서 어림법 나는 이 사람을 좋아하는가? 나는 그 아이디어에 대해 어떻게 생각하는가? 감정은 정보의 소중한 자원이기 때문에 우리는 감정을 이용해서 사람이나 아이디어에 대한 평가를 형성하며 이러한 과정을 우리는 **정서 어림법**affect heuristic이라 부른다. 당신은 기분이 나쁠 때에는 기분이 좋을 때보다 후보자들을 더 부정적으로 평가한다. 그러나 어떤 이유로 판단을 하기 전에 자기 기분이 어떤지에 대해서 알고있게 된다면 평가에 자기의 기분이 영향을 미칠 여지는 줄어들게 된다.[88]

사람들에 대한 장기적인 감정은 우리가 그들의 행동을 판단할 때에도 영향을 미친다. 앤소니 프랫카니스Anthony Pratkanis는 대학생들에게 로널드 레이건 전 대통령에 대한 다음의 두 진술문 중에서 어느 것이 사실인지 파악하라고 요구하였다:

a. 레이건은 유레카 대학에서 평균 A 학점을 유지하였다.
b. 레이건은 유레카 대학에서 평균 C 학점을 넘지 못하였다.

실제로 레이건 전 대통령의 대학 성적이 어땠는지에 대해서 알고 있는 학생은 거의 없었다. 그래서 그들의 대답은 그들의 감정에 의존하였다. 레이건 전 대통령을 좋아했던 학생들은 그가 A 학점의 학생이었다고 생각하는 경향이 강했으며, 레이건 전 대통령을 싫어했던 학생들은 그가 C 학점의 학생이었다고 믿었다. 이 현상은 때때로 '후광 효과halo effect'라고 불리는데, 이는 호감의 여부가 사람에 대한 구체적인 추론과 미래 예상에 영향을 미치는 일종의 편향이다. 우리는 마찬가지로 자기 마음속을 들여다보며 감정의 조언을 받아 다른 사람들이 어떻게 행동할지를 예측한다. 연관된 사람들에 대해서 아는 것이 없을 때, 대개 그들이 우리가 느끼는 대로 느끼고, 우리가 하는 대로 하며, 어떤 이슈에 있어서든 우리와 의견을 같이 할 것이라고 가정한다.

정서 어림법은 여러 가지로 좋은 점이 많다 — 예를 들면, 이 어림법 덕분에 우리는 불확실하거나 위험한 상황에서 신속히 행동을 취할 수 있다. 그러나 그것은 또한 우리로 하여금 위험을 정확히 평가할 수 없게 유도할 수도 있다. 한 독창적인 현장 연구는 프랑스인들이 수년 전에 일어난 "광우mad cow" 위험에 어떻게 반응하였는지를 면밀히 조사하였다. (광우병은 뇌에 영향을 끼치며, 이 병에 걸린 소의 고기를 먹음으로써 감염될 수 있다.) 신문 기사에서 이 "광우병" 위험을 보도할 때마다 소고기 소비량은 다음 달에 감소하였다. 그러나 신문 기사에서 똑같은 위험을 보도하면서 병의 학명 — 크루이츠펠트-야곱 병과 소해면상뇌병증 — 을 사용하자 소고기 소비량은 아무런 변화도 없었다. 이러한 경고성이 짙은 보도들은 사람들의 감정에 의존한 추론과 위험의 과대 측정을 야기하였다. 그리고 결국, "광우" — 미쳐 날뛰는, 원래는 얌전한 피조물! — 는 인지적으로 매우 "가용적인" 이미지를 가지게 되었다. 그러나 이 위기를 지

내는 전체 기간 동안 프랑스에서 단지 6명만이 이 병에 걸렸다.[89]

우리는 언제 어림법을 쓰는가? 다행히도 우리는 인지적 지름길에만 의존해야 하는 것은 아니다. 시리얼을 살 때 박스에 붙어 있는 성분표를 꼼꼼히 읽거나 인터넷에 자문할 수도 있다; 투표할 때 후보 정치인의 관련 이슈를 신중하게 분석할 수 있고, 그가 만든 기록과 성공 사례를 공부할 수도 있다; 우리는 일반적으로 의존하지 않는 중립적인 정보원에서 증거를 수집하여, 확증 편향을 피할 수도 있다. 또한 이러한 어림법들이 어떻게 잘못된 선택을 하도록 유도하는지를 파악함으로써, 이에 대항하는 단계적 조치들을 취할 수 있다. 심리학자들은 합리적 의사 결정보다는 어림법에 의존하는 경향이 강하게 나타나는 몇 가지 상황을 파악하였다:[90]

- 그 문제에 대해 신중하게 생각할 시간이 없을 때;
- 정보량에 과부하가 걸려 정보를 전부 다 처리하는 것이 불가능할 때;
- 주어진 문제가 우리에게 매우 중요한 것이 아닐 때;
- 추론을 통해 결정을 내리기에는 알고 있는 정보가 부족할 때;
- 감정과 희망 사항이 사고에 개입할 때.

정신적 시간 여행: 미래 예측의 편향과 과거 회상의 편향

인간은 때때로 인생의 절반을 과거를 생각하며 보내고 나머지 절반을 미래를 상상하며 보내는 것 같이 보인다. 그러나 둘 중에 무엇을 하든지 상관없이 당신은 실수를 저지르게 마련이다.

구성적인 예측 결과가 우리에게 어느 정도의 확신감을 줄지에 대한 예측은 설정한 목표와 감수하려 하는 위험을 결정짓는다. 실제로 원하는 것을 이루려고 노력할 때마다(그것이 샌드위치이든, 직업이든, 이혼이든) 우리는 본질적으로 그것이 적어도 지금보다는 큰 행복을 가져다줄 것이라고 베팅을 한다. 그러나 우리는 종종 완전히 잘못된 예측을 하기도 한다.[91] 우리는 미래 사건이 긍정적이든, 부정적이든 그 사건에서 받는 감정적 영향과 우리의 반응이 얼마나 오랫동안 지속되는지에 대해 과대하게 평가한다.

한 연구에서 대학생들은 자신이 생각하기에 "멋있는" 혹은 "멋있지 않은" 기숙사에 임의로 배정되어 살게 된다면 얼마나 "행복하다고" 혹은 "불행하다고" 느낄 것이라 상상이 되는지를 질문받았다. 학생들은 기숙사 배정이 자신의 전반적인 행복 수준에 큰 영향을 미칠 것이며, 멋있지 않은 기숙사를 배정받는 것은 일년 내내 만족감을 깨버릴 것이라고 예측하였다. 그러나 실제로는 일 년 후에 모든 학생들은 사는 곳과 상관없이 거의 동일한 수준의 행복을 느끼고 있었다. 멋지지 않은 기숙사가 예상과는 다르게 멋진 사람들로 가득차 있었던 것일까? 그렇지 않다. 학생들은 자신이 느낄 미래의 행복감을 예상할 때 잘못된 요인에 초점을 맞추었다; 그들은 이웃들보다 기숙사의 모습과 위치를 훨씬 더 많이 중요시 하였다. 그러나 사실 사는 곳을 재밌거나 재미없는 곳으로 만드는 것은 다름아닌 사람이다. 그리고 모든 기숙사에는 상냥한 이웃들이 살고 있었다. 학생들은 이 사실과 자신이 새로운 이웃들을 얼마나 좋아할지를 예측하지 못하였기 때문에 그들은 미래의 행복을 예측하지 못하였다.[92]

우리는 왜 예측에 오류를 범하는 것일까? 한 가지 이유로 우리는 삶

속의 행복한 사건에도, 불행한 사건에도 적응하지만 우리가 정신적으로 미래의 모습과 느낌을 구성할 때에는 그 적응 능력을 인지하지 못하기 때문이다. 또 다른 이유는 미래를 상상할 때에 우리는 문제시하는 사건에만 초점을 맞추고, 의심할 여지없이 그 사건과 함께 일어날, 실패의 충격을 완화시키거나 행복을 희석시킬 다른 모든 사건들에는 신경을 쓰지 않기 때문이다. 그래서 기쁨과 고통은 시간이 흐름에 따라 사라지는 것이 자명한 이치임에도, 우리는 결혼, 복권 당첨, 유명세가 우리를 오랫동안 아찔할 정도로 행복하게 만들어 주며, 실직이나 실연이 우리를 영원히 파멸시킬 것이라고 상상한다.

미래 예측에 대한 우리의 무능은 특히 먼 미래의 일을 계획할 때 문제를 일으킨다. "내가 무슨 생각으로 좋은 아이디어랍시고 한 학기에 과학 수업 3개를 듣는 거지? 숙제에 압사당할 것 같아!" 오늘의 시점에서 보는 미래는 먼 거리에서 물체를 보면 작아보이는 것과 같이 현재와 다를 것처럼 보인다. 우리는 추상적인 수준에서 미래를 상상한다. 그리고 우리는 예측된 미래의 있음직함보다는 그럴듯함에 신경을 쓴다. 먼 거리에서 보면 한 학기에 과학 수업 3개를 들음으로써 전공 지식을 함양하는 것이 매우 좋은 아이디어로 들릴지도 모른다. 그러나 당신은 아마도 그것이 얼마나 힘든 일이 될 것인지에 대해서는 논리적이고 실용적으로 생각하지 않을 것이다. 니라 리버맨Nira Liberman과 야코브 트로프Yaacov Trope가 실시한 한 연구에서,[93] 학생들은 콘서트에 가는 것이 얼마나 현실성 있는 일인지보다는 그 콘서트가 얼마나 즐거운 일인지에 기반하여 콘서트 참가 여부를 결정하는 경향이 강하였다. (그들은 티켓을 구할 수 있을까? 그곳에 가는 것은 얼마나 어려울까?) 이러한 현실성에 대한 무시는 비효과적인 계획으로 이어진다. 계획을 짤 때 현재보다 미래를 장밋빛으로 구성하는 인간의 경향성을 염두에 둔다면, 당신은 스스로 상당한 양의 슬픔을 아낄 수 있을 것이다.

재구성된 기억 사람들은 기억이 마음 한 구석에 올바르게 새겨지거나 묻혀서 약물이나 최면을 통해 회상될 수 있다고 굳게 믿는다. 그러나 불행히도 우리의 기억에는 과거의 사건을 정확하게 기록하고 있어 되감기 버튼을 누름으로써 이를 재생할 수 있는 기록판이나, 부정확한 컴퓨터 비유를 들자면 디지털 방식으로 사건을 기록하는 인코딩 장치가 없다. 이와는 반대로 기억은 **재구성의 과정**reconstructive process이다. 우리의 기억은 과거에 실제로 무엇이 일어났는지가 아닌 현재에 우리가 그 사건들을 어떻게 생각하는지에 가장 큰 영향을 받는다. 우리는 무엇이 있을 수 있었는지와 무엇이 있어야 했는지에 대한 개념들, 또는 우리가 그랬을 것이라고 생각하는 방식을 토대로 걸러지고 수정된 실제 사건의 파편들을 모아 기억을 재창조한다.

우리의 기억들은 끊임없는 수정을 거친다. 그리고 그들은 다른 사람들이 과거의 사건들에 대해서 우리에게 하는 말에도 영향을 받고 사진과 전해들은 말에도 영향을 받는다. 저명한 인지 심리학자인 엘리자베스 로프터스Elizabeth Loftus는 **재구성된 기억**reconstructive memory에 대한 흥미로운 조사 프로그램을 수행하여,[94] 미묘한 단어들로 암시를 교묘하게 집어넣은 질문 행위가 기억과 이후의 목격 증언에 어떤 영향을 미칠지를 연구하였다. 실험 중 하나에서[95] 로프터스는 사람들에게 다중 추돌 사고를 묘사한 영상을 보여주었다. 그 영상이 끝난 후에 몇몇은 “이 차들이 서로를 박살냈을 때, 그들은 대략 어느 정도의 속력으로 달리고 있었을까요?”라는 질문을 받았고, 다른 사람들은 똑같은 질문을 받았으나, 이들의 질문에서는 '박살냈다'가 '부딪쳤다'로 대체되었다. 박살난 차들에 대해 질문을 받은 사람들은 부딪힌 차들에 대한 질문을 받은 사람들과는 반대로 사고난 차들이 유의미하게 더 빨리 달리고 있었다고 측정하였다. 또한 영상을 보여주고 일주일 후에 실제로는 창문이 깨지지 않았음에도 사고 장면에서 창문이 깨졌다고 진술하는 경향이 강하였다. 또 다른 연구에서 로프터스는 학생들에게 자동차와 보행자 사이에 일어난 사고를 묘사한 일련의 슬라이드를 보여 주었다.[96] 결정적인 슬라이드에서 초록색 차가 사고를 냈다. 이 슬라이들을 보고 난 직후에 학생들 절반은 "사고를 낸 파란색 차의 천장 위에 스키 장비가 있었습니까?"라는 질문을 받았다. 나머지 절반은 똑같은 내용에 '파란색'만 삭제된 질문을 받았다. "파란색" 차에 대한 질문을 받은 학생들은 자신이 파란색 차를 보았다고 잘못된 주장을 하는 경우가 많았다. 질문에 있는 단순한 단어 하나의 변화가 학생들의 기억에 변화를 일으킨 것이다.

자서전적 기억 기억은 차 사고와 같은 빠르고 스냅샷 같은 사건들의 세부 사항과 관련해서 뿐만 아니라, 우리의 인생과 같은 더 장기적인 사건과 관련해서도 재구성이 일어난다. 대부분의 왜곡은 시간이 흘러감에 따라 일어나며, 이러한 자서전적 기억의 수정은 임의로 일어나는 것이 아니다. 우리는 오히려 스스로에 대해 가지고 있는 그림에 맞추어 기억들을 구성한다. 우리는 확증 편향으로 인해 자신의 신념을 확인하는 기억들을 더 잘 회상하는 경향이 있다.

예를 들어, 자신의 어린 시절을 불행했다고 묘사하는 사람들은 그 불행에 위배되는 어떠한 사건들(말하자면, 디즈니랜드에서 보낸 즐거웠던 가족 휴가와 같은)도 그 불행을 지지하는 사건들에 비해서 회상하기를 어려워한다. 만약 그들이 현재 부모님과 사이가 좋다면, 어린 시절에 대한 기억은 현재 시점에 비해서 더 좋아질 것이다(말하자면, 그들은 디즈니랜드에 갈 때 친구와 함께 가지 못하게 한 부모님을 원망하였다는 것을 잊어버린다). 사람들은 부모에 대한 자신의 현재 신념을 확인하는 기억을 찾아내고, 그에 "맞지 않는" 기억들은 거부하거나 잊어버리기 때문에, 해가 지나면서 그들의 기억들은 점점 더 일관되고, 동시에 부정확해진다. 이러한 방식으로 우리 모두는 개인적인 역사를 수정해 나간다. 이것은 우리의 과거에 대해 거짓말을 하는 것만은 아니다; 이것은 단지 우리가 자신의 스키마에 맞추다 보니 기억을 제대로 못하는 것일 뿐이다.[97]

엘리자베스 로프터스는 이러한 계열의 연구를 한 걸음 더 발전시켰다. 그녀는 단순히 가까운 친척으로 하여금 그 사건이 사실이라고 말하게 하는 것만으로도 젊은 성인의 마음에 어린 시절 경험에 대한 거짓된 기억을 심는 것이 가능하다는 것을 — 사실은 비교적 쉽다는 것을 — 보여주었다.[98] 예를 들면, 젊은 남자의 누나가 그에게 "네가 다섯 살 때 대학 시티 쇼핑몰에서 길을 잃어서 몇 시간 동안 헤맨 것 기억나니? 그때 너는 패닉에 빠졌고, 한 할아버지가 너를 도와주려 했었잖아? 우리가 너를 찾았을 때 너는 그 할아버지의 손을 잡은 채로 울고 있었어."라고 말한다면, 대부분의 사람들은 그 말을 듣고 며칠이 지나면 자신에게 심겨진 이 거짓된 기억을 자신의 역사에 병합했을 것이다. 그리고 이들은 세부 사항들을 각색했을 것이고(오, 그래, 그때 나를 도와주었던 할아버지가 플란넬 셔츠를 입고 있었어"), 이 일이 실제 있었던 일이라고 확신할 것이다 — 사실은 이 일은 없었던 일이다.

이 연구에서 나온 놀라운 발견은 정서 어림법이 이러한 기억의 착각에 지대한 영향을 미친다는 것이다. 사람들은 심겨진 기억들이 사실이라는 것에 절대적인 자신감을 느끼며 절대적으로 착각할 수 있다. 사후 연구에서 기억에 대한 자신감은 그 기억의 진위 여부와는 아무런 상관도 없는 지표라는 것이 드러났다.[99]

나는 자서전적 기억의 한 가지 측면이 특히 학생들에게 유용하다는 것을 알게 되었다. 자아 중심 편향을 떠올릴 수 있는가? 여기에는 당신을 위한 교훈이 있다: 이 책의 내용을 회상하는 최고의 방법 중 하나는 당신의 개인적인 경험들과 연관시키는 것이다 — 즉, 이 책 내용이 당신에게 어떻게 적용이 되는지를 생각하는 것이다.

내면에 있는 인지적 구두쇠와 함께 살아가기

나는 여러분이 이 장을 읽으면서 인간이 전적으로 그리고 가망이 없을 정도로 비합리적인 존재라는 인상을 받지 않기를 바란다. 이 장이 던지는 메시지는 우리는 비합리적이면서 합리적일 수 있는 능력을 타고난다는 것이다. 그리고 우리의 편향들조차도 적응이 가능하다. 인지적 구두쇠라는 것은 우리에게 여러 가지 혜택을 가져다 준다. 그러나 이러한 혜택들에는 대가가 따른다: 그것은 자신과 이 세상에 대한 다소 왜곡된 이미지이다. 사물을 보고 결정을 내리는 원초적인 방식을 애용하는 것이 우리를 큰 문제로 이끌지 않는 한, 인지적 구두쇠는 최소의 노력으로 최대의 효과를 낼 수 있게 한다.

애플의 전설적인 창립자인 스티브 잡스는 그가 원하는 대로 사물을 보고 기억할 수 있게 해주는 "현실 왜곡장"과 함께, 사람들이 사려고 줄을 서서 기다릴 정도의 "상식을 벗어날 정도로 대단한" 제품을 만들 수 있다는 자신의 능력에 대한 믿음을 가지고 있었다고 전해진다.[100] 이러한 그의 낙관주의가 창의성과 빈틈없는 완벽주의와 결합되지 않았더라면, 애플은 아이폰을 개발하여 세계에서 가장 가치 있는 기업이 되지 못하고 망했을지도 모른다. 그러나 잡스의 끊임없는 혁신을 가능케 했던 이 "현실 왜곡장"은 그가 초기 단계일 때 발견한 췌장암에 대한 치료를 지연시키는 불행의 씨앗이기도 하였다. 그는 엄격한 채식을 통하여 췌장암을 치료할 수 있다고 믿었지만 결국은 그러지 못하였다.

개인적으로 필자에게 사회적 동물의 가장 흥미로운 부분 중 하나는 자신을 훌륭하고, 똑똑하고, 합리적인 사람으로 보려고 하는 욕구이다 — 그리고 어떻게 많은 경우에 사람들이 훌륭하지도, 똑똑하지도, 합리적이지도 않은 행동을 하고 신념을 가지는지를 관찰하는 것이다. 이 자기 합리화에 대한 인간의 경향성은 너무 중요하고 다면적이기 때문에 한 장 전부를 할애하는 것이 바람직하다. 지금 그 장으로 들어가려 한다.

3
자기 합리화
Self-Justification

다음의 상황을 그려보라. 샘이라는 이름을 가진 한 젊은 남성은 최면에 걸리고 있다. 최면에 걸린 것을 확인한 최면술사는 샘에게 자명종이 4시를 알릴 때 해야 할 지시를 내린다: (1) 옷장으로 가서 비옷과 장화를 꺼내 입고 (2) 우산을 집어 들고 (3) 8개 블록을 지나 슈퍼마켓에 가서 위스키 버번 6병을 구매한 다음 (4) 집으로 돌아올 것. 샘은 그 후 아파트로 돌아와서 "이제 다시 돌아옵니다."라는 말을 듣고 최면에서 깨어난다.

자명종이 4시를 울리면 샘은 즉시 옷장으로 가서 그의 비옷과 장화를 꺼내 입고 버번을 사러 집 밖으로 나갈 것이다. 그런데 최면 시 받은 심부름에는 이상한 점이 몇 개 있다. (1) 그날은 하늘에 구름 한 점 없는 햇빛이 쨍쨍한 날이었다. (2) 굳이 8개 블록이나 지나갈 필요 없이 반 블록 떨어진 곳에도 슈퍼마켓이랑 똑같은 가격에 버번을 파는 주점이 있다. (3) 샘은 음주를 하지 않는다.

샘은 아파트에 도착해서 문을 열고 들어온 후 몽롱한 상태에서 깨어나서 비옷에 장화를 신고 양손에 우산과 버번을 든 자신을 발견하게 된다. 그는 일시적으로 혼란이 온 것처럼 보인다. 그의 친구인 최면술사는 묻는다.

"헤이, 샘. 어디 갔다 왔어?"

"오, 잠시 가게에 갔다 왔어."라고 샘은 말한다.

"거기서 뭐 샀는데?"

"어… 음… 그냥 버번을 몇 병 샀어."

"근데 너 술 안 마시잖아?"

"아니 어… 음… 몇 주 후에 파티가 있어서 친구들과 마실 술을 좀 산 것뿐이야."

"그럼 이 날씨 좋은 날 왜 비올 때나 입는 옷차림으로 나간 거야?"

"음… 이맘때는 날씨가 너무 변덕스럽더라고. 그래서 철저히 준비를 해서 나간 거야."

"아무리 그래도 그렇지… 구름 한 점 없는데?"

"날씨를 어떻게 믿어?"

"그렇다 치고 너 근데 그 버번은 어디서 산 거야?"

"아… 어… 어. 그… 그게… 저 아래에 있는 슈퍼마켓에서 샀어."

"왜 굳이 그렇게 멀리까지 갔어?"

"어… 음… 그러니까… 날도 좋고 해서 좀 걷고 싶었지."

사람들은 자신의 행동, 신념, 기분을 합리화하려는 동기를 가지고 있다. 사람들은 무언가를 할 때 가능한 한 자신이 하는 행동에 논리적인 근거가 있다고 자기 자신(그리고 다른 사람들)을 설득하려 한다. 사실 샘이 이런 멍청한 행동을 한 것은 다름이 아니라 최면에 걸렸기 때문이었다.

그러나 샘은 최면에 걸린 상태에서 받은 지시에 대해서 몰랐고 그가 이런 멍청한 행동을 할 수 있는 사람이라는 사실을 받아들이기가 어려웠기 때문에 그는 미친 것처럼 보이는 그의 행동에도 다 이유가 있고 알고 보면 합리적인 행동이었다는 것을 자신에게 (그리고 친구에게) 억지로라도 납득시킨 것이다. 앞의 2장에서 살펴 보았듯이 우리가 하는 행동의 상당수는 우리가 인식하지 못하는 영역에서 일어난다. 그렇기 때문에 당신의 행동을 설명하라는 요구를 받을 때 이치에 맞아떨어지는 이야기를 만들어내려고 시도하면서 동시에 자신과 다른 사람들에게 좋게 보이려고 하는 욕구도 충족시킨다. 이것이 **자기 합리화**self-justification의 본질이다.

당신이 지진과 같은 자연 재난의 한가운데에 있다고 가정해보자. 사방에선 빌딩들이 흔들리고 사람들은 부상을 입거나 죽고 있다. 당신은 너무나도 무섭다. 이 상황에서 느끼는 공포를 설명하는 데 이유를 찾고 합리화 하는 과정이 필요할까? 당연히 그럴 필요가 없다. 증거는 사방에서 찾을 수 있다. 부상자들과 무너지는 빌딩들만으로도 당신이 느끼는 공포는 충분히 설명된다. 그러나 지진이 이웃 지방에서 일어났다고 가정해보자. 당신은 두려움을 느꼈고, 그 동네에서 발생한 피해에 대한 이야기를 듣고 있다. 당신은 너무도 놀란 상태이지만 그 재난의 진앙지에 있지는 않다. 당신과 주변 사람들 모두 다치지 않았고 당신이 사는 지방에는 아무런 피해도 없다. 그럼에도 불구하고 당신이 무서워하는 이유를 설명하기 위해서는 추가적인 이유가 필요할까? 그렇다. 최면에 걸려서 비옷에 장화를 신은 우리의 친구와 매우 유사하게 당신은 자신의 감정을 합리적으로 설명하려는 동기를 부여받을 것이다. 또한 지진처럼 바로 그 자리에서 두려움을 느낄 필요는 없기 때문에 무서움의 이유를 설명하기 위해 지혜를 동원할 가능성이 높다.

이 예시는 가정된 상황이 아니라 실제로 인도에서 일어난 상황이다. 지진이 발생하고 난 후에 연구자들은 지진이 일어난 지역과 그 근처 지역에서 소문이 퍼지는 동네에 대한 자료를 수집하고 분석하였다. 그 결과 그들은 놀라운 사실을 발견하였다. 인도의 심리학자 자무나 프라사드Jamuna Prasad는[1] 진앙지에서 떨어진 이웃 마을에 사는 사람들이 ― 즉, 두려움을 느낄 수는 있지만 직접적으로 피해를 겪지 않은 사람들이 ― 다가올 운명에 관한 소문을 퍼뜨리기 시작했다는 사실을 발견하였다. '홍수가 몰려오고 있다', '2월 26일이 대홍수가 오는 파괴의 날이 될 것이다', '월식이 일어나는 날에 또 한 번의 대지진이 있을 것이다', '태풍이 며칠 내로 이 지역을 강타할 것이다', '다른 예측할 수 없는 재앙이 닥쳐올 것이다' 등의 미래의 재앙에 관한 수많은 소문들이 퍼졌다.

그러면 세상 사람들은 왜 이러한 이야기들을 만들고 믿고 또 대화의 주제로 삼을까? 이 사람들은 마조히스트라도 되는 것일까? 아니면 편집증 환자인가? 미래 재앙에 대한 소문을 퍼뜨리는 것은 사람들 마음의 안녕과 안전에 분명히 좋은 영향을 미치지 못한다. 한 가지 가능한 설명은 상황이 끔찍할 정도로 두렵지만 사람들은 이 공포에 대해 충분한 합리화를 하지 못해 그 근거로 미래 재앙에 대한 소문을 만들었다는 것이다. 즉, 어리석다는 느낌에서 자신을 구해낸 것이다. 결국 태풍이 오고 있다면 두려움에 밤잠을 설치는 것은 지극히 당연한 것 아닌가? 듀가난드 신하Durganand Sinha의 소문에 대한 연구는[2] 이 설명에 힘을 실어준다. 그는 비슷한 규모의 재난 발생 후에 인도 마을에서 퍼진 소문들을 조사하였다. 신하의 연구가 프라사드의 연구와 다른 한 가지는 연구 대상자들이 직접 파괴적인 재앙을 겪었고 그 피해를 목격하였다는 것이다. 그들은 두려워했지만 그 두려움은 합당한 이유가 있었다. 그들은 자신이 느끼는 두려움에 대해 추가적인 합리화를 할 필요가 없었다. 따라서 그들의 소문에는 재난에 대한 예측이나 미래의 심각한 피해가 전혀 섞여있지 않았다. 실제로 그들의 소문은 (거짓으로라도) 물 공급이 곧 재개될 것이라는 예측과 같이 안도감을 주는 내용들이었다.

인지 부조화 이론

이러한 발견에 영감을 얻어 레온 페스팅거Leon Festinger는 **인지 부조화**cognitive dissonance 이론이라고 명명한 인간의 동기 부여를 설명하는 강력한 이론을 창안하였다.[3] 그것은 단순한 이론이지만 이 이론이 적용되는 범위는 매우 넓다는 것을 알 수 있다. 페스팅거는 인지 부조화를, 한 사람이 심리적으로 어긋나는 두 개의 인지(사상, 태도, 신념, 견해)를 동시에 들고 있는 긴장 상태라고 설명한다. 여기서 부조화란 서로 반대되는 두 개의 인지가 병존하는 상황을 말한다. 인지 부조화는 매우 불쾌한 경험이기 때문에 사람들은 이 불쾌함을 감소시켜야 한다는 동기를 부여받는다. 이는 배고픔과 갈증과 같은 추동drive을 감소시키는 과정과도 유사하다. 추동은 다만 심리적인 필요성보다는 인지적인 불편함에서 발생한다는 점에서 인지 부조화와 약간의 차이가 있다. 서로 모순되는 두 개의 생각을 들고 간다는 것은 무의미함을 들고 가는 것이고 프랑스의 실존주의 철학자 알베르 까뮈가 관찰했듯이 인간은 평생 동안 자신의 존재가 무의미하지 않다는 사실을 스스로에게 관철시키며 살아가는 피조물이다.

우리는 어떻게 스스로에게 자신의 삶이 무의미한 게 아님을 관철시킬까? 다시 말해 우리는 어떻게 인지 부조화를 감소시킬까? 우리는 가지고 있는 인지를 서로 양립할 수 있는 (조화로운) 형태로 바꾸거나 처음의 인지 사이의 차이를 매워줄 수 있는 또 다른 인지를 추가함으로써 이를 가능케 한다.

모두가 진심으로 이해할 수 있는 예시를 들어보자. 한 애연가가 흡연의 위험성을 알리는 메시지를 본 상황이다. 이 애연가는 부조화를 경험한다. '나는 흡연자이다.'라는 인지가 '흡연은 폐암의 원인이 되고 건강에 여러 가지 악영향을 미친다.'는 인지와 부조화를 일으킨다. 이 사람이 부조화를 감소시키기 위해 내릴 수 있는 가장 현명하고 효율적인 판단은 담배를 끊는 것이다. '흡연이 암을 유발한다.'는 인지는 '나는 담배를 피우지 않는다.'는 인지와 조화를 이루기 때문이다.

그러나 대다수의 사람들에게 담배를 끊는 것은 쉽지 않다. 오랜 시간 동안 담배를 피워 온 샐리를 상상해보자. 이 부조화를 감소시키기 위해 그녀는 무엇을 할 것인가? 무슨 수를 써서라도 그녀는 '흡연이 암을 유발한다.'는 인지에 작업을 할 것이다. 샐리는 흡연을 병이랑 연관시키는 증거를 가볍게 여기고 아직 현대 의학은 완벽하지 않다는 생각으로 스스로를 안심시킬 것이다. 결국 그녀는 "과학자들은 무엇이 몸에 좋은지를 얘기할 때마다 태도를 바꾸더라."는 식으로 말할 수 있다. 그녀는 흡연자이면서 똑똑한 사람을 찾아보면서 데비, 니콜, 래리도 흡연자인데 만일 담배가 건강에 해롭다면 그 똑똑한 사람들이 담배를 피겠냐는 식으로 자신을 설득한다. 샐리는 피우는 담배를 저니코틴 담배나 유기농 브랜드의 담배로 바꿈으로써 '이런 종류의 담배는 몸에 해롭지 않아.'라고 자신에게 거짓말을 할 수도 있다. 마지막으로 그녀는 위험함에도 불구하고 흡연을 상대적으로 덜 유해한 행동으로 만들기 위해 여러 가지 인지를 추가할 수도 있다. 자신이 흡연에 부여하는 가치를 강화하여 흡연은 기분을 좋게 할 뿐만 아니라 긴장 이완에 필수적이며 "수명을 줄이지만 내 인생의 낙이 되는 행위"로 판단하는 것도 그녀가 고를 수 있는 선택지이다. 혹은 낭만적이고 천하태평한 자아상를 개발하고 흡연으로 야기되는 위험을 무시하면서 흡연에서 미덕을 찾고자 노력할 수도 있다.[4] 샐리는 인지적으로 흡연의 위험성을 최소화하거나 삶 속에서 흡연의 중요성을 과장함으로써 자신의 행동을 합리화할 수도 있다. 그녀는 기존의 태도를 수정하고 새로운 태도를 취하거나 둘 다 약간씩 함으로써 자신을 안심시킬 수도 있다. 이들은 모두 병을 자초하는 어리석음을 간과함으로써 부조화를 감소시키려는 노력이다.

1964년에는 미국 인구의 절반가량이 흡연자였다. 그해 미국 『공중 보건국 보고서』가 발간되고 흡연의 위험성을 대중에게 알린 시점에서 흡연과 암의 관련성을 밝히는 새로운 증거에 대한 대중의 반응을 평가하는 설문 조사가 진행되었다.[5] 비흡연자들은 절대 다수가 보고서를 신뢰하였으며 흡연이 병을 유발한다는 사실을 의심한 사람은 10%에 불과하였다. 그러나 흡연자들은 이 보고서의 신뢰성을 의심하였다. 애연가 중 40%가 이 연관성이 충분한 증거가 뒷받침된 것인지에 대해 의심하였다. 또한 흡연자들은 더 쉽게 자신의 습관을 합리화하였다. 비흡연자의 두 배에 달하는 흡연자들은 인생은 수많은 위험 요소로 가득 차 있고 흡연자들과 비흡연자들 모두 병에 걸릴 수 있다는 데 동의하였다.

흡연자들은 또한 흡연 습관을 최소화함으로써 부조화를 감소시키기도 한다. 하루에 하나에서 두 갑 정도의 담배를 피우는 사람들을 대상으로 한 또 다른 연구는 참가자의 60%가 자신을 "중간 정도"의 흡연자라고 생각하고 나머지 40%만이 자신을 골초라고 생각한다는 사실도 발견하였다.[6] 이러한 다양한 자기-지각들을 어떻게 설명할 수 있을까? 중간 정도의 흡연자임을 자처한 사람들은 골초임을 자처한 사람들에 비해서 담배가 장기간에 걸쳐 미치는 해로운 효과를 더 잘 알고 있었다. 이들은 하루에 한두 갑 정도를 피우는 것은 그리 많이 피는 것이 아니라고 자기 자신을 설득한 것으로 보인다. 중간 정도든, 골초든 이는 결국엔 주관적인 판단이다.

이제 자신이 골초이고 흡연은 건강에 해롭다는 사실을 알고 있는 흡연자들이 다짐을 하고 담배를 끊으려고 노력하지만 실패한 상황을 상상해보라. 이들은 무엇을 하였는가? 이를 밝히기 위해서 릭 기번스Rick Gibbons는 동료들과 함께,[7] 금연 클리닉에 참석하여 한동안 금연을 하였지만 다시 흡연자로 돌아가 버린 골초들을 연구하였다. 그들은 단순히 담배 연기를 깊게 들이마시면서 병에 걸려 죽기만을 기다리는 것일까? 전혀 그렇지 않았다. 그들은 다양한 방법으로 흡연이 처음에 생각한 것만큼 해롭지 않다고 자신을 설득하면서 부조화를 감소시켰다. 새해에 금연을 다짐한 135명의 학생들을 추적한 연구도 이를 지지하였다.[8] 자신의 다짐을 깨버린 학생들은 — 담배 끊기, 체중 감량, 운동량 늘리기 등의 다짐이 있었다 — 처음에는 심란함을 느꼈으나 얼마 지나지 않아 다짐의 중요성을 격하시키는 데 성공하였다.

흡연자들은 물론 자신의 건강을 (그리고 같이 사는 간접 흡연자의 건강을) 걱정해야 한다. 그러나 당신이 담배 회사의 사장이라서 전 세계의 담배 판매량을 올리기 위해 최선을 다해야 한다면 어떨까? 흡연이 암을 유발한다는 것이 사실이라면 당신은 두말할 것 없이 수백만 명의 질병과 죽음에 부분적인 책임이 있다. 이 현실을 직면하는 것은 고통스러울 정도의 부조화를 일으킨다. '나는 훌륭하고 친절한 사람이다.'라는 인지가

'나는 수백만 명의 사람들의 죽을 날을 앞당기고 있다.'라는 인지와 부조화를 일으킨다. 이 부조화를 감소시키기 위해 당신은 스스로에게 흡연은 안전한 행위라는 것을 설득해야 한다. 당신이 자주 마주칠 흡연 반대 문구와 자신에게 날아오는 비난을 생각한다면 이는 매우 어려운 작업이다. 게다가 당신은 산더미 같은 담배와 질병의 연관을 설명하는 문서들을 반박해야 한다. 설상가상으로 증거에 대한 당신의 불신에 나름대로의 근거를 제공하기 위해 당신은 스스로 매일 하나에서 두 갑의 담배를 피워야 할 수도 있다. 당신의 필요가 엄청나게 높은 수준이라면 스스로에게 담배가 몸에 좋다고 설득할 수도 있다. 당신은 현명하고, 훌륭하고, 선한 자신을 만들기 위해서 멍청하고 틀려먹었고 스스로의 건강을 해치는 행동을 하는 것이다.

이 분석은 너무 별나서 거의 믿을 수 없을 정도이다. 1994년 미국의회에서 흡연의 위험성에 대한 청문회가 개최되었다. 이 청문회에서 주요 담배 회사의 사장은 모두 자신이 흡연자임을 인정하면서 뻔뻔스럽게 담배는 비디오 게임이나 트윙키를 먹는 것보다 해롭지도 중독성이 강하지도 않다고 주장하였다. 1997년에 계속된 청문회에서 미국 최대의 담배 생산업체인 필립 모리스의 회장과 최고 경영자를 겸하고 있는 제임스 J. 모건은 담배가 약물학적으로 중독성이 있지 않다고 말하였다. "보세요. 저는 구미베어를 좋아해서 구미베어를 먹습니다만 구미베어가 당기지 않을 때는 구미베어를 먹지 않습니다. 그렇다고 제가 구미베어에 중독된 것은 아니잖습니까."[9]

이는 모건이 거짓말을 한 것일 수도 있다. 하지만 필자는 이것이 단순한 거짓말은 아니라고 생각한다. 필자는 모건과 같은 사람들은 시간이 지나면서 스스로를 속이려는 노력의 일환으로 자신이 한 거짓말을 믿

는 것이라고 생각한다.[10]

사람들의 자기기만은 심지어 자기 파괴로까지 이어지기도 한다. 1997년 사이비 종교 집단인 헤븐스 게이트의 회원 39명은 캘리포니아의 랜초 산타페의 고급스런 사유지에서 시체로 발견되었다. 소위 말하는 집단 자살이었다. 몇주 전에 이 종교 집단의 멤버 몇몇은 전문점에 가서 비싼 고출력 망원경을 구매해서 헤일-밥 혜성과 그 뒤에 숨어서 우주를 여행한다고 열렬히 믿는 우주선을 선명하게 관측하려 하였다. 그들은 혜성이 지구 가까이에 오는 때 자살을 통해 "육체라는 그릇"을 벗어나면 우주선이 그들의 영혼을 데려간다고 믿었다. 망원경을 구매한지 며칠 후 그들은 다시 가게에 가서 정중히 환불을 요청하였다. 매니저가 그 이유를 묻자 그들은 "혜성을 아무리 관찰해도 우주선을 발견하지 못했어요."라고 하며 그 망원경이 불량품이라고 주장하였다. 물론 우주선은 애초부터 없었다. 그러나 당신이 그 우주선을 타기 위해 죽을 준비까지 할 정도로 그 사실을 믿었다면, 그러나 망원경이 이를 입증해내지 못했다면, 당신 또한 자신의 믿음이 아니라 망원경을 의심하지 않았겠는가!

헤븐스 게이트의 멤버들은 비극으로 이어질 만큼 잘못된 믿음을 가지고 있었다. 그러나 그들은 인지 부조화 이론이 가지는 과학적인 의의를 밝혀주었다. 그것은 사이비 종교의 신도들과 다를 바 없이 우리 또한 종교, 정당, 카리스마 있는 리더, 이념의 충신이 될 수 있으며 충성의 대상이 사실에 의해 위협받을 때에는 어떠한 증거 왜곡도 서슴지 않을 수 있다는 것이다. 통찰력 있는 (그러나 인지 부조화 이론을 접했을 가능성이 0에 가까운) 코미디언이자 시사 해설자인 레니 브루스는 리처드 닉슨과 존 F. 케네디의 1960년 대통령 선거 캠페인을 보며 얻은 통찰을 다음과 같이 기술하였다.

내가 케네디 지지자 무리와 함께 대선 토론을 보면 그 지지자들은 "이건 정말로 닉슨을 도축하는 수준이군."이라는 코멘트를 하곤 했다. 그러고 나서 우리가 다른 집단에 가면 거기서 닉슨 후보 지지자들은 "닉슨한테 완패한 케네디는 기분이 어떻대?"라고 말하곤 했다. 그때 나는 각 집단이 자신의 후보자를 사랑해서 오히려 그를 문제 있는 인간으로 만들었다는 것을 알게 되었다. 지지자들 때문에 각 후보는 카메라를 쳐다보며 다음과 같이 말한 꼴이 되어 버렸다. "나는 도둑놈이고 우범자이다. 무슨 말인지 알겠니? 나는 역대 대통령 후보 중에 최악의 선택지야!" 그리고 심지어 다음과 같이 덧붙이는 꼴이 되어버린다. "지금 당신들에게 필요한 것은 저기 있는 정직한 사람이야. 이를 인정한다면 훌륭한 대통령을 뽑을 수 있을 거야. 저 사람이야말로 미국 국민에게 필요한 대통령이야."[11]

50여 년 후에 도널드 트럼프 후보는 지지자들의 무조건적인 충성을 똑같은 방식으로 자랑하였다. "내가 5번가의 한가운데에 서서 누군가를 쏴 죽인다고 해도 아무도 나에게서 등을 돌리지 않을 거야. 알겠니? 참 놀라운 일이지만 어쩌겠니?"[12]

인지 부조화의 감소와 비합리적인 행동

인지 부조화는 두 개의 기본적인 동기가 충돌하면서 발생한다. 하나는 올바르고자 하는 노력이다. 이는 우리가 다른 사람들이 하는 일에 세심한 주의를 기울이고, 신뢰할 수 있는 의사소통자의 충고에 귀를 기울이도록 동기를 부여한다. 다른 하나는 우리가 올바르다(그러면서도 현명하고 훌륭하고 선하다)고 믿고자 하는 노력이다. 우리 안에 있는 올바름에 대한 동기와 그 올바름을 믿으려는 동기는 어떤 경우에는 같은 방향으로 가기도 한다. 흡연을 예로 들자. 사람들은 흡연의 유해함에 대한 정보를 찾고 흡연을 하지 않도록 주의를 하는 경우도 많다. 그러나 인지부조화 이론은 우리가 정보를 자주 찾을수록 우리의 입맛에 맞지 않는 정보들은 무시한다(그리고 계속 흡연한다)고 말한다. 부조화를 이해하는 것은 사람들이 왜 수많은 비합리적인 생각을 합리적인 생각으로 만드는지 그 원인을 알게 해준다. 얼마나 똑똑한지와 상관없이 부조화를 감소시키려는 사람들은 자신의 올바름을 스스로에게 설득하는 데 너무 많은 에너지를 쓰는 나머지 비합리적으로 행동하는 경우가 많다. 여기서 "비합리적"이라는 단어를 쓰는 이유는 비적응적인 행동이 당사자로 하여금 상황의 핵심을 파악하지 못하게, 문제의 실질적인 해결책을 찾지 못하게 한다는 것을 말하기 위함이다.

연구를 통해 연구자들은 부조화를 감소시키기 위한 사람들의 노력이 비합리적인 행동을 유발한다는 것을 거듭 입증하였다. 당신이 사형 제도가 살인을 막을 수 있는지에 대해 완고한 신념을 가지고 있다고 가정해보자. 필자는 지금 이 문제에 대해 두 진영에서 주장하는 일련의 논지들을 여러분에게 제시할 것이다. 어떤 논리는 일리가 있지만 어떤 것들은 조금 억지스럽다. 당신은 어떤 논리가 기억에 남는가? 당신이 합리적인 사고를 하는 사람이라면 어떤 진영과 상관없이 일리 있는 논리는 잘 기억하고 억지스러운 논리를 기억하지 못할 것이다. 그러나 인지 부조화 이론에 의하면 억지스럽더라도 당신의 진영을 지지하는 논리는 그 진영의 현명함과 이 논리에 동의하는 사람들의 지성을 의심하게 만들어서 부조화를 일으킨다. 마찬가지로 일리가 있더라도 반대 진영을 지지하는 논리는 반대 진영이 당신의 생각보다 똑똑하고 정확할 수 있다는 — 혹은 이는 인간이 판단할 수 있는 문제가 아니라는 — 가능성을 제기하여 또 다른 부조화를 일으킨다. 이 논리들은 부조화를 일으키기 때문에 우리는 이에 대해 생각하지 않으려고 노력한다. 그래서 인지 부조화 이론은 사람들이 자기 진영을 지지하는 일리 있는 논리와 반대 진영을 지지하는 억지스러운 논리를 기억할 것이라고 결론을 내린다.[13]

이 현상을 입증한 많은 연구들 중 찰스 로드Charles Lord, 리 로스Lee Ross, 마크 레퍼Mark Lepper가[14] 사형 제도를 반대하거나 찬성하는 스탠포드대학의 학생들을 대상으로 실시한 연구가 있다. 그들은 학생들에게 사형 제도가 폭력 범죄를 막는 데 도움이 되는가를 다룬 두 개의 연구 논문을 보여주었다. 한 논문은 학생들의 믿음을 지지하였고 다른 하나는 학생들의 믿음에 반하였다. 연구에 참가한 학생들이 합리적이라면 그들은 이 문제가 매우 복잡한 주제임을 인정하고 서로의 입장차를 좁혀나갔을 것이다. 그러나 인지 부조화 이론에 의하면 학생들은 이 두 논문을 왜곡되게 해석하여 자기 진영을 지지하는 논문은 가슴 속에 담아두어 자신의 주장에 대한 강력한 확증으로 만들고 자기 진영에 반대하는 논문은 방법론이나 개념상의 오류를 찾아내어 자신들의 주장에 영향을 미칠 수 없는 질 떨어지는 논문으로 만들어 버린다. 그런데 현실에서 일어난 상황은 정확히 이와 똑같았다. 실제로 양측의 논문을 보게 된 학생들은 서로 간의 입장차를 좁히기보다 논문을 보기 전보다 더 날을 세우며 서로를 반박하였다. 이 과정은 정치나 종교 문제와 관련해서 특정 성향에 깊이 빠져있는 사람들은 아무리 힘 있고 균형 잡힌 주장을 하더라도 우리가 제시하는 관점에서 생각해보지 않는다는 사실에 대한 훌륭한 설명인 듯하다.[15] 이 연구는 오늘날 미국 내의 정치적 담화가 양극화되는 이유를 밝혀주기도 한다.

인지 부조화 이론은 왜 수많은 사람들의 행동이 비합리적인지도 — 그리고 내적인 사고 과정에서부터 비합리적인지도 — 설명한다. 당신이 최면에 걸린 젊은 남자에게 왜 화창한 날에 비옷을 입었는지를 물으면, 그는 자신이 일리 있다고 느끼는 대답을 생각해낸다. 당신이 세계 최대의 담배 회사인 필립 모리스의 부회장에게 왜 흡연을 하냐고 하면, 그는 자기가 생각하기에 일리 있는 대답을 할 것이다 — 그는 흡연이 얼마나 좋은 스트레스 해소제인지에 대해 말할 것이다. 당신이 사형 제도 실험의 참가자들에게 특정 논리가 유독 기억나는 이유가 무엇인지에 대해 물으면, 그들은 다른 논리들은 근거가 부족했다고 주장할 것이다.

우리 모두가 합리적으로 행동할 수 있다는 것은 두말할 필요도 없는 사실이다. 그러나 필자가 말하고자 하는 바는 부조화를 감소시켜야 하는 상황에서는 우리 모두가 비합리적으로 행동할 수도 있다는 것이다. 다음에서도 자기 합리화 욕구의 여러 갈래를 논의하면서 우리는 반복해서 인간 행동이 보여주는 양면성을 직면하게 될 것이다. 그 첫 번째 갈래는 가장 합리적일 때와 가장 비합리적일 때의 인간의 모습을 명확히 대비시키는 의사 결정 과정이다.

의사 결정 결과로서의 인지 부조화

당신은 신차를 구매하는 것과 관련하여 결정을 내리려고 한다. 신차 구입은 많은 돈이 들기 때문에 의심의 여지없이 중요한 과정이다. 당신은 매장을 둘러보고 나서 SUV와 전기차 중 하나로 선택의 폭을 좁혔다. 각 모델은 장단점이 있었다. SUV는 편리하다. 당신은 의자를 뒤로 밀고 또는 앞으로 당길 수 있고 장기간 여행 중에는 차 안에서 잠을 잘 수도 있고 높은 마력을 즐길 수도 있다. 그러나 SUV는 연비가 낮고 주차도 불편하다. 그에 반해 전기차는 다소 협소하고 장거리를 가지 못하고 안전도 신경 써야 한다. 하지만 전기차는 운행비가 적게 들고, 더 재미있게 운전할 수 있다. 게다가 수리 비용이 적게 든다고 들었다. 필자는 당신이 결정을 내리기 전에 가능한 한 많은 정보를 찾을 것이라 생각한다. 인터넷을 이용하여 여러 차 메이커와 모델들에 대한 후기들을 읽어볼 수 있다. 아마도 당신은 SUV나 전기차를 가지고 있는 친구들에게 정보를 구할 것이다. 또한 딜러를 통해 시승을 하면서 각 차에 대한 자신의 느낌을 알아볼 수도 있을 것이다. 이러한 사전 준비는 완벽히 합리적이다.

이제 결정의 순간이 왔다. 당신이 전기차를 샀다. 그 다음에 어떤 일이 일어났을까? 당신의 행동은 변하기 시작할 것이다. 즉, 더 이상 모든 자동차 메이커에 대한 객관적인 정보를 찾지 않을 것이다. 지금부터는 똑같은 차를 가지고 있는 사람들과 대화하는 데 많은 시간을 보낼 가능성이 높다. 당신은 그 차의 적은 탄소 배출과 한 번 충전하고 갈 수 있는 거리에 대해 얘기하기 시작할 것이다. 나는 새로 산 차 안에서 잠을 잘 수 없다는 사실 따위는 전혀 생각지 않을 거라 추측한다. 이러한 방식으로 당신의 마음은 새로운 작은 차를 모는 것이 충돌에 취약하고 브레이크의 반응 속도가 그리 빠르지 않다는 사실을 가볍게 여길 것이다.

이러한 마음의 변화는 어떻게 일어나는 것일까? 결정이 끝난 후에 — 특히 그것이 어렵거나 상당한 양의 시간과 돈이 오가는 문제인 경우에 — 사람들은 거의 항상 인지 부조화를 경험한다. 그 이유는 의사 결정이란 조건적으로 좋은 결정도, 아니면 무조건적으로 나쁜 결정도 없는 경우가 대부분이기 때문이다. 이 자동차 구매의 예시를 봐도 전기차를 사기로 결정한 당신의 인지는 그 차가 가지고 있을 결점에 대한 인지와 부조화를 일으킨다. 유사하게 당신이 구매를 고민했던 다른 차들의 긍정적인 면에 대한 인지는 그중 하나를 고르지 않았다는 인지와 부조화를 일으킨다. 이처럼 부조화를 감소시키는 좋은 방법은 선택한 차에 대한 긍정적인 정보만 찾고 그 차에 대한 부정적인 정보는 피하고 배제하는 것이다. 이에 따라 최근에 차를 구입한 사람은 그 시점 이후로 광고를 선별적으로 읽기 시작할 것이고 그 차를 사지 않은 사람들에 비해 그 차에 대한 광고를 더 많이 읽을 것이다. 또한 새로운 차의 소유자는 다른 메이커의 자동차 광고를 보려 하지 않는다. 이상은 연구자들이 광고 구독에 관한 연구에서 밝혀낸 사실이다.[16] 물론 오늘날에는 소셜 미디어 덕분에 사람들은 자신이 구매한 차와 조화로운 정보뿐만 아니라 자신의 믿음과 조화로운 정보도 별다른 노력 없이 구할 수 있다 — 그리고 부조화로운 정보는 모두 피할 수 있다.

사람들이 항상 광고를 통해 제품에 대한 안심을 얻는 것은 아니다. 그들은 스스로를 안심시키는 일을 매우 잘할 수 있다. 잭 브렘Jack Brehm의[17] 연구는 이를 어떻게 행하는지를 보여준다. 마케팅 리서치 전문가로서 브렘은 여러 여성 참가자들에게 8개의 다른 가전제품들(토스트기, 커피머신, 샌드위치 그릴 등등)을 보여주고 각 제품의 매력도를 평가해보라고 하였다. 그 대가로 각 참가자는 가전제품들 중 하나를 선물로 받아갈 수 있다는 설명과 함께 똑같은 점수를 준 두 개의 제품 중 하나를 선택할 수 있는 권리를 받았다. 하나를 선택하고 난 후에 그 제품은 포장되어서 참가자에게 주어졌다. 몇 분 후에 각 참가자는 제품에 대한 점수를 다시 매기라는 지시를 받았다. 자신이 선택한 상품을 받고 난 후에 각 참가자는 그 제품의 매력도에 다소 높은 점수를 주었고 고민하다가 받지 않았던 제품에는 처음에 비해서 낮은 점수를 주었다.

똑같은 결론을 한 번 더 말하는 것이지만 의사 결정은 부조화를 일으킨다. 선호하는 대상의 부정적 측면에 대한 인지는 그 대상을 선택했다는 인지와 부조화를 일으킨다. 그리고 선택하지 않은 대상의 긍정적 측면에 대한 인지는 그 대상을 선택하지 않았다는 인지와 부조화를 일으킨다. 부조화를 감소시키기 위해 인간의 인지는 의도적으로 대안을 배제한다. 즉, 브렘의 실험에서 결정을 내리고 난 후에 참가자들이 자신이 갖기로 선택한 가전제품의 긍정적인 면을 강조하고 부정적인 면은 축소하였다. 그러나 이와는 반대로 자신이 갖지 않기로 선택한 가전제품에 대해서는 부정적인 면은 강조하고 긍정적인 면을 축소하였다.

자신의 선택을 합리화하려는 경향은 구매 결정에 국한되지 않는다. 실제로 한 연구는 유사한 과정이 심지어 우리의 연인 관계와 다른 파트너들과의 불륜을 생각하는 것에도 영향을 미친다는 사실을 밝혀내었다. 데니스 존슨Dennis Johnson과 카릴 러스벌트Caryl Rusbult가 수행한 연구에서[18] 대학생들은 캠퍼스에 새로 도입된 컴퓨터 데이팅 서비스의 성공 가능성을 평가하라는 지시를 받았다. 참가자들은 데이팅 서비스의 사용자라 믿는 상대방 이성들의 사진을 보았다. 그러고 나서 그들은 이 사용자들의 매력도와 이 이성과 데이트를 할 가능성이 — 현실적으로 따져보았을 때 — 어느 정도 되는지 점수를 매기라는 지시를 받았다. 이 연구의 결과는 놀랍게도 브렘의 가전제품 연구와 똑같은 현상을 보여주었다. 현재의 연인과 깊은 관계를 가지고 있는 사람일수록 잠정적인 새로운 파트너에게 매력을 느끼지 못하였다. 후속 연구에서 제프리 심슨Jeffry Simpson과 그의 동료들[19] 또한 헌신적인 이성 관계를 유지해온 사람들이 그렇지 않은 사람보다 다른 이성을 신체적으로나 성적으로나 덜 매력적이라고 생각한다는 것을 밝혀내었다. 또한 그들은 이 결과가 "가능성이 있는 사람들"에 한해서만 나타난다는 것도 보여주었다. 자신이 본 상대방이 다소 나이가 많아 보이거나 같은 성별일 때 헌신적인 이성 관계를 유지해온 사람들은 그 사람에게 평소대로의 평가를 내린다. 즉, 위협의 부재는 부조화의 부재를 의미하며 부조화의 부재는 매력 혹평의 부재를 의미한다.

그 대상이 가전제품이 되었든 연인이 되었든 한 번 굳어진 마음은 당신이 내린 선택의 긍정적인 면에만 눈뜨게 하고, 다른 선택의 긍정적인 면이 나타나면 그 때는 눈을 가려버린다.

인지 부조화 감소는 의식적인 것인가? 2장에서 보았듯이 대부분의 사람들은 자신이 부정적인 사건에 얼마나 빠른 속도로 적응할지를 잘 예측하지 못한다. 이제 필자는 그 이유가 당신이 얼마나 성공적으로 부조화를 감소시킬지 모르기 때문이라고 말해줄 수 있다. 과거에 부조화를 성공적으로 감소시킨 사람들이 미래에도 부조화를 감소시키려고 노력할 것이라는 사실을 왜 모르는 것일까? 그 대답은 이 부조화를 감소시키는 과정이 대부분 무의식적으로 일어난다는 데 있다. 사람들은 의자에 앉아서, "나는 지금 인지 부조화를 어느 정도 감소시킬 거야!"라고 말하지 않는다. 예를 들어 당신이 사랑하는 사람에게 차인다면 어떤 일이 벌어질까? 시간이 지나면서 당신은 그 사람을 덜 매력적인 사람으로 — 어쩌면 근거 없는 자아도취에 빠진 나르시시스트로도 — 보게 될 것이다. 그리고 당신은 자신이 더 좋은 연인을 만날 능력이 있는 사람이고 혼자라도 충분히 잘난 사람이라고 믿게 된다. 이러한 과정이 효과를 보는 이유는 이것이 우리의 지각이 닿을 수 없는, 의식 밑의 영역에서 아무런 의도도 없이 일어나기 때문이다. 불행히도 이러한 비가시성 invisibility은 인지 부조화를 효과적이지만, 자각하기 어려운 현상으로 만들고 있다. 이 과정 자체가 무의식 속에서 일어나기 때문에, 이것이 미래의 고통에서 자신을 지켜줄 것이라는 사실을 깨닫지 못한다.

고전 영화 『카사블랑카』의 엔딩신에서 잉그리드 버그만이 그녀의 나치에 대항하는 영웅 남편과 재결합하지 않고 그녀의 사랑 험프리 보가트와 함께 모로코에 남아있기를 선택하였다면 어떤 상황이 펼쳐졌을까? 가슴을 쥐어짜는 험프리 보가트의 대사와 같이 그녀는 "오늘은 아니고 내일도 아니겠지만 얼마 지나지 않아 평생을" 후회 속에서 살아갔을까? 문어체로 표현하자면 보가트를 비오는 비행장에 남겨두고 온 사실을 영원히 후회할까? 필자의 대답은 "아니오"다. 보가트의 화술은 화려했지만 그 내용은 진실이 아니었다. 어떤 선택을 했든 그녀는 자신의 선택을 오늘도, 내일도 후회하였을 것이다. 그러나 얼마 지나지 않아 (평생을) 그녀는 스스로에게 자신의 선택이 최선의 결정이었다고 설득할 것이다.[20] 이것이 그녀가 어떤 경우에도 후회를 하지 않는다고 말하는 것은 아니다. 그러나 우리가 일생 동안 수없이 많은 선택을 한다는 것을 고려해보았을 때 우리는 — 인지 부조화를 감소시키는 능력 덕분에 — 놀라울 정도로 후회를 하지 않고 살아간다.

인지 부조화는 보편적인 현상인가? 인지 부조화 경험은 얼마나 보편적인 것일까? 미국인들이 유독 많이 경험하는 것일까 아니면 인간 존재의 일부분인 것일까? 인지 부조화에 관해서 전 세계의 모든 나라에서 연구한 것은 아니기 때문에 이 질문의 정답을 말하는 것은 불가능하다. 그러나 이 정도는 말할 수 있다. 대부분의 연구가 미국에서 행해진 것은 사실이지만 인지 부조화를 주제로 한 다른 나라의 연구들 또한 인지 부조화는 실재하는 것이라고 입을 모은다.

그리고 이 연구는 더 광범위해지고 있다. 인지 부조화 이론은 수천 개의 연구들에 의해 지지되어 왔으며 이 연구들 중 몇몇은 인지와 신경과학 — 그리고 영장류 동물학 — 등의 관련 분야의 연구들이다. 어떤 관점에서 원숭이들은 가전제품들 사이에서 하나를 선택해야 하는 주부와도 같다. 그들은 여러 가지 색깔의 상자들 중에서 하나를 선택하고 나면 다른 선택지가 나와도 계속 그 박스하고만 있는다. 이 연구는 결정 후 인지 부조화가 우리 조상들에게 새롭지만 검증되지 않은 (과거의 인류에게 위험한) 선택지는 배제하고 검증된 선택지를 고르도록 유도한 메커니즘이었다면, 결정 후 인지 부조화야말로 진화의 일등 공신이라는 것을 암시한다.[21]

"인지적인 부분"을 인지 부조화에 내어준 사람들 또한 매우 어릴 때부터 인지적인 합리화를 보여준다.[22] 내 친구 중 한 명은 세 살짜리 아이를 데리고 공원에 가고 그에게 가지고 놀 수 있는 스티커를 주었다. 또 다른 아이가 그들에게 접근하였다. "이 어린 소녀에게 스티커를 줄 생각 없니?" 하고 내 친구가 물었다. 그 아이는 한동안 생각한 끝에 다음과 같이 말했다. "엄마 저 여자애는 스티커를 좋아하지 않아요." 3살짜리가 인지 부조화를 감소시키다니! 그녀는 스스로를 착한 소녀가 되게 하면서 스티커 모두를 보관하게 되었다.

부조화의 경험이 보편적이라는 주장을 지지하는 또 하나의 증거는 에디 하몬-존스Eddie Harmon-Jones와 그의 동료들이[23] 한 연구이다. 그들은 fMRI 기술을 사용해서 부조화를 경험할 때 활성화되는 특정 뇌 부위에서의 신경 활동을 관찰하였다. 이때 부조화 경험은 자신이 선택한 물건들과 자신이 거절한 물건의 선호도를 매기고 불쾌한 정밀 검사가 실제로 너무나도 좋았다고 주장하는 등의 원치 않는 (부조화로운) 정보에 직면하는 다양한 경험들을 포함하였다. 부조화를 경험하는 동안 활성화된 뇌 부위는 계획과 의사 결정에 지배적인 영향을 미치는 전전두피질에 있는 매우 특징적인 부위였다. 그리고 자신이 지지하는 대통령 후보에 대한 부조화스럽거나 조화스러운 정보를 처리하는 사람들을 대상으로 한 연구에서 드류 웨스턴Drew Westen과 그의 동료들은[24] 부조화스러운 정보에 직면한 사람들은 추론을 담당하는 뇌 부위가 사실상 기능을 멈추어 버리고 이 부조화가 해결되면 정서 회로도 제 기능을 한다는 사실을 발견하였다. 웨스턴의 결론에 의하면 사람들은 각 장면의 조각들이 모여 자신이 보고 싶어 하는 패턴을 이루어 그에 대한 보상으로 뇌가 기쁨의 신경 회로를 돌릴 때까지 "인지적 만화경"을 온갖 방향으로 돌려본다. 이러한 관점에서 본다면 인지 부조화의 감정은 문자 그대로 뇌에 손상을 입힐 수도 있다.

부조화는 전 세계에서 일어나지만 그 형태는 일정하지 않고 부조화를 일으키는 인지의 내용도 문화에 따라 차이가 있다. 예를 들면 개인주의가 상대적으로 약한 사회에서는 부조화를 감소시키는 행동이 공동체와 관련된 것이 많다.[25] 이 같은 문화에 사는 사람들은 자신의 개인적인 과실을 합리화해야 할 때보다는 자신의 행동이 남들의 기분을 상하게 하거나 실망시킬 때 부조화를 느낀다. 일본의 사회 심리학자인 하루키 사카이Haruki Sakai는[26] 실험을 통해 이를 밝혀내었다. 수많은 일본 사람들은 그들이 알고 지내거나 좋아하는 사람이 느끼는 부조화의 일정 부분을 자신의 것처럼 경험하고 자신의 태도를 바꿔서라도 부조화를 감소시키고 있는 친구의 태도에 맞추려 할 것이다. 일본인들은 또한 다른 사람들이 지켜보는 데서 한 결정은 합리화하였지만 자신이 사적으로 내린 결정에 대해서는 그러지 않았다. 미국은 이와 반대의 경향을 보인다.[27] 문화에 따라 사적인 의사 결정이 인지 부조화를 일으키고 반대로 공적인 의사 결정이 그 결정을 합리화시킬 필요가 있을 수 있다.

불가역성의 중요성

우리가 논의한 예시들의 중요한 특징은 상대적으로 결정의 불가역성, 즉 철회가 불가한 결정이라는 것이다. 이는 어느 정도 설명이 필요한 부분이다. 앞에서 보았듯이 어떤 차나 물건을 구매할지를 정하는 단계에서는 스스로에게 당신의 선택이 현명한 선택이라고 설득하는 데 힘과 에너지를 쏟을 필요가 없다. 그러나 일단 결정을 내리고 나서 이를 철회할 수 없는 상황이 되면 모든 것이 달라진다.

경마장에서 겜블러들의 인지 계통 행동이 어떻게 변하는지에 대해서 실시한 연구는 불가역성의 중요성에 관한 몇 가지 직접적인 증거를 제시한다.

다시 말해서 한 번 베팅을 하면 무를 수도, 창구의 친절한 발권 직원에게 마음이 바뀌었음을 말할 수도 없다는 점에서 경마장은 불가역성을 철저히 파헤치기에 이상적인 장소이다. 로버트 녹스Robert Know와 제임스 잉스터James Inkster는[26] 2달러를 베팅하려 하는 사람들 사이에 끼어들었다. 조사원이 이들에게 자신이 베팅한 말의 우승을 얼마나 확신하는지를 물은 시점에 이미 이들은 자신의 말을 결정했고 베팅을 시행하려는 중이었다. 그러나 2달러를 베팅하러 줄을 서고 있는 단계였기 때문에 아직은 결정을 무르는 것이 가능하였다. 조사원은 2달러 베팅을 완료하고 가려는 사람들을 붙잡고 자신의 말의 우승을 얼마나 확신하는지를 물어보았다. 전반적으로 베팅을 끝낸 사람들이 베팅을 하려고 하는 사람들보다 자신의 말이 우승할 가능성을 더 높게 점쳤다. 그러나 당연한 소리지만 결정의 완료 여부는 우승 가능성에 전혀 영향을 미치지 못했다.

경마장에서 하버드대 캠퍼스까지 가면서 다니엘 길버트Daneil Gilbert는[29] 사진을 공부하고 싶어 하는 학생들과 함께 불가역성 가설을 테스트하였다. 그는 학생들에게 필름 한 통으로 사진을 찍고 그중에서 두 장을 출력해서 각 사진의 점수를 매기고 하나를 가지고 있으라고 말하였다. 몇몇 학생들은 5일 내로 사진을 바꿀 수 있다는 설명을 들었고 그 외 학생들은 한 번 선택하면 끝이라는 설명을 들었다. 길버트는 학생들과 2일, 4일, 9일 후에 만나서 사진에 대한 이들의 감정이 변했는지를 관찰하였다. 첫째 날에 선택을 바꿀 수 없는 학생들은 선택을 바꿀 수 있는 학생들에 비해서 선택에 대한 만족도가 높았다. 다시 한 번, 일단 돌이킬 수 없는 결정을 하면 사람들은 자신의 선택에 만족하려고 애를 쓴다. 그래서 그들은 더 이상 손을 댈 여지가 없어지면 자신이 현명한 선택을 했다고 확신을 굳히는 경우가 많다.

결정의 불가역성이 항상 부조화와 이를 감소시키려는 동기를 증가시킨다 하더라도 사람들은 엄밀히 따지면 자신이 결정을 안 해도 되는 부분에서도 부조화를 느낀다. 수년 전에 로버트 치알디니Robert Cialdini는[30] 일시적으로 자동차 딜러의 판매원이 됨으로써 이러한 현상이 일어나는 원리를 밝혀내었다. (치알디니는 사회 심리학에서 가상의 현장 연구를 많이 하였지만 이 연구는 그의 인생에서 가장 재미있는 것이었다.) 이것은 그가 '소비자에게 지나치게 낮은 견적을 던지는' **로우볼링**lowballing이라는 평범하고도 성공적인 전략을 발견하게 된 계기이기도 하다. 예를 들면 이런 것이다. 한 고객이 자동차 딜러에게 그가 원하는 차를 19,300 달러를 주고 사겠다고 한다 — 그는 파격 세일에 나와 있는 가격표를 보고 위와 같이 말한 것이다. 딜러는 웃으면서 "더 좋은 선택지를 보여드릴게요."라고 말하며 18,942 달러짜리 차를 보여준다. 낮은 견적의 유혹에 넘어간 고객은 계약서를 쓰고 수표에 배서해서 계약금을 지불할 것이다. 그러나 10분 후 딜러는 새파래진 얼굴로 다시 온다. 그는 계산 실수를 범했고 매니저가 오류를 발견했다고 말한다. 그 차의 실제 가격은 19,384 달러이다. 이제 고객은 어떻게 할 것인가? 어찌됐든 이 고객은 어느 자동차 딜러에서나 이 차를 싸게 살 수 있다. 그래서 이 상황이 철회가 불가능한 상황은 아니다. 그러나 이 상황에서는 처음부터 19,384 달러를 요구받았을 때보다 훨씬 많은 사람들이 계약을 그대로 진행한다 — 심지어 그 딜러로부터 이 차를 사려고 했던 이유(파격적인 가격) 자체가 사라졌음에도 그냥 계약하는 것이다.

여기서 무엇이 중요할까? 적어도 이 세 가지는 알아야 한다. 첫째, 소비자의 구매 의사 결정은 분명히 돌이킬 수 있는 결정이라지만 할인 가격에 해당하는 수표에 배서를 한 행위가 암묵적 합의를 창조하였다. 둘째, 이 합의는 (새로운 차를 운전한다는) 즐거운 경험에 대한 기대의 방아쇠를 당겼다. (이 거래를 하지 않음으로써) 기대하는 경험에 걸림돌이 생기게 된다면 그에 따라오는 부조화와 실망감이 클 것이다. 셋째, 최종 가격이 판매원이 처음에 말한 것보다 높다 해도 다른 판매점에서 제시하는 가격보다 종이 한 장 차이밖에 되지 않을 것이다. 이러한 상황에서 소비자는 결과적으로 "오 이런, 나는 이미 여기 있고 계약서도 다 작성했어. 그러니 더 이상 여기에 시간 뺏기지 말자."라고 말하게 된다. 요즘은 인터넷에서 소비자들이 더 확실한 정보를 찾을 수 있기 때문에 로우볼링 전략이 차를 판매하는 데 쓰이지는 않는다. 그러나 이 전략은 만료된 휴대폰 계약을 엄청난 혜택을 약속하는 새로운 계약으로 갱신하는 것처럼 우리가 정보를 쉽게 얻을 수 없는 수많은 상황에서 여전히 애용되고 있다.

비도덕적인 행동의 결정 정직한 사람이 어떻게 부패하는가? 역으로 어떻게 하면 우리는 정직하지 않은 사람을 정직하게 만들 수 있을까? 한 가지 방법은 어려운 결정을 내릴 때 일어나는 부조화를 이용하는 것이다. 당신이 어려운 생물학 수업을 듣는다고 가정해보라. 당신의 학점은 지금 보려하는 기말 시험에 달려 있다. 배점이 높은 문제 하나가 당신이 잘 알고 있는 내용과 관련이 있는데 너무 긴장한 나머지 답을 못 쓰고 있다. 그래서 지금 앉아있는 자리에서 당신은 긴장의 땀을 흘리고 있다. 그런데 당신이 고개를 들자, 이게 웬일인가? 당신이 앉은 자리는 이 수업에서 가장 똑똑한 (운 좋게도 글씨까지 가장 잘 쓰는) 사람의 바로 뒷자리이다. 슬쩍 눈을 내리깐 당신은 이 사람이 그 문제의 답을 거의 다 써내려가고 있다는 것을 알게 된다. 선택에 따라 당신은 얼마든지 쉽게 커닝을 할 수 있다. 자 이제 어쩔 것인가? 당신의 양심은 커닝은 나쁜 비도덕적인 행동이라 말하고 있다. 그러나 커닝을 하지 않는다면 당신은 처참한 학점을 받게 될 것이다. 이제 당신은 양심과 줄다리기를 한다. 커닝을 하든, 하지 않든 당신은 부조화를 경험하게 된다. 커닝을 한다면 "나는 한점 부끄러움 없는 도덕적인 사람이다."라는 인지가 "나는 비도덕적인 행동을 했다."라는 인지와 부조화를 일으킨다. 그리고 커닝의 유혹을 이겨낸다면 "나는 좋은 학점을 받고 싶다."는 인지가 "나는 좋은 학점을 보장받는 행위를 할 수 있었지만 그렇게 하지 않았다."라는 인지와 부조화를 일으킨다.

이 힘든 싸움 끝에 커닝을 하기로 결정했다고 가정하자. 그렇다면 이때의 부조화를 어떻게 감소시킬 것인가? 읽기 전에 잠시 생각해 보기를 바란다. 부조화를 감소시키는 한 가지 방법은 당신이 선택한 행동의 부정적인 측면은 최소화하고 긍정적인 측면을 최대화하는 것이다 — 이는 잭 브렘의 실험에서 여성 참가자들이 가전제품을 선택하고 한 행동과도 상당 부분 일치한다. 이 상황에서 부조화를 감소시키는 가장 효과적인 방법은 커닝에 대한 태도를 바꾸는 것이다. 커닝을 할 때 당신은 커닝에 대해 관대한 태도를 취하게 된다. 당신은 다음과 같은 논리를 전개할 것이다: "커닝은 상황에 따라 그리 나쁘지 않은 행위가 될 수도 있다. 아무도 피해를 입는 사람이 없다면 커닝도 나쁘기만 한 것은 아니다. 어떤 사람이라도 커닝을 할 것이다. 따라서 이 커닝이라는 것도 인간 본능의 일부이다 — 본능을 어찌 나쁘다고만 말할 것인가? 이것 또한 일종의 인지상정이기 때문에 커닝을 하다가 적발된 사람들도 엄한 처벌이 아닌 관용으로 이해해야 한다.

그러나 힘든 싸움 끝에 커닝을 하지 않기로 결정했다고 가정하자. 이때에는 부조화를 어떻게 감소시킬 것인가? 즉, 어떻게 당신의 행동을 자신의 신념과 조화되게 할 것인가? 다시 한 번 당신은 도덕관을 바꿀 것이다. 다만 이번에는 아까 전과는 반대로 바꿀 것이다. 당신은 좋은 학점을 포기하는 것을 합리화하기 위해 커닝은 어떤 경우에도 정당화될 수 없는 비도덕적인 행위이고 가장 밑바닥의 인격을 가진 사람이나 하는 짓이며 커닝하는 사람들은 반드시 적발되어 엄중한 처벌을 받아야 한다고 스스로를 설득한다.

여기서 기억해야 할 핵심은 두 사람이 하는 두 가지 다른 행동이 거의 똑같은 태도에서 시작될 수도 있다는 것이다. 사람들의 결정은 종이 한 장 차이로 갈린다: 똑같이 미미한 정도의 고민을 하고도 어떤 사람은 커닝을 할 수 있고, 어떤 사람은 커닝을 하지 않을 수도 있다. 그러나 일단 결정을 내린다면 그 결정의 결과로서 드러나는 커닝에 대한 태도는 그 차이가 급격히 벌어질 것이다.

이러한 관점은 저드슨 밀스Judson Mills가[31] 6학년 학생들과 함께 한 실험에서 다뤄졌다. 밀스는 처음에 커닝에 대한 학생들의 태도를 측정하였다. 그러고 나서 그는 참가자들에게 상품이 걸려있는 상대 평가 시험을 치게 하였다. 실험에서의 상황이 커닝을 하지 않고서는 상품을 얻는 것이 거의 불가능하게 설정되어 있었기 때문에 학생들은 들키지 않을 거라는 생각과 함께 커닝의 유혹에 빠지기 쉬웠다. 우리가 예상할 수 있듯이 몇 명의 학생들은 커닝을 하였고, 다른 이들은 커닝을 하지 않았다. 다음 날 학생들은 다시 커닝에 대한 태도를 묻는 질문을 받았다. 일반적으로 커닝을 한 학생들의 태도가 이전에 비해 관대해졌고 끝가지 유혹을 이겨낸 학생들의 태도는 더욱 완고해졌다.

밀스의 실험이 당신에게 더 와 닿을 수 있도록 시각화해보자. 피라미드의 꼭대기에 서있는 당신을 생각해보라. 인생을 살아오면서 당신은 피라미드에서 단계별로 어떤 방향으로 내려올지에 대한 결정을 하게 된다: 무엇을 전공할지, 불법적이고 비윤리적인 짓을 하는 친구들과 어울릴 것인지, 보트를 강탈할지, 연인 관계를 이어나갈지, 이별을 택할지, 음모론을 믿을지, 사실인지 또는 완전히 넌센스 인지를 확인하는 사이트인 Snopes.com이나 정치가 발언에 대해 사실 여부를 체크하는 사이트인 PolitiFact에서 사실 여부를 점검할 것인지 등이 그 예시가 될 수 있다. 그러나 방향을 정해서 내려올 때마다 당신은 부조화를 느끼고 지금도 당신은 부조화를 줄이기 위해 한 행동을 정당화시키고 있다. 이러한 정당화는 당신이 마음을 바꿔야 하는 상황에서도 이를 어렵게 만든다. 피라미드의 바닥으로 내려올 즈음에 당신은 똑같은 딜레마에서 다른 선택을 내리고 반대 방향으로 내려온 사람들과 매우 멀리 떨어져 있을 것이다. 그리고 당신은 자신의 선택이 궁극적으로 보면 긍정적이고 올바른 결정이었다는 것과 반대 방향으로 내려온 사람들이 바보거나 삐뚤어진 사람이었다는 것을 스스로에게 설득시킬 것이다. (그리고 그들이 당신에 대해서는 어떻게 느낄 것이라고 생각하는가?)

이 피라미드 비유는 우리의 태도와 행동이 **함정**entrapment에 빠지는 과정에서 어떻게 변하는지, 즉 사람이 사소하고 충동적인 결정을 내리는 과정이 어떻게 시작되며 시간이 흘러감에 따라 어떻게 자신의 원래 목표와 의도에서 멀어지는지를 이해하는 데 도움을 준다. 함정을 놓는 과정은 통제된 실험 환경에서 연구되어 왔다. 가정을 해보자. 당신은 누군가에게 힘든 과제를 맡아달라고 도움을 요청해야 하지만 그 과제는 너무 어렵고 투입해야 하는 시간과 노력이 상당해서 거절당할 것이 당연한 상황이다. 이럴 때는 어떻게 해야 하는가? 한 가지 방법은 부탁할 사람에게 원래 부탁하려 했던 작업보다 훨씬 쉬운, 거절당하지 않을 만한 작업을 부탁하는 것이다. 이 행동은 그에게 "진짜 부탁"을 하기 위한 물밑 작업이다. 사람들은 한 번 부탁을 들어주고 나면 그보다 더 큰 부탁을 들어줄 가능성이 높아진다.

이 현상은 거주자들이 자기 집 정원에 "조심히 운전하세요."라고 쓰인 거대한 팻말을 설치하게 유도한 조나단 프리드먼Jonathan Freedman과 스콧 프레이저Scott Fraser에[32] 의해 입증되었다. 부피가 크고 미관을 해치는 팻말의 특성 때문에 대부분의 거주자들은 이를 거부했고 17%만이 팻말 설치를 동의하였다. 그러나 다른 집단의 거주자들은 정원에 팻말을 설치하는 것에 앞서 안전 운전을 요구하는 청원서에 서명해달라는 실험자의 부탁으로 "마음의 준비가 된" 상태였다. 청원서에 서명을 하는 것 자체는 쉬운 일이기 때문에 부탁을 받은 거주자들은 모두 이 부탁을 들어주었다. 몇 주 후 다른 실험자가 와서 거주자들에게 "조심히 운전하세요."라고 쓰인 흉물스러운 팻말을 설치해달라고 부탁하였다. 그리고 이번에는 55퍼센트가 넘는 거주자들이 이 부탁을 들어주었다. 따라서 사람들은 작은 부탁을 들어주게 하면 나중에 그와 연관된 더 큰 부탁을 들어줄 가능성도 증가한다.

나중에 더 큰 부탁을 하기 위해서 작은 부탁을 하는 이 과정은 **문간에 발 들여놓기 기법**foot-in-the-door technique이라 불려왔다. 이전에 작은 부탁을 들어준 것이 이번에 더 큰 부탁을 들어줄 합리적 근거를 제공하기 때문에 이 기법은 매우 효과적이다. 패트리샤 플리너Patricia Pliner와 동료들도[33] 이와 상통하는 결과들을 얻었다. 그들이 사람들에게 미국 암학회에 작은 금액을 기부해달라고 부탁하였을 때 46퍼센트만이 기부를 하였다. 그러나 유사한 집단의 사람들에게 모금 운동을 홍보하는 라벨 핀을 착용해달라고 하고 그 다음 날에 후원을 요청하자 거의 두 배에 가까운 사람들이 기부를 하였다. 이러한 결과들로 미루어 보아 자기 합리화를 이용한 덫은 이타적이고 사회에 도움을 주는 데 쓰일 수도 있다. 그러나 이 덫은 우리가 이 장의 마지막 부분에서 보겠지만 파괴적이고 자학적인 용도로도 쓰일 수 있다.

불충분한 합리화의 심리학

부조화를 감소시키는 수단으로서의 태도 변화는 결정 후의 상황에만 국한되는 현상이 아니다. 이는 자신이 믿지 않는 것을 말하거나 멍청하고 비도덕적인 행위를 하는 수없이 많은 상황에서 일어날 수 있다. 물론 복잡한 사회에서 우리는 가끔씩 완전히 믿지도 않는 말이나 일을 하는 자신을 보게 된다. 그렇다면 이러한 상황들이 항상 우리의 마인드를 바꾸는가? 아니다. 단순한 예시를 하나 들어보겠다: 조는 같은 사무실을 쓰는 법률 파트너 조이스가 아주 기괴한 그림을 벽에 걸어둔 것을 보게 된다. 그가 이 그림을 얼마나 흉측하게 생각하는지를 말하려는 순간 그녀는 자랑스럽게 말한다. "이 그림 좋지 않니? 이거 내가 그린 거야."

"엄청 잘 그렸네, 조이스."라고 조는 대답한다. 이론적으로 "나는 정직한 사람이다."라는 조의 인지는 "나는 그 그림이 믿기 어려울 정도로 흉측했지만 좋다고 말했다"는 인지와 부조화를 일으킨다. 이러한 비일관성으로 인해 어떤 부조화가 일어나든 이 상황에서의 부조화는 사람의 마음에 상처를 주어서는 안 된다는 인지(이를 테면 "나는 조이스에게 상처를 주지 않기 위해 거짓말을 하였다. 굳이 그녀의 그림을 추하다고 비난할 필요는 없다. 비난은 백해무익하다."는 인지)에 의해 쉽고 빠르게 감소된다. 이러한 인지는 조의 행동을 완벽하게 합리화시키기 때문에 부조화를 감소시키는 매우 효과적인 방법이다. 결과적으로 합리화는 상황에 달려있다. 우리는 이를 **외적 합리화**external justification라고 부른다.

그러나 상황 자체에서 충분한 합리화가 일어나지 못한다면 그 다음은 어떤 일이 일어나는가? 여기서 행동을 합리화하기 위해 사용되는 태도의 변화인 **내적 합리화**internal justification라는 개념이 등장한다. '외적'으로 합리화하기 어려운 무언가를 행하거나 말할 때 당신은 자신의 태도를 언행과 일치되게 만들어 '내적'으로 합리화하려는 시도를 한다.

이러한 관점들은 여러 실험에서 과학적으로 연구되어 왔으며 주목할 만한 고전적인 사례로 레온 페스팅거Leon Festinger와 J. 메릴 칼스미스 J. Merill Carlsmith의[34] 연구를 들 수 있다. 이들은 대학생들에게 일련의 작업을 시켰다: 그 작업은 실패를 감아서 쟁반에 쌓고 다 차면 쓰레기통에 던져서 버리고 또다시 실패를 감아서 쟁반에 쌓기를 계속 반복하거나, 나사 묶음을 1/4바퀴 정도 회전시켰다가 다시 1/4바퀴 정도 회전하여 원래 상태로 돌리는 지루하고 반복적인 작업이었다. 학생들은 이 의미를 알 수 없는 작업을 한 시간 내내 하였다. 그러고 나서 실험자는 학생들에게 거짓말을 하라는 지시를 내렸다 — 좀 더 구체적으로 말하자면 (이 실험에 참가하기 위해서 대기하고 있는) 젊은 여자에게 그녀가 하게 될 작업이 재밌고 즐겁다고 말하라는 지시를 내렸다. 몇몇 학생들은 거짓말을 하는 대가로 20달러를 받았고 그 외의 학생들은 1달러를 받았다. 실험이 끝난 후에 연구진은 인터뷰 형식으로 거짓말을 한 사람들에게 아까 전에 한 실험에서 한 작업이 어느 정도 즐거웠는지를 물어보았다. 거짓말의 대가로 20달러를 받은 학생들은 어떻게 대답하였을까? 그들은 모든 작업이 다 재미없었다고 평가하였다. 이는 놀라운 결과가 아니었다 — 실제로 모든 작업은 재미가 없었다. 그러나 거짓말의 대가로 1달러를 받은 학생들은 어땠을까? 그들은 그 작업이 재밌었다고 평가하였다. 이를 달리 말하면, 외적 합리화를 가능케 하는 충분한 근거를 제공받은 사람들은 거짓말을 했지만, 이를 믿지는 않았다. 반면 외적 합리화의 근거가 부재한 상황 속에서 거짓말을 한 사람들은 그들이 한 거짓말을 믿는 것을 택하였다. 이러한 상황에서 사람들은 자신이 말한 대로 믿게 되기 때문에 "말하는 대로의 믿음" 패러다임이라고 부른다. 당신이 사람의 태도를 바꾸고 싶다면 그 사람으로 하여금 그의 태도와 반대되는 언행을 하게 시키고 그 언행에 대해 헐값의 보상을 주어라.

이 아이디어에 대한 연구는 작업의 지루함과 같은 상대적으로 중요치 않은 태도를 넘어 한 발자국 더 나아갔다. 태도 변화는 사람들이 자신의 신념과 정확히 반대 입장에서 논리를 펼치는 것과 같은 더욱 심각한 상황들과 관련해서도 관찰된다. 아서 R. 코헨Arthur R. Cohen은[35] 뉴헤븐시의 경찰들이 데모하는 학생들을 곤봉으로 후려치고 체포를 하는 등 과잉 진압을 했던 학생 데모 직후에 예일 대학교 학생들과 실험을 수행하였다. (경찰이 잘못된 행동을 하였음을 확신하는) 학생들은 경찰을 지지하는 입장에서 강력하고 힘 있는 문체의 에세이를 쓰라는 지시를 받았다. 실험자들은 학생들에게 가치가 적은 50센트부터 최대 10달러까지의 금액을 에세이 쓰기의 보상으로 주었다. 후에 학생들은 뉴 헤븐시의 경찰에 대한 진실한 감정을 표현하라는 지시를 받았다. 그 결과는 놀랄만 하였다: 더 적은 보상을 받은 사람일수록 후에 경찰에 대해 더 높은 지지를 표현하였다. 주로 그들이 말한 바에 대한 보상을 제대로 못 받았을 때로 국한되지만, 이 실험에서도 말하는 대로의 믿음이 나타났다.

따라서 인지 부조화 이론은 — 우리가 외적 합리화를 할 수 있는 근거를 찾지 못할 때로 국한되지만 — 우리가 말하는 것을 믿기 시작한다고 예측한다. 당신이 말한 것의 대가로 받은 보상이 적을수록 당신은 스스로에게 자신이 한 말이 다 진실이었다고 설득시키며 말한 것을 합리화할 필요성을 느끼게 된다.

이러한 메커니즘은 생각보다 훨씬 강력해서 태도의 변화에만 도움을 주는 선에서 그치지 않고 우리의 기본적인 생리적 추동과 관련된 경험에도 영향을 끼친다. 우리의 친구 샘이 스스로를 장시간 동안 음식과 물이 부족하거나 전기 충격을 받는 상황에 몰아넣었다고 상상해보자. 샘의 이러한 행동을 훌륭하게 설명할 수 있는 외적 요인이 없다면 그는 부조화를 경험할 것이다. 그의 고통스러운 배고픔, 목이 타는 갈증, 전기 충격으로 인한 고통은 각각 그가 자진해서 이러한 고통을 겪기로 했고 그로 인해 얻어가는 것이 많지 않다는 인지와 부조화를 일으킨다. 이러한 부조화를 감소시키기 위해 샘은 스스로에게 배고픔이 그리 강하지 않고, 갈증도 심각하지 않으며, 고통도 못 견딜 정도는 아니라고 설득시킨다.

이러한 자기 설득은 보이는 것처럼 놀랍지도 어렵지도 않은 작업이다. 배고픔, 갈증, 고통이 모두 생리적 기반을 가지고 있다고 하지만 이들은 강력한 심리적 요소도 가지고 있다. 이는 암시, 명상, 최면, 위약, 능숙한 의사가 환자를 대하는 태도 혹은 이상의 결합물이 지각된 고통을 줄일 수 있는 이유이기도 하다. 실험 위주의 사회 심리학자들은 높은 부조화 각성 상태에서는 최면이나 명상에 대한 전문적인 기술이 없는 사람들도 스스로 전문가 수준의 자기 암시를 걸 수 있다는 점을 밝혀내었다.

예를 들어, 필립 짐바르도Philip Zimbardo는[36] 참가자들을 강력한 전기 충격에 노출시켰다. 반은 높은 수준의 부조화 상태에 있었다 — 즉, 그들은 스스로 이 경험을 하겠다고 자원하였고 외적 합리화의 여지도 없었다. 나머지 반은 낮은 수준의 부조화 상태에 있었다 — 즉, 그들은 선택권이 없었고 그렇기에 수많은 외적 합리화의 여지가 있었다. 높은 수준의 부조화 상태의 사람들은 낮은 수준의 부조화 상태의 사람들에 비해 상대적으로 적은 고통을 느꼈다고 보고하였다. 심지어 고통에 대한 그들의 생리적인 반응도 (갈바닉 전기 피부 반응으로 측정한 바에 따르면) 다소 약했으며 고통이 작업 수행을 방해하는 정도도 작았다. 따라서 그들은 단순히 부조화 수준이 낮은 그룹에 비해 낮은 수준의 통증을 보고하였을 뿐만 아니라 실제로도 적은 고통을 받았다.

배고픔과 갈증에서도 유사한 결과들이 나타난다. 잭 브렘은[37] 참가자들이 음식이나 물을 장기간 박탈당했던 일련의 실험을 보고하였다. 짐바르도 실험의 참가자들처럼 몇몇은 이 불쾌한 경험을 하는 것에 대해 외적 합리화의 여지가 적었고 나머지는 외적 합리화의 여지가 많았다. 배고픔과 갈증에 대한 각각의 연구에서 브렘은 높은 수준의 부조화 상태의 사람들이 같은 기간 음식(혹은 물)을 박탈당한 낮은 수준의 부조화 상태의 사람들에 비해 덜 배고팠다고 (혹은 덜 목말랐다고) 말했다는 것을 발견하였다. 다시 말하지만 이것은 단지 말로 하는 주관적인 보고가 아니었다. 실험 후 참가자들이 자유롭게 먹을 수 (혹은 마실 수) 있게 되자 높은 수준의 부조화 상태에 있던 사람들이 낮은 수준의 부조화 상태에 있던 사람들보다 음식(혹은 물)을 더 적게 섭취하였다.

외적 합리화의 요인에는 어떤 것이 있는가? 금전적인 이득이나 무언가를 하라는 강제적인 요구가 외적 합리화의 유일한 형태는 아니다. 칭찬이나 기쁨을 주고자 하는 욕구와 같은 다른 보상도 사람들로 하여금 자신의 신념이나 선호와 상충되는 것을 하도록 설득할 수 있는 도구가 될 수 있다. 게다가 우리들 중 대부분은 친한 친구의 부탁이 아닌 다음에야 하지 않을 것이라고 생각하는 언행도 하게 될 가능성이 있다. 현실성 없는 예시를 하나 들기 위해서 친구 한 명이 자기가 최근에 "이국적인 음식" 요리 시간에 배운 것이라고 하면서 당신에게 본 적이 없는 음식을 먹으라고 권하는 상황을 가정해보자. 그리고 좀 더 재밌는 연출을 위해서 이 의문의 음식이 구운 메뚜기라고 해보자. 이제 반대의 상황을 상상해 보자: 당신이 좋아하지 않았던 누군가가 와서 당신이 구운 메뚜기를 씹어 먹어 달라고 부탁을 한다.

자, 준비가 되었는가? 당신이 그대로 상황을 전개하다가 메뚜기를 먹었다고 가정한다면 어떤 상황에서 당신은 메뚜기를 더 맛있게 먹겠는가?: 메뚜기를 먹으라는 부탁을 친한 친구에게 받았을 때와 좋아하지 않았던 누군가에게 받았을 때의 둘 중 어느 것이겠는가? 상식적으로 보자면 친한 친구가 추천했을 때 더 맛있을 것이다. 결국 친구란 당신이 신뢰하는 사람이고 당신이 좋아하지 않던 다른 사람들에 비해 더 신뢰할 수 있는 정보를 줄 수 있는 사람이기도 하다. 그러나 잠시 생각해 보라: 어떤 상황이 외적 합리화와 연관성이 적은가? 상식에는 위배되지만 인지 부조화는 당신이 좋아하지 않던 사람의 부탁으로 메뚜기를 먹을 때 이를 더 맛있게 먹을 거라고 예상한다. 메뚜기를 먹는 것이 불쾌하다는 당신의 인지는 방금 당신이 하나를 먹었다는 사실과 부조화스럽다. 그러나 이 부탁을 한 것이 친구였다면 당신은 메뚜기를 먹는 것에 대해 충분히 외적 합리화를 할 수 있다 — 이는 당신이 좋아하는 사람을 기쁘게 하는 일이다. 그러나 좋아하지 않던 사람의 부탁으로 메뚜기를 씹어 먹는 상황에서 당신은 외적 합리화의 여지를 찾기는 어려울 것이다. 이런 경우에 어떤 방법으로 모순적인 행동을 스스로에게 합리화시킬 수 있을까? 간단하다: 메뚜기를 좋아하기 시작하면 된다 — "이럴 수가! 정말로 맛있는 곤충이군". 필립 짐바르도와 그의 동료들은[38] 군무원을 통해 한 무리의 예비군들에게 메뚜기를 먹게 하고, 먹기 전과 먹은 후의 만족도를 평가하라는 지령을 내렸다. 예비군들은 자신에게 지령을 내린 군무원이 친근하고 호의적인 태도를 취할 때보다 강압적으로 행동할 때 메뚜기를 더 맛있게 먹었다.

불충분한 처벌 특정 방식으로 행동한 것에 대한 외적 합리화의 확실한 형태 중 하나는 그러지 않으면 처벌을 받는다는 것을 알고 있는 경우이다. 우리는 과속 운전을 하다가 적발되면 벌금을 물고 이러한 경우가 너무 자주 있으면 운전할 자격을 상실하게 된다. 그래서 우리는 경찰이 가까이에 있을 때는 속도 규정을 준수해야 함을 배운다. 학생들은 시험 중 커닝을 하다 적발되면 선생님한테 혼나는 망신을 당할 것이고 엄중한 처벌을 받게 된다는 것을 알고 있다. 그래서 그들은 선생님이 교실에서 자신을 지켜보고 있을 때에는 커닝을 하지 말아야 함을 배운다. 그런데 처벌의 위협이 정말 사람들한테 과속을 하지 말고 커닝을 하지 말아야 한다는 것을 가르칠까? 필자의 생각은 그렇지 않다. 필자는 처벌이 사람들에게 적발되지 않도록 노력해야 함을 가르친다고 생각한다. 엄중한 처벌 위협을 사람들이 즐기는 특정 행위들을 억제하는 도구로 사용하는 것은 끊임없는 긴장 상태를 유발한다. 어떻게든 사람이 자신과 타인의 건강과 복지에 공헌하는 행위를 즐기게 하는 방법이 있다면 그것이야말로 제약을 둘 필요를 상당 부분 없애는 훨씬 더 효율적인 방법이다. 어린이가 자기보다 작은 힘 없는 아이를 때리지 않는 것을 즐기고, 커닝 하지 않는 것을 즐기고, 다른 사람의 물건을 도둑질하지 않는 것을 즐긴다면 사회는 긴장을 풀고 처벌에의 의존도를 낮출 수 있다. 사람들에게 (특히 어린아이들에게) 힘이 약한 사람을 때리는 것이 즐거운 일이 아니라는 것을 설득시키는 것은 굉장히 어려운 과제이다. 그러나 특정 상황에서는 사람들이 이러한 행동이 즐거운 일이 아니라는 것을 스스로에게 설득시킬 것이라는 것도 생각해봄직한 명제이다.

다음 장면을 그려보자: 당신은 3살짜리 여동생을 때리는 것을 즐기는 5살짜리 소년의 엄마이다. 당신은 남자아이를 설득하려 하지만 아무런 소용이 없다. 그래서 딸의 안녕을 도모하고 아들의 괴롭힘을 벗어나 훌륭한 사람이 되게 하기 위해서 아들의 공격성을 처벌로 다스리기 시작한다. 한 명의 부모로서 당신은 아주 가벼운 처벌(노려본다든가)에서 시작하여 매우 무거운 처벌(세게 때린다든지, 구석에 2시간을 서있게 한다든지, 한 달간 TV 시청을 금지하든지)까지 다양한 처벌을 마음대로 실행할 수 있다. 위협이 강할수록 아들은 당신이 보고 있는 동안에는 행동을 바꾼다. 그러나 당신이 등을 돌리자마자 아들은 여동생을 다시 때리기 시작할 가능성이 높다.

처벌이 가볍든, 무겁든 아들은 부조화를 느낀다. 그는 여동생을 때리고 있지 않다는 것을 인지하고, 또한 자신이 정말로 여동생을 때리는 것도 좋아한다는 것을 인지한다. 여동생을 때리고 싶은 충동이 올라오지만 그 충동을 억제할 때 아들은 결국 자신에게 질문을 하게 된다: "어째서 나는 여동생을 때리지 않는 것일까?" 엄중한 처벌의 위협이 있을 때 그는 충분한 외적 합리화의 형태로서 답변을 준비한다: "내가 여동생을 때리지 않는 것은 그렇게 하면 저기에 있는 거인(아빠)이 나를 때리고, 구석에 서 있게 하고, 아니면 한 달 동안 TV 시청을 금지할 것이기 때문이다." 이 같이 엄중한 처벌의 위협은 아들에게 아빠가 지켜보고 있을 때에는 여동생을 때리지 않을 충분한 외적 합리화를 제공한다.

당신이 아들을 가벼운 처벌로 위협했다고 가정해보자. 가벼운 처벌의 위협에 처한 아들도 역시 부조화를 느낀다. 그러나 그 위협의 정도가 매우 적어서 충분한 합리화를 제공하지 못하기 때문에 그는 스스로에게 "왜 내가 여동생을 때리지 않는 것일까?"를 질문할 때 만족할 만한 답변을 만들지 못한다. 아들은 그가 원하는 것을 하지 못하고 있다 — 그리고 자신이 여동생을 때리지 않는 것에 대해 어느 정도의 합리화는 가능할 수 있어도 완벽한 합리화는 불가능하다. 이러한 상황에서 그는 부조화를 계속 경험하지만 이 상황을 엄중한 처벌에 대한 위협 탓으로 돌림으로써 부조화를 감소시키는 전략은 사용할 수가 없다. 그래서 이 아들은 그가 여동생에게 공격을 하지 않는 사실을 정당화할 방법을 어떻게든 찾아내야 하며 최선의 방법은 스스로에게 자신이 실제로 여동생 때리기를 좋아하지 않고, 때리기를 원하지도 않으며, 자기보다 더 어린 아이들을 때리는 것이 그리 재미있는 일도 아니라는 것을 설득시키는 것이다. 위협이 덜 엄중할수록 외적 합리화의 여지는 줄어들고 내적 합리화의 필요성은 증대된다. 사람들에게 자신만의 내적 합리화를 만들 기회를 제공하는 것은 일련의 영구적인 가치를 개발하는 데 도움을 준다.

이 생각을 증명하기 위해 나는 하버드 대학교 유치원에서 메릴 칼스미스와[39] 함께 실험을 설계하였다. 우리는 먼저 5살짜리 아이들에게 여러 종류의 장난감을 주고 각 장난감의 매력도를 점수로 매기라고 하였다. 점수 매기기가 끝난 후 우리는 아이들에게 가장 높은 점수를 매겼던 장난감을 가지고 놀지 말라고 말하였다. 이 아이들 중 절반에게는 그 규칙을 위반할 시에는 약한 처벌을 내릴 거라고 위협하였다. "너희들이 이 규칙을 어기면 난 약간 화를 낼 거야." 그리고 나머지 반에게는 더 강한 처벌을 내릴 거라고 위협하였다. "나는 매우 많이 화를 낼 거야. 모든 장난감을 압수해서 집에 가지고 가고 그 다음 다시는 여기에 오지 않을 거야. 너희를 그냥 아기로 간주할 거야." 그 후에 아이들은 장난감들과 함께 혼자 남겨졌다. 모든 아이들은 금지된 장난감을 가지고 놀고 싶다는 유혹을 이겨냈다.

실험자는 다시 방으로 돌아왔고 아이들은 다시 한 번 장난감의 매력도를 평가하였다. 그 결과는 매우 놀라우면서도 흥미로웠다. 약한 처벌 위협을 받은 아이들은 금지되었던 장난감에 이전보다 낮은 점수를 주었다. 그 장난감을 가지고 놀고 싶은 마음을 억제할 수준의 외적 합리화가 부족한 채 그들은 자신이 이 장난감을 실제로는 좋아하지 않는다고 스스로를 설득시킨 것이다. 그러나 강한 처벌 위협을 받은 아이들에게 그 장난감은 여전히 매력적인 장난감이었다. 그들은 계속해서 그 장난감에 높은 점수를 주었다. 실제로 몇몇은 위협을 받기 전보다 더 높은 점수를 주기도 하였다. 강한 처벌 위협의 조건에 있던 아이들은 그 장난감이랑 놀지 않는 것에 대한 훌륭한 외적인 이유 — 저 덩치 큰 남자가 나에게 화를 낼 것이다 — 가 있었고 따라서 추가적인 이유를 찾을 필요가 굳이 없었다. 결과적으로 그들은 계속해서 이 장난감을 좋아하였다.

조나단 프리드먼Jonathan Freedman은[40] 이 발견을 확장하여 이러한 현상이 단발성이 아님을 극적으로 설명하였다. 그는 압도적인 출력을 가진, 빠르게 돌아다니면서 적의 편에 있는 것들은 다 쓰러뜨리는 로봇을 그의 "결정적인 장난감"으로 사용하였다. 다른 장남감들은 비교가 안 될 정도로 형편이 없었다. 자연스럽게 모든 아이들은 로봇을 선호하게 되었다. 그는 아이들에게 로봇과는 놀지 말 것을 요구하며 몇몇에게는 약한 처벌 위협을, 나머지에게는 강한 처벌 위협을 주었다. 그러고 나서 그는 학교를 나갔고 다시 돌아오지 않았다. 몇 주 후에 한 젊은 여자가 학교에 와서 아이들의 필기 시험을 관리하였다. 아이들은 이 여자가 프리드먼과 함께 일하는 사람이며 최근에 있었던 장난감과 위협에 관련이 있다는 사실을 전혀 몰랐다. 그러나 그녀가 시험을 관리했던 방은 프리드먼이 실험을 했던 방과 똑같은 방이었다 — 그래서 저번의 그 장난감들이 눈에 띄게 흩어져 있었다. 시험이 끝난 후 그녀는 아이들에게 채점을 하는 동안 즉석에서 방에 있는 장난감을 가지고 놀면서 자유시간을 보내라고 하였다. 그러자 강한 처벌 위협을 받은 아이들 중 절대다수가 바로 로봇에게로 갔다. 프리드먼의 강한 처벌 위협은 추후의 행동을 통제하는 데 효과적이지 않았다 — 그러나 약한 처벌 위협은 9주 동안이나 행동을 통제할 수 있었다.

불충분한 합리화란 어떤 것인가? 이 장의 전반에서 나는 외적 합리화가 '불충분하거나' 혹은 풍부한 상황들만 다루었다. 이러한 단어는 그 의미를 분명히 명시할 필요가 있다. 페스팅거-칼스미스 실험에서 모든 참가자들은 1달러를 받은 참가자들도 포함해서 거짓말을 하는 데에는 동의하였다. 그렇기 때문에 어떤 측면에서는 1달러도 충분했다고 볼 수도 있다 — 즉, 거짓말을 시키기에는 충분했으나 어리석은 느낌을 막기에는 충분하지 않았을 뿐이다. 어리석은 느낌을 감소시키기 위해서 그들은 그 작은 금액에 거짓말을 했다는 것에서 오는 부조화를 감소시켜야 한다. 이러한 과정은 자신이 완전한 거짓말을 한 것은 아니며 작업도 처음에 보였던 것만큼 지루하지는 않았다고 스스로에게 설득시키는 형태의 추가적인 자기 지지를 수반하였다. 사실 특정한 측면에서 보면 이는 매우 흥미로운 내용이다. 메뚜기 실험에서 친구의 설득은 참가자가 곤충을 먹을 충분한 이유가 되었지만 곤충을 좋아할 충분한 이유가 되지는 않았다. 금지된 장난감 실험에서도 위협은 아이들이 특정 장난감을 가지고 놀지 못할 충분한 이유였지만 약한 위협만이 아이들이 그 장난감을 원하지 않게 하는 데 성공하였다.

이 두 실험의 결과를 6학년 학생들의 커닝을 소재로 한 저드슨 밀스의 실험 데이터와 비교해보면 많은 것을 얻을 수 있다. 밀스의 실험에서 커닝을 할지를 결정하는 것은 거의 모든 학생들에게 부연 설명이 필요 없는 어려운 과제였다는 것을 떠올려 보라. 이는 학생들이 커닝 실행 여부와 관계없이 부조화를 겪었던 이유이기도 하다. 그런데 커닝에 큰 보상이 달려 있었다면 어떤 일이 일어났을까? 당신은 보상이 클수록 유혹도 커지기 때문에 대부분의 학생들이 커닝을 했을 거라는 예상을 할 수가 있다. 그러나 커닝의 보상이 너무 크면 커닝한 학생들의 태도에는 오히려 별다른 변화가 없을 것이다. 페스팅거-칼스미스 실험에서 거짓말의 대가로 20달러를 받는 학생들과 매우 유사하게 매우 큰 보상을 위해 커닝을 한 학생들도 자신의 행동에 대한 풍부한 외적 합리화를 제공받았기 때문에 부조화를 감소시킬 필요성을 더 적게 느낄 것이다.

사실 밀스도 이러한 점들을 고려하여 실험을 정교화 하였고 그 결과는 이 가설을 지지하였다: 커닝에 대한 보상이 작았던 학생들은 보상이 컸던 학생들에 비해 커닝에 대한 태도가 부드러워졌다. 또한 큰 보상에도 유혹을 이겨낸 — 그럼으로써 엄청난 수준의 부조화를 만들어낸 — 학생들은 작은 보상에서의 유혹을 이겨낸 학생들보다 커닝에 대한 태도가 더 부정적으로 변하였다. 이는 예상과 정확히 일치하는 결과이다.

이러한 결과들은 당신에게 놀랍게 다가올지도 모른다. 내가 가르쳤던 학생들도 인지 부조화 이론이 항상 상식과 정반대되는 예상을 내놓는 이유를 궁금해 하곤 했다. 그러나 당신이 이 이론을 정확하게 이해한다면 이러한 예상들이 매우 합리적이라는 것을 알게 될 것이다. 대체로 일단 한 번 누군가에게 무언가를 시키고 (혹은 하지 않도록 말리고) 그것을 저 멀리서 지켜보고 싶다면 어떻게 해서든 당신이 제공할 수 있는 최고의 인센티브를 (혹은 최고의 엄벌을) 제공하는 것이 주효한 방법이다. 만약 당신이 누군가에게 백만 달러를 주면서 북한의 독재자가 훌륭한 인본주의자라고 말하라고 지시하거나 그 사람의 머리에 총을 겨누고 지시를 따르지 않으면 방아쇠를 6번 당길 거라고 위협한다면 그 사람은 당신의 지시대로 말을 할 것이다 — 그러나 그것을 믿지는 않을 것이다. 그러나 당신의 목적이 누군가에게 일련의 가치나 신념을 주입하여 당신이 곁에 없을 때에도 그에 따라 행동하도록 만드는 데 있다면 행동을 유발할 수 있는 최저의 보상을 주는 것이 주효한 방법이다. 이 방법은 사람들에게 스스로를 설득하게 만들어 당신이 그 자리를 떠난 후에도 수년간은 당신이 시킨 일을 계속하게 (혹은 금지한 일을 계속 하지 않게) 한다.

부조화, 자아 개념 그리고 자존감

이제 나는 이미 언급되었던 부조화의 몇몇 예시들에 내재되어 있는 페스팅거의 원래 이론에서 벗어나 또 다른 중요 포인트를 조명하려 한다. 페스팅거와 칼스미스의 실험에서 일어난 부조화에 대한 서술은 다음과 같았다: "나는 이 작업이 지루하다고 믿는다."는 인지가 "나는 이 작업이 재밌었다고 말했다."는 인지와 부조화를 일으킨다. 수년 후에 나는 사람들이 자신을 설득하는 방식에 초점을 두어 이 이론을 재구성하였다.[41] 나는 부조화가 너무나도 고통스러운 현상이고 자신의 자아 개념이 위협받을 때 — 우리가 생각하는 자신에 위배되어 행동할 때 — 대부분의 사람들은 이를 감소시키기 위해 동기 부여된다는 것을 밝혀내었다. 실제로 "내가 X를 말했다."는 인지는 "내가 X를 믿지 않는다."는 인지와 부조화를 일으킨다. 그러나 나에게 중요한 요소는 내가 사람들을 오해하게 만들었다는 것이다. "나는 사람들에게 내가 믿지 않는 것을 말했다."는 인지는 "나는 정직한 사람이다."는 자아 개념과 부조화를 일으킨다.

이 재구성된 이론이 예측하는 바에 따르면 사람들은 자신이 정직한 사람이라는 자아 개념이 있고, 이 자아 개념이 자극받을 때 커닝을 하지 않으려 한다 — 즉, "부정직한 사람"이 되지 않으려 한다. 한 실험에서 몇몇 학생들은 그들의 정체성에 중점을 둔 지시 사항("부정직한 사람이 되지 마라")을 읽고 다른 학생들은 그들의 행동에 중점을 둔 지시 사항("부정직한 행동을 하지 마라")을 읽었다. 그러고 나서 그들은 실험자에게 자신이 받을 권리가 없는 돈을 요구함으로써 부정직한 행동을 할 기회를 얻었다. "부정직한 사람이 되지 마라"는 지시 사항을 읽은 그룹은 거의 부정직한 행동을 하지 않았는데 이는 부정행위가 자신이 정직하다는 자아 개념과 부조화를 일으키기 때문이다. 단순히 "부정직한 행동"을 하지 말라는 지시를 받은 두 번째 그룹은 "부정직한 사람"이 되지 말라는 지시를 받은 집단에 비해 두 배가 넘는 수의 사람이 받을 권리가 없는 돈을 요구하였다. 이 차이는 서로를 대면하는 상황에서 하든, 온라인상에서 사적으로 하든 똑같이 발생한다.

우리는 자아 개념이 관련되어 있을 때의 부조화의 고통을 이해함으로써 정체성의 두 중심축이 갈등함에 고통스러워하는 사람을 조금 더 쉽게 동정할 수 있다. 예를 들어, 한 연구에서 연구자들은 독실한 크리스천을 자처하는 남자 동성애자들이 성경은 동성애를 금하며 신은 동성애자를 증오한다는 목사의 설교와 어떻게 타협하는지를 연구하였다. 그들이 부조화를 해소하는 한 가지 방법은 행동을 바꾸는 것이다 — 그들은 남자에게로 향하는 성적 끌림을 억압하려고 애쓰면서 속해있는 교회의 종파를 바꾸거나 교회를 떠나기도 한다. 그러나 교회에 남아있기로 결심한 이들은 성경이 동정과 사랑을 강조한다고 말하거나, 목사의 단점을 부각하면서 부조화를 감소시킨다. 예를 들면 이런 식이다: "내가 믿는 종교는 반동성애적인 편견과 이에 대한 성격의 잘못된 해석을 퍼뜨리는 야박한 종교가 아닙니다. 그렇기에 문제는 저 목사의 편협한 사고지 나나 동성애가 아닙니다."[42]

자존감의 중요성 당신의 생각에는 자존감이 높은 사람과 낮은 사람 중에 어느 쪽이 자신이 한 잔인하고, 어리석고, 혹은 무능한 행동에서 가장 높은 수준의 부조화를 느끼겠는가? 답은 높은 자존감을 가진 사람이다. 그들은 자신의 견해와 반대되는 방식으로 행동할 때 큰 부조화를 느끼며 그렇기에 평균적인 수준의 자존감을 가진 사람들보다 부조화를 감소하기 위해 더 많은 노력을 한다.[43] 대조적으로 자존감이 낮은 사람들은 무능하거나 비윤리적인 행동을 할 때 그리 높은 수준의 부조화를 느끼지 않는데 이는 "내가 끔찍한 짓을 했다."는 인지가 "나는 패배자야. 나는 이런 짓을 자주 해."라는 인지가 깔려있는 자신의 자아 개념과 조화가 되기 때문이다. 사이코패스는 "나는 저 사람을 대할 때 차갑고 무심한 태도로 일관했다."는 인지가 "나는 내 정체를 알지 못하는 저 멍청한 사람들을 다루는 데 능하다."는 인지와 일관되기 때문에 비도덕적인 행동에서 오는 부조화에 철저하게 면역이 되어있다.[44] 필자가 수정한 인지 부조화 이론의 매우 큰 장점 중 하나는 사이코패스와 자존감이 낮은 사람들의 자아 개념을 고려하여 정교한 예측을 할 수 있다는 것이다.

그러나 필자가 고안한 부조화 이론의 수정판은 일차적으로 대부분의 사람들은 자신이 좋은 사람이라는 느낌을 지키고 싶어 한다는 가정을 전제로 한다. 사람들은 잔인하거나, 생각이 없거나, 무능한 행동을 하면 자존감에 위협을 느낀다. 인지 부조화 이론에서 영감을 얻은 수천 개의 실험에서도 참가자의 자존감이 위협받을 때 가장 뚜렷한 결과가 나온다.

나는 데이비드 메티David Mettee와 함께 이 아이디어를 테스트해보았다.[45] 우리는 카드 게임 도중에 속임수를 쓸 수 있는 기회가 주어진다면 자기 자신을 낮게 보는 사람들이 자신을 높게 보는 사람들보다 속임수를 더 많이 쓸 것이라 예상하였다. 우리는 자존감이 일시적으로 공격받아 (예를 들면 애인한테 차이거나 시험에서 낙제점을 받아) 자신이 작고 보잘것없다는 것을 느낄 때 사람들은 카드 게임에서 속임수를 쓰거나 키우던 개를 발로 차는 등 비열한 짓을 한다고 예상하였다. 이는 자신이 질 떨어지는 사람이라는 느낌이 질 떨어지는 행동을 부추기는 것이다.

우리는 실험에 참여한 대학생들에게 성격 검사를 하고 거짓된 정보를 주어 이들의 자존감에 변화를 주었다. 성격 검사 후 몇몇은 긍정적인 피드백을 받았고 검사 결과에 따르면 성숙하고, 재미있고 또 속이 깊다는 등의 얘기를 들려 주었다. 그에 반해 나머지 참가자들은 부정적인 피드백을 받았고 상대적으로 미숙하고, 재미없고, 다소 속이 여리다는 등의 얘기를 들었다.

모든 참가자들은 이후 성격 유형과는 관계가 없어 보이는 도박 게임을 하였다. 그들은 돈을 베팅하는 것을 허락받았고 딴 돈은 다 가져가도 된다는 말을 들었다. 이들은 게임 도중에 들키지 않고 속임수를 쓸 수 있는 기회를 얻었다. 사실 이 기회 상황은 속임수를 쓰지 않고는 도저히 이길 수가 없고 속임수를 쓴다면 엄청난 돈을 얻을 수 있도록 조작돼 있었다. 이 상황에서 이전에 받은 정보로 인해 자존감이 낮아진 학생들은 자존감이 높아진 학생들에 비해 속임수를 쓰는 비율이 훨씬 높았다. 아무런 처치도 없었던 통제 집단의 학생들은 정확히 앞의 두 집단의 중간만큼의 속임수 비율을 보였다.

이 같은 결과가 시사하는 바는 부모와 선생님들은 자신의 행동 하나 하나가 자녀와 학생들의 자존감에 영향을 주어 잠재적으로 엄청난 영향을 미칠 수 있으니 이를 항상 신경 써야 한다는 것이다. 높은 자존감이 부정직한 행동을 막는 완화제 역할을 하고 바람직한 행동을 촉진한다면, 사람들이 자신이 존중받아야 함을 배우도록 최선을 다해야 한다는 것은 합리적인 명제일 수 있다. 이를 지지하는 연구에서, 제프리 코헨Geoffrey Cohen과 그의 동료들은[46] 학기 초에 자신만의 장점과 가치들에 집중하게 만든 숙제로 인해 자존감이 강화된 흑인 혈통의 미국인 아이들이 시험에서 유의미하게 높은 점수를 받았다는 사실을 발견하였다.

그렇다고 이러한 결과를 성급히 일반화시키는 것은 금물이다. 인위적이고 피상적인 방법으로 또는 비현실적으로 강화된 자존감은 긍정적인 효과를 낳기 어렵다.[47] 또한 건강한 자존감과, 자신의 위대함에 집착하고 다른 사람들에 우월감을 느끼는 나르시시즘을 구별하는 것도 중요하다. 건강하고 현실적인 자존감을 가진 사람은 건설적인 비판을 들을 때 "그랬군요. 말해주셔서 감사합니다!"라고 말하지만 나르시시스트에게 이는 완전히 다른 나라 이야기다.

로이 바우마이스터Roy Baumeister, 브래드 부쉬먼Brad Bushman, 키이스 캠벨Keith Campbell은[48] 나르시시스트들이 비판에 위협을 느낄 때, 평정심을 찾고 위협받은 자아상을 복구하기 위해 많은 경우에 상대방을 공격한다는 것을 발견하였다. 그들은 참가자들에게 자신이 쓴 에세이를 파트너에게 주어 비평을 부탁할 것을 요구하였다. 그 이후 참가자들에게 얼마든지 좋으니 자기가 선택한 불쾌한 소음 수준으로 파트너에게 적의를 표현할 기회를 주었다. 소음 발생기를 최대 출력까지 높였던 사람들은 자존감과 나르시시즘 모두에서 높은 수치를 받았고 방금 전의 비평으로 인해 도취되었던 자아가 위협을 받은 사람들이었다. 크리스티나 살미발리Christina Salmivalli와 동료들은[49] 이러한 "높은 나르시시즘적 자존감" 증상은 엄밀히 말하면 높은 자존감과는 전혀 관계가 없다고 제안하였다; 오히려 이 증상은 종잇장처럼 얇고, 자기 확대성이 강하며, 불안감에 기반한다. 이는 학교 폭력 가해자에게나 볼 수 있는 자존감이다. 진정으로 자존감이 높은 청소년들은 더욱 안정적이고 학교 폭력에 참가하지 않는다. 실제로 그들은 피해자를 보호하려 한다.

우리는 이제 인지 부조화와 자아 개념 사이의 일반적인 연관성을 진술할 수 있게 되었다: 인지 부조화의 수준은 다음의 상황에서 제일 높다:

(1) 사람들이 자신의 행동에 책임감을 느낄 때
(2) 사람들의 행동이 자신의 자아 개념의 중심축과 갈등할 때
(3) 사람들의 행동이 심각한 결과를 낳을 때
(4) 행동을 돌이킬 수 없을 때; 행동을 취소할 수 없을 때

이 4가지 조건에서 사람들은 가장 높은 수준의 인지 부조화를 느낀다. 그리고 인지 부조화 수준이 높을수록 사람들의 태도도 더 큰 변화를 보인다. 자아 개념이 위협받을 때마다 부조화가 나타난다는 사실은 수많은 흥미로운 점들을 함의한다. 이제 우리는 그중의 몇 가지를 볼 것이다.

노력의 합리화

우리는 고생해서 얻은 것들을 쉽게 얻은 것보다 더 좋아하는 경우가 많다. 그리고 고생해서 얻은 것이 그리 매력적인 것이 아니라면, 우리들은 자신의 노력을 합리화하기 위해서 어느 정도의 창의적인 작업을 하게 될지도 모른다.

당신이 학교 기숙사에 입주하기로 결정한 대학생이라 가정하자. 이 기숙사에 들어가기 위해서 당신은 입주식을 치러야 한다; 이 상황을 좀 더 다듬어서 노력, 고통, 혹은 당황과 연결해보자. 성공적으로 호된 입주식을 치르고 당신의 입주 신청은 승인되었다. 그러나 기숙사에 입주한 날, 당신은 새로운 룸메이트가 몇 가지 나쁜 버릇을 가지고 있다는 사실을 알게 된다: 그는 당신에게 돈을 빌리고서는 갚는 것을 깜빡하고, 당신의 침대에 자기가 입었던 더러운 세탁물들을 놓고 가고, 당신의 물건을 허락도 없이 사용한다. 객관적인 사람이라면 그 룸메이트를 생각 없이 사는 한량으로 볼 것이다. 그러나 당신은 객관적인 사람이 아니다; 이 기숙사에 들어와서 이 한량과 살기 위해 지옥을 뚫고 왔다는 인지는 당신 자신이 올바른 선택을 하는 합리적이고 지적인 사람이라는 자아 개념과 부조화를 일으킨다. 이 부조화를 감소시키기 위해 당신은 룸메이트와 그로 인해 겪었던 경험들을 가능한 한 좋은 면만 보기 위해서 노력할 것이다. 다시 말하자면 현실적인 제약들이 있지만 — 즉, 당신이 겪은 고통과 노력에 상관없이 지금 상황은 이 한량이 완벽한 남자친구형의 사람이 되는 것 말고는 방법이 없지만 — 약간의 독창성을 발휘하여 룸메이트가 그렇게 나쁜 사람이 아니라고 스스로를 설득시킬 수 있다. 예를 들면, 몇몇 사람들은 그가 나태하다고 말해도 당신은 여유로운 성격이라고 할지도 모른다. 그가 너무 괜찮고 물건에 관해 변덕스러운 성격이라서 당신이 가장 아끼는 재킷에 얼룩을 묻히고, 50달러나 빌려놓고서는 그 사실을 잊어버리는 것 또한 이해할 수 있다.

분명 그는 완벽한 남자 친구가 아니다. 그러나 확실히 참을 만하다. 이 관점을 아무런 노력도 한 게 없을 때 당신에게서 예상되는 태도 변화와 대조해보라: 당신이 쉽게 대학 기숙사에 들어갔는데 위의 그 한량을 룸메이트로 배정받았다고 가정해보자. 당신이 방을 선택한 것도 아니고 이 방에 들어가기 위해 노력을 한 것도 아니기 때문에 당신은 부조화가 아닌 불만족을 느낄 것이다. 그리고 부조화를 느끼지 않기 때문에, 당신은 그 한량의 좋은 면만 보기 위해서 최선을 다할 필요가 없다. 당신은 신속히 그를 생각 없이 사는 한량이라고 단정 짓고 다른 거주지로 이사할 수도 있다.

이러한 관점들은 50년 전에 필자가 친구 저드슨 밀스와 함께 한 고전 연구에서 테스트되었다.[50] 이 연구에서 여대생들은 자원해서 성 심리학 관련 주제를 가지고 하는 정기 토론 모임에 가입하였다. 이 여대생들은 이 모임에 가입하고 싶다면 먼저 이 모임 구성원 모두가 성에 대해 자유롭고 개방적으로 말할 수 있다는 것을 보장하기 위해서 적격 심사를 받아야 한다고 들었다. 이 지시 사항은 가입 심사라는 변인으로서 기능하였다. 여대생의 첫 3분의 1은 외설적인 단어 목록을 큰 소리로 암송할 것을 요구하는 엄격한 가입 심사를 거쳤다. 여대생의 두 번째 3분의 1은 성적이긴 했지만 외설적이지는 않는 단어 목록을 암송하라는 상대적으로 덜 엄격한 가입 심사를 거쳤다. 그리고 여대생의 마지막 3분의 1은 가입 심사 없이 가입이 허용되었다. 그리고 나서 각 참가자는 자신이 이번에 가입한 모임의 멤버들이 하는 토론을 듣게 된다. 여대생들의 믿음과는 달리 이 토론은 신선하고 진취적이지 않았으며, 그들이 들었던 것은 최대한 지루하고 허풍만 가득 차있는, 사전 녹음된 토론일 뿐이었다. 후에 여대생 각각은 이 토론이 얼마나 좋았는지, 얼마나 재미있었는지, 그리고 토론의 참가자들이 얼마나 지적이었는지 등을 점수화 하라는 요구를 받았다.

결과는 우리의 예상을 지지하였다: 즉, 별다른 노력 없이 모임에 가입한 여대생들은 이 토론을 즐기지 않았다. 그들은 그 모임을 객관적으로 볼 수 있었다: 그 모임은 따분하고 지루한 시간 낭비였다. 그러나 까다로운 적격 심사를 거치고 가입한 여대생들은 토론이 재미있었고 시간을 투자할 만한 가치가 있었다는 것을 스스로에게 설득하였다.

다른 연구자들도 다양한 종류의 까다로운 가입 과정을 사용해서 우리와 똑같은 결과를 얻어냈다. 예를 들어, 해롤드 제라드Harold Gerard와 그로버 매튜슨Grover Mathewson은[51] 애런슨-밀스 연구와 개념상 유사한 실험을 하였다. 다만 이 연구는 까다로운 가입 과정 조건의 참가자들이 외설적인 단어를 크게 외치는 대신에 고통스러운 전기 충격을 받았다는 점에서 차이가 있었다. 이 연구에서도 모임에 가입하기 위해서 강도 높은 전기 충격을 받은 참가자들이 강도 낮은 전기 충격을 받은 참가자들보다 그 모임을 더 좋아하였다.

나는 사람들이 고통스러운 경험을 즐긴다는 말을 하는 것이 아니다 — 실제로 그렇지도 않다. 그리고 고통스러운 경험과 연관이 있는 것을 좋아한다는 말을 하는 것도 아니다. 내가 하고자 하는 말은 어렵고 고통스러운 경험 끝에 목표를 달성하거나 원하는 것을 얻은 사람들에게 그 성취물은 더 매력적인 것이 된다는 점이다 — 이것이 **노력의 합리화** justification of effort이다. 토론 모임에 가는 길에 화분이 지붕에서 떨어져 머리가 다쳤다면 당신은 그 모임을 그렇게 좋아하지 않을 것이다. 그러나 그 모임에 들어가기 위해 당신이 자발적으로 화분에 머리를 다친 것이라면 그 모임을 더욱 더 좋아하게 될 것이다.[52]

생물학자 로버트 사폴스키Robert Saplosky는[53] 20세기에 일어난 노력의 합리화를 잘 보여주는 의학과 관련 있는 한 현상을 기술한다. 그 시절에 몇몇 스위스 의사들은 남자들에게 테스토스테론을 주사함으로써 노화를 지연시킬 수 있다고 믿었다. 사폴스키의 말에 따르면 상황은 이랬다.

> 수많은 부유층의 노신사들이 광기에 휩쓸려 스위스의 최고급 요양원에 가서 매일 자기 등에 개, 수탉, 원숭이의 고환에서 추출한 물질을 주사로 맞았습니다. 1920년대까지 성공한 회사 사장, 주지사, 유명한 종교 지도자들은 모두 이 주사를 맞았고 끝내주게 효과가 있다고 보고하였습니다. 그러나 그것은 과학이 만능이었기 때문이 아니라 매일 비싼 돈을 주고 맞은 고통스러운 개 고환 추출물의 주사로 아무런 젊음도 느끼지 못하였다면, 그것만큼 바보짓이 없기 때문입니다. 엄청난 플라시보 효과였던 거죠.

대부분의 부조화 상황에서 우리는 하나 이상의 감소 방법을 찾을 수 있다. 예를 들면 자격 심사 실험에서 여대생들은 그 모임이 재미있었다고 스스로를 설득시켰다. 과연 이것만이 부조화 감소 방법이었을까? 그렇지 않다. 우리가 쏟은 노력을 합리화하는 또 다른 방법은 기억을 수정하는 것이다 — 즉, 우리가 고통스러워하고 열심히 노력하기 이전의 상황에 대한 기억을 왜곡하는 것이다.

마이클 콘웨이Michael Conway와 마이클 로스Michael Ross의 실험에서[54]

한 그룹의 학생들은 불가능한 수준의 학습 능력 향상을 약속한 학업-기술 수업에 참가하였다; 그리고 다른 그룹의 학생들은 그 수업에 등록은 했지만 참가하지는 않았다. 수업을 들었든, 듣지 않았든 모든 학생들은 자신의 학업 기술을 평가하라는 요구를 받았다. 아무런 효과가 없는 3주간의 수업이 끝난 후 학생들은 자신의 학업 기술이 발전했다고 믿고 싶었지만 객관적인 데이터에 의하면 학생들의 학업 기술은 전혀 발전이 없었다; 그들은 여전히 수업을 따라가지 못했다. 이런 상황에서 그들은 "나는 발전을 위해 열심히 노력했다."와 "나는 발전하지 못했다."는 인지 사이에서 일어나는 부조화를 어떻게 감소시킬까? 이 문제는 자신의 학업 기술이 얼마나 나빴는지에 대한 기억을 왜곡하여 수업을 듣기 전의 자신의 학습 스킬을 실제보다 낮게 측정해버림으로써 해결될 수 있다. 수업에 등록은 했지만 참가하지는 않은 학생들은 이러한 자기합리화 행동을 하지 않았다; 그들이 한 수업 이전의 자신에 대한 평가는 정확하였다. 이 연구는 몸매를 가꾸기 위해 돈과 시간을 투자한 사람들이 실질적인 성공을 거두지 못했음에도 만족해하는 현상을 설명해준다. 그들은 자신이 목표를 달성했다고 스스로를 설득시키지 못하였지만 운동을 시작하기 전의 자신의 모습에 대한 기억을 왜곡함으로써 운동하며 노력했던 과정을 과대평가할 수 있다. 콘웨이와 로스는 이러한 자기 합리화의 기술을 "가지고 있던 것의 수정에 의한 가지고 싶은 것의 획득"라고 부른다.

잔인함의 합리화

우리는 자신이 훌륭하고 합리적인 사람이라고 스스로를 설득해야 한다고 필자는 반복해서 강조해왔다. 이제 당신이 명백하게 아무런 죄도 없는 사람을 심각하게 해쳤다고 가정해보자: 당신은 거짓으로 드러난 친구에 대한 소문을 퍼뜨렸거나 애인에게 무의식적이긴 했지만 모욕적인 언사가 담긴 문자를 보냈다. '나는 좋은 사람이다.'라는 당신의 인지는 '내가 다른 사람에게 상처를 입혔다.'라는 인지와 부조화를 일으킨다. 당신이 누군가에게 피해를 입혔다는 사실이 명백한 상황에서, 일어난 사실에 대한 의견을 바꾸고 스스로에게 피해를 입히지 않았다고 유쾌하게 말하는 식으로는 부조화를 감소시키지 못한다. 이러한 상황에서 부조화를 감소시키는 가장 효과적인 방법은 — 스스로에게 그 사람도 잘못된 행동을 했거나 나쁜 사람이기 때문에 피해를 입어야 마땅하다고 말하면서 — 당신 행동의 피해자가 한 잘못을 극대화하는 것이다.

이러한 방법은 당신이 그 사람에게 직접 피해를 입히지는 않았지만 그를 싫어했고 그가 피해를 입기를 바라고 있었던 상황에서도 효과를 발휘할지도 모른다. 예를 들면, 1970년 — 오늘날 우리가 보는 바와 같이 나라 전체를 정치적 및 문화적인 극화 현상에 빠뜨렸던 — 베트남 전쟁에 반대하는 평화 시위 동안에 켄트 주립 대학교에 재학 중인 네 명의 학생들이 오하이오주의 주 방위군이 쏜 총에 맞아 죽었다. 다른 9명의 학생들도 부상을 입었고 한 명은 평생 사지가 마비되었다. 소문은 — 트위터도 없는 시대였지만 — 빠르게 퍼졌다: "살해된 여대생은 임신 중이었다(따라서 생각해 보면 성적으로 문란하였다); 죽은 학생들은 질 나쁜 사람들과 어울렸다; 죽은 학생들은 매독을 앓고 있어서 총에 맞지 않았더라도 2주 후에 죽을 운명이었다." 등이 소문의 내용이었다. 이 소문들은 근거가 없었으며 모두 사실이 아니었다. 그렇다면 그 지역의 사람들은 왜 이 소문들을 믿고 퍼뜨리기 바빴을까? 확실히 알 수는 없지만 나는 이 현상이 지진 후에 인도 곳곳에서 소문이 잡다하게 퍼졌던 것과 비슷한 이유라고 본다: 소문이 사람들을 안심시키기 때문이다.

상황을 그려보자: 켄트는 오하이오주에 있는 작은 보수적인 지역이다. 수많은 이 지역 주민들은 몇몇 학생들의 급진적인 행동에 화가 난 상태였다. 따라서 몇몇 주민들은 그 학생들이 죗값을 치르기를 바랐겠지만 그렇다고 해도 그들이 죽어 마땅한 사람이라고까지는 생각지 않았을 것이다. 이러한 상황에서 희생자들의 나쁜 면을 들추어내는 정보들은 그 학생들이 저지른 잘못들과 앓고 있던 질병을 생각하면 그들의 죽음이 잘된 일이거나 그것까지는 아니더라도 필연적인 일이라는 사실을 함의함으로써 부조화를 감소시키는 데 도움을 준다. 오하이오주 주방위군의 몇몇 병사들은 폭도들은 죽어 마땅하다고 강력히 주장하였고, 그 지역의 고등학교 교사 한 명은 한발 더 나아가서 "켄트시 같은 도시의 거리에서 나타나는 더러운 옷을 걸치고 맨발로 돌아다니는 장발족들은 다 총으로 쏴 죽여야 한다."고 말하였다. 이 교사는 이 말이 자신의 자녀에게도 적용되는 말이라고 덧붙였다.[55]

소수의 사람들만이 이 고등학교 교사처럼 희생자들을 극단적으로 비난했다고는 하지만, 특정한 상황에서는 거의 모든 사람들이 영향을 받아서 무고한 희생자의 잔인한 죽음을 합리화한다. 이것은 사회 심리학자들이 (잠시 동안) 나선형 미끄럼틀 같이 복잡한 실제 세상에서 한발 물러서서 실험 연구실이라는 통제된 세상에서 예상한 바를 테스트해야 하는 이유이기도 하다. 이상적으로 부조화의 결과로서의 태도 변화를 측정하고 싶을 때 우리는 부조화를 일으키는 사건이 발생하기 전에는 참가자들의 태도가 어땠는지를 알아야 한다.

키이스 데이비스Keith Davis와 에드워드 존스Edward Jones는[56] 실험에서 이러한 상황을 재현하였다. 그들은 학생들에게 한 번에 한 명씩 (그들의 동료인) 젊은 남자의 인터뷰를 관찰하면서 각자의 견해를 서술하라고 요구하였다. 그 다음 학생들은 사전에 준비된 그 동료의 인간성을 비난한 분석 내용을 그 동료에게 말하라는 지시를 받았다. 그가 속이 얕고, 믿음직스럽지 못하고, 지루하다는 식의 상처를 받을 수밖에 없는 내용임을 알면서도 그에게 이를 얘기한 후에 그들은 그가 그런 말을 들어 마땅한 사람임을 스스로에게 설득시켰다; 실제로 그는 속이 얕았고 지루하였다고 설득시킨 것이다. 그에게 상처 주는 내용을 직접 말한 후 그에 대한 견해는 그 전에 비해서 훨씬 부정적으로 변하였다. 이러한 희생자에 대한 견해 변화는 모든 참가자가 다른 학생이 자신의 비난을 받을 만한 행동을 하지 않았으며 실험자의 지시에 그대로 따른 것뿐이라는 사실을 아는 상황에서도 발생하였다.

데이비드 글라스David Glass는[57] 실험을 통해 유사한 결과를 도출하였다. 이 연구에서 자신을 선하고 훌륭한 사람이라 생각했던 사람들은 다른 사람에게 연속적인 전기 충격을 가하라고 지시받았을 때 전기 충격을 주고 나서 피해자를 비난하였다. 이러한 결과는 자존감이 높은 사람들 사이에서 가장 강하게 나타났다. 내가 항상 남의 기분을 나쁘게 한다고 믿는 자존감이 낮은 사람이라면 남들에게 고통을 주는 것이 그리 높은 수준의 부조화를 일으키지 않을 것이다; 따라서 나는 피해자가 기분 나빠도 할 말이 없는 상황임을 스스로에게 설득할 필요가 거의 없다. 여기서 아이러니한 점이 발생한다: 누군가에게 고통을 주는 행위를 할 때 반드시 그 사람이 질 나쁜 사람임을 나 자신에게 설득시켜야 하는 이유는 내가 나 자신을 선하고 훌륭한 사람으로 생각하기 때문이다. 나와 같은 멋진 사람은 무고한 사람들을 괴롭히지 않기 때문에 당신이 나로부터 피해를 입는 것은 상당하는 잘못이 있음이 틀림없다는 식이다.

이때 조건은 잔인함의 합리화를 제한하기도 하는데 그 조건은 피해자의 복수 능력이다. 피해자가 복수할 능력이 있고 훗날에 복수를 하려 한다면 가해자는 어차피 나에게 똑같이 돌아올 것이니 피해자를 비난함으로써 자신의 행동을 합리화할 필요가 없다고 느끼게 된다. 엘렌 버샤이드Ellen Berscheid와 동료들이[58] 한 실험에서 대학생들은 각자가 동료들에게 고통스러운 전기 충격을 가하는 실험에 자원하였다; 예상한 대로 각 참가자는 전기 충격을 주고 피해자를 비난하였다. 그러나 이 학생들 중 절반은 자신들도 그대로 돌려받을 것이라는 말을 들었다 — 즉, 다른 학생들이 자신들에게 나중에 전기 충격을 줄 것이다. 피해자들이 복수할 수 있음을 알게 된 학생들은 감소시켜야 하는 부조화의 수준이 낮았고 따라서 피해자가 전기 충격을 받을 만했다고 스스로에게 설득시키기 위해 피해자를 비난할 필요가 없었다.

이 연구는 중대한 함의를 가지고 있다: 이 연구는 사람이 잔인한 행동을 하지 않고 상처를 받지 않는다는 것을 보여준다. 예컨대 우리가 전시 상황에 있고 우리의 행동으로 수많은 무고한 사람들이 목숨을 잃었을 때에도 우리는 사상자들을 — 특히 복수할 수 없는 민간인 사상자들을 — 비난하면서 스스로가 한 행동을 정당화할지도 모른다. 슬프지만 보편적인 현상은 모든 문화가 적들을 잔인한 이름으로 부르고 "해충", "동물", "짐승"을 비롯한 비인간으로 간주하여 그들을 **비인간화시킨다**dehumanize는 것이다. 제2차 세계대전 동안에 미국인들은 일본인들을 "잽스"라고 불렀고 비열하고 악마 같은 사람들로 간주하였다; 그 외에도 베트남 전쟁에서 미국 군인들은 베트남인들을 "쓰레기"라 불렀고; 이라크와 아프가니스탄 간의 전쟁에서 미국 군인들은 많은 아랍인과 무슬림들이 터번과 같은 머리 장신구들을 쓴다고 해서 적군을 "걸레 머리"로 부르기 시작하였다. 이러한 언어의 사용은 부조화를 감소시키는 방법의 하나다: "나는 좋은 사람이지만 전쟁에 참여해서 많은 사람들을 죽이고 있다; 그들은 나와 똑같은 인간이 아니기 때문에 죽어도 마땅하다." 그러나 이러한 합리화를 성공적으로 한 번 하고 나면 조심해야 한다. 즉, 비인간화는 "하등 인간"을 상처 입히고 죽이는 것을 "동등한 인간"을 상처 입히고 죽이는 것보다 더 쉽게 만든다. 따라서 이런 방식으로 부조화를 감소시키는 것은 우리가 저지르려 하는 잔인한 행위가 살면서 저지를 더 많은 행위를 합리화할 가능성을 키울 수 있다.

사람들은 종종 전쟁의 폭력 행위 말고도 적대감과 차별을 조장할 수 있는 다른 행위들을 합리화한다. 단적인 예를 들어 보자. 가난한 사람들(상당수가 흑인이고 라틴 계통)이 사는 아이들은 일류 공립학교에 가는 것이 제도적으로 불가능하다. 그래서 이 아이들은 이류 교육을 받고 있다. 결과적으로 이 아이들은 중산층이나 상류층의 백인 아이들에 비해 교육 수준이 낮고 동기 부여도 적어서 성취도 평가 시험에서 낮은 점수를 받는다. 이러한 상황은 해당 시의 지도자들이 현 체제 유지를 합리화하고 부조화를 감소시키는 최고의 핑계가 된다. 그들은 다음과 같이 말할지도 모른다. "당신도 보다시피 이 아이들은 (성취도 평가 시험에서 낮은 점수를 받았으므로) 멍청하고 학습 능력이 떨어집니다. 이로 보아 우리의 피땀과 같은 세금을 이 아이들에게 양질의 교육 서비스를 제공하는 데 낭비되지 않도록 한 것은 매우 지혜로운 결정이었습니다." 이러한 자기 충족적 예언은 불리한 조건에 처해 있는 사람들을 계속 불리하게 내버려두는 것에 대한 완벽한 합리화를 제공한다. 존 조스트John Jost와 동료들은[60] 이 같은 현상을 연구하고 이 현상을 '시스템 합리화'라고 칭

하였다: 사회의 최상위층에서 태어나 막대한 부와 권력을 가진 사람들은 자신이 누리는 것이 자기 자신의 우월한 능력과 타고난 재능 덕분이라고 믿음으로써 자신의 지위를 합리화하는 반면, 가난하고 힘겹게 살아가는 사람들은 모두 성공할 능력과 동기 부여가 없어서 계속 그렇게 살아가는 것이라고 생각한다. 미식축구 코치인 배리 스위처의 말을 빌리자면 "몇몇 사람들은 3루에서 태어났으면서 자신이 3루타를 친 줄 안다."

내가 마지막 분석에서 계속해서 언급한 대로 사람들은 자신의 행동에 대한 저마다의 이유를 가지고 있다. 모든 사람이 상대방, 경제적 하층민, 적국의 국민들을 비인간화하는 것은 아니다. 그러나 인지 부조화 이론은 비인간화의 핵심 — 그 많은 사람들이 자신이 올바르고, 도덕적이고, 선한 인간이라는 견해를 보존하기 위해서 비인간화에 의지하는 이유 — 을 정확하게 파악하고 있다. 연구에 의하면 좋은 소식도 있다. 비인간화는 다른 사람의 불행 앞에서도 자신은 우울해하지 않고 싶어하는 욕구에 기반하기 때문에 어려움에 처한 피해자로부터 오는 부정적인 감정 — 혐오, 비애, 충격, 공포 — 을 표현하는 것은 피해자를 비인간화하려는 욕구를 제거한다.

켄트 하버Kent Harber와 동료들이 수행한 실험을 생각해보자.[61] 참가자들은 영화 『피고인』에 나오는 사라라고 하는 한 젊은 여자가 바에서 남자들과 농담을 주고받고 춤을 추다가 공격적으로 변한 남자들에게 성폭행을 당하는 문란하고 불쾌한 장면을 보았다. 그녀는 두려워하며 이들을 멈추려고 하지만 이들은 그녀를 강간한다. 그녀는 필사적으로 저항하지만 바에 있던 다른 손님들도 강간에 참여한다. 이 장면은 명백히 사라를 강제로 성폭행 당한 피해자로 묘사하지만, 그녀가 만취해있었고, 파인 옷을 입고 있었고, 선정적으로 춤을 추었다는 것 또한 보여준다. 그녀가 당한 끔찍한 피해는 어떤 식으로든지 합리화될 수 없다. 그러나 피해자를 비난하는 경향이 있는 관람자들에게 그녀의 옷차림과 행동은 공격거리를 준다. 사후에 참가자들은 그들이 본 것에 대한 평가를 서술하라는 요구를 받았다. "억압" 그룹은 자신의 감정적 요소를 억압하고 사람들의 옷차림과 같은 있는 그대로의 사실만을 서술하라는 지시를 받았다. "개방" 그룹의 참가자들은 이 영화와 관련해서 가슴 깊은 곳에 있는 생각과 감정까지 자유롭게 표현하라는 지시를 받았다. 일주일 후에 모든 참가자들은 다시 사라를 평가하였다. 그녀가 나쁜 판단을 보여주지 않았다면 그녀는 스스로를 위해 좀 더 많은 것을 할 수 있었을까? 그녀를 불쌍하게 여기고 도와주고 싶은가? 그녀는 무책임하였나? 그녀는 도덕적이었나? 그녀는 참가자들 입장에서 동일시가 가능했는가? 그녀는 이런 참사를 자초한 것이 아닐까? 이러한 질문에 대한 답변들은 수합되어서 비난의 정도를 측정하는 자료가 되었다. 관람자들이 더 많은 비탄의 감정을 고백하고 표현할수록 그들이 피해자를 비난하는 정도는 적었다. 반대로 감정을 억압하라는 지시를 받았던 사람들은 사라를 더욱 강도 높게 비난하였다.

피해자 비난은 우리 자신과 다른 불행함, 범죄, 가난을 비롯한 비극적 사건의 희생양이 된 사람들에 대한 우리의 태도를 합리화하려는 욕구에 기반한다. 놀랍게도 이러한 피해자 비난은 그 정도가 더욱 심해지기 전에 우리가 인간으로서 느끼는 비탄과 감정을 인지하고 표현함으로써 피해갈 수 있다.

필연성의 심리학

조지 버나드 쇼는 알코올 중독자였던 아버지에게 굉장히 시달렸지만 그 와중에서도 밝은 면을 찾았다. 그는 한 번은 다음과 같이 서술한 적이 있다 "당신이 집안의 비밀을 제거할 수 없다면 그 비밀을 활용하는 것이 낫다."[62] 어떻게 보면 인지 부조화 이론은 사람들이 자신의 비밀을 활용하는 방식 — 불행에서 최대한의 행복을 찾기 위한 노력 — 에 대한 설명이기도 하다. 특히 부정적이고 필연적인 상황에서 이 말은 더욱 맞는 말이 된다.

아이들에게는 싫어하는 채소를 먹어야 하는 것보다 부정적이고 필연적인 상황이 없을 것이다. 한 실험에서 잭 브렘은[63] 아이들에게 예전에 매우 싫어한다고 말한 적 있는 채소를 자원해서 먹도록 하였다. 후에 그는 아이들 중 절반에게는 나중에 이 채소를 매우 많이 먹게 될 것이라고 믿게 유도하였고 나머지 반에게는 아무런 말도 하지 않았다. 나중에 채소를 먹어야 하는 것을 믿게 된 아이들은 채소가 그리 맛없지 않았다고 스스로를 성공적으로 설득했다. 즉, '나는 채소를 싫어한다.'라는 인지가 '나는 나중에도 채소를 먹게 될 것이다.'라는 인지와 부조화를 일으켰고 부조화를 감소시키기 위해서 아이들은 채소가 실제로 자신이 생각했던 것만큼 해로운 것은 아니라고 믿게 된 것이다.

존 달리John Darley와 엘렌 버샤이드는[64] 이 현상이 채소뿐만 아니라 사람에게도 적용된다는 것을 보여주었다. 그들이 한 실험에서 여대생들은 각자가 알고 지낸 적이 없던 여자와 자신의 성적 행동과 기준들에 대해서 토론하는 일련의 모임에 자원해서 참가하였다. 토론을 시작하기 전에 각 참가자들은 두 개의 폴더를 받았다. 각 폴더에는 예정대로 같은 경험에 자원한 여자의 성격에 대한 묘사가 들어있었다. 그리고 이 묘사는 긍정적인 특성들과 부정적인 특성들을 골고루 담고 있었다. 참가자들의 절반은 폴더 A에서 설명되어 있는 여자와 교류할 것이라고 믿게 유도되었고, 나머지 반은 폴더 B에 설명되어 있는 여자와 교류할 것이라고 믿게 유도되었다. 이 여자들을 만나기 전에 참가자들은 자신이 읽었던 성격 묘사에 기반하여 각자를 평가하라는 요구를 받았다. 그 결과 자신이 필연적으로 폴더 A에 있는 여자와 함께 마음속의 비밀을 공유할 것이라고 느꼈던 참가자들은 폴더 B에 있는 여자보다 폴더 A에 있는 여자를 훨씬 매력적이라고 느꼈다. 반면에 자신이 폴더 B에 있는 여자와 교류할 것이라고 믿었던 참가자들은 폴더 B에 있는 여자가 훨씬 매력적이라고 느꼈다. 이처럼 그 사람과 필연적으로 시간을 보내야 한다는 것을 알고 있는 것만으로도 그 사람에 대한 긍정적인 견해가 강화되었다 — 혹은 부정적인 면이 약화되었다.

사람들은 일어날 것이라고 알고 있는 무언인가를 위해서 최선을 다한다. 앞에서 살펴 본 채소 실험만 보더라도 필연성은 호의적인 마음을 갖게 만든다. 앞으로 곧 닥쳐올 것이 싫어하는 채소나 새로운 사람을 만나는 것일 때 부정적인 면을 약화시키는 것은 적응 전략이다. 이런 전략이 가끔씩 재앙을 불러올 때도 있다. 예를 들어, 서부 해안, 특히 캘리포니아에 사는 사람들은 조만간 지진이 지역을 강타할 것이라는 것을 알고 있다. 합리적인 사람들은 두말할 것 없이 그 위험을 인지하고 자신이 지진과 관련해서 할 수 있는 모든 것을 배우고 안전 조치를 취함으로써 대비를 해야 한다. 실제로 사람들은 이렇게 할까? 그렇지 않다. 심지어 고학력자들 사이에서도 필연적인 대재앙을 대비하는 사람은 극히 드물다. 다린 레만Darrin Lehman과 셸리 테일러Shelly Taylor는[65] UCLA의 대학생 120명을 대상으로 인터뷰를 하였는데 그들 모두가 지진의 위협에 대해 알고 있었음에도 5퍼센트만이 (가장 가까운 소화기의 위치를 아는 것 등과 같은) 안전 조치를 숙지하고 있었다. 3분의 1만이 지진이 일어났을 때 가장 안전한 행동은 책상이나 다른 튼튼한 가구 밑에 숨는 것이라는 것을 알고 있었고, 전문가들이 추천하는 예방 수칙에 대해서는 아무도 숙지하고 있지 않았다.

그러나 대처 스타일은 학생들이 사는 환경마다 달랐다. 지진에 취약한 생활관에 사는 학생들은 상대적으로 안전한 생활관에 사는 학생들에 비해 다가올 재앙에 대해서 생각하기를 거부하거나 피해를 최소한으로 예상하는 경향이 강했다. 그러나 지진이 조만간에 일어날 것임을 확신한다면 이 위험한 생활관에 계속 사는 것을 어떻게 합리화할 것인가? 그 대답은 아주 쉽다 — 지진이 언제라도 닥쳐올 수 있음을 부정하고 그에 대해 생각을 하지 않으면 된다. 위험하고 필연적인 사건에 자기 합리화 반응은 단기적으로는 편할 수 있다. 그러나 안전 강화로부터 계속 한 발짝 떨어져 쉬쉬한다면 이러한 반응은 결국 끔찍한 결과를 낳을 수 있다.

아마도 당신은 싫어하는 채소를 맞닥뜨린 아이나 다른 사람과 필연적으로 교류하게 된 대학생과, 다가올 지진의 위협에 대한 UCLA 학생들의 반응 사이에 흥미로운 차이점을 발견했을 것이다. 전자의 경우 사람들은 필연적인 사건들을 받아들였고 사건의 긍정적인 측면을 강조하는 태도를 택하였다. 그러나 후자는 매우 유력하고, 생명을 위협하고, 통제가 불가능한 사건을 직면하는 경우이다. 일어난다고 해서 이상할 것이 없는 사건 — 혹은 재앙보다 덜 심각한 사건 — 으로 대지진을 재정의하는 것은 인간의 상상력을 넘어서는 일이다. 그리고 우리는 지진을 막을 수가 없다; 따라서 우리가 하는 최선은 안전 수칙이 실제로 우리를 구한다는 보증이 없어도 지진에 적응적으로 대처하는 것이다. 따라서 우리의 반응은 본질적으로 예방 조치들이 진정으로 필연적인 상황에서의 통제감을 증가시킨다는 것을 우리들이 믿느냐의 여부에 달려있다. 이러한 조치들이 헛된 것이라고 본다면 이 조치들에 노력을 쏟는 것은 인지 부조화를 훨씬 더 크게 증가시킬 뿐이다. 이러한 상황에서 우리는 재앙이 닥칠 것을 부정하거나 그 규모를 엄청 과소평가함으로써 안전 조치를 취하지 않는 것을 합리화하는 경향이 있다.

당신도 이런 현상을 본 적이 있지 않은가? 과학자들은 지구 온난화가 이 행성의 주요 위협이라는 국제적인 합의에 도달하였지만, 아직도 많은 미국인들은 이에 신경 쓰지 않고 기후 변화는 "숫자 놀음"에 불과하다고 생각한다. 인지 부조화 이론은 과학자들이 사람들에게 지구 온난화를 막는 즉각적인 행동을 하라고 동기 부여를 하고 싶다면, 그것이 자신의 통제 하에서 할 수 있는 것임을 설득하는 것이 필요하다고 말하고 있다. 단순히 공포심을 증폭시키는 것은 사람들이 지구 온난화의 존재를 부정하거나 과학적인 증거들을 적극적으로 피하게 만들 뿐이다.

인지 부조화 이론의 실생활 적용

인지 부조화 이론이 지대한 관심을 끌고 많은 연구들에 영감을 줄 수 있었던 이유 중 하나는 상식으로는 설명이 안 되는 사람들의 행동을 설명하고 예측하는 능력이 있기 때문이다. 또한 인지 부조화 이론은 소문이 어떻게 퍼지는지부터 사람이 자신의 태도와 행동을 어떻게 바꾸는지에 이르기까지, 안전한 섹스를 실천하는 것부터 인종 차별적 편견을 감소시키는 것까지 수많은 현상들을 설명해낸다. 그러나 이 이론은 인간의 행동과 태도 변화를 이해하고 예상하는 것을 넘어서 사람에게 도움을 주는 데 실용적으로 적용될 때 그 진가를 발휘한다. 이제 나는 이 이론이 갖고 있는 몇 가지의 주목할 만한 활용 방안을 주제로 다루려 한다.

콘돔과 자기 보호 지진 대비 사례에서 보았듯이 부조화를 안중에 없는 상태로 유지하는 한 가지 방법은 우리가 하는 일에 신경 쓰지 않는 것이다. 1980년대에 거의 17,000명의 미국인들이 에이즈 유행으로 목숨을 잃었고, 수억 달러가 대중 매체에 에이즈 예방 캠페인을 하는 데 사용되었다. 그러나 이 캠페인들이 에이즈가 어떤 경로를 통해 감염되는지와 안전한 섹스를 위해 콘돔이 얼마나 중요한지에 관한 정보를 전달하는 데 효과적이고 합리적인 캠페인이었다 하더라도 위험한 성행위를 하려는 사람을 막는 데 실패하였다. 성적으로 활발한 대학생 남자들은 에이즈가 심각한 문제임을 알고 있었지만 매우 소수만이 주기적으로 콘돔을 사용하였다. 콘돔을 사용하지 않은 이유를 설명하라는 요구를 받자 그들은 친숙한 이유를 내뱉었다: "콘돔은 불편하고 로맨틱하지 않으며 또 그 질병을 떠올리게 해요." 사람들은 일반적으로 사랑을 준비할 때 죽음을 생각하지 않는다. 따라서 연구자들이 일관성 있게 밝혀낸 바에 따르면 사람들은 자신을 속인다 — 이런 경우에는 에이즈가 심각한 문제지만 그들 스스로는 위험에 처할 일이 없다는 식으로 자신을 속이는 것이다.[66] 대중 매체로 효과를 보지 못한다면 그들의 부정적 태도를 바꾸기 위해 할 수 있는 일은 없을까?

에이즈 유행이 절정이었던 시기, 필자와 학생들은 "말하는 것이 믿는 것이다"라는 앞에서 논의된 패러다임을 변조하여, 사람들에게 콘돔을 사용하도록 설득하는 방법을 연구 개발하였다. 전형적인 "말하는 것이 믿는 것이다" 실험에서 참가자들은 자신의 견해와 반대되는 관점을 지지하는 발언을 하라는 지시를 받았다. 이 행동은 부조화를 발생시켰다; 그리고 이 부조화는 자신의 태도를 바꿔서 자신이 한 말과 일관되게 일치시킴으로써 감소된다. 필자는 이 패러다임을 어떻게 하면 에이즈 예방에 적용할 수 있는지를 고민하였다.

연구 중에 한 가지 문제에 부딪혔다: 안전한 섹스를 실천하는 것과 관련해서 거의 모든 사람들은 무엇을 해야만 하는지 알면서도 그것을 실행에 옮기지 않았다. 그렇다면 이미 콘돔을 사용하는 것이 좋다는 것을 믿고 있는 사람에게 콘돔 사용을 지지하는 주장을 함으로써 부조화를 경험케 하려면 어떻게 해야 할까? 이것은 하나의 딜레마다. 그 후 필자는 해결책을 떠올렸다: 사람들은 상황을 부정함으로써 스스로를 부조화로부터 떨어뜨리려 하기 때문에, 실험자는 그들이 각자의 위선에 직면하게 함으로써 이 부정을 깨뜨릴 수 있다. 이 방법은 너무 성공적이었고 그에 따라 "위선 패러다임"이라는 명칭을 가지게 되었다. 이 방법은 거의 모든 사람이 자신은 정직한 사람이 되어야 한다는 의무감을 느낀다는 것에 기반한다.

우리는 먼저 대학생들에게 에이즈의 위험성을 묘사하고 "섹스를 하는 모든 경우에" 콘돔을 사용해야 한다는 내용의 발표문을 써보라고 하였다.[67] 모든 학생들은 성적으로 활발한 남자들이 (사실은 다른 남자들도) 콘돔을 사용해야 한다는 것을 믿고 있었기 때문에 예상한 것보다 적극적으로 이 과제를 수행하였다. 한 조건에서 학생들은 발표문을 만들기만 하였다. 그러나 다른 조건에서 학생들은 발표문을 쓴 후에 고등학생들의 성교육 자료로 쓰일 자신의 발표문을 읽는 모습을 비디오테이프에 녹화하라고 요구받았다. 발표문을 쓰기 전에 각 조건의 학생들 중 절반은 어렵고 서투르거나 "불가능해서" 콘돔을 사용하지 못했던 과거의 상황을 목록화함으로써 이들을 마음에 새겨두게 되었다.

본질적으로 고등학생 교육용 비디오를 녹화한 참가자들은 자신이 콘돔 사용을 주저했던 상황들을 마음에 새겨두게 된 후에 높은 수준의 부조화에 빠지게 되었다. 우리는 그들이 정작 자신은 실천하지 않는 행위를 고등학생들에게 가르치고 있다는 사실을 알게 하였다. 이러한 위선에서 오는 감정을 피하고 자신의 자존감을 지키기 위해 그들은 자신이 가르친 내용을 실천하기 시작해야 할 것이다. 그리고 이는 명백하게 밝혀낸 바이기도 하다. 위선 조건에 있는 학생들은 다른 어떤 조건에 있는 학생들보다도 (실험실 밖의 테이블에 진열돼 있는) 콘돔을 훨씬 더 많이 구입하였다. 또한 몇 달 후에는 이 조건에 있었던 대다수의 학생들이 자신이 콘돔을 주기적으로 사용한다고 보고하였다.

위선 패러다임은 물 보존 문제와 같은 다른 문제를 공략하는 데에도 쓰인 적이 있다. 캘리포니아 주립 대학교의 공공 샤워장에 있는 여자들은 청원서에 서명을 하여 사람들에게 샤워 시간을 줄이라고 설득하는 데 힘을 보태줄 것을 요구받았다. 청원서에 서명을 하고 난 후에 그들의 이름은 다음과 같은 내용의 전광판에 실렸다: "샤워 시간을 줄입시다. 나도 할 수 있으니 여러분도 할 수 있어요!" 전광판에 자신의 이름을 추가한 다음 몇몇 학생들은 과거에 샤워 시간을 줄이려다 실패한 경험을 모두 떠올리라는 지시를 받았고 그로 인해 이들은 자신의 언행 불일치로 부조화를 느끼게 되었다. 나중에 이 여대생들은 (티가 나지는 않았지만) 샤워장의 사용 시간을 준수하고 샤워를 제때 마쳤다. 자신의 위선을 마음에 새겨두게 된 학생들의 샤워 시간은 눈에 띄게 줄어들었다. 이러한 종류의 자기 설득 기법은 활용도가 높아서 운동, 공부, 재활용, 햇볕 차

단제 사용 — 뭐가 됐든지 간에 — 등과 같은 행동들이 좋은 줄 알고만 있는 사람들이 이들을 실제로 실천하게 이끌 수 있다.[68]

종교 지도자의 권력에 대해 파헤쳐 보기 인지 부조화 이론은 — 짐 존스, 가이아나 존스타운에서 일어난 대량 학살의 주도자와 마셜 허프 애플화이트, 헤븐스 게이트 집단 자살 사건의 주도자와 같은 종교 지도자들이 막대한 권력을 가지고 신도들의 정신과 마음을 지배하였다는 사실과 같은 — 상상으로는 도저히 이해할 수 없는 사건들을 이해시켜주는 훌륭하고 유용한 이론이다. 이제 1장에서 기술되었던 존스타운의 대학살에 초점을 맞춰보자. 어떻게 한 사람이 말 한 마디로 수백 명의 사람들이 자신의 자식을 죽이고 또 자신은 자살하게 하는 절대적인 권력을 가질 수 있었을까? 존스타운의 비극은 단순하게 설명하기에는 너무나도 복잡하다. 그러나 앞에서 언급되었던 '문간에 발 들여놓기' 현상에서 한 가지 단서를 찾을 수 있다. 실제로 정밀하게 뜯어보면 추종자들의 충성심은 여러 단계를 거치며 지속적으로 강해졌다는 사실을 알 수 있다.

처음부터 시작해보자. 짐 존스와 같이 카리스마 있는 지도자가 자신의 교회에 나오는 신자들에게 돈을 내게 할 수 있다는 사실은 쉽게 이해할 수 있다. 어떤 사람들이 존스가 전하는 평화와 보편적 형제애의 메시지에 약간의 돈을 내면서 헌신한다면 그들은 존스가 원하는 방향으로 피라미드에서 한 발짝 내려온 것이다 — 그리고 그들은 돈을 내기로 한 자신의 결정을 합리화할 필요를 느낄 것이다. 따라서 그는 더욱 많은 돈을 요구하고 받을 수 있다. 그 다음 그는 사람들이 집을 팔아서 마련한 돈을 교회에 바치도록 유도한다. 얼마 안 있어 그의 요구에 따라 여러 신자들은 집을 팔고 가족들과 친구들을 떠나서 가이아나라는 낯설고 열악한 환경에서 새로운 삶을 시작할 것이다. 거기서 그들은 열심히 일할 뿐만 아니라 (그로 인해 자신이 바친 노력, 시간, 돈을 정당화함으로써 충성심을 강화할 뿐만 아니라) 독실한 신자들에 둘러싸여 이의 제기조차도 하지 못하게 된다. 그러고 나서 존스는 신자들 중에 자신에게 충성하기를 주저하는 유부녀가 있다면 그들의 성적인 자유를 박탈하기 시작한다. 결국 예행연습으로 존스는 추종자들에게 자신의 충성심과 순종심을 증명하는 의미에서 일련의 자살 의식을 흉내 내게 한다. 이런 식으로 단계를 거치며 짐 존스에 대한 충성심은 강해진다. 각 단계는 갑작스런 도약이 아닌 작은 걸음일 뿐이다. 그러나 그 끝에 기다리고 있는 것은 첫 번째 걸음을 뗄 때에는 생각도 못했던 엄청난 비극이다.

국제 사회에서의 인지 부조화

일상에서 접하는 인지 부조화는 긍정적으로 작동하는 경우가 대부분이다. 즉, 좌절과 후회를 최소화하고 자신의 결정 사항과 선택에 만족하게 해준다. 그러나 존스타운 사건이 보여주는 바와 같이 부조화 감소 욕구에 대한 예민함은 위험을 초래할 수 있고 그 위험의 정도는 상상을 초월한다.

어느 미치광이가 당신의 조국을 지배하게 되고 당신이 속한 종교의 모든 신자들을 제거하려 한다고 가정해보자. 그러나 당신은 이 사실을 전혀 모른다. 알고 있는 것이라고는 조국이 식민지가 되어가고 있고, 그 지배층의 지도자는 당신이 속한 종교를 싫어하며, 가끔씩 당신과 믿음을 함께하는 동료 신자들이 집 밖으로 끌려나와 강제로 유치장에 수감된다는 것 정도이다. 이런 상황에서 당신은 무엇을 하겠는가? 당신은 이

나라를 빠져나와 도피할 수 있다; 당신은 다른 종교의 신자인 척 연기하면서 이 위기를 넘길 수도 있다; 혹은 아무런 대책 없이 최선의 상황을 기대하기만 할 수도 있다. 각각의 선택지는 극도의 위험성을 가지고 있다: 나라를 탈출하거나 정체를 숨기는 것은 어렵다; 그리고 도피나 위장을 하다가 적발되면 그 자리에서 총살당한다. 그러나 대책 없이 그냥 있기로 결정하는 것은 당신의 종교 집단이 체계적으로 말살당하고 있다는 것이 밝혀진다면 절망적인 선택이 될 수 있다. 당신이 아무런 대책 없이 탈출하거나 위장할 기회에 등 돌리고 있다고 가정해보자. 이러한 사활이 달린 결정은 자연스럽게 엄청난 수준의 부조화를 일으킨다. 이 부조화를 감소시키기 위해 당신은 자신이 현명한 선택을 하였으며 당신이 속한 종파의 신자들이 강제로 끌려가서 처참한 꼴을 당하더라도 법을 어기지 않는 한 살해당하지는 않을 것이라고 스스로에게 설득시킨다. 이를 반증할 수 있는 증거는 없기 때문에 이러한 입장을 고수하는 것은 그리 어렵지 않다.

몇 달 후에 당신이 살던 마을에서 온 명망 높은 사람이 자신이 숲에 숨어있으면서 최근에 마을에서 추방당한 사람들이 남녀노소를 불문하고 군인들에게 학살당하는 것을 보았다고 말해주었다고 가정해보자. 필자는 당신이 이러한 정보를 사실이 아닌 것으로 간주하고 흘려들을 것이라고 예상한다. 당신은 그 사람이 거짓말을 했거나 환각을 보았다고 스스로에게 설득시킬 것이다. 당신이 그 사람의 경고를 무시하지 않고 새겨들었다면 이 나라를 무사히 탈출할 수도 있었겠지만 당신은 그러지 않았고 그 결과 가족들과 함께 학살당하였다.

허구의 이야기 같은가? 불가능한 이야기 같은가? 모든 사람이 명망 높은 사람의 경고를 가볍게 여기고 무시했다는 게 의아한가? 그러나 내가 위에서 기술한 것들은 1944년에 헝가리의 시게트에 사는 유대인들에게 일어났던 사건에 대한 정확한 해설이다.[69]

인지 왜곡의 처리 과정과 정보에 대한 선별적인 노출은 베트남 전쟁과 이라크 전쟁에서 (다른 전쟁에서도) 치명적인 변수로 작용하였다. 결국 대중에게 공개된 미국의 베트남에 대한 정치적, 군사적 개입을 연구한 미 국방부의 기밀문서인 『펜타곤 보고서』에서 랄프 화이트가 인지 부조화 때문에 자신이 내린 결정을 반박하는 정보에는 눈과 귀를 닫아버리는 사람들을 분석한 결과는 우리에게 생각할 화두를 던져준다. 화이트가 분석한 대로 "의사 결정권자들은 행동과 생각이 따로 놀 때 자신의 생각과 행동을 일치시키려는 경향이 있다." 계속해서 북베트남에 더 많은 폭격을 가한 린든 존슨의 결정은 폭격이 북베트남의 의지를 꺾지 못하고 오히려 그들의 결의를 더 굳건하게 할 것이라는 CIA를 비롯한 정보기관에서 제공한 신빙성 높은 증거들을 철저히 무시한 채 이루어졌다. 이에 대해 화이트는 다음과 같이 서술하였다:

> 예를 들어, 1966년에 당시 미 국방부 장관 로버트 맥나마라가 작성한 북베트남 포격을 반대하는 철저히 사실에 기반한 증거 지향적인 요약 보고서와 모든 사실이 정반대의 상황을 말하고 있음에도 이를 대놓고 무시하면서 폭격을 감행하는 것이 우리가 가진 두 개의 필승 카드 중 하나라고 말한 공동 의장의 회람을 비교하는 것은 우리에게 교훈을 준다. 그러나 그 당시에 많은 지지를 받은 것은 공동 의장 쪽이었다.[70]

양당의 당수들은 둘 다 자신이 받아들이기 싫은 증거는 간과하였다. 린든 존슨 또한 베트남 전쟁에서 이들과 같은 노선을 취했다; 이는 조지 W. 부시 대통령이 이라크 전쟁에서 한 행동과도 일맥상통한다. 2003년 부시 대통령은 이라크의 지도자 사담 후세인이 미국에 위협이 되는 대량 살상 무기를 보유하고 있다고 믿으려 하였다. 그 결과, 부시 대통령과 그의 측근들이 애매하고 다른 증거들과 모순되는 CIA의 보고서에 담긴 정보를 이라크가 대량 살상 무기를 보유하고 있는 절대적인 증거로 해석하게 이끌었다. 그리고 이러한 부시 대통령의 해석은 이라크에 선제공격을 가하는 데 합리적인 근거를 제공하였다.[71]

이라크 침략 후에 "대량 살상 무기는 어디 있나요?"라는 질문을 받았을 때 관계자들은 이라크가 땅이 넓어서 대량 살상 무기를 숨기기 좋은 나라이지만 머지않아 그 위치가 파악될 것이라고 단언하였다. 시간이 흘러가고 대량 살상 무기는 발견되지 않았지만 관계자들은 계속해서 대량 살상 무기를 찾을 것이라고 단언하였다. 왜 그랬을까? 이는 관계자들이 심각한 수준의 부조화를 겪고 있어서였다. 그들은 전쟁을 시작한 결정을 합리화하기 위해 대량 살상 무기를 찾을 것이라고 믿어야만 했던 것이다; 그렇지 않으면 이라크는 미국에 위협이 될 수 있는 무기를 가지고 있지 않았다는 말이 된다. 결국 관계자들은 대량 살상 무기가 없다고 결론을 내렸다. 나중에는 부시 대통령조차도 그의 회고록에서 이 사실을 인정하였다.[72]

이제 무엇이 남았을까? 매일매일 상당수의 미군과 이라크의 민간인들이 죽어 나갔으며 수천억 달러가 미국의 국고에서 증발하였다. 이런 상황에서 부시 대통령과 그의 측근들은 어떻게 부조화를 감소시켰을까? 그들은 이라크 전쟁을 '합리화'할 새로운 인지들을 추가하였다. 우리는 갑자기 악독한 독재자가 지배하고 있는 이라크를 해방시켜 민주주의 체제라는 축복을 선사하는 것이 미국의 의무였다고 배우게 되었다. 제3자의 입장에서 이러한 합리화는 적절치 못하다(결국 세상에 잔인한 독재자는 수도 없이 많다). 그러나 인지 부조화를 겪고 있었던 부시 대통령과 그의 측근들에게 이러한 합리화는 일리 있고 실로 지당한 사실로 다가온다.

부시 대통령을 비난하는 수많은 사람들은 그가 의도적으로 자국민을 속이려 했다고 믿었다. 우리는 부시 대통령이 무슨 생각을 하고 있었는지는 확실히 알 길이 없지만 50년이 넘는 세월 동안의 인지 부조화 연구에 기반하여 우리가 알 수 있는 것은 부시 대통령과 그의 측근들이 스스로를 속이는 데는 성공했다는 것이다. 그들은 이라크 침공은 대량 살상 무기가 없었더라도 합당한 것이었다고 스스로에게 설득시킨 것이다.[73]

어떻게 한 나라의 지도자가 자기 합리화의 함정에 빠지는 것을 피할 수 있을까? 역사적인 사례들은 이러한 과정에서 벗어나는 최고의 방법으로 지도자가 자신의 권력 핵심층에 얽히지 않은, 그렇기 때문에 지도자가 과거에 내렸던 결정에 의해 발생된 부조화를 감소시키고자 하는 욕구에 휘둘릴 이유가 없는 노련하고 전문적인 참모를 영입하는 것이라고 알려준다. 역사가 도리스 컨스 굿윈Doris Kearns Goodwin이[74] 지적한 대로 이는 분명히 에이브러햄 링컨 대통령이 노예 제도를 끝내는 최고의 방법으로 정책에 반대하는 사람들도 대통령 자문 위원회에 영입했던 이유이기도 하다.

잠시 베트남 전쟁으로 돌아가 보자. 왜 공동 의장은 폭격을 계속 퍼붓자는 결정을 내려 이길 수 없는 전쟁을 더 크게 벌렸을까? 그들은 동일하거나 더 극단적인 결정으로 이전의 행동을 합리화하고자 하였다. 이러한 합리화를 위한 확대는 끊임없이 반복된다. 존스타운의 비극에서부터 전쟁에 이르기까지 사소한 잘못된 행동은 끊임없이 커져 훨씬 큰 비극을 가져올 수 있다. 잘못된 행동은 합리화되어야 하기 때문에 그에 대한 태도가 변한다. 이러한 태도의 변화는 미래의 결정과 행동에 영향을 미친다. 이는 문간에 발 들여놓기 기법의 확대판이지만, 사활이 걸린 중요한 문제이다. 유럽에 사는 한 유대인이 자신을 숨기지 않고 한 명의 유대인으로서 당당하게 살아가기로 결정하였다면 그 결정은 돌이킬 수가 없었을 것이다; 더 이상 그가 이방인인 척하며 살아가는 것은 불가능한 것이다. 펜타곤의 요원들도 일단 베트남에 대한 폭격을 강화하였다면 이는 돌이킬 수가 없다. 이러한 종류의 인지적 계단 오르기는 『타임』지의 편집자가 쓴 펜타곤 보고서의 분석에 잘 포착되어 있다:

> 그러나 『펜타곤 보고서』가 지적한 관료 정치는 항상 새로운 방안을 요구하였다; 그리고 그 방안은 결국 더 많은 군사력을 쏟아 붓자는 것이었다. 이러한 강화 일변도의 정책은 반드시 지켜야 하는 철칙을 하나 창조하였다; 전쟁이 터지면 끝까지 군사적 압박을 가해야 한다.[75]

우리 안의 합리화 전문가와 함께 살아가기

친구에게 큰 실수를 하거나 상처를 주었을 때 왜 그리 사과하기가 — 혹은 이에 대해 생각해보기가 — 힘들까? 인지 부조화 이론은 이 질문에 대한 답을 제시한다: 실제로 우리는 이에 대해 생각하지 않는다. 우리는 자신의 잘못이 아니라고 느끼는 행동을 합리화하기에 바쁘다: "다른 사람이 시작했다.", "다른 사람이 나를 모욕했다.", "다른 사람이 내가 속임수를 쓰게 만들었다.", "그래 내가 한 짓도 그다지 좋은 행동은 아니야. 하지만 다른 녀석의 행동이 훨씬 더 나빴어." 이상은 사람들이 어쩔 수 없이 사과해야 하는 상황이 오면 말뿐인 사과를 하는 이유이다: "나의 행동으로 상처받은 사람이 있었다면…" 당연히 당신은 상처를 주었다! 그래서 사람들은 당신에게 사과를 요구하는 것이다! 일단 한 발짝 물러나서 우리가 얼마나 합리화에 관대한 사람들인지 생각해보라. 이렇게 하면 우리는 사과를 위한 첫걸음을 내딛고 진심으로 그에 대해 생각해볼 수 있을 것이다 — 그리고 사람들과 원활한 관계를 유지할 수 있을 것이다.

이 장의 도입부에서 나는 사람들은 합리적이고 적응적인 행동과 부조화를 감소시키는 행동을 할 수 있다고 지적하였다. 다시 이 문제로 돌아가 보자. 우리가 자신의 자아를 보호하기 위해서만 시간과 노력을 투자한다면 우리의 삶에는 성장이 없을 것이다. 성장하기 위해 우리는 실수로부터 배워야 한다. 그러나 부조화를 감소시키는 데만 치중한다면 우리는 실수를 받아들이지 못할 것이다. 그 대신 이 실수들을 숨기고 더 나아가 이를 미덕으로 포장할 것이다. 전직 대통령의 회고록은 자신을 방어하고 자신의 행동을 합리화하는 어록들로 가득 차 있다. 그러한 경향이 가장 잘 요약되어 있는 예시로 베트남 전쟁을 확대시켜 양국 모두에게 파괴적인 결과를 가져온 린든 존슨 전 대통령이 한 말을 들 수가 있다: "내가 그때로 돌아가서 모든 것을 바꿀 수 있다고 해도 나는 그 어떤 것도 바꾸지 않을 것이다."[76]

다른 한편으로, 사람들은 성장 과정에서 실수를 통해 많은 것을 배운다. 어떻게? 어떤 조건에서? 이상적으로, 나는 실수를 할 때 방어적인 태도를 버리고 내가 한 행동을 있는 그대로 보려 한다. 그 후에 나 자신에게 말한다: "좋아. 지나간 것은 어쩔 수 없지. 그런데 내가 이 경험에서 무엇을 배우면 이러한 실수를 다시는 하지 않을까?" 이러한 돌아봄은 다음의 방법을 통해 가능하다.

- 나 자신이 방어적인 자세를 취하고 부조화를 감소시키는 경향을 더 깊게 이해하라.
- 어리석고 비도덕적이고 상처 주는 언행을 한다는 것이 내가 개선의 여지가 없을 만큼 어리석고 비도덕적이고 잔인한 사람임을 의미하는 것만은 아니라는 것을 인지하라; 자신의 행동을 계속해서 합리화하지 않는 한 한 번 속임수를 쓴 적이 있다고 해서 당신이 구제불능의 "양치기 소년"인 것은 아니다.
- 진심으로 내 잘못을 인정하고 거기서 무언가를 배울 수 있는 강한 자아를 개발하라.

물론 이러한 과정들을 목록화하는 것은 이를 성공적으로 실천하는 것보다 훨씬 쉽다. 우리는 자신을 방어하고 부조화를 감소시키고자 하는 경향을 어떻게 파헤쳐볼 수 있을까? 어떻게 우리 같이 착한 사람들도 가끔씩 직장에서나 연인 앞에서 잘못되거나 비도덕적인 행동을 할 수 있다는 것을 깨달을 수 있을까? 인지 부조화를 추상적이거나 피상적인 수준에서 이해하는 것은 충분치 않다; 이 장에서 배운 것을 제대로 활용하려면 반드시 실생활에서도 의식적으로 이를 실천해야 한다. 우리는 8장에서 인간 관계에 있어서 진실함과 허물없는 의사소통이 우리에게 주는 이점을 배우면서 이를 더 깊게 탐구할 것이다.

4

동조
Conformity

갑자기 누군가가 뛰기 시작하였다. 아마도 그는 아내와의 약속이 갑자기 떠올랐고 이미 늦었다는 사실에 놀란 듯하다. 그 이유가 무엇이 되었든, 그는 브로드 스트리트에서 (아마도 아내와 가장 많이 만나던 장소인 마라모르 레스토랑 방향인) 동쪽으로 뛰고 있었다. 다른 누군가가 뛰기 시작하였다. 그는 열정적인 신문 배달부인 듯하다. 또 다른 사람, 풍채 좋은 사무직 신사가 갑자기 발걸음이 빨라졌다. 10분도 안 되는 사이에, 유니온 철도역에서 법원까지 이어지는 하이스트리트에 있는 모든 사람들이 뛰고 있었다. 큰 소리의 중얼거림은 점점 더 커져 "댐"이라는 공포스런 단어로 발전하였다. "댐이 무너졌대!" 이 공포스런 문장을 처음 말한 사람이 전동 휠체어를 타고 있는 왜소한 할머니일 수도 있고, 교통경찰일 수도 있고, 어린 소년일 수도 있다. 그러나 아무도 누가 그 말을 시작했는지 모르며, 지금은 그것이 중요한 상황도 아니다. 2천 명의 사람들이 갑자기 대이동을 하고 있었다. "동쪽으로 가자!"는 강에서 멀어져서 안전한 동쪽으로 가자는 비명이었다. "동쪽으로 가자! 동쪽으로 가자!" 키 크고 날카로운 눈매와 뾰족한 턱을 가진 한가해 보였던 어떤 여자도 길 한복판에서 나를 지나치며 뛰어 내려가고 있었다. 사방에서 들려오는 비명 소리에도 나는 여전히 무엇이 문제인지를 정확하게 파악하지 못하였다. 그 여자는 50대 후반임에도 아름답고 가벼운 자세로 뛰고 있었기에 나는 그 여자를 따라갔다. "무슨 일이에요?" 숨을 헐떡이며 나는 물었다. 그녀는 순간적으로 나를 보더니, 다시 앞을 보고 더 빠른 속도로 뛰어갔다. "나한테 묻지 마세요! 신에게 물어보세요!"라고 그녀는 말하였다.[1]

위대한 유머 작가 제임스 터버의 자서전에 나온 이 이야기는 인간의 동조 현상에 대한 적절한 설명이다. 한두 명의 사람들이 각자의 이유로 뛰기 시작한다; 얼마 안 있어, 다른 모든 사람이 뛰고 있다. 왜? 다른 사람들이 다 뛰고 있기 때문이다. 터버의 이야기에서, 달리고 있던 사람들은 애당초 댐은 무너진 적이 없다는 사실을 알고 나서 자신의 어리석음에 너무나도 큰 부끄러움을 느꼈다. 그러나 댐이 실제로 무너졌고, 그 상황에서 남들의 행동에 휩쓸리지 않았더라면, 그 어리석음에 의한 부끄러움은 훨씬 더 크지 않겠는가?

동조는 좋은 것일까, 나쁜 것일까? 아무 생각 없이 보면, 이는 멍청한 질문이다. 그러나 단어들은 평가적 의미를 수반한다. 따라서 미국 문화에서 개인주의자 혹은 비동조주의자라고 하면 산 정상에서 어깨에 라이플을 매고 해질 녘 산들바람에 머리카락을 휘날리는 고독한 카우보이의 이미지를 연상시킨다. 이 문화에서 누군가를 동조주의자로 부르는 것은 일종의 모욕이다; 이 단어는 아무런 주관도 없이 다른 사람들을 따라가기만 하는 사람의 이미지를 연상시킨다: 정장을 입은 회사 임원진; 친구들의 의상, 말투, 행동 양식을 따라하는 십대들; "자신의 지인들이" 믿고 있다는 이유로 종말 예언이나 음모론을 따라 믿는 사람들 등. 모든 이들은 동조주의자들에 대해 이미지를 떠올릴 수 있지만, 그 이미지가 돋보이는 경우는 매우 드물다.

우리가 사회적 동물이라는 사실에서 내릴 수 있는 한가지 결론은 개인성과 관련된 가치와 동조성과 관련된 가치 사이에서 줄타기를 하며 살아간다는 것이다. 우리는 이 두 단어와 같은 뜻을 가졌지만 전혀 다른 이미지로 마음에 와닿는 동의어들도 알고 있다. 예를 들어, 개인주의자나 비동조주의자를 탈선자라고 부를 수 있고, 동조주의자들을 팀플레이어라고 부를 수 있다. 이렇게 본다면, 탈선자는 더 이상 고독한 카우보이를 연상시키지 않는다; 마찬가지로 팀플레이어도 동조적인 사무직, 10대들, 음모론자를 연상시키지 않는다. 이와 같이 우리의 문화는 마찬가지로 동조(팀플레이)와 비동조(탈선)가 양립하고 있다. 예를 들어, 1950년대의 베스트셀러 중 하나는 (훗날 대통령이 되는) 존 F. 케네디가 쓴 『용기 있는 사람들』이라는 책이었는데, 이 책에서 그는 정계에서 동조 압력에 저항한 여러 정치인들의 용기를 칭찬하였다. 이를 다르게 적용시켜보면, 케네디는 정당이나 진영에 조화되는 능력이 부족한 탈선자와 좋지 않은 팀플레이어를 찬양한 것이다. 이 비동조주의자들은 케네디의 찬사를 받았지만, 그들이 저항했던 시점에 그들의 동료들은 대체로 기분이 좋지 않았다—게다가 동료들 대부분은 자신이 "배신"이라고 생각하는 것과 정당의 노선을 따르지 않은 행위에 화가 났다. 우리 주변에서 비동조주의자들이 얼마나 푸대접을 받는지를 보면, 이는 매우 흥미로운 이야기이다. 우리는 역사나 영화 속의 비동조주의자들에게 감동하는 만큼이나 일상 속의 교류에서 동조주의자를 선호하는 경향이 있다.

이 관찰 결과는 수많은 사회 심리학의 고전 연구들로부터 강력한 지지를 받는다. 그 중 하나인 스탠리 샥터Stanley Schachter의 연구에서[2] 남학생 집단은 사례 연구를 논의하며 위법 행위로 체포된 십대의 운명을 결정하였다. 각 집단은 사례를 읽은 후 이에 대해 논의하고, 그 십대가 어떤 처벌을 받을지, 즉 "매우 관대한 처벌"에서 "매우 혹독한 처벌"까지 어느 정도의 처벌을 할 것인지를 합의하라는 지시를 받았다. 전형적으로 집단은 9명의 참가자로 구성되었는데, 그 중 6명은 실제 참가자였고, 나머지 3명은 돈을 받고 고용된 실험자의 협조자였다. 협조자들은 자신이 미리 신경 써서 리허설한 역할을 연기한다: 그 역할은 실제 참가자들의 평균 수준에 동조하는 입장에 있는 평범한 사람, 집단의 주된 방향과 정반대의 입장에 있는 탈선자, 처음에는 탈선자와 유사하였으나, 논의 과정에서 조금씩 평범한, 동조하는 입장으로 "넘어가는" 슬라이더.

누가 가장 인기 있었을까? 탈선자? 전혀 그렇지 않았다. 가장 인기 있었던 사람은 그 집단의 규범에 가장 많이 동조했던 사람이었다. 탈선자는 가장 인기가 없었다. 또한 의사소통의 패턴도 예측한 대로 변하였다: 논의의 초반에, 집단은 탈선자가 그들의 관점을 받아들이게 설득하려고 수많은 시간과 노력을 쏟았다. 그러나 탈선자를 바꿀 수 없다는 사실이 분명해지자, 나머지 사람들은 그를 완전히 무시하였으며 아예 집단 논의에서 배제시켜버렸다. 사후의 실험에서, 아리 크루글랜스키Arie Kruglanski와 도나 웹스터Donna Webster는[3] 비동조주의자들이 특히 토론 초기에 반대의 목소리를 내는 상황보다 논의 종료 시점에 다다라서 집단이 의견의 합치가 완료됨을 느낄 때 반대의 목소리를 내는 상황에서 엄청난 비호감을 사게 된다.

따라서 데이터는 우리가 적어도 의사 결정 집단에서는 비동조주의자보다는 동조주의자를 더 좋아하는 경향이 있음을 보여준다. 이러한 선호 성향이 비합리적인 것은 아니다. 개인적인 소망을 희생해서 다른 사람들과 조화롭게 지내려는 경향은 대부분 문화에서 엄청난 진화적 이점을 제공한다. 팀으로 일할 수 있는 능력과 문화를 전달하는 능력은 인류에게 번영을 주었다. 우리는 일어나지도 않은 댐의 범람에서 도망치는 군중을 다룬 터버의 이야기에 웃을 수 있지만, 우리들 또한 이러한 메커니즘에 따라 행동하고 있음에 놀라고 경탄해야 할 것이다: 공원에 있는 한 무리의 새들처럼, 새 한 마리만 놀라게 해도 눈 깜짝할 사이에 그 무리의 모든 새를 날아가게 할 수 있다. 이러한 동조 반사는 과거에 인류가 사냥-수렵꾼이었던 시절에는 의심의 여지없이 중요하였다. 실제로 비동조는 재앙으로 이어졌다. 내가 갑자기 동조주의자로서 살아가는 것이 지겨워졌다고 가정해보자. 그래서 도로의 왼쪽 레인으로 차를 몬다 — 이는 나의 삐뚤어진 개인주의를 표현하는 똑똑하고, 적응 가능한 방법이 아니다. 또 당신이 도로에서 (동조주의자 스타일로, 즉 규칙을 지켜) 나를 향해 차를 몬다면, 이는 당신에게도 온당치 않다.

그러나 우리의 동조 본능이 적응 가능한 만큼이나 역사는, 축구 경기 후의 폭동부터 "승리 만세"를 집단적으로 외치는 광적인 아돌프 히틀러의 무리들에 이르기까지, 다른 사람과 행동을 함께하려는 경향이 비극으로 이어지는 수많은 사건들로 점철되어 있다. 그러나 동조는 생각 없는 군중들 안에서만 일어나는 것이 아니라 긴밀한 유대가 형성되어 있어 서로가 서로를 잘 알고 있는 집단 안에서도 일어난다. 히틀러의 최고 참모였던 알버트 스피어는 자신의 자서전에서 히틀러를 둘러싼 원 모양의 대열을 — 탈선 따위는 있을 수 없는 — 완전한 동조의 원이라고 묘사하였다. 이러한 분위기에서는 가장 비인륜적인 행동조차도 합리적인 행동으로 보였다. 이러한 현상은 전원 동의라는 환상을 가져다주는 반대 의견의 부재가 어떤 참모들도 다른 의견이 존재할 가능성을 생각하지 못하게 차단하였기 때문이다. 스피어는 다음과 같이 썼다.

> 정상적인 상황에서는 현실에 등을 돌리는 사람은 곧바로 주변 사람들의 냉소와 비난의 대상이 된다. 제3제국에는 어떠한 수정 사항도 없었다. 반대로, 모든 자기기만은 왜곡된 거울의 방에 있는 물체처럼 기하급수로 늘어나서, 더 이상 바깥세상의 냉혹한 현실과는 완전히 동떨어진, 광기 어린 꿈의 세계를 반복적으로 확인하는 메커니즘이 되었다. 이 거울의 방에서 내가 볼 수 있는 것은 여러 번에 걸쳐 재생산되는 내 자신의 얼굴뿐이었다.[4]

가까운 예로, 워터게이트 사건에서 리처드 닉슨 전 대통령을 보좌하였던 백악관 직원들과 최고 참모들을 생각해보자. 여기서 정부의 고위간부 사무실에 있는 사람들은 — 그들 중 상당수가 변호사였다 — 스스로 위증을 하였고, 증거를 파기하였으며, 아무런 생각도 하지 않고 뇌물을 뿌리기에 바빴다. 이는 적어도 부분적으로는 1970년대 초 대통령을 둘러싸고 있던 측근들이 획일화된 마음 자세로 자기들만의 울타리 안에서만 생각하고 행동한 결과이다. 이러한 획일화된 마음 자세는 울타리가 무너질 때까지 실제라고 상상도 못할 정도로 부적절한 언행들을 저질렀다. 자신이 몸담고 있던 울타리가 무너지고 나자, 여러 명의 고위 공직자들은 자신이 저지른 불법 행위에 엄청나게 놀라워하였다. 그들은 마치 악몽에서 깨어난 사람들 같았다. 닉슨의 백악관 변호사 존 딘은 이를 다음과 같이 표현하였다.

> 아침에 신문을 집어 들어서 1면 뉴스를 읽을 때, 오늘 뉴스가 진짜였다고 믿기 시작하였다. 이 과정은 백악관에서 비현실적인 분위기를 만들었고, 이 분위기는 끝까지 계속되었다. 충분히 자주 말한다면, 당신의 말은 진실이 된다. 예를 들면, 언론에서 취재 기자와 백악관 직원들을 도청하고 있었다는 사실을 알아차렸을 때, 그리고 이를 부정하는 확실한 해명이 이루어지지 못하였을 때, 도청은 국가 안보를 위한 것이었다고 주장되었다. 나는 많은 사람들이 도청은 국가 안보를 위한 것이었다는 말을 믿었다고 생각하였다. 그러나 사실 도청은 국가 안보를 위한 것이 아니었다. 이는 사실이 드러난 후에 합리화를 하기 위해 급조된 핑계에 불과하였다. 그러나 사람들이 국가 안보를 위한 것이었다고 말하였을 때, 사람들은 그것을 그대로 믿었다.[5]

때때로 동조의 요구는 닥쳐올 재앙에 대한 확실한 정보를 말하려는 개인까지도 침묵시킨다. 우주선 챌린저호는 1986년 1월 28일 발사된지 몇 초만에 폭발하였다. 매우 사랑스러운 교사였던 (그리고 우주에 가는 첫 민간인을 뽑는 선발 대회에서 우승한) 크리스티나 맥어리프를 비롯한 7명의 우주 비행사는 연기와 화염의 불덩이 속에서 사라져 버렸다. 어쨌든 엔지니어들이 보조 추진 장치를 연결하는 오링에 결함이 있다고 강력한 반대와 경고를 하였음에도 발사를 진행하라는 결정은 내려지고 말았다. 발사하라는 최종 결정을 내린 미국항공우주국의 관리자들은 위험을 무시하지도 않았고, 우주 비행사의 목숨에 무관심하지도 않았다. 그러나 우주선 발사를 매우 기대하고 적극적으로 추진하려는 나사의 압력에 — 올바른 의견으로 드러난 — 반대 의견을 가지고 있는 결정권자들은, 스탠리 샥터의 실험에서의 탈선자와 같이, 자신의 의견을 바꾸거나 대화에서 아예 배제되었다.

곰곰이 생각해 보자. 히틀러 정권의 핵심층, 닉슨의 측근 참모들, 그리고 나사의 관리자들은 끔찍한 결정을 내렸다는 것 외에 어떤 공통점을 가지고 있는가? 각각은 관점에 반대하는 것과는 거리가 먼, 상대적으로 응집 집단이다. 이러한 집단은 의사 결정을 위해 소집될 때, 어빙 재니스Irving Janis가 **집단 사고**groupthink라고[6] 부르는 것의 희생양이 될 수 있다. 이 집단 사고는 행동 과정과 그 대안을 현실적으로 평가하는 능력보다 합의에 대한 욕구를 중시하는 응집 집단에서 일어나는 사고방식이다. 이 적절치 않은 의사 결정 전략에 몰두하는 집단은 전형적으로 자신이 안전하다고 여긴다; 그들은 낙관주의에 눈이 멀었다. 그리고 이 낙관주의는 반대를 좌절시키면서 자란다. 마치 논쟁을 지켜본 친구들이 자신에게 전원 반대를 하는 것을 알고 나서는 진짜 의견을 숨긴, 1장에 나온 가상의 친구 샘처럼, 동조 압력 앞에서 집단 구성원들은 자신의 거리낌을 의심하게 되고 자기 주장을 표명하는 것을 자제하게 된다.

이 예시들을 언급하면서, 내가 주장하는 바는 동조는 인간의 본능이기 때문에 좋지 않은 결정을 내리는 개인들은 이해받아야 마땅하다는 것이 아니다. 오히려 나는 동조의 위력과 심리적인 작동 과정을 평가하는 것은 필수적이며, 그렇게 함으로써 우리는 동조가 비적응적인 때 — 군중이 틀렸을 때 — 에는 이를 감소시킬 수 있음을 말하고자 한다. 사람이 결정을 내리는 과정을 개선하고, 미래의 재앙을 감소시키는 희망적인 방법은 오직 과정을 더 깊이 연구하고 더 깊이 이해하려고 노력하는 것뿐이다.

동조란 무엇인가?

동조conformity란 다른 사람이나 집단이 가하는 실제 혹은 가상의 압력에 의한 사람의 행동 혹은 의견의 변화라고 정의된다. 진화론이 예견한 대로, 이 현상은 이른 시기 — 유아기 때 — 부터 시작되며 신경학적인 토대를 가진다.

동조의 생물학 인간이 얼마나 이른 시기에 서로에 대한 모방을 시작하는지를 살펴봄으로써 우리는 동조가 인간이라는 종에게 얼마나 기본적인 현상인지를 짐작할 수 있다. 우리가 태어날 때부터 따라쟁이는 아니지만,[7] 아기들에게는 자신의 앞에 있는 얼굴에 친밀하게 반응하는 식의 사회적 상호 작용이 유일한 배움의 수단이다.[8] 그리고 실제로 아기들은 자신과 똑같은 표정의 얼굴을 그렇지 않은 얼굴보다 더 주의 깊게 본다.[9]

우리는 서로 대화를 할 때, 상대방의 비언어적인 행동과 버릇을 자주 따라한다. 이 현상을 '카멜레온 효과'라고 한다. 타냐 차트랜드Tanya Chartrand와 존 바그John Bargh는[10] 학생들에게 동료와 함께 일련의 사진들에 대해 논의하게 지시하였다. 이 동료는 대화를 하다가 특정 시점에서 자신의 얼굴을 만지거나 발을 흔들도록 시켰다. 얼굴을 만지는 파트너와 얘기한 학생들은 대화 중에 더 자주 자기 자신의 얼굴을 만졌다;

발을 흔드는 파트너와 얘기한 학생들은 자기 발을 평소보다 더 많이 흔들었다. 또 다른 세션에서, 동료들은 미묘하게 실험 참가자의 자세와 버릇 — 예를 들면, 다리를 꼬거나, 얼굴을 만지거나, 머리카락을 만지작거리는 식 — 을 따라하였다. 이 대화 후, 참가자는 카멜레온 같이 자신을 따라 한 파트너를 더 좋게 평가하였다. 이러한 발견은 우리가 다른 사람을 따라 하는 이유는 그렇게 함으로써 친밀감을 표현하고 일종의 "사회적 끈끈함"을[11] 만들 수 있기 때문임을 시사한다. 자신의 관점을 바꾸어 다른 사람의 눈으로 세상을 보는 데 특히 능한 사람은 더욱 훌륭한 카멜레온이다 — 그렇기 때문에 더 많은 호감을 얻을 수 있다.[12] 그러나 이러한 모방은 자연스럽게 행해져야 한다. 호감을 쌓기 위해서 의도적으로 다른 사람을 따라 하고자 노력하는 것은 자충수가 될 수 있다.[13] 대표적인 케이스로, 힐러리 클린턴은 남부에서 선거 운동을 하면서 남부 억양을 어색하게 따라하다가 많은 비난을 받았다.[14]

많은 동물들이 같은 종의 개체들을 따라 하기는 하지만, 인간은 그들과는 비교도 할 수 없을 만큼 그 경향이 강하다. 어떤 신경 과학자들은 이러한 사실을 고도로 전문화된 뇌세포인 '거울 뉴런'의 탓으로 돌리기도 한다. 이 거울 뉴런은 우리가 어떤 행동을 취할 때, 그리고 다른 사람이 그 어떤 행동과 동일한 행동을 취하는 것을 목격할 때 모두 활성화된다. 무대에서 웃기지 못하는 코미디언을 볼 때 얼마나 민망한지, 혹은 다른 사람의 고통을 증언할 때 얼마나 움찔하는지 생각해보라. 거울 뉴런은 공감을 가능케 하지만, 그렇다고 공감을 보장한다고 할 수는 없다: 그들은 자신이 싫어하는 사람이나 자신보다 지위가 낮고 힘이 없는 사람을 볼 때는 활성화되지 않는다.[15]

거울 뉴런의 주요 기능 중 하나는 관찰을 통해 배우는 과정인 **사회적**

학습social learning을 가능하게 하는 것이다. 다니엘 하운Daniel Haun이 주도한 실험에 의하면[16] 유아들은 이전 학습을 무시하고, 보상을 하는 사람을 잃게 된다 하더라도 자기 또래의 행동을 모방하려 한다는 것을 발견하였다. 한 연구에서 유아들은 공 하나와 세 개의 공 크기의 구멍을 가지고 있는 퍼즐 상자를 받았다. 그리고 얼마 안 있어 그들은 공을 특정한 위치의 구멍(예를 들면, 가운데 구멍)에 넣으면 초콜릿 한 조각을 얻을 수 있다는 것을 학습하였다. 아이들은 이 학습 단계 이후에 초콜릿을 얻기 위해서는 공을 다른 구멍(예를 들면, 왼쪽 구멍)에 넣어야 한다고 학습한 또래들이 모인 집단에 합류하였다. 이 두 번째 단계에서, 이전에 배웠던 대로 (가운데) 구멍에 공을 넣어 초콜릿을 얻는 유아들도 있었다. 그러나 많은 유아들이 자신의 또래들에 동조하여, 학습한 것 — 그리고 초콜릿 — 을 포기하고, 약간은 다른 규칙을 배운 또래들에 동조하려는 경향을 보였다. 이같은 사실과 비교해서 다른 사회적 동물인 침팬지나 오랑우탄을 가지고 똑같은 실험을 했을 때, 그들은 이러한 동조 경향을 보이지 않았다. 즉, 그들은 자신에게 최대의 보상을 주는 행동을 고수하였다. 다시 한번 우리는 인간 세상에서는 동조하려는 충동이 개인적 선호 — 심지어 초콜릿에 관한 선호 — 에 앞선다는 것을 보았다.

동조의 미묘한 효과들 대부분의 동조 행동은 그 어떤 "압박감"도 없이 일어난다. 예를 들면, 코미디 프로의 웃음 트랙은 어디서나 들을 수 있는 너무나도 익숙한 웃음소리라서 시청자들은 이를 알아차리기조차 힘들다. 그러나 그들이 전달하는 정보 — 다른 사람들은 이 프로를 재미있어한다 — 는 똑같은 내용에서도 당신의 반응에 상당한 영향을 끼친다.

1984년에 일어난 미국 정치사에 길이 남을 에피소드를 살펴보자. 73세의 대통령 로널드 레이건은 재선 출마에 어려움을 겪고 있었다. 미국 역사상 가장 나이 많은 대통령이었던 레이건은 미국 전역에 퍼져있는 사실, 즉 대통령 직무를 수행하기에는 고령이라는 우려를 극복해야 했다. 한참 어린 경쟁 후보 월터 먼데일은 부통령이었으며 인기 있는 상원의원이었다. 그는 경험, 젊음, 그리고 체력을 모두 갖춘 인물이었다. 그러나 레이건은 먼데일에게 압도적인 승리를 거두었다. 어떻게 레이건은 유권자들의 믿음을 다시 끌어올 수 있었으며, 그 결과 압도적인 승리를 거둘 수 있었을까? 부분적으로 보면 레이건의 유머 활용이 돋보였다. 그중에서도 주목할 만한 부분은 레이건이 두 번째 토론에서 자신의 건재함을 유머로써 보여주었다는 것이다. 대통령 하기에는 너무 나이가 많은 것 아니냐는 질문에 그는 다음과 같이 말하였다: "저는 이 캠페인에서 나이를 문제 삼고 싶지는 않네요. 그리고 나이를 정치적인 목적으로 악용하여, 나이 어리고 경험 없는 경쟁 후보를 깎아내리고 싶지도 않습니다." 먼데일을 비롯한 청중은 폭소하였고, 그의 아이러니한 위트에 박수갈채를 보냈다. 그리고 수많은 유권자들은 그 시점부터 마음을 바꾸었다. 유권자들은 이 유머를 비롯한 다른 준비된 농담에 레이건이야말로 여전히 대통령이 될 만한 정신을 가지고 있음을 다시 한 번 확신하였다.

수년 후에 한 기발한 실험에서, 스티븐 페인Steven Fein과 동료들은[17] 유명한 토론을 녹화한 테이프를 대학생들에게 보여주었다. 이 대학생들은 모두 이 토론을 듣거나 본 적이 없었다. (그들은 이 토론이 방영되었을 때 어린 아기였다.) 기저 조건에서, 실험자는 토론 영상을 1984년에 방영된 그대로 보여주었다. 두 번째 조건에서, 실험자는 영상에서 나이-미숙함 조크를 비롯한 레이건의 유머러스함이 가장 돋보였던 부분 두 개를 잘라내었다. 세 번째 조건에서, 실험자는 유머러스한 부분을 남겨두되, 청중의 웃음소리와 박수 소리를 제거하였다. 이 영상을 본 후에, 참가자들은 후보에 대한 호감도를 매기고, 어느 후보가 더 토론을 잘하였는지를 평가하였다. 원래의 녹화본에 가해진 두 종류의 편집은 차이점을 만들어내었다: 레이건의 조크를 통째로 제거한 편집은 레이건이 토론에서 이겼다는 인식을 완전히 지워버렸다. 그러나 유머 자체보다 더 큰 영향을 끼친 것은 청중의 반응이었다. 레이건의 조크에 대한 청중의 반응이 지워진 영상을 본 대부분의 참가자들은 먼데일이 이겼다고 생각하였지만, 청중의 웃음이 들어가자 참가자들은 레이건이 이겼다고 생각하였다! 아무런 직접적인 압박도 없이 청중인 다른 사람들의 웃음소리만으로도 결과가 뒤집힌 것이다. 상당한 동조 현상은 이런 방식으로 일어난다; 환경 속의 사회적 단서들은 다른 사람들이 느끼고, 생각하고, 행동하는 바를 말해주며, 이는 차례로 우리가 느끼고, 생각하고, 행동하는 바에 영향을 미친다.

다시 우리의 친구이자 가상의 대학생인 샘을 만나보자. 기억하듯이, 샘은 상원 의원 후보를 TV에서 보았고, 그녀의 진정성에 감명을 받았다. 그러나 친구들이 모두 그 후보가 진정성이 없었다고 말하자, 샘은 상당한 사회적 압력을 받았으며 — 적어도 말로는 — 친구들의 말에 동의하게 되었다.

이 사소한 이야기는 우리에게 흥미로운 질문을 던져준다: (1) 사람들을 집단 압력에 순응하게 하는 것은 무엇인가? (2) 집단 압력의 원인은 무엇일까? 구체적으로 샘의 친구들은 동조를 유발하기 위해서 무엇을 하고 있었나? (3) 샘은 자신의 친구 모두가 다른 의견을 가지고 있다는 사실을 알게 되는 짧지만 어지러운 시간을 거친 후에 후보에 대한 자신의 의견을 바꾸었을까? (4) 혹은 자신의 원래 의견을 바꾸지 않고 자신이 하는 말만 바꾸었을까? (5) 자신의 의견을 바꾸었다면, 그 효과는 오래 갈까? (6) 의견을 바꾼 것이 곧 저녁 먹고 나면 자연스럽게 사라질까?

불행히도, 샘은 가상의 인물이기 때문에, 샘에게 직접 물을 수는 없다. 또한 인간은 자신의 행동을 정확하게 설명하는 능력에 한계가 있을 뿐만 아니라[18] 이 상황에는 너무나도 많은 변인이 있기 때문에, 평범한 샘이 우리에게 정확한 설명을 해줄 수 있을지도 의문이다. 우리는 샘이 자신의 처음에 가졌던 의견에 얼마나 자신이 있었는지를 알 수도 없다; 우리는 샘이 자신과 후보 연설을 함께 본 사람들을 얼마나 잘 알고 있으며, 얼마나 좋아하는지를 알 수가 없다; 또한 우리는 샘이 자신 혹은 친구들을 훌륭한 진정성의 판별사라 생각하는지를 알 수가 없다; 우리는 샘이 일반적으로 건강한 사람인지 혹은 이랬다저랬다 하는지도 알 수가 없다; 그리고 우리는 샘이 하루 동안 공부를 한 후에 얼마나 많은 의지력이 남아있는지도 알 수가 없다.

우리가 할 수 있는 것은 사람들이 샘처럼 딜레마에 직면하는 실험 환경을 조성하여 동조에 영향을 미칠 거라고 생각하는 요인들을 통제하고 조절해나가는 것이다. 무자퍼 셰리프Muzafer Sherif와 솔로몬 애쉬Solomon Asch의 초기 연구를 필두로 하여 수도 없이 많은 사회 심리학 연구들이 이를 밝히기 위해 행하였다.

셰리프와 애쉬의 고전 실험 어두운 방에서 멀리 있는 한 점의 빛을 본다면, 잠시 후에 빛이 움직이는 것처럼 보이는데, 이를 '자동운동 현상auto-kinetic effect'이라 한다. 무자퍼 셰리프는[19] 이 시각적 착각을 이용하여 지각이 사회적 환경으로부터 어떤 영향을 받는지를 연구하였다.

그는 대학생들에게 어두운 방 안에 앉아서 한 점의 빛을 지켜보고, 그것이 "움직일" 때마다 얼마나 움직이는지를 보고하라고 하였다. 학생들은 수차례 혼자서 이를 수행하였다. 그 후에, 그 거리가 얼마 정도라고 생각하였는지 2에서 6인치의 값으로 말하게 하였다. 그러고 나서 그들은 소규모 집단으로 어두운 방에 들어가서 이 작업을 다시 수행하면서, 이번에는 자신이 생각하는 거리를 큰 소리로 말하라고 하였다. 여기에서 셰리프는 다른 사람의 존재가 강력한 영향력을 가진다는 것을 발견하였다: 거의 모든 사람들이 말한 거리 값이 집단의 평균으로 수렴하였다. 예를 들면, 내가 혼자서 이 작업을 수행할 때에는 2인치 정도라고 말하였다면, 6인치 정도 움직였다고 말하는 집단 구성원들과 함께 있을 때에는 4인치 정도 움직였다고 보고하는 것이다. 마찬가지로, 원래는 더 큰 값을 보고하던 사람들도 다른 사람들의 의견을 듣고 난 후에는 더 적은 값을 보고하였다. 게다가 이 변화는 계속 지속되었다. 집단 구성원은 집단 의견에 노출된 후에 다시 이 작업을 수행하였는데, 그들의 대답은 자신의 판단에 미친 집단의 영향을 계속 반영하였다. 셰리프는 나중에 동료 실험자들에게 임의의 값을 말하게 함으로써 이 그룹의 평균치를 확실하게 만들어 낼 수 있다는 것을 발견하였다. 실제 평균치에서의 편차가 그리 크지 않다면, 그는 자신이 원하는 대로 집단을 휘저을 수 있는 것이다.

한 점의 빛이 얼마나 움직였는지를 측정하는 것은 내부적인 모호성을 가지고 있다. 몇 년 후에, 솔로몬 애쉬는 판단 대상이 모호하지 않을 때에는 어떤 일이 일어날지 궁금해 하였다.[20] 당신이 판단하는 대상이 시각적 착각이 아니라 바로 눈앞에 있는 명확한 실체라면 어떨까? 애쉬는 동조가 상당히 감소할 것으로 보았다.

다음의 상황으로 들어가보자: 당신은 지각 판단에 관한 실험에 자원해서 참가하였다. 당신은 6명의 참가자들과 한 방에 들어간다. 실험자는 당신을 비롯한 참가자 모두에게 하나의 직선(X)과 그 옆에 있는 비교 대상이 될 3개의 선(A, B, C)을 보여주었다. 당신의 과제는 이 3개의 선들 중에서 처음의 직선과 가장 길이가 비슷한 선이 어떤 선인지 판단하는 것이었다. 이것은 너무 쉬운 판단이라는 생각이 들 것이다.

정답은 B라는 것이 당신에게 너무나도 쉽게 보인다. 이제 남은 일은 당신의 차례가 왔을 때, B가 맞다고 말하는 것뿐이다. 그러나 지금은 당신의 차례가 아니다. 당신은 맨 끝에서 두 번째 순서다. 이번에 차례가 온 젊은 참가자는 매우 유심히 선을 보고 나서는 말한다, "A입니다." 당신의 입은 떡 벌어지고, 그를 신기하게 쳐다본다. '어떻게 A라는 답이 나올 수가 있지? 저 사람 좀 모자란 거 아냐?'라고 스스로에게 묻는다. '그는 맹인이거나 미친 사람일 거야.' 이제 두 번째 사람이 응답할 차례이다. 그런데 그도 A를 답으로 골랐다. 당신은 이상한 나라의 앨리스의 기분이 이해되기 시작한다. '어떻게 이럴 수가 있지?'라고 당신은 스스로에게 질문한다. '두 사람 모두 맹인이거나 미친 사람인 건가?' 그러나 그 다음 사람의 차례가 오고, 그 사람 또한 "A"라고 말한다. 당신은 다른 선들을 쳐다본다. "아무래도 나 혼자 미친 것 같아." 하고 혼잣말로 중얼거린다. 마침내 다섯 번째 사람의 차례가 오고, 그 사람 또한 A가 답이라고 판단한다. 마침내 당신의 차례가 왔다. "당연히 A지" 당신은 선언한다. "난 원래부터 A로 알고 있었어."

이것은 애쉬가 실험에서 만들어낸 갈등이다. 어느 정도 짐작했겠지만, 당신의 앞 차례에 있는 사람들은 실험자가 고용한 사람들이었고 실험자에게 틀린 답을 말하도록 지시를 받았다. 지각 판단 자체는 대단히 쉬웠다; 혼자 있는 사람에게 이러한 지각 판단을 요구하면, 그들은 거의 오류를 범하지 않는다. 실제로 이 과제는 매우 쉬웠고, 정답인 선은 너무도 분명하게 보여서 애쉬 스스로도 이 상황에서 집단 압력에 굴복하는 사람은 극소수일 거라고 굳게 믿었다. 그러나 그의 예측은 틀렸다. 대략 4분의 3에 해당하는 참가자들은 동료 학생들이 12번의 판단을 하면서 연속으로 거의 모두 똑같은 오답을 내놓은 현실에 마주치자 적어도 한 번은 틀린 답을 내놓았다. 참가자들이 전반적으로 판단 과제를 하는 동안, 평균적으로 35퍼센트가 틀린 판단에 동조하였다.

애쉬는 이 실험을 20세기 중반에 실시하였다. 결과가 매우 충격적이었음에도 미국의 대학생들이 과거와는 다르다는 논리에 근거하여 애쉬의 발견을 반박하는 것은 상당히 매력적인 도전이었다. 컴퓨터와 인터넷의 출현으로 우리는 훨씬 더 예리해졌으며, 따라서 이러한 종류의 집단 압력에 훨씬 덜 속을 것이라고 생각할 수도 있다 — 그러나 현실은 그렇지 않다. 애쉬의 실험은 여러 해가 지나면서 수차례 성공적으로 재현되었다. 앤소니 프랫카니스Anthony Pratkanis는[21] 공영 방송(실제로 『데이트라인』)에서 보여준 매우 인상적인 공개 실험에서 50년 전 실험을 그대로 재현하였다. 이 복사본 실험의 참가자들 또한 대학생들이었으며, 그들 중 상당수가 자신을 비동조주의자라고 생각하였다. 그리고 결과는 애쉬가 한 실험의 결과와 거의 일치하였다.

그러나 집단에 반하는 경향에는 어느 정도의 문화적 차이도 존재한다. 한 가지 차이점은 대비되는 속담을 통해 쉽게 설명할 수 있다: 미국에서 사람들은 "삐걱거리는 바퀴가 기름칠을 받는다"고 말한다(이는 "말해 봐! 그래야 듣지!"라는 의미이다); 반면에 일본인들은 "튀어나온 못이 가장 먼저 망치를 맞는다"고 말한다(이는 "집단에서 이탈하지 마라"는 의미이다). 애쉬의 실험을 차용한 17개국에서 133번의 실험을 분석한 결과, 론 본드Ron Bond와 피터 스미스Peter Smith는[22] 동조 현상이 (미국과 프랑스와 같은) 개인주의 사회보다는 명백하게 집단의 화합에 가치를 두는 (일본과 중국과 같은) 공동체주의 사회에서 더 강하다는 것을 발견하였다.

그럼에도 불구하고 어디가 되었든 사람이 사는 곳인 이상 집단 압력에 저항하는 것은 매우 어렵고, 비동조의 고통은 표정을 일그러뜨리는 것을 넘어 신경의 활동에도 지장을 준다. 그레고리 번즈Gregory Berns와 동료들은[23] 애쉬의 실험 과정을 재현하면서 기능성 자기 공명 영상법(fMRI)을 통해 참가자들의 신경 활동을 관찰하였다. 이렇게 얻어진 영상을 세밀하게 분석한 결과, 그들은 집단 압력에 저항하는 참가자들의 뇌와 순응하는 참가자들의 뇌 사이의 주요한 차이점을 발견하였다. 집단 압력에 저항하는 사람들은 뇌에서 고통, 두려움, 정서적 불편함과 관련된 부위인 편도체의 활동이 매우 활발하다는 것을 보여주었다. 집단에 반하는 것이 신체적 고통의 신경 신호를 유발한다는 것을 보여준다.[24] 이는 우리가 예전에 본 사회적 거절의 경우와 같다.[25]

우리가 동조하게 되는 많은 상황들과는 달리, 개인성에는 명백한 제약이 없기 때문에, 이 실험들이 만든 상황은 특히 흥미롭다. 비동조에 대한 제재는 일반적인 경우 명백하다. 예를 들면, 필자는 넥타이를 매는 것을 싫어했는데, 드디어 세상이 필자를 따르기 시작하였다 — 요즘에는 넥타이가 필수인 경우가 드물다. 그러나 필자가 젊은 교수였을 때인 1960년대에는 드레스 코드가 더 형식적이었다. 이 말인즉슨 내가 화려한 레스토랑의 저녁 만찬에 넥타이를 안 매고 간다면, 레스토랑의 지배인이 공손하게 (그러나 단호하게) 그들이 제공하는 넥타이를 매지 않으면 어떠한 테이블도 내줄 수 없다고 내게 통보함을 의미한다. 그래서 필자는 넥타이를 매고 레스토랑에서 식사를 하거나, 넥타이를 매지 않고 편안하지만 배고픈 채로 떠날 수 있었다. 이러한 경우에도, 다른 수많은 경우들에서처럼, 비동조의 결과는 부정적일 것이 자명하다. 마찬가지로 재니스Janis는 집단 사고에 대한 자신의 연구에서, 한두 명의 사람이 나서서 집단의 규율을 강화하는 것이 일반적이라는 것을 발견하였다. 재니스가 사용한 명칭을 빌리자면, 자칭 '마인드가드mindguard'는 동조와 합의를 조장한다. 마인드가드는 레스토랑의 지배인과 매우 유사하게 당신이 어울리고 싶다면 집단의 규율에 순응해야만 함을 명확히 한다.

그러나 애쉬의 실험과 샘과 친구들의 사례는 훨씬 상황이 난해하다. 이 상황에는 동조에 대한 보상도, 탈선에 대한 처벌도 없으며, 합의점에서 탈선한 사람들을 괴롭히는 마인드가드도 없다. 여기서 사람들은 자신이 본 사실을 있는 그대로 말하며 보고를 할 뿐이다. 그렇다면 도대체 왜 애쉬의 실험에서 참가자들은 동조를 하였을까?

동조의 모티브: 소속감 vs. 정보의 획득 동조에는 두 가지의 주요한 이유가 있다: 하나는 다른 사람들이 소중한 정보의 원천이기 때문이고, 또 다른 하나는 다른 사람들과 다르다는 것이 불편하고, 동조를 통해 우리가 유사한 점이 많고 사상적으로도 가깝다는 신호를 보냄으로써 집단 내 자기 자신의 위치를 지킬 수 있기 때문이다. 첫 번째 이유

는 '정보'와 관련이 있다: 사람들은 자신을 제외한 모두가 다른 의견에 동의하는 것은 자신의 의견에 뭔가 오류가 있기 때문이라고 확신하게 된다. 다른 하나는 '규율'과 관련이 있다: 사람들은 집단의 주류에 수용되기 위해서 혹은 그들에 반하여 미움을 사지 않기 위해서 내적으로 주류의 최초 판단이 맞다고 믿으며 "군중과 함께 한다." 애쉬의 실험이나 모든 사람이 한 가지 판단을 하는 상황에서, 개인의 행동은 전적으로 배제감을 피하기 위해 집단과 함께 하고자 하는 듯하다. 개인적으로 답하는 것이 허용될 때에는 모두가 '같은 선 찾기'에 대한 자신의 솔직한 의견을 내는데, 이러한 사실은 앞에서 말한 내용의 추론 근거가 된다.

동시에, 우리가 수많은 상황에서 다른 사람의 행동에 동조하는 것은 물리적 현실이 점점 더 불투명해짐에 따라, 더욱 더 "사회적 현실social reality"에 의존하려는 사람들의 성향 때문이기도 하다.[26] 즉, 다른 사람의 행동은 상황이 어떻게 돌아가는지를 안내해 주는 가장 가용성 높은 지침이 된다. 셰리프의 실험에 나온 학생들과 본 장의 처음에 소개한 터버가 회상한 장면이 보여주었듯이, 이러한 경우에 동조는 특히 우리의 의견과 현실 지각을 형성하는 결과를 낳기 쉽다. 즉, 다른 사람이 하고 있으면 틀림없이 맞는 행동인 것이다.

한 예시는 규범과 정보에 관련 있는 두 종류의 동조를 명확히 구별해 준다. 수년 전에, 필자는 처음 가보는 빌딩에 있었는데 갑자기 소변이 마려웠다. 필자는 "화장실"의 위치를 안내하는 화살표를 따라가서 화장실에 들어가는 2개의 문을 발견하였다. 그런데 누군가가 성별 표시를 지워버려서 어디가 남자 화장실이고 어디가 여자 화장실인지 구별할 수가 없었다. 완전히 딜레마였다 — 필자는 여자 화장실에 들어가서 수치스러움을 느끼거나 거기 있던 여자를 수치스럽게 할까봐 (혹은 놀라게 할까봐) 함부로 결정을 내리지 못하고 있었다. 필자가 불안해서 발만 동동 굴리고 있을 때 왼쪽에 있는 문이 열리고 한 남자가 어슬렁거리며 나왔다. 필자는 안도의 한숨과 함께 화장실로 들어갔다. 이처럼 동조가 필요한 정보를 준 것이다.

상당수의 경우에, 다른 사람들은 훌륭한 정보의 원천이 되며, 그에 동조하는 것은 올바름과 소속에 대한 우리의 욕구를 모두 충족해 준다. 어버이날에 부모님께 전화를 드리는 것, 추수감사절에 친구들과 함께 노숙자 보호소에서 봉사하는 것, 시험을 잘 치기 위해서 공부를 열심히 하는 것 등은 모두 사람들이 하고 있는 일이며, 해야 되는 일이다. 그러나 우리는 때때로 애쉬의 실험에 나오는 학생들과 같은 상황에 처할 때가 있다; 올바르고자 하는 욕구와 소속되고자 하는 욕구가 충돌하는 것이다. 당신이 실험의 참가자이고, 처음에는 B가 정답인 것을 알고 있었다면, B가 정답이라고 주장하는 것이 당신의 올바르고자 하는 욕구를 충족시킬 수 있다 — 그러나 이 대답은 동료들의 기대를 위반하며, 동료들에게 이상한 사람으로 비춰지게 할 수도 있다. 반면에, A라는 대답은 당신에게 다른 사람들에 의한 수용을 선물하지만, 그들의 대답이 맞다는 확신이 없다면, 올바르고자 하는 욕구를 위반한다.

이러한 기본적인 갈등 — 올바르고자 함과 집단에 맞추고자 함 사이의 갈등 — 은 우리의 가장 큰 후횟거리들 중 몇 가지의 핵심 요인이다. 매년 조슈아Joshua의 사회 심리학 수업에서, 학생들은 동조로 인한 가장 후회스러운, 시간을 되돌릴 수 있다면 절대로 하지 않았을 행동들을 익명으로 작성한다. 해마다 충격적일 정도로 많은 학생들이 단지 동년배들에게 인정받기 위해 다른 사람을 괴롭히고, 울리고, 수치심을 주었다고 자백한다. 한 학생은 여름 캠프의 어느 날 밤에 "웃기게 생긴 아이"를 무자비하게 울린 경험을 묘사하면서, "내가 이 아이를 망가뜨리고 있다는 것을 알고 있었어요." 하고 적었다. "나는 그가 울음을 참고 있는 것을 들을 수 있었어요. 그는 나에게서 침대 2개 사이의 거리만큼 떨어져서 누워있었어요. 그리고 어둠 속에서 우리가 지은 몽크(몽키의 줄임말)라는 별명으로 부르는 것을 그만해달라고 간청하고 있었어요. 그러나 저는 이를 계속 했고 웃음을 터뜨리기까지 했어요. 나는 여전히 그 소리가 들려요 — 아이들은 킥킥대고 있었고, 나는 그 불쌍한 아이의 인생을 망쳤어요…이 사건과 관련해서 저는 제 자신을 용서할 수가 없어요." 또 다른 학생은 어머니가 돈을 아끼기 위해서 그 당시 8학년들이 추앙하던 아베크롬비 로고가 없는 싼 셔츠를 사주었다는 이유만으로 한 달 동안 어머니와 말을 섞지 않았던 일을 후회하였다. "내가 그것 가지고 어머니를 그렇게나 증오했다는 것이 믿기지가 않아요. 그 사슴 로고가 없다는 것 가지고 저는 어머니를 죽이고 싶었어요." 또 다른 학생은 살인 현장을 목격하고도 경찰에 말하지 않은 것을 후회하였다. "내 이웃들 눈치를 보느라 그 끔찍한 것을 보고도 경찰에 말 못했어요. 그게 우리 사이에 지켜야 하는 규율이었다는 말도 안 되는 이유 때문에 말이죠."

사회 심리학 수강생들이 과거의 동조 기억을 떠올리라는 지시를 받았을 때 말한 내용들을 보았음에도, 우리들 중 대부분은 어떤 사람들은 집단을 기쁘게 하려는 욕구에 동기 부여를 받을지언정 자신은 올바르고자 하는 욕구에 동기 부여를 받는다고 믿는다. 사람들은 전형적으로 사전 지식 없이 애쉬 실험과 같은 동조 실험을 관찰할 때, 자신의 동조 가능성은 낮게 측정하고, 다른 사람들의 동조 가능성은 높게 측정한

다.[27]

우리가 보아왔듯이, 동조는 때때로 규율을 어기는 것에 대한 공포나, 애매모호함을 명확히 하는 정보에 의해서 유발된다. 그러나 이를 구분하기가 항상 쉽지만은 않다. 많은 경우에 동조 행동은 똑같은 형태로 나타난다; 그렇기 때문에, 동조 행동의 이유가 무엇인지를 구분 짓는 핵심 요소는 징벌자의 유무이다.

상상해 보라: 가공의 국가인 프리도니아에서 손님은 식사 후에 집주인에게 잘 먹었다는 의미로 트림을 하는 게 예의이다. 당신은 이를 모른 채, 미국의 외교관들과 함께 프리도니아의 고위 관료의 집을 방문하고 있었다. 식사 후에, 같이 온 외교관들이 트림을 하기 시작했고, 당신도 눈치를 채고 트림을 시작하였다. 외교관들이 당신에게 귀중한 정보를 준 것이다: 트림하는 것이 예의니 이에 동조하라. 그러나 당신이 아까 전의 그 집에 프리도니아의 레슬링 올림픽 팀이라고 소개된 버릇없고 덩치 큰 젊은 남자들과 같이 있었다고 가정해 보자. 이 거인들이 식사 후에 트림을 한다면, 당신은 이를 따라하지 않을 것이다; 아마도 당신은 사람들이 예의가 없어서 그러는 것이라고 생각할 것이다. 그러나 그들이 따라하지 않는다고 눈치를 준다면, 당신은 트림을 할 것이다 — 다만, 이 경우에 당신은 그들이 정보를 제공했기 때문이 아니라 그들의 지저분한 행동을 거부하면 코가 으깨질 것이라는 공포심 때문에 이와 같은 행동을 한 것이다.

적절한 행동에 대한 정보를 얻기 위해 남들을 관찰하면서 일어나는 동조 행위는 집단에 수용되거나 처벌을 받지 않기 위해 하는 동조 행위보다 강력한 경우가 많다. 우리가 다른 사람의 행동을 교본 삼아 우리 자신의 행동을 구상해야 하는 애매모호한 상황에 처할 때 여러 가지 새로운 행동을 습득하고 추후 유사한 상황에 처하게 되면 단서가 없어도 이를 반복한다고 주장할 수 있다. 물론, 우리의 행동이 부적절했거나 올바르지 않았다는 증거가 나중에 발견되지 않는 이상, 이는 문제될 것이 없다. 따라서 이제 당신이 다시 프리도니아 고위 관료의 저녁 식사에 초대받아 갔으며, 이번에는 손님이 당신밖에 없다고 가정해보자. 과연 당신은 식후에 트림을 할 것인가? 말 것인가? 답은 이렇다. 당신이 첫 번째 방문에서 트림을 하였던 이유가 (미국 외교관들과 함께 있었던 상황에서처럼) 이 행동이 적절하다는 깨달음 때문이었다면, 당신은 고위 관료와 혼자 식사를 할 때에도 거침없이 트림을 할 것이다. 그러나 당신이 첫 번째 방문에서 트림을 한 이유가 (레슬링 선수들이랑 식사했던 상황에서처럼) 거절이나 처벌에 대한 두려움 때문이었다면, 당신이 유일한 손님인 상황에서 트림을 별로 하지 않을 것이다.

동조의 증감 요인들

샘은 어떨까? 그는 또래들에 의해 자신이 지지하던 상원 의원 후보가 사기꾼이라고 설득당한 것일까? 아니면 단순히 또래 집단에 수용되기 위하여 이들을 따라간 것일까? 이러한 질문들에 대답하기 위해 동조에 영향을 미치는 요인들을 알아놓는 것이 도움이 되며, 이는 집단 사고를 예방하는 데에도 쓰일 수 있다.

본보기의 지위와 유명세 상황이 어떻게 돌아가는지에 대한 확신이 없을 경우에 우리에게 가장 신뢰를 주는 행위를 하는 사람들에게 동조하는 경향이 강하다. 당신이 무단 횡단을 하는 사람을 보기가 어렵고, 이에 대한 인식이 안 좋은 마을에 살고 있지만, 오늘따라 바쁜 도로를 무단 횡단하여 몇 초라도 시간을 아끼고 싶어 한다고 해보자. 현장 연구로 밝혀진 바에 의하면, 당신은 먼저 무단 횡단을 하는 사람의 옷차림이 좋지 않아 보일 때보다 잘 차려입었을 때 그를 따라 무단 횡단을 하는 경우가 많다.[28]

더 보편적인 수준에서, 유명한 저술가 말콤 글래드웰Malcom Gladwell은[29] 사회의 주요 트렌드는 존경받고 인맥이 넓은 사람들이 적재적소에서 행동할 때 동조와 같은 방식으로 극적이고 갑작스럽게 바뀌는 경우가 많다고 말한다. 비디오가 입소문을 타거나 트렌드가 "대유행"을 하고, 갑자기 어떤 브랜드의 신발이 패션의 필수 아이템이 되는 경우, 그것이 광대한 사회적 네트워크(예를 들면, 수천 명의 인스타그램이나 트위터 팔로워)를 가진 한두 명의 인물에 의한 경우가 많다. 그들이 멋진 패션 아이템을 새롭게 착용하기 시작하면, 다른 사람들은 여기에 이끌려 그 아이템을 갈망하게 되며, 이러한 갈망이 임계 질량, 즉 "티핑 포인트"에 도달하고 이 패션 아이템은 폭발적으로 흥행하여 하나의 트렌드가 된다. 이러한 트렌드를 만드는 영향력 있는 사람이 전문가일 필요는 없다; 그들은 단순히 많은 사람들이 알고 있는 사람이거나, 카다시안 자매들처럼 왜 유명한지 모르겠지만 유명한 사람이어도 된다. 요즘의 유명 인플루언서란 당연히 자신의 트위터이나 소셜 미디어 포스팅으로 다수에게 도달할 수 있는 사람을 말한다. 그리고 이렇게 도달된 사람들도 자신의 네트워크를 통해 리트윗 하거나 리포스팅하기 때문에 그 영향력은 연쇄적으로 확산된다.

다수의 사람들이 무언가를 한다는 것은 나에게도 유용한 정보가 될 가능성이 높다. 식사를 어디서 먹는 게 좋을까? Yelp.com에 로그인하여 수많은 사람들의 추천을 찾아보라. 내가 무엇을 읽는 게 좋을까? 아마존에서 현재 트렌디한 책이 무엇인지 찾아보라. 어떤 푸드 트럭이 최고의 선택지일까? 당연히 줄이 가장 긴 푸드 트럭을 찾으면 된다. 군중의 판단은 — 수많은 서로 모르는 사람들이 'Yelp'에 리뷰를 올리는 것처럼 — 이해관계가 전혀 없는 사람들의 의견이 모여 형성된 것이기 때문에 우리에게 개인적인 추측보다 훨씬 더 거짓 없고 좋은 정보들을 제공해준다.

만장일치 애쉬의 연구와 같이, 대면 상황에서 자신을 제외한 다른 사람들이 모두 같은 의견을 공유하는지는 그 사람의 동조에 큰 영향을 미치는 결정적인 요인이다. 그러나 "다른 사람들"의 수가 몇 명인지는 동조 현상과 큰 관련이 없다. 실제로 "다른 사람들"의 수가 그리 많지 않아도 우리는 최대의 동조를 이끌어낼 수 있다; 사람들은 자신을 제외한 집단 구성원의 수가 3명이든, 16명이든 집단 압력에 동조한다. 중요한 것은 만장일치 여부이다. 만장일치가 깨질 때, 그 집단의 동조 압력은 사라진다. 심지어 수많은 사람들 중에 한 명만 당신과 의견을 같이해도 동조 압력에서 해방될 수 있다; 이러한 상황에서 동조 압력은 급감한다.[31] 실제로 또 다른 '오답'을 내놓은 누군가에 의해 만장일치가 깨질 때에도(집단의 나머지가 A를 말하는데 C를 말하는 누군가가 있어도), 다른 의견을 내놓는 사람이 있다는 사실 자체가 동조를 급격히 감소시키며, 참가자는 B라는 올바른 답을 내놓을 수 있게 된다. 이처럼 집단에 의한 동조를 급감시키는 데는 한 명의 반대자만으로도 충분하다.[32]

공언 집단 압력에 의한 동조 현상은 그 사람에게 처음의 판단을 공언하게 함으로써 감소될 수 있다. 당신이 메이저리그 심판이 되었다고 상상해보라. 1루에서 아슬아슬한 상황이 있었고, 당신은 주자에게 — 5만 명의 팬들이 보는 앞에서 — 아웃을 선언하였다. 그런데 경기가 끝나고 나서, 다른 심판 3명이 다가와서 각자 자신은 그 상황이 세이프를 선언해야 하는 상황이었다고 말한다. 이 때, 당신이 판정을 번복할 가능성은 얼마나 되겠는가? 이를 다른 심판 3명이 각자 세이프를 선언하고 나서 당신이 판정을 선언하는 상황과 비교해보라. 이러한 비교는 모튼 도이치Morton Deutsch와 해롤드 제라드Harold Zerard의[33] 애쉬의 패러다임을 활용한 실험에서 이루어졌다. 그들은 참가자가 자신이 선택한 선에 대한 사전 공언을 내놓지 않은 경우에는 25퍼센트 정도가 다수의 잘못된 판단에 동조하였지만, 다른 "심판들"의 판단을 듣기 전에 공언을 해놓은 경우에는 그들의 새로운 판단에 동조한 참가자는 6%가 채 되지 않았다는 사실을 밝혀내었다.

설명 가능성 당신이 집단 문제 해결 토론에 참여하고 있고, 다른 사람들이 자신들의 결정에 동의하라는 압력을 넣는다고 가정해보자. 이에 더하여 당신은 이 토론이 끝나는 시점에 다른 사람들에게 자기 의견을 합리화하여야 한다는 것을 알고 있었다. 이 같은 사실이 당신의 생각에 어떠한 영향을 미칠까? 이제까지의 연구는 대부분의 조건에서 이러한 설명 가능성이 당신의 동조 경향을 증가시킨다는 것을 보여준다.[34]

그러나 가능한 한 올바른 답을 찾는 것이 중요하다는 또 다른 지시 사항을 전달받았다면 어떨까? 이 질문에 대답하기 위해, 앤드류 퀸Andrew Quinn과 배리 슐렌커Barry Schlenker는[35] 사람들을 데리고 틀린 결정에의 동조 현상을 일으키는 과정을 수행해 보았다. 실험에서 동조와 관련된 과정이 시작되기 전에, 실험자들은 2가지 작업을 하였다: (1) 그들은 참가자들 절반에게는 가능한 한 올바른 답을 고르라고 하였고, 나머지 절반에게는 가능한 한 협력하라고 하였다. 그리고 (2) 실험자들은 각 집단을 또다시 절반으로 나누어 한 쪽에는 결정을 내리고 나서 자신의 결정에 대한 이유를 설명할 것을 지시하였다. 가장 큰 독립성을 보여주고, 올바른 답을 가장 많이 한 사람들은 올바른 답을 중시하며, 후에 자신이 동조에 저항하여 그 답을 고른 이유를 설명하라는 지시를 받은 사람들이었다. 그들은 올바른 답을 중시하지만, 설명하라는 지시를 받지 않았던 사람들보다도 더 독립적이었다. 이러한 결과는 대다수의 사람들이 — 동조하는 멍청한 결정에 대한 책임을 의식하지 않는 한 — 함께 하기 위해서 같이 간다는 것을 시사한다.

자존감과 안전성 자존감이 낮은 사람들은 일반적으로 높은 사람들에 비해 집단 압력에 더 많이 동조하는 경향이 있다.[36] 그들이 지금 하고 있는 작업(선의 길이를 판단하는 것 등)에 대해서 별다른 재능이 없다고 믿게 되면, 이러한 동조 경향은 더 심해진다. 그러나 그 작업을 이전에 성공한 적이 있다면 — 따라서 자신의 능력에 안정을 느낀다면 — 생전 경험하지 않은 채 작업 상황을 맞이하는 사람들보다 동조하는 경향이 낮아진다[37]

유사하게, 우리가 속하게 된 집단 안에서 안정을 느끼는 정도는 그 집단의 규율에서 자유롭게 이탈할 수 있는 정도를 결정한다. 같이 토론을 본 친구들이 자신을 좋아하고 수용한다는 것을 확신하였다면, 우리의 친구 샘은 그렇지 않은 경우보다 반대의 목소리를 냈을 가능성이 더 높았을 것이다. 이 현상을 증명하기 위해 제임스 디티스James Dittes와 해롤드 켈리Harold Kelly는[38] 대학생들을 선발하여 명문 집단에 들여보내고, 후에 집단 구성원들은 실력에 따라 언제든지 참가자들을 강제로 탈퇴시킬 수 있다고 공지하였다. 그러고 나서 그 집단은 소년 비행에 대해 토론을 하였다. 주기적으로 토론은 중단되었고, 그때마다 각 집단 구성원은 다른 집단 구성원들의 가치를 평가하라는 지시를 받았다. 토론 후에, 각 멤버는 다른 사람들이 자신을 어떻게 평가하였는지를 보게 되었다; 그러나 사실 멤버들이 받은 피드백은 사전에 준비된 가짜 피드백이었다. 이 피드백에 의해서, 몇몇 집단 구성원들은 많은 사람들이 자신을 좋아하고 수용한다고 믿게 되었고, 다른 집단 구성원들은 자신이 엄청 인기가 없다고 믿게 되었다. 각 집단 구성원의 동조 수준은 피드백 이후의 토론에서 보여준 의견들과 간단한 지각 과제를 수행하는 동안 집단 압력에의 취약성으로 측정되었다. 어느 정도 수용되고 있다고 느끼게 된 사람들은 완전히 수용되고 있음을 느끼게 된 사람들보다 다른 집단 구성원들이 설정한 규율에 더 동조하는 경향이 강하였다. 이처럼 우리는 일단 집단 내에서 안전한 위치를 확보한 후에는 긴장을 풀고, 자신의 의견을 더 자유롭게 말하게 된다.

나이 우리가 본 바와 같이, 심지어 어린 아이들도 동년배들의 행동에 반사적으로 동조한다. 이것은 우리가 화법과 말할 때 악센트 등의 수많은 것들을 배우는 방식이기도 하다.[39] 그러나 동조 압력은 10세에서 25세 사이의 젊은 층에서 가장 강하게 나타난다. 그 시점까지 뇌의 자기 통제 시스템들 — 미래에 대한 계획, 사고, 위험 판단, 충동 억제와 같은 — 은 여전히 발달하고 있는 중이다. 먼 옛날부터 성인들이 관찰한 청소년들의 특징은 사실인 것으로 드러난다: 10대들은 자기가 속해있는 집단의 특성에 따라 매우 다른 사람이 된다 — 잘못된 길로 빠지거나 건강한 성인으로 자란다. 성인 운전자들에 비해, 10대 운전자들은 승객을 태우고 운전할 때의 사고 발생 가능성이 세 배 이상 높다.[40] 로렌스 스테인버그Laurence Steinberg와 동료들은[41] 젊은 성인들이 동년배와 함께 있을 때 위험한 행동 — 빨간불일 때 달리기, 약물과 알코올 복용, 절도 등 — 을 "위험하다"보다는 "재미있다"로 해석하는 경향이 강하다는 사실을 발견하였다. 뇌 속의 쾌락 중추들은 동년배가 있을 때 활성화된다. 자기 통제를 담당하는 전전두피질이 완전히 성장하지 않은 상태이기 때문에, 젊은 사람들은 위험하고 어리석은 행동을 하는 경향이 더 심하다. 10대의 폭력 문제에 대한 전문가의 말을 빌리자면, "현실에서 가장 멍청한 생명체는 동료들과 함께 있는 10대 소년이다."[42] 그러나 10대 소녀들도 그리 다르지는 않은 듯하다. 애비게일 베어드Abigail Baird는[43] 친구들 사이에서 인기 있는 10대 소녀 한 명이 의견을 제시하면, 친구들은 스스로 그녀의 입장 — 미친 의견이라도 — 에 동의하기 쉽다는 사실을 발견하였다. 한 연구에서, 10대 소녀들은 백상아리가 출몰한 적 있는 바다에 수영하러 가는 것이 좋은 생각이냐는 질문을 받았다. 개인적으로 질문을 받았을 때, 이 소녀들 모두는 그들의 생각 — 바다에 들어갈 수 없다 — 을 매우 완고히 고수하였다. 그러나 베어드가 집단에서 가장 힘 있는 소녀에게 이 행동이 재밌는 모험이지 않겠느냐고 말하라고 시켰을 때에는 다른 소녀들도 그녀의 말에 동의하면서 상어와 함께 수영하는 행위에 대한 합리적 근거를 만들기 시작하였다.

집단의 특성 집단에 (1) 전문가로 지각되는 사람이 속해 있거나 (2) 집단 구성원들의 사회적 지위가 높거나 (예를 들어, 고등학교로 치면 인기 많은 아이들이거나) (3) 집단 구성원들이 나이, 직업, 정치적 이념, 인종, 민족성과 같은 유의미한 공통분모를 가질 때 동조를 더 효과적으로 유발할 수 있다. 따라서 샘이 자신의 친구들을 정치와 인간성 판단 분야의 전문가라고 생각했다면 친구들의 압력에 더 강하게 동조하였을 것이다. 샘은 친구들이 높은 지위를 가지고 있고 그들이 속한 집단의 일부가 되고 싶어 했다면 그들의 의견을 더 잘 따라갔을 것이다. 그는 10살짜리 아이 집단, 건설 노동자 집단, 혹은 포르투갈의 생화학자 집단보다는 자신의 동급생들에게 더 강하게 동조하였을 것이다. 마지막으로, 그는 다양한 인종이 있는 집단보다는 하나의 인종만 있는 집단에 있을 때 더 강하게 동조하였을 것이다. 백인 남자 대학생들이 애쉬의 실험과 같이 자신을 제외한 세 명이 만장일치의 (그러나 오류가 있는) 판단을 하는 상황에 노출되었을 때, 그들은 그 세 사람 중에 다른 인종이 있을 때보다 모두가 백인 남성일 때 강하게 동조하였다. 우리는 이러한 발견에서 오는 실용적인 혜택도 기대할 수 있다: 즉, 인종의 다양성은 집단 사고의 억제책이 될 수 있다.[44]

우리가 속해있는 집단 — **준거 집단**reference group — 은 우리의 정체성과 행동을 반영하고 조형한다. 사람들은 준거 집단을 바꾸면서 그 집단에 동조하기 위해 자신의 행동과 태도도 바꾸는 경우가 많다. 예를 들어, 새로운 학교로 전학을 가거나 학교 내의 새로운 친구 집단을 발견한 학생들은 자신이 가입한 집단의 성격을 따라가는 경우가 많다; 그들의 학구열과 학업 성취도는 새로운 친구들에게 동조함에 따라 오르기도 하고, 내리기도 한다. "그들이 열심히 한다고? 나도 열심히 해야지." "그들이 학교 공부가 지루하고 가치 없다고 생각한다고? 나도 동의해."[45] 마찬가지로, 대학교에 가게 되면서 정치적으로 보수적인 집안에서 훨씬 더 자유로운 환경으로 이사를 간 학생들도 집안의 보수적인 준거 집단과 밀접한 관계를 유지하지 않는 한, 훨씬 더 자유로운 태도를 지니게 된다.[46]

크리스티안 크랜달Christian Crandall은[47] 두 대학 여성 클럽 회원들의 몸매나 식사 패턴을 연구하면서 집단 동조의 특히 치명적인 효과를 발견하였다. 각 클럽은 이상적이라 생각하는 몸매상이 달랐고, 거하게 먹고 거하게 배설하는 것이 이상적인 몸매 유지의 바람직한 방법인지에 관해서도 입장이 갈렸다. 클럽의 힘 있는 준거 집단은 집단 구성원들에게 "올바른" 몸매를 가져야 하며(날씬해야 하며), 올바른 행동을 해야 한다(거하게 잘 먹어야 한다)는 압력을 넣었다. 회원들이 집단에서 생각하는 이상적인 몸매와 행동을 위해서 자신을 맞춰 나갈수록, 그들의 인기는 상승하였다. 따라서 회원들 모두가 날씬해야만 하지만 또 많이 먹어야만 한다고 생각하는 여성 클럽에서는 거하게 먹고 거하게 배설함으로써 더 많은 인기를 얻을 수 있을 것이다.

사회적 규범들

동조에 관한 이상의 논의는 사람들이 타인의 행동을 관찰하면서 주어진 상황이나 공동체에서 사회적으로 적절한 행동이 무엇인지에 대한 자신만의 생각을 형성한다는 사실을 강하게 시사한다. 이렇게 지각된 신념과 행동에 대한 규범의 위력은 그 규범을 보편적이라고 지각하는 정도와 그들이 그 상황이나 공동체를 생각하는 정도에 따라 달라진다. 규범은 단순히 **기술적**descriptive이며, '이러한 상황에서는 대부분의 사람들이 이렇게 하더라'는 지식을 반영할 수도 있다. 또 어떤 규범은 **명령적**

injunctive이며, 주로 흡연 금지, 핸드폰 사용 금지, 쓰레기 버리기 금지와 같이 명시된 지시 사항을 통해 무엇을 해야만 하는지를 구체화한다.

기관에서는 많은 노력을 들이지 않고서도 빈번하게 규범을 만들기를 원한다. 수년 전에, 주기적으로 발생하는 캘리포니아의 가뭄 동안 필자가 재직 중이던 대학 체육관을 이용하는 학생들 중 6퍼센트만이 샤워 시간을 줄이라는 학교 측의 요구에 따랐다. 과거에 필자는 "위선 패러다임"을 활용하여 사람들의 물 소비량을 줄인 사례에 대해 서술한 바 있다. 필자와 필자의 수강생들은[48] 이번에는 학생들에게 자신의 동료 학생들이 샤워 시간을 줄이고 있다는 것을 믿도록 유도함으로써 그들도 샤워 시간을 줄이게 하는 것을 목적으로 간단한 현장 실험을 수행하였다. 우리는 역할 모델과 관찰자가 되어 우리를 도와줄 소수의 남학생들을 모집하였다. 학생들이 불이익이나 처벌에 대한 두려움으로 지시를 따르는 것을 원치 않았기 때문에, 다음과 같이 실험을 설계하였다: 역할 모델을 맡은 학생이 대학 체육관의 샤워실이 비었을 때 들어가서, 맨 끝 자리에서 입구를 등지고 몸을 돌려 샤워를 하였다. 그는 누군가가 들어오는 소리를 듣자마자 근처에 게시된 요구 사항에 따라 샤워기를 끄고, 몸에 비누칠을 하고, 짧은 시간에 물로 헹구었다. 그러고 나서 그는 들어온 학생에게는 아무런 시선도 주지 않고 샤워실을 떠났다. 그가 떠나고, 또 다른 학생(관찰자)은 샤워실에 들어와서 우리의 관찰 대상이 비누칠을 할 때 샤워기를 끔으로써 선례를 따르는지를 기록하였다. 우리는 학생들의 49퍼센트가 이를 따르고, 두 명의 학생들이 동시에 적절한 행동을 하는 모델이 되었을 때에는 이 수치가 67퍼센트까지 올라간다는 것을 발견하였다! 따라서 애매모호한 순간에서도 다른 사람들은 행동을 통해 "대부분의 사람들"이 이 상황에서는 이렇게 한다는 메시지를 던짐으로써 그들이 하는 행동을 따르게 할 수 있다.

쓰레기 버리기와 관련된 규범을 보자. 가령, 당신이 지역 도서관의 주차장에 세워둔 차로 갔는데, 누군가가 보기도 싫은 전단지를 자동차 유리의 와이퍼 밑에 끼워놓은 것을 발견하였다. 그래서 당신은 이를 제거하며 아무런 생각도 없이 전단지를 구겼다. 여기서부터가 중요한 질문이다: 당신은 구겨진 전단지를 던져버리겠는가? 이를 주머니에 넣고 다니다가 나중에 쓰레기통에 버리겠는가? 그 답은 이렇다: 그것은 당신이 남들은 이러한 상황에서 어떻게 하는지에 대해서 어떻게 생각하느냐에 상당 부분 달려있다. 한 현장 연구에서, 로버트 치알디니Robert Cialdini와 그의 동료들은[49] 수많은 자동차의 와이퍼 밑에 전단지를 끼워놓고 기다렸다가 사람들이 자기 차로 돌아와서 어떻게 행동하는지를 관찰하였다. 때때로, 동료 실험자 한 명은 도서관을 떠나는 길에 그들을 지나치면서 허리를 굽혀 거리에 버려진 패스트푸드 포장지들을 주워서 쓰레기통에 버렸다. 통제 조건에서는, 땅에 아무런 패스트푸드 포장지도 없었다; 그래서 동료 실험자도 자기 차로 가고 있는 사람들을 지나쳐 가기만 하였다. 이 상황에서, 자기 차로 가서 전단지를 발견한 사람들은 37퍼센트가 이를 그 자리에 버렸다. 반면, 주변에 패스트푸드 포장지를 줍는 역할 모델이 있을 때에는 7퍼센트만이 전단지를 그 자리에 버렸다.

이어진 실험에서,[50] 연구자들은 역할 모델을 제거하고, 그 대신에 주차장의 환경 — 땅바닥에 전단지들을 여러 장 버려놓거나, 전단지를 한 장만 버려놓거나 전단지 없이 완전히 깨끗한 상태로 유지하면서 — 을 조작하였다. 어떤 상황에서 사람들은 쓰레기를 버리는 경우가 가장 적었을까? 땅바닥이 전단지로 덮여 있을 때에는, 대부분의 차 주인들이 단순히 선례를 따라하였다 — 아마도 그들은 "어차피 아무도 주차장의 청결에 대해서 신경 안 쓰는데 나라고 왜 신경 써야 하지?"라고 생각하였을 것이다. 그러나 땅바닥에 한 장의 전단지만 있을 때에는 주차장이 완전히 깨끗했을 때보다 더 적은 사람들이 쓰레기로 버렸다. 왜 이런 현상이 일어났을까? 이는 이 한 장의 구겨진 종이가 우리에게 쓰레기를 버리면 안 된다는 명령적인 규범을 상기시킨 결과이다 — 그리고 이는 우리에게 대부분의 사람들이 이 규범을 잘 따라서 이 주차장이 깨끗하다는 것을 보여준다. 주차장에 아예 쓰레기가 없었다면, 대부분의 사람들은 이 규범에 대해서 생각조차 하지 않았을 것이고, 이는 무의식적으로 쓰레기를 버리는 행동으로 이어졌을 것이다.

다른 실험 설정에서, 케이스 케이저Kees Keizer와 그의 동료들은[51] 이 추론에서 한 발짝 더 나아가 상황 속의 단서들이 대부분 사람들이 규칙을 준수하지 않고 있음을 암시할 때, 그릇되고 규범에 위배되는 행동들이 나타날 가능성이 높음을 보여주었다. 케이저의 팀은 큰 봉투 하나를 네덜란드의 도심에 있는 우체통에 일부가 삐져나오게 넣어놓아, 누군가가 급하게 — 그리고 성공적이지 못하게 — 편지를 보내려 한 것처럼 만들었다. 그리고 봉투의 주소 칸을 통해 5유로짜리 지폐가 보였다. 이를 본 행인들은 이 봉투를 우체통 안으로 집어넣었을까? 또는 돈만 가져갔을까? 그 대답은 실험자가 중요한 세부 사항을 어떻게 설정하느냐에 따라 달랐다: 한 조건에서는 우체통에 낙서가 그려져 있었고, 주변에는 쓰레기들이 흩뿌려져 있었다; 또 두 번째 조건에서는 우체통과 그 주변이 깨끗하였다. 우체통과 주변이 깨끗한 상황에서는 13퍼센트의 행인들만이 봉투를 훔쳐갔다. 반면, 우체통과 그 주변이 낙서와 쓰레기로 뒤덮여 있을 때, 27퍼센트의 행인들이 봉투를 훔쳐갔다. (여전히 낮은 수치긴 하지만, 그 무대가 네덜란드임을 명심하자!) 당신은 이 실험의 구성이 "깨진 창문

이론"에 관한 것임을 눈치챘을지도 모른다. 이 이론에 의하면 사람들이 해당되는 공간을 관리하지 않는다는 느낌을 주는 상황에서는 방문하는 다른 사람들도 그릇된 행동을 한다.[52] 사람들은 스스로에게 다음과 같이 말하는 듯하다: "오, 이런. 다른 사람들이 무책임하게 행동하였다면, 나도 그래도 되겠지."

요약하자면, 사람들은 다른 사람들에게서 단서를 찾고, 일반적으로 자신이 속해있는 집단의 규범에서 이탈할 때 불편함을 느끼며, 특히 자신이 그 집단에 가치를 두고 동화되고자 한다면 그 불편함은 심해진다. (애쉬의 실험 상황과 같은) 많은 상황에서, (모두가 A선이 더 길다고 생각한다와 같은) 규범들은 잘 정립되어 있다. 이와 다른 상황들에서, 사람들은 규범에 대한 지식이 없어서 다른 사람의 행동에서 이를 추론해야 한다. 이는 샤워실의 동료가, 쓰레기를 줍는 사람이, 낙서의 존재가 다른 사람의 행동에 영향을 미칠 수 있었던 이유를 설명하기도 한다. 수많은 연구자들은 규범의 힘을 이용하여 사람들의 행동을 변화시키고 때때로는 극적인 성공을 거두기도 하였다. 예를 들어, 호텔 방에 있는 화장실 수건의 재사용을 독려하는 문구도 "대부분의 다른 고객들은 타월을 재사용한다."고 명시하였을 때 더 큰 효과를 거두었다.[53] 국립 공원에서도 땔감으로 마른 나무를 가져가지 말라는 규칙을 위반하는 사람은 극소수라는 사실을 등산객들에게 공지하자, 그 효과는 단순히 나무를 가져가지 말라는 표지판보다 훨씬 커서 사고를 상당히 많이 줄였다.[54]

동조자의 또 다른 형태 - 방관자

동조하고자 하는 경향은 누군가가 우리의 도움을 필요로 할 때에 도움을 주려는 행동을 막을 수도 있다. 1964년에, 『뉴욕 타임스』는 사회 심리학 연구에 엄청난 유산을 남긴 충격적인 기사를 보도하였다. 그 기사의 내용은 키티 제노비스라는 이름의 한 여성이 뉴욕의 퀸즈 타운에 있는 그녀의 집 근처에서 칼에 찔려 죽었다는 것이었다. 이것은 분명 비극적인 일이다. 그러나 오늘날의 뉴욕보다 범죄율이 훨씬 높았던 그 당시 뉴요커들한테 사람이 살해당했다는 것은 그렇게 큰 기삿거리가 아니었다. 이 제노비스 사건이 특종인 점은, 그 당시의 보도에 따르면, 38명의 이웃들이 새벽 3시에 그녀의 비명 소리에 자기 집의 창가로 가서 살인마가 그녀를 무자비하게 살해하는 30분 동안 창가에서 멍하니 보고만 있었다는 것이었다. 『뉴욕 타임스』는 어느 누구도 그녀를 도와주러 나오지 않았다고 주장하였다; 그리고 너무도 늦어버린 시점이 될 때까지 경찰에 신고한 사람도 없었다고 주장하였다.[55]

이 이야기는 자극적인 헤드라인을 만들기 위해 과장되었던 것으로 밝혀졌지만,[56] 그럼에도 많은 사람들에게 범죄와 사회적 단절에 대한 엄청난 공포를 불러일으켰으며, 도시에 사는 사람들의 무관심에 대한 수많은 비관론과 절망을 낳았다. 그들에게 도대체 무엇이 잘못되었을까? 왜 사람들은 불행에 처한 이웃에게 등을 돌리고만 있었을까? 아마도 구경꾼들은 피곤해서 멍하니 있었나보다. 사람들은 새벽 3시에는 자신의 정신을 완전히 통제하지 못한다. 어쩌면 그럴 수도 있다. 하지만 중국 포산에서 두 살짜리 소녀가 두 개의 승합차에 치였을 때, 그 시간대는 한창 낮이었다. 그 다음 7분 동안 12명이 넘는 사람들이 감정 없는 보안 카메라에 기록되었지만, 이들 모두는 그녀를 지나쳐 걸어가거나 자전거를 몰았고 그녀를 도와준 사람은 아무도 없었다. 결국 한 여자가 이 어린 소녀를 도로가 쪽으로 끌어당겨 병원으로 데려갔지만, 소녀는 결국 얼마 안 있어 죽고 말았다. 왜 이 방관자들은 그녀를 도와주기 위해서 달려오지 않았을까? 우선 제노비스 살인 사건의 방관자들을 대상으로 수행한 인터뷰로 이들이 무심하기만 했던 것은 아니었음이 밝혀졌다 — 그들도 무서워하고 있었다. 겉보기에는 아무 반응이 없었지만, 실제로는 무관심 이상의 무언가가 있었던 것이다.

제노비스 살인 사건은 모르는 사람이 곤란을 겪고 있을 때 우리가 개입하기가 어려운 이유들을 파악하고자 하는 광범위한 연구의 시작점이 되었다. 한 가지 이유는 문화적 규범이다.[57] 당신이 세계를 여행하면서 펜을 떨어뜨리거나, 꾀병을 부리거나, 눈이 안 보이는 척을 하면, 미국보다는 함께 살아가는 것에 가치를 두는 라틴 계열의 나라에서 도움을 받을 수 있을 것이다. 당신은 또한 생활의 템포가 느리고 행인들이 거리에 별로 없는 곳에서는 도움을 받을 가능성이 높다. 로버트 레빈Robert Levine에 의해 주도된 연구는[58] 뉴욕과 같이 사람들이 빨리 걷고, 주의가 산만한 크고 붐비는 대도시에서 도움의 손길을 받기가 가장 힘들다는 것을 발견하였다; 그들은 당신의 곤란에 반응하기에 앞서, 당신이 곤란에 처해있다는 여부를 먼저 알아차려야 한다.

개입이 어려운 두 번째 이유는 사람들이 누군가가 곤란에 처해있다는 것을 안다고 하여도 그 상황의 급박함을 파악하지 못한다는 것이다. 존 달리John Darley, 비브 라타네Bibb Latané과 동료들은[59] 많은 사람들이 곤란에 처한 사람을 보고 있는 경우는 차라리 한두 사람이 볼 때보다 오히려 도움을 받지 못한다는 가설을 세웠다. 그들이 개입하지 않는 것은 다른 사람들이 합리성과 적절성을 가지고 '도와주어야 하는지 그렇지 않은지'에 대해 내리는 판단에 동조하는 행동이기 때문이다. 지금 이 순간 어떤 일이 벌어지고 있는지에 대해 생각하고 느끼는 적절한 방법은 무엇일까? 우리가 보아왔듯이, 다른 사람들이 하는 행동이 가장 명확한 지침이 된다.

가령 당신이 다리를 다치는 바람에 붐비는 도로에 누워있는 여자와 눈이 마주친다고 하자. 그녀는 분명 고통스러워하고 있다. 그것 말고 당신은 무엇을 보고 있는가? 당신은 수십 명의 사람들이 부상당한 그녀를 지나쳐 가고, 그저 힐끔 보고는 자신의 길을 계속 가는 것을 목격한다. 이때 당신은 이 상황을 어떻게 정의할 수 있을까? 당신은 자신이 개입할 문제가 아니라고 결론을 내릴 수 있다. 아마도 이건 심각한 문제는 아니다; 아마도 그녀는 술에 취했을 수도 있다; 아마도 이 모든 것은 리얼리티 쇼 촬영일 수도 있다… "결국" 당신은 스스로에게 말한다. "그녀가 진짜 곤란에 처해있다면 자기 폰으로 구급차를 부르겠지." 아니면 "다른 사람이 도와주겠지. 설마 이 많은 사람들 중에서 도와주는 사람이 한 명도 없겠어?" 따라서 우리는 수많은 다른 사람들의 존재가 누군가의 도움 가능성을 높이기보다는 오히려 누구라도 도와줄 가능성을 감소시킨다고 예측할 수도 있다.

이는 흥미로운 추측이다. 그러나 이것이 진실일까? 이를 밝혀내기 위해, 비브 라테인과 주디스 로딘Judith Rodin는[60] 곤란에 처한 여성 주변을 무대로 설정해서 실험을 수행하였다. 실험 장면에서는 한 젊은 여성이 120명의 남학생들에게 설문지에 답할 것을 지시하였다. 그러고 나서 그녀는 학생들의 응답이 완료될 즈음에 다시 돌아오겠다고 말하며 옆방으로 퇴장한다. 몇 분 후에, 그녀는 사고가 난 것처럼 연기를 한다. 학생들은 (숨겨진 장소에 설치된 녹음테이프에서 나오는) 젊은 여성이 의자 위로 올라갔다가 의자가 넘어져서 땅바닥에 떨어지는 상황이 연상되는 시끄러운 비명 소리와 충격음을 듣는다. 그러고 나서 그들은 신음 소리와 울음소리와 함께 다음과 같은 고통에 찬 문장을 듣게 된다. “오 이럴 수가, 발이 안 움직여. 아…무릎 위에 있는 물건을 치울 수가 없어.” 이 울음소리는 1분가량 지속되고 서서히 작아진다.

이 실험에서 해결하고자 하는 질문은 남학생 참가자들이 여성에게 도움을 주러 가는지 여부에 관한 것이었다. 이 실험에서의 주요 변인은 젊은 남학생들이 방 안에 혼자 있는지 여부였다. 혼자 있었던 경우에는 70퍼센트가 그녀에게 도움을 제공하였다; 낯선 사람과 함께 있었던 경우에는 20퍼센트만이 도움을 제공하였다. 따라서 단순하게 다른 방관자가 함께 있다는 사실 자체가 행동을 억제한다는 결론에 도달할 수가 있는데, 이를 **방관자 효과**bystander effect라고 한다. 사후 인터뷰에서, 다른 사람과 있었고 도움을 주지 않았던 참가자들은 그 사고가 심각하지 않았다는 결론을 내렸고, 이는 적어도 부분적으로는 같이 있던 사람들이 보여준 태연함 때문이었다고 말하였다.

방관자로 개입을 하지 않은 또 다른 이유는 동조를 제외하면 **책임감의 분산**diffusion of responsibility이다: 사건의 심각성을 정말로 안다 하더라도, 다른 목격자들이 있다는 자각은 각 개인이 느끼는 책임감을 분산시킨다. 이 아이디어를 검증하기 위해, 달리와 라테인은 사람들이 별개의 방에 있지만 송화기와 이어폰을 통해 서로 소통할 수 있는 상황을 설계하였다. 그들은 서로의 목소리를 들을 수는 있었지만 볼 수는 없었다. 실험자들은 참가자들 중 한 명의 간질성 발작 소리의 녹음본을 재생하였다. 한 실험 조건에서, 각각의 피험자는 자신이 발작 소리를 들은 유일한 사람이라고 믿게 유도되었다; 다른 실험 조건에서, 각 피험자들은 두 명 이상의 사람들이 이를 듣고 있다고 믿게 유도되었다. 자신이 소리를 들은 유일한 사람이라고 믿었던 참가자들은 다른 사람들도 소리를 들었다고 생각했던 참가자들에 비해 자신의 방을 나와서 환자를 도와주러 가는 경우가 훨씬 많았다. 소리를 들은 사람의 수가 많아질수록, 개인적인 책임감은 그들 사이에서 분산돼 버리고, 도움을 주는 경우의 수는 감소하였다.

존 달리와 다니엘 바스톤Daniel Baston이[62] 설명한 바에 따르면, 사소해 보이기는 하지만, 모르는 사람을 돕는 행동에 영향을 미치는 데는 또 다른 요인들도 있다. 그들은 프린스턴 신학 대학의 학생들의 도움을 얻어 표면적으로는 발표를 녹음하였다. 실험에 참가하는 학생은 각자의 방에서 자신의 발표를 연습하였다; 그러고 나서 각자는 발표를 녹음할 장소인 다른 빌딩으로 가라는 지시를 받았다. 이 시점에서, 학생들 중 일부는 그들이 약속 시간에 늦어서 시간이 촉박하다는 말을 들었다. 또 다른 일부의 학생들은 시간이 딱 적절하다는 말을 들었고, 나머지 학생들은 시간에 여유가 있다는 말을 들었다. 학생들은 녹음 장소가 있는 다른 빌딩으로 가는 길에 건물 입구에 쓰러진 것처럼 보이는 환자와 마주친다. 쓰러진 환자는 머리를 숙이고 눈을 감은 채, 가볍게 기침을 하고 있었다. 시간이 여유가 있는 미래의 성직자들은 절반 이상이 걸음을 멈추고 환자를 도와주었지만, 약속 시간에 늦었다고 생각했던 학생들은 10퍼센트만이 환자를 도와주었다 — 심지어 발표해야 할 내용 중에는 성경에 나오는 착한 사마리아인 이야기도 있었다! 여기서 살펴본 것처럼 학생들은 시간이 급박해서 지각을 할 수 있다는 두려움과 발표 과제에 정신이 너무 팔린 나머지 그 상황에서 개입이 긴급하게 필요하다는 판단을 하지 못했다.

사람들은 남의 일에 개입하지 않는 것을 편안하게 생각한다는 사실은 인간성의 다소 어두운 면을 보여준다. 그러나 이 단면이 모든 상황을 대표하지는 않는다. 필자와 가족들은 수년 전 요세미티 국립 공원에서 캠핑을 하다가 한 남자의 비명 소리를 들었다. 우리 텐트 안의 누구도 이 비명이 고통의 비명인지, 놀라움의 비명인지, 혹은 즐거움의 환호성인지 확실히 파악할 수 없었다. 따라서 우리의 유추는 아마도 누군가가 말을 타고 돌아다니는 것이 아닐까? 아마도 동료 야영객이 곰에게 공격을 당하고 있는 것은 아닐까? 그런데 우리가 텐트를 나와서 본 풍경은 놀라웠다. 사방에서 수많은 깜빡이는 빛들이 한 곳으로 모이고 있었다. 수십 명의 사람들이 랜턴과 플래시라이트를 가지고 비명을 지른 남자에게 도움을 주러 달려가고 있었다. 나중에 그 비명 소리는 그다지 위험하지 않은 난로에서 튀는 불꽃 때문이었던 것으로 밝혀졌다. 뛰어 나온 많은 사람들은 그들이 생각한 이 사고가 자신이 도와줄 필요가 없는 일이었다는 것을 알고 거의 실망하다시피 하였다. 그들은 자신의 텐트로 터덜터덜 걸어 돌아갔으며, 필자도 돌아오자마자 누워 잠을 청하였다.

그날 밤 필자는 방금 일어났던 일과 방관자 효과가 가진 상호 모순으로 혼란스러워 잠을 이루지 못하였다. 캠핑장의 사람들의 행동은 왜 이리도 달랐을까? 캠핑장의 상황은 어떤 점이 달랐을까? 캠핑장의 상황에는 이전에 언급된 상황에는 없었거나 있었더라도 매우 적었던 요인이 적어도 두 가지가 있었다. 하나는 내가 쓴 "동료 야영객"이라는 말에서 알 수 있다. 구체적으로 말하자면, 같은 관심사, 기쁨, 역경을 공유하거나 캠핑장과 같은 폐쇄된 환경을 함께 쓰는 사람들 사이에서는 "공동 운명" 혹은 상호 관계의 감정이 발생하며, 그 감정의 강도 또한 단순히 같은 나라, 군, 도시에 사는 사람들로서 느끼는 것보다 더 강하다. 두 번째 요인은 상황이 대면을 피할 수 없다는 것이다: 사람들은 큰 도시에서 곤란에 처한 사람은 지나칠 수 있다; 달리-라테인의 실험 참가자들은 사고 피해자와 대면을 할 수가 없었고, 짧은 시간 내에 그 상황에서 빠져나갈 수 있다는 것을 알고 있었다. 캠핑장에서 우리 모두는 같은 공간을 공유하고 있었다; 캠핑장 내의 야영객들은 그날 밤 무슨 일이 일어나든 다음날 아침에는 직접 대면해야 한다. 이와 같이 대면이 필수적인 상황에서는 사람들이 서로에 대해 더 적극적으로 책임지려는 듯하다. 물론 이것은 필자의 가설일 뿐이다. 요세미티 캠핑장의 야영객들이 보여준 적극적인 도움의 손길은 통제된 실험의 일부가 아니기 때문에, 이것만으로는 단정적인 결론을 도출하기 어렵다. 이러한 관찰에서 얻은 데이터의 주요 문제 중 하나는 관찰자가 그 상황에 있는 사람들을 통제할 수 없다는 것이다. 캠핑장 야영객이 선천적 혹은 후천적으로 도시 거주자에 비해 친절하고, 신사적이고, 사려 깊으며, 인간적일 수 있다. 어쩌면 그들은 보이스카우트나 걸스카우트 출신 — 그래서 캠핑을 즐기며 — 이고 스카우트의 교육 과정에서 다른 사람들을 도우면서 살라는 교육을 받았을 수도 있다.

실험을 하는 이유 중 하나는 이러한 불확실성을 통제하기 위해서이다. 그리고 실제로 어빙 필라빈Irving Piliavin과 그의 동료들이[63] 한 사후의 실험은 캠핑장 경험에 대한 나의 가설을 지지하였다. 그들이 한 실험에서, 동료 실험자는 수많은 사람들이 있는 뉴욕 지하철에서 비틀거리며 걷다가 쓰러진다. 이 "희생자"는 지하철 바닥에 퍼질러 누운 채로 계속 천장만을 바라보고 있는다. 이 장면은 다양한 조건 아래 103번에 걸쳐 반복되었다. 가장 놀라운 결과는 대부분의 시행에서 사람들이, 특히 희생자가 분명히 고통스럽게 보이도록 설정된 때에는 앞다투어 달려와서 그를 도와주었다; 95퍼센트가 넘는 시행에서, 누군가가 즉각적인 도움을 제공하였다. 심지어 희생자가 술병을 손에 쥐고 술 냄새가 풍기도록 설정이 되어있을 때에도 50퍼센트의 사람들이 즉각적인 도움을 제공하였다. 달리와 라테인의 실험에서 참가자가 한 행동과는 달리, 지하철에서 사람들이 도움을 베푸는 행동은 방관자의 수에 영향을 받지 않았다. 사람들은 (책임감의 분산이 일어날 수 있는) 붐비는 지하철에 있든, 실제로 혼자 지하철에 있든 똑같은 빈도와 속도로 희생자를 도와주었다. 뉴욕 지하철을 이용하는 사람들이 요세미티 국립 공원과는 상당히 다른 상황에 있었다고 하지만, 지하철과 캠핑장에는 두 가지 공통점이 있다: (1) 사람들이 공동의 운명을 교류하고 있다는 감정을 느꼈고, 그리고 (2) 그들은 그 상황에서 즉시 회피할 수 없는 대면 상황에 놓여 있었다.

방관자 무관심과 방관자 개입에 관한 연구가 시작된 지 수십 년이 지난 오늘날, 우리는 이 두 가지 반응에 영향을 미치는 요소들을 더 잘 파악하고 있다. 방관자 효과를 알고 난 이후로 시행된 수많은 연구들을 메타 분석한 결과는 우리에게 긍정적으로 생각할 수 있는 근거를 제공하였다: 실제로 위험하고, 두말할 것 없는 긴급 상황에서 — 아이가 물에 빠지거나 학교, 영화관, 거리 혹은 테러리스트의 공격 속에서 광기어린 총기 난사범에게 사람들이 당하고 있을 때 — 사람들은 적극적으로 개입해서 사람들을 도와주었으며, 이러한 경향은 다른 사람들이 있을 때 더 탄력을 받아서 나타났다. 그들은 실제로 놀랄 만큼 이기심 없는 태도로 가끔은 자신의 위험도 불사하면서까지 사람들을 돕기 위해 긴급 상황에 뛰어들었다. 2013년 보스턴 마라톤 대회에서 일어난 테러리스트의 공격 이후에, 많은 방관자들은 실제로 생존자들을 구하기 위해 가장 위험한 장소에까지 서슴지 않고 뛰어들었다.

어떤 조건이 무관심을 이타주의로 변화시킨 것일까? "공동 운명"의 감정은 확실히 이타주의의 활성화에 도움을 주며, 희생자들과 대면하는 상황 또한 이에 도움을 준다. 이 조건들이 결여될 때, 사람들은 빠르게, 많은 경우에는 무의식적으로, 자신이 개입할 상황인지 아닌지 판단을 내려 버린다: 이 상황이 정말로 심각한 상황인가? 나의 개인적인 개입이 굳이 필요한 상황인가? 도움을 주는 것이 어렵거나 나에게 큰 금전적 손해를 유발하지는 않을까? 내가 돕는다고 해서 해결에 도움이 되는 상황일까? 내가 쉽게 떠날 수 있는 상황일까? 상황에 대한 사람들의 반응은 이러한 질문들 각각에 대한 각자의 대답에 따라 달라질 것이다.

다원적 무지

규범은 내적 감정과 그 감정을 표현하는 (혹은 억압하는) 방식과 시간도 통제한다. 대부분의 사람들은 장례식장에서는 슬픔을, 결혼식장에서는 기쁨을, 친척들한테는 애정을 표현하는 '표현 규범display rule'에 동조한다. 그런데 우리가 실제 슬픔이나 기쁨, 혹은 애정을 느끼지 않는 경우는 어떻게 할까? 우리가 실제로 느끼지는 않지만, 사회적으로 바람직하다고 믿기 때문에 감정을 표출하는 것을 '감정 노동emotion work'이라[65] 한다. 감정 노동은 때때로 다음과 같은 직업에서는 규범적 필수 요건이 되기도 한다. 항공기의 승무원, 레스토랑의 종업원, 고객 서비스 센터 직원들은 활기찬 인상을 전달하기 위해 무례하거나 술에 취한 고객에게 개인적으로는 화가 났다 하더라도 항상 얼굴에 미소를 잃지 말아야 한다. 반대로 돈을 받아야 하는 수금원은 대상이 되는 사람들한테 미안함을 느끼더라도 위협을 수반한 근엄한 태도를 유지해야 한다.[66]

표현 규범에 동조하는 것은 사회적 상호 작용을 원만하게 할 수도 있다. 그러나 우리가 상황을 정의하기 위해 다른 방법을 사용하는 것은 사람들이 보이고 싶지 않은 강한 감정이 관련된 — 또는 예상되는 것에 동조하려고 하는 — 경우 특히 문제가 될 수 있다. 사람들은 많은 경우에 대중들이 보는 데서 특정한 감정을 드러내는 것을 바람직하지 않다고 생각하기 때문에 무서움, 걱정됨, 우울함, 짜증남, 혹은 성적인 흥분감 등의 감정을 실제보다 조금이라도 덜 드러내려고 한다. 예를 들어, 스트립 클럽의 고객들이 얼굴에 심드렁한 표정을 하고 있으면, 아무도 그들이 성적으로 흥분되어 있거나 이를 즐기고 있다는 것을 결코 알 수 없다. 유사하게, 소문난 화성인도 치과의 대기실에 있는 성인 환자들의 무표정한 얼굴만 봐서는 그들이 느끼는 초조함을 깨닫지 못할 수도 있다. 따라서 사람들은 자신의 진짜 감정을 포커페이스 뒤에 숨기는 경우도 많기 때문에, 다른 사람의 감정 표현을 보고 상황의 심각성을 판단하다가는 잘못된 결론에 이를 수도 있다.

이것은 사회 심리학자들이 **다원적 무지**pluralistic ignorance라고 부르는 상황을 만들 수 있는데, 다원적 무지란 다른 사람들의 애매한 행동으로 만들어진 거짓 규범에 대한 집단적인 믿음이다. 다원적 무지가 일어나는 것을 볼 수 있는 최적의 환경은 대학교 강의실이다. 당신의 교수가 굉장히 난해한 개념을 설명하고, 교실의 학생들에게 모두가 이해했는지를 확인하는 상황을 상상해 보자. "질문 없나요? 이해 못한 사람 없나요?" 교수는 묻는다. 사실 당신은 이 개념을 이해하지 못해서 추가적인 설명을 들어야 한다. 당신은 태연하게 주위를 둘러보며 당신만 이해를 못한 건지를 점검해본다. 다른 학생들은 다들 태연한 표정으로 앉아 있다. 그리고 그들의 이러한 모습은 당신에게 자신만 이해하지 못했으며, 이 시점에서 손을 들어 질문하면 이 사실을 다들 보는 앞에서 인정하는 꼴이라고 생각하게 한다. 그러나 실제로는 상당수의 학생들이 당신과 같은 처치이며, 그들도 당신의 무표정한 얼굴을 보고 질문하기를 포기한다. 학생들의 다원적 무지는 강의의 효과성에 심각한 장애물이 될 수 있다. 그러나 이 문제는 학생들이 "이해 못 한 사람 없나요?"와 같이 당황스러울 수 있는 질문에 실시간으로 익명 답변을 할 수 있도록 하는 기술을 도입함으로써 쉽게 해결할 수 있었다.

대학교 캠퍼스에서의 폭음도 다원적 무지로 촉발되는데, 이는 학생들이 (자주 술에 취하는) 동급생들의 행동에서 규범을 추론해야 하기 때문이다. 그리고 이러한 규범은 심각한 문제를 일으킨다. 술을 마시는 대학생 3명 중 2명은 폭음에 맛 들리게 되고 자주 정신을 잃는다. 이는 매년 1,800명에 달하는 사람들을 죽음으로 몰아가고 있으며, 극단적인 성행위나 강간과 같은 위험한 행동으로 이끌기도 한다.[67] 그러나 조사에 따르면, 대부분의 대학생들은 폭음을 하면 자신이 동급생들에 비해 더 불편하다고 말한다 — 그래서 그들이 술을 더 마시는 것은 당연히 자신의 지각된 규범에 맞추기 위함이다. 그렇다면 이 문제를 해결하기 위해 할 수 있는 것은 무엇이 있을까? 대일 밀러Dale Miller와 데보라 프렌티스Deborah Prentice는[68] 학생들에게 단순히 동급생들의 술 소비량과 그들이 폭음과 관련해서 실제로 느끼는 (부정적인) 감정에 대한 정보를 주는 것만으로도 동조 현상을 감소시켰다는 사실 — 그리고 술 소비량을 줄였다는 사실 — 을 발견하였다. 유사한 연구에서는 일학년 학생들을 일부는 동료 지향적인 토론에 참여시켜서 다원적 무지에 대해 자각하게 하였고, 다른 일부는 개인 지향적인 토론에 참여시켜서 술에 대한 결정을 내리는 데 집중하게 하였다. 4개월에서 6개월 후에, 동료 지향적인 조건에 있던 학생들은 개인 지향적인 조건에 있던 학생들에 비해 유의미하게 술 소비량이 적었음을 보고하였다; 음주에 관한 규범의 힘이 약해진 것이었다.[69] 지각된 규범의 변화가 행동의 변화로 이어진 것이다.

다원적 무지는 문자 그대로 살인자가 될 수 있다. 예를 들어, 과거 10년 동안 살인 사건이 상당히 감소하였음에도, 흑인 미국인 피해자 수는 백인 미국인 피해자 수의 8배에 가까웠다; 또한 도시에서 일어난 갱과 관련된 살인 사건은 여전히 많았다. 전설적인 범죄학자 데이비드 케네디David Kennedy는[70] 도시의 갱들 사이의 살인율을 감소시키는 그의 획기적인 연구에서 젊은 살인자들을 파악하기 위해서 수백 시간을 썼다. 경찰은 이들을 "냉혈한, 겁 없는 사람, 정신병자"로 묘사하였기 때문에, 케네디는 인터뷰를 통해 대부분의 갱 멤버들도 무서움을 느끼고, 폭력을 싫어하며, 정상적인 삶을 원한다는 사실을 알게 되었을 때 매우 놀랄 수밖에 없었다. "그들은 집단으로 행동할 때에는 매우 거칠게 말했어요. 그렇기 때문에 경찰에서는 그들을 정신병자라고 생각했던 거예요." 하면서 그는 써내려갔다. "그러나 개인적으로 대화를 했을 때, 그들은 자신도 죽음이 무섭다고 솔직하게 말했어요. 다른 갱 멤버들 앞에서 이러한 공포심을 보이는 것은 위험하기 때문에 그에 대한 방어책으로 눈치를 살피기는 하지만, 그들도 개인적으로는 이러한 생활이 싫다고 했어요." 케네디와 그의 팀은 다원적 무지에 직면함으로써 개입하기 시작했다. 케네디는 이것을 다음의 조건으로 묘사했다: "한 집단의 모든 구성원은 사실 그 집단 안에서 누구도 믿지 않는 것을 집단의 모두가 믿고 있다고 믿는다." 경찰과 갱 멤버들을 함께 모아놓고, 갱 멤버들이 이때까지 실제로 느꼈던 공포와 절망의 감정을 솔직하게 털어놓음으로써, 그들은 여러 주요 도시의 갱에 의한 폭력 범죄와 살인율을 대폭 낮추는 결과를 얻을 수 있었다.[71]

동조의 수준

이때까지 나는 동조를 일으키는 두 가지의 동기를 기술하였다: 그 두 개는 집단에 맞추어 소속되고자 하는 욕구 또는 올바르고자 하는 욕구이다. 이제 단순히 구별하는 수준을 넘어서 더 복잡하고 유용한 구분법을 알아보자. 동조는 다음과 같이 세 가지 수준으로 나눠진다: (1) 순응, (2) 동일시, (3) 내면화.[72]

(1) **순응**compliance은 보상을 받거나 처벌을 피하고자 하는 욕구에 동기를 받는 사람들의 행동을 가장 잘 설명하는 용어이다. 전형적으로 사람의 행동은 보상의 약속과 처벌의 위협만큼 지속된다. 당신은 쥐를 배고프게 한 다음 미로의 끝에 음식을 놓아둠으로써 쥐가 더욱 효율적으로 미로를 달리게 만들 수 있다. 한 무자비한 독재자는 시민들에게 충성을 강요할 때 이를 따르지 않는 자를 고문으로 위협하거나 잘 따르는 자에게 식량과 부를 약속하는 방법을 쓸 수 있다. 그러나 처벌의 위협이나 금전상의 혜택을 제거한다면, 시민들은 더 이상 독재자에게 충성을 보이지 않을 것이다. 순응은 가장 짧은 유효 기간을 가지고, 개인에게 가장 작은 효과를 가진다. 이는 보상이나 처벌이 변하는 시점에는 사람의 행동도 함께 변하기 때문이다.

(2) **동일시**identification는 자신이 선망하는 집단이나 롤 모델을 닮고 싶다는 개인의 욕구에 의해 나타나는 수준의 동조를 설명하는 용어이다. 순응에서처럼, 동일시에서도 우리가 특정한 방식으로 행동하는 것은 진심으로 그 행동이 우러나와서가 아니다; 오히려 우리가 그러한 행동을 하는 이유는 그렇게 함으로써 우리가 동일시하는 사람이나 집단과 만족스러운 관계를 형성할 수 있기 때문이다. 동일시는 우리가 선택한 의견과 가치들을 매우 강하게 믿지는 않는다 하더라도 그것들을 결국 믿

게 된다는 점에서 순응과는 다르다. 즉, 어떠한 방식으로든 끌리는 사람이나 집단을 발견하면, 우리는 그들의 가치와 태도를 채택함으로써 그들이 우리에게 영향을 미치는 것을 기꺼이 허락한다.

나는 이것이 '선한 해리 삼촌과 해리엇 숙모' 현상이라 생각한다. 가령, 당신한테 따뜻하고, 역동적이고, 재미있는 삼촌과 숙모가 있다고 하자; 당신이 어린 아이였을 때부터 이 연장자들을 사랑하였고, 그들과 같은 사람으로 자라나길 원하였다. 대학에 입학할 무렵까지 당신은 그들과 정치적 신념 — 좌파, 우파, 혹은 중도 — 을 함께 하였고, 이는 당신이 이러한 신념을 심도 있게 공부하였거나 당신만의 경험을 하면서 얻은 것이 아니며, 심지어 이는 당신이 그들과 같은 관점을 선택함으로써 보상을 받았기 때문도 (혹은 그렇지 않았다고 처벌을 받았기 때문도) 아니다. 오히려 이는 당신이 그들을 너무 많이 사랑하고 그들과 같은 사람이 되고 싶어해 왔기 때문에 그들의 견해가 당신의 신념 체계의 일부가 된 결과이다.

이 현상은 우리가 좋아하거나 존경하는 사람 — 잘 아는 사람이 아니더라도 — 의 견해를 접할 때 나타난다. 제프리 코헨Geoffrey Cohen과 마이클 프린스테인Michael Prinstein은[73] 고등학생들에게 서로 토론하는 온라인 채팅룸에 접속하라고 지시하였다. 토론 중인 주제 중 하나는 파티에서 마리화나가 제공된다면 학생들은 어떻게 행동하여야 하는가였다. 한 조건에서, 참가자들은 자신이 학교에서 인기 많고 선망 받는 학생 두 명과 채팅을 한다고 믿게 유도되었다. 다른 조건에서, 이 학생들은 지극히 평범한 학생으로 간주되었다. 자신이 인기 많은 학생들이랑 채팅하고 있다고 믿었던 십대들은 훨씬 더 많이 그들의 의견을 따랐다. 선망 받는 학생들이 자신은 마리화나를 필 것이라고 말하면, 참가자들도 상당수가 마리화나를 필 것이라고 말하였고, 이 현상은 선망 받는 학생들이 반대의 견해를 내세울 때에도 성립하였다. 단순히 순응 차원에 불과하였던 애쉬의 실험에서 일어난 동조 현상과는 다르게, 이 효과는 오랫동안 지속되었다; 그 효과는 상당한 시간이 지나서 참가자들이 개인적으로 마리화나 흡연에 대한 견해를 질문받았을 때에도 뚜렷하게 나타났다.

동일시에 있어서는 지속적인 보상이나 처벌은 필요치 않다. 당신은 이 자리에 없는 사람과도 동일시를 일으킬 수 있다; 당신에게는 닮고 싶은 누군가만 있으면 된다. 당신의 숙모와 삼촌이 다른 도시로 이사를 가서 몇 달(혹은 몇 년) 동안 만나지 못한다 하더라도, (1)그들이 여전히 당신에게 중요한 사람이고, (2)그들의 신념이 여전하고, (3)그들의 신념보다 더 설득력 있게 다가오는 새로운 신념을 마주하지 않는 한, 당신은 그들과 유사한 신념을 계속 가지고 있을 것이다. 역으로, 당신의 삼촌과 숙모의 정치적 신념이 변하거나, 당신에게 그들보다 더 중요한 사람들이 생기고 그들이 다른 신념을 가지고 있다면, 당신의 신념은 변할 것이다. 이는 새로운 집단에 대한 더 강한 동일시가 당신의 마음을 변화시킨 경우이다.

(3) 마지막으로, 가치와 신념의 **내면화**internalization는 가장 영속적인 수준의 동조이다. 신념을 내면화하고자 하는 동기는 올바르고자 하는 욕구 때문에 부여된다. 우리가 깊이 신뢰할 수 있고 훌륭한 판단력을 지녔다고 지각하는 누군가에게 감명을 받는다면 그가 지지하는 신념을 받아들이고 우리의 가치관에 이를 통합시킨다. 그리고 그 신념은 한 번 수용되어 우리의 것으로 내면화 되면, 신념의 근원과 관계없이 웬만해서는 변하지 않는 굳어진 신념이 된다 — 우리가 3장 '자기 합리화'에서 보았듯이.

정확히 말하면 올바르고자 하는 — 그리고 자신이 올바르다고 믿는

— 욕구는 순응처럼, 보상과 처벌의 형태로 제공되는 끊임없는 감시자의 유무에 영향 받지도 않고, 동일시처럼 다른 사람이나 집단에 대한 끊임없는 존경심에 좌우되지도 않기 때문에 내면화는 동조의 가장 영속적인 수준이다.

어떠한 구체적인 행동도 그 근간에는 순응, 동일시, 혹은 내면화가 있기 마련이다. 단순한 행동 — 속도 제한 준수 — 을 살펴보자. 대부분의 사람들은 단속에 걸려 벌금을 내는 상황을 피하기 위해서 속도 제한을 준수한다. 이것은 순응이다; 그들은 법에 복종하는 것이다. 경찰이 단속과 벌금 부과를 중지하라는 지시를 받는다면, 많은 사람들이 속도 제한을 초과하여 주행할 것이다. 그러나 어느 정도의 사람들은 여전히 속도 제한을 준수할 것이다. 가령, 나는 항상 교통법 준수를 강조하시던 아버지에게 감명을 받아 아버지와 같은 운전자가 되고 싶어서 속도 제한을 준수한다. 이 경우, 동조의 이유는 동일시이다. 마지막으로, 어떤 사람들은 아버지나 경찰이 가까이에 있든, 없든 속도 제한법은 좋은 법이고, 이러한 법을 준수함으로써 사고를 예방할 수 있으며, 적절한 속도로 주행하는 것이 사려 깊고 합리적인 행동 양식이라고 굳게 믿기 때문에 속도 제한을 준수하는 것일 수도 있다. 이 경우, 동조의 이유는 내면화라고 할 수 있다.

순응의 한 형태로서의 복종

순응의 행동들은 거의 모든 경우에 한시적이다. 그렇다고 해서 순응의 행동들이 사소한 것임을 의미하지는 않는다. 사람들은 하나의 행동을 한두 번밖에 하지 않을 수도 있지만, 스탠리 밀그램Stanley Milgram이 복종에 관한 일련의 고전 연구에서 보여주었듯이,[74] 한두 번의 행동이 장기적인 결과를 낳을 수도 있다. 1960년대에 처음 행해진 그의 연구들은 우리가 듣기를 원했던 내용에 정면으로 반하는 메시지를 던져주어 전 세계적으로 유명해졌으며 수많은 책과 영화들의 소재가 되었다.

그의 첫 번째 실험 장면을 그려보자: 40명의 사람이 학습과 기억에 관련된 연구라고 홍보된 프로젝트에 지원한다. 그러나 이는 표면적인 이유에 불과하다; 실제로, 이는 사람이 어느 정도까지 권위에 복종할지에 대한 연구였다. 약속된 시간에 실험실에 온 지원자는 실험실의 한 명이랑 짝지어진다. 그리고 권위를 나타내는 흰색 가운을 입은 다소 근엄한 실험자가 지원자들에게 학습에서 처벌이 미치는 영향을 테스트할 것이라고 말한다. 이 테스트의 시행에는 단어 쌍을 기억해내는 "학습자"와 단어 쌍을 제시하면서 학습자를 테스트할 "선생님"이 한 명씩 필요하다. 두 사람들은 역할을 정하기 위해서 제비뽑기를 한다; 그러나 이 과정도 지원자가 선생님을 할 수 밖에 없게 설계되어 있다. 지원자는 "전기 충격기"로 가게 된다. 이 기계에는 ("가벼운 충격"이라는 라벨이 붙은) 15볼트 버튼부터 그 강도가 올라가서 ("위험—강력한 충격"이라는 라벨이 붙은) 높은 전압의 버튼을 지나 (XXX라는 라벨이 붙어있어 불길한 인상을 주기까지 하는) 450볼트 버튼에 이르는 30개의 토글스위치로 구성된 작동 패널이 있었다. 선생님은 단계별로 정렬되어 있는 스위치를 누르면서, 학습자들이 틀린 대답을 할 때마다 점점 더 강도 높은 충격을 줄 것이다. 선생님은 설명을 듣고 나서 실험자를 따라가고, 학습자는 옆방으로 가서 전기의자에 앉아 전기 충격기의 전선이 붙은 채로 고정된다. 경미한 심장 질환이 있다는 학습자의 문의에, 실험자는 "충격이 극도로 고통스럽더라도, 신경 조직에의 영구적인 손상은 없을 겁니다."라고 안심시킨다.

학습자는 사실 자신이 걱정할 필요가 없음을 알고 있다. 그는 실험자의 동료이며, 역할을 뽑기 위한 제비뽑기는 약간의 속임수가 가미되어 있어 그가 학습자가 되고 진짜 참가자가 선생님 역할을 할 수밖에 없도록 설계되어 있다. 학습자는 어떠한 전기 충격도 받지 않지만, 선생님 역할을 하는 참가자는 자신이 작동시키는 전기 충격기에 묶여 있는 옆방의 학습자를 의심할 이유가 없다. 심지어 그는 시범적으로 직접 약간의 전기 충격(45볼트)을 주고, 학습자가 실제로 쇼크를 받는 것처럼 반응하는 것을 듣고, 전기 충격이 매우 고통스럽다는 것을 믿게 되었다.

실험이 시작되자, 학습자는 상당수의 맞는 답을 말하지만 가끔씩 실수를 한다. 실수가 나올 때마다 선생님은 이전보다 한 단계 높을 것이라 생각하는 다음 스위치를 누른다. 5번째 전기 충격인 75볼트에서 학습자는 끙끙대며 신음 소리를 내기 시작한다. 150볼트에 도달하면 학습자는 이 실험을 중단해달라고 요구한다. 180볼트에서, 학습자는 울음을 터뜨리며 고통을 참을 수 없다고 말한다. "위험-강력한 충격"이 붙은 버튼이 가까워짐에 따라, 선생님은 학습자가 벽을 치고 풀어달라고 간청하는 소리를 듣게 된다. 그러나 이는 올바른 대답이 아니며, 실험자는 선생님 역할에게 전압을 높이고, 다음 스위치를 눌러서 다음 단계의 전기 충격을 주라고 지시한다. 300볼트에서, 학습자는 완전히 반응을 멈춘다.

실험 참가자는 코네티컷 주에 사는 사업가, 교수, 사무직, 노동자들 중에서 무작위로 선정되었다. 이 중 실험이 끝날 때까지 가장 위험한 수준인 "XXX" 라벨을 누른 사람의 비율은 몇 퍼센트일까? 당신이라면 얼마 동안 계속 하였을까? 실험이 시작하기 전에, 밀그램은 일류 의과 대학에 있는 40명의 정신과 의사들한테 물어보았다. 이 정신과 의사들은 대다수의 참가자들이, 학습자들이 자신을 풀어달라고 하는 시점인 150볼트에서 실험을 종료할 것이라고 예상하였다. 이들은 또한 단 4퍼센트만이 학습자가 반응하지 않게 된 후에도 실험을 계속할 것이며, 1퍼센트 미만의 참가자들만이 전기 충격기의 XXX 버튼을 누를 것이라고 예상하였다.

그러나 이 정신과 의사들의 예측은 완전히 빗나갔다. 대다수의 참가자들 — 약 67퍼센트 — 이, 비록 ("실험은 계속 되어야 합니다."라는 말만 하라고 지시한) 실험자에게 개입을 요구하는 사람도 있었지만, XXX 버튼을 누를 때까지 전기 충격을 주는 실험을 계속하였다. 이 복종적인 개인들은 성격이 가학적이거나 잔인해서 실험을 계속한 것이 아니었다. 실제로, 밀그램과 앨런 엘름스Alan Elms가 후에 일련의 표준화된 성격 검사의 점수를 가지고 비교해 보았을 때, 그 결과는 완전히 복종적이었던 참가자와 복종 압력에 성공적으로 저항해낸 참가자들 사이에는 아무런 차이점도 없음을 발견하였다.[75] 또한 복종적인 사람이 학습자의 곤란한 상황에 무감각하지도 않았다. 일부는 저항하기도 하였다; 많은 사람들이 땀을 흘리고, 와들와들 떨고, 목소리가 떨리는 등 긴장의 신호를 보냈다. 일부는 긴장된 실소를 터뜨리기도 하였다. 그러나 그들은 어찌됐든 끝까지 복종하였다.

이 행동은 코네티컷에 사는 미국인들에게만 국한된 것이 아니다. 밀그램이 어디에서 실험을 하든, 이 실험은 유의미한 수준의 복종을 보여주었다. 이 실험의 여러 복사판이[76] 실시된 오스트레일리아, 요르단, 스페인, 독일, 네덜란드인들도 밀그램의 실험과 비슷한 복종을 보였고, 성별에 의한 차이도 없었음을 입증하였다.[77] 2007년에 제리 버거Jerry

Burger가 밀그램 실험의 과정을 그대로 따라 시행한 실험은 밀그램 실험에서의 높은 복종률이 시대가 흘러감에 따라 변하는 인위적인 것이 아님을 보여주었다; 현대의 미국인들도 거의 60년 전의 밀그램 실험 속의 참가자들이 그랬듯이 무고한 희생자에게 전기 충격을 주라는 지시에 매우 취약하였다.[78]

밀그램 실험이 현실에서 가지는 함의와 한계 밀그램 실험이 주는 반갑지 않고 논란을 불러일으키는 메시지는 놀랄 만큼 높은 비율의 사람들이 권위 있는 누군가가 복종을 요구할 때 다른 사람들에게 고통을 유발할 수 있다는 것이다. 우리는 이러한 연구들을 실험실 바깥 세상에 적용해서 읽어야 한다. 예를 들면, 우리는 밀그램 실험에 참가해서 선생님 역할을 맡은 피험자의 행동과 수백만 명의 "순수 아리아 혈통"이 아닌 무고한 사람들을 학살하라는 지시에 맹목적으로 복종한 나치 당원들의 행동이 서로 상당히 유사하다는 것을 알아차릴 수 있다. 밀그램이 자신의 연구를 진행하고 있을 당시에 열린 나치 정권의 아우슈비츠 강제 수용소의 책임자 아돌프 아이히만의 반인륜적인 죄를 다루는 공판에서 그는 자신의 행동을 합리화 하며, 훌륭한 관료로서 나치 정권의 상급자에 내리는 지시를 단지 충실히 따랐을 뿐이라고 주장하였다.

이라크 전쟁 동안, 이라크의 전쟁 포로들을 감시하던 미국 군인들은 악명 높은 아부그라이브 교도소에서 이들에게 고문과 유린을 자행하였다.[79] 미군측 지휘관들은 잽싸게 이를 소수의 "질 나쁜 녀석들" 탓으로 돌렸지만, — 그리고 이들을 군사 재판에 회부하였지만 — 사실은 아부그라이브 교도소도 권위에 의한 복종의 또 다른 예이다. 포로들을 고문하였던 군인들은 상부의 지시에 따른 것뿐이라고 주장하였다. 밀그램 실험에서 복종하였던 참가자들도 마찬가지로 자신의 행동에 대해 수많은 합리화를 하였다: 그들은 자신에게는 아무런 잘못이 없으며, 자신은 자기의 역할을 수행했을 뿐이라고 하였다. 한 사람은 실험이 끝나고 질문을 받자 다음과 같이 말하였다: "나는 멈췄는데, 그(실험자)가 계속 하라고 했어요."

이러한 비교는 매우 인상적이지만, 우리는 밀그램의 실험을 과대 해석하지 않도록 주의해야 한다. 어떤 사람들은 67퍼센트의 참가자들이 실험자의 지시에 따른 걸로 보아, 아마도 대다수의 사람들이 아돌프 아이히만과 똑같은 상황에 처한다면 그가 한 것과 똑같은 행동을 할 것이라고 주장하였다. 이는 사실일 수도 있지만, 우리는 몇 가지 중요한 차이점을 알아차려야 한다. 밀그램 연구의 참가자는 자율적으로 참가하는 데 동의하였기 때문에, 학습자들 또한 자원했다고 믿었을 것이다. 그렇기 때문에, 그는 선생님과 학습자 모두가 실험을 어지럽히지 말아야 할 의무가 있다고 생각했을 가능성이 높다. 또한 각 참가자는 혼자서 실험자의 요구에 직면하였다. 애쉬의 동조 실험에서 한 명의 반대자만 있어도 동조율이 떨어졌던 것처럼, 밀그램의 실험도 그 패러다임에 약간의 변화를 주어, 실험을 계속 하려는 실험자에 반하는 두 명의 동료 선생님들이 함께 하였을 때에는 동조율이 10퍼센트대로 떨어졌다.

또한 대부분의 밀그램 실험에서, 지시를 내리는 권위적인 인물은 예일 대학교의 명성 있는 연구실에서 근무하는 과학자였고, 이 사실이 참가자들에게 이 실험이 과학적으로 중요한 문제에 대한 연구임을 믿게 하였다. 참가자들은 당연히 (하얀색 가운을 입고 있는) 예일 대학교 같이 매우 명성 높은 기관의 실험자를 책임감 있고 자비로운 전문가라고 가정해 버렸다. 물론 실험자는 실험 중에 사람을 죽이거나 부상을 유발하는 지시를 내리지 않는다. 실제로 밀그램이 실험 장소를 예일 대학교가 아닌, 몇 마일 떨어진 공업 도시 브리지포트로 정해서 실험하였을 때에는, 완전히 복종하는 비율이 48퍼센트로 감소하였다; 예일 대학교라는 명성이 사라지자 복종율도 함께 감소하였다.

물론 48퍼센트도 여전히 높은 수치이다. 실험을 진행하는 사람이 과학자와 같은 공인된 권위자가 아니었다면, 그 수치는 떨어졌을까? 밀그램은 또 다른 버전의 연구에서 이 질문을 다루었다. 그 버전에서는 과학자-실험자가 마지막에 권위 없는 인물로 대체되었는데, 이 때 XXX 버튼까지 누른 사람의 비율은 겨우 20퍼센트에 불과하였다. 대부분의 사람들이 공인된 권위자가 내리는 지시에만 높은 복종률을 보이지, 권위적인 역할을 아무나 한다고 해서 무조건 높은 복종률을 보이는 것이 아님을 증명한다.

마지막으로 권위자와의 물리적인 거리도 사람들의 복종 여부에 영향을 미친다. 밀그램은 실험자가 실험실 밖에서 전화로 지시를 전달할 때, 완전히 복종적인 참가자의 수는 25퍼센트 이하로 떨어짐을 발견하였다. 또한 일부 사람들은 실험자의 면밀한 감시에서 자유로워지자 전기 충격을 주면서 속임수를 쓰기도 하였다; 그들은 지시받은 것보다 낮은 강도의 전기 충격을 주었다 — 그리고 자신이 원래의 실험 과정에서 이탈하였다는 사실을 실험자에게 거리낌 없이 말하였다.

필자는 이러한 사실을 공인된 권위자의 요구 사항을 들어주면서 학습자가 느끼는 고통을 최소화하고자 하는 감동적인 노력이라고 본다. 이것을 보면 조셉 헬러의 제2차 세계대전 고전 소설인 『캐치 22』에 나오는 던바가 떠오른다. 던바는 이탈리아의 마을에 폭탄을 투하하라는 지시를 받는다. 공개적으로 반기를 들 수도, 무고한 민간인들을 해칠 수도 없었던 그는 고민 끝에 그의 타깃이었던 이탈리아 마을 가까이에 있는 공터에 폭탄을 투하한다.

마을 주민들 위의 높은 하늘에서 임무를 수행하는 던바의 지상 거리와 항공기에서 폭탄을 투하하는 익명성을 고려해보면, 폭탄에 희생될 사람들에 대한 그의 동정은 특히 감동적이다; 현대전에서 쓰이는 드론 조종사의 경우 역시 희생자들이 다수이고 익명일 가능성이 대단히 높다. 다른 사람의 고통을 생생히 지켜보는 것은 고통을 계속 가하는 것을 더욱 어렵게 한다. 실제로 밀그램은 사후 연구에서 선생님과 학습자의 거리가 멀수록 선생님들이 권위자의 지시에 더욱 복종한다는 사실을 발견하였다. 선생님들이 학습자를 생생하게 볼 때에는 40퍼센트의 선생님들만이 고통스러운 충격을 계속 전달하였는데, 이는 단순히 학습자들의 비명을 듣기만 한 선생님들의 67퍼센트가 충격을 계속 주었다는 사실과 비교된다. 유사하게, 선생님들에게 — 멀리 있는 전기 충격기를 사용하는 대신에 — 학습자의 손를 잡아당겨 강제로 충격 버튼을 누르게 했을 때, 그 복종률은 30퍼센트로 감소하였다. 그러나 물리적 거리만으로는 이 모든 결과를 설명할 수 없다. 결국 30퍼센트의 참가자들은 물리적인 접촉에도 계속해서 전기 충격을 주었다.[80]

네덜란드에서 시행된 일련의 실험에서 빔 미우스Wim Meeus와 퀸텐 라이마커즈Quinten Raaijmakers는[81] 복종과 거리의 문제를 약간 다른 시선으로 탐구하였다. 그들은 밀그램의 실험 과정을 성공적으로 모사하는 것을 넘어 새로운 접근법을 시도하였다. 그들은 취업 여부를 결정짓는 시험에서 지원자의 성과에 대해 점점 더 부정적인 말을 함으로써 사람들에게 복종할 것을 요구하였다. 참가자들은 자신의 행동이 누군가에게 해를 끼치는 행동이지만, 그 복종의 행동이 그 사람에게 끼친 영향이 드러나려면 어느 정도 시간이 걸리고, 그 때가 되면 자신은 그 자리에 없을 것이라고 생각하였다. 이 상황에서의 복종률은 밀그램의 실험을 있는 그대로 모사하는 것보다 훨씬 높았다; 이 버전에서는 90퍼센트가 넘는 참가자들이 실험이 끝날 때까지 복종하였다.

밀그램의 연구들이 홀로코스트, 베트남 전쟁, 이라크 전쟁 중에 일어났고 오늘날에도 이 행성을 좀먹고 있는 전쟁들에서 계속되는 잔혹한 행위들 같은 동조의 압력 앞에서 인간 본성의 불완전성을 분명히 보여주었음에도, 이 연구가 가지고 있는 극단성과 특수성은 우리에게 파괴적인 복종 행위가 우리 일상과는 관련이 없는 먼 나라 이야기라고 생각하도록 유도한다. 누군가가 우리에게 잘 알지도 못하는 심장 질환자에게 치명적인 전기 충격을 주라고 지시를 하거나 지하실에 유태인 가족을 숨기라는 요구를 한 적이 있기는 하였는가? 그러나 주변을 돌아보면, 우리는 상당수의 사람들이 인지하고 있는가의 여부는 둘째 치고, 집단이나 권위자의 의도에 동조하여 다른 사람들에게 심각한 피해를 끼칠 수 있는 위치에 있다는 것을 알 수 있다.

과거 20여 년 동안 미국에서 일어난 실제 사례를 들어보자. 미국에 있는 공립 학교들은 학생들의 성적을 높여야 한다는 엄청난 압력을 늘 받아 왔다. 미국의 "아동낙오방지법"은 의무적으로 표준화된 시험을 통해서 측정되는 학교의 성적은 반드시 매년 향상되어야 한다고 규정하였다. 만일 당신이 지난 15년 동안 미국 공립 학교에 다녔다면 학교가 어느 정도 법적 압력을 받는다는 것을 알고 있을 것이다; 즉, 각 학교가 학생들의 성적 향상을 보여주지 못하면 법적으로 망신이나 처벌 대상이 된다고 규정하였다. 이런 상황에 대처하기 위해 다수의 학교 교사들과 교육 공무원들은 감독 당국의 요구를 맞추기 위해 비도덕적인 여러 방법을 동원하곤 하였다. 그중 몇 가지 사례를 살펴보면 성적을 높이기 위해 학생들의 휴식 시간을 없애거나, 수업 시간을 늘리는 편법을 활용하기도 하고, 교과목 수를 줄이는 것, 나아가 수업 시간은 줄이면서 시험 준비 시간을 늘리는 방법 등도 동원되었다. 이는 교육의 목표인 학습의 즐거움이나 새로운 발견의 기쁨을 희생시키는 결과로 나타나게 되었다. 더 심한 경우, 어떤 교사들은 학교 성적을 높이기 위해 학생들이 본 시험 답안지의 오답을 정답으로 수정하거나 바꿔치기 하는 사기 행동까지도 마다하지 않았다.

줄리안 바스케즈-하이릭Julian Vasquez-Heilig 및 린다 다링-하몬드Linda Darling-Hammond는[82] 많은 수의 교사들이 성적 향상이라는 상부의 압력을 피하기 위해서 수단 방법을 가리지 않고 대처했을 뿐만 아니라 어떤 의미에서는 자라나는 학생들을 유린하는 결과를 가지고 왔다는 사실을 밝히고 있다. 그 예로 어떤 학교들은 성적이 나쁜 흑인 학생들과 라틴계 학생들을 시험이 실시되기 전에 유급시켜 시험 참가를 못하도록 만들었다. 그 이유는 이런 학생들이 시험을 보면 이들이 얻게 되는 낮은 점수가 해당 학교의 평균 점수를 떨어뜨리기 때문이다. 다른 학교 사례로는 이런 학생들을 퇴학시키거나 강제로 낙제하도록 "조처하였다." 특히 악의적인 방법으로는 몇몇 학교에서 흑인 및 라틴계 학생들이 9학년에 재학 중이면 이들을 의도적으로 11학년으로 월반시키고 10학년을 대상으로 실시되는 시험은 보지 못하고 건너뛰게 만들었다. 실제 이처럼 월반한 학생들이 11학년에서 낙제를 하는 것은 너무나 당연한 결과이다. 이는 "뒤쳐진 학생이 없도록 하자." 또는 "학생들은 누구나 학업에 성공해야 한다."라는 구호야말로 얼마나 조소의 대상이 되는지를 주지하게 할 따름이었다.

여기서 사용된 방법들이 전기 쇼크를 주는 것과 비교하면 잔인하지 않을지도 모른다. 그러나 우리가 흑인 남자 고등학생의 약 30% 가까운 숫자가 학업을 포기하거나 범죄에 연루되어 교도소에 수감되어 자기 생을 실패작으로 만드는 것을 고려한다면, 전국 어디에나 있는 학교에 대한 밀그램의 연구 결과의 타당성을 파악할 수 있다. 실제로 제리 버거가 실시한 실험에서 완전히 순응한 참가자 중 한명이 버거의 명령을 끝까지 따랐고 학습자에게 가장 높은 전기 충격을 주었다는 사실에 놀랐는지 묻는 질문에 다음과 같은 소름 끼치는 대답을 하였다: “저는 완전히 놀라지는 않을 거라고 생각했어요. 결국 저는 교사니까요.”

밀그램 실험의 윤리적 측면 밀그램 실험은 그 당시 엄청난 논쟁을 불러일으켰고, 그 여파는 오늘날까지도 계속되고 있다. 지식을 탐구하는 실험 사회 심리학자들은 피험자들을 때때로 꽤 심각한 경험을 하도록 만드는 실험 장면까지 가게 만든다. 이 같은 실험 절차는 윤리적 문제를 일으키는데, 이에 대해서는 9장에서 논의하고자 한다. 여기에서는 다음의 두 가지만 우선 지적한다. 연구에 참가하는 사람들을 손해나 손상으로부터 보호하는 것은 실험을 실시하는 연구자의 책임이다. 즉, 피험자가 실험 상황으로 들어올 때와 똑같은 마음 상태로 실험 종료 후 떠날 수 있도록 모든 조치를 반드시 취해야 한다. 이것은 주로 실험 후 **디브리핑** debriefing을 통하여 이루어진다. 그런데 이 절차야말로 실험 그 자체보다 더 많은 시간과 노력이 필요하다. 밀그램 실험의 참가자들 중 마지막 단계까지 실험에 참가한 대다수 피험자들은 자기 자신에 대해서 아주 중요한 것을 배웠다고 반응하였다.

밀그램 실험이 던지는 큰 메시지는 정확히 말하면 실험이 불러오는 불편함과 '다시는 그렇게 하지 않겠다.'라고 생각하는 사람들의 반응이다. 필자와 공동 필자 조슈아 교수가 함께 진행하는 사회 심리학 과목에서 밀그램 연구에 대한 토론을 하기 전에 학생들을 대상으로 얼마나 심한 처벌을 줄 것인가에 대해서 질문을 하였다. 250명에서 300명 정도의 수강자가 등록하는 본 과목의 약 99% 이상의 학생들은 학습자가 벽을 두드리는 반응을 하기 시작하면 전기 충격을 멈추겠다고 반응하였다. 학생들은 실험자의 지시를 거부하겠다고 거의 항상 자신 있게 말한다. 수년 전 약 300명의 학생들이 수강하는 사회 심리학 과목을 가르치면서 늘 하던 것처럼 마지막까지 전기 충격을 줄 것이라고 생각하는 학생은 손을 들라고 요청하였다. 그런데 단 한 사람만이 손을 들었다. 이 학생은 베트남전 참전 용사로 군에서 내린 명령을 복종한 사람이었다. 그는 전기 충격 명령을 회상해보면 전쟁 범죄를 저지를 때의 명령이라고 생각하였고 나아가 밀그램 연구 참가자들이 한 것과 같이 행동할 수 있다고 이해한 것이었다.

필자의 두 번째 주장은 다음과 같다. 사회 심리학자들은 궁극적으로 인류가 더 나은 삶을 영위할 수 있도록 인간에 대한 지식을 축적하고 또 인간 행동을 이해하기 위해서 연구 기법을 사용해야 할 의무를 지고 있다. 그러나 사회 심리학자들은 사회에 대한 총체적인 윤리적 책임과 개별 실험 참가자들에 대한 윤리적 책임이 서로 상충할 때 딜레마에 빠지지 않을 수 없다. 이 같은 갈등의 정도가 가장 큰 것은 사회 심리학자들이 동조, 복종, 조력 등과 같은 사회 심리학적 주제를 다룰 때 특히 심하다. 그 이유는 해당 주제가 가진 중요도가 클수록 연구 참가자들은 불편하고, 불안하고 또 당혹스러운 느낌을 가질 가능성이 크기 때문이다. 그러나 이 같은 경우에도 개인을 위한 지식 축적과 사회에 대한 잠재적 기여도는 그만큼 더 큰 것도 사실이다.

동조에 대한 대비책

인간 사회에서 대부분의 경우에 사람들은 사회적 규범에 동조하고 참고 집단에 동조하기 때문에 사회 및 집단이 기능한다고 볼 수 있다. 나아가 사람들은 법을 준수하고, 규칙을 지키고, 직장 및 정부에서 정한 규정을 준수한다. 사회 심리학자들은 사람들이 "사회적 동물"로서 해야 하는 활동도 연구하지만 이와 동시에 사람들이 동조와 복종에 저항하는 조건은 어떤 것인지 그리고 이를 통한 위험 부담은 무엇인지도 밝히고 싶어 한다.

만일 사람들이 다수의 의견에 무조건 동조하고, 또는 부당하고 차별적인 법에 복종하거나, 나아가 불법적 행동을 하도록 지시하는 명령에 따른다면 사회는 아무런 발전이 없게 마련일 것이다. 로사 파크스는 버스 뒷자리에 앉는 것을 거부하였다. 조셉 다비는 아부그라이브에서 자행되는 고문을 목격하고는 함께 근무하는 동료들에게 경각심을 일깨워 주었다. "딥 쓰롯"이라고 알려진 미국 정부 내부자 마크 펠트는 닉슨 대통령이 근무하는 백악관에서 벌어지고 있는 범죄 은닉 행위를 신문 기자들에게 폭로하였다. 나아가 오늘날 대부분의 미국인이 동성 및 인종간 결혼 같은 한때 금기시되었던 사상을 지지한다는 사실은 소수자 지위도 어떤 조건에서는 우세할 수 있다는 것을 보여준다. 그 조건들은 무엇인가?[83]

- 소수자의 견해를 가진 사람이 소수자의 지위를 자신감과 확신, 끈질

긴 고집을 가지고 일관되게 주장하는 경우
- 소수자가 다수의 입장에 동의하지만 자기들의 생각을 바꾸는 경우
- 소수자가 기꺼이 타협하고자 하는 경우. 이때는 단지 작은 타협도 해당됨.
- 다수자에 속한 집단 구성원들이 졸속하게 결정하는 것보다 정확한 결정을 하도록 동기 부여가 되어 있는 경우.

여기서 예로 살펴본 조건들은 다수자에게 해당 주제와 그 주제가 가지는 장점을 좀 더 심사숙고하게 만든다. 이것은 대중의 규범 및 신념에 경솔하게 동조하지 않도록 만든다. 그런데 타인들도 움직이게 하는 데는 동맹이 필요하다. 그 이유는 우리를 지지해 주는 동맹이 없다면 우리들 모두를 동요시키는 사회적 압력에 저항하기가 어렵기 때문이다(여기에는 거절, 처벌에 대한 위협이 포함됨). 집단에서 유일한 한 사람의 대표자가 되는 것이나 어떤 의견을 혼자서 고독하게 대변하는 것은 사회적으로 존경을 받는 전문가들조차 견뎌내기가 어렵다. 그 예로 미국 연방 대법원 최초 여성 대법관이었던 샌드라 데이 오코너는 여러 해 동안 유일한 여성 대법관으로 근무하면서 혼자서 해온 경험을 "숨 막히는 일"이라고 묘사하였다. 몇 년 후 루스 베이더 긴스버그가 여성으로서 대법관으로 임명되어 연방 대법관으로 참여하자, 이것이야말로 "경천동지하는 것과 같은 대변화"라고 소회를 밝혔다.[84] 이처럼 단 한 사람이지만 동맹이 출현하는 것만으로도 지금까지의 외압은 엄청나게 축소되며, 나아가 자신이 가진 신념은 더 많이 통용되며, 그때까지 타인이 우리를 아웃라이어라면서 지워버리던 경향조차도 줄일 수 있다. 추가하면 어떤 이슈에 반대하는 사람들도 충분히 많은 수의 동맹을 가지게 된다면 이것은 다수

자에게 자기들의 생각을 좀 더 폭넓게 검토하도록 만들 뿐만 아니라 나아가서는 지금까지 오래된 문제를 보는 새로운 해결 방안을 찾도록 만들 수도 있다. 저명한 문화 인류학자 마가렛 미드는 다음과 같이 밝혔다. "사려 깊고, 잘 조직된, 행동하는 작은 시민 집단도 세상을 바꿀 수 있다는 것을 의심해서는 안 된다. 왜냐하면 실제 이런 집단이 늘 세상을 바꾸어 왔기 때문이다."

5

매스 커뮤니케이션, 프로파간다 그리고 설득

Mass Communication, Propaganda, and Persuasion

우리는 하루에도 수많은 사람들로부터 물건이나 여행 또는 사상을 구매 또는 납득하라는 권유를 받는다. 그들은 자신이 옳다고 또는 자기들의 의도대로 투표하도록 우리를 설득하며, 우리에게 사회의 부정을 알려 분노케 하고, 외부 위협을 가지고 우리를 두렵게 만들기도 하며, 원하는 행동을 이끌어 내기 위해 유혹하기도 한다. 그리고 우리가 공기를 마시며 숨쉬는 것과 마찬가지로 하루에도 수천 개 이상의 광고에 노출되어 있다. 이처럼 수많은 광고물은 온라인으로 무엇인가를 읽으려고 하면 이를 중단시키고, 웹사이트에서 어떤 내용을 보고자 하면 시도 때도 없이 나타난다. 또한 무엇인가를 구매하든지 간에 광고는 거의 반드시 나타나며, TV를 켜면 어떤 프로그램을 선택하든 광고 없이 콘텐츠를 보는 것은 거의 불가능하다. 운전 중 기름을 넣으려 주유소에 들리든, 은행 ATM 기기에서 현금을 찾든, 나아가 기차역 그 어디를 가든 광고는 예외 없이 눈에 띄게 마련이다.

오늘날 우리가 살아가는 일상생활에 활용되는 첨단 기술이 얼마나 빠르게 바뀌고 또 진화하고 있는지를 보면 놀랄만하다. 우리는 이런 첨단 기술을 이용해서 즐기고, 소통하고 나아가 다른 사람들에게 영향력을 행사하기도 한다. 그런데 이 같은 타인에게 영향력을 행사하는 방식 역시 놀랄 만큼 빠르게 발전하고 있다. 다른 사람들이 우리에게 영향을 미치는 매개체로 TV, 컴퓨터, 스마트폰, 영화 그리고 수많은 종류의 미디어 등을 들 수 있다.

본 장에서는 매스 커뮤니케이션의 현주소가 어디에 있는지, 그 실태는 어떠한지를 살펴보고 이것이 소비자에게 어떤 영향을 미치는지를 중심으로 다루고자 한다. 그러면서 설득persuasion에 초점을 맞출 것이다. 여기서 말하는 설득이란 소통을 통해서 다른 사람의 의견, 태도 나아가 행동에 변화를 가져오는 것을 말한다.

타인을 설득하는 것은 과연 쉬운 일인가? 여기에 대한 대답은 설득이 타인의 의견을 다루는지 아니면 태도를 다루는지 그 대상에 달려 있다. 여기서 **의견**opinion이란 우리가 진실이라고 믿는 것을 말한다. 예를 들면 야채를 먹는 것이 몸에 좋다; 운전을 할 때 안전벨트를 착용하는 것이 교통사고 사망률을 줄인다; 비타민을 매일 섭취하는 것은 중요하다 등과 같은 것은 의견에 해당된다. 이처럼 의견이란 주로 인지적인 것이고 또 지식에 해당된다. 다시 말해 의견이란 우리의 가슴에서 나오는 것이 아니라 머리에서 나온다. 의견은 변동성이 있다. 즉, 내가 가진 의견과 반대되는 상당한 증거가 제시되면 변할 수 있다. 그 예로 어떤 사람이 멀티비타민을 먹는 것은 건강에 별 도움이 안될 뿐만 아니라 경우에 따라서는 몸에 해롭다고 하는 연구 결과를 제시한다면(그런데 이는 있을 수 있는 일이다[1]) 사람들은 비타민 복용에 대한 의견을 바꿀 가능성이 있다.

하지만 채식주의자가 하는 다이어트는 건강에 좋지 않을 뿐만 아니라 비정상적이라거나, 운전할 때 안전띠 착용을 강요하는 것은 불법적인 간섭이기 때문에 운전자의 자유를 제한하는 것이라거나, 비타민이 친구의 생명을 살렸다는 것을 어떤 사람이 믿는다고 가정해 보자. 이 경우도 앞에서 예로 든 "의견"이기는 하지만 그렇다고 해서 더 이상 순수하게 인지적인 것만은 아니다. 왜냐하면 이 사례가 다루는 의견에는 이미 감정이 개입되어 있을 뿐만 아니라 해당 주제가 좋은지 아니면 나쁜지와 같은 평가가 개입되어 있기 때문이다. 감정과 평가라는 요소들이 포함되는 의견을 우리는 **태도**attitude라고 부른다. 태도는 앞에서 말한 의견과는 달리 변화시키기가 상당히 어려운데, 이는 편견이라는 복합적인 태도를 다룰 때 알게 될 것이다. 본 장의 주요 주제인 어떻게 하면 다른 사람에게 영향력을 행사할 수 있을까 그 방법을 연구할 때 우리는 반드시 의견과 태도의 차이가 무엇인지를 알고 이를 유념해야 한다. 또 사람에 따라 차이가 있다. 예컨대, A라는 사람에게는 쉽게 바뀔 수 있는 의견이 B에게는 변화시키기 어려운 깊은 내면에 자리잡고 있는 태도일 수도 있다.

우리는 지금까지 사람들이 사회적 영향에 얼마나 민감하게 반응하는지를 살펴보았다. 이제부터 이런 민감성이 사람을 대상으로 설득을 시도하는 전략과는 어떤 관계를 가지는지 살펴볼 것이다. 다시 말해 무엇이 우리들로 하여금 더욱 쉽게 동의하게 만드는지 그 사회 심리적 요인을 찾아볼 것이다.

우리가 어떤 사람들을 설득시키고자 할 때 상대가 엄청나게 심한 저항하는 경우가 있다. 그 예로 어린 아이를 시간에 맞추어 잠자리에 들게 하는 경우가 그것이다. 한참 잘 뛰어놀고 있는 아이에게 이제 그만

놀고 자야 할 시간이라고 설득해서 잠자리에 들게 할 때 아이들은 흔히 저항에 가까울 만큼 떼를 쓴다. 우리가 특정 정당이나 정치인에 대해 배우자나 자녀, 친구가 가지고 있는 호·불호 감정이나 마음을 바꾸고자 설득한다면 이 과정 역시 엄청난 저항에 부딪치는 경우가 많다. 그러면 사람들은 어떻게 하면 설득당하는가? 나아가 사람들은 어떤 경우에는 설득당하지만, 또 어떤 경우에는 당하지 않는가?

오늘날 미디어가 사람들에게 미치는 영향

오늘날 사람들이 사용하고 있는 첨단 기술은 거의 모든 사람들의 생각에 영향을 미친다. 또한 개인 행동의 일거수일투족을 변화시키고 있다는 사실을 생각해보면 겁이 날 지경이다 — 첨단 기술은 사람들의 걷는 방식조차도 바꾸어 놓고 있다. 그 예로 2007년에 아이폰이란 것이 탄생하면서 사람들은 도로나 인도를 걸을 때 앞을 보지 않고 그 대신 스마트폰 화면을 들여다 보면서 걸어 간다. 지하철을 타거나 기차를 탄 승객들 중 80~90% 이상은 스마트폰을 들여다 본다. 이들은 모니터를 통해 게임을 하거나, 만화를 보기도 할 뿐만 아니라 나아가 사업 관련 미팅을 하는 것까지 그 유형은 수도 없이 많다. 인류는 약 20년 전에 새천년이 시작되는 2000년대에 들어왔다. 새천년에 들어서면서 탄생한 스마트폰이라는 이 놀라운 기계가 가진 상상조차 하기 어려운 성능은 사람들의 감탄을 자아낸다. 주머니에 쏙 들어가는 크기인 이 작은 컴퓨터가 가진 여러 가지 성능 중 계산 용량과 엄청난 정보 저장량은 더욱 놀랄 만하다. 한가지 이 작은 손에 들어 가는 스마트폰은 미국 우주항공국이 달에 우주인을 보내기 위해 사용하던 집채만큼 큰 대형 컴퓨터보다 용량 및 기능이 훨씬 더 뛰어나다.

우리는 이 폰을 가지고 일상에서 그야말로 못하는 것이 없다. 우선 뉴스를 듣고 보는 것, 글을 쓰는 것, 오늘이 며칠인지 알기 위해 달력으로 사용하고, 어디를 갈 때 정확한 길과 방향을 묻고, 자료 및 정보를 탐색하고, 식당 예약을 하고, 항공편 예약 및 티켓 구입, 호텔방 예약, 쇼핑, 나아가 수도 없는 게임이나 놀이 등을 할 수 있다. 여기에 서비스를 제공하는 대표적인 미국 회사에는 넷플릭스, 유튜브 그리고 스포티파이 등을 들 수 있다. 이 같은 스마트폰이 가진 다재다양성 때문에 사람들은 깨어있는 시간 중 약 25% 이상 동안 폰 화면에서 눈을 떼지 못한다. 즉, 하루 1/4에 해당되는 시간 동안 폰을 이용하여 다른 사람들과 대화하고 또 상호작용한다.[2] 구체적으로 살펴보면 수백 명이 넘는 잠재적 연애 파트너의 이름 및 성격 등을 검색해 보고, 친구, 대학교수, 좋아하는 음악가, 그리고 미국 대통령까지도 포함하여 사람들이 도대체 무슨 생각을 하는가를 파악할 수 있을 뿐만 아니라 이들의 생각에 대해서 자기의 개인적인 생각도 전달할 수 있다. 추가하면, 인스타그램, 틱톡 등 소셜 네트워크를 통해 비디오, 사진, 음악 등을 주고 받고 공유할 뿐 아니라 또 여기에 대한 서로의 의견을 타인과 나눌 수 있다. 코멘트에 자기 의견을 달 수 있는 웹사이트에서는 친구들과 대화를 하거나 토론을 하며, 서로를 위로하거나 좋은 일에 축하해주는 등 상호 작용을 즐길 수 있다. 어떤 사람들은 이를 통해 하루 24시간 동안 전혀 모르는 낯선 사람을 괴롭히고, 화를 북돋우고 또 비난하기도 한다.

이상과 같이 첨단 기술이 가져오는 변화가 일상생활을 근본부터 흔들기 때문에 많은 사람들은 우리가 이 같은 미디어에 빠져들어가는 것이 다른 사람들과 이룩하는 사회적 상호 작용과 심리적 안녕에 어떤 영향을 미칠지를 염려하고 걱정하고 있다. 왜냐하면 첨단 기술은 사람들 사이에 이룩하는 사회관계에 대해 어떤 경우에는 긍정적인 영향을 또 어떤 경우에는 부정적인 영향을 미치기 때문이다. 미국 사회의 경우 최근까지도 흑인이 도로에서 택시 잡으려고 수신호를 하면 불쾌한 경험을 하는 일이 빈번하였다. 왜냐하면 택시 기사가 승객이 탑승하지 않은 빈 차임에도 불구하고 흑인이 차를 부르면 서지 않고 가 버리기 때문이다. 그러나 우버 택시가 나온 이래 신용 카드와 스마트폰을 가진 사람이면 누구나 앱을 통해서 언제, 어디서나 택시를 호출해서 탈 수 있게 되었다. 스마트폰은 앱을 이용하면 여러 가지 편리한 점을 누릴 수 있지만, 이와 동시에 사람들이 가진 나쁜 면 — 가상 공간에서 욕설하기, 성희롱, 나아가 스토킹 등 — 을 여지없이 발휘하게도 한다.[3]

정신을 산만하게 만드는 현상 수천만 명 또는 수억 명이 넘는 사람들이 문자 그대로 스마트폰에 중독되어 있다. 이 중독은 다른 마약류와 마찬가지로 끝없이 자극을 요구한다. 스마트폰은 슬롯 머신과 매우 유사하게 작동하여 알림, 뉴스, 트윗 및 문자의 형태로 간헐적인 보상을 제공하며 이 모든 것이 사람들로 하여금 소셜 커넥션의 다음 히트(웹에서의 노출)를 지속적으로 확인하도록 한다.[4] 아이폰과 아이패드라는 물건을 우리에게 선보인 스티브 잡스는 자기 아이들에게는 기계 사용을 허락하지 않았다. 왜냐하면 그는 아이폰이 가진 중독성을 너무나 잘 알고 있었기 때문이다. 이 같은 현상을 살펴본 어떤 관찰자는 "기술 제품을 만드는 사람들은 마약을 거래할때 적용되는 기본 규칙을 따르는 것 같다. 왜냐하면 이들은 결코 자신에게는 공급하지 않기 때문에 자기들은 중독되지 않는다."고 지적하였다.[5] 사람들이 폰에 끊임없이 또 강박적일 만큼 중독되어 매달리기 때문에 그 결과로 주변 상황을 파악하지 못하고, 집중력이 떨어지고 나아가 정신이 산만해진다. 즉, 주변에 있는 사람들에게 집중하지 못하고 또 하는 일에 몰입도 못한다. 스마트폰 중독은 사춘기 전후인 청소년기에 최고조에 달한다. 그 결과, 이들은 쉽게 우울증에 빠지고 학업성적 역시 떨어지게 마련이다.[6] 더욱 나쁜 현상으로는 스마트폰 중독인 성인의 30% 또 사춘기 청소년의 40%가 운전을 하면서도 문자를 주고 받는다는 것이다. 이것은 당연히 운전에 지장을 주고 경우에 따라 사망까지 가는 대형 추돌 사고를 유발할 수도 있다.[7]

폰을 직접 사용하지 않지만 폰에 대한 의존심이 생기기 때문에, 폰이 단지 곁에 있다는 사실 그 자체만으로도 사람들의 주의력에는 영향을 미친다. 빌 손턴Bill Thornton의 실험에서[8] 피험자인 대학생들은 어렵거나 쉬운 일련의 인지적 과제로 구성된 시험을 보았다. 실험 참가자의 1/2에게는 시험을 보는 동안 자기 폰을 멀리 두라고 요청했고, 나머지 1/2은 폰을 자기 옆에 두고 문제를 풀 때 사용해도 좋다고 허락하였다. 결과를 보면 쉬운 과제의 경우 양 집단 모두 잘 풀었으나 어려운 과제는 집단 간에 차이가 났다. 어려운 문제를 풀 때 자기 폰을 보이지 않는 먼 곳에 두고 참가한 학생들보다 폰을 보면서 시험을 본 학생들의 성적이 20%나 더 낮았다.

비슷한 실험에서는 사람들이 산만해지면 대면 상호 작용에도 부정적인 영향을 준다는 것이 밝혀졌다.[9] 실험에서 서로 낯선 사람들이 짝을 지어서 상호 소개를 하고 각자가 순서대로 자기 자신에게 흥미 있고 또 의미 있는 최근에 일어난 일들을 돌아가며 소개하면서 친숙해지는 과정을 실시하였다. 실험 조건 중 하나는 실험자가 자기 폰을 피험자의 가까운 테이블에 올려 놓았다. 다른 조건에서는 같은 위치에 핸드폰 대신 노트북을 올려 놓았다. 그후 실험 참가자들에게 대화를 마치고 자기 파트너와의 상호 작용과 파트너에 대해서 평정을 실시하였다. 이 실험 결과도 앞에서 소개한 실험과 마찬가지로 핸드폰은 파괴적 기능을 하는 것으로 밝혀졌다; 핸드폰이 방에 가까이 있는 경우 피험자들은 자기 파트너가 자신에 대한 이해도와 신뢰성이 떨어진다고 반응하였다. 나아가 이 파트너와 더 많은 시간을 함께 보내도 우정이 생길 것 같지 않다고 반응하였다. 또 다른 비슷한 연구들 역시 사회적 상호 작용을 하는 동안 핸드폰이 바로 가까운 거리에 있다는 사실 자체만으로 사람들 간의 아이 콘택트가 줄고, 참여도가 떨어지고, 파트너에 대한 공감적 관심이 줄어들 뿐만 아니라 대화를 즐기는 것도 적어진다고 밝히고 있다.[10]

사회성 기술 결핍증 Social Skill Deficits

미국인의 경우 하루에 평균 10시간 정도 화면을 보며 시간을 보낸다. 그 중 5시간은 TV 화면이고, 나머지 5시간은 스마트폰 화면이다.[11] 또 미국 아동들은 평균적으로 부모나 학교 생활로 보내는 시간보다 전자 기기에 빠져서 시간을 보내는 것이 훨씬 더 많다. 다음과 같은 말을 우리는 심심찮게 자주 듣는다; "우리가 어릴 때는 서로 대화도 많이 하고, 이야기도 들려주고, 게임할 거리를 같이 만들기도 하면서 같이 뛰어 다니면서 시간을 보냈지요. 그런데 요새 아이들 생일 파티를 가보면 큰 방에 모여 둘러 앉아서는 케이크를 먹으면서 각자 자기 폰만 들여다 보지요. 참 이렇게 해서 아이들이 타인과 어울려 사는 사회성 기술을 어떻게 키울지 걱정입니다."

이런 걱정은 진짜로 적지 않은 사회 문제가 아닐 수 없다. 얄다 울스

Yalda Uhls와 동료들은[12] 초등학생의 사회성 역량을 측정하는 연구를 하였다. 연구자는 초등학교 아이들 집단으로 같은 학교를 다니면서 하루 평균 4.5시간 정도 자기 폰을 들여다 보는 아이들을 대상으로 했다. 연구 절차를 보면 우선 참가 학생들 모두가 사회성 기술이 어떤 수준인지에 대해 테스트 받는다; 구체적으로 말하면 두려움, 분노, 슬픔, 행복감 등 서로 다른 감정을 표현하는 얼굴 사진을 제시하고 이들이 보여주는 감정이 무엇인지를 알아내도록 요구한 것이다. 그 다음으로 학생들 중 1/2은 5일 여름 캠프로 보냈다. 이때 핸드폰이나 다른 기기 사용은 허용되지 않았다. 나머지 학생들은 평소처럼 집에 머물면서 핸드폰이나 다른 기기를 사용하였다. 5일이 경과한 후 두 집단의 학생들 모두 테스트에 참가하였다. 결과를 보면 5일간 핸드폰 없이 캠프에서 시간을 보낸 집단의 아이들이 사회 지능이 높아지는 뚜렷한 개선을 보여주었다.

비디오 게임을 포함한 전자 기기들이 학습을 하는 데 강력한 수단인 것은 사실이지만[13] 읽기 학습이나 타인과의 상호 작용을 배우는 데는 지금까지 우리에게 익숙한 대면 상호 작용보다 효과적이지 못하다. 소셜 네트워크 사이트에 빠져들면 사회성 기술을 개발하는 기회를 상실하는 외에 자기 중심적이고 자기애적으로 바뀐다. 그 결과 사람들은 명성, 부, 인기 등이 우정, 관용, 공동생활보다 더 중요하다고 믿게 된다.[14]

이상은 새로운 세상이 우리에게 제시하는 빙산의 일각일 따름이다. 우리가 디지털 세상에 빠져들면 여기에는 좋은 면과 나쁜 면, 즉 양면을 가지게 마련이다. 이처럼 새로운 형태의 미디어가 소개되고 도입되면 이것은 나이 어린 사람들의 가슴과 마음에 심대한 영향을 미친다는 것을 반드시 유념해야 할 것이다. 일찍이 그리스의 철학자 소크라테스는 책이라는 것이 세상에 나오자 이것이 사람들로 하여금 "망각"을 더 자주하도록 만들 것이라고 탄식했다. 1930년대 미국에 만화책들이 나오기 시작하자 부모들은 청소년 범죄가 증가할 것이라는 경고를 받았다. (이와 반대로 만화가 아닌 책들은 청소년에게 좋은 것이라고 생각하였음) 라디오, TV, 컴퓨터, 문자 보내기, 구글, 그리고 파워포인트 등은 사람들을 게으르고, 덜 지적으로 만들고, 집중력을 떨어뜨리기 때문에 결국 사회생활을 망치게 만든다는 비난을 받아왔다.[15] 그럼에도 불구하고 사람들의 인지 능력은 지난 수십 년간을 거치면서 더욱 커졌고 이 동안에도 TV, 만화책, 기술은 더욱 발전하였다. 여기에 추가하여 십대들 사이의 범죄율은 더 떨어지고 있다.[16] 앞으로도 기술은 더욱 발전하고 확산될 것이기 때문에 사람들의 삶의 방식을 더 많이 변화시킬 것이다. 따라서 이에 대처하는 좋은 방법은 부정적인 영향을 슬퍼할 것만이 아니라 그 대신 이런 도구를 좀 더 지적으로 또 적절하게 사용하는 방법을 배우는 것이다. 많은 연구들은 우리가 공부를 할 때나 일을 할 때 이메일 사이트와 트위터를 닫아놓고 하는 것이 심리 및 정서적으로 더 좋다고 밝히고 있다. 나아가 대면 대화를 할 때는 테이블 위에 폰을 올려놓지 않고 하는 것이 더 낫고 자연을 걸으면서 또 하늘과 나무 등을 보면서 대화하는 것이 훨씬 더 낫다고 밝히고 있다.[17]

우리가 미디어를 얼마나 '많이' 사용하는가에 추가해서 이를 '어떻게' 사용하는지가 중요하다. 또 소셜 미디어에 빠져들면 우울하게 되는가 아니면 기분이 좋아지는가 여부를 결정하는 핵심적 요인도 우리가 여기에 얼마나 적극적으로 참여하는가에 영향을 받는다. 당신은 다른 사람의 페북글이나 인스타그램을 볼 때 소통 없이 단지 수동적으로 스크롤만 내리는가? 아니면 코멘트를 달고, 좋아요도 누르고, 나아가 자기 자신에 대한 소식과 사진 등도 적극적으로 올리는가? 소셜 미디어를 수동적으로 '숨어서' 이용하는 경우에는 우리의 삶이 친구들의 삶보다 못한 것 같아서 기분이 가라앉고 또 뒤쳐진 느낌이 들고, 나아가 자신이 불행한 것 같이 생각된다. 따라서 소셜 미디어를 제대로 즐기려면, 다른 사람들에게 반응해야 한다. 왜냐하면 소셜 미디어는 마치 우리가 일상생활에서 하는 것과 똑같은 참여를 전제로 하기 때문이다. 우리가 온라인상에 연결이 되어 있을 때도 적극적으로 참여하고 기기가 가진 중독적 잠재력에 유념하면서 전향적으로 활용한다면 오프라인에서 하는 경험처럼 너무 번잡하거나 정신이 산만하게 되는 일 없이 상당한 혜택과 기쁨을 맛볼 수 있을 것이다.[18]

설득 Persuasion

우리는 대중 매체의 시대에 살고 있을 뿐만 아니라 대중을 '설득'하려는 시도가 두드러지는 시대에 살고 있다. 지금 여기서 어디를 둘러보아도 누군가가 우리를 가르치려고 하고 또 영향을 미치려고 한다. 예를 들면 어떤 제품을 구매하라고 권하거나 자기 목적을 위해서 돈을 기부하도록 요청하고 있다; 또 선거철이 되면 특정 후보 또는 특정 정당에 한 표를 던지도록 강권한다. 이런 설득을 하는 측은 자신들이야 말로 옳고, 늘 진실만 말하고 또 아름답다고 수많은 방식으로 우리들을 설득한다. 사람들을 설득하려는 목적을 가장 분명하게 추구하는 것이 바로 광고라 할 수 있다. 우리가 흔히 접하는 광고 대상인 치약이나 비누 나아가 일상생활에서 반복해서 사용하는 물건들은 그 제조사가 어디든 간에 거의 비슷하다. 이들 회사들은 고객인 소비자들을 설득시키기 위해서 엄청난 돈을 투자하고 자기 회사에서 생산한 제품을 사도록 요청하고 있다.

대중 매체를 통해서 영향력을 행사하는 것은 광고보다는 덜 노골적이다. 자기들은 객관적이라고 주장하는 미국 전국 방송망의 뉴스들을 예로 들어 살펴보자. 뉴스 진행자가 시청자에게 무엇인가를 팔려고 '시도'하는가? 아주 예외적인 경우를 제외하고는 아마도 그렇지 않을 것이다. 그러나 TV 뉴스 제작진은 시청자의 의견에 강력한 영향력을 행사한다. 왜냐하면 제작진이 어떤 사건을 보도할지 또 얼마나 오래 또 빈번히 방영할지를 결정하기 때문이다. 그러면 어떤 요인들을 중심으로 이 같은 선택을 하게 되는가? 이때 가장 중요한 것은 시청자의 관심을 끌 수 있는지 여부이다. 또한 뉴스는 일종의 '오락물'의 형태를 띤다. 따라서 뉴스 편집의 책임자가 매일 수천 개 이상 발생하는 지역 뉴스, 국내 뉴스, 국제 뉴스 중에서 어떤 것을 시청자에게 내보낼 것인가를 결정한다. 이런 결정에 영향을 미치는 가장 중요한 요인은 그 내용이 가지는 오락적 가치이다. 그 예로 쓰나미나 홍수가 난 도시에 대한 뉴스를(차가 떠내려 가는 것, 쓰러진 가로수 등) 보는 것이 홍수를 방지하기 위해서 사람들이 제방과 둑을 쌓는 것보다 시청자들의 눈을 TV 화면에 더 잡아둔다. 그러나 어떤 도시가 제방을 쌓는다고 결정을 하는 것이야말로 사실상 홍수 예방에는 훨씬 더 중요한 뉴스이다.

축구 경기 같이 속도감 있게 활동적으로 움직이는 시합이 체스처럼 정적인 시합보다 시청자들의 흥미를 더 끈다. 마찬가지로 폭동, 폭발, 지진, 대량 살상, 폭력 행위가 이를 사전에 예방하기 위해 사람들이 활동하는 스토리나 내용보다 훨씬 더 많이 방영될 가능성이 크다. 뉴스 진행자는 폭력적이고 파괴적 행동에 포커스를 두는 경우가 많다. 즉, 테러리스트, 살인자, 시위 참가자, 스트라이커, 경찰 나아가 통제 불능의 유명 인사 등에 관한 뉴스에 시청자들의 시선이 집중되는 것은 분명하다. 왜냐하면 액션을 보는 것이 평화롭고 질서 정연하게 행동하는 사람들을 보는 것보다 훨씬 더 흥분되기 때문이다.[19] 추가하면 가장 폭력적인 내용이 통상 방송 초반에 다루어 진다. 특히 지역 방송의 경우는 이런 경향이 강하다. 이는 마치 폭력 사건이 그날 뉴스의 핵심이라는 식의 메시지를 만든다. 어떤 기자는 이 같은 현상을 "유혈이 낭자한 사건이야말로 그날의 뉴스를 리드한다."라고 표현하였다.

이상과 같은 방송 보도는 분명히 세상에 대한 왜곡된 그림을 제시한다. 우리들을 즐겁게 해주려는 노력의 일환으로 뉴스 미디어는 부지불식간에 사람들이 오늘날에 와서는 이전보다 훨씬 더 폭력적으로 행동한다고 믿게 만든다. 앞의 2장에서 다룬 가용성 어림법에서 본 것처럼 사람들은 어떤 사건이 얼마나 쉽게 마음에 떠오르는가를 통해서 그 빈도를 추측한다. 따라서 방송이 시청자들에게 범죄와 테러라는 나쁜 뉴스들을 폭격하듯 퍼부으면 사람들은 이 세상은 단지 폭력과 재앙이 넘쳐난다고 실제보다 더 과도하게 생각하기 마련이다. 이 같은 편향은 "악이 선보다 더 강하다"라고 믿는 위험한 경향을 더욱더 반영하고 강화하게 된다. 갤럽에서 실시한 여론 조사에 의하면 조사 참가자 60% 이상이 미국에서는 범죄와 살인이 매년 증가하고 있다고 믿는다. 그런데 실제로는 지난 25년간 미국 사회의 모든 종류의 범죄율이 꾸준하게 떨어지고 있다.[20] 그럼에도 불구하고 미국 시민은 미국 사회가 범죄 천국이라는 잘못된 인식 때문에 불행하게 생각하고, 두려움을 가지며, 사회에 대해서 우울증을 가질 수 있다. 또한 이러한 잘못된 인식은 사람들의 투표 행동이나 다른 집단과 다른 나라에 대한 태도, 그리고 다른 도시를 여행하고 싶은 마음에 영향을 미칠 수 있다. (실제 미국 아이다호 시골 동네에 사는 어떤 주민은 그 동네를 방문한 뉴욕 사람에게 다음과 같이 말했다; "내가 왜 그런 위험한 곳을 여행합니까? 거기는 서로 죽이는 갱들이 날뛰는 도시잖아요!")

매스컴은 폭력 사건을 광범위하게 다룬다. 그 예로 미국 역사상 가장 큰 테러 공격에 해당되는 2001년 9월 11일 쌍둥이 빌딩 테러 사고가 발생했을 때 거의 전 미국인들은 TV 앞에 딱 붙어서 며칠이고 떨어질 줄 몰랐다. 사람들은 도대체 어떤 일이 일어나는지를 알고 싶어 했고, 이 사태가 어떻게 진행되고 진정되어 가는지를 확인하고 싶어했기 때문이다. 미국 시민들은 쌍둥이 빌딩이 무너지는 장면을 수백 번도 더 반복해서 보았다. 왜냐하면 모든 방송 채널은 이 사고를 거의 24시간 내내 쉬지 않고 방영하였기 때문이다. 그러면 시청자들은 이 수백 번 이상 방영된 사고 내용을 얼마나 많이 보았을까? 쌍둥이 빌딩이 공격 받고 2주일이 지나는 동안 CNN 방송으로 채널을 돌려서 시청한 사람들의 숫자는 667% 증가하였다. 사고가 난 그 다음날, 즉 9월 12일자 뉴욕 타임스 신문은 그 사고 전날인 9월 10일에 비교해서 약 25만 부나 더 많이 팔렸다.[21]

우리는 정보나 지식을 습득하는 것을 좋아한다. 그런데 이때 미디어야말로 결정적인 역할을 한다. 이러한 미디어에 대한 노출은 긍정적이지 않은 면도 가지고 있다. 그러나 의도 여부에 관계없이 이 같은 종류의 명료한 이미지는 우리들의 태도와 의견을 형성하는데 기여하게 마련이다. 쌍둥이 빌딩이 무너지는 광경을 계속해서 내보내는 것과 방송을 하면서 동반하는 호전적 슬로건들 — "테러에 대한 전쟁을 선언합니다.", "미국이 공격받고 있습니다.", "미국은 반격할 것입니다." 등 — 은 시청자들로 하여금 강렬한 감정을 불러일으키는 데 기여할 뿐만 아니라 미국은 이 공격에 어떻게 대응해야 할 것인가에 대한 진지한 논의를 할 가능성과 기회를 없애버렸다. 그 결과가 이라크에 대한 선전포고였다(실제 이라크는 쌍둥이 빌딩 공격과는 아무 관계도 없었다). 이라크에 대한 전쟁 선포가 의회에 상정되었을 때 반대의 목소리는 들리지도 않았고, 대다수의 미국 사람들은 이 전쟁이 말도 안되는 실수라는 것을 추후에야 알았다.

본서는 사회 심리학 책이므로 정치학 논문처럼 접근하지 않는다. 민주주의에서는 중요한 결정 — 예컨대 전쟁을 일으키는 것 — 은 합리적 절차에 따라 공공이 참여하는 논의를 반드시 거쳐야 한다. 그런데 뉴스 방송 매체에 의해서 야기된 강력한 감정은 합리적인 의사 결정을 방해한다. 나치 독일에서 아돌프 히틀러를 보좌했던 공군 사령관 헤르만 괴링은 전범 재판이 열린 독일 뉘른베르크 법정에서 사형 선고를 받기 전에 다음과 같이 말했다. "국민이란 리더가 제시하는 것을 항상 따라 하도록 되어 있다… 이때 리더가 해야 할 일은 국민들에게 지금 공격을 받고 있다고 말하고, 평화주의자에 대해서는 조국이 위험에 노출되어 있는 데도 불구하고 애국심이 없다고 비난하는 것이다. 이 방법은 어느 나라, 어떤 때에도 잘 먹혀 들어간다."[23]

미디어 전염 Media Contagion 미디어는 감정적 전염emotional contagion이라고 알려진 현상을 통해서 그 힘을 발휘한다. 이것은 어떤 사람이 보여주는 감정적 행동이 이를 보는 다른 관찰자들에게도 비슷한 감정과 행동을 촉발시키는 것을 말한다. 미국의 경우 약국에 가서(약뿐만 아니라 화장품 등도 취급함) 약을 사려고 하면, 대부분의 경우 그 종류에 관계없이 병에 안전 캡이 달려있다. 그 이유는 다음과 같은 사건 때문이다. 1982년 가을 시카고에서 청산가리 성분이 함유된 타이레놀을 복용한 7명이 사망하였다. 미디어는 비극적이기도 하고 이상하기도 한 이 사건을 대대적으로 다루었다. 그 당시는 인터넷이 없었지만 사람들은 어디에서나 이 사고에 대해 들을 수 있었다. TV나 라디오를 켜든 신문을 잡든 타이레놀 독극물 사건을 다루지 않은 매체는 어디에도 없었다. 이 사건의 대대적 보도가 미친 영향은 전국적으로 즉각 나타나기 시작하였다. 구강세정제, 안약, 흡입기, 사이다 심지어 핫도그 등에 투여된 유사 독극물 사건들이 전국 여러 도시에서 나타나기 시작하였다. "모방 독극물 사건"이라고 표현된 이 독극물 사건은 미디어로부터 더욱 폭넓은 관심거리가 되면서 점점 더 많은 스토리를 만들어내었다. 수도 없이 많은 사람들이 목이나 위에 별것 아닌 작은 통증을 느끼기만 해도 마치 독극물에 중독된 것처럼 혼란에 빠지고는 병원을 찾았다. 그러나 실제로는 이런 우려를 가진 7명 중 한 명 정도가 진짜 문제가 있었다.[24] 더구나 이런 사건들이 할로윈 데이 바로 직전에 일어났기 때문에 수십 개 지역의 공무원들은 캔디 속에 독극물을 넣는 모방 살인이 발생할까 두려워 할로윈 데이에 쭉 해오던 아이들에게 캔디 나누어 주는 행사조차 금지시켰다.

최초 발생한 시카고 범행은 결국 그 범인이 누구인지 알아내지 못하여 체포할 수 없었지만 동일범의 소행이라는 것이 거의 확실하였다. 그러나 추후 발생한 일련의 사건은 한 언론 매체가 보도한 것처럼 "치유대책이 없는 전염병"처럼 독극물 사태가 일어났고,[25] 이 자체는 "병든" 사회의 증상이며 온 나라가 "미쳐 돌아가는" 현상에 대한 상징이었다. 많은 신문들은 처음에는 독극물 사건을 자극적으로 다루더니, 추후에는 이 같은 매스컴의 관심이야말로 재앙적인 결과를 가지고 온다고 밝힌 미디어 전문가들의 비판적 코멘트를 다시 자극적으로 다루는 역설적인 상황을 스스로 만들었다.

몇 년 후, 뉴저지 주에서 4명의 10대들이 자살 서약서를 써놓고 자살을 행동으로 옮겼다. 이 집단 자살 사건이 발생한지 일주일이 지나지 않아서 미국 중서부에서도 두 명의 10대가 비슷하게 자살한 것으로 밝혀졌다. 언론에서는 십대들의 자살에 관련된 내용을 혼란과 비통함으로 다루면서 집중적으로 조명하였다. 그런데 바로 이 같은 보도야말로 약하고 우울증을 가진 십대들로 하여금 자살이 자신의 불행을 해결할 수 있는 한 가지 방안이라고 생각하도록 부추겼다. 사회학자 데이빗 필립스David Phillips와 그의 동료들은[26] TV 방송에서 특정 보도가 나간 후 10대들의 자살률이 어떻게 증가하는지를 추적하였다. 그 결과로 주요 TV 방송국들이 자살에 대해 더 많은 보도를 할수록 10대들의 자살률은 계속해서 증가한다는 사실을 밝혔다. 추종해서 자살률이 많이 높아지는 경우는 유명 인사의 자살이 매체를 통해 보도되는 경우이다. 유명한 사람은 대중에게 널리 알려져 있으므로 이들이 대중에게 미치는 영향력도 매우 크다. 마를린 먼로, 커트 코베인, 로빈 윌리엄스와 같은 인물들은 대중들의 사랑을 많이 받은 인기 연예인들이다. 그런데 우울증에 빠진 사람들이 이들의 자살을 보고 자신도 이들과 같은 행동을 할지 여부를 진지하게 고민하기 시작한다. 특히 개인이 유명인과 감성적·심리적 연결이 있다고 느끼는 경우는 특히 심하다.[27] 자살 예방을 연구하는 사람들은 언론이 자살을 강조하거나 미화하는 것을 피하고, 자살이 위기에 처한 사람들이 취할 수 있는 단순하지만 피하기 어려운 해결 방안처럼 보이지 않게 한다면 자살 전염 효과를 감소시킬 수 있다고 주장하고 있다.

여기서 언론이 타이레놀 독극물 사건이나 유명인 자살 같이 자극적인 사건을 보도해서는 안된다고 말하는 것은 아니다. 또한 언론이 폭력이나 자살을 조장하려고 '노력'한다고 말하는 것도 아니다. 그 대신 여기서 강조하고 싶은 분명한 사실은 미디어가 선택적 강조를 함으로써 사건을 보도하는 위치뿐만 아니라 이어서 일어나는 사건을 결정하는 위치에 있다는 것이다. 결국 언론의 주목이 어떤 사건에 과도하게 집중될수록 그 사건은 "전염력"이 커지고, 다른 사람들이 그 사례를 추종할 가능성 역시 높아지게 마련이다.

하루 24시간 계속되는 뉴스 보도 시대에서 사건을 보도하는 미디어의 역할은 때때로 사건 그 자체보다 더 뉴스로서 가치 있게 되었다. (물론 항상 이렇게 해온 것은 아니다. 즉, 미국 역사를 보면 매 5초마다 "긴급 속보"를 보도하지 않았던 때도 있었다.) 그러나 오늘에 와서는 어떤 큰 사건이 일어나면, 뉴스 캐스터는 그 사건만 보도하는 것이 아니라 사건을 분석하고 여기에 해설을 하는 다른 분석가들의 의견도 보도하기 때문에 흔히 이 같은 해설과 분석이 뉴스 자체보다 가치가 더 크게 마련이다. 이 같은 현상은 예전 미국 식탁에서 사용하던 소금 담는 통을 연상하게 만든다. 소금 통에 붙은 그림에는 똑같은 소금 통을 손에 든 소녀의 사진이 있는데 그 사진 안에는 동일한 사진이, 또 사진 안에는 또 같은 사진이 있었다. CNN, MSNBC, FOX 등과 같은 24시간 뉴스 채널들은 뉴스와 분석 보도를 가지고 방송 시간을 채워야 하기 때문에 이러한 중복 활동을 일상다반사로 만들었다.

미디어를 이용한 호소의 효과성

우리가 의도를 가지고 설득하고자 할 때는 어떤가? 대중 매체를 이용하여 상품들(치약, 아스피린, 대통령 후보)을 포장하고 팔고자 하는 것은 얼마나 믿을 수 있고 또 효과가 있을까? 이 방법이 효과가 큰 것은 틀림없다. 왜냐하면 만일 그렇지 않다면 기업이나 정당이 자기 상품이나 정치인을 알리는 데 매년 엄청난 돈을 쓸 이유가 없지 않는가?

다른 사례로 대부분의 부모들은 단순한 장난감을 그럴듯한 방법으로 화려하게 광고하여 아이들을 유혹하는 것을 보아왔다. 디즈니 채널, 니켈로디언, 카툰 네트워크 등 어린이용 TV 방송은 시청하는 아이들에게 아침 식사용 시리얼, 싸구려 음식이나 캔디 등을 빠른 속도로 제시한다. 이 방송들은 아이들에게 친숙한 캐릭터를 이용하여 판촉을 하여 아이들이 부모를 졸라서 상업 광고에 나오는 상품을 사게 만드는 데 그 목적이 있다. 그런데 이 같은 전략이야말로 잘 먹혀들어간다. 미취학 아동의 엄마들을 대상으로 실시한 조사에 의하면, TV 광고를 본 아이들 90% 이상이 장난감이나 음식을 사달라고 졸랐다고 한다.[30] 다른 연구에서는 연구 참여 엄마 2/3 이상이 자기 아이가 TV에서 배운 광고 노래를 따라서 부르는 것을 들었다고 보고하고 있다.[31] 실험 결과에 의하면 아이들에게 캔디바를 고를 수 있는 기회를 주면 광고에서 본 캔디바를 고를 확률이 훨씬 높았다.[32]

아이들 대부분은 상당한 시간이 지난 후에야 광고가 사실과 다르다는 것을 안다. 필자의 자녀들 경우에도 광고의 진실성에 대한 건전한 회의론을 발전시키는 데 수년이 걸리는 것을 관찰하였다. 한 조사 결과에 의하며[33] 초등학교 6학년 아이들 중 단지 12%만이 광고가 전부 혹은 거의 대부분 진실이라고 응답하였고, 고교 1학년 나이의 청소년들은 단지 4%만이 광고의 진실성을 믿는다고 답하였다. 그런데 이들이 성인이 되면 놀랄 만큼 많은 수가 광고에는 무언가 진실되지 않은 주장이 포함되어 있다고 믿었다. 교육 수준이 높은 사람일수록 광고의 진실성을 더 의심하고, 그러한 의심때문에 광고에 설득당하지 않는다고 믿는다. 설득하려는 사람이 편향되어 있다는 사실을 안다는 그 자체만으로 메시지의 영향을 받지 않는다면 좋았을 것이다. 그러나 안타깝게도 우리가 설득에 영향을 받지 않는다고 '생각'한다는 이유만으로 반드시 영향을 받지 않는다는 것을 의미하지는 않는다. 오히려 우리가 설득에 영향을 받지 않는다고 생각하는 것이 여러 종류의 설득을 더 잘 받아들이도록 할 수도 있다.[34]

소비재의 경우 광고를 많이 하면 해당 광고 제품의 구매로 이어지는 경향이 있다. 두통약의 경우가 설득하려는 자가 편향되어 있다는 사실을 알면서도 광고에 영향 받는 것을 보여주는 좋은 사례이다. 예를 들면, 잘 알려진 아스피린 상표가 A라고 하자. 이 회사는 자기 제품이 백퍼센트 순수 아스피린이라고 광고한다. 추가되는 광고 내용에는 정부에서 실시한 테스트 결과, 상품 A보다 더 강하거나 더 잘 듣는 통증 치료제는 없다고 보탠다. 그런데 사실 제조사가 주장하는 것처럼 정부에서는 어떤 제품의 효과가 적거나 또는 약효가 없다고 밝히는 일은 없다. 그 이유는 아무리 종류가 많아도 아스피린은 그저 아스피린이기 때문이다. 이를 다르게 말하면 모든 검사를 받은 제품은 모두 똑같다는 것이다. 여기서 다른 것은 단지 가격일 따름이다. 사람들은 광고를 많이 해서 친숙해진 상품 A를 약효는 같지만 별로 광고를 하지 않는 아스피린에 비해 거의 3배 이상 돈을 더 내고 산다. 나아가 어떤 제품의 경우, "의사가 추천하는" 특별한 (이름 없는) 성분이 들어 있고 이라고 강조한다. 그러나 차분히 제품 설명서를 읽어 보면 이 신비로운 성분은 예전의 싸고 좋은 아스피린에도 들어간 것이다.

대중 설득을 목표로 하는 이 같은 노골적인 시도는 애석하게도 명백한 현실이다. 광고 내용이 제품을 팔고자 하는 명백한 시도인 줄을 알면서도 수많은 소비자들은 이를 구매한다. 그 이유는 우리가 비슷하거나 똑같은 제품들을 비교할 경우에는 단지 친숙하다는 사실이 엄청난 차이를 유발할 수 있기 때문이다. 로버트 자욘스Robert Zajonc에[35] 따르면 다른 모든 조건이 동일하다면, 그 아이템이 그저 엉뚱한 단어일지라고 친숙도가 높을수록 그 아이템에 대한 매력도도 증가한다. 다시 말해 우리는 똑같은 매력을 가지고 있을 때 10회 본 얼굴을 5회 본 얼굴보다 더 선호한다.[36] 또 다른 연구는 자기 이름과 같은 글자가 들어 있는 단어들을 더 좋아한다고 밝히고 있다.[37] 어떤 연구는 사람들이 역으로 된 자기 모습을 더 좋아한다고 밝히고 있다(이것은 우리가 매일 거울을 볼 때 반대로 보기 때문이다). 반면에 친구들은 실제 이미지(친구들이 우리를 볼 때 익숙한 모습)를 더 좋아한다.[38] 만일 우리가 자극과 관련해서 본질적으로 불쾌하게 생각하는 것이 없다면 우리는 더 많이 볼수록 더 좋아하게 마련이다.

세탁용 세제를 사기 위해 슈퍼에 간다고 가정해 보자. 우선 세제들이 진열된 위치를 찾을 것이다. 여기서 수도 없이 많은 종류의 세제들을 보고는 머뭇거릴 것이다. 이 경우 우리는 자기에게 가장 친숙한 세제를 고르게 될 가능성이 크다. 왜냐하면 반복해서 제시된 광고를 통해 우리는 이 제품에 가장 많이 노출되어 왔기 때문이다. 만일 이것이 사실이라면 TV 광고 횟수를 갑자기 증가시키면 해당 제품에 대한 친숙도가 급속히 높아질 것이고, 이는 그 회사 매출 증대와 직결될 것이라고 추론해 볼 수 있다. 이에 대한 실제 사례를 살펴보자. 몇 해 전 미국 노스웨스트 뮤추얼 라이프 보험 회사는 사람들에게 자기회사가 얼마나 잘 알려져 있는지를 파악하기 위해서 회사 인지도 조사를 전국적으로 실시하였다.

조사 결과 타사들과 비교해서 전체 회사들 중에서 34위 밖에 되지 못했다. 그런데 이 회사는 2주일 후에 재조사를 실시하였다. 이번에는 회사 인지도가 3위로 껑충 뛰어 올랐다. 이 경우 회사 인지도를 거의 무명에서 유명 회사로 끌어올린 요인은 무엇이었을까? 그것은 회사가 2주일 동안 100만 달러에 달하는 TV 광고를 한 덕택이었다. 물론 친숙도가 높아진다고 해서 이것이 반드시 매출 증대로 연결되는 것은 아니다. 그러나 두 요인 사이에는 분명하게 서로 연관이 있는 경우가 많다. 실제 사례를 살펴보자. 루트 맥주는 약 5개월 간에 걸친 TV 광고를 한 후 시장 점유율을 광고 전 15%에서 50%까지 끌어 올렸다. 상업 광고의 가장 중요한 기능은 제품명을 고객의 머리 깊숙이 확고하게 심어 놓는 것이다. 이것이 해당 제품명은 반복해서 언급되지만, 다른 경쟁사 제품명은 별로 언급하지 않는 이유이다. 이를 통해 광고된 상품 브랜드야말로 소비자들 마음속에 쉽게 다가오지 못하는 상품보다 더 우수하다는 생각을 각인시킨다. 소비자가 어떤 제품을 사서 사용해보고 그것이 좋다고 생각이 들면 이것이 브랜드 충성심을 유발하게 된다. 사실 우리는 광고에 의해서 영향을 받는다는 것을 의식적으로 별로 느끼지는 못하지만, 그렇다고 해서 집에 가만히 있다가 갑자기 슈퍼에 가서 특정 맥주를 구매하게 되지는 않는다. 여기에는 학습이라는 장기적인 과정이 있게 마련이다. 이 과정을 통해서 우리는 광고를 많이 한 제품을 구매하게 된다.[39]

그러면 대통령 후보를 골라서 투표하는 것 역시 보험 회사, 맥주, 아스피린 상표 등을 선택하는 것과 동일한 결정을 통해서 이루어질까? 여기에 대한 대답은 "때때로 그렇다"이다. 선전 및 광고에 가장 많은 시간을 보낸 후보자가 때때로 가장 많은 표를 받는다.[40] 그러나 이 같은 현상이 나타나는 것은 선거전 초반에 후보자가 다른 경쟁자에 비해서 이미지를 만들고 그 결과 선거 운동의 "스토리"를 가지고 있는 경우에 한정된다.[41] TV 스팟 광고야말로 유권자의 투표 행동에 가장 큰 영향을 미친다는 주장이 있다. 특히 이 스팟 광고가 강한 감정을 불러일으키는 고도로 민감한 주제를 다룰 때 특히 효과적이다. 그 대표적인 예로 1988년 미국에 있었던 대통령 선거전이다. 이 대선은 그 당시 현직 대통령인 조지 부시와 매사추세츠 전직 주지사 듀카키스 간에 있던 접전이었다. 이 선거전은 역사상 가장 유명한 정치광고의 사례로 꼽힌다. 그 해 여름 부시 후보는 두카키스 후보보다 여론 조사에서 한참 뒤져 있었다. 많은 사람들은 부시가 듀카키스의 우세를 절대 따라잡지 못할 것이라고 생각했었다. 그런데 몇 달간의 선거 운동 기간이 지나고 투표 결과는 부시가 듀카키스를 손쉽게 이겼다. 다수의 정치 분석가들은 이 같은 역전에는 윌리 호턴이란 사람의 역할이 가장 컸다고 말한다. 실제 『타임』지는 호턴이야말로 "부시 승리의 공신"이라고 말했다.[42]

자, 그러면 윌리 호턴이란 사람은 누구인가? 그는 부시의 보좌관도 아니고 부시 측 선거 운동을 위해 기부금을 엄청 많이 낸 사람도 아니다. 사실, 두 사람은 서로 만난 적도 없다. 호턴은 형을 사는 범죄자로 복역 기간을 마치기 전에 유예 기간을 가지고 잠시 출소하는 프로그램으로 매세추세츠주에 소재하는 한 교도소에서 일시 석방된 흉악범이었다. 그런데 이 기간 중 이 흉악범은 메릴랜드주로 탈출하고 거기서 한 남자를 구타하여 의자에 묶어놓고 그 앞에서 그의 여자 사람 친구를 강간하였다 — 역겨운 이야기임에 틀림없다. 그런데 이 흉악범 호턴이 일시 석방을 받을 당시 주지사는 듀카키스였다. 부시 측 선거 운동팀은 듀카키스야말로 "범죄에 대해서 온건적"이라고 주장하면서 험상 궂은 윌리 호턴의 수배 사진과 나아가 범죄자들이 마치 회전문을 통해 들어가고 나가는 것처럼 교도소를 들락거리는 장면을 묘사하는 TV 광고를 시리즈로 방영하였다. 이 같은 광고는 많은 미국 시민들의 반향을 불러일으켰다. 시민들은 백주대로에서 일어나는 범죄를 두려워하고 있었고 형사법 체계가 희생자보다는 가해자에게 더 유리한 것이 아니냐는 의심을 가지게 되었다. 특히 호턴은 흑인이고, 피해자는 백인이라는 사실도 대부분의 백인 시청자들에게 깊이 각인되었다.[43]

여기에 대한 듀카키스의 반격은 어떠하였는가? 그는 우선 자료와 숫자를 가지고 대응하였다. 즉, 매사추세츠주는 일시 석방 제도를 실시하는 미국 내 여러 주들 중에서 하나일 뿐이라고 말하고, 심지어 (부시가 소속된)연방 정부도 연방 교도소의 재소자들에게 이 일시 석방 제도를 실시한다고 주장하였다. 나아가 그는 일시 석방 제도는 일반적으로 아주 효과적이라고 강조하였다. 그 예로 1987년에 53,000명에 달하는 재소자들이 약 200,000건 이상의 일시 석방을 받았지만, 그중 아주 낮은 비율의 재소자들만이 문제를 일으켰다고 보고하였다.[44] 듀카키스는 일시 석방 제도야말로 복역 말기의 재소자들에게 교도소 바깥 세상에 적응하는 시간을 가지게 하는 기회이기 때문에 이를 통해 그간 단절되었던 외부 세상과 가까워지게 하는 데 그 의미가 있다고 밝혔다. 끝으로 그는 만약 부시가 대통령으로 당선되어도 이 제도는 바뀌지 않을 것이라고 강조하였다.

만일 당신이 듀카키스의 연설을 들었다면 엄청 지루하지 않았을까? 사실 미국 유권자들은 그렇게 생각했다. 이때 만약 듀카키스 측에도 사회 심리학자를 브레인으로 두었다면 더 나은 충고를 받았을 것이다. 사람들이 공포에 질리고 화가 나면 사실만 가지고는 안심시키거나 설득시키기란 대단히 어렵다.[45] 그 대신 유권자가 관심을 가지고 있는 주제에 대한 해결책으로 정보가 제시되는 경우라야만 그 효과를 발휘할 수 있다. 1992년과 1996년에 있었던 두 번의 미국 대통령 선거에서 빌 클린턴은 유권자들이 가장 큰 관심을 가진 주제에 선거 운동의 초점을 맞췄다. (이는 아마 듀카키스 선거 운동에서 배운 교훈). 클린턴은 국민들의 관심이 집중된 주요 이슈인 '경제 상황'에 집중하였고, 다른 후보들이 흔히 범하던 감정적 주제에는 빠져들지 않았다.[46]

미국에서 실시된 선거들을 살펴보면 대부분 성공적으로 선거를 치른 후보들은 강력한 감정적 타깃을 설정하였다: 예컨데 범죄에 대한 두려움, 동성애 결혼에 대한 혐오감, 유니섹스 목욕탕, 부도난 은행에 대한 정부의 구제 금융, 기후 변화에 대한 두려움, 열심히 일하는 미국인들로부터 일자리를 빼앗는 이민자들에 대한 분노 등. 후보자들은 합리적으로 국민을 설득하는 것이 더 어렵다. 구제 금융에 대한 복잡한 경제 공식을 이용한 설명이나 국제 무역 협정 등으로 유권자를 설득시키기는 훨씬 더 난해하다. 2016년 미국 대통령 선거전 – 틀림없이 미국 역사상 가장 지저분한 선거 – 은 두려움, 분노, 다른 부정적 감정에 대한 선거 전략의 초점을 새로운 수준으로 끌어올렸다. 선거 운동 기간이 중반을 넘어가자 도널드 트럼프는 힐러리 클린턴 후보를 미국이란 나라를 붕괴시키는 위험하기 짝이 없는 범죄자라고 몰아세우기 시작했다. 즉, 그녀는 미국인의 일자리를 빼앗아 가는 불법 이민자들을 허용하고, 테러리스트들에게 길을 터주며, 미국인이 일해야 하는 일자리를 중국에 가져다 주고, 미국인이 가진 총기류를 빼앗아 갈 것이라고 비난하였다. 나아가 힐러리를 "못된 여자"라고 칭하면서 자기가 당선되면 그녀를 형무소에 가두겠다고 주장하였다. 힐러리는 트럼프의 이 같은 도발을 반박하는 데 점잖은 사실과 숫자를 이용하였다. 선거전이 막바지에 달할 즈음에는 두 후보 모두 거의 악마로 취급되었다. 즉, 많은 유권자들은 자신의 후보자에 대한 애정과 사랑으로가 아니라 괴물 같은 상대방 후보자에 대한 미움, 두려움, 역겨움으로 선거에 참여할 자극을 받았다.

교육, 선전, 가짜 뉴스

그러면 선전과 교육의 차이점은 무엇인가? 영어 사전의 정의에 따르면 '선전'은 "어떤 주장 및 이념을 체계적으로 주입시키는 것"이고 '교육'은 "지식이나 기술을 나누어 주는 활동"이라고 한다. 우리는 아스피린 광고는 선전이며, 소비자로 하여금 한 특정 브랜드가 제네릭보다 더 낫다고 믿도록 오도하는 데 목적이 있다는 것에 동의한다. 그런데 선거에서 후보자를 "파는 것"은 경계가 모호하다. 정치 컨설턴트들은 자기가 지지하는 후보자가 유리하도록 내보이기 위해 대중에게 정책과 후보자가 가진 덕목을 '교육'시키고자 시도한다. 우리가 지금까지 본 것처럼 정치 컨설턴트들은 '특정 정책'을 홍보하기 위하여 사실 정보를 묵살하려는 노력을 하는 경우가 있다. 미국 고등학교 역사 교과서에 나오는 "지식을 나눈다"라는 말은 어떤 의도를 가지고 하는 말일까? 지식은 무엇이고 또 누가 보는 관점에서 말하는 것인가? 옛말에 다음과 같은 것이 있다: "역사는 승자에 의해서 기록된다." 그 결과, 아주 최근까지도 미국 사회에서 여성, 흑인 그리고 그 밖에 다른 소수 민족들이 한 기여는 미국 역사책에서 거의 보이지 않는다. 이 같은 사실은 전국의 학교 교육 위원회들이 역사책이나 생물책이 무엇을 다루어야 할 것인가에 대해서 맹렬히 다투는 이유이고 따라서 교육과 선전을 구분하는 일은 매우 미묘한 문제가 될 수 있다는 것을 입증한다.

실제 어떤 교육 과정을 교육적이다 아니면 선전적이다라고 분류하는 것은 그 판단자의 도덕적 가치관과 이념에 달려있다. 필자의 자녀들이 고교생일 때 학교에서는 마약 남용에 대한 영화를 관람하도록 요구하였다. 그 내용을 보면 중독자들의 경우 처음에는 마리화나를 피우는 데서 시작한다. 학교 당국자들은 이 같은 사실 제시가 "지식을 나누는 것"의 한 가지 사례라고 보는 반면에, 마리화나를 재미로 피우는 사람들은 대부분 이 내용을 "특정 정책에 대한 체계적 선전", 즉 마리화나 흡연은 언제나 더 강한 약물 중독으로 넘어가게 된다는 신념에서 나온다고 생각한다. 다른 사례로 학교에서 실시되는 성교육의 주제를 복음주의 기독교를 지지하는 사람들이나 미국가족계획연맹 지지자들이 가지는 관점으로 접근해 보자. 한 쪽에서는 성에 대해서 가르치는 것을 '교육'이라고 보지만, 다른 쪽에서는 '선전'이라고 본다. 이와 같이 보는 것이 모든 커뮤니케이션이 극단적으로 편향되었고 일방적이라고 주장하는 것은 아니다. 이것은 사람들 사이에 의견 불일치가 빈번한 감정적인 주제를 다루는 경우에는 양측이 모두 공정하고 편파적이지 않도록 소통한다는 것은 사실상 불가능하다는 것을 의미한다.

이 같은 주제는 케이블 뉴스와 인터넷이 출현하는 바람에 좀 더 골치아프게 되었다. 왜냐하면 이런 매체의 출현은 우리가 선호하는 "정보"의 원천을 선택 가능하게 해주었기 때문이다. 예컨대, 만일 당신이 보수주의 편이라면 폭스 뉴스를 들을 가능성이 더 크고, 웹사이트 역시 세상을 우파적으로 보는 쪽을 선호할 것이다. 만일 당신이 진보주의 편이라면 MSNBC에서 제공하는 뉴스를 듣고 좌파 지향 웹사이트도 읽을 것이다. 추가하면 우리들 중 많은 사람들은 소셜 네트워크인 페이스북을 통해서 뉴스를 본다. 그런데 이것을 우리가 보는 것은 우리가 이미 믿고 있는 것을 더욱 지지하는 필터링의 결과이기 때문이다. 클릭 패턴에 따라 생성되는 알고리즘은 우리들이 가지는 이해 관계를 충족시켜 주고 우리에게 공격적이거나 지루하다고 느끼게 하는 콘텐츠는 제거시켜 준다. 그런데 이때 가장 큰 필터링은 사회성이다: 이것은 다시 말해서 우리가 소셜 네트워크로 연결된 사람들이 보고 "좋아요"를 누른 것을 주로 보게 되는 경우, 우리의 확립된 세계관에 도전을 하거나 세계관의 관점을 확대시키거나, 경우에 따라서 변화시키는 이야기를 만날 가능성은 대단히 적다. 그 결과는 인터넷 활동가인 엘리파리저가 "필터 버블"이라고 부르는, 정보의 개인화된 경험 세계이다. 그 세계에서 우리는 정보를 소셜 미디어에 입력하고, 따라서 그 정보는 우리 주의를 끌게 된다.[47] 흑인과 백인, 종교와 세속, 진보와 보수, 노인과 젊은이, 도시와 시골 — 이 각각의 "버블"은 그 자체의 관심과 태도를 가진다. 이 같은 필터링 과정은 확실히 우리가 "좋아요"를 누른 뉴스와 생각에 푹 빠져들게 할 것이다. 그 결과, 우리에게 맞는 신념 체계는 강화되는 반면, 그렇지 아니한 신념은 공격을 하거나 비웃음을 받도록 만든다. 그리고 필터는 이상과 같은 기능을 보이지 않게 하기 때문에 우리는 사실을 교묘하게 조작한 현상을 보면서도 마치 진실을 보고 있다고 생각한다.

우리는 항상 그렇게 해왔다고 생각한다 - 그러나 실제는 그렇지 않았다. 그 예로 1968년도 대다수의 미국인들은 TV 뉴스를 그 당시 유명한 월터 크론카이트로부터 들었다. 그는 참전 경험이 있는 리포터로 CBS 방송국의 야간 뉴스 담당 앵커였고, 미국 사회에서 가장 신뢰받는 사람이었다. 그해 크론카이트는 역사의 흐름을 바꾼 것으로 유명해 졌다. 그는 뉴스 방송 중 베트남 전쟁은 절대 이길 수 없다고 하는 자신의 의견을 말하였다. 그 당시 미국의 좌파와 우파는 모두 공히 그를 신뢰하였기 때문에 이들의 기존 태도가 변화하기 시작하였고, 전쟁 수행에 대한 지지도는 떨어지기 시작하였다. 그런데 오늘날에 와서는 뉴스 앵커 한 사람이 이 같은 엄청난 영향력을 행사하기란 불가능하다.[48]

오늘날 컴퓨터를 가진 사람이라면 누구나 블로거가 될 수 있고 웹 기반 신문이나 잡지를 만들 수 있다. 이를 통해 편집에 대한 감독 여부에 관계없이 뉴스를 창조하고 퍼뜨릴 수 있다. 이 같은 능력은 선전을 "가짜 뉴스"의 형태로 확산시켰으며 거짓 스토리를 마치 진실인 것처럼 포장하였다. 2016년 대통령 선거 기간 중 도널드 트럼프의 사진이 인터넷상에서 입소문이 났으며 그 사진에는 그가 대통령이 되고자 하는 수년 전에 밝힌 야망에 대한 인용문이 장식되어 있었다. 그 내용은 "만일 내가 출마한다면 공화당 후보로 출마할 것입니다. 공화당원들이야말로 미국에서 가장 얼간이 같은 집단이니까요. 그들은 폭스 뉴스에서 하는 보도는 뭐라고 해도 믿습니다. 나도 거짓말을 할 수 있지요. 그래도 공화당원들은 그대로 받아들일 겁니다. 나는 엄청난 지지를 받을 거라고 장담합니다." 이 말을 민주당 지지자들은 사실이라고 느꼈고 트럼프가 실제로 그렇게 말했을 것이라는 정서가 그들 사이에서 퍼졌다. 그래서 대부분의 민주당원들은 그것을 믿었다. 그 인용문은 가짜였다는 것이 반복적으로 드러났지만, 인터넷에 1년 이상 떠돌아다녔다.[49] 이와 비슷한 가짜 주장이 공화당 진영에서도 돌았다. 내용은 민주당 대통령 후보인 힐러리 클린턴이 수도 워싱턴에 있는 피자 식당의 성매매 업소 운영을 도와준다는 악의에 찬 비난이었다. 1장에서 보았듯이, 이 피자 식당은 끝없는 적대감의 표적이 되었고, 화가 머리 끝까지 난 시민들은 이들을 죽여버리겠다는 위협을 끊임없이 했다. 실제 노스캐롤라이나주에 사는 한 시민은 이를 알아보기 위해서 먼 거리를 왔고, 결국 식당 안으로 공격용 소총을 수차례 쐈다.

가짜 뉴스는 오늘날 설득에 대한 해결되지 않은 사실인 것이 입증되었다: 왜냐하면 가짜 뉴스란 수도 없이 많은 (종종 모르는) 정보원에서 나올 뿐만 아니라 이를 진짜 뉴스로 가공하고 공유하기가 대단히 쉽기 때문에 사람들은 무엇을 믿을지 결정하기 위해 기존의 생각과 소셜 네트워크에 어느 때보다도 더 의존한다. 이러한 환경은 제공되는 정보의 의미에 동의하면 그 정보는 교육이지만 만일 동의하지 않는 경우는 선전이라고 범주화하는 사람들의 경향을 더욱 강화시킨다.

설득에 도달하는 두 개의 주요 통로

당신은 설득적으로 주장하는 사람을 만나면 이 사람의 주장을 심사숙고하는가? 아니면 별 생각 없이 받아들이는가? 이 질문은 우리가 설득을 이해하는 데 대단히 중요하다. 2장에서 다룬 것처럼 자동적 사고과정은 우리들로 하여금 별다른 생각없이 반응하도록 만든다. 리처드 페티Richard Petty와 존 카시오포John Cacioppo에 의하면[50] 사람들은 어떤 주제가 자신과 관계가 있고 또 전문성을 가진 경우에는 심사숙고하는 경향이 있다고 밝혔다. 이때 우리는 조심스럽게 조사한 후에 주장을 한다. 그런데 경우에 따라서는 그 주제가 중요한 것임에도 불구하고 이를 조심스럽게 다루지 않는 경향이 있다. 그 이유는 그 주제에 집중을 하지 못할 때나 너무 피곤했을 경우이다. 해당 주제를 비판적으로 평가할 수 없을 때 나아가 그 주제를 어차피 받아 들일 수 밖에 없도록 제시되는 경우 등도 여기에 속한다.

페티와 카시오포는 사람이 설득되는 데는 두 가지 경로가 있다고 주장한다: 중심 루트와 주변 루트. **설득의 중심 루트**central route to persuasion는 주장하는 내용의 중요성을 살펴보고, 관계 되는 사실을 검토하면서, 그 주제를 체계적으로 숙고한 뒤에 마침내 결정을 내리는 것을 말한다. 대조적으로 **설득의 주변 루트**peripheral route to persuasion는 덜 직접적이다. 사람들은 주장의 중요성을 살펴보고 그 강도를 고려하기보다는 주장에 대한 숙고 없이 단지 주장의 옳음, 그릇됨, 매력 등을 시사하는 간단하고 관련 없는 정보에 반응한다. 예를 들어, 교도소 수감자의 재범률을 줄이는 방법에 대한 주장의 강도를 생각하는 사람은 중심 루트를 선택한다; 흉악범 윌리 호턴이 주는 이미지에 대해서 두려워하고 분노하는 사람들은 주변 루트를 선택한다. 이와 비슷하게 우리가 노트북 컴퓨터를 구입할 때 사용의 편리성, 처리 속도, 메모리 용량, 데이터 저장량 등에 근거해서 구입을 결정한다면, 이것은 주장이 가지는 논리에 영향을 받는 것이기 때문에 중심 루트를 활용한다고 볼 수 있다. 그러나 노트북 컴퓨터를 구입할 때 당신이 좋아하는 유명인이 이것을 추천해서 결정한다면, 당신의 결정은 제품과 관계없은 주제에 영향을 받은 셈이다. 이것은 주변 루트를 활용한 사례이다. 여기서 말하는 중심 루트나 주변 루트를 각각 별도로 사용하는 경우는 드물다. 대부분 사람들은 정보를 처리할 때 이 두 가지를 함께 사용한다.

변호사나 정치가들은 중심 주장과 주변 정보를 결합해서 사용한다. 그 예로 1995년에 미국 전역을 온통 힘쓴 오. 제이. 심슨O. J. Simpson의 살인 혐의 재판이 있었다. 수백만 명이 넘는 시청자들이 법원의 재판을 보기 위해 방송을 틀었고 피의자 심슨이 의뢰한 일류 변호사들로 구성된 "드림팀"은 그가 전처 및 전처의 남자 친구를 살해했다는 검찰 측 주장에 반박하였다. 2016년에는 이 사건을 다룬 이야기와 재판이 TV 시리즈로 제작되어 방영되었고 다큐멘터리로도 만들어 졌다. 재판 과정에서 가장 극적인 순간은 검사가 살인자가 끼었던 장갑을 심슨의 손에 착용해 보라고 요청하는 장면이었다. 심슨은 이 장갑을 착용하려고 애를 썼지만 그의 손에는 작아서 타이트하게 들어갔다. 여기서 심슨 변호인단의 수석 변호사 조니 코크란이 이 기회를 조금도 놓치지 않고 설득을 위한 주변 단서를 이용한 변론을 배심원들에게 펼친다. 코크란은 "장갑이 손에 맞지 않으면, 무죄입니다.If it doesn't fit, you must acquit"라고 말했다. 이 말은 대단히 설득적이었지만 이 주장이 논리적이기 때문은 아니었다. 살인자가 살인할 때 타이트한 장갑을 낄 수도 있고, 가죽 장갑은 물(피)에 젖으면 줄어들 수도 있다. 그러나 코크란의 진술은 반향을 불러일으켰다. 왜냐하면 사람들은 주장하는 진술의 질을 평가할 때 표현되는 방식에 영향을 받을 수 있기 때문이다. 코크란이 변호한 이 사건에서 그는 진술에 라임을 넣어 그의 주장이 진실일 것이라는 이미지를 배심원들에게 심어 주었다. 매튜 맥글론Matthew McGlone은[51] 사람들이 이 같은 작전에 얼마나 잘 빠지는지를 입증하는 연구를 실시하였다. 연구자는 대학생들이 라임 없이 제시되는 아포리즘woes unite enemies보다 라임을 가진 경우woes unite foes에 더 많이 설득되는 사실을 밝혀내었다. 설득의 주변 루트를 사용하는 것은 상당히 감지하기 어렵지만, 그 효과는 놀랄 만큼 크다.

근래에 와서 적절한 어휘를 선택하는 것도 (라임이 맞지 않아도) 과학으로 자리잡기 시작하였다. 정치인과 광고주는 포커스 그룹을 정하고, 그들이 도달하기를 희망하는 대중과 가장 잘 어울리는 용어, 구절, 이름을 찾아 테스트 하는 조사를 실시한다. 한 가지 사례로 대부분의 미국 시민들은 자녀가 부모로부터 엄청난 부를 유산으로 받을 때 내는 “상속세”라는 말을 사용하는 것을 좋아하였다. 그런데 이 상속세라는 명칭이 프랭크 룬츠라는 영리한 정치 컨설턴트에 의해 다르게 명명되면서부터 사람들의 의견은 바뀌게 되었다. 룬츠는 그의 리서치에서[52] 정치인들이 “상속세”를 “사망세”라고 언급하기 시작하면 사람들은 이 세법에 대해 적대적으로 돌아설 수 있다고 제안하였다. 그 이유는 “사망세”라고 하면 죽음에 대해서 불공정하게 벌을 주는 것과 같은 이미지를 상기시키기 때문이다.

정치인들이나 정치 집단들은 일상적으로 정책에 대해서 별명을 부여한다. 이것은 정치인이나 정치 집단이 정책의 입법을 통과시킬지 또는 폐기시킬지에 따라 그 입법의 진짜 내용을 착각하게 만든다. 2010년도에 건강보험개혁법ACA은 거의 실패할 뻔 하였다. 그 이유는 어떤 정치인이 이 법안의 한 조항이 의사나 보험 회사가 임종 직전까지 간 불치병 환자의 운명을 결정할 수도 있다고 주장하였기 때문이다. 이 법안에 대해 공격하는 측은 법안 통과 결정 미팅을 “죽음의 패널”이라고 지칭하기 시작하였다. 어떤 하원의원이 말한 것처럼 이는 마치 모르는 사람이 “임종 직전의 고령의 할머니 몸에 부착된 응급 처치 장비를 뽑아 버리는 것”을 결정하는 의미를 내포하였다. 그 조항은 사실은 임종 직전의 환자를 위한 옵션을 고려하여 환자와 의사 간의 진료비를 보험 회사가 지불에 해야만 한다는 것이었다. 따라서 “죽음의 패널”이라고 표현으로 생기는 이미지와는 거리가 멀었다. 나아가 ACA 법안은 반대파가 가져다 부친 폄하된 타이틀(오바마 케어) 때문에 그 인기가 엄청나게 떨어졌다. 사실은 똑같은 법안임에도 불구하고 더 많은 미국 시민들은 오바마 케어보다 ACA를 찬성하였다.

2001년에 미국 농업부는 "LFTBlean finely textured beef"라는 고기 첨가물을 승인하였다. 이 첨가물은 지방 부위를 증대시키지 않고 연하게 간 쇠고기 포장을 늘리고자 고안되었다. ABC 뉴스에서 미국 간 쇠고기 공급량의 70%에 들어가는 페이스트 같은 첨가제의 사용에 의문을 제기했을 때 그 물질을 '핑크 슬라임pink slime'이라고 언급하였다. 대중의 반응을 상상해 보라! 학교 급식과 슈퍼마켓에서 이 물질을 못 쓰고 못 팔게 해달라는 청원이 줄을 이었고, 그 안전성에도 불구하고,[53] 생산업자는 고객들을 잃어버렸다. 마침내 피해자 측은 방송국에 10억 달러 이상에 달하는 소송을 제기하였다. 그것이 사실이든 거짓이든 우리 머릿속에 딱 떠오르는 이미지가 우리의 신념, 감정, 행동 등에 영향을 미치고 이 이미지는 그 대상에 부여된 특정 단어에 좌우된다. 단어는 사실에 대한 우리의 생각을 압도하는 강력한 이미지와 감정을 만든다.

이상을 정리해 보자. 만일 우리가 다른 사람을 설득하고자 한다면 그 주제가 설득 대상이 되는 사람들에게 얼마나 중요한가, 그리고 그들이 그 주제에 대해서 얼마나 알고 있는가를 반드시 알아야 한다. 대상이 그 주제에 대해서 잘 알고 또 알고 싶은 동기를 가지고 있다면, 설득적 호소에 강하고도 논리적인 주장을 포함시키는 것이 좋다. 반면, 대상이 해당되는 주제에 대해서 관심이 없고 또 그 주제를 충분히 알고 있지 않다면, 이들을 설득시키기 위해서는 메시지와 밀접한 관계가 있는 질 좋은 주변 정보를 사용하는 것이 바람직하다. 그런데 이 방법은 일시적으로만 유용하다. 그러나 만일 당신이 자기 자신의 설득 메시지가 오랫동안 유지되길 원한다면 주변 정보에만 전적으로 의존하는 설득보다 설득 대상자들이 주장 내용을 체계적으로 처리하도록 하는 설득이 더 오래 지속된다는 것을 밝히고 있는 실험 연구가 도움을 줄 것이다.[54]

이제 우리는 커뮤니케이션 및 설득을 좀더 효과적으로 하기 위해서는 다음과 같은 3가지 핵심 요소에 대해서 관심을 가져야 한다: (1)커뮤니케이션의 원천(누가 그것을 말하는가). (2)커뮤니케이션의 본질(의사 전달자가 어떻게 말하는가?). (3)청취자의 사고 방식과 특성(누구에게 말하고자 하는가?). 이상을 다른 식으로 표현하면 누가, 누구에게, 무엇을 말하는가로 정리된다. 다음에 이 내용을 각각 별개로 살펴보자.

커뮤니케이션의 원천 The sources of communication

우리는 신뢰하는 사람에 의해 가장 쉽게 설득 당할 가능성이 크다. 그러면 신뢰는 어떻게 결정되는가?

신뢰성 몇 년 전 TV 심야 토크쇼에 출연한 시인 알렌 긴스버그를 본 적이 있다. 긴스버그는 소위 비트 제네레이션의 가장 인기있는 시인 중 한 명이었다. 그가 쓴 시 "아우성Howl"은 1950년대 기성 문단에 큰 충격을 주었다. 긴스버그는 이날 토크쇼에 출연해서 또 다시 충격적인 행동을 보였다. 그는 자기의 동성연애(그 당시 미국 사회에서는 대부분의 사람들은 동성연애를 쇼킹한 것으로 받아 들였음)에 대한 자랑을 마치자마자 곧 바로 세대 차이에 대해 말하며, 젊은 사람과 나이 든 사람이 서로를 얼마나 오해하고 있는가를 다루기 시작하였다. 카메라가 그를 잡았을 때, 그는 뚱뚱하고 수염이 덥수룩했으며 돌 맞은 사람처럼 약간 과격한 모습을 보였다. 그는 또 대머리에 머리 양측에만 머리카락을 길러서 내려뜨리고, 구멍이 난 요란한 무늬의 티셔츠를 입고 있었으며 목에는 몇 줄의 구슬 목걸이도 걸치고 있었다. 그는 청소년 문제에 대해서 진지하게 말하고 있었으나 스튜디오 방청객들은 그를 비웃고 있었다. 이런 장면을 보면서 필자는 자기 집에서 TV를 시청하는 사람까지 포함하여 다수의 시청자들은 그가 하는 말의 내용이 아무리 좋고 진지해도 그렇게 받아들일 것 같지 않다는 생각이 들었다. 그의 외모가 이미 청중의 반응을 십중팔구 결정지었다. 과학자로서 필자는 이 거친 눈빛의 시인 긴스버그를 점잖게 차려입은 아이비리그 대학 교수와 바꿔치기 하는, 즉 교수는 입만 움직이고 말하는 내용은 카메라 뒤에서 긴스버그가 하는 식으로 상상해 보았다. 짐작하건대 만일 이 같은 상황이 연출된다면, 긴스버그의 주장은 좀 더 잘 받아들여졌으리라 생각된다.

그러나 이 같은 필자의 공상은 필요없게 되었다. 왜냐하면 이런 문제를 다룬 실험이 이미 실시되었기 때문이다. 실제로 설득에 미치는 명성의 효과에 대해서는 아주 오래전부터 다루어져 왔다. 기원전 300년경 세계 최초로 사회 심리학 책을 저술한 아리스토텔레스는 다음과 같이 기록하였다:

> "훌륭한 사람이 말할 때, 그렇지 않은 사람이 말할 때보다 우리는 더 잘 믿게 된다. 이러한 현상은 전달하는 내용과 관계없이 일반적으로 적용된다. 특히 확실한 답이 없는 질문이나 의견이 서로 엇갈리는 경우에는 이 원칙이 절대적으로 적용된다. 일부 학자들이 수사학에 관한 저술에서 주장하는, 즉 말하는 사람이 가지는 개인적 훌륭함이 설득력을 높이는 데 아무런 기여도 하지 못한다는 것은 사실이 아니다. 그와 반대로 말하는 사람의 훌륭함이야 말로 가장 효과적인 설득 수단이다."[55]

이 같은 아리스토텔레스의 관찰이 2,300여 년이 훨씬 지나서야 과학적 검증의 대상이 되었다. 이를 연구한 학자는 칼 호블랜드Carl Hovland와 월터 와이스Walter Weiss였다.[56] 이들이 한 연구는 의외로 단순하다. 이들은 어떤 특정한 견해를 주장하는 전달 내용을 다수의 사람들에게 제시하였다. 이때 다룬 주제는 '핵잠수함을 건조하는 것은 가능하다'에 대한 것이다(여기서 우리가 참고해야 할 점은 이 실험이 실시된 1951년 경에는 원자력을 잠수함 건조에 이용한다는 것은 단지 꿈에 불과하였다는 사실이다). 실험 내용을 살펴보면 우선 한 집단의 피험자들에게는 위의 주장이 상당히 신뢰성이 있는 사람이 한 말이라고 정보를 주었고, 다른 집단의 피험자들에게는 똑같은 주장이 신뢰성이 낮은 사람으로부터 나왔다고 알려주었다. 좀 더 구체적으로 살펴보면 핵잠수함이 머지않은 장래에 건조될 것이라는, 즉 앞의 주장은 그 당시유명하고 또 존경받는 원자 물리학자 오펜하이머가 한 말이라고 알려주었고, 후자는 미국 사회에서는 객관성과 신뢰성이 떨어지는 소련 공산당 기관지 『프라우다』 신문에서 나온 말이라고 알려주었다. 결과를 보면 오펜하이머의 주장이라고 전해들은 다수의 피험자들은 자신의 의견을 바꾸어서 핵잠수함 건조 가능성에 대해 더욱 굳게 믿게 되었다. 이와는 반대로 『프라우다』 신문으로부터 이 말이 나왔다고 전해들은 피험자들은 자기 의견을 바꾸는 경우가 매우 드물었다.

이 같은 현상은 다른 심리학자들에 의해서도 거듭 확인되었다. 후속 연구에서는 여러 가지 다양한 주제를 선정하고 이 주제들이 서로 다른 여러 전달자들로부터 내용이 나왔다고 조작하면서 실험을 반복 실시하였다. 이들 연구들도 그 결과는 앞의 실험과 동일하였다. 여기서 다른 내용을 살펴보자. 우선 청소년 범죄에 대한 태도를 변화시키는 데는 가정 법원 판사가 하는 말이 일반인이 하는 말보다 더 효과적이었다. 유명한 시인이나 비평가가 한 말이 시의 장점에 대한 의견을 바꾸는 데는 더 효과적이었다. 나아가 항히스타민제를 처방전 없이 판매해도 좋은가에 대한 의견을 변화시키는 데는 전문 의학 잡지가 미치는 영향이 컸다. 자, 그렇다면 학자, 판사, 시인 나아가 전문 의학 잡지는 『프라우다』 신문이 가지지 못한 어떤 특성을 가지고 있는가? 어떤 요인이 효과성에 차이를 내는가? 아리스토텔레스가 "사람들은 '훌륭한 사람'이 하는 말을 신뢰한다."라고 말했을 때 그는 높은 도덕성을 가진 사람을 지칭하였다. 호블랜드와 와이스는 "신뢰성"이란 용어를 사용하였다. 이들은 아리스토텔레스가 한 정의에서 "도덕성"이란 의미를 제거하였다. 오펜하이머, 가정 법원 판사, 유명한 시인 등은 모두 신뢰성이 있다고 말할 수 있다. 다시 말하면 이들은 전문가이며 믿을 수 있다. 그렇다고 해서 이들이 반드시 "훌륭한" 사람일 필요는 없다. 왜냐하면 우리는 신뢰할 수 있고 또 자기 주장에 대해 지식을 가진 사람으로부터 영향을 받기 때문이다. 오펜하이머와 같은 물리학자가 원자력에 관해 자기 의견을 피력하거나 유명 시인이 시를 논할 때 사람들이 영향을 받는 것은 당연하다. 왜냐하면 이들은 전문가이면서 믿을수 있는 사람이기 때문이다.

그런데 동일한 의사 전달자의 말을 듣더라도 모든 청중이 똑같이 영향을 받는 것은 아니다. 또한 같은 의사 전달자라 하더라도 어떤 사람에게는 신뢰성이 더 높고 다른 사람에게는 더 낮을 수도 있다. 특히 의사 전달자가 가진 주변적 특성이 사람에 따라서는 크게 확대되기도 한다. 이 같은 특성이야 말로 의사 전달자의 설득력을 높이거나 낮추는 데 작용한다.

이 같은 현상은 필자와 버튼 골든Burton Golden이 실시한 실험에서[57]

입증되었다. 이 실험에서 초등학교 6학년 학생들에게 수학의 중요성을 강조하는 연설을 들려주었다. 실험에서 첫 번째 전달자는 좋은 대학 출신의 최고 수준의 일류 엔지니어라고 소개하였고, 두 번째 조건의 전달자는 식당에서 접시 닦는 일을 하는 사람이라고 소개하였다. 예상한 것처럼 학생들의 산수에 대한 태도에 영향을 주는 데는 엔지니어가 한 연설이 접시닦이가 하는 것보다 훨씬 더 효과적이었다. 이 결과는 이전 연구들과 일치하였다. 그러나 결과 자체가 너무나 당연해서 흥미로운 것이 별로 없었다. 추가적으로 실시된 연구에서는 의사 전달자의 인종 요인을 변화시켰다. 한 조건에서 백인을, 다른 조건에서는 흑인을 전달자로 등장시켰다. 그런데 이 실험을 실시하기 몇 주 전에 설문지를 통하여 모두 백인인 연구 대상 학생들에게서 흑인에 대한 편견 정도를 측정하였다. 그 결과는 놀라웠다. 흑, 백 전달자들이 동일한 내용을 말했는데도 불구하고 흑인에 대한 편견을 가진 아이들은 백인 엔지니어보다 흑인 엔지니어로부터 영향을 덜 받았다. 반면, 흑인에 대한 편견이 적은 아이들은 흑인 엔지니어로부터 더 큰 영향을 받았다. 피부색과 같은 작은 특징이 전달자의 신뢰성에 영향을 미친다는 것은 비합리적이라고도 생각할 수 있다. 이상적으로 본다면, 피부색에 관계없이 권위 있는 엔지니어는 6학년 아이들에게 수학의 중요성을 말할 때 영향을 미칠 수 있어야 한다. 그러나 본서를 통해 독자들이 학습한 것처럼 현실은 이것과 다르다. 아이들이 가진 인종에 대한 태도에 따라 백인 전달자보다 흑인 전달자의 영향이 더 크기도 하고 더 작기도 했다.

이런 종류의 행동은 적응하기 힘든 것처럼 보인다. 왜냐하면 만일 수학에 대한 대화가 자신의 의견에 영향을 미치는 정도에 따라 우리의 삶의 질이 좌우된다면 전달자의 전문성이야말로 대단히 중요한 요인이 되어야 하기 때문이다. 그런데 피부색과 같은 별로 관계없는 요인이 설득에 대한 수용성을 증가 또는 감소시킨다면 이것이야말로 우리가 부적응적으로 행동하고 있다고 볼 수 있다. 실제로 광고야말로 이 같은 측면에서 우리가 가진 비합리성에 의지할 뿐만 아니라 누가 전달하느냐 하는 사람 요인을 잘 이용한다 — "귀여운 새끼 도마뱀이 우리에게 보험을 팔기도 한다." 그런데 흔히 이같이 전달자가 누구인지가 소비자가 보는 주변적 단서의 전부일 수도 있다. 미국 시민들은 1950년부터 수십 년 동안 이 같은 광고를 보아왔다. 60년대는 아침 식사용 시리얼 광고에 올림픽 10종 경기 메달리스트 밥 리처드가 독점해서 출연하였다. 70년대에는 브루스 제너로 교체되었다. 80년대는 체조 선수 매리 루 레턴이었고 그 후에도 유명한 운동선수들이 계속해서 출연하였다. 이 같은 사례는 대중에게 시리얼 광고를 하는 데는 유명한 영양학 교수보다 운동선수가 더 효과적인 전달자라는 사실을 밝혀준다.

이 같은 현상은 과연 정당한 것인가? 또 사람들이 유명한 운동선수가 광고에 출연했다는 이유만으로 영향을 받는가? 유명 선수가 경기장에서 보여주는 뛰어난 기술에는 찬사를 보낸다고 하더라도 그들이 추천하는 상품의 품질을 믿으라고 한다면 그렇게 할 것인가? 우리는 이들이 특정한 시리얼이나 운동화를 광고할 때 엄청난 광고 출연료를 받는다는 사실을 잘 알고 있다. 필자 생각에는 대부분의 사람들은 다음과 같이 생각할 것이다: '어림도 없지. 나는 르브론이 휘티스를 먹고 나이키 운동화를 좋아한다는 이유 때문에 똑같은 시리얼이나 운동화를 구매하지는 않을 거야. 혹시 다른 사람들은 유명 선수가 하는 말에 귀가 솔깃해서 곧바로 상점으로 달려가 물건을 살지 모르지만, 나는 내가 아무리 좋아하는 운동선수가 그런 말을 하더라도 믿지 않겠어. 어떻게 해서 번 돈인데!" 하지만 자기 행동에 대한 이런 장담이 정말 맞을까? 이에 대한 답을 찾기 전에 신뢰성이란 요인에 대해 좀 더 자세히 살펴보자.

신뢰는 전달자의 설득 효과를 결정하는 데 분명히 주요 요인이다. 앞에서 소개한 초등학교 6학년생을 대상으로 한 애런슨-골든이 실시한 실험에서 이들이 백인 엔지니어보다는 흑인 엔지니어로부터 영향을 덜 받는 결정적 이유는 흑인을 신뢰하지 않았기 때문이라 하였다. 만일 이것이 사실이라면, 그래서 우리가 청중에게 의사 전달자가 믿을 만하다는 분명하고 자명한 증거를 제시한다면 그는 매우 설득적이어야 할 것이다.

의사 전달자는 어떻게 하면 자신이 대중으로부터 신뢰받는 사람으로 보이게 할 수 있을까? 한 가지 방법은 자기 이익과 상반되는 주장을 하는 것이다. 전달자가 우리를 설득해서 이익이 될 것이 없다면(또는 무엇인가 손해를 본다면) 우리는 그를 신뢰하게 될 것이고 나아가 그의 설득력은 증대될 것이다. 이에 대해서는 다음과 같은 설명이 이해에 도움이 될 것이다. 마약의 일종인 헤로인 밀수 판매로 기소된 한 상습범이 미국 사법 제도가 너무나 쉽게 중벌만 내린다고 주장한다면, 이것이 우리에게 영향을 미칠 것인가? 아마도 그렇지는 않을 것이다. 왜냐하면 대부분 사람들은 상습적인 범죄자에 호감을 가지지 않을 뿐만 아니라 이들은 믿을 수 없는 사람이라고 여겨지기 때문이다. 이 같은 범죄자는 앞에서 아리스토텔레스가 말한 훌륭한 사람의 범주에 들지 않는다. 그런데 앞의 범죄자가 반대로 미국 형사 재판 제도가 너무나 관대해서 범법자도 변호사만 잘 고용하면 법망을 뚫을 수 있을 뿐 아니라 유죄 판결을 받아도 형량을 줄일 수 있다고 주장한다고 가정해 보자. 이경우 이 범죄자의 발언이 우리에게 영향을 미칠까?

이 같은 경우는 우리에게 영향을 미칠 것이 확실하다. 이를 밝히는 실험을 일레인 왈스터Elaine Walster, 다시 에이브러함스Darcy Abrahams, 필자가[58] 실시하였고, 그 결과는 우리가 세운 가설을 지지하였다. 우리가 실시한 실험에서 한 신문 기자가 이태리 마피아의 한 사람인 조 "어깨" 나폴리타노(이름도 우리가 만듦)라는 범죄자와 인터뷰한 내용을 신문 기사처럼 편집해서 피험자들에게 보여주었다. 한 실험 조건에서 범죄자는 형사 처분을 좀 더 엄격하게 하고 형량도 더 늘려야 한다고 주장한다. 다른 실험 조건에서 재판은 좀 더 관대하고 형량 역시 가벼워야 한다고 주장한다. 우리는 또한 동일한 조건에서 동일한 진술이 존경받는 공직자가 주장한 것으로 두 집단의 피험자들에게 제시하였다. 결과를 살펴보면 법정 판결이 좀 더 관대해야 한다는 "어깨" 조의 주장은 설득력이 전혀 없었다. 그 대신 이것은 역으로 작용하여 사람들의 의견은 부정적으로 바뀌었다. 그러나 그가 범죄자에 대해서 좀 더 강력하고 준엄한 재판이 필요하다는 주장을 했을 때는 존경받는 공직자가 동일한 주장을 했을 때와 마찬가지로 매우 큰 설득 효과가 나타났다.

이 연구 결과에 따르면 아리스토텔레스의 주장이 전적으로 맞는 것은 아니라는 것을 보여준다. 전달자가 설득을 통해서 스스로 이득을 볼 것이 없거나 손해를 볼 수도 있는 분명한 조건에서라면 그가 호감이 안 가고 비도덕적인 경우에도 설득 효과가 있었다. 그러면 이 실험에서 "어깨" 조가 이처럼 효과적인 전달자인 이유는 무엇인가?범죄자가 자기 자신에게 불리한 주장을 한다면 우리는 그가 하는 주장이 대단히 설득력이 있다고 유추하게 되고 그 자신이 진심에서 하는 말이라고 믿게 된다. 다른 예로 수백만 명의 미국 흡연가들을 대상으로 금연 운동을 하는 데 전 재산을 바친 사람이 있다. 그는 레이놀즈 담배 회사를 창업한 할아버지로부터 수백만 달러를 상속받은 패트릭 레이놀즈이다. 그는 흡연 때문에 생긴 질병의 희생자들에게 담배 회사를 상대로 소송을 하라고 권할 정도로 강력한 반대 운동을 벌였다. 사람들은 이 같은 행동에 대해 그의 진정성을 의심하지 않았다.[59] 아이스크림 회사 베스킨라빈스를 창설한 아버지로부터 엄청난 재산을 상속받은 존 라빈스는 베스트셀러가 된 채식 다이어트에 관한 책을 썼다. 그의 책은 유제품을 먹지 말라는 내용으로 그의 주장은 많은 사람들에게 영향을 미쳤다. 이처럼 우리가 지키고자 하는 이익에 반하는 주장을 한다면, 사람들은 경청할 것이다.

신뢰성을 높이는 다른 방법은 시청자가 전달자들이 자기를 설득하려고 시도하는 것이 아니라고 생각하게 만드는 것이다. 그 예로 몇 년 전 미국의 증권 회사 E. F. Hutton이 아주 성공적인 TV 광고물을 제작하여 방영한 적이 있다. 광고 내용을 보면 손님이 많아서 시끄러운 레스토랑에서 두 사람이 사적 대화를 나누는 장면으로부터 시작된다. 한 사람이 헛튼 회사로부터 받은 투자 정보를 말하자 레스토랑은 갑자기 쥐 죽은 듯이 조용해 진다. 레스토랑에 있든 모든 사람들, 즉 웨이터, 손님, 식당 보조원 등은 모두 정보를 엿들으려고 귀를 쫑긋 세운다. 이때 아나운서는 "Hutton이 말하면 귀를 기울입니다"라고 말한다(유투브에서 이 광고를 볼 수 있다). 이 광고가 시사하는 점은 분명하다: 레스토랑에 있던 사람들은 자신을 설득하려는 의도가 배제된 주식 투자에 대한 조언을 우연히 엿듣게 된 셈이다. 결과적으로 이런 정보야말로 더욱 가치있는 것처럼 느껴진다. 이처럼 의사 전달자가 영향을 미치려고 노력하지 않을 때 그의 영향력은 증가하기 마련이다.

이 같은 사실은 일레인 왈스터와 레온 페스팅거Leon Festinger가 실시한 실험에서[60] 발견되었다. 이들의 실험에서는 두 명의 대학원생이 대화를 나눈다. 한 대학원생이 어떤 주제에 관해 전문가로서 자기 의견을 제시한다. 이때 한 학부생이 이 대화를 우연히 엿듣도록 허용하였다. 한 실험 조건에서는 대학원생들에게 자신들의 대화 내용을 엿듣고 있는 학부생이 옆방에 있다는 사실을 확실히 알려주었다. 따라서 대화 내용이 학부생의 의견에 영향을 미치도록 의도적으로 설계되었다고 파악된다. 그러나 다른 조건에서는 대학원생들이 옆방에 학부생 피험자가 있다는 것을 모르는 상태에서 대화를 나눈다고 믿도록 설계하였다. 결과를 보면 두 번째 조건에서 학부생의 의견이 대학원생들이 주장한 의견 쪽으로 더 많이 변화하였다. 이상을 정리하면 학부생 피험자들은 대학원생들이 무엇을 말하고 있는지 알았고, 게다가 누구의 생각을 바꾸려고 노력하고 있지 않다는 것도 알았다.

매력과 유사성 지금까지 살펴본 연구 결과가 특정한 시리얼을 사 먹도록 요구하고 또 나이키 신발을 신으라고 요청하는 것과는 어떤 관계가 있을까? 이들 광고들은 우리들에게 영향력을 미치려고 시도하는 것은 분명하다. 아니면 광고 출연자들이 자기 자신의 이익을 위해서 출연하는지도 모른다. 휘티스나 나이키 같은 회사들은 자기 제품을 판매하기 위해 천문학적인 돈을 유명한 운동선수에게 지불한다. 그러나 놀랄 만큼 많은 출연료를 지불한다는 사실 자체만 가지고 광고에 출연한 운동선수들이 신뢰할 만하다는 것을 보증하는 것은 아니다. 그러면 이들의 광고 출연이 별 효과가 없다는 말인가? 그렇지도 않다.

먼저, 우리는 매력이 있다고 생각하는 사람을 신뢰하는 것을 좋아하는 경향이 있다. 따라서 상품을 광고하는 운동선수들이 엄청난 출연료를 받는다는 사실을 충분히 주지하지 않는다면, 우리는 주변적으로 설득당할 것이다.[61] 두 번째로, 비록 광고를 하는 운동선수의 보증을 믿지 않는다고 해도 이것이 이들이 광고하는 상품을 우리가 구매하지 않는다는 것을 의미하는 것은 아니다. 왜냐하면 매력과 좋아하는 것은 설득을 시키는 데 있어서 강력한 요소이기 때문이다. 이는 당사자가 전문성이 좀 떨어지고 우리를 설득함으로써 그 반대급부를 받는다고 해도 유효하다. 저드슨 밀스Judson Mills와 필자는[62] 실험을 통해 아름다운 여자가 자기 아름다움과 전혀 관계가 없는 주제에 대해 자기 의견을 주장할 때, 그녀가 아름답다는 조건만으로도 청중에게 큰 영향을 미칠 수 있다는 사실을 밝혔다. 나아가 그녀가 청중에게 자신이 영향을 미치기를 원한다고 공개적으로 밝혔을 때 그 영향력이 가장 크게 나타났다. 앨리스 이글리Alice Eagly와 셸리 차이켄Shelly Chaiken 그리고 동료들의 실험에서는[63] 청중은 자기들이 좋아하는 설득자일수록 설득을 당하는 효과가 더 크게 나타난다는 기존 연구 결과를 반복하여 지지하였다. 또 이 연구에서 피험자들은 아름다운 사람이 자기들이 생각하는 것과 같이 생각하기를 기대한다는 사실도 보여 주었다. 매력적인 설득자가 우리를 더 잘 설득한다는 것은 조금도 이상하지 않다.

우리는 전달자의 매력도와 그가 전하는 메시지의 바람직한 정도를서로 연결시켜 보았다. 그 결과 사람들은 좋아하는 사람으로부터 영향을 받고 또 자기와 비슷하다고 지각하는 사람으로부터 더 큰 영향을 받는다. 또한 우리가 전달자를 좋아한다면, 이때는 자기가 가진 의견까지 변화시킴으로써 그 사람을 기쁘게 해주려고 노력하는 것처럼 행동한다. 그런데 이 같은 현상은 단지 다루는 주제가 사소한 경우에만 해당된다. 운동선수와 유명 인사는 우리가 하는 시리얼 선택에 영향을 미칠 수 있고, 예쁜 여자나 잘 생긴 남자는 어떤 추상적인 주제에 관해서 자발적이든 또는 비자발적이든 상관없이 자기 의견에 동의하도록 영향을 미칠 수 있다. 그러나 이 같은 방법으로는 총기류 통제나 낙태 등과 같은 우리가 강력하게 동의하지 않는 주제에 대해서 자기 입장을 지지하도록 영향력을 미치는 것은 쉽지 않다.

마지막으로 다음과 같은 질문을 제기해 보자: 자기의 입장을 확신을 가지고 말하는 전달자 또는 걱정을 가지고 말하는 전달자 중 누구를 더 신뢰할 수 있는가? 대부분의 경우 우리는 더듬거리면서 애매모호하게 말하는 사람보다 자신감 있는 전달자를 더 믿는다. 이때 사람들은 자신감을 전문성과 진실성의 척도로 받아들인다. 그러나 만일 우리가 상대방이 큰소리 치는 것을 의심한다면 - 어떤 사람이 우리들에게 숨겨진 의도를 가지고 어떤 것을 믿게 한다든지 또는 상품을 사도록 설득시키고자 노력한다면("이 마술 토닉은 당신의 품격을 반드시 높여줄 것입니다!"), 이 같은 극단적인 자신감은 우리의 의심을 불러 일으킬 수 있다.

이상을 요약해보면, 우리들에게 영향을 미칠 가능성이 가장 큰 전달자는 전문가이면서 신뢰성 있는 사람으로 여겨지는 경우이다. 이때 이들의 신뢰성과 효과성은 다음과 같은 방법으로 증진된다:

- 이들이 자기 개인적 이익과는 상반되는 입장을 취하는 것처럼 보이는 경우
- 우리들의 의견에 영향을 미치려고 노력하는 것처럼 보이지 않는 경우
- 특별히 매력적이고 호소력이 있는 경우 - 적어도 우리의 의견에는 영향을 미치지만 우리의 심층적 태도에는 관계되지 않을 때
- 전달자의 주장에 자신감이 있을 때. 왜냐하면 자신감은 전달자의 동기를 의심할 이유가 없는 한, 신뢰성을 증진시킨다.

의사소통의 본질

소통, 즉 커뮤니케이션에는 여러 가지 종류가 있다. 이들 소통의 차이가 효과성을 결정한다. 다음에 소통에 작용하는 다섯 차원을 살펴보자:

(1) 청취자의 이성에 호소하는 것이 더 설득적인가? 또는 감정을 유발하는데 초점을 두는 것이 더 설득적인가?

(2) 개인의 생생한 경험을 소개하면서 호소하는 것이 더 설득적인가? 아니면 반박할 여지없이 명백한 통계 자료를 근거로 호소하는 것이 사람들을 더욱 동요시키는가?

(3) 소통을 청취자 입장에서 하는 것이 더 효과적인가? 즉 이들의 아이덴티티에 부합하도록 하는 것이 더 효과적이가?

(4) 일방적 입장만 주장하는 것이 더 설득적인가? 아니면 반대 견해도 제시하는 것이 더 설득적인가?

(5) 청중이 가진 원래 의견과 전달자가 제시하는 의견 간의 차이는 의사소통의 효과와 어떤 상관관계를 가지는가?

논리적 호소 대 감성적 호소 앞에서 언급한 것처럼 도널드 트럼프가 대통령 후보로 처음 출마했을 때 그는 감성적으로 충만한 플랫폼을 운영하였다. 미국에 들어오려고 하는 이민자, 테러리스트, 그밖에 정체 불명의 외국인들에 대한 공포심을 조장하였다. 트럼프는 이들이야말로 강간범이고, 살인자, 나쁜 사람들이라고 주창하였다. 몇 년 전 부시와 듀카키스가 미국 대선에서 대결할 때 죄수들의 임시 석방 제도가 성공적이라고 통계 자료까지 인용하여 설득했지만 낙선한 듀카키스처럼 클린턴 역시 트럼프의 공세를 이겨내지 못했다. 트럼프는 전국의 여러 지역에 걸친 인구 변동 및 경제 변화를 공포감과 연결시켜 선거 운동을 하였다. 앞에서 윌리 호턴이란 범죄자를 대상으로 감정적 선거 운동을 한 부시 진영이 대선에서 승리한 것과 트럼프가 대통령이 된 것은 감정적 호소가 더 설득력이 있다는 사실, 특히 이것이 공포감을 유발하는 경우에는 이성적으로 접근하는 것보다 더 효과적이라는 것을 보았다. 그러면 공포를 유발하는 것이 왜 그리고 언제 잘 먹히는가? 또 어떤 경우에 역효과가 나는가?

몇 년 전에 필자가 살던 지역에서는 충치 예방 방안으로 수돗물에 불소 첨가 여부에 대한 찬반 투표가 있었다. 먼저 수돗물에 불소 첨가를 옹호하는 측은 논리적이고 합리적으로 보이는 캠페인을 벌였다. 유명한 치과 의사가 불소 사용의 효용성과 불소 함유 수돗물 사용 지역의 사람들은 충치 문제가 감소했다는 실증 자료를 제시하였다. 추가해서 수돗물에 불소 첨가가 인체에 해롭지 않다는 것을 증명하는 의사들과 보건당국이 서명한 자료도 첨부하였다. 이에 대해 반대 측 사람들은 감성적 호소 방법을 선택하였다. 예컨대, "우리가 마시는 수도물에 쥐약을 넣지 못하게 합시다!"라는 구호와 함께 흉하게 생긴 쥐가 그려진 전단지를 제작, 배포하였다. 물에 불소를 넣자는 투표는 상당한 표차로 부결되었다.

이 사례는 과학적으로 통제된 연구가 아니었기 때문에 나타난 결과만 가지고 감성적 호소가 더 효과적이라고 주장할 수는 없다. 양쪽이 서로 자기 측 주장을 펼친 캠페인이 없었다면 수돗물에 불소 첨가라는 아이디어에 대한 투표 결과가 어떻게 되었을지 모른다. 또 불소 첨가 반대 측 전단지를 받은 사람들의 숫자가 더 많았을 수도 있고 전단 내용이 더 이해하기 쉬웠는지도 모른다. 이 분야에 대한 실증 연구를 통한 결론을 내리기는 아직 미흡하지만 사람들은 감성적 호소를 더 좋아한다는 실증 연구 자료는 상당히 많다. 투표 행동의 선호성을 살펴본 조지 하트만George Hartmann의 초기 연구는[64] 후보자가 사용하는 호소 방법 중에서 "주로" 논리적이기보다는 감성적 메시지를 통해 호소하는 후보자에게 유권자들이 더 많이 투표하는 사실을 증명하였다.

필자가 "주로"라는 말을 강조하는 데는 이유가 있다. 또 그 이면에는 이 분야 연구에서 직면하는 주요 문제가 포함되어 있다. 감성적이란 말과 합리적이란 말은 상호 배타적 개념으로 정의하는 것은 어렵다. 그 예로 불소 함유 문제를 예로 들어 보자. 대부분의 사람들은 불소 함유 반대 전단지가 공포를 유발시키기 위해 고안된 것이라는 데 아마도 동의할 것이다. 그러나 그렇다고 해서 이것이 완전히 비논리적인 것은 아니다. 왜냐하면 약한 농도의 불소는 충치 방지제로 사용되어 왔지만, 고농도 불소는 쥐 퇴치약으로 사용되어 왔기 때문이다. 또한 전문가의 견해를 제시한다고 해서 감성적 요소가 전혀 개입되지 않는 것은 아니다. 의사와 치과 의사가 불소 사용을 지지하는 것이 이들의 주장을 듣는 사람들의 마음을 감정적으로 불편하게 만들 수도 있다.

사실 논리적이란 것과 감성적이란 것 사이에 조작적으로 경계선을 그어서 구분한다는 것은 어렵다. 어떤 연구자들은 이 주제 자체가 흥미로운 것이고 연구할 만한 것으로 보고 있다: 어떤 특정한 감정의 수준을 달리할 때 이것이 의견 변화에 어떤 영향을 미치는가를 밝히는 것이다. 이제 우리가 태도 변화를 유도하기 위해 청중의 마음속에 공포심을 유발시키고자 한다고 가정해 보자. 이때 약간의 공포심 유발이 효과적인가? 아니면 기겁할 정도의 강한 공포심 유발이 더 효과적인가? 구체적인 예로 사람들에게 운전 시 핸드폰 통화나 문자를 하지 말고 안전 운전을 하도록 설득시키려고 한다고 하자. 이 경우 고속도로에서 대형 사고로 뼈가 부러지고 유혈이 낭자한 교통사고 부상자를 촬영한 장면을 선명한 컬러 사진으로 보여주는 것이 더 효과적일까? 아니면 운전 부주의로 보험료가 할증되고, 운전 면허가 정지된다는 메시지와 함께 약간 찌그러진 차의 앞부분과 같은 경미한 사고 장면을 보여주는 것이 더 효과적일까?

이 경우 우리가 가진 상식은 별 도움이 되지 않는다. 어떤 면에서 보면 커다란 공포심은 사람들이 행동하도록 동기를 부여한다. 그렇지만 다른 한편으로 너무 큰 공포는 사람들을 나약하게 만들 수도 있다. 너무 공포심이 크면 전달 내용에 대한 집중력과 이에 대한 이해 수준이 떨어지고 나아가 그 내용이 제시하는 대로 행동하는 능력을 방해할 수도 있다. 사람들은 '교통사고는 일어날 사람에게나 생기지 나와는 무관해요.'라는 생각을 은연중에 가지고 있다. 그래서 과속 운전, 운전 중 핸드폰 사용 그리고 음주 운전이 가지고 올 결과가 어떤지를 잘 알면서도 그 습성을 버리지 못한다. 또 이 같은 사고 결과가 너무 끔찍해서 생각하기조차 싫어하기 때문인지도 모른다. 따라서 다음의 주장도 가능하다. 만약 소통 내용이 높은 공포심을 유발시킨다면 사람들은 그것에 깊은 주의를 기울이지 않는 경향이 있다.

실제 연구결과들은 어떤가? 실험 연구 대부분은 다른 조건들이 동일할 때 메시지에 의해 더 높은 공포심이 유발된 사람일수록 예방적 행동을 할 가능성이 높아진다는 사실을 보여주고 있다. 공포심과 설득에 관한 다수의 연구 중 하워드 레벤탈Howard Leventhal과 그의 동료들은[65] 금연과 엑스레이 촬영을 권유하는 실험을 실시하였다. 첫 번째 실험 조건에서는 피험자들이 낮은 수준의 공포감을 느끼도록 조작하였다. 흡연을 중단하고 가슴 엑스레이 사진을 찍으라고 권하는 내용의 메시지만 보여주었다. 두 번째 조건에서는 중간 정도의 공포심을 느끼도록 조작하였다. 이때 가슴 엑스레이 촬영에서 폐암으로 판명된 한 젊은이의 사진을 보여주었다. 세 번째 조건은 높은 수준의 공포심을 유발하기 위해 중간 수준의 공포 집단이 본 사진에 추가하여 끔찍한 폐암 수술 장면의 컬러 사진을 함께 제시하였다. 실험 결과를 살펴보면, 가장 놀랄 만큼 끔찍한 사진을 본 세 번째 조건의 사람들이 금연을 가장 갈망했으며 나아가 가슴 엑스레이 사진 촬영을 원하는 사람도 가장 많았다.

이 같은 사실이 모든 사람에게 적용될 수 있을까? 반드시 그렇지만은 않다. 공포심을 많이 느끼면 오히려 행동하지 않게 된다는 일반인의 상식도 논리적으로는 타당하다. 그렇지만 이것은 사람에 따라서 또 상황에 따라서 적용된다. 그러면 예컨대 "어떤 사람"이 여기에 해당되는가? 이를 밝히기 위해 레벤탈과 그의 동료 연구자들은 다음과 같은 연구를 실시하였다. 이들이 발견한 것은 자기 자신을 높게 평가하는 자존감이 높은 사람은 높은 수준의 공포에 큰 영향을 받는다. 그러나 자존감이 별로 없는 사람은 높은 수준의 공포를 불러일으키는 메시지를 받게 되어도 즉각적으로 행동할 가능성이 가장 낮았다. 그러나 흥미롭게도 시간이 경과하면 이들 역시 높은 수준의 자존감을 가진 사람들과 같은 행동을 보여준다. 다시 말하면 이들은 높은 공포심을 유발하는 메시지를 받아도 즉각적으로 행동하도록 요구받지 않고 그 대신 나중에 행동해도 되는 조건에서는 자존감이 낮은 사람들이 메시지가 요구하는 행동을 더 많이 하였다. 자존감이 낮은 사람은 위협에 대처하는 데 어려움을 겪는다. 높은 공포심을 유발하는 메시지는 이들을 압도하기 때문에 침대 속으로 기어 들어가서 이불을 머리에 뒤집어 쓰고 싶은 심정을 만들 것이다. 그러나 낮거나 또는 중간 정도의 공포에 대해서는 그것을 경험하는 순간 비교적 쉽게 대처할 수 있다. 또 시간적 여유가 있는 경우, 즉 반드시 즉각적 행동이 필요 없는 경우에는 메시지가 가장 높은 수준의 공포를 유발할 때 이들이 행동할 가능성이 더욱 크게 되었다.

레벤탈 팀의 후속 연구는 위에서 제시된 결과를 지지하였다. 이들은 추가 연구에서 실험 참가 피험자들에게 심한 교통사고 장면 사진을 보여주었다. 한 집단은 사고 장면을 가까운 거리에서 대형 스크린을 통해서 보고, 다른 집단은 같은 사진을 작은 스크린을 통해 아주 멀리 떨어진 거리에서 보았다. 결과를 보면 높거나 또는 중간 정도의 자존감을 가진 피험자들은 대형 스크린을 통해 본 사람들이 소형 스크린으로 본 사람들보다 교통사고 예방 행동을 더 많이 하였다. 이에 비하여 자존감이 낮은 집단은 대형 화면보다 소형 화면으로 본 피험자들이 예방 행동을 더 많이 하였다. 이들은 대형 화면을 통해 사고 장면을 보았을 때 피로감을 많이 느꼈다고 보고했으며 나아가 자신이 사고 당사자가 된다는 것은 상상조차하기 어렵다고 답하였다. 따라서 자존감이 낮은 사람들은 즉각적 반응이 요구되는 경우 공포 장면에 너무나 압도되어 행동하지 못한다. 이에 비해 자존감이 높은 집단은 낮은 집단처럼 행동하게 하는 것은 비교적 쉬운 일이다. 또 자존감이 높은 사람들에게 위협적 상황을 방지하거나 또는 경감시킬 수 있는 어떤 방법도 없다고 느껴지도록 조작하면 이들을 압도할 수 있다. 이 같은 상황이 되면 아무리 자존감이 높은 사람이라도 대부분 모랫바닥에 자기 머리를 파묻고 싶은 심정이 될 것이다.

그러면 우리가 낮은 자존심을 가진 사람들에게 금연을 하거나 좀 더 안전하게 운전을 하도록 동기를 부여하려고 한다면 어떻게 해야 할까? 이 경우 명백하고 구체적이며 또 낙관적인 지시문을 내용으로 한 메시지를 만든다면, 이는 이들이 두려움에 잘 대응하고 또 위협에도 잘 대처할 수 있다는 자신감을 줄 것이다. 나아가서 레벤탈 팀은 공포를 유발하는 메시지가 언제, 어디서 그리고 어떻게 행동해야 한다는 구체적인 문제 해결 방법을 포함하고 있다면 그렇지 않은 다른 메시지보다 훨씬 더 효과적이라는 사실도 밝혀냈다.

다음에 소개하는 연구는 대학 캠퍼스에서 실시되었다. 파상풍 예방 주사 접종을 권유하는 캠페인과 여기에 참가한 대학생들이 그 연구 대상으로 다음 2가지 조건으로 실시하였다. 1) 언제, 어디서 예방 접종을 맞을 수 있는지와 학생 건강 서비스 센터가 어디에 있는지 또 각자가 편리한 시간에 예약이 가능하다는 안내문만 제시한 경우, 2) 앞의 내용에 추가하여 높은 공포감을 불러일으키는 호소문이 포함된 경우. 두 번째 경우 호소문에는 예방 접종을 하지 않으면 끔찍한 일이 발생할 수도 있다는 내용이 제시되었다. 결과를 보면 안내문만 제시해도 파상풍 예방 접종에 우호적인 '태도'를 증진시켰고 학생들의 접종을 받겠다고 하는 의사 표명 빈도를 증가시켰다. 그러나 첫 번째 안내문만 가지고는 학생들이 실제로 접종을 맞는 행동으로까지 가기에는 충분하지 않았다. 그 대신 두 번째 조건인 두려움을 유발시키는 것이 행동을 하도록 만들기는 유효하였다. 파상풍 예방 접종을 하지 않으면 자신에게 일어날 수도 있는 문제에 대해서 놀라고 또 어디서, 언제 그리고 어떻게 예방 접종을 맞는 것이 가능한지에 대한 구체적인 안내를 받은 학생들 중 28%가 실제로 예방 주사를 맞았다. 이와는 달리 구체적 안내문을 받지 않거나 공포 유발 메시지를 받지 않은 학생들은 단지 3%만 예방 주사를 맞았다. 이와 유사하게 레벤탈은 담배 니코틴이 가진 위험을 두려워하는 흡연자들은 금연을 하려는 '의도'를 높였다. 그러나 여기에 부수해서 메시지 외에 어떻게 하면 금연할 수 있는가에 대한 권고 사항이 동반되지 않으면 흡연자의 행동을 변화시키지 못했다. 이와 반대로 담배를 피우고 싶은 충동이 생길 때 흡연자가 할 수 있는 구체적인 내용을 제시하지만 건강에 미치는 흡연의 위험을 제시하지 않았을 때 그 효과는 미미하였다. 따라서 공포 유발과 금연에 대한 구체적인 지시가 결합된 경우에 가장 좋은 결과를 가지고 왔다. 4개월이 경과한 후 살펴보니 이 조건에 배정된 학생들이 금연을 더 많이 한 것으로 나타났다.

그렇다고 해도 어떤 경우에는 공포를 유발시키는 호소 — 즉, 구체적인 지시문과 함께 제시되었음에도 — 가 원하는 결과를 가져오지 못하는 상황이 있다. 이 경우는 공포 그 자체가 충분할 만큼 겁을 주지 못하기 때문이다. 그 예로 지구 온난화 문제는 대부분의 과학자들이 시한폭탄과 같다고 믿고 있다. 온난화를 통해서 온도가 올라가면 남극과 북극의 얼음이 녹으며 그 결과로 해수면이 상승하여 향후에는 인구 밀집 지역이 해수면 밑으로 내려가기 마련이다. 또 말라리아와 같은 질병을 옮기는 곤충들은 이전보다 훨씬 서늘한 지역까지 이동해서 이 병을 퍼뜨린다. 태풍도 훨씬 더 빈번하게 또 더 격심하게 발생하고, 가뭄과 폭염도 더 자주 나타날 뿐만 아니라 이런 현상은 지구촌 사람들을 죽이고 식량 생산도 망친다. 그 외에도 지구 온난화가 가지고 오는 문제는 수도 없이 많다. 지구 온난화의 결과가 가져다 주는 어두운 예측을 보여주는 오스카상을 수상한 영화 "불편한 진실Inconvinient Truth"에서 생생하게 묘사하고 있음에도 불구하고, 아직도 미국인들 대부분은 지구 온난화를 막기 위해 요구되는 행동을 할 정도로 충분히 놀라지 않고 있다. 2016년에 실시된 "미국인들이 두려워하는 것"에 대한 조사에[66] 의하면 사람들은 지구 온난화보다는 테러리즘, 신원 정보 도용 범죄, 생물학적 전쟁

등을 더 두려워한다고 나왔다.

다니엘 길버트Daniel Gilbert[67]는 이 같은 현상에 대한 대답의 일부가 우리 뇌가 작용하는 방식에 달려있다고 설명하고 있다. 구체적으로 우리의 뇌는 특정한 종류의 위협에는 놀라고 또 행동으로 반응하지만 다른 종류의 위협에는 그렇지 않다는 것이다. 구체적으로 살펴보면 우리는 호랑이, 뱀, 그리고 무기를 든 적과 같이 분명하고 또 눈에 보이는 위험에는 놀라서 반응하지만, 이와 반대로 바로 나타나지 않는 점진적인 위험인 가뭄, 인플루엔자, 빈번한 태풍 등에 대해서는 잘 반응하지 않는다. 그런데 후자에 속하는 위험이 매년 테러보다 더 많은 사람을 죽이고 있다. 우리는 사람이 하는 위협(테러리즘 같은)에 대해서는 즉각적으로 반응하는 경향이있다. 왜냐하면 여기에는 의도가 개입하기 때문에 우리들이 도덕적으로 분개하기 때문이다. 그러나 기후 변화는 테러리즘에 비해 훨씬 더 많은 수백만 명 이상의 사람들에게 고통과 죽음을 가져온다. 그럼에도 불구하고 이를 무시하고 부정하는 것은 위험하기 짝이 없다고 할 수 있다. 여기에 대해 길버트는 지구 온난화 문제를 교통사고나 산림 벌채와 같은 것이 아니라 테러리스트 음모의 결과와 같이 본다면 여기에 대한 대처 행동은 지금보다 훨씬 더 적극적일 것이라고 제안하였다. 지구 온난화 현상이 테러리스트들의 전형적인 이미지인 검은 수염으로 가득 덮인 얼굴을 가진 사람이나 포식 동물처럼 우리 뒤를 쫓아온다고 생각한다면 사람들은 훨씬 더 적극적인 행동을 보여줄 것이라고 말한다.

매튜 맥글론과 그의 동료들은[68] 최근 연구에서 이 가정을 검증하기 위해 실험을 실시하였다. 이들은 지구 온난화 문제를 검은 수염으로 얼굴이 뒤덮인 테러리스트라는 비유로 접근한 것이 아니라 사람이 아닌 주제를 가지고 접근하였다. 2009년 4월 독감이 엄청 빠르게 확산되기 때문에 질병 통제 및 예방 센터에서는 몇 가지 대책을 발표하였다. 여기에는 자주 손 씻기, 감염된 사람과 접촉 금지와 같은 것이 있었으나 무엇보다도 백신을 맞도록 강력히 추천하였다. 이 실험은 사람들에게 예방책을 따르도록 그 내용이 홍보되었지만, 아직 예방용 백신이 준비되지 않았을 때를 대상으로 실시되었다. 맥글론과 연구팀은 실험 절차에서 돼지 독감에 대해서 알려주는 내용이 서로 다른 전단지를 준비하였다 ― 두 가지 전단지 내용은 다음과 같다: 피험자 1/2에게는 "올해 돼지 독감 때문에 수천 명이 죽을지 모른다."라는 내용을 주었고, 나머지 1/2에게는 "올해 돼지 독감은 수천 명을 죽일 수 있다."라고 하여 돼지 독감의 위험을 좀 더 공격적으로 바꾸었다. 양 집단을 비교하면 적극적인 공격자로 돼지 독감을 기술한 전단지를 받은 집단은 이것을 놀라운 질병으로 보았고, 자기 자신도 감염될 수 있다고 생각했으며 나아가 독감 예방 주사도 맞는 일정을 잡겠다고 반응하였다. 이처럼 공포를 유발하는 호소가 즉각적이고 또 의도적인 공격을 받을 수 있다는 두려움과 연결되고 또 진화론적으로 발달되어 온 인간 본성과 연결되면 더욱 효과적이다.

도덕적 감성 Moral Emotions 도덕적 감성이란 규범적 판단을 하는 감정을 말한다. 당신이 하는 일이 잘못되었다, 불쾌하다 또는 사악하다 등과 같이 표현되는 감정이다. 분노에는 감정과 판단이 모두 들어있다. "당신이 한 나쁜 행동 때문에 나는 분노를 느낀다."가 그 예이다. 도덕적 감성은 고도로 설득적이면서 수사적인 기능을 가지고 있다. 행동으로 옮기도록 영감을 주기도 하고, 같은 편 동지라는 마인드를 만들어서 사람들을 뭉치게 한다. 게다가 다른 사람에게 옮아가는 전염성이 강하다.[69] 대표적인 사례로 트위터에서 도덕적 감성이 연상되는 단어들 - 분노하는, 역겨운, 나쁜 - 등과 같은 말들을 트윗하면, 비도덕적 감성이 연상되는 단어들보다 리트윗이 더 많이 되는 경향이 있다.[70] 정치인들은 도덕적 분노를 불러일으키려고 시도한다. 왜냐하면 이 말들은 자기 추종자들을 단결시킬 뿐만 아니라 이들로 하여금 청원, 정치 성금 기탁 등에 참여하게 한다. 나아가 자기 진영 멤버들이 상대방 측에 반대표를 던지게 하는데 유효하기 때문이다. 이때 이들이 분노하는 이유가 무엇이든지 간에 상관이 없다.[71] 자선은 자기보다 어려운 사람을 위해서 돈을 기부하도록 하는 것으로 잠재적 기부자가 만일 그렇게 하지 않으면 죄의식을 느끼게 만들어서 잠재적 기부자로 하여금 기부하고자 하는 의도를 증대시키고 대면 상황에서 도움을 주고자 하는 마음을 가지게 한다.[72]

다른 방법으로는 도덕적 고양이 있다. 이것은 사람이 가진 선한 마음에 호소하는 것으로 친사회적 동기를 말하며, 타인의 미덕을 목격할 때 느끼는 감정이다. 실험 연구에서는[73] 다음과 같은 사실을 밝혀내고 있다. 실생활에서 친절한 행동이나 도덕적으로 아름다운 행동을 비디오를 통해서 본 사람들 - 비디오 내용에는 선생님이 학생을 위해 자기 차로 먼 거리까지 운전해 주는 것 또는 자신도 가난하면서 자기보다 더 어려운 아이를 위해 용돈을 주는 아이 — 경우에는 도움을 요청하거나 또는 돈을 기부하도록 청하면 이에 동의할 가능성이 더 많다. 실제 이런 사례로 본서의 공저자 죠슈아는 "쉰들러 리스트"라는 나치 시대 유대인 학살을 다룬 영화를 본 뒤에 "도덕적으로 고양"되어서 자기 용돈을 모두 걸인에게 준 적이 있다.

이와 유사한 맥락에서 애덤 그랜트Adam Grant는 인센티브가 사람들로 하여금 더욱 열심히 일하도록 만드는 데 어떤 효과가 있는지를 밝히는 연구를 실시하였다.[74] 그는 연구에서 학생들의 장학 기금을 모으기 위한 후원 전화를 거는 자원 봉사자의 생산성에 대해 살펴보았다. 그랜트는 자원 봉사자를 설득하여 기부금을 거의 3배로 늘릴 수 있는 매력적인 테크닉을 발견하였다. 여기에서 그가 한 일은 단지 자원 봉사자와 이 장학금을 과거에 받은 적이 있는 수령자 사이에 5분간의 미팅을 주선한 것이다. 자신의 기금 모금 노력과 감사의 도덕적 감정을 표현하는 인간을 연결할 수 있을 때 그들의 모금 활동에도 활력이 생겼다.

통계 대 개별 사례 우리는 어떻게 행동하는 것이 바람직한가를 결정할 때 타인의 경험과 의견을 빈번히 이용한다. 이것은 우리가 일반적으로 한 개인보다는 여러 사람이 있는 집단을 더 신뢰하고 어떤 한 사람의 비동조자보다는 다수의 사람들을 따르는 경향이 있는 이유이다. 그런데 이 같은 이성적이고 또 논리적인 행동도 우리가 어떤 설득력이 강한 스토리나 사례에 직면하면 달라지게 마련이다. 예컨대, '옐프Yelp'라는 소셜 네트워크에 '엘 타코로코'라는 레스토랑에 대한 긍정적인 댓글이 300개 달리고 부정적인 평가는 단지 두 개뿐이라면, 우리 자신도 이 레스토랑에서 긍정적인 경험을 할 확률이 높다. 그런데 어떤 모임에 가서 거기에 다녀왔던 두 사람이 그 식당에서 끔찍한 체험을 했다고 대화하는 것을 엿들었다고 가정해 보자. ("포크가 지저분하니 바꾸어 달라고 3번이나 말했네. 또 감자튀김이 다 눅눅했어.") 물론 우리는 식당을 이용한 긍정 고객 300여 명 중 단지 두 사람의 운이 나쁜 경우라고 치부할 수도 있다. 그런데 사실 이런 단 한 사람의 스토리가 '옐프'의 긍정 댓글의 수적 우세를 압도할 가능성이 있다. 게다가 이렇게 말한 개인의 스토리가 생생하면 생

생할수록 특히 설득력이 더 크다.[75]

실제 사례를 하나 소개해 보자. 이것은 에너지 절약과 관계된 것이다. 수년 전 필자와 학생들이[76] 팀이 되어 주택을 소유한 사람들에게 에너지 절약형 집을 갖는 것이 필요하다고 설득하기 위해 나섰다. 우리는 지역 소재 공익 기업에서 근무하는 주택 관리사와 협력하여 기존의 주택 수리를 권고할 때 생생한 사례를 사용하도록 그들을 가르쳤다. 그런데 대부분의 주택 관리사들은 장비 때문에 주택 소유자들에게 문 주변의 금을 메우는 틈마개를 대는 것을 추천하였다. 우리 팀은 이와는 달리 주택 관리사에게 다음과 같은 훈련을 시켜서 주택 소유주에게 알리게 하였다: 집에 있는 문틈 새를 모두 더하면 그 크기는 응접실 벽에 농구공 크기에 해당하는 구멍이 있는 것과 같다. "여러분은 벽에 그만큼 큰 구멍이 있다면 이것을 막으려 할 것 아닙니까? 그런데 이 일을 하는 것이 날씨에 관계없이 사용하는 틈새막이입니다." 교육 받은 주택 관리사들이 이처럼 명료하고 분명한 용어를 사용하여 주택 소유주들을 설득하자 그 효과가 4배나 증가하였다. 이전처럼 주택 관리사들이 집주인에게 설명했을 때는 단지 15% 정도만 에너지 절약형 시설을 받아들인 데 비해서 주택 관리사들이 좀 더 분명한 언어를 사용하기 시작하자 61%에 달하는 집주인들이 자기 집을 에너지 절약형으로 바꾸었다.

우리들 대부분은 풍부한 통계 자료보다 한 가지 개별 사례에 더 깊은 영향을 받기 때문에 앞에서 예로 든 레스토랑 스토리나 거실에 농구공 크기의 구멍이라는 말은 특별히 강력한 영향을 미쳤을 것이다. 이것은 구체적인 증언("나는 Jenny Craig에서 20킬로를 감량했어!")이야말로 효과적이라는 분명한 근거이며, 구체적 증언들이 통계상 주의("물론 이 같은 감량 성과가 모든 사람에게 다 적용되는 것은 아닙니다.")를 수반할 때조차도 해당된다. 이는 전문 로비스트들을 훈련시켜 이들이 국회의원들로 하여금 어떤 법안에 찬성표를 던지도록 설득하는 데도 사용될 수 있다. 이 경우에도 절대로 많은 통계 자료를 제시하지 말고 그 대신에 한 사람에 대한 감성적 스토리를 구체적으로 말할 것을 추천한다.

정체성에 대한 호소 정체성을 건드리면 설득력은 증가한다. 가장 성공적인 사례의 하나로 텍사스주 정부에서 시행한 시민들의 쓰레기 투척 행위를 줄이는 캠페인을 들 수 있다(이 캠페인은 18세에서 35세 사이의 남성을 대상으로 한 것으로 운전 중에 빈 병이나 쓰레기를 창밖으로 내버리는 행동을 금지하기 위한 것이었다). 이 캠페인은 흔히 하는 "운전 중 쓰레기 투척 금지" 식이 아니라 텍사스 주민들의 성향으로 유명한 강인한 프런티어 정신과 연계된 것으로 텍사스주 교통국에서 만들었다. "텍사스를 엉망으로 만들지 말자"라는 구호는 고속도로, TV, 라디오, 인쇄물 등에 노출되었고, 그 결과는 상당히 성공적이었다. 텍사스 고속도로에 투척되던 쓰레기가 1986년에서 1990년 사이 4년간 약 72% 감소하였다.[77]

이처럼 사람들의 정체성을 자극하는 것은 미묘하지만 강력한 효과를 가질 수 있다. 크리스토퍼 브라이언Christopher Bryan과 동료들은[78] 사전 선거 조사 질문지의 표현을 행동에 관한 문구("다가올 선거에서 당신의 '투표'가 얼마나 중요한지 아십니까?")에서 정체성 충족에 관한 문구("다가올 선거에서 당신이 '투표자'가 되는 것이 얼마나 중요한지 아십니까?")로 바꾸면 사람들이 투표할 가능성이 더 커진다는 것을 보여 주었다. 아동들의 경우에도 유사하게 "누가 도움 주길 원하니?"보다 "누가 도와주는 사람이 되기를 원하니?"라는 질문을 받았을 때 더 많이 도왔다. 이 같은 라벨을 붙이는 것은 아이들의 나쁜 행동을 감소시키는 효과마저 있었다. 3장에서 살펴본 것처럼 "부정행위를 하지 말자"보다는 "부정행위를 하는 사람이 되지 말자"라고 했을 때 부정행위가 더 줄었다. 이같이 사람들로 하여금 그들의 더 큰 정체성의 관점에서 어떤 행동 – 좋은 행동이나 나쁜 행동 – 을 생각하게 함으로써 그들은 행동을 우연히 일어나는 것으로 보지 않고 자신의 정체성에 중요한 것으로 보기 시작한다. 그리고 이것이야말로 정체성이 가진 힘이다.[79]

일방적 주장 대 쌍방적 주장 이제 당신이 사형 제도와 같은 극형이 필요하다고 청중을 설득하는 연설을 한다고 가정해 보자. 사형 제도를 반대하는 주장은 무시하고 일방적으로 자기의 견해만 주장하면 더 많은 사람들을 설득시킬 수 있을까? 그렇지 않다면, 반대 논리도 언급하고 그 후에 이를 논박하는 것이 더 큰 설득력을 가지는가?

이상의 질문에 답하기 전에 여기에 내포된 것이 무엇인가를 먼저 파악해 보자. 만일 의사 전달자가 반대하는 사람의 의견도 언급한다면 그가 객관적이고 공정한 사람이라는 것을 나타낸다. 따라서 이 같은 접근은 연설자의 신뢰도를 높이기 때문에 결과적으로 설득의 효과도 높이게 된다. 반대로 의사 전달자가 주제의 한 면만 너무 많이 언급하면, 이는 청중들에게 주제가 논쟁거리인 것을 알려주는 셈이 된다. 그 결과 청중의 판단에 혼돈과 갈등을 일으켜서 궁극적으로 의사소통의 설득력을 감소시키게 된다. 이처럼 일방적 주장과 그 효과 사이의 관계는 그렇게 단순하지는 않다. 청중이 주제에 대해 잘 알고 있다면 이들은 일방적 주장에 설득될 가능성이 떨어진다. 그 대신 반대되는 주요 논점을 제시하고 이를 반박하는 주장을 한다면 설득 가능성은 더 높아질 수 있다. 이 생각은 어떻게 보면 아주 상식적이다. 사전 정보를 많이 가진 사람은 설득자의 주장과 상반되는 주장에 대해서도 어느 정도 알고 있을 가능성이 크다. 이 경우 의사 전달자가 반대 의견을 언급하지 않는다면 사전 지식을 많이 가진 청중은 그가 공정하지 않거나 반대 의견을 논박할 능력이 없는 사람이라고 판단할 가능성이 크다. 이와 반대로 사전 정보가 거의 없는 사람들은 반대되는 주장이 있다는 사실을 잘 모를 수 있다. 이때는 반대 의견을 무시하는 것이 설득에 더 유리하다. 왜냐하면 이 경우 반대 의견을 제시한다면 청중에게 혼란만 가중시키게 되기 때문이다.

결정적인 주요 요인의 다른 하나는 청중들이 최초에 어떤 입장을 가지고 있는가이다. 청중들 중에 어떤 사람들이 전달자의 주장에 동의하는 생각을 가졌다면, 이 경우 쌍방적 설득보다는 일방적 설득이 더 큰 영향을 미친다. 반대로 전달자의 의견과 반대 의견을 가지고 있다면 상대 의견을 반박하는 쌍방적 주장이 더 효과적이다.[80] 정치를 하는 사람들은 대부분 이런 현상에 대해 잘 알고 있는 것 같다. 이들은 청중이 어떤 사람들이냐에 따라 다양한 형태의 연설을 한다. 자기 당을 지지하는 사람들에게 연설을 할 때는 자기 정당에 우호적인 정당이나 후보자만 일방적으로 내세운다. 그러나 상대 정당이나 후보에 대해 반대되는 주장을 할 때는 조롱하고 비웃는 논조로 말한다. 이에 대한 대표적인 예로 2020년도 미국 대선에서 재선을 노리는 트럼프 대통령이 했던 전략을 보면 명약관화하다. 그러나 이런 정치가도 TV에 출연하거나 서로 다른 정치적 색깔을 가진 이질적 대중을 상대로 연설할 때는 좀 더 외교적인 입장을 취한다. 상대방 입장을 뒤엎기 전에 상당히 정확한 반대 견해를 밝히고 그 후에 반박한다.

의사 전달자와 청중 간의 의견 불일치의 크기 의사 전달자가 자신의 견해와 강하게 반대되는 입장을 가진 청중을 대상으로 강연하는 경우에는 어떻게 하는 것이 효과적일까? 이때 자기 입장을 아주 극단적인 형태로 제시하는 것이 좋을까? 아니면 청중의 입장과 큰 차이가 나지 않는 방향으로 조절해 가면서 제시하는 것이 더 좋을까?

구체적인 예로 당신이 건강을 위해 매일 강도 높은 운동을 하는 것이 좋다고 믿고 있다고 가정해 보자. 어떤 신체 활동이라도 도움이 되지만 최소한 한 시간 이상은 하는 것이 바람직하다고 믿는다고 해보자. 그런데 강연 대상은 대학교수들인데, 이들 중에는 매일 책장 넘기는 것만으로도 충분한 운동이 된다고 믿는 사람들이 많다. 자, 이런 경우, 이들에게 달리기, 수영, 요가 등의 운동을 매일 철저하게 실행하는 프로그램을 도입해야 한다고 주장하는 것이 이들의 생각을 더 많이 변화시킬까? 아니면 간단하고 하기 쉬운 식이 요법을 권하는 것이 더 좋을까? 이 경우는 청중의 의견과 전달자의 추천 의견 사이의 차이가 어느 정도가 되면 더 효과적일까를 다루는 것이다. 그리고 실제 이 같은 주제야말로 대부분의 선동자와 교육자에게 매우 주요한 주제이다.

이 질문에 대한 답은 분명하다: 전달자와 청중 사이의 불일치 정도가 클수록 청중의 의견 변화는 반드시 더 커져야 한다. 이 같은 논리를 앞에서 다룬 매일 하는 운동에 적용해 보자. 이 논리에 따르면 전달자는 매일 하는 프로그램으로 반드시 강도 높은 운동이 필요하다고 주장해야 한다. 그 이유는 주장하는 의견이 청중의 행동과 차이가 클수록 청중들로부터 더 큰 의견 변화가 나와야 하기 때문이다. 몇몇 연구자들은 이 같은 직선적인 관계가 실제로 유효하다는 것을 발견하였다. 여기에 대한 좋은 사례로 필립 짐바르도 교수의 실험을 들 수 있다.[81] 그는 피험자로 선발된 여대생들에게 친한 친구 한 사람을 실험실로 데리고 오도록 요청하였다. 피험자와 친구로 구성된 각각의 쌍은 청소년 비행에 대한 사례를 받았다. 그 다음 단계로 피험자 각자를 개인별로 떼어내어 각자에게 이 주제에 대한 자기 의견을 제시하도록 요청하였다. 이때 각 피험자는 자기 친구가 다른 의견을 가진 것처럼 믿도록 유도되었으며, 의견의 차이 정도는 각 피험자에 따라서 아주 작게 또는 아주 크게 조작하였다. 짐바르도는 이 연구를 통하여 의견 차이가 클수록 자기 친구가 가졌다고 생각되는 방향으로 피험자의 의견이 더 많이 변화한다는 사실을 발견하였다.

그런데 일부 연구들은 짐바르도가 한 연구 결과를 지지하는 데 실패하였다. 제임스 휘테커James Whittacker는[82] 불일치 정도와 의견 변화 사이에는 곡선적 관계가 있다고 주장하였다. 여기서 말하는 곡선적이라는 것은 다음과 같다: 1) 작은 불일치가 있을 때는 작은 의견 변화가 나타난다. 2) 불일치 정도가 계속 증가하면 의견 변화는 완만하게 되고, 3) 불일치 정도가 클 경우에는 의견 변화가 반대로 아주 작아진다. 마지막으로 불일치가 대단히 큰 경우에는 아무런 의견 변화도 나타나지 않는다.

이상과 같은 연구 결과에 흥미를 느낀 칼 호블랜드Carl Hovland, O. J. 하비Harvey, 무자퍼 세리프Muzafer Sherif 등은 다음과 같은 연구를 실시하였다.[83] 어떤 특정 전달 메시지가 개인이 가진 의견과 아주 달라서 개인의 '수용 범위' 밖에 있다면 당사자는 결과적으로 별 영향을 받지 않는다고 주장하였다. 이제 이들의 실험을 살펴보자. 이 실험은 피험자들의 감정이 개입되는 뜨거운 논쟁거리를 의사소통의 주제로 선택하였다. 연구 대상자들이 현재 살고 있는 주가 지금처럼 '술을 금지하는 주'

로 남을 것인가 아니면 '음주를 허용하는 주'로 바뀔 것인가가 문제였다. 다시 말하면 주류 유통 및 판매를 금지하는 법을 폐지할 것인가 여부에 대한 논쟁이 주제였다. 실제 이 주에 사는 유권자 주민들은 이 문제에 대한 의견이 분분하였고, 이 실험에 참가한 피험자들 역시 이들로부터 표집된 대표 집단이었다. 연구 참가자들 중 일부는 금주법을 그대로 유지해야 한다고 생각하였고, 다른 일부는 그 법을 반드시 폐지해야 한다고 생각하였으며, 또 다른 일부는 양 주장에 대해 중도적 입장을 취하고 있었다. 따라서 연구에 참여하는 피험자들은 이상과 같은 세 가지 서로 다른 입장으로 구성된 사람들로 이루어 졌다. 연구팀은 각 집단의 피험자들에게 세 가지 입장 중 어느 하나를 지지하는 메시지를 제시하였다. 다시 말해 메시지가 자신의 의견과 비슷하다고 느끼는 사람, 약간 차이가 있다고 느끼는 사람, 그리고 큰 차이가 난다고 느끼는 사람 등 모두가 포함되는 상황을 만들었다. 이 연구 결과를 보면, 실제 메시지 내용과 집단 구성원의 의견 사이에 중간 정도의 차이가 있을 때 가장 큰 태도 변화가 나타났다.

과학을 연구하는 심리학자에게 이상과 같은 현상은 아주 흥분할 만한 발견이다. 그 이유는 상당수의 연구 결과가 어느 한 쪽을 지지하고, 마찬가지로 상당수의 다른 연구들은 이와는 다른 방향의 결과를 지지한다면, 그 중 어떤 한 쪽의 연구가 반드시 틀린 것이라고 볼 수 없다는 것이 드러났기 때문이다. 따라서 이 같은 연구 결과는 지금까지 설명되지 못한 다른 중요한 요인이 있다는 것을 암시하는 것으로 봐야 한다. 과학자들은 이 같은 사실에 접하면 마치 탐정과 같은 역할을 할 기회를 가지기 때문에 이처럼 신나는 일은 없다. 필자는 여기서 이 문제를 좀 더 자세히 다루고자 한다. 그 이유는 이 주제가 실제로 중요하기 때문이기도 하지만 나아가서 과학으로서 사회 심리학이 가지는 모험적 측면을 분석을 통해서 보여줄 수 있는 기회이기 때문이다.

사회 심리학 방법론을 이용하여 탐정 게임을 하는 데는 두 가지 방법이 있다. 그중 하나는 한 가지 연구 결과를 지지해 주는 모든 실험들을 한 쪽으로 모은다. 이와 동시에 다른 연구 결과를 보여주는 모든 다른 실험들을 또 다른 한 쪽으로 모은다. 그 다음 단계는 마치 확대경을 손에 들고 사건 현장을 수사하는 탐정처럼 인내심을 가지고 실험 내용을 정밀하게 조사한다. 이때 A 집단 실험에서는 흔히 찾을 수 있지만 B 집단 실험에서는 찾을 수 없는 공통적 요인이 무엇인가를 발견하는 일부터 시작한다. 그 다음 이 요인이 어떤 이유로 이 같은 차이를 내는가를 개념적으로 결정하고자 노력한다. 이와 반대되는 방법으로 접근할 수도 있다. 우선 차이를 내는 것이 어떤 요인 때문인지를 추측해 내는 일부터 시작한다. 그러면 기존 연구 문헌들을 훑어보면서, 이 개념적 등불을 손에 들고 이 차원에서 A 집단의 요인이 B 집단의 요인과 어떻게 서로 다른지를 확인한다.

과학자로서 필자는 두 번째 방법을 선호한다. 필자는 제자들인 주디스 터너Judith Turner와 메릴 칼스미스Merrill Carlsmith와 함께 어떤 요인들이 이러한 차이를 만드는가에 대해 먼저 가설을 세웠다. 우리는 앞에서 논의한 것처럼 의견 차이가 클수록 메시지를 듣는 청중들은 불편함이 클 것이라는 가설을 택했다. 그러나 우리가 세운 가설은 불편함이 크다는 것 자체가 청중의 의견을 반드시 변화시키지는 않는다는 것이었다.

이제 이 상황을 청중의 관점에서 고려해 보자. 우리는 3장에서 인지 부조화를 다루었다. 예컨대, 어떤 사람의 의견이 우리가 가진 의견과 일치하지 않는다면 이것은 우리를 불편하게 만든다. 왜냐하면 이는 우리가 가진 의견이나 하는 행동이 잘못되었거나 또는 잘못된 정보에 기반을 둘지도 모른다는 것을 의미하기 때문이다. 극단적인 경우에는 우리가 무능하거나 바보 같다는 것을 의미할 수도 있다. 이상을 요약하면 타인이 말하는 것과 우리가 믿는 것 사이의 간격이 클수록 우리가 가지는 부조화는 더 크다. 그러면 개인은 이 같은 부조화를 어떤 방법으로 줄일 수 있을까? 여기에는 적어도 다음과 같은 세 가지 방법이 있다: (1) 청중이 자기 자신의 의견을 바꾼다. (2) 청중은 의사 전달자가 어떤 말을 했든지 상관없이 같은 견해를 가진 사람들을 찾아냄으로써 원래 자기들이 가진 의견을 지지받는다. (3) 청중은 의사 전달자를 폄하할 수 있다. 전달자가 무능하고, 비도덕적이라고 생각하거나 형편없는 바보라고 폄하할 수 있다. 따라서 그가 하는 말은 들을 필요가 없다고 본다. 추가하면 한 가지가 더 있다. 이는 네 번째로 청중이 의사 전달자로 하여금 자기 의견을 바꾸도록 유도할 수 있다. 그러나 이것은 거의 불가능하다. 왜냐하면 청중이 전달받은 내용이 온라인, TV, 강연 등 접근이 불가능한 경우가 허다하기 때문이다.

그러면 어떤 상황에서 제3의 안처럼 의사 전달자의 권위를 떨어뜨리는 것이 쉽거나 어려울까? 아마도 자기가 좋아하고 존경하는 친구라면 이처럼 비하시키는 것은 매우 어려울 것이다. 특히 토론의 주제에 대해 고도로 신뢰 받는 전문가인 경우에는 더욱 어려울 것이다. 그러나 의사 전달자의 신뢰성에 의심이 가는 경우에는, 특히 그 전달자의 의견이 청중의 의견과 극도로 다르다면, 그를 비하시키는 것이 별로 어렵지 않을 것이다. 전달자의 입장과 청중의 입장이 크게 다를수록 청중은 전달자의 지혜, 지식, 판단의 건전성 등에 더 의문을 제기하기 시작할 것이다. 그리고 청중들이 전달자의 지혜, 지식, 판단의 건전성에 의문을 제기하면 할수록 청중이 받게 될 영향은 줄어 들 것이다.

앞에서 예로 든 운동 사례를 살펴보자. 보스턴 마라톤 대회에서 우승한 30대처럼 보이는 73세 노인을 상상해 보자. 이 노인이 건강 유지와 장수 비결로 하루에 적어도 2시간 이상 강도 높게 운동을 했다고 하면 우리는 그 말을 믿을 것이다. 그의 말은 우리에게 하루 10분 정도만 운동하라고 말하는 경우보다 우리가 운동 시간을 늘리는 데 훨씬 더 큰 영향을 미칠 것이다. 그런데 고교 육상 코치 같이 신뢰가 덜 가는 사람이 이 메시지를 전달한다고 가정해 보자. 만일 그가 하루 10분 정도 운동할 것을 제안했다면, 이는 우리의 수용 범위에 들기 때문에 우리의 의견과 행동에 영향을 미칠 수 있다. 그런데 만일 그가 하루 2시간이 소요되는 강도 높은 운동을 시작하라고 충고한다면 우리는 그를 돌팔이 전문가, 건강 광신도 또는 편집증 환자 등으로 비하하는 경향이 있기 때문에 마음 놓고 전과 같이 나태한 생활을 할 것이다. 이 같은 결과에서 보면 필자는 호블랜드, 하비, 셰리프 등의 의견에 동의하는 셈이다. 사람들은 의견 차이가 지나치게 큰 메시지는 자신의 수용 범위 밖에 있다고 생각한다. 그런데 이런 현상은 의사 전달자의 신뢰도가 높지 않은 경우에 나타난다.

이상의 추론에 기초하여 터너, 칼스미스 그리고 필자 팀은 이 주제와 관련된 기존 실험 논문들을 면밀하게 다시 검토 분석하였다. 이때 의사 전달자가 어떤 방식으로 기술되는가에 특히 중점을 두었다. 아니나 다를까 의견 차이와 태도 변화가 직선적 관계를 보여주는 실험들은 곡선적 관계를 보여주는 실험들보다 의사 전달자의 신뢰도를 더 높게 기술하고 있었다. 이 결과는 신뢰도라는 요인이 가지는 역할에 주목한 연구자들의 가정을 확인해 준다.

우리의 연구는 여기서 끝나지 않았다. 우리는 의견 차이의 정도와 의사 전달자의 신뢰성을 한 연구 설계에서 체계적으로 다루었다.[84] 이 실험에서 피험자로 참가하는 여대생들은 애매모호한 현대시에서 발취된 몇 개의 구절을 읽고 이것이 마음에 드는 정도에 따라 순위를 매기도록 지시 받았다. 그 다음에 각 피험자들은 자신이 평가한 구절에 대한 비평 내용인 '현대시 비평'이란 수필을 읽게 된다. 이 조건을 정리하면 다음과 같다: (1) 피험자들은 자신이 형편없다고 평가한 구절을 아주 극찬하는 비평 내용의 수필을 읽는다. 이는 바로 의사 전달자의 의견과 피험자의 의견 사이에 큰 차이를 만드는 실험 조건이었다. (2) 다른 실험 조건은 자신이 평가한 구절을 약간 우호적으로 평가하는 내용을 읽게 된다. 이 조건에 배정된 피험자들은 중간 정도의 의견 차이를 경험한다. (3) 세 번째 조건의 피험자는 평론가가 이 구절을 약간 빈약하다고 평하기 때문에, 경미한 정도의 의견 차이를 경험하게 된다. (4) 마지막으로 이 실험에 참가한 여대생 절반에게는 이 수필을 쓴 사람은 유명한 시인이자 비평가인 신뢰도가 대단히 높은 T. S. 엘리어트라고 밝혔고, 다른 나머지 절반에게는 이 비평을 쓴 사람이 어떤 대학생이라고 소개하였다.

그 후 피험자들에게 앞에서 다룬 시구에 대한 순위를 다시 매기도록 지시하였다. 결과를 보면 T. S. 엘리어트가 그 수필을 쓴 사람이라고 생각했을 때 피험자들은 그들이 한 평가와 비평가의 의견 사이에 가장 큰 차이를 보인 경우 가장 큰 영향을 받았다. 그러나 중간 정도의 신뢰도를 가진 동료 학생이 에세이를 썼다고 밝혔을 때는 그의 관점은 피험자들에게 다음과 같은 영향을 미쳤다: 동료 학생이 쓴 에세이와 피험자들 사이에 불일치가 작을 때는 별 다른 의견 변화가 없었다. 그러나 어느 정도 의견 차이가 있을 때 좀 더 큰 의견 변화를 보였다. 마지막으로 의견 차이가 극단적일 만큼 클 때에야 단지 약간의 의견 변화가 있었다.

이상의 내용을 요약 정리해 보자. 의사 전달자의 신뢰성과 청중의 믿음 사이에 어떤 상호 작용이 있다고 결론 내릴 수 있을까? 의사 전달자가 높은 신뢰도를 가지고 있고, 청중의 견해와 의사 전달자의 견해가 큰 불일치가 있을 경우에 청중은 더 많이 설득당했다. 하지만 의사 전달자가 낮은 신뢰성을 가지고 있고, 청중의 견해가 의사 전달자의 견해와 중간 정도의 불일치가 있는 경우에만 청중들을 설득할 수 있을 것이다.

청중의 특징

사람들은 서로 다르다; 어떤 사람들은 설득하기가 더 어렵다. 앞에서 본 것처럼 어떤 사람에게 호소력이 있는 소통이 다른 사람에게는 호소력이 없다. 앞에서 살펴본 것처럼 청중이 가진 지식, 능력, 동기 등의 정도와 이들이 과거에 가지고 있던 의견에 따라 일방적 커뮤니케이션이 효과적인지 아니면 쌍방적 커뮤니케이션이 효과적인지가 결정된다.

성격과 정치 개인이 가진 성격이 설득을 당하는 개방성과는 어떤 관계를 가지고 있는가? 피설득성과 거의 항상 유의미한 관계를 가지는 성격 요인 중 하나는 자존감이다. 자존감이 낮은 사람은 자존감이 높다고 생각하는 사람보다 설득적 커뮤니케이션에 더 쉽게 영향을 받는다.[85] 이 같은 현상은 충분히 논리적이다. 왜냐하면 자기 스스로를 좋아하지 않는 사람은 스스로의 생각을 소중하게 여기지 않을 것이고 그 결과 자기 생각이 도전을 받으면 이를 기꺼이 포기하고 말 것이다. 사람들은 정의롭고 싶어하는 욕구를 가진다는 사실을 기억해 보자. 높은 자존심을 가진 에밀리는 자기 의견과 차이가 나는 의사 전달 내용을 듣게 되면 자기 의견을 바꾸든지 아니면 계속 자기 주장을 하든지 둘 중 하나를 반드시 선택해야 한다. 에밀리와 같이 높은 자존감을 가진 사람은 신뢰도가 높은 의사 전달자와 의견이 다를 때 어느 정도 갈등을 경험하게 될 것이다. 이 같은 경우에는 자기 의견을 바꿈으로써 갈등을 해소하거나 자기 의견을 강하게 고수해야 할 것이다. 그런데 만일 에밀리의 자존감이 낮다면 갈등은 전혀 없거나 별로 없다. 그녀는 자신에 대해서 별로 높게 평가하지 않기 때문에 아마도 의사 전달자의 의견을 따라가는 것이 옳다고 믿을 가능성이 크다.

미국 사람들은 공화당과 민주당이 대다수의 이슈를 놓고 서로 의견이 달라서 싸움이 그치지 않는 것을 본다. 게다가 어느 쪽도 상대방을 설득시킬 능력을 갖고 있는 것 같지도 않다. 도대체 왜 그럴까? 존 조스트John Jost와 그의 동료들은[86] 미국 및 유럽에 사는 사람들 22,000명을 대상으로 지난 44년간에 걸쳐 실시된 연구 자료를 수집 및 분석하여 다음과 같은 결과를 발표하였다. 이 같은 쌍방 간의 의견 불일치는 빈곤 퇴치나 교육 개혁 등과 같은 철학적 논쟁에서 오는 것이 아니라 그 대신 서로 다른 사고 방식, 서로 다른 불확실성에 대한 인내 수준, 나아가 핵심적인 성격 특성 차이에서 오기 때문에 보수주의자인 공화당원과 진보주의자인 민주당원들은 동일한 유형의 주장에 의해서는 서로 잘 설득되지 않는다는 것이다.

이 같은 주장의 증거로 몇몇 진화 심리학자들은 인간 사회의 이념적 신념 체계는 좌-우 차원을 따라 구축되었다고 설명한다. 이는 다음과 같은 두 가지 핵심 태도로 구성된 것으로 1) 사회 변화를 지지하는가 아니면 현 체제 유지를 지지하는가, 2) 불평등이란 것은 인간이 만든 정책의 결과이기 때문에 바뀔 수 있다는 것과 아니면 자연의 섭리이기 때문에 그대로 받아들여야만 한다는 입장으로 나누어진다는 것이다.[87] 진화 심리학자들은 이 같은 태도는 지난 수천여 년을 통해 적응하며 지속되어 왔다고 주장한다. 보수주의는 안정, 전통, 질서, 계층 존재의 장점 등을 추구하고, 반면 진보주의는 반체제, 변화, 유연성 나아가 평등이 갖는 장점을 촉구한다.[88] 보수주의자들은 친숙한 것을 선호하지만, 진보주의자는 새로운 것을 선호한다. 무릇 모든 사회는 지속적으로 존속하기 위해서 이 같은 두 가지 유형의 구성원들이 최선을 다함으로써 지속되어 왔다. 따라서 진보주의자와 보수주의자가 수입 불평등이나 동성 결혼과 같은 문제에 대해서 왜 이처럼 감정적으로 다투는지 그 이유를 알 수 있다. 양측은 구체적인 문제를 가지고 논쟁할 뿐만 아니라 이들이 가진 성격 특성으로부터 나오는 근원적인 생각과 가치에 대해서도 서로 논쟁을 벌인다.

여기서 우리는 이와 같은 것이 일반적 경향이라는 사실에 중점을 두는 것이 중요하다. 대부분의 사람들은 안정을 향유하면서 다양한 나이대에 따라 자신의 삶에서 변화한다. 또 많은 사람들은 새로운 상황에 직면하거나 새로운 경험을 통해서 마음가짐도 바꾸려고 한다. 그 예로 동성 결혼을 수용한 것을 들 수 있다. 미국 사회에서 비교적 최근까지 양대 정당의 당원 대다수는 법안을 통과시킬 때 타협하면서 공통의 영역을 찾고자 노력해 왔다. 여전히 기본 방향에서의 차이야말로 진보주의자와 보수주의자가 서로의 마음을 바꾸는 것은 말할 것도 없고 서로의 의견을 듣는 것조차 실패하는 실망스러운 사실을 설명하는 데 도움이 된다.

청중의 기분과 마음가짐 의사 전달자의 메시지에 청중이 어떻게 반응할 것인가를 결정하는 다른 한 가지 요인은 청중이 가진 마음가짐이다. 로버트 치알디니 교수는 설득에 대해 실험실 연구를 했을 뿐만 아니라 세일즈 및 설득 전문가로 동시에 일을 하였다. 그의 주장에 따르면 사람들을 설득하고자 할 때 당신이 설득 메시지를 어떻게 준비하는가가 설득의 성사 여부를 결정하는 주요 요인이라고 주장하였다: "의사 전달자는 초기 단계에서 전략적으로 주의를 끌면, 피전달자가 메시지를 경험하기 전에 그 메시지에 동의하도록 움직일 수 있다."[89] 구체적인 사례로 연구자는 피조사자들에게 접근하여 마케팅 조사를 도와달라고 요청하였다. 이 경우 접촉한 사람 중 29%만 조사에 협조하는 데 동의하였다. 두 번째 조건에서 연구자는 피조사자에 접근하면서 "당신은 기꺼이 남을 도와주는 사람이라고 생각하십니까?"라는 간단한 질문을 먼저 제시하였다. 이 경우는 피조사자 77.3%가 스스로 마케팅 조사에 지원하였다. 이런 차이가 나는 이유는 무엇일까? 본 조사 참여를 요청하기 전에 조사 대상자들에게 '당신은 도움을 잘 주는 사람'인지를 질문하면 거의 모두가 '예'라고 동의하였다. 그 다음에 조사 참여에 대한 요청을 하면 대부분이 참가에 동의하였다. 그 이유는 바로 직전에 자신이 남을 잘 도와주는 사람이라고 정체성을 만들었기 때문에 이에 일치하고자 참여에 동의한 것이다. 나아가 사람들은 자신이 남을 잘 도와주는 사람으로 보이기를 좋아한다. 그런데 자신이 그렇게 말해 놓고 도움을 주는 것을 거절한다면 이것은 인지 부조화를 불러 일으키기 때문이다(우리가 3장에서 다룬 위선자 패러다임이 여기에 대한 사례에 해당된다).

청중은 좋아하는 음식을 먹고, 충분히 쉬고, 편안하고, 나아가 자기 자신에 대해 행복하다는 마음을 가지는 상태에서 수용성이 높아진다. 실제 사람들은 자기가 좋아하는 음식을 먹게 허용하면서 설득 메시지를 읽게 하는 경우가 음식을 먹지 않고 하는 통제 집단보다 더 큰 영향을 받았다.[90] 또 사람들은 기분이 좋은 상태에서는 비판적으로 될 가능성이 적기 때문에 설득에 취약해진다.[91] 제프리 코언, 조슈아 애런슨, 클라우드 스틸 등은[92] 학교에서 다른 학생들이 자기를 좋아하는 것을 아는 자기 긍정 피드백을 받는 학생은 자기가 가진 신념을 공격하는 설득적 논쟁을 더 잘 수용한다는 사실을 발견하였다.

이와 반대로 청중들의 메시지 수용성과 피설득성을 낮출 수도 있다. 한 가지 방법은 단순히 이들에게 다가올 것에 대해 경고하는 것이다.[93] 필자가 젊은 시절에 경험한 바에 의하면 그 당시 TV 프로그램 진행자가 프로그램을 진행하다 일단 멈추고 "지금부터 스폰서의 전달 메시지를 들어봅시다."라고 말한다. 그때도 이것은 사전 경고 없이 바로 광고 본문을 내보내는 것에 비해 설득력이 떨어진다. 설득에서 사전 예고는 마치 "조심하세요. 우리가 이제부터 당신을 설득하려고 합니다"라는 말을 들려주는 것과 같다. 그러면 사람들은 방어 태세를 갖춘 상태에서 메시지에 반응하게 마련이다. 이런 현상은 조나단 프리드맨Jonathan Freedman과 데이비드 시어스David Sears가 한 실험에서 입증되었다.[94] 이들은 10대 청소년들에게 "왜 10대 청소년들에게 운전을 허용해서는 안 되는가?"라는 제목의 강연을 듣게 될 것이라고 미리 예고해 주었다. 10분이 지난 후 강연자는 피험자에게 강연을 하였다. 통제 조건에서 강연자는 10분 전에 사전 예고 없이 동일한 강연을 하였다. 실험 결과를 살펴보면 통제 조건의 십대들이 사전에 예고 받은 십대들보다 메시지 내용을 더욱 굳게 믿는 경향을 보여주었다.

선전과 설득에 대한 저항

본 장을 마치면서 종합 정리를 해보자. 사람들에게 무엇인가를 구매하도록 하는 설득, 어떤 주장을 믿도록 하는 설득 그리고 무엇인가가 삶을 개선시켜준다고 하는 설득 등에 사용되는 모든 기교와 기술 등을 살펴보자. 우리 모두는 운이 좋게도 대체로 인식하지 못하는 방법(특히 익숙한 짧은 반복, 두려움의 환기, 또는 우리에게 가장 중요한 정체성에 호소)에 의해 영향을 받을 수는 있어도 퍼붓는 설득 내용은 어떤 것이든 무한히 빨아들이는 스폰지가 아니다. 우리는 통제력을 유지하고 또 자유 의지를 보호하길 원한다.

잭 브렘의 **반발**reactance 이론에 따르면[95] 사람들은 자유 의지가 위협받으면 이것을 회복시키고자 시도한다. 당신은 다음과 같은 경고를 엄중히 받은 적이 있는가? — "뜨거운 접시에 손대지 마! 저 애하고 놀지 마! 담배 피지 마라!" — 그리고 어쨌든 즉시 그렇게 했는가? 이런 경고를 받고 반대로 이를 행하는 것이야말로 반발에 해당된다. 누군가가 주는 메시지가 너무 무례하거나 강압적이라고 생각되어 사람들이 가진 선택의 자유를 침범한다고 생각하면, 사람들은 이에 저항하려는 방어력을 활성화시킨다. 예컨대, 우리가 어떤 상점에 들어가서 어떤 물건이 있는지 구경하는 경우가 있다고 하자. 그런데 상점 점원이 공격적으로 "이 셔츠는 유행이니 꼭 사야 합니다."라든지 아니면 "이 치약을 반드시 사야 합니다."라고 강압적으로 대한다면, 우리는 자신의 독립성을 지키기 위해서라도 그 상점을 떠날 것이다.

반발을 다룬 연구는 엄청나게 많이 실시되었다. 화장실 벽에 낙서를 하지 못하게 하는 경고에 대한 실험이 있다. 연구자들은 화장실에 2개의 표시를 해 놓았다:[96] "절대로 화장실 벽에 낙서를 하지 마시오." 또는 "화장실 벽에 낙서를 제발 하지 마시오." 2주일이 경과한 후에 낙서 상태가 어떻게 다른지를 점검해본 결과 예상했던 것처럼 전자의 경고문을 표시한 경우가 후자보다 훨씬 더 많은 낙서가 남아 있었다. 이와 똑같이 흡연 금지 문구의 경우에도 엄하게 금지하는 경우가 정중하게 금지하는 경우보다 담배 피는 경우가 더 많았다.[97]

이제 당신이 거리를 걸어가는 데 누가 와서 탄원서에 서명을 해달라고 부탁한다고 가정해 보자. 그런데 당신은 그 탄원서와 관련된 주제에 대해 아는 것이 별로 없어서 탄원 내용에 대해 설명을 듣고 있는데 다른 사람이 나타나서 말을 걸면서 거기에 서명하지 말라고 압력을 가한다고 하자. 반발 이론에 따르면 우리는 이 압력에 저항하고 또 내 자신이 가진 선택의 자유를 재천명하기 위해서 탄원서에 서명할 확률이 더 높아질 것이다. 이 시나리오는 실제로 매들린 헤일먼Madeline Heilman에 의해서 입증되었다.[98] 그는 대부분의 상황에서 피험자들이 청원에 서명을 하지 못하도록 방해하는 시도가 강할수록 이들이 서명할 가능성이 더 크다는 것을 입증하였다.

우리가 앞의 4장에서 살펴본 애쉬의 실험에서처럼 사람들은 사회적 압력에 동의하도록 영향을 받을 수 있다. 그런데 이 같은 압력이 무례해서 개인의 자유 감정을 위협하게 된다면 사람들은 이에 저항할 뿐만 아니라 반대 방향으로 반응하는 경향을 가지고 있다. 사실, 다른 모든 조건이 동일할 때 개인이 자기가 중요하게 생각하는 신념에 반대되는 정보를 직면하게 된다면, 이들은 즉각적으로 반대되는 주장을 찾아낸다.

이 같은 방법으로 개인은 부적절하게 자기 의견이 영향 받는 것을 피하고 스스로 자율성을 보호할 수 있다.

개인 차원에서 반발은 어떤 사람이 우리에게 "당신은 반드시 이렇게 해야 합니다."라고 지시하거나 명령하는 것에 대한 반대 행동으로 유도한다. 그런데 설득에 저항하는 좀 더 낫고 또 더 조심스러운 방법이 있다. 우리는 앞에서 일방적 제시보다는 찬성과 반대라는 입장을 둘 다 포함하는 양면적 제시가 대부분의 청중을 설득시키는 데는 좀 더 효과적이라는 것을 살펴보았다. 이런 현상을 확대해서 윌리엄 맥과이어William McGuire와 그의 동료들은 소위 **면역 효과**inoculation effect라고 명명된 이론을 발전시켰다.[99] 면역 효과에 따르면 만일 사람들이 스스로 반박할 수 있는 짧은 전달 내용에 사전에 노출되고 그 다음에 더 완전한 형태의 똑같은 입장을 제시하는 메시지를 받게 된다면 사람들은 "면역이 된다"는 것이다. 이것은 마치 우리 몸에 아주 소량의 병균을 미리 투입하면 나중에 대량의 병균, 즉 바이러스가 신체에 들어올 때 몸이 면역작용을 하여 그 병에 걸리지 않는 과정과 같다. 개인의 입장과 반대되는 "적은 양"의 주장을 듣게 되면 이는 가벼운 공격을 받는 셈으로 추후 더 강한 반대 주장을 들을 때 면역력이 생긴다. 이와 대비해서 개인이 어떤 주제에 대해 별로 생각해본 적이 없는 경우 태도 형성은 주로 개인의 느낌, 친숙성 또는 동료 등과 같은 주변 루트를 통해서 이루어진다. 이처럼 형성된 개인의 입장에 반대되는 전면적 공격을 받는다면 당사자는 대단히 민감하게 반응하게 마련이다. 이 경우는 개인이 자기 견해를 방어할 수 있는 준비가 되어 있지 않기 때문이다. 한 실험에서 9/11 테러에 대한 사실로 면역된 사람들이 이 비극에 대한 후속 음모론 선전에 저항을 증가시켰다는 것을 보여주었다.[100]

면역이 생기면 그 다음에 시도되는 설득에 대한 저항력이 증가한다. 왜냐하면 우리는 자신의 신념을 방어하고자 하는 동기를 가지게 되고 왜 그 같은 신념을 가지는가 하는 이유를 강제적이기는 하지만 점검하게 됨으로써 스스로를 방어하는 실제 체험을 얻게 되기 때문이다. 경우에 따라서 반대에 의한 비판에 노출되거나 또 합리적인 주장을 듣게 되면 더 나은 대안을 찾을 수 있는 우리 스스로의 마음을 바꿀 수도 있다. 필자는 이것이야말로 교육을 하는 바로 가장 중요한 이유라고 생각한다. 다시 말해 우리가 선전이 주는 효과를 줄이고 싶어한다면 사람들로 하여금 모든 종류의 아이디어를 자유롭게 탐색하게 하는 그 이상의 대안은 없다. 나아가 세뇌가 가장 잘되는 사람은 그 자신의 믿음이 한번도 진지하게 도전을 받아본 적이 없는 구호에만 기반하고 있기 때문이다.

이 연구가 주는 의미는 다음과 같다. 우리가 가지는 아이디어가 도전을 받는 것은 큰 다행이라고 할 수 있다. 왜냐하면 도전을 받음으로써 우리가 애지중지하던 신념이 잘못되었다는 것을 납득할 수 있고 그 신념을 가지게 된 이유를 강제적이지만 생각하게 되고 나아가 이 같은 생각을 가진 이유를 과거보다 한 단계 더 깊은 수준에서 이해할 수 있기 때문이다. 필자는 대학 캠퍼스에서 확성기로 "인종차별주의자"나 "성차별주의자" 또는 다른 이념주의자라고 지칭하면서 시위를 하는 기사를 읽으면 슬픈 마음이 들곤 한다. 이렇게 주장하는 사람들은 편견을 가지고 있기 때문이거나 다른 시위를 하는 사람과 모든 면이 아닌, 단지 어떤 면에서 의견을 달리하기 때문일 것이다. 상대방이 자기 얘기를 다하기 이전에 우리가 어떻게 알 수 있겠는가? 본 장에서 다룬 설득에 대한 연구들이 보여준 것처럼 사람들에게 말할 기회를 주지 않고 말을 못하도록 금지시키면 아무것도 달성할 수 없다. 나아가서 시위를 하는 사람들에게 자기 입장을 설득적 논조로 개진하는 방법을 가르칠 수 없고, 의견상 차이가 나는 사람을 설득시킬 수도 없고 나아가 문화적 오해나 문화 차이 때문에 일어나는 잘못된 커뮤니케이션을 해결하는 데도 도움이 되지 못한다.

필자는 사회 심리학자로서 또 교수로서 — 특히 대학의 경우에는 — 학생들과 다른 신념이나 태도를 가진 연사를 초청하여 이들의 견해를 듣는 것이 절대적으로 중요하다고 생각한다. 물론 이 경우에 많은 학생들은 저항하는 경우도 있다. 그럼에도 분명한 것은 고함지르는 것이나 침묵만 가지고는 어느 누구도 또 어떤 것도 설득시킬 수는 없다. 정서 신경 과학을 전공한 심리학자인 리사 펠드먼 바렛Lisa Feldman Barrett은 불쾌한 강연과 폭력적인 강연이 어떤 차이가 있는지 다음과 같이 설명하고 있다. :

> 다른 사람의 불쾌한 관점을 받아들이는 것은 교육적이라고 할 수 있다. 제가 대학에서 강의를 시작한 초창기에 우생학을 다루는 과목을 가르친 적이 있었다. 이것은 우수한 인간을 만들기 위해서 인종 선별을 하는 것을 옹호하는 분야이다. 우생학은 그 당시 인종차별주의에 대한 과학적 정당화를 제시하는 근거가 되었다. 저는 과학사에서 이처럼 지저분한 부분을 학생들이 이해하는 데 도움을 주기 위해서 학생들을 '찬성'과 '반대'라는 두 집단으로 나누어서 논쟁을 하는 과제를 부여하였다. 이것이 수업에서 하는 실습인데도 불구하고 어느 학생도 기꺼이 토론에 참가하고 싶어하지 않았다. 어떤 인종이 일반적으로 다른 인종보다 우월하다는 것을 다루어야 하기 때문이었다. 저는 할 수 없이 우리 학과의 흑

인 교수에게 우생학에 찬성하는 입장에 서도록 부탁하고 저 자신은 우생학을 반대하는 입장에서 논쟁을 진행시켰다. 논쟁을 반쯤 진행한 후에 우리는 역할을 교대하였다. 이렇게 한 목적은 학생들에게 대학 교육의 가장 기본이 되는 원칙과 시민 사회의 원칙을 모델링하려고 한 것이다. 만일 당신이 자기 생각과는 정반대가 되는 입장에 강제로 들어가게 되면 다른 사람의 관점뿐만 아니라 자기 자신이 가졌던 관점도 학습하게 된다. 이 과정은 유쾌하지 않을지도 모른다 그러나 이야말로 좋은 의미의 스트레스이다 … 또 이를 통해서 장기적으로는 학습이라는 성과를 수확하게 된다.[101]

이상과 대비해서 선동가, 선전원 그리고 앞잡이 등 미국의 경우 흑인에게 테러를 가하는 백인 우월주의자 KKK단을 옹호하는 사람들이나 백인 지상주의자들은 폭력적인 연설을 사용한다. 이들은 외따로 행동하는 집단으로 자신들의 아이디어를 다른 사람들에게 교육시키거나 논쟁하는 것에는 관심이 없다. 이런 사람들은 대학에서 강연을 해달라고 초청할 이유가 없다. 이 같은 사람들을 정치학자 찰스 머레이 같은 사람과 동일 범주에 묶는 것은 타당하지 않다. 머레이는 지능 지수를 설명하면서 인종에 따라 차이가 있다고 설명함으로써 유전적 요인이 작용한다고 오래 전부터 주장해 왔다. 그의 주장은 많은 사람들에게 상처를 준 것은 사실이지만 그럼에도 불구하고 실증적 가설이기 때문에 논쟁을 할 수 있고 나아가 그의 자료는 검토될 수가 있다. 따라서 이 같은 프로세스는 왜 머레이가 그와 같은 결론을 얻게 되었는가를 실증적으로 연구 조사하게 만들고 나아가 다른 설명이 더욱 타당한 것은 아닌지도 검증할 수 있도록 만든다. 과학에서는 "나는 당신의 연구 결과가 나의 가치관에 반하기 때문에 당신의 발견을 좋아하지 않는다."라고 말하면서 문을 박차고 나갈 수는 없다. 학문을 하는 자는 어떤 사례에 대해서 상대방이 하는 주장이 잘못되었다고 생각한다면 그 이유를 증거를 통해서 입증해야 하는 의무가 있다. 7장에서는 다른 사회 심리학자들, 예컨대 클라우드 스틸 및 조슈아 애런슨 그리고 유전학자 리차드 레원틴이 머레이의 주장에 대해 반론하는 것을 살펴볼 것이다.

존 스튜어트 밀은 1859년 그가 쓴『자유론』에서 우리가 좋아하지 않는 아이디어라 해도 이를 표현하도록 반드시 허락해야 한다고 주장하였다. 왜냐하면 이를 통해서 질문을 제기할 수 있는 아주 작은 진실이 여기에 포함되어 있을 수도 있고 이것이 기존의 관습적 지식을 바꿀 수 있을지도 모르고 이도 저도 아니라면 우리가 늘 옳다고 매달리는 신념의 지혜를 적어도 다시 한번 검토하는 동기를 제공하기 때문이다. 추가하면 대법관 루이스 브랜다이스가 말한 것처럼 만일 우리가 "오류 및 거짓"에 근거하는 생각에 직면한다면 "이를 치유하는 방법이란 강요된 침묵이 아니라 더 많은 대화 및 논쟁"이라고 주장하였다. 교육이란 때로는 불안을 조성한다. — 그리고 그래야만 한다.

6

인간의 공격성

Human Aggression

수년 전 필자는 당시 동남아에서 벌어지고 있는 전쟁에 미국이 깊숙이 개입된 것을 보도하는 TV 뉴스를 시청하고 있었다. 뉴스를 진행한 앵커 월터 크롱카이트는 미군 폭격기들이 민간인 마을을 베트콩 거점으로 오인해서 네이팜탄을 투하했다는 사실을 보도했다. 당시 10살 정도 되었던 필자의 아들이 눈을 반짝이며 "아빠, 네이팜탄이 뭐에요?"라고 물었다.

나는 "그건 사람들에게 화상을 입히는 화학 물질인데 피부에 일단 닿으면 떼어낼 수 없을 정도로 접착력이 강하단다."라고 대수롭지 않게 대답해 주고는 계속해서 뉴스를 시청하였다.

몇 분이 지난 후에 아들을 흘낏 쳐다보았더니 아이의 얼굴에 눈물이 흘러내리고 있었다. 필자는 아들의 고통과 슬픔에 충격을 받으면서, 대체 나에게 무슨 일이 일어났는가 스스로 경악감을 감추지 못했다. 아들이 야구공은 어떻게 만드는지 또는 나뭇잎은 어떤 기능을 하는지 물었을 때와 마찬가지로 나는 아들의 질문에 인간의 잔인성이 너무나 당연한 듯이 답했던 것은 아니었을까? 또는 내가 잔인함에 너무나 익숙해져서 무감각해질 수밖에 없었던 것일까?

어떤 의미로 이것은 놀랄 만한 일이 아니다. 우리 세대 사람들은 이루 말할 수 없는 공포의 시대를 살아왔다. 유럽에서 있었던 유태인 대학살, 히로시마와 나가사키에 원자 폭탄 투하, 한국 전쟁, 동남아시아 전쟁, 중동 전쟁 등을 거치면서 살아왔다. 그 후 몇 년이 지나서, 우리는 중앙아메리카에서의 몇몇 잔인무도한 내전들, 캄보디아의 킬링 필드에서 있었던 백만 명이 넘는 주민 학살, 보스니아에서의 인종 청소, 르완다, 수단, 알제리 등의 대량 학살을 목격해 왔다. 나아가 미국 본토에서 일어난 9.11 항공기 자살 테러 공격, 아프가니스탄과 이라크에서 미국의 보복 등등. 이러한 사건들은 소름끼치는 일이긴 하지만, 이런 종류의 대량 학살이 분명히 현 시대에만 존재한 것은 아니다. 오래 전에, 한 친구가 내게 세계사를 요약한 약 10에서 15페이지 정도의 매우 얇은 책을 보여 주었다. 그것은 인류 역사 이래 일어난 사건들을 연대순으로 나열한 목록이었다. 그 책이 어떻게 꾸며져 있는지 추측할 수 있는가? 예수 탄생과 인쇄술 발명과 같은 비폭력적 사건들이 가끔 전쟁들 틈에 끼어 있었지만, 대부분은 끝없이 일어난 전쟁이었다. 인류의 짧은 역사 속에서, 가장 중요한 사건들이 서로를 죽이는 상황들로 구성되어 있다면 인간은 도대체 어떤 종류의 종이란 말인가?

더욱이, 미국인들은 때때로 지극히 터무니없고 어리석어 보이는 폭력을 냉담하게 수용하는 모습을 보여준다. 가슴 아픈 사례를 하나 들어보자. 1986년 리비아에서 급증하는 테러 행위에 대한 보복으로 미군 폭격기들이 폭탄을 투하했다. 그 후 미국 국민들을 대상으로 이러한 군사 조치에 대해 찬성하는지 여부를 물었다. 그런데 이 조사에 참가한 미국인 71%가 "그렇다."라고 대답하였다. 그러나 이런 공습이 미래의 테러리즘 억제에 실제 효과가 있을 것이라고 믿는 사람은 31%에 불과하였다.[1] 미국 시민의 상당수는 순수한 보복 행위를 미국 외교 정책의 일부분으로 받아들이고 있다고 결론 내릴 수밖에 없지 않겠는가? 대부분의 국가에서는 자국 정부가 시작한 전쟁을 대다수 국민들이 지지한다. 그런데 선진국 중에서도 리더 격인 미국에서는 하루에 4명이 사망하고 매년 총기를 사용하는 폭력으로 10만 명 이상이 죽어 나가는 엄청난 대량 살상을 묵묵히 받아들이고 있다(여기에는 살인, 폭행, 자살, 사고, 경찰 개입에 의한 사망 등도 포함된다).[2]

필자는 **공격성**aggression이란 상대방에게 해를 가하고, 신체 및 심리적 고통을 유발하는 데 목표를 둔 의도적 행동이라고 정의한다. 여기에는 신체적 행위뿐만 아니라 언어적 행위도 포함된다. 또 그 목표가 달성되었는지 여부와 관계없이 의도를 가진 행동이면 이것은 공격성이다. 예를 들어 화가 잔뜩 난 친구가 당신 머리를 향해 맥주병을 던졌는데 다행이 잘 피해서 맞지 않았다고 하자. 이것은 공격적 행동인가? 이는 분명히 공격성를 보인 것이다. 이때 중요한 것은 친구가 어떤 "의도"를 가졌는가가 공격성을 결정한다. 다른 예로 술에 만취한 운전자가 길을 건너는 당신을 운전 과실로 치었다고 하자. 이 경우 만취 운전자는 "비의도적"이었기 때문에 빗나간 맥주병보다 당신을 엄청 많이 다치게 했음에도 불구하고 "공격적 행위"는 아니다.

이 같은 정의에 입각하면 우리 인간은 특별이 공격적인 종이라는 사실이 입증된다. 지구상의 척추동물 중에서 인간만이 일관되게 또 고의

적으로 같은 종의 인간을 때리고, 고문하고, 죽인다. 과학자들과 철학자들은 여러 세기에 걸쳐 인간의 공격성에 대해서 논쟁을 해오고 있다: 공격성은 본능적 현상인가? 아니면 학습된 것인가? 토마스 홉스는 그의 고전 저서인 『리바이어던Leviathan』(1651년 초판 발행)에서 인간의 타고난 본래 상태는 짐승들과 다름이 없기 때문에 사회의 법과 질서를 강화함으로써 공격성이란 타고난 본능을 억제시킬 수 있다고 말했다. 반면, 장 자크 루소는 고상한 야만인이란 개념(1762년에 개발한 이론)으로 인간은 본래 자비로운 피조물인데 제약이 많은 사회가 사람들을 적대적이고 공격적으로 만들었다고 주장하였다. 20세기에 와서 지그문트 프로이드는 홉스의 비관적인 견해를 더욱 정교하게 만들었다.[3] 그는 인간이 '에로스'라고 하는 삶에 대한 본능과 '타나토스'라고 하는 죽음에 대한 본능을 가지고 태어나는데, 후자인 타나토스는 죽음에 대한 본능적 추동으로써 공격적 행위를 일으키며 에로스만큼 강한 힘을 발휘한다는 이론을 세웠다. 프로이드는 "죽음의 본능은 모든 생명체에 작용하며 생명을 파괴시켜서 원래 상태인 무생명의 상태로 되돌리려고 한다."라고 기술하였다.

인간 본성에 대한 여러 세기에 걸친 논쟁은 다음과 같은 질문을 제기하고, 본 장에서는 이 질문에 대한 답을 탐색하고자 하다: "공격성은 선천적인가? 즉, 공격성은 인간이 가진 본성의 일부인가? 공격성은 바뀔 수 있는가? 여성도 단지 표현 방법이 다를 뿐 남성만큼 공격적인가? 공격성을 증가시키거나 또는 감소시키는 사회적 요인과 상황적 요인에는 무엇이 있는가?" 오늘날 심리학을 포함한 다수의 학문 분야에서는 "공격성"은 생물학적이고 학습된 것이라고 이해하고 있다. 공격성은 진화론의 유산 중 일부라서 이타적 행동과 협조 행동을 상쇄시킨다. 이제 다음에 공격적 행동을 표현하는 것에 영향을 미치거나 또는 반공격적 행동에 영향을 미치는 요인들을 살펴보자.

동물의 공격성

공격성이 생득적이라는 사실에 대해 통찰을 얻기 위해 과학자들은 인간이 아닌 다른 종을 대상으로 실험을 실시하였다. 그 한 가지 사례로 고양이와 쥐에 대한 상식을 생각해 보자. 대부분의 사람들은 고양이가 쥐를 '본능적'으로 죽인다고 생각하고 있다. 약 반세기 전 생물학자 찡양쿠오Zing Yang Kuo는[4] 이 같은 생각이 오해라는 것을 증명하고자 시도하였다. 그의 실험은 매우 단순하였다. 그는 새끼 고양이와 쥐를 같은 우리에 넣어서 키웠다. 함께 자란 고양이는 쥐를 공격하지 않을 뿐만 아니라 서로 가까운 친구가 되었다. 더욱이, 그 고양이는 다른 쥐들도 쫓거나 죽이려 하지 않았다. 이것을 보면 고양이가 보인 유순한 행동은 함께 자란 친구인 쥐에게만 한정된 것이 아니라 결코 본 적도 없는 다른 쥐에게까지도 일반화된 것이다. 그러나 이 연구는 과학은 아니다. 인터넷상에 돌아다니는 인기 있는 비디오나 사진들은 서로 다른 동물들이 종의 차이를 뛰어넘는 "우정"을 보여준다. 어떤 사람의 개와 고양이는 함께 어울리며 화목하게 지낸다.

이상은 멋진 것이었지만, 쿠오가 한 실험(그리고 인터넷상의 예쁜 사진들)이 공격적 행동은 학습되는 것이지 생득적이 아니라는 것을 의미하지는 않는다. 그 대신 공격적 행동은 초기 경험에 의해 억제될 수 있다는 것을 증명한 것에 불과하다. 동물이 자라날 때 동종의 동물과 전혀 접촉이 없이 자라나면 어떤 일이 일어날까? 이렇게 고립 성장한 동물도 위협을 받으면 공격적 성향을 보일까? 또는 보이지 않을까? 고립된 상황에서 성장한 쥐(다른 쥐와 한 번도 싸운 경험이 없는 쥐)도 낯선 쥐가 자기 우리에 들어왔을 때는 이를 공격하였다. 나아가 고립되어 자란 쥐도 다른 경험이 많은 쥐가 하는 것과 같은 위협을 다른 쥐에게 할 뿐만 아니라 공격도 하였다.[5] 따라서 공격적 행동이 초기 경험에 의해서 수정될 수 있을지라도(쿠오의 실험에서 보듯이), 어떤 종의 경우에 공격성은 학습될 필요가 없는 것이 분명하다.

다른 접근법으로 인간과 유사한 유전 인자를 가진 포유동물들의 행동을 관찰하면 인간의 생물학적 유산에 대해 어떤 통찰을 얻을 수 있을까? 인간과 유전적으로 가장 가까운 동물인 침팬지와 보노보의 DNA는 인간의 것과 98%가 같다. 그런데 이들 두 동물은 서로 엄청나게 다르다. 우선 침팬지는 대단히 공격적이다. 이들이 인간처럼 대규모 전면 전쟁을 벌이지는 않지만 수컷 침팬지는 다른 침팬지를 사냥하고 죽이기도 한다. 때로는 다른 침팬지를 고문하기도 하고 찢어 죽이기도 한다. 나아가 암컷 침팬지 역시 대단히 공격적이고 교활하며 잔인하다.[6] 그러나 유전학적으로 인간과 가까운 보노보는 침팬지의 일종이지만 전혀 다르다. 영장류 동물학자들의 설명에 따르면 보노보는 사촌 격인 침팬지보다 지능이 더 높고, 정도 많고, 공감 능력이 높고 비폭력적이다. 침팬지는 별 다른 자극이 없어도 난폭한 행동을 수시로 하지만, 보노보는 지구상에서 가장 공격성이 낮은 포유동물의 하나이다. 보노보는 "전쟁 대신 사랑을 하는 동물"이라고 알려졌다. 그 예로 보노보는 어떤 잠재적으로 위험한 일이 생길 때는 서로 섹스를 함으로써 긴장을 완화한다(갈등이 해결된 뒤에도 마무리를 잘하는 의미로 섹스를 한다). 구체적인 예로 보노보는 먹이가 흩어져 있는 지역에 도착하면 먼저 집단으로 섹스를 하고 그 뒤에 서로 싸우지 않고 먹이를 찾아서 평화롭게 먹는다. 이와 비교해서 침팬지의 경우는 먹이가 있는 지역에 도착하면 이것을 놓고 먼저 싸움부터 시작한다. 보노보는 또 침팬지와 달리 암컷이 지배하는 사회를 꾸미고 있다. 수컷도 집단 내에 서열을 지키고, 특히 집단 내 다른 보노보에 대해 서로 민감하게 배려하는 것으로 알려져 있다.[7]

그러면 인간은 침팬지 또는 보노보 그 어느 쪽에 더 가까운가? 우리 인간은 공격성을 내재적으로 가진다고 주장하는 사람들은 침팬지와 가깝다고 주장할 것이고, 인간의 협조하는 특성을 강조하는 사람들은 보노보와 가깝다고 할 것이다. 우리 인간들이 문제가 있을 때 보노보처럼 섹스를 통한 해결을 추구하지는 않지만, 논쟁이 있을 때 이를 폭력적으로 해결하는 침팬지보다는 협조적으로 임한다.[8] 오랜 진화 과정은 인간에게 위협에 직면하거나 어떤 자원을 놓고 서로 경쟁을 하게 되면 공격적인 성향을 부여했지만, 이와 동시에 공격성을 억압하는 것이 최선의 방법이라고 판단되는 경우에는 이를 억누르는 강한 억제 메커니즘도 부여하였다.

문화와 공격성

인간 사회 모두가 똑같이 전쟁을 좋아하지는 않는다.[9] 집단의 생존을 위해서 협조에 의존하는 굳게 단결된 문화에서는 화를 내거나 공격성을 보이는 것은 위험하고 또 파괴적이라고 보았기 때문에 이를 위반한 범법자는 추방되거나 처벌을 받았다. 구체적으로 예를 들면 시킴의 랩차스족, 중앙아프리카의 피그미족, 그리고 뉴기니의 아라페쉬족과 같은 원시 부족들은 자기 종족 내에서 뿐만 아니라 다른 종족과도 협동하고 친목하며 살아가고 있다. 이들에게는 공격적 행위란 지극히 드물다.[10] 그 반대쪽에는 나이지리아의 보코 하람과 같은 집단이 있다. 이들은 어린 아동들을 살인자로 훈련시키고 자살 폭탄으로 죽게 만들었다.

대부분의 사회 심리학자들은 공격성이 선택적 전략이라고 믿는다: 우리 인간은 공격적 행동을 하는 능력을 가지고 태어난다. 그럼에도 불구하고 공격성을 언제, 어떻게, 어디에서, 나아가 발휘 여부에 대한 결정 등은 환경과 문화에 의해 이루어진다. 우리가 운전 중 교통경찰이 과속한다고 차를 세우고 벌금을 매기면 화가 날 것이다. 그럼에도 불구하고 우리는 이에 반응하는 자기 성질을 죽이고, 행동하는 것을 자제한다. 공격성의 표현이 공격성을 야기하거나 억제하는 외부 조건에 따라 달라진다는 견해를 지지하는 세 가지 주요 증거가 있다: 문화가 세월의 흐름에 따라 어떻게 변화하는지에 대한 연구, 문화 전반에 걸친 연구, 실험실 실험.

북아메리카에 살던 이로쿼오스 인디언들을 살펴보자. 이들은 수렵 부족으로서 수백 년 동안 평화롭게 살았다. 그러나 17세기에 아메리카에 진출한 유럽인들과의 무역이 증대되면서 근처에 살던 휴론족과 (공산품 교환을 위한) 모피를 두고 직접적인 경쟁에 돌입하였다. 그 결과 여러 차례 전쟁이 일어났다. 이는 통제할 수 없는 "공격적" 본능 때문이 아니라, 사회적 변화가 경쟁을 증가시켰기 때문에, 이로쿼오스족은 사납고 명성을 떨치는 전사들이 되었다.[11] 이로쿼오스 인디언들과는 다른 방향으로 변화된 사례도 있다. 스칸디나비아나 포르투갈처럼 한때는 전쟁을 좋아했던 많은 국가들이 지구상에서 가장 평화로운 나라로 바뀐 경우도 있다. "오락으로서의 폭력"이 예전에는 실제 사람이 청중들을 열

광시키기 위해 찢겨져 죽는 검투사 경기장에서 있었다면 오늘날에는 영화 스크린, 비디오 게임, 스포츠 이벤트에서 일어나고 있다. 스티븐 핑커Steven Pinker의[12] 주장에 따르면 인간의 폭력은 수세기를 지나면서 현격히 감소하게 되었다. 국가라는 시스템이 대두되면서 전쟁 개시에 대한 결정이 어려워지고, 정의, 재분배, 노예 제도에 대한 비난 및 불법화, 잔인한 처벌 나아가 아동 학대 등은 거의 전 인류가 금지하거나 비난하는 수준에 도달하였다. 시리아, 아프가니스탄, 이라크 같은 전쟁 지역이나 소말리아 같은 파탄 국가에 사는 사람들을 제외하면 인류가 과거보다 폭력을 만날 가능성은 오늘날 통계상 훨씬 낮다.

명예 존중 문화 폭력 선호 성향은 지역에 따라 놀랄 만큼 차이가 있고, 공격 행동과 폭력을 촉발하는 사건의 종류도 지역에 따라 현격히 다르다. 리처드 니스벳Richard Nisbett은[13] 미국 남부의 백인 남자들이 저지르는 살인율은 북부 지역 백인 남자들보다 훨씬 더 높다고 밝혔다. 특히 남부 주의 시골에서 이 같은 현상이 두드러졌다. 그러나 이것은 특정 지역 — 농업보다는 목축 경제 시스템이 지배하는 지역 — 의 특정한 살인 — 모욕을 당했다고 지각함으로써 유발되는 살인과 자신의 재산 보호의 필요성 때문에 일어난 살인 — 의 경우에만 해당된다.

이 같은 현상이 나타나는 이유는 무엇인가? 그 이유는 경제적으로 농업에 의존하는 사회에 사는 사람들은 생존을 위해서 협동 전략을 개발하는 성향이 크다. 반대로 목축에 의존하는 사람들은 극도로 민감한데, 돌보는 가축이 도적 맞을 확률이 대단히 높기 때문이다. 니스벳이 제시한 이론에 따르면 목동은 절도 가능성을 낮추기 위해 어떤 (실제의 혹은 인지된) 위협에 대해서도 고도로 경계하며 그 위협에 즉각 폭력으로 대응하도록 배운다. 이 이론에 입각하면 왜 소와 말 같은 가축을 훔치는 것이 미국 옛 서부에서 중범죄이고, 왜 지중해 지역과 중동 지역의 목축 문화에서 오늘날까지도 공격적인 남성을 높이 쳐주는지 설명할 수 있다. 니스벳은 추가해서 미국 남부 지역 내에서 농업 경제 지역을 대상으로 살인율을 조사해 보니 농장 지역보다 목축 지역, 즉 낮은 산이나 건조한 평야 지대에 사는 사람들의 경우 살인을 저지르는 비율이 2배 이상이라는 것을 밝혔다.

공격성과 경계심을 강조하는 목축 문화는 다음에 "명예 존중 문화"를 창출하게 되었다. 이 지역에서는 사람들 사이에 작은 논쟁이라도 생기면 자기 자신이 얼마나 터프한가를 보여주고 스스로 입장을 지키기 위해서 공격적으로 반응하도록 만든다.[14] 만일 당신이 미국 동부에 있는 매사추세츠주에서 사과 농사를 짓는 농부라면 어느 누구도 그 결과물을 도적질 하지 않을 것이기 때문에 자기 재산을 보호하기 위해서 다른 사람들에게 과감하게 맞서고 나아가 싸움도 할 것이라는 명성을 쌓을 필요가 없을 것이다. 그러나 만약 당신이 소를 사육하는 목장을 경영한다면, 소도둑이 당신의 재산을 훔치려고 하기 전에 다시 한 번 생각해 보도록, 즉 건드리면 골치 아픈 사람이라는 평판이 만들어지도록 하는 것이 중요할 것이다. 목축 경제가 미국 남부와 서부에서조차 과거보다 훨씬 덜 중요하게 되었지만, 명예 문화에 대한 유산은 오늘날도 유효하다. 왜냐하면 이들 지역에서 명예 관련 살인 사건율(자기 가족이 모욕을 당했다고 지각하여 이에 복수하기 위해 저지르는 살인)이 다른 지역에 비해 5배 이상이나 더 높기 때문이다.

도브 코언Dov Cohen과 리처드 니스벳은[15] 후속 연구로, 명예 존중 문화가 가진 규범적 특징이 미시건 대학에 현재 등록된 남부 지역 출신 백인 남학생들에게 있는지를 살펴 보았다. 연구에 참가한 학생들의 가족은 여러 세대를 거치면서 목축업을 더 이상 해오지는 않았지만 이들의 인지, 정서, 행동, 생리적 반응에서도 이런 특징이 나타나는가를 살펴보는 일련의 실험을 실시했다. 이들이 실시한 한 실험에서 피험자들은 실험 조수와 복도에서 우연히 마주치면서 부딪히게 조작하였다. 이 때 실험 조수는 피험자에게 욕 같은 말을 중얼거리면서 상대를 폄하하는 말을 하였다. 남부 남자들은 북부 백인 남자들(모욕을 그냥 무시해 버리는 경향이 있는)과 비교하여 자신의 남성적 평판이 위협 받은 것으로 생각해서 훨씬 더 공격적으로 반응하였다. 이들은 혈류 코르티솔과 테스토스테론 수준이 높아졌고 자기의 남성성이 도전을 받았다는 느낌을 보고하였다. 또한 자신을 "모욕"했다고 느끼게 한 실험 조수에게 좀 더 공격적으로 복수하고 싶어 했다.

명예 존중 문화를 다룬 추후 연구에서 이것이 다른 많은 분야에도 영향을 미치는 것이 밝혀졌다. 코언과 니스벳은[16] 명예와 관련된 갈등 때문에 누군가를 살해했다고 추정되는 사람이 입사 지원서를 미국 전역에 있는 회사로 보내는 실험을 실시하였다. 그 결과 남부와 서부에 소재하는 회사들은 북부에 있는 회사들보다 입사 지원서를 훨씬 더 수용적이고 이해하는 방식으로 반응하였다. 남부 주에 거주하는 고등학생들도 예외가 아니다. 명예 존중 문화 주들, 즉 미국 남부 주에 있는 고교생은 다른 주 고교생과 비교해서 총기를 가지고 등교하는 경우가 더 빈번하고 무기 사용 빈도도 더 많다. 인구 대비 1인당 2배 이상으로 밝혀졌다.[17] 세계적으로 명예 존중 문화에 속하는 남자들은 자기 정부를 불신하는 경향이 강하고, 이들은 사적 및 폭력적인 도발을 받으면 이에 보복할 의무가 자기 스스로에게 있다고 믿는다. 이런 명예 존중 문화에서는 가정 폭력이 난무하는 비율이 높다. 또 이런 문화에 속하는 남녀는 공히 만일 여자가 부정 행동이나 자기 남자로부터 달아나는 행동을 함으로써 남자의 명예나 명성에 먹칠을 한다면 이에 대한 보복으로 여자에게 신체 공격을 가해도 괜찮다고 믿는다.[18]

여기서 소개한 사례들이 보여주는 것처럼 공격성의 구성 요소가 인간 및 영장류에게 거의 틀림없이 존재하지만, 공격성이 전적으로 본능에 의해 유발되는 것은 아니라고 결론지을 수 있을 것이다. 문화적 영향이 상황적 및 사회적 사건에 대한 사람들의 반응을 형성하고, 그렇게 함으로써 인간이 공격적으로 대응할지를 결정한다는 사실을 보여주는 명백한 사례들이 있다. 이것이 의미하는 바는 다음과 같다. 어떤 상황적·사회적 요인들에 의해 공격성이 증대될 수 있다는 것은 다른 조건에서는 공격성이 감소될 수 있다는 것을 의미한다.

성과 공격성

명예 존중 문화에 대한 연구가 제시하는 바에 의하면 남성의 공격성이야말로 남자가 맡은 역할과 정체성의 중심적인 몫이라고 고무시킨다. "남자가 되는 것"은 바로 경쟁심과 힘을 의미하는 것으로 정의되기 때문에 남자는 끝없이 남성성과 공격성을 발휘하는 지위를 "입증하기" 위해서 노력해야만 한다.[19] 이와 반대로, 남자가 생존의 내적 및 외적 위협이 없는 문화에서 살아간다면 — 물론 그렇게 축복받은 문화는 많지 않다 — 어릴 때부터 공격성을 드러내도록 양육되지 않고, 양성의 차이가 최소이고 협력이 장려된다.[20]

그럼에도 불구하고 폭력을 예측할 수 있는 첫 번째 예측 변수는 성이다. 남자 성인은 여자보다 낯선 사람과 자발적으로 또 별 도전을 받지 않아도 싸움을 선택하고, 파괴와 약탈을 하는 폭도들에 합류하고, 공격, 강간, 살인 등과 같은 폭력 범죄를 범할 가능성이 더 크다.[21] 어린 시절부터 남자아이는 여자아이보다 "거친 신체 놀이"를 많이 하고, 놀이를 하지 않을 때도 떠밀기, 찌르기, 때리기 등을 더 많이 보여준다. 데인 아처Dane Archer와 패트리샤 맥다니엘Patricia McDaniel은[22] 비교 문화 연구에서 11개국에 사는 십대들을 대상으로 대인 관계에서 갈등이 일어나는 스토리를 읽게 하고 마지막 부분을 스스로 마무리하는 실험을 실시하였다. 연구 결과를 보면 모든 국가에서 남자아이들이 스토리를 폭력으로 끝내는 경향을 훨씬 더 많이 보여주었다.

남성의 공격성을 부추기는 것은 통상적으로 테스토스테론이라는 호르몬 때문이라고 믿어왔다. 이것은 양성에 공통적으로 있지만, 남성이 더 많이 가지고 있다. 그런데 이 호르몬이 제거된(거세된) 실험실 동물의 경우 공격성이 덜 보였고 반대로 이 호르몬을 맞은 동물은 더욱 공격적으로 변했다. 제임스 댑스James Dabbs와 그의 동료들은[23] 폭력 범죄를 저질러서 수감된 죄수의 경우 자연적으로 생성되는 테스토스테론 수준이 비폭력 범죄를 저지른 죄수들보다 높았다는 것을 보여주었다. 대학생들의 경우에는 더 막되고 제멋대로이고 사회적 책임감이 작은 남학생 사교 클럽 소속의 남성들이 가장 높은 평균 테스토스테론 수치를 보여 주었다[24] 테스토스테론은 젊은 남성과 연계되는 많은 행동에 영향을 미친다: 공격성, 경쟁, 위험 부담. 그러나 그 반대도 역시 적용된다: 공격적이거나 경쟁적 행동은 테스토스테론 분비를 증가시키는데, 이는 아마도 동물이 공격적으로 행동하도록 준비시키기 위한 것이다.[25]

그러나 이상의 발견은 상관적이지 절대적인 것은 아니다. 우리가 살펴본 것처럼 미국 북부의 남성들도 남부의 남성들처럼 똑같은 테스토스테론을 가지고 있다. 그러나 전자는 후자보다 지각된 모욕에 대해 공격적으로 반응하지 않도록 양육되었다. 생물학자이며 동물학자인 로버트 사폴스키는 자신의 저서 『Behave: The Biology of Humans at Our Best and Worst』에서 이상의 문제를 다음과 같이 요약하고 있다: 상관적 연구를 살펴보면 우리는 "테스토스테론이 공격성을 일으킨다. 그것이 얼마나 잘못된 것인지 확인하는 시간"이라고 결론지을 수 있다.[26] 그 이유는 무엇인가? 남자로부터 테스토스테론을 완전히 제거시킨 경우에도 공격성은 계속해서 나타난다. 더 나아가 "남성이 거세를 받기 이전에 공격적인 경험을 많이 하면 할수록 그 후에도 공격성은 더욱더 지속되었다." 그는 추가해서 다음과 같이 질문을 던진다: 만일 테스토스테론이 폭력의 강력한 예측 변수라면 테스토스테론 수준 차이를 가지고 한 종 — 조류, 어류, 포유류, 영장류 — 내에서 어떤 동물이 공격적으로 행동할지를 예측할 수 있을 것이다. 그러나 실제로는 그렇지 않다.

신체적 공격성 여자들이 가족의 명예를 지키기 위해 주먹질을 하거나, 폭동을 일으키거나, 총으로 타인을 살해하는 일이 적다고 해서 여자가 남자보다 태생적으로 덜 공격적이라는 것을 의미하는가? 성차가 더 넓은 사회 세계에서는 분명히 나타나지만 가족이나 인간관계와 같은 사적 세계로 들어가면 항상 분명한 것은 아니다.

가족 내에서 일어나는 극단적인 폭력 사고 대다수는 남성에 의해 저질러진다. 예컨대, 가족 구성원을 죽인 10명의 살인자 중 8명은 남성이다. 게다가 남자가 희생자를 구타할 때는 통상 여성보다 더 잔인하게 부상을 입힌다.[27] 하지만 살인이나 잔인한 구타보다 덜 폭력적인 신체적 공격의 형태에 관해서는 남녀가 대부분 겹친다. 그리고 성 고정 관념과는 반대로 많은 관계에서 양쪽 모두 동등하게 공격적이다. 그 예로 남자 친구와 폭력 경험이 있는 미국 대학 여자 신입생 500명을 대상으로 한 조사에 의하면 서로 동등하게 상처를 주었다고 보고하였다.[28] 200개가 넘는 커뮤니티를 표집하여 실시한 연구에서 파트너에게 신체적으로 공격적인 경우는 남녀 간 비율상 유의미한 성차가 나타나지 않았다. 그리고 이렇게 행동한 이유는 남녀 간 동일하게도 질투, 분노, 복수, 그리고 자기방어 때문이었다.[30]

소년과 소녀의 신체적 공격성 수준을 비교한 몇몇 연구에서는 양 그룹 모두 거의 비슷하게 비공격적이라고 밝히고 있다. 이에 비해 남자아이가 여자아이보다 신체적 공격성이 높은 성차는 주로 소수의 극도로 공격적인 소년들 때문이라는 사실이 밝혀졌다.[31] 성인들 사이에 신체적 해를 가하고자 하는 의지에 성차가 있는지를 보면 남녀 모두 복수를 허용하거나 기회가 부여되면 성차가 거의 없다. 64개의 개별 연구를 대상으로 한 메타 분석에서 다음과 같은 사실이 발견되었다: 일반적인 상황에서 남자가 여자보다 더 공격적이다. 그러나 남자나 여자나 모욕을 받으면 여기에 대한 반응은 성차가 줄어든다. 나아가 여자에게 공격할 수 있는 보복 기회가 주어지면, 특히 상대방이 여자의 성을 모를 때 성차가 줄어든다.[32]

남성의 공격성이 문화에 영향을 받는 것처럼 여성의 공격성도 동일하다. 소녀들이 학교 다니길 원한다고 살해될 수 있는 나라들에서 우리가 본 것처럼 여성을 매질하고, 칼로 찌르고, 구타하는 신체적 학대 비율은 그러한 학대를 남성의 특권이며 남성 권력의 합법적 수단으로 인정하며 여성을 통제하는 문화에서 가장 높다.[33] 하지만 한 국제 비교 연구에서 호주와 뉴질랜드 출신의 여자들이 스웨덴과 한국 출신의 남자들보다 더 공격적이라는 사실이 입증되었다.[34] 신체적으로 공격을 칭찬하는 문화 공동체에서 양성이 폭력적 전술에 의지하는 것을 허용한다. 그 예로 로스앤젤레스에 사는 여자 청소년 멕시코계 미국인은 손에 잡히는 대로 어떤 무기든 — 예컨대, 야구 방망이로부터 총 등 — 가지고 다닌다. 연구자가 왜 갱단에 가입했는지를 묻는 질문에 이들은 사회적 지지를 받기 위해서 뿐만 아니라 복수를 하기 위해서 가입했다고 말했다.[35] 1981년부터 전 세계 - 아프가니스탄, 이스라엘, 이라크, 인도, 레바논, 파키스탄, 러시아, 소말리아, 스리랑카, 터키 등 - 에 걸쳐 일어난 여성 자살 특공대를 다룬 연구에서 "여자 자살 폭탄 테러 지원자도 남자와 똑같은 이유와 상황 때문에 자원"하는 것으로 밝혀졌다: 조국이나 종교에 대한 충성, 외국 군대에 점령 당한 사실에 대한 분노, 적에게 죽은 사랑하는 사람을 위한 복수 등.[36]

관계적 공격성 앞에서 우리가 공격성을 다른 사람을 해치기 위한 의도라고 정의하였다. 이때 "해친다"라는 것은 항상 물리적 대결을 의미하는 것은 아니다. 여성은 남성에 비해 공격성의 사회적 형태에 좀 더 많이 참여하는 성향을 보인다. 이것을 니키 크릭Nikki Crick과 동료들은 **관계적 공격성**Relational Aggression이라고 불렀다.[37] 이것을 달리 설명하면 다른 사람의 명성 및 인간관계에 흠집을 냄으로써 상처를 주는 것을 말한다. 따돌림, 거짓 소문과 악의적 가십 퍼뜨리기, 뒷담화, "여성 비하" 등은 대표적인 예로 그 결과는 참담할 수 있다.[38] 관계적 공격성의 평균 성차는 조기에 시작한다: 3명으로 이루어진 그룹에서 놀이를 하는 3살에서 5살 아동에 대한 연구를 실시하였다. 아이들은 백지에다 그림을 그리라고 지시하고 이때 크레용을 사용하라고 말하였다. 크레용이 3개가 제공되었다. 그 중 하나만 오렌지 색깔이었고 나머지 두 개는 하얀 크레용이었다. 당연하게도 아이들은 모두 오렌지색 크레용을 가지고 싶어 했다. 남자아이들의 경우는 이 오렌지색을 획득하기 위해서 그 크레용을 잡은 아이를 때리거나 밀치기도 했다. 이에 비해 여자아이의 경우는 관계적 공격성을 이용하였다. 오렌지색을 가진 아이에 대해 나쁜 소문을 퍼뜨린다든지 또는 무시하면서 울려 버렸다.[39]

관계적 공격성의 특히 해로운 형태 중 하나는 사이버불링이다. 인터넷 사용의 확대로 괴롭힘은 이제 학교 환경에만 한정되지 않는다. 피해자는 하루 종일, 일주일에 7일간 괴롭힘과 희롱을 당한다. 인터넷은 관계적 괴롭힘에 확성기를 가져다 준 셈으로 당사자의 평판이 마우스 한 번 클릭으로 선생님이나 부모님 모르게 공격당할 수 있다.[40] 사이버불링은 일시적인 충동 행동일 수도 있고 또 해코지하려는 계획적 캠페인일 수도 있다. 여기에 희생된 소녀를 예로 하나 들어보자: 미국 매사추세츠주에 사는 15세 아일랜드계 소녀 피비 프린스는 자기 학교에서 인기 있는 남학생과 잠시 사귀었다는 이유로 여학생 집단의 공격 타깃이 되었다. 여자아이 4명에다 남자아이 2명이 가세해서 프린스라는 이 아이에게 무자비한 공격을 퍼부었다. 페이스북 및 다른 미디어를 통해 그녀를 '창녀'라는 등 온갖 욕설을 다 퍼붓고 신체적 위해를 가하겠다는 위협도 서슴지 않았다. 이렇게 4개월 가까이 공격을 당한 후 결국 프린스는 자기 집에서 목을 매고 자살했다.

아동 안전 및 온라인 테크놀로지에 대한 미국 정부 보고서에 따르면, 인터넷에서 직면하는 십대 청소년에게 가장 큰 위험 요소는 (많은 십대들, 특히 남자아이들이 찾는) 성인물 콘텐츠나 섹스팅 또는 탐욕스러운 어른에게서 오는 것이 아니다. 이 보고서가 밝히는 온라인 및 오프라인에 걸쳐 미성년자에게 가장 빈번히 나타나는 위협은 또래에 의한 다양한 관계적 공격이다.[41]

카타르시스: 이것은 먹혀 들어가는가?

어떤 종류의 공격적 행동은 때때로 유용하고 또 필요한 기능을 할 수 있다는 믿음은 널리 알려져 있다: 공격적 행동은 "증기(열받은 것)를 방출한다." 이 같은 믿음은 에너지의 방출이나 **카타르시스**catharsis라는 정신 분석학적 개념에서 유래한다. 지그문트 프로이드는 공격적 에너지는 반드시 밖으로 표출되어야 하다고 주장하였다. 그런데 만약 사람들에게 자기 공격성을 밖으로 내보내는 것이 허용되지 않는다면, 이것은 병이 된다고 말했다. 그의 이론은 컨테이너에 가두어 둔 물이 만드는 수압의 비유에 기초한다. 공격성 표출이 허용되지 않는다면 마침내 폭발한다고 주장하였다. 프로이드의 이론에 따르며 사회는 "죽음의 본능"을 통제하고 그 본능을 바람직한 방향으로, 즉 파괴적 에너지를 수용 가능하고 유익한 활동으로, 승화시키는 것을 도와주는 필수 기능을 수행한다.[42] 따라서 승화의 가장 수용 가능한 형태가 예술과 스포츠이다. 저명한 정신과 의사인 윌리엄 메닝거William Menninger는[43] "경쟁을 하는 시합이야말로 일반적으로 본능적 공격 추동에 만족할 만한 출구를 제공한다."라고 말했다.

카타르시스가 감정적, 신체적으로 이득이라는 믿음은 미국 문화에서 신화의 일부분이 되었다. 예를 들면, 1999년 영화 『애널라이즈 디스

Analyze This』에서 정신과 의사(빌리 크리스탈 분)는 살인자인 마피아 보스(로버트 드 니로 분)의 심리를 치료하도록 요구받는다. 드 니로의 기질은 과도한 분노와 불안 때문에 높은 긴장에 시달리고 있었다. 심리 치료 과정에서 빌리 크리스탈은 "내가 화가 나면 어떻게 하는지 아세요? 나는 베개를 때린답니다. 그렇게 한번 해보세요."라고 말한다. 갱 두목의 마음속에는 "때린다"는 것은 "죽인다"는 것을 의미하였다. 그래서 드 니로는 즉각 총을 꺼내 베개를 향해 몇 발을 쏘았다. 빌리 크리스탈이 "좀 나아졌나요?"라고 묻고 "예, 많이 좋아졌네요."라고 드 니로가 답한다.

재미있는 치료인가? 그렇다. 정확한 치료인가? 아니다. 빌리 크리스탈식 해결 방법이 먹혀들어가지 않는 증거는 대단히 많다. 브래드 부시먼Brad Bushman은[44] 한 실험에서 자기가 훈련시킨 공범(사실은 동료 학생임)이 실험 참가자들에게 모욕을 줌으로써 화나게 만들었다. 그런 직후 실험 참가자들은 다음 3가지 실험 조건 중 어느 하나에 배정되었다. 첫 번째 조건은 피험자들에게 자기를 화나게 한 학생을 생각하면서 몇 분 동안 샌드백을 때리는 것을 허용하였다. 두 번째 조건에서는 샌드백을 치는 것을 신체 운동으로 생각하면서 하도록 시켰다. 세 번째 조건에서 참가자들은 아무 것도 치는 것 없이 조용히 몇 분간 앉아 있도록 하였다. 실험이 종료될 때 어떤 집단의 학생들이 가장 화가 많이 풀렸을까? 세 번째 집단인 아무 것도 때리지 않고 조용히 앉아있던 참가자들이 가장 많이 화가 풀렸다.

그 다음으로 부시먼은 실험 참가자들에게 자기를 모욕한 사람을 향하여 기분 나쁘게 큰 소리로 비난할 수 있는 기회를 제공하였다. "적"을 생각하면서 샌드백을 쳤던 학생들이 자신을 모욕했던 사람에 대해 가장 큰 소리로 가장 오랫동안 비난하면서 최고의 공격성을 보였다. 이와 비교하면 모욕을 당한 후에 조용히 앉아 있던 참가자들이 가장 덜 공격적이었다. 이 연구가 주는 메시지는 분명하다. 부시먼의 실험실 연구는 고등학교 미식축구 선수들을 대상으로 한 현장 연구에서도 지지되었다. 아서 패터슨Arthur Patterson은[45] 미식축구 선수들의 일반적 적대감 수준을 시즌 시작하기 전, 중간, 후에 측정하였다. 만일 미식축구 시합의 일부분인 격렬한 신체 활동과 공격적 행위가 억눌린 공격성으로 야기된 긴장을 줄이는 데 작용한다면, 시즌이 경과함에 따라 선수들의 적대감은 줄어들 것이라고 기대하였다. 그런데 결과는 이와 다르게 미식축구 시즌이 진행되면서 선수들 사이의 공격성은 유의미하게 증가하였다.

그러면 공격적 행동이 도발을 일으킨 당사자를 직접 겨냥할 때 어떤 일이 일어나는가? 이는 공격적이고 싶은 욕구를 만족시켜서 도발한 사람을 더 해하고 싶어 하는 경향을 줄이는가? 체계적 연구들이 입증하는 결과에 따르면 샌드백 두드리는 실험이 보여주는 것처럼 그 정반대 현상이 나타난다. 러셀 긴Russel Geen과 동료들이 한 실험에서[46] 실험 참가자는 실제로는 실험자의 조수인 다른 학생과 짝을 지었다. 먼저, 실험 조수가 피험자에게 분노를 유발시켰다. 이 단계에서는 다양한 주제들에 관해서 의견을 교환하도록 하였으며, 피험자가 실험 조수의 의견에 동의하지 않을 때는 전기 쇼크를 받도록 하였다. 그 다음 "처벌이 학습에 미치는 영향"에 관한 연구를 하는 동안, 피험자는 선생님의 역할을 하고 실험 조수는 학습자의 역할을 하였다. 첫 번째 학습 과제에서는, 피험자들 중의 일부에게 실험 조수가 실수할 때마다 전기 충격을 주도록 요구하였고, 다른 피험자들에게는 실험 조수의 실수를 기록만 하도록 하였다(이때 전기 쇼크는 가짜다). 다음 과제에서는, 모든 피험자들에게 실험 조수에게 전기 충격을 가할 수 있는 기회를 부여하였다. 어떤 일이 일어났을까? 카타르시스 가설과는 반대로, 이전에 실험 조수에게 전기 충격을 가했던 피험자들은 실험 조수에게 공격할 수 있는 기회가 두 번째로 주어졌을 때 더 빈번하고 더 강한 쇼크를 주었다.

이와 똑같은 종류의 행동은 현실 세계에서 일어나는 실제 사건에서도 체계적으로 관찰될 수 있다. 말로 하는 공격 행위가 그 후에는 더 큰 공격 행위를 촉진시킨다. "현실 세계"에서 실제로 있는 경우를 다룬 한 실험에서는 최근 회사에서 대량 해고를 당한 기술자들을 대상으로 실시되었다. 이들은 당연히 그 회사 사장에게 화가 나 있었다. 몇몇 해고자에게는 이전 사장에 대해 자신의 적개심을 말로 표현할 수 있는 기회를 제공하였다. 그 후 모든 기술자들에게 이전 사장에 대해 기술하도록 요구했을 때, 사전에 감정을 표출했던 기술자들이 그렇게 하지 못했던 사람들보다 훨씬 더 가혹하게 묘사하였다.[47]

이상을 정리하면 다음의 사실이 분명해 진다: 샌드백을 때리거나 공격적 스포츠를 하는 것과 같은 신체적 활동은 분노를 일으킨 사람에 대한 화를 소멸시키지 못하고 또 줄여주지도 못한다. 분노 표출은 사실상 적개심을 증가시킬 따름이다. 공격적 행동을 통해 자기 분노를 표출할수록, 더욱더 화가 나기 때문에 결과적으로 더 공격적으로 행동하게 된다. 직접적이든 간접적이든, 또 언어적이든 신체적이든 분노를 표출하는 것은 적개심을 줄여주지 못할 뿐만 아니라 이와 반대로 적개심을 증대시킨다. 흥미롭게도 유사한 실험들에서[48] 카타르시스 작용을 믿는 사람들은 자신의 기분을 좋게 하려는 방법으로 공격성을 표현할 가능성이 더 높지만("너에게 고함치고 소파를 걷어차는 것은 내 시스템에서 기분 나쁜 것을 몰아내는 것을 도와준다."), 그러한 행동은 그것을 믿는 사람들을 더 화나게 만들어서 고함치고 걷어차는 행동을 할 가능성을 더 높인다고 밝혀졌다. 자명한 것은 당신이 하는 공격적인 행동으로 기분이 더 좋아진다고 믿으면 믿을수록 당신은 더 공격적으로 행동을 표출할 것이고, 마음의 안정은 더욱더 멀어질 것이다.

보복, 과잉, 확대 분노를 공격적으로 표현하는 것이 왜 더 큰 적대감으로 나아가는가? 우리가 일단 다른 사람에게 부정적 감정을 표출하면 — 회사의 전 사장은 냉혹한 인간이라고 일단 딱지를 붙이면 — 말과 행동이 일관되게 이 방향으로 나아가기가 훨씬 쉬워진다. 특히 공개적으로 보복을 하는 경우에는 더욱 두드러진다. 더 나아가 보복은 흔히 최초의 모독이나 공격보다 훨씬 더 가혹하다. 보복은 과잉으로 확대되는 경향이 있는데 이는 부조화를 감소시키는 단계에서 나타난다.

마이클 칸Michael Kahn은[46] 한 실험에서 과잉overkill이 희생자를 어떻게 폄하하도록 유도하는지를 보여주었다. 칸의 연구에서 의료 기술자가 대학생을 대상으로 생리적 측정을 하면서 이들에 대해서 경멸적인 발언을 하였다. 한 조건에서는 학생들이 그 기술자에 대해서 그의 상사에게 자신들의 화난 느낌을 표현하며 적대감을 표출할 수 있게 허용하였다. 학생들은 만일 자신이 이렇게 하면 그 기술자가 직장을 잃을 수도 있는 골치 아픈 상황이라는 것을 알았다. 다른 조건에서는 그 기술자에게 아무런 공격성을 표현할 기회를 주지 않았다. 결과는 자명하였다. 기술자를 골탕 먹이는 기회를 가진 학생들은 그런 기회를 갖지 못한 학생들보다 그 기술자에 대한 증오감을 더 많이 표현하고 더 큰 적대감을 보였다.

과잉 행위는 부조화를 최대한으로 크게 만든다. 가해자가 당신에게 한 것과 이에 대해 당신이 한 보복 사이에 불일치가 클수록 부조화는 더욱 커진다. 부조화가 클수록 당사자를 폄하하고 싶은 욕구도 커지고,

그를 이렇게 대하는 것에 대한 정당화도 커진다.[50] 앞의 3장에서 소개한 대학생 사망 사고를 한번 회상해 보자. 반전 데모에 참가한 대학생 4명이 오하이오주 방위군에 의해 사살되었다. 그 학생들이 어떤 짓을 했다고 해도(욕설을 해대고, 놀려대고, 조롱하고 등), 이들을 사살한다는 것은 정당화될 수 없다. 그런데 이들 학생들이 살해된 후 방위군과 지역 주민들은 사고를 당한 학생들에 대해 아주 적대적인 말로 기술하였다. 만일 내가 대학생들이 단지 반대한다는 사실 때문에 이들에게 총을 쏘았다면, 또는 내 자신이 법질서를 믿는 사람이고 지역 경찰을 지지한다면, 사고를 당한 대학생들이 죽어도 마땅하다는 식으로 자신을 계속 설득할 것이다. 이들은 그렇게 되어도 마땅하다는 식으로 자기 스스로를 설득할 것이고, 그 결과 총을 쏘기 이전보다 반대하는 학생들을 더욱 미워할 것이다.

불의와 범죄를 마주칠 때 부조화를 축소시키는 방법은 어디에서고 볼 수 있다. 미국에서 일어난 9.11 테러의 무자비한 대학살이 발생한 이후 반미 테러 집단과 이들의 동조자들은 미국인들에 대해 어떻게 생각했을 것이라고 생각하는가? 이들이 수천 명의 무고한 희생자, 구조대원 그리고 이들의 가족에 대해 미안함과 연민을 느낀다고 생각하는가? 이들이 이제 미국 사람들은 충분히 고통을 받았다고 생각할까? 대부분의 상황에 있어서 폭력을 행사하거나 이를 묵인하는 것이 폭력을 지향하는 성향을 감소시키지는 않는다. 폭력적으로 행동하면 희생자에 대한 부정적 감정을 증가시킬 따름이다. 궁극적으로 이것이야말로 폭력이 거의 항상 또 다른 폭력을 불러오는 이유에 해당된다.

그러나 만약 보복이 공격을 선동한 자의 공격 정도보다 그 이상을 넘지 못하게 하면 어떻게 될까? 만약 보복의 정도가 상당히 통제되어서 이것을 촉발한 행동보다 더 강하지 않다면 어떻게 될까? 그러한 상황에서는, 부조화가 거의 혹은 전혀 없을 것이라고 예상할 수 있을 것이다. "샘이 나에게 모욕을 주었다. 그런데 나는 그에게 앙갚음을 했다. 그래서 우리는 서로 대등하게 되었다. 나는 더 이상 보복할 필요가 없다." 이를 다룬 실험 결과를 보면 보복이 도발과 대등하게 되면 사람들은 도발한 사람을 더 이상 폄하하지 않는다.[51]

여기서 반드시 강조되어야 할 중요한 점이 있다: 현실 세계에서 대부분의 상황은 이것보다 훨씬 더 엉망이다. 보복은 거의 항상 원래의 공격을 뛰어넘는다. 최근 실험 연구가 그 이유를 밝혀준다. 우리가 받는 고통은 주는 고통보다 항상 더 심하다고 느낀다. 옛말에 "다른 사람의 다리가 부러지는 것은 별거 아니지만, 내 손톱이 깨지는 것은 상당히 심각하다"란 말이 있다. 이 말은 우리가 가진 신경계에 대한 정확한 기술인 것이 밝혀졌다. 영국 신경학자 팀은[52] 사람들을 짝지어 "보복/맞대응"tit-for-tat 실험에 참가시켰다. 각 쌍은 서로의 집게손가락에 압력을 가하는 방법으로 묶여 있었고, 각 참가자들에게는 자신이 지금 느낀 만큼의 힘을 파트너의 손가락에 가하라고 지시하였다. 연구자들은 참가자들이 대단히 열심히 노력은 하였지만 똑같은 종류의 응대는 할 수 없다는 것을 발견하였다. 한 파트너가 자신의 집게손가락에 압력을 느낄 때마다 자기가 받은 것과 똑같은 힘으로 반응한다고 생각하면서 실제로는 훨씬 더 큰 힘으로 "대응"하였다. 이 같은 방식으로 소프트 터치를 서로 교환하는 것으로 시작한 게임은 잠시 후에는 재빨리 극심하고 고통스러운 압력으로 확대되었다. 연구자들은 고통의 확대가 "신경 처리의 자연스러운 부산물"이라는 결론을 내렸다. 이 이론을 통하면 두 아이가 처음에는 상대방의 팔에 주먹을 날리는 게임을 하다가 곧 화가 몹시 나서 주먹 싸움으로 번지는 것이나 국가 간의 갈등이 빈번히 확대되는 것 등을 설명할 수 있다. 당사자들은 각자 자신들이 하는 것은 단지 받은 만큼만 되돌려 주는 것이라고 정당화한다.

공격성의 원인

고통이 더 큰 고통을 가지고 오는 보복으로 확대되는 것처럼 폭력의 가장 중대한 원인은 — 집단 간 증오, 보복, 전쟁 등과 같은 주요한 원인과 더불어 — 바로 폭력 그 자체이다. 특히 상대방이 가해온 공격보다 더 강력한 공격을 하게 된 경우, 그 공격 행위를 정당화하기 위한 인지적, 동기적 힘이 작동하기 시작하여 공격은 더욱 증가하게 된다. 다음에 우리는 몇 가지 중요한 공격성의 원인들을 살펴보자.

술 전 세계적으로 많은 사람들이 즐겨 마시는 하나의 약물이 술이다. 술은 사람을 더욱 친근하고 사교적으로 만들어서 어색함을 없애주는 경향이 있지만 성폭행을 포함한 공격 행위에 대한 자제력을 약하게 하는 경향도 있다.[53] 종종 보도되는 술집과 나이트클럽 등에서 흔히 일어나는 주먹다짐 등은 알코올 남용과 관련이 있다. 가정 폭력도 종종 알코올 남용과 연관이 있지만, 일부 배우자는 상대방을 언어적으로나 신체적으로 학대할 구실을 찾기 위해 술을 마시는 경우도 있다.[54] 나아가 통제된 실험실 연구 결과는 법적 기준을 초과할 만큼 많은 술을 섭취한 사람들이 거의 혹은 전혀 술을 마시지 않은 사람들보다 도발 대상에 대해 훨씬 더 폭력적으로 반응하는 경향이 있다는 사실을 입증하고 있다.[55]

이 같은 결과는 술이 자동적으로 공격성을 증가시킨다는 것을 의미하지는 않는다. 술을 섭취한 사람들이라고 해서 반드시 싸움을 하는 것은 아니다. 실험실과 현장 실험의 결과들을 보면 술은 오히려 소심증을 덜어주는 기능으로 작용한다고 보고하고 있다. 술은 사회적 억제력들을 감소시키고 평소보다 조심성을 떨어뜨리고 또 더 충동적으로 만든다. 하지만 술은 더 많은 문제를 가지고 온다. 최근 연구에 의하면 술은 통상적인 정보 처리 방법을 방해한다.[56] 술에 취한 사람은 사회적 상황에서 가장 먼저 나오는 장면이나 가장 분명한 측면만 보고 반응하기 쉽고, 미묘한 뉘앙스는 쉽게 놓친다. 실례를 들면 당신이 술에 취해 있는데 누군가가 실수로 발을 밟았다고 하자. 평상시 같으면 그가 고의로 한 것이 아니라는 것을 안다. 그러나 일단 술에 취한 상태에서는 상황의 미묘함을 파악하지 못하기 때문에 그가 고의로 밟은 것처럼 반응하기 쉽다. 그 결과 (남자라면 특히) 이에 대해 신체적으로 보복할 가능성이 있다. 이것은 사실상 미묘한 상황으로 남자의 경우 분명하게 생각하지 않으면 상대가 도발적 행동을 했다고도 해석할 수 있다. 술은 명확한 사고를 손상시킨다. 또 술은 성폭행 소송에서 남녀 사이에 자주 일어나는 의사소통 오류의 주된 원인 중 하나이다. 그 이유는 술이야말로 상대방의 행동, 성적 협의, 그리고 기억에 대한 인지적 해석을 상당히 손상시키기 때문이다. 데보라 데이비스Deborah Davis와 엘리자베스 로프터스Elizabeth Loftus는 술 취한 남성은 상대방 여성이 성행위에 동의하지 않는 메시지를 보내도 이를 오해할 가능성이 많고, 여성이 술에 취하면 성 행위에 대한 거절 신호를 공감적으로 전달하지 못한다고 밝히고 있다.[57]

술이 공격성을 촉진시키는 다른 방법이 있다. 이것은 **"음주 기대"** 효과라고 부른다. 만일 사람들이 술은 자기 자신에게 어떤 영향을 미칠 것이라고 기대한다면, 실제로 가끔씩 그렇게 된다. 실제 술이 자신의 공격적 충동을 "배출"시킬 것이라고 기대한다면, 실제로 사람들은 훨씬 더 공격적이 된다 — 알코올이 들어 있지 않는 음료를 마시는 데도 불구하고 이런 결과가 나타난다. 18세에서 45세 남자 116명을 대상으로 다음과 같은 연구를 실시하였다: 1/3 피험자 집단에게 비알코올성 음료 제공, 1/3 피험자 집단에게 혈중 알코올 농도 중간 정도를 목표로 하는 음료 제공, 1/3 피험자 집단에게 높은 혈중 알코올 농도를 목표로 하는 음료 제공. 연구자들은 이상 3개 집단의 피험자들에게 자신이 마실 알코올의 양에 대한 예상치를 조작하였다. 그 후 실험 조수가 피험자를 모욕한 것에 대해 이들이 하는 행동을 측정하였다. 결과는 놀랍게도 피험자들이 실제로 마신 알코올의 양은 '마셨다고 믿은 기대 양'보다 공격적 행동과 상관이 낮았다. 피험자들은 자신이 술을 많이 마셨다고 생각할수록 실험 조수에 대해 더욱 공격적으로 행동하였다.[58]

물론 술은 인지 및 행동에 생리적 영향을 미친다. 그러나 이런 효과는 개인이 술에 대해 과거에 학습한 것(술이 공격적 행동이나 성적 행동의 핑계거리가 되는지 여부, 음주 후 예상되는 기분 등)과 상호 작용을 한다.

고통, 불편, 그리고 허기 동물은 고통을 경험하거나 고통을 주는 상황에서 도피할 수 없다면 거의 틀림없이 공격을 한다. 이런 현상은 쥐, 생쥐, 햄스터, 여우, 원숭이, 가재, 뱀, 너구리, 악어, 그리고 다른 많은 동물들에서도 발견되었다.[59] 이 경우 동물들은 자기 종이나 다른 종의 동물, 또는 인형이나 테니스공 등 눈에 띄는 대상들을 공격한다. 인간도 마찬가지라고 생각하는가? 잠시 생각해 보면, 사람도 그렇게 반응하는 것이 매우 당연하다고 생각할 수 있다. 우리들 대다수는 예기치 않은 고통을 당하면(우리가 엄지손가락을 망치로 친 경우) 흥분하게 되고 가장 가까이 있는 손쉬운 대상에게 욕을 퍼붓는 경향이 있다. 레너드 버코위츠Leonard Berkowirz는[60] 일련의 실험에서 아주 차가운 물에 손을 넣어 고통을 경험한 학생들이 다른 학생들에 대해 실제로 공격적 행위를 증가시킨다는 것을 보여주었다.

같은 이유로, 사람들은 열, 습도, 공기 오염, 그리고 불쾌한 냄새와 같은 다른 형태의 신체적 불편함에도 분노를 유발하고 공격적 행동의 문턱을 낮추는 방향으로 작용한다.[61] 사람에게 불편함을 주는 것으로는 허기를 들 수 있다. 이때는 혈당이 낮아지는 현상이 나타난다. 브래드 부시먼Brad Bushman과 그의 동료들은 연구에 참여할 107쌍의 부부를 모집하였다.[62] 연구자는 먼저 부부 간의 관계가 얼마나 친밀한지를 측정하고 혈당을 재는 방법을 가르쳐 주었다. 그 다음 이들 피험자 부부를 자기 집으로 보내면서 저주 인형과 51개의 바늘을 나누어 주고 이 인형이 자기 배우자라고 생각하라고 지시하였다. 매일 밤에 이들은 인형에 바늘을 찌르도록 지시받았는데 이것이 자기 배우자에 대해 자신이 얼마나 화가 났는가를 반영하였다. 바늘 구멍이 많으면 화가 더 많이 난 것을 의미하였다. 3주일이 경과한 후에 연구자들은 각각의 인형에 얼마나 많은 상처가 났는가를 평가하였다. 가장 낮은 혈당 수준을 가진 배우자들이 가장 높은 혈당치를 가진 사람들과 비교해서 인형에 2배 이상 바늘을 찔렀다.

그럼 이 같은 화가 난 감정이 공격적 행동으로 바뀌었을까? 그 다음 실험에서 피험자 부부에게 컴퓨터 게임을 시켜서 이긴 사람이 진 사람에게 사람들이 엄청 싫어하는 소리를 들려주도록 시켰다. 칠판을 손톱으로 긁는 소리, 치과 의사의 드릴링 소리, 그리고 사이렌 소리 등이 혼합된 소리를 들려주는 과제였다. 이때도 다시 한번 혈당 수치가 낮은 사람이 배우자에게 이 역겨운 소리를 들려줄 확률이 높았다. 부시먼이 주장한 바에 의하면 남편은 자기 아내에게 고통을 주었는데 그 이유는 분노와 허기의 치명적인 조합을 느꼈기 때문이다. 그들은 "배고파서 화난" 것이었다.

더위와 지구 혼난화 지구촌이 점점 더워지고 있다. 이 같은 기후 변화는 공격성에 어떤 영향을 미치는가? 1967년 미국 사회는 베트남 전쟁과 인종 차별 문제로 온통 분열되고 있었다. 국가 지도자들은 사회 불안이 가을, 겨울, 봄보다 뜨거운 여름에 많이 발생할 것이라고 우려하였다. 그런데 이 같은 우려가 실제로 발생하였다. "1967년의 길고 무더운 여름"에 159건에 달하는 인종 폭동이 미국 전역에 걸쳐 일어났다. 그러면 더위가 폭동을 일으킨 주범인가? 실제 일어났으니까 그럴 수도 있다. 1967년과 1971년 사이에 미국 내 79개 도시에서 발생한 소요 사건에 대해서 체계적으로 분석한 메릴 칼스미스Merrill Carlsmith와 크레이그 앤더슨Craig Anderson은[63] 폭동이 추운 날씨보다 더운 날씨에 훨씬 더 많이 발생한다는 사실을 발견하였다. 후속 연구에서 앤더슨과 동료들은[64] 특정 날짜에 날씨가 더울수록 사람들이 폭력 관련 범죄를 저지를 가능성이 더 크다고 밝혔다. 그러나 더위 때문에 절도나 재산 관련 범죄가 증가하지는 않았다. 따라서 더위와 공격성 사이에는 연결 관계가 강하다고 설명할 수 있다(일반 범죄와는 별 관계 없음).

하지만 지금까지 알려진 바와 같이 자연적 상황에서 발생하는 사건들을 해석하는 데는 주의가 필요하다. 예를 들면, 공격성의 증가가 높은 온도 그 자체 때문인지 아니면 추운 날이나 비 오는 날보다 더운 날에 사람들이 밖으로 더 많이 나가기 때문인지 (더워서 집으로 들어오는 경우도 있지만!) 등에 대한 인과 관계를 과학자는 파악하길 원할 것이다. 공격성을 유발시키는 것이 더운 날씨 자체인가 아니면 단지 접촉 기회가 더 많아서인가를 어떻게 결정할 것인가? 우리는 이 현상을 실험을 통해서 파악할 수 있다. 그리고 이것은 별로 어려운 과제가 아니다. 예를 들면, 한 실험에서 윌리엄 그리피트William Griffitt와 로베르타 베이치Roberta Veitch는[65] 정상 온도가 유지되는 방에서 한 집단의 학생들을 대상으로 검사를 실시하고, 다른 집단의 학생들은 섭씨 32도 이상까지 올라가는 더운 방에서 검사를 받게 하였다. 후자인 뜨거운 방에서 테스트를 받은 학생들은 자신이 더 공격적인 느낌을 가진다고 보고했을 뿐만 아니라 이들에게 부과한 낯선 사람에 대한 기술과 평가에서도 많은 적대감을 표현하였다. 자연 세계로부터 얻은 추가적 증거 역시 이런 현상의 원인에 대한 우리의 신념을 보강하는 데 도움을 준다. 예를 들어, 미국 메이저리그 야구 시합에서, 온도가 섭씨 32도보다 아래인 경우보다 그 이상인 경우에 더 많은 수의 타자들이 투수의 몸 맞는 공에 당했다.[66] 애리조나 주의 사막 도시인 피닉스에서는 에어컨 없는 차의 운전자가 에어컨 있는 차 운전자보다 교통이 막힐 때 경적을 더 많이 울렸다.[67]

더위가 적대감을 증대시킨다면, 지구 온난화 역시 공격성에 영향을 미칠 것이다. 기원 전 일만 년 전부터 세계 각 지역에 걸쳐서 실시된 고고학, 심리학 그리고 다른 학문 분야로부터 뽑은 60개의 논문을 중심으로 분석한 연구에 의하면 더 높은 온도가 실제로 여러 가지 유형의 갈등을 더 많이 야기하는 것으로 밝혀졌다. 여기에는 국내에서 일어나는 폭동, 살인, 강간 그리고 내전 등도 포함된다.[68]

배척, 왕따 그리고 놀림 2장에서 살펴본 것처럼 우리 대뇌에 새겨진 사회적 고통은 신체적 고통과 똑같이 작용해서 이것 역시 공격성을 불러일으킨다. 1999년 미국 콜로라도주 리틀턴에 있는 컬럼바인 고등학교에서 두 학생(에릭 해리스와 딜런 클레볼드)이 광란의 총격을 자행하였다. 이들은 발끝에서 머리끝까지 중무장하고 교사와 14명의 학생들(사고를 일으킨 두 학생 포함)을 살해하였다. 이는 미국 역사에서 학교 총기 사고로는 가장 처참한 사건이었고, 나아가 과거 3년에 걸쳐 미국 학교에서 일어난 11개의 사고 중 가장 비극적이고 처참하였다. 이 같은 학교 총기 사고는 정기적으로 발생했는데, 이는 미디어가 과도하게 다루어 이를 모방하려는 사람들에게 영감을 주기 때문이라고 볼 수도 있다.[69]

도대체 무엇이 이 학생들을 최악의 상황으로까지 몰고 갔을까? 후에 파악된 것이지만 범인 중 한 사람인 해리스는 사이코패스일 가능성이 밝혀졌으며 그 외에도 관련 스토리는 대단히 많았다. 이 사건에 대한 상황을 집중적으로 연구한 필자는 이 광란의 살인 사건은 단지 거대한 빙산의 병적인 일부라고 판단하였다: 유해한 사회 분위기 — 왕따, 배척하기, 비웃기, 모욕주기 등 — 는 미국의 많은 고등학교에 팽배해 있었다.[70] 미국의 고등학교에는 철갑 같이 두꺼운 계층이 있다. 운동선수 집단, 학급 간부 집단, 치어리더들, 그리고 꼭대기에는 부잣집 자녀들을 지칭하는 "쿨 키드"가 차지하고 있다. 그러나 바닥에는 상위 집단이 지칭하는 멍청이, 고스, 괴짜, 외톨이, 호모 등의 아이들이 있고 여기에 더하여 뚱뚱한 아이, 말라깽이, 키가 너무 작은 아이, 너무 큰 아이, 옷을 잘 못 입는 아이 등도 있다. 그 결과 계층의 상부에 속하는 십대 아이들은 계층 하부에 속하는 아이들을 배척하고, 조롱하고, 비웃는 일이 끊이지 않는다. 마크 리어리Mark Leary와 동료들은[71] 5년간에 일어난 15개 학교의 총기 사고를 체계적으로 분석하였다. 그 결과 급성 및 만성 배척 행동 — 외면, 따돌림, 낭만적 배척 등 — 이 2개의 사고를 뺀 13개의 사고에서 발견되었다. 또 다른 요인으로는 총기, 폭발물, 악마 숭배, 그리고 우울증이나 충동 통제 불능과 같은 심리적 문제도 작용하였다.

진 트웬지Jean Twenge, 로이 바우마이스터Roy Baumeister, 그리고 동료들이[72] 한 연구에서 배척당한다는 것은 과다의 부정적 효과를 가지기 때문에 공격성이 엄청나게 증가한다는 것을 입증하였다. 예를 들면 트웬지는 한 실험에서 대학생 참가자들을 집단으로 만나게 하고 서로 알게 만들었다. 그 다음 이들에게 앞으로 협력해서 일할 때 어떤 동료 학생들과 할 것인가를 표명하라고 요구하였다. 참가자들 중 무작위로 골라서 이들에게는 아무도 함께 일하고 싶어 하지 않는다고 알려주었다. 그 뒤에 이들에게 공격성을 표현할 기회를 주었을 때 "배척"당한 학생들이 배척당하지 않은 학생들보다 훨씬 더 강한 적대감을 표현하였다(자기를 배척한 학생들뿐만 아니라 중립적으로 반응한 학생들까지도 포함). 다른 실험에서 사이버볼(셋이서 공을 주고 받는 게임)을 하는 동안 배척당한 사람이 그 반대로 수용된 사람에 비해서 더 큰 소리로 비난하였다. 배척당한 사람들 중 특히 공격적인 경우는 충동 통제 척도 점수가 낮은 사람들이었다.

광란의 살인자들은 자기가 당한 배척에 대한 감정을 분명하게 드러냈다. 범인 해리스와 클레볼드는 광란의 살인을 시작하기 직전에 찍은 동영상에서 자기들을 배척하고 모욕을 준 내부 집단 학생들을 구체적으로 겨냥하여 욕을 하고 있었다. 이 비극이 일어난 이후 수주일이 경과한 후 실시된 컬럼바인 고등학교 내부 집단에 속한 한 학생의 인터뷰에서 이 같은 사실이 확인되었다. 그는 자신이 이들을 배척한 행동을 정당화시키면서 다음과 같이 말했다.

"대부분의 아이들은 얘들이 학교에 있는 것을 원하지 않았어요. 이 애들은 마술에 걸린 것 같았고 주술사 같았어요. 우리 친구들이 걔들을 놀린 것은 사실지만 이상야릇한 머리나 모자에 뿔을 달고 학교에 오는 애들한테 무엇을 기대하겠어요? 누군가가 없었으면 좋겠다고 생각한다면, 주로 그들을 괴롭히지요. 그래서 학교 애들이 그 애들을 호모라고 불렀겠죠."[73]

이와 비슷하게 엘리엇 로저는 산타바바라에서 6명을 살해하고 23명에게 부상을 입혔다. 그는 자신의 불평을 "선언문"으로 작성하였다. 그는 10학년 때 따돌림을 당한 것을 다음과 같이 썼다:

나는 완전히 극도로 고립되었다. 어느 누구도 나를 알지 못했고, 도움의 손길을 내민 사람도 없었다. 나는 순진하고 겁 많은 작은 소년으로 악독한 포식자로 가득한 정글에 버려진 것 같았다. 어느 누구도 나에게 자비를 베풀지 않았다. 어떤 아이들은 복도에서 마주치면 나를 사물함 쪽으로 떠밀었다. 키가 크고 금발 머리의 남자 아이는 자기 여자 친구 코앞에서 나를 '루저'라고 불렀다… 나는 여자 친구랑 성관계를 가지는 남자아이들에 대해서 극도의 질투심, 증오심 그리고 분노심이 생겼다. 그래서 이들을 모두 적으로 간주하였다. 나는 쓸쓸히 독신주의자로 인생을 살아가야 한다는 저주를 받았다고 느꼈고, 다른 아이들은 섹스의 즐거움을 경험하도록 허용 받은 것처럼 보였다. 여자 아이들은 나를 원하지 않았다. 나는 열등감을 느꼈고 불쾌한 사람인 양 느껴졌다. 이번에야말로 멍청하게 가만히 이 같은 불공평을 수용하지 않을 것이다."

학교에서 배척당하거나 따돌림에 놀림을 받는다고 해서 모든 학생들이 살인을 저지르고 난동을 부리지는 않는다. 남을 저격하는 행동은 극단적이고 정신병적이지만 그렇다고 예측할 수 없는 것도 아니다. 필자가 생각하는 것은 이와 비슷한 스트레스 경험을 겪고 있는 학생들이 수십만 명에 달할 것이라는 점이다. 이 아이들은 조용히 고통 받을 수 있지만, 분명한 사실은 진짜 고통을 겪는다는 것이다. 컬럼바인 고등학교 대학살이 발생한지 수주일 동안 인터넷 채팅방에는 불행하다는 십대들의 글로 홍수를 이루었다. 이들은 살인범의 행위를 용납하지는 않았지만, 절대다수는 자신이 배척당하고 놀림당해 왔던 것에 대한 상처와 분노를 표하며 이 사건을 확실히 이해한다고 반응하였다. 절대다수는 다음과 같이 요약 가능한 내용으로 자기의 의사를 밝혔다. "물론 나는 절대로 남에게 총격을 가하지는 않을 겁니다. 그러나 나 역시 이런 일을 저지르는 상상은 늘 가지고 있습니다!"

이런 종류의 언급은 우리들이 반드시 정신 차려서 주의를 기울여야 할 대목이다. 우리가 학교의 사회적 분위기를 변화시킬 수 있는 것에는 무엇이 있을까? 필자는 본 장 마지막과 다음 장에서 유효성이 입증된 개입 방안에 대해서 논의하고자 한다.

좌절, 박탈감, 그리고 공격성 공격성을 불러일으키는 여러 가지 불쾌한 조건들 — 분노, 고통, 과도한 더위, 허기 그리고 배척 — 중에서도 가장 중요한 요인은 좌절이다. 이제 다음과 같은 상황을 한번 생각해 보자: 당신은 취직을 하기 위해 이 도시의 다른 지역으로 이동해 가야 한다. 주차장으로 가면서 약속 시간을 위해 서두르지 않으면 늦을 것 같다는 사실을 안다. 간신히 주차해 놓은 차를 찾았을 때 실망스럽게도 타이어에 펑크가 나있다. "그래 한 20분쯤 늦을 거야. 그렇게 나쁘지는 않겠지." 차 트렁크에서 펑크 타이어를 교체하는 데 필요한 기구를 끄집어내고 한참 씨름을 한 끝에 새 타이어로 교체할 수 있었다. 그런데 아! 기가 막히게도 스페어타이어 역시 펑크가 난 것이 아닌가! 당신은 좌절로 속이 부글부글 끓으면서 기숙사로 터덜터덜 걸어 와서 자기 방에 들어간다. 이력서를 손에 들고 땀과 먼지를 뒤집어 쓴 채 헝클어진 머리로 들어오는 당신을 본 룸메이트는 상황 파악을 제대로 못했는지 농담조로 묻는다: "인터뷰는 어떻게 됐어?" 룸메이트는 몸을 피할 준비를 해야 하지 않을까?

개인이 목표를 향해 나아갈 때 좌절를 겪는다면, 여기서 생기는 좌절은 공격적 반응을 동반할 확률을 높인다. 이것이 **좌절-공격성**frustration-aggression 관계이다. 이것은 심리학의 고전 실험의 하나로 생각되는 로저 바커Roger Barker, 타마라 뎀보Tamara Dembo, 그리고 커트 르윈Kurt Lewin의 실험에서 나왔다.[74] 연구자들은 나이 어린 아이들을 대상으로 한 방 가득한 장난감을 보여주었다. 그리고 아이들은 이들 장난감에 접근을 못하게 한다. 아이들은 망을 쳐놓은 스크린 뒤에서 장난감을 바라보면서 그걸 가지고 놀고 싶어 하지만 손이 닿지 않는다. 고통스러운 긴 기다림 끝에 마침내 아이들은 장난감을 가지고 놀아도 좋다는 허락을 받는다. 이 실험에 참가하는 다른 집단의 아이들은 좌절을 당하는 일 없이 곧바로 장난감을 가지고 놀 수 있게 조작하였다. 그래서 두 번째 집단의 아이들은 장난감을 가지고 재미있게 놀았다. 그러나 좌절을 경험하고 장남감을 가지고 놀도록 허용된 첫 번째 집단의 아이들은 대단히 파괴적으로 되었다. 많은 아이들이 장난감을 부수거나, 벽에 던지거나, 발로 짓밟았다. 좌절이 공격성으로 유도되는 것에 대하여 이야기 해보자!

몇몇 요인은 좌절에 대한 분노 반응을 강하게 만들 수 있다. 당신이 맥도날드에서 빅맥을 사서 막 먹으려고 하는데 누군가가 이것을 빼앗아 달아난다고 상상해보자. 이것은 당신이 빅맥을 구입하기 위해 맥도날드 매장에 들어가려는데 누군가가 못 들어가게 막았을 때보다 더 크게 좌절시킬 가능성이 있고 곧 공격적 반응으로 연결시킬 수 있다. 매리 해리스Mary Harris가[75] 이 같은 유사한 상황을 현장 연구를 통해 설정하고 실험하였다. 티켓을 사기 위해서, 레스토랑에 들어가기 위해서, 대형 슈퍼에서 계산하기 위해서 줄을 서서 기다리는 상황을 조작하여 첫 번째 조건에서는 줄의 2번째 사람 앞으로 새치기 하도록 만들고, 두 번째 조건에서는 12번째 사람 앞에 새치기하도록 만들었다. 줄 서서 기다리는 사람들은 2번째 순서로 새치기 한 경우에 좌절 수준이 훨씬 높았다. 목표에 거의 도달 직전까지 왔는데 이를 방해 받는 경우에 좌절 수준이 대단히 높은 경향을 보였다.

예상치 못한 방해를 받거나 비합법적인 것으로 보이는 방해를 받으면 좌절은 훨씬 더 증가한다. 이에 대한 실험 연구는 제임스 쿨릭James Kulik과 로저 브라운Roger Brown이[76] 실시하였다. 연구 참가자들은 자선을 위해 기부를 부탁하는 전화를 해서 자선 약속을 얻으면 돈을 벌 수 있다고 제안을 받는다. 이때 참가자 중 한 집단은 높은 수준의 기대를 가지는 집단으로 성공 확률이 약 2/3 정도 된다고 통보하고, 다른 집단에게는 성공 확률이 이보다 더 낮다고 설명하였다. 본 실험에서 접촉하는 잠재적 기부자가 기부금 내는 것을 모두 거절하자 – 실제 모두가 거절을 받는다(실험 설계가 참가자 모두는 실험자의 동조자에게 전화하도록 조작되었음) — 높은 기대를 가지는 집단의 참가자들은 좀 더 거칠게 말했고, 전화도 폭력적으로 끊었다.

실험자들은 동조자가 자선에 참여하지 않는 이유를 조작해 보았다. 합리적 이유에는 예컨대, "저는 기부를 할 여유가 없습니다,"라고 말하고, 자의적이고 또 부조리한 이유로는 "자선이라는 것은 시간 낭비이고, 상대방의 돈을 빼앗는 것입니다."라고 참가자에게 들려주었다. 참가자들은 정당하지 않게 보이는 거절을 들었을 때 좀 더 공격적으로 되었다.

'지각된' 불공정으로 인한 좌절 경험도 역시 공격성을 유발한다. 이 같은 현상은 원숭이를 대상으로 한 실험에서도 입증되었다. 사라 브로스넌Sarah Brosnan과 프란스 더 발Frans de Waal은[77] 원숭이에게 토큰을 받으면 보상으로 오이 조각을 주었다. 원숭이는 오이를 좋아하니까 이것은 행복한 거래였다. 그런데 가까이에 있는 원숭이들에게 토큰 교환으로 포도를 주었을 때 오이를 받은 원숭이는 화를 냈다(원숭이는 오이보다 포도를 더 좋아함). 처음 거래에 받은 오이 조각이 다른 원숭이는 포도로 대체되니까 이것을 자기에 대한 모독이라고 생각한 것이다. 몇몇 모독을 받은 원숭이는 화를 내며 오이를 집어다가 실험자 앞에 내던졌다!

이상을 요약하면, 목표가 손에 닿을 듯한 가시적인 거리 내에 있을 때, 기대가 클 때, 공정성 법칙에 위배될 때, 나아가 목표가 설득력 없는 이유로 저지당할 때 등의 경우에 좌절이 가장 두드러지게 나타난다. 여기서 든 요인들이 좌절과 박탈감을 구별하는 데 큰 도움을 준다. 장난감을 가지지 못한 아이들이나 포도를 먹지 못한 원숭이들이라고 해서 반드시 화를 내거나 공격적일 필요는 없다. 그 대신 앞의 장난감 실험이 보여준 것처럼 장난감을 가지고 놀 것을 기대하는 온갖 이유를 다 가지고 있는데 이 기대가 훼방을 받는 경우에 훼방을 받은 바로 그 희망 때문에 파괴적인 행동이 일어난 것이다.

여기서 소개한 실험들이나 전국을 대상으로 실시한 사회적 연구에 의하면 좌절은 단순히 박탈감 때문에 오는 것이 아니라 그 대신 **상대적 박탈감**relative deprivation에서 오는 결과이다. 여기서 말하는 상대적 박탈감은 다른 사람이 더 나은 상황이나 조건을 즐기는 것을 보고 느끼는 박탈감 및 우리의 기대에 비례한 것을 빼앗겼을 때 느끼는 박탈감을 말한다. 항공기를 탈 때 이코노미 클래스를 이용하는 사례를 보면 이해하기가 쉬울 것이다. 공항에서 일단 보안 요원의 검색을 받은 후 승객들은 탑승을 하기 위해 게이트에서 대기한다. 자, 그런데 당신은 자기 좌석을 찾아가기 위해서 퍼스트 클래스 캐빈을 통과해야 한다. 손가방을 올려놓을 공간이 있는지 걱정하는 것 말고도 작은 의자에서 다리 펼 공간이 없는 것도 언짢은데 방금 통과한 퍼스트 클래스 승객들은 널찍한 공간에서 진심으로 탑승을 환영하는 것처럼 보이는 승무원의 시중을 받으며 샴페인과 땅콩을 즐기는 모습이 생생하다. 자, 여러분은 어떻게 느끼는가?

'기내 난동'을 다룬 연구에 의하면 항공기 승객의 적대적이고 무례한 행동은 기분이 좋지 않게 느끼는 데서 나온다고 밝히고 있다; 승객은 항공기에 퍼스트 클래스가 없었다면 훨씬 더 행복하게 느꼈을 것이다. 캐서린 드셀레스Katherine DeCelles와 마이클 노턴Michael Norton은[78] 수년에 걸쳐서 대형 국제 항공사들로부터 탑승자의 기내 난동 사건들을 수집하였다. 이들이 밝힌 결과에 의하면 퍼스트 클래스 캐빈이 있는 항공기에서 이코노미 클래스 탑승자들은 4배에 달하는 사고를 냈고, 특히 앞에 있는 퍼스트 클래스를 통과해서 이코노미 클래스로 가는 승객들에게서 나타났다. 만일 항공사 서비스가 단 하나의 클래스밖에 없다면 "상대적" 박탈감은 확실히 존재하지 않았을 것이다. 그런데도 항공사들이 이 중요한 연구 결과의 이점을 취할지는 의문이 든다. 여기에는 거대 기업들이 연관되어 있고, 기업에게 단기 수익은 항상 고객 만족보다 먼저 고려되기 때문이다.

상대적 박탈감은 대부분의 사회 혁명에 대한 장기간에 걸친 미스터리를 설명한다. 사회 혁명은 통상 살기 어려운 사람들로부터 시작되지 않는다. 그 대신 어려운 삶에서 막 빠져나와서 자기 자신의 주변을 둘러보고, 다른 사람들이 자기 자신보다 더 잘 나가는 것과 사회적 시스템이 자신을 불공정하게 대한다는 것을 알아차린 사람들로부터 출발한다. 개인 간 수입 격차가 큰 나라에서는 살인 범죄율이 높다. 또 수입이 불균등해서 공정하지 못하다고 믿는 사람들이 많으면 수입 격차가 큰 나라는 다른 공격성 지표를 갖는다.[79] 1960년대 흑인들의 가장 격렬한 폭동은 빈곤 수준이 가장 높은 도시에서 발생하지 않았다. 그 대신 로스엔젤레스와 디트로이트에서 일어났다. 이 두 지역의 흑인들은 경제, 사회적으로 다른 도시들과 비교해서 그렇게 나쁜 상태는 아니었다. 그래도 흑인들은 커뮤니티에서 백인들이 가진 것과 비교해서 상대적으로 자신들이 열악하다고 인식하였다. 이것은 150년 전 알렉시스 드 토크빌이 말한 것처럼 "악마를 피할 수 없을 것처럼 보일 때는 참을성 있게 견뎌내지만 일단 악마를 피할 아이디어가 나오면 악마를 견딜 수 없게 된다."[80]

충족되지 않는 희망을 가지는 한, 사람들은 공격성으로 나타나게 되는 욕구 좌절을 느끼게 된다. 공격성은 희망을 충족시킴으로써 ― 또는 희망 자체를 없앰으로써 ― 감소될 수 있다. 희망이 없는 사람은 감정이 없는 사람이다. 독재자, 억압자, 무자비한 폭력적 지도자였던 이디 아민이 우간다를 통치할 때 우간다 사람들은 상황을 개선한다든지 아민 권력에 저항하는 것은 감히 상상도 못했다. 구소련 연방에서는 정부가 사람들을 느슨하게 통제한 1991년 이후에야 유의미한 혁명이 일어났다. 남아프리카의 흑인들은 상황을 개선시킬 희망을 가지지 못하도록 방해받는 동안에는 인종 분리 정책에 대항해서 봉기하지 않았다. 분명히 좀 더 나아지고 또 좀 더 공평한 삶을 살 것이라는 희망을 제거하는 것은 공격성을 줄이는 바람직한 수단이 아니다. 미국은 이론적으로는 적어도 약속의 땅이다. 미국인은 자녀들에게 자신의 삶을 개선하도록 희망할 수 있고, 또 기대할 수 있으며 나아가 일도 할 수 있다고 명시적, 암묵적으로 가르친다. 그러나 만일 이 같은 희망이 실현되는 합당한 기회가 제시되지 않는다면 혼돈은 피하지 못할 것이고 나아가 평화는 달성하기 어려울 것이다. 시민들의 희망을 자신의 목적을 위해 부풀리면서 이를 실현하는 방법을 먼저 제시하지 않는 선동가는 혁명의 씨앗을 뿌리는 것이다.

사회 학습과 공격성

이제부터 **사회 인지 학습 이론**social cognitive learning theory을 살펴보자. 이 이론은 사람들이 어떤 일에 대한 신념이나 지각과 같은 인지 과정을 통해서, 그리고 다른 사람에 대한 관찰과 모방을 통해서 어떻게 행동할지를(공격적 또는 유익한 행동 포함) 학습하는 것을 다루고 있다.

앞에서 고통, 허기, 더위 그리고 좌절과 같은 것은 빈번히 공격성을 불러일으킨다고 살펴보았다. 그러나 사회 인지 이론은 공격성을 불러

일으키는 이유와 그에 대한 반응 사이에는 인간의 뇌가 놓여 있다는 사실을 상기시킨다: 이때 뇌는 타인의 의도를 고려하는 우리의 능력을 말한다. 다음과 같은 상황을 생각해 보자. (1) 사려 깊은 사람이 당신의 발을 우연히 밟았다고 하자. (2) 당신을 좋아하지 않는 배려심이 없는 사람이 당신의 발을 밟았다고 하자. 이 두 가지 경우에 발을 밟은 압력과 고통의 양이 정확하게 같다고 가정해 보자(게다가 당신은 술에 취한 상태도 아니었다). 필자는 후자 상황에서는 공격적 반응이 유발되겠지만, 전자는 공격성을 거의 혹은 전혀 유발하지 않을 것이라고 추측한다.

행동에 영향을 주는 매개 지각의 효과를 연구하기 위해서 샤바츠 말리크Shabaz Mallick와 보이드 맥캔들레스Boyd McCandless는[81] 실험을 실시하였다. 이 실험에서 연구자들은 서투른 한 아이 때문에 상금을 탈 수 있는 목표를 달성하지 못하게 함으로써 초등학교 3학년 아이들에게 좌절을 가져다주도록 만들었다. 이 아이들 중의 몇몇은 자기들의 목표 달성을 방해한 이 아이의 행동에 대해서 추후에 합리적이고 악의가 없었다는 설명을 들었다. 구체적으로는 그 아이가 "잠을 못자서 졸렸고 또 당황했었다."라는 말을 들려주었다. 이 조건의 아이들은 이 같은 설명을 못 들은 아이들보다 목표 달성을 방해한 아이에 대해 훨씬 낮은 공격성을 나타내었다. 추후에 실시된 성인 피험자들을 대상으로 한 연구에서는[82] 분노를 불러일으킨 사람의 행동에 대해서 사전에 타당한 변명을 들으면 나중에 변명을 듣는 것보다 앙갚음을 하는 일이 더 적다는 것이 밝혀졌다. 나아가 만일 우리가 해당되는 사람의 상황을 이해한다면 그가 한 실수에 대해 비난을 더 적게 할 것이고 화도 더 적게 낼 것이다.[83]

하지만 이러한 설명이 욕구가 좌절된 사람의 공격성을 감소시킬 수 있는 것처럼 공격적 자극의 존재는 공격성을 증가시킬 수 있다. 레너드 버코위츠와 그의 동료들은 만약 개인이 화가 나거나 좌절을 당하면, 촉발 자극과 관련된 단어나 이름을 단지 언급하기만 해도 그 사람의 공격성 수준을 높이게 된다는 것을 보여주었다. 한 실험에서[84] 피험자들은 “대학생 권투 선수” 또는 “언어학 전공자”라고 소개된 두 학생 중 어느 한 학생(실제로는 실험자의 조수)과 짝을 짓게 하였다. 이 실험 조수는 피험자들에게 충격을 줌으로써 이들을 자극했다. 그런 다음 화가 난 피험자들의 반은 영화에 나오는 폭력적인 프로 권투 장면을 보았고, 나머지 반은 흥분되지만 비공격적인 영화 장면을 보았다. 그 다음에 실험 조수에게 전기 충격을 줄 수 있는 기회가 피험자에게 주어졌을 때, 폭력적인 영화 장면을 본 피험자들은 우리가 이전에 다루었던 점들에서 기대할 수 있는 것처럼, 더 많은 또 긴 시간 전기 충격을 주었다. 그러나 흥미롭게도, 권투 선수와 짝을 지은 피험자들은 “언어학 전공자”와 짝진 피험자들보다 표적 대상에게 더 많은 충격을 주었다. 권투 선수라는 바로 그 단어 자체가 공격적 자극으로 작용한 것이다.

단어만 이 같은 기능을 하는 것이 아니라 대상물 역시 이 같은 기능을 한다. 공격성과 연관되는 것들 - 권총, 라이플 또는 다른 무기들 - 의 존재만으로도 공격적 반응에 대한 단서로 작용할 수 있다. 이 같이 **무기 효과**weapons effect라는 고전 실험에[85] 의하면 무기의 존재가 대학생들에게 분노를 유발시켰다. 구체적으로 살펴보면 연구에 참가한 일부 학생들에게는 앞 실험에서 사용하였다고 구체적으로 밝힌 총이 놓여있는 방에서 분노를 유발시켰고, 다른 학생들에게는 총 대신에 중립적 물체(배드민턴 라켓)가 있는 방에서 분노를 유발시켰다. 그 후 피험자들은 동료 대학생들에게 전기 충격을 줄 수 있는 기회를 제공받았다. 공격적 자극인 총이 있는 방에서 분노가 유발된 참가자들은 배드민턴 라켓이

있던 방에서 분노가 유발된 참가자보다 더 많은 전기 충격을 주었다.[86]

다른 실험에서는 승객 좌석에 우연히 총이 있는(여기에 비교되는 것은 테니스 라켓) 조건에 무작위로 할당된 사람들의 경우에도 더 공격적으로 되는 것을 발견하였다.[87] 이런 연구들은 미국 차 범퍼에 붙인 스티커에서 자주 볼 수 있는 구호인 "총은 사람을 죽이지 않는다. 사람이 죽인다."와는 정반대가 되는 결과를 보여준다. 버코위츠가 제시하는 것처럼, "손가락이 방아쇠를 당긴다. 그러나 방아쇠 역시 손가락을 당길 수 있다."라는 말을 유념해야 할 것이다. 미국은 폭력 사고가 대단히 높다. 그 이유는 세계에서 가장 무기를 많이 가진 나라이기 때문이다. 국민들보다 무기의 수가 더 많다.[88] 이것은 우리가 남을 죽이는 수단을 가지고 있을 뿐만 아니라 공격적 사고를 불러일으키는 끊임없는 신호를 받고 있다는 의미이다. 공격성을 연상시키는 이러한 신호는 무의식적으로 불에 기름을 붓는 것과 같다.

공격성을 금지하는 사회 학습의 한 가지 측면은 대부분의 사람들이 자기 행동에 대해 반드시 책임져야 하는 경향성이다. 그러나 만약 이러한 의미의 책임감이 약하다면 어떤 일이 발생할까? 필립 짐바르도Philip Zimbardo는[89] 익명이고 누군지 확인이 불가능한 사람들이 익명이 아닌 사람들보다 더 공격적으로 행동하는 경향이 있다는 것을 입증하였다. 짐바르도의 실험에서, "감정 이입에 관한 연구"의 한 부분으로 여학생들이 다른 한 학생(실제로는 실험 조수)에게 충격을 주도록 하였다. 일부 학생들은 익명으로 남았다. 그들은 희미한 조명이 있는 방에서 크기가 넉넉한 겉옷을 입고 큰 모자를 눌러 쓰고 앉아 있었으며 이름에 대한 언급은 없었다. 다른 학생들은 쉽게 알아볼 수 있었는데, 방의 조명이 밝고, 넉넉한 겉옷과 큰 모자를 사용하지 않았으며, 각자 이름표를 달고 있었다. 기대했던 것과 같이, 익명이었던 여학생들이 더 오랫동안 그리고 더 강한 전기 충격을 실시하였다. 익명성은 **몰개성화**deindividuation를 가지고 온다. 몰개성화는 자기 각성을 약하게 하고, 사회적 평가에 대한 배려가 축소되고, 금지된 형태의 행동에 대한 억제력이 약화된 상태를 말한다. 그런데 우리가 자기 각성을 하게 되면 우리 자신이 가진 가치를 존중하는 경향을 가진다(예, "남에게 해를 끼치지 말라"). 이에 비해 익명이고 자기 각성을 하지 못한다면, 우리는 훨씬 더 많이 충동에 근거해서 행동하는 경향을 가진다. 이를 입증하는 실험의 한 사례로, 사람들은 거울 앞에 서있을 때보다 어두운 영화관에 앉았을 때 팝콘을 더 많이 먹는다.[90]

이 연구는 통제된 실험실 실험의 일부였기 때문에, 짐바르도 연구에 참여한 피험자들이 나타낸 공격의 종류는 전형적으로 폭동, 집단 강간, 거칠고 충동적인 폭력 행위에 비하면 미약하다. 그럼에도 불구하고 같은 종류의 몰개성화가 실험실 밖에서도 발생한다고 믿을 만한 이유가 있다. 브라이언 멀런Brian Mullen은[91] 1899년부터 1946년 사이에 일어난 린치 사건 60건에 대한 신문 보도를 분석하여 폭도의 규모(수)와 폭력 사이에는 강한 관련성이 있음을 발견하였다. 폭도의 규모가 커질수록, 잔혹 행위가 더욱 흉악하게 일어났다. 멀런의 연구는 사람들이 폭도의 일부가 되면, "안면몰수"하고 자기 각성력이 떨어지고, 나아가서는 공격적, 파괴적 행위를 억제하려는 생각도 적어져서 공격적 행위에 대해 책임도 덜 느끼게 됨을 시사한다. 그 결과 이들은 공격적 행위에 대해 별 책임을 지지 않을 가능성이 커진다. 『앵무새를 죽이기』라는 하퍼 리의 소설에 백인 무리들이 흑인이며 강간 혐의로 잘못 기소된 톰 로빈슨을 폭행하려고 모인다. 그런데 로빈슨의 변호사 아티쿠스 핀치의 8살 난

딸 스카우트가 범죄를 저지른 사람들 중 하나를 알아보고 그의 이름을 부른다. 그렇게 딸은 범인을 '개별화'하였고 범인의 행동에 책임을 지게 한다. 그 후에 백인 무리는 해산하고 각자 자기 집으로 돌아간다.

당신이 몰개성화 하기 위해서 어떤 폭도나 범죄 조직에 들어갈 필요는 없다. 그 대신 컴퓨터 앞에 단지 앉기만 해도 충분하다. 인터넷에서는 아무도 당신이 누구인지 알 필요가 없으며, 그 결과로 사람들이 올리는 글이 가끔씩 악의적일 수 있는 것이 너무나 자명하다. 온라인에서 몰개성화에 의해 촉진되는 공격성을 저지하기 위해서, 많은 웹사이트와 페이스북은 오늘날 본명으로 로그인 하도록 요구하고 있다. 그러나 몰개성화가 항상 사람들을 더 공격적으로 만드는 것은 아니다. 이것은 집단 규범에 동조성을 증가시킨다. 봄 방학을 맞이해서 길거리에서 춤을 추는 행복한 사람은 몰개성화 되어있을 수 있으며, 또한 홀딱 벗거나 테이블 위에 올라가서 춤추는 것처럼 만일 자각했다면 그렇게 하지 않을 방식으로 행동하도록 이끌릴 수 있다.[92]

사회 인지 학습 이론에서 다루는 다른 주요한 요소 중 하나는 모방의 힘이다. 알버트 반두라Albert Bandura와 그의 동료는[93] 일련의 고전 실험을 수행하였다. 이 연구들의 기본 절차는 공기가 채워진 플라스틱으로 된 오뚝이 인형을 성인이 마구 때리는 것이었다. 이 성인은 때때로 인형에 대해 언어적 폭력까지 사용하면서 신체적 공격을 가하였다. 그 후 그 성인을 지켜보았던 아이들이 그 인형을 가지고 놀도록 허용되었다. 아이들은 공격 모델로 성인을 모방했을 뿐만 아니라 성인의 공격적 행동을 목격한 후에는 다른 형태의 공격적 행동도 보여주었다. 요약하면, 아이들은 성인들의 행동을 복사하기보다 그 이상으로 공격적인 행동을 보여주었다. 어떤 사람이 공격적으로 행동하는 것을 보는 것은 아이들에게 새롭고 다른 공격적 행동에 관여하도록 하는 자극제로 작용하였다. 우리는 이런 과정을 사회 학습이라고 한다. 왜 이 실험들이 그렇게 중요하게 여겨지는가? 오뚝이 인형에 무슨 일이 일어나든 무슨 상관인가?

폭력과 대중 매체

미국에 사는 아이들은 TV, 영화, 비디오 게임, 팝이나 랩, 뮤직 비디오, 만화, 그리고 인터넷 등이 주는 폭력의 이미지에 몰입한다. 거기에 빠져든다는 것은 무엇을 의미하는가? 아이들은 그야말로 이 같은 대중 매체에 푹 절어 있는 것과 같다. 아이들은 매일 끊임없이 일어나는 살인, 강간, 구타, 폭발, 그리고 나쁜 사람들이 하는 무자비한 행동을 볼 뿐만 아니라 나아가 이들을 잡아넣기 위해서 다시 하는 좋은 사람들의 잔인한 행동을 본다. 영화에 나타나는 폭력은 1950년대 이래 2배 이상 증가하였다. 12세 관람가 영화의 총기 폭력은 1985년 이래 3배나 증가하였다. 실제 12세 관람가 영화는 오늘날 청소년 관람불가 영화만큼 폭력을 내포하고 있다.[94]

심리학자들뿐만 아니라 다수의 일반 시민들은 아이들과 10대 청소년들이 보는 이처럼 엉망진창인 매스 미디어 내용에 큰 걱정을 하고 있다. 왜냐하면 청소년들이 미디어에서 제시하는 내용을 보고 총기야말로 쿨하고 멋진 것이라고 생각하기 시작할 뿐만 아니라 여기서 출발해서 마침내 끔찍한 결과도 가지고 올 것이 분명하기 때문이다. 아이들이 TV와 영화에서 본 폭력을 모방하거나 그렇지 않으면 그러한 폭력에 정서적으로 영향을 받을 것은 "보보 인형" 연구만큼이나 확실하다. 4장에서 살펴본 것처럼 친사회적 역할 모델과 미디어 스토리를 접한 아이들(과 성인들)이 유익한 행동을 증가시킬 수 있다면, 확실히 훨씬 더 흔한 반사회적이고 폭력적인 비디오를 본 아이들은 당연히 반사회적이고 폭력적인 행동을 증가시킬 수 있다.[95]

그럼에도 다른 많은 사람들에게 이것은 이슈가 안 된다. 많은 사람들은 12세 관람가 영화에 나오는 총기 폭력이 3배 증가한 기간 동안 젊은 사람들이 저지른 현실 세계의 총기 사고 및 전반적인 폭력 범죄가 최저 수준으로 감소한 것을 들며 과연 미디어 폭력이란 것이 얼마나 강력한지 의문을 제기한다. 게다가 미디어가 보여주는 폭력은 마치 만화 같은 스토리와 이미지로 구성되어서 진짜가 아니라는 것을 "모두가 안다"라고 덧붙인다.[96] 실제로 이 같은 사고방식이 2011년 대법원 판결의 배경이었다. 인기 좋은 『MORTAL KOMBAT』과 『Grand Theft Auto』 시리즈 같은 비디오 게임이 아무리 폭력적이라고 해도 미성년자에게 판매할 수 있다고 판결하였다.

따라서 이에 대한 찬반 논쟁은 점차 격화되어 간다. 우리는 이 문제를 어떻게 풀어야 할 것인가? 뉴스에서 다루는 스토리가 설득력 있는 답을 제공할 수 있는 것처럼 보인다. 예컨대, 몇 해 전에 텍사스주 킬린시에 소재한 사람들로 북적거리는 한 식당을 자기 트럭으로 들이박고 차에서 나오자마자 닥치는 대로 사람들에 총격을 가하여 22명이 사망한 사고가 있었다. 경찰은 범인의 주머니에서 『피셔 킹The Fisher King』이란 영화 티켓 토막을 찾았다. 그 영화에는 사람들로 붐비는 바에 들어가서 가지고 간 총을 쏘면서 몇 사람을 죽이는 미친 남자가 나온다. 테네시주에서는 10대 소년 둘이 총기를 가지고 고속도로를 운행하는 차를 겨냥해서 저격수처럼 운전자를 향해 총격을 가해 살해한 사고도 있었다. 이 아이들은 매우 좋아하는 비디오 게임 『Grand Theft Auto』를 따라 하길 원했기 때문이었다. 또 다른 사례로 무대에서 춤추는 여자들이 나오는 영화를 본 어떤 남자는 모든 여자들이 비도덕적이라서 죽어 마땅하다고 확신하였다. 그 후 그는 4명의 여성을 강간 후 살해하고 체포되었다. 그런데 역설적이게도 범인을 자극한 그 영화는 『십계』였다.

이 같은 실제 사례들이 비록 흥미로울지는 모르지만, 미디어 폭력의 영향에 대한 질문에 답하기에는 충분하지 못하다. 우리가 쉽게 예를 선별해서 사례를 어느 한 방향으로 만들 수는 없다. 폭력적 비디오 게임을 한 다음에 숙제를 하고 피아노 레슨을 받으러 가는 아이의 예를 선별할 수 있기 때문이다. 따라서 연구자들은 이 복잡한 질문을 다루기 위해서 실험 연구와 현장 연구를 실시하여 왔다.

미디어 폭력에 관한 연구 실험실 연구가 가진 장점은 미디어에서 다루는 이미지가 무작위로 선발된 사람들의 행동에 영향을 미치는지 여부를 실험자가 결정할 수 있도록 허용한다는 점이다. 대부분의 초기 실험 연구의 증거는 폭력을 보는 것은 공격적 행동, 분노 정서 그리고 적대적 생각 등의 빈도를 증가시킨다고 증명하였다.[97] 그러나 모든 연구들이 여기서 말하는 "보보 인형 효과"를 발견한 것은 아니다. (이제 곧 그 이유를 설명하겠다.) 오늘날 많은 연구자들은 미디어 폭력이 미치는 가장 큰 영향은 아이들이 폭력적인 비디오 게임을 적극적으로 할 때 나타난다고 밝히고 있다. 예컨대 폭력에 대한 보상을 곧바로 주는 게임이 여기에 해당되는데, 게임에서 "킬"을 하면 점수를 높여 주거나 다음 단계로 넘어 가도록 만드는 것이다. 이것은 특히 적대감, 공격적 사고와 행동을 증가시킬 가능성이 크다.[98] 약 37,000명을 대상으로 실시된 98개 연구에 대한 메타 분석에서는 폭력 비디오 게임과 친사회적 비디오 게임은 둘 다 플레이어에게 직접적 영향을 미치는 것으로 밝혀졌다.[99]

실험실 연구는 무엇인가 유의미하고 중요한 것이 일어나는 것을 입증할 수 있도록 해준다. 그러나 실험은 매일 여러 시간 비디오 게임을 한 사람이 그 후 수년 동안 폭력을 보이지 않는 경우 왜 그런지에 대해 파악조차 할 수 없게 만든다. 이런 영향에 대한 연구는 아이들을 대상으로 일 년이나 그보다 긴 장기적 연구 실시가 필요하다. 그런데 이때 연구자들은 연구 대상이 되는 요인들에 대한 통제가 어렵다. 그러나 장기적 연구는 아이들이 현실에서 노출되는 것 중에서 미디어 폭력의 영향을 결정하는 더 나은 방법이다. 여기에 추가해서 실험실에서 실시되는 실험의 경우 공격성을 측정할 때 인위적 방법(위장 전기 충격이나 시끄러운 소리)을 반드시 사용하는 것에 비해서 장기적 연구는 실제 하는 행동을 측정할 수 있다. 그러나 이 방법이 가지는 단점은 사람들의 삶에서 미디어 폭력이 공격성을 높이거나 낮추는 효과로 작용하는 요인들이 대단히 많은 점이다.

이상이 장기적 연구의 결과가 복잡한 이유이다. 우선 이러한 연구들은 일반적으로 아동들이 폭력을 더 많이 볼수록 십대 또는 성인이 된 후에 더 공격적 행동한다는 것을 발견하였다. 그 예로, 430명의 초등학생을 3학년부터 5학년까지 학교생활 전 과정에 걸쳐서 추적 연구를 실시하였다. 연구자들은 3가지 유형의 공격성 — 언어적 공격성, 관계적 공격성, 신체적 공격성 — 을 측정하였고 TV, 영화, 비디오 게임에 나오는 폭력에 노출시켰다. 연구자들은 아이들이 보여주는 공격적 행동과 친사회적 행동을 일 년에 2회 측정하였다. 측정 방법은 아이들에 대한 직접적 관찰뿐만 아니라 그들의 친구와 교사를 대상으로 한 인터뷰였다. 연구의 결과로 학년 초에 아이들이 미디어를 통한 폭력에 많이 노출될수록 3가지 유형의 공격성 모두 그 비율이 높게 나오고 그 학년도 말에 친사회적 행동은 적게 나왔다.[100]

대부분의 장기적 연구 및 설문 조사 연구의 경우 자료를 해석하는 데 가장 큰 난제는 어떻게 하면 원인과 결과, 즉 인과관계를 분리하느냐이다. 우리의 일반적인 가정은 아이나 성인들이 폭력적인 장면을 보면 공격성이 더 증가된다는 것이다. 그러나 공격적인 사람 역시 폭력물을 찾아볼 수 있다. 나아가서 전적으로 다른 어떤 독립 변인이 그 원인일 수도 있다. 아이 중에는 폭력적으로 되는 정신적 및 정서적 기질을 가지고 태어날 수도 있다. 또 어떤 아이들은 걸음마를 배우는 어린 나이에 학대하는 부모나 형제자매로부터 공격성을 학습할 수도 있고 성격 특성이 공격성을 키우는 경우도 있다. 이 아이들에게는 공격적 행동의 예측 변수로서 미디어의 영향에 비해 다음과 같은 요인들이 큰 영향을 미쳤다; 왕따, 신체적 학대 피해, 폭력 서클 가입, 그리고 폭력이 일상화된 지역에서의 삶 등.[101] 그 결과로 아이들은 공격적인 행동을 하고 폭력물을 보거나 폭력적 게임을 한 것으로 나타났다.[102]

기질과 폭력에 노출되는 상황 사이에는 어떤 상호 관계가 있는지를 살펴본 실험에서 아이들은 경찰이 보여주는 엄청난 폭력물이나 흥분되기는 하지만 비폭력적인 자전거 경주를 다룬 영상물을 보았다. 그다음 아이들에게 실내 하키를 하게 시켰다. 결과를 보면 폭력물을 본 아이들이 하키 게임을 할 때 공격적 행동을 더 자주 보여주었다. 그런데 이 아이들은 이전에 선생님으로부터 대단히 공격적이라는 평가를 받았다. 이렇게 평가받은 아이들은 상대편에 속한 다른 아이들을 그렇지 않은 집단 - 폭력 필름을 보았지만 교사에 의해 비폭력적이라고 평가받은 아이들 및 비폭력적 필름을 본 공격적이라고 평가받은 아이들 - 보다 더 많이 스틱으로 때리거나, 팔꿈치로 밀치거나, 공격적으로 소리를 질렀다.[103] 이처럼 몇몇 장기적 연구는 미디어나 비디오 게임에서 폭력에 노출되는 것은 폭력 성향을 일찍부터 가진 아이들과 아주 강한 상호 관계를 보여준다.[104]

미디어 폭력의 예상치 못한 영향 필자가 이 장을 시작할 때 소개한 사례를 한 번 회상해보라. "어쩌다 나는 베트남에서 자행되던 무자비한 살인 영상을 보는 것에 너무나 익숙하게 되어 아들이 이 장면을 보고 눈물을 흘리는 것도 대수롭지 않게 여기게 되었는가?" 여기에 대한 좋은 증거가 있다. 반복하여 폭력에 노출되면 이것이 사람들을 무감각하게 만든다. 이것이 바로 **탈감각화**desensitization라는 프로세스인데 폭력 때문에 상처를 받는 사람을 자주 보면 우리가 그것을 보면서 받는 고통이 점차 작아지는 현상을 말한다. 그 예로 저녁 방송에 나오는 전쟁 관련 뉴스를 시청하는 것, 하루에 몇 시간이고 잔인한 비디오 게임을 하는 것, 나아가 안타까운 일이지만 부모가 서로 몸싸움을 하는 모습을 아동이 보는 것 등은 탈감각화의 원인이 된다. 이 주제를 다룬 초기 실험 연구에서 연구자들은 젊은 남자들이 피를 흘리는 권투 시합을 보는 동안 이들의 신체적 반응을 측정하였다.[105] 어렸을 때 매일 TV를 많이 시청한 사람들은 링 위에서 벌이지는 시합에 비교적 무관심한 것처럼 보였다. 이들은 흥분, 불안 또는 다른 신체적 반응을 별로 보이지 않았다. 이들은 폭력에 무덤덤하였다. 이에 비해 다른 집단인 어릴 때 TV를 별로 보지 않은 사람들은 상당히 큰 신체적 반응을 보였다. 폭력은 이들을 뒤흔들어 놓았다. 그러나 오늘날에는 40년 전에 실시한 "피를 흘리는 권투 시합"보다 훨씬 더 잔인한 비디오 게임 "Game of Thrones"이나 "The Walking Dead"을 보면 사람들은 폭력에 더 무감각하게 길들여진 셈이다. 폭력의 정도가 별로 크지 않은 자극을 보고 과거에 사람들이 한 반응이 오늘날에 와서는 훨씬 더 잔인하고 더 높은 강도의 폭력이 되어야 동일한 반응을 얻을 수 있다는 사실이야말로 폭력에 대한 마비 효과의 대표적인 사례이다.

우리는 정신적 마비로 속상한 마음을 어느 정도 치유할 수 있지만, 정신적 마비는 진짜 폭력의 희생자나 도움이 필요한 타인에 대한 무관심을 증가시키는 의도치 않은 결과를 가지고 올 수도 있다. 한 실험에서 브래드 부시먼과 크레이그 앤더슨은[106] 약 20분에 걸쳐서 폭력적인 비디오 게임이나 비폭력적인 비디오 게임을 하도록 시켰다. 그 후 이들에게 긴 설문지를 완성하도록 요청하였다. 이것을 하는 동안 피험자들은 다음 방에서 일어나는 폭력 사건에 대해서 들을 수 있도록 설계하였다. 말다툼과 서로 마구 밀침으로 나아가고 그다음에는 전면적인 맹렬한 싸움으로 되었다. 그다음에 실험 참가자는 그중 한 사람이 방을 떠나는 소리를 듣고, 다른 사람은 발목을 다쳤다고 끙끙대면서 일어날 수 없다고 고통에 신음하는 소리를 듣는다. 이상의 모든 내용은 물론 실험자가 꾸민 것이다. 결과를 보면 참가자들이 반응하는 데 걸리는 시간에는 큰 차이가 있었다. 폭력적인 비디오 게임을 한 사람은 옆방의 희생자에게 반응하는 데 5배나 더 많은 시간이 걸렸다. 왜일까? 추후 자료가 보여주는 바에 의하면 이들은 비폭력적인 게임을 했던 참가자들과 비교해서 옆방 사건을 훨씬 "덜 심각하다"고 해석한 것이다. 비디오 스크린에 나타나는 극단적인 폭력을 옆방에서 일어난 진짜 폭력과 비교하면 후자가 훨씬 덜 급박했던 것이다. 비디오에서 구름같이 몰려오는 좀비들의 목을 자르는 게임을 하다가 옆방에서 발목을 삐어 고통받는 소리 정도를 듣고 반응하기는 어려울 것이다! 부시먼과 앤더슨은 현장 연구도 시행하였다. 목발을 짚고 다니는 여자가 자신의 목발을 다시 짚으려고 애를 쓸 때 도움을 주는 행동을 어떻게 하는지를 살펴본 연구로 사전에 폭력 영화를 본 사람들이 비폭력적인 영화를 본 사람들이나 아직 두 개 중 어느 하나를 보려고 기다리는 사람들보다 여자를 도와주는 행동을 하는 데 더 긴 시간이 걸렸다.

다른 주제로 도움이 필요한 사람이 "우리와 같은 부류의 사람"이 아니라면 어떤 결과가 나올까? 우리는 비디오 게임을 할 때 스스로를 나쁜 악마를 죽이는 영웅으로 자기 자신을 볼 가능성이 크다. 이런 전제 조건에서는 이것도 재미있다. 그러나 여기서 더 나가는 연구들이 있다. 플레이어가 "적"을 비인간화시키는 습관을 가지게 되면 이 습관은 진짜 사람을 대하는 경우에도 적용된다. 영국에서 실시된 두 실험을 살펴보자. 연구자들은 폭력적인 비디오 게임을 한 남녀 학생들이 나중에 영국으로 온 이민자들을 인간성이 없는 존재로 보는 경향이 더 많았으며 친사회적 게임이나 감정의 개입이 없는 게임을 한 학생들과 비교하여 이민자들을 영국 토박이보다 덜 존중하고 덜 대우한다는 사실을 발견하였다.[107]

교육 심리학자 더글라스 젠타일Douglas Gentile과 로널드Ronald 젠타일에 따르면 비디오 게임은 또 다른 의도하지 않은 결과를 가지고 올 수 있다고 한다. 비디오 게임을 할 때 보통은 같거나 비슷한 활동을 반복하게 되지만, 일단 난이도가 더 높은 새로운 단계로 가거나 완전히 다른 게임을 하기 시작하면 맥락이 변한다. 이 과정을 통해 배운 개념은 무엇이든 향상되고 강화된다. 즉, 이 과정을 통해 한 상황에서 다른 상황으로 학습 전이가 극대화된다. 이는 만일 우리가 다양한 폭력적인 비디오 게임을 한다면, 게임에서 멀리 떨어진 상황에서도 폭력과 공격성에 대해서 생각하게 된다는 것을 의미한다. 수없이 많은 여러 가지 폭력적인 비디오 게임을 즐긴 초등학교 학생들과 십대 청소년들을 대상으로 실시한 젠타일과 젠타일의 연구에[108] 따르면 이들은 시간이 경과함에 따라 **적대적 귀인 편향**hostile attribution bias으로 알려진 성향을 가진다고 밝혔다. 이것은 다른 사람이 하는 모호한 행동을 의심도 하지 않고 적대적 행동이라고 해석하는 경향이다. 그로 인해 자기 동료들과 더 자주 다툼을 하게 된다.

마지막으로 미디어 폭력에 많이 노출되면 따라오는 비의도적 결과는 위험이 확대되는 것이다. 우리가 이 같은 살인과 혼란을 집에서 화면으로 보고 있으면 특히 어두운 야간에는 집 밖에 나가면 위험하다고 생각하는 것이 논리적이지 않겠는가? 이것이 바로 많은 사람이 가지는 생각이다. Annenberg Public Policy Center가 1972년에서 2010년 동안 프라임 타임에 방영된 인기 TV 드라마에 나오는 폭력의 양과 범죄에 대한 공포를 묻는 갤럽 여론 조사에 대한 답변을 서로 비교 연구하였다. 연구자들이 내린 결론은 미국 대중들이 가지는 범죄에 대한 두려움은 프라임 타임 TV에서 묘사되는 폭력물의 양과 직접적이고 통계적으로 상관이 있다는 것이었다. 실제 범죄율의 변화를 배제하더라도 사람들이 가지는 범죄율에 대한 지각은 TV 폭력의 증감에 따라 상승하거나 하락하였다. TV 방영 시간에 따른 일련의 폭력 사건의 수치는 1972년 6.5건으로 높았던 것이 1996년에는 1.4건으로 내렸고 다시 2010년에는 3.7건으로 증가하였다. 시간당 추가 폭력 사건은 야간에 동네를 혼자 다니는 것이 무섭다고 갤럽에 답한 사람들에서 1퍼센트 포인트 증가가 예측되었다.[109] 마지막 장에서 필자는 지역 신문들이 "피가 흘러야 관심을 끈다'라는 원칙 하에 어떻게 돌아가는지를 말했다. 이제 이를 "만일 피가 흐르면 이것은 잘못된 관심을 끈다"라고 바꾸어야 할 것 같다.

이 연구들을 모두 종합하면 다음과 같은 결론을 내리게 된다: 미디어 폭력에 빈번히 노출되면 특히 폭력적인 비디오 게임에 노출된다면 아이들과 사춘기 청소년들에게 엄청난 영향을 미친다. 물론 이 영향은 이미 폭력적인 행동을 할 경향이 많은 아이인 경우에 가장 클 것이다. 폭력물을 보는 것은 다음과 같은 5가지 이유에서 취약한 시청자에게 영향을 미친다고 정리할 수 있다. (1) 폭력물은 생리적 흥분을 증가시킨다.("나는 스트레스를 받은 게 아니라 진짜 화난 거 같다."); (2) 폭력물은 과거에 학습한 금지를 약화시키고 적대적 또는 폭력적 성향을 모방하는 경향으로 유도한다.("다른 사람이 할 수 있으면 나도 할 수 있다."); (3) 폭력물은 종종 분노, 두려움, 좌절과 같은 기저 감정을 느낄 때 공인된 행동 방식을 보여준다.("그가 나를 치기 전에, 내가 그를 먼저 치는 것이 낫겠다."); (4) 폭력물은 정신적 마비를 촉진하고 공감력을 약화시킨다.("또 한 대 때렸군. 뭐 괜찮겠지."); (5) 폭력물은 우리가 불안, 분노, 고통을 받았을 때 어떤 행동도 허용하도록 만든다.("그래서 당신이 그렇게 행동하는군!")[110]

대부분의 사람들이 연구자들이 관찰한 결과처럼 모두 공격적으로 행동하도록 동기 부여되지는 않는다는 것은 자명하다. 사회-인지 학습 이론이 예측하는 것처럼, 우리가 보는 것을 어떻게 해석하느냐 하는 것과 여기에 대한 반응은 성격적 성향, 사회적 맥락 등에 모두 영향을 받는다. 아동과 10대들은 수많은 프로그램과 영화를 본다. 또 이들은 미디어에서 보는 것 외에도 부모님과 동료를 포함하여 많은 사람의 행동을 본다. 하지만 사람들 중 일부는 폭력적 오락물에 영향을 받아서 비극적 결과를 가져온다는 사실은 부정할 수 없다.

공격성의 대표적 이슈: 성폭력 사례

이제부터는 본 장 “공격성”에서 제기된 많은 주제 중에서 가장 골치 아프고, 계속하여 일어나는 강간과 여러 가지 형태의 성폭력에 대해 다루어보자. 먼저 “강간”에 대한 정의는 지난 수십 년을 걸쳐 오면서 계속해서 변해 왔다. 우선 법에서는 결혼한 남자가 자기 아내와 하는 성관계는 그것이 강제적인 경우에도 합법이라고 인정해 왔다. 그러나 미국 법무부는 강간에 대한 정의를 좀 더 포괄적으로 하고 있다: “피해자의 동의 없이 신체 구멍에 신체의 일부나 물건을 삽입하는 것”이라고 정의하고 있다. 성폭행은 좀 더 넓은 개념으로 다양한 다른 행위를 포함하고 있다. 그러나 핵심 기준은 동의 여부이다. 여기서 주목할 점은 성폭행의 정의는 성별을 특정하지 않는다는 것으로 남성도 대부분 인정하기 부끄럽겠지만 성폭행을 당할 수 있다.

어떤 사람은 피해자보다 자기가 더 힘이 세고 지배적이라는 것을 보여주기 위해서, 또는 피해자에게 모욕감을 주기 위해서 나아가 피해자를 벌주기 위해서 강간을 저지른다. 이 같은 동기는 군인들과 남자들 사이에서 더욱 두드러지게 나타난다. 군인들에서 이 동기는 전쟁 중에 포로가 된 여성을 강간한 후 살해할 때 나타나며, 남자들의 경우에는 주로 항문 삽입으로 다른 남자를 강간할 때 나타난다.[111] 후자 형태의 강간은 주로 젊은 조폭 단원들 사이에서 발생하며 그 의도는 경쟁 관계에 있는 조직원에게 모욕을 주기 위함이다. 또한 교도소에서 이 같은 범죄가 발생하는 이유는 성적인 목적에 더하여 피해자를 지배하고 비하하기 위해서다.

우리는 "강간범"이라는 말을 들으면 폭력을 행사하는 낯선 사람이나 연쇄 성범죄자를 연상하게 된다. 물론 어떤 강간범에게는 이 같은 정의가 맞을 수도 있다. 이들은 여성과 가져야 하는 공감 능력이 없고, 여성에 대해서 적대감과 모멸감을 느끼고 나아가 그들이 어떤 여성이든 고르기만 하면 성관계를 가질 수 있다고 생각하는 경향이 있다.[112] 이런 이유로 실제 성폭력은 사회적 지위가 높은 남성에 의해 빈번히 발생한다. 여기에는 예컨대, 스포츠 영웅들(프로 선수, 대학이나 고등학교 운동선수), 힘 있는 정치가, 유명 인사 등이 해당된다. 이들은 손쉽게 동의하는 파트너를 구할 확률이 높다. 이들의 특징은 자신이 힘이 있다는 느낌을 섹스와 동등하게 보고, 자기를 도발하는 여성에 화를 내며 비난하고, "여성은 강간을 당하고 싶어 한다.'와 같은 근거 없는 믿음을 신봉한다.

실제 상대방의 의지에 반해서 성행위를 강제적으로 자행하는 강간이나 강간 미수의 약 85%는 낯선 자에 의해 이루어지는 것이 아니라, 오히려 피해자와 가해자가 서로 아는 사이에서 일어난다. 강간은 물리적인 힘의 결과로서 실제 폭력이나 폭력적 위협으로 성관계를 갖거나, 수면제를 탄 술이나 약을 먹이거나 의식을 잃도록 유도된 피해자의 무력화 상태를 통해서 성관계를 가지면서 발생한다.

성 역할 대본 Sexual Script**과 동의에 대한 문제** 사람들은 노골적인 힘이나 폭행 위협으로 또는 의식을 잃게 만드는 약물을 이용해서 여성을 강간하는 성범죄자는 심각한 범죄를 저질렀다고 생각한다. 하지만 여성이 좋아서 자발적으로 즐기는 술이나 약물 때문에 무력화 상태가 되었을 때 훨씬 많은 수의 여성들이 성폭행을 당하는 것은 어떻게 볼 것인가? 여기에 대한 한 가지 답을 미국 사회에서 남녀가 성 역할의 일부로 배우는 다른 **성 역할 대본**SEXUAL SCRIPT에서 찾을 수 있다.[113] 성 역할 대본은 각자의 문화, 성적 성향, 인종, 나이, 지리적 위치 등에 따라 다양하고 세월이 가면서 변화한다. 이 대본들은 주로 역할 모델, 동료, 미디어 이미지와 메시지의 관찰을 통해 남녀가 배우는 대중적이고 성적으로 "올바른" 방법이 무엇인지를 구체화한다. 누가 누구에게 데이트를 청할까? 몇 번의 데이트를 한 후에야 섹스 해도 될까? 어떤 종류의 섹스를 할까? 누가 시작할 것인가? 혼전에 어떤 종류의 섹스가 허용되고, 어떤 것은 참아야 되고, 또 어떤 것은 금지되는가?

미국에서 이성애를 추구하는 젊은 남녀들이 가진 지배적인 대본에 의하면 남자가 성적으로 접근할 때 여자는 저항하고, 남자의 역할은 그래도 끈질기게 접근하는 것이다.[114] 이 대본은 유감스럽게도 많은 사람이 "아니요"라는 말이 가진 의미에 대해 수많은 논쟁을 벌이는 이유를 설명할 수 있다. 강간 반대 집단의 반복되는 구호 — "당신은 '아니요'라는 단어의 어떤 부분을 이해하지 못합니까?" — 는 명백하다. 하지만 연구 결과에 의하면 "아니요"라는 말은 여성의 경우에는 말하기 어렵고, 남성의 경우에는 듣기 어렵다. 전통적인 성 역할 대본을 따르는 남자들은 여자가 하는 "아니요"라는 말을 '아마도' 내지는 '잠깐만'이라고 생각한다. "성관계를 원한다고 표현하는 것은 괜찮지만, 너무 빨리 동의하면 헤픈 여자라고 할지 모르니 조심해야 한다."라고 말하는 대본을 따르는 일부 여자들은 위와 같은 남자들의 생각에 동의한다. 여기서 생기는 혼란 때문에 어떤 여대생들은 성관계하기 전에 전주로 엄청나게 술을 많이 마셔야 한다고 생각한다. 그 결과 술에 취하면 "예"라고 말하지 않게 되고, 이들이 명시적으로 "예"라고 말하지 않았다면 누구도 그들을 헤픈 여자라고 비난할 수 없다.

더 나아가 복잡한 문제는 대부분의 커플들이 성에 대한 관심이나 의도를 간접적으로 소통한다는 것이다. 예컨대, 성관계를 하고 싶지 않다는 바람 등을 포함한 이러한 소통은 힌트, 보디랭귀지, 아이 콘택트, 비언어적 행동을 통해서 이루어진다. 데보라 데비스Deborah Davis와 동료들은[115] 이처럼 간접적인 소통을 "애매한 춤"이라고 표현하였다. 이것은 남녀 쌍방이 자기 자신을 보호하는 방법이라고 볼 수 있다. 이렇게 하면 성관계를 청할 때 여자가 거부하는 경우에는 남자가 보호될 수 있고, 여자 역시 자기가 원하는 것을 분명하게 인정하지 않아도 자기 뜻이 수용될 수 있게 되는 셈이다. 나아가 구애자를 거절하거나 화나게 하지 않으면서 성관계 요구를 거절하는 것이 가능하다.

조슈아 애런슨의 학부생이 쓴 에세이는 여성의 대본(흔히 낭만적인 환상에 기반)이 남성의 대본(종종 여성이 "원하는" 것과 성적 취향에 대한 부적절한 생각을 담고 있는 대본으로 포르노를 보면서 완성됨)과 충돌할 때 어떤 일이 벌어지는지를 유창하게 묘사한다.

> 프랭크 시나트라는 나의 상상 속 남자 친구였다. 그의 노래는 내 머릿속을 낭만과 사랑 받는 느낌 그리고 아껴주는 감정으로 가득 채웠다. 이런 감정은 우리 부모님 세대 때 여성들이 가졌던 것이리라. 대학에 들어와서 나의 첫 남자 친구는 내게 포르노 영화와 링크되는 문자를 보내주었다. 그가 함께 보내준 문자는 "이제 너도 실제 블로우잡을 할 줄 알아야할 거야. 내가 좋아하는 포르노 스타를 확인해봐. 그녀의 테크닉

> 을 보고 배워라."그래서 나는 그 영화를 봤고, 남친이 생각하는 나와, 내가 원하는 것, 내가 기분 좋게 느끼는 것, 그리고 그가 원하는 섹스와 로맨스에 대해 알게 되었다. 그것은 엄청나게 충격적이었다. 내 생각과 남친의 생각은 모두 거짓이었다. 내 시나트라에 대한 환상도 남친의 포르노 환상과 마찬가지였다. 나는 친구들과 토론해보았다. 그런데 어느 누구도 자기 여친 얼굴에 사정하는 것을 원하는 사람은 없었다. 하지만 포르노 영화에서 거의 모든 신은 여자 얼굴에 사정하면서 끝난다. 결국 이는 남자의 쾌락이 무엇인가를 밝혀준다. 즉, 남자들은 서 있는 여성보다는 무릎 꿇은 여성을 보는 것을 좋아하는 것처럼 보인다. 거기에 전희는 거의 없고 대화는 저질이고 더 최악인 것은 여자는 막 대해도, 그리고 종종 한 번의 섹스에서 한 사람 이상의 남자들한테 그런 대접을 받아도 좋아하는 것처럼 보인다. 현재는 전 남친이 된 그 친구도 섹스에 관한 모든 것을 포르노에서 배운 것이 분명하다. 내가 이런 것들을 그 당시에 이미 알고 얘기했더라면 좋았을 텐데. 그랬다면 고통과 환멸도 훨씬 덜 했을 것이다.

그녀의 이야기는 강간이나 폭행에 관한 것이 아니지만, 그녀는 사귀는 남자 친구에게 "이것을 말하는" 방법을 몰랐다. 만일 그녀가 "이것"을 말할 수 없었다면, 다른 원하지 않는 성행위를 하도록 압력을 받았을 때 이를 분명히 거절하는 말로 표현하는 것은 훨씬 더 어려워지기 마련이 아닌가?

오늘날, 대학 관계자나 대학생들은 "애매한 춤"으로 일어나는 문제 때문에 골치를 앓고 있다: 피해 여성이 하는 말을 언제 받아들여야 할지, 가해자를 언제 어떻게 처벌해야 할지, 나아가 남녀가 같이 만취 상태에서 일어난 성적 위법 행위 문제는 어떻게 다루어야 할지 등. 필자는 사회 심리학 연구에서 나오는 이 같은 연구 결과들이 이 문제에 대한 좀 더 분명하고 공정한 접근법을 제시한다고 생각한다. 예를 들어, 데보라 데이비스와 엘리자베스 로프터스Elizabeth Loftus는 "남자가 하는 말/여자가 하는 말"이라는 상황에서 "남녀 쌍방이 모두 옳을 수도 있고, 둘 다 틀릴 수도 있다"고 주장하였다.[116] 연구자들은 대본의 성적인 춤은 남녀 모두에 의해 "정직한 틀린 증언"이 될 수 있다고 설명하고 있다. 우선 여자는 진짜로 남자가 멈췄어야 했다고 생각하고, 남자는 진짜로 여자가 동의했다고 생각한다. 연구에 의하면 "친절해야" 하고 상대에게 모욕을 주거나 화나게 해서는 안 된다고 말하는 대본을 따르는 젊은 여성은 "거절"을 "아니요"라고 말하는 대신 몇 센티 뒤를 물러나거나, 거부도 동의도 하지 않거나, 남자의 접근을 모르는 척하는 비언어적 방법으로 표현한다. 이에 비해 다수의 남자는 여자의 비언어적 행동을 단지 다정한 장난이나 우정이라기보다 성적 흥미를 나타내는 사인이라고 과잉 해석을 한다. 그 결과 남자는 끈질긴 시도를 정당화한다.

대학 캠퍼스에서 일어나는 강간이나 성폭력 문제에는 다른 사회 심리학적 요인들이 작용한다. 문화적, 사회적 규범은 남성이 원치 않는 여성을 폭행할 수 있는지, 또는 이런 행동이 동료들에게 경멸의 대상이 되는지를 결정한다. 대학이나 남학생 클럽, 또는 국가가 특히 스포츠 스타인 경우 남자에게 면죄부를 주는 "강간 용인 문화"를 지지하는가? 음주 문화는 여성이 섹스에 관한 결정을 내릴 때 어떤 영향을 미치는가? 또 "think-drink" 효과(술에 취한 행동은 실제 음주량보다 인지된 음주량과 더 밀접한 관련이 있다는 것)가 어떻게 적용될 수 있는가? 데이트 강간과 면식 강간을 줄이는 가장 중요한 조치는 다음과 같은 몇 가지를 들 수 있을 것이다. (1) 남녀가 모두 기꺼이 준수하거나 거부하는 규칙과 규범을 분명하게 합의한다. (2) 남녀는 모두 같은 대본을 따른다는 것을 확인해야 한다. (3) 여성은 자신이 바라는 것을 직접적인 방법으로 표현하도록 학습한다. (4) 남성은 술이나 마약에 취한 여성은 합법적으로 섹스에 동의할 수 없다는 것과 정상 상태가 아닌 상대방과 성관계를 갖는 것은 상대방이 자발적으로 취했다고 하더라도 비도덕적이고 불법이라는 것을 학습한다.

폭력을 감소시키기 위하여

공격성을 추구하는 성향을 감소시키는 것이 가치 있는 목표라고 믿는다면, 우리는 어떻게 해야 할 것인가? 만일 간단한 해결 방안이 있으면 구미가 당길 것이다. 수년 전 전임 미국 심리학회 회장을 포함한 여러 전문가는 범세계적인 규모의 폭력을 감소시키는 방법으로 잔인성 억제약을 개발하여 사람들(특히 국가 지도자)에게 먹이자고 제안하였다.[107] 그런 해결 방안을 찾는 것은 이해가 간다. 나아가 심지어 애처롭기까지 하지만, 약물 사용자의 동기 체계를 완벽하게 진정시키지 않으면서 잔인성을 감소시킬 수 있는 약물이 개발될 가능성은 극히 희박하다. 약물은 심리적 과정이 할 수 있는 만큼 세밀한 구별을 할 수가 없다. 열정적이고, 창조적이고, 용기가 있으며 그리고 비상한 능력을 소유하고 나아가 신사적이고 평화를 사랑하는 사람들은 유전적 역량, 경험 그리고 학습된 가치들이 미묘하게 조합되어서 만들어진다. 그렇게 미묘하게 작용할 수 있는 화학 물질을 상상하기는 어려운 일이다. 더욱이, 인간 행동을 화학 물질로 통제하려는 것은 조지 오웰이 쓴 소설과 같은 악몽이다. 누구를 믿고 우리가 이 같은 방법을 사용할 수 있을 것인가? 아마도 간단하면서도 누구나 사용할 수 있는 확실한 해결 방안은 없을 것이다. 이처럼 "잔인성 억제제"를 개발하는 것이 해결 방안이 될 수 없다면, 우리가 지금까지 학습한 내용들을 기반으로 해결 방안을 한번 생각해 보자.

처벌 평범한 시민들에게 공격성을 감소시키는 분명한 방법은 처벌을 가하는 것이다. 만약 어떤 사람이 다른 사람을 강탈하거나 때리거나 죽인다면, 단지 그를 감옥에 집어넣으면 된다. 거칠고 제한된 교도소 환경을 생각한다면 석방 후 이 사람이 재범을 저지르는 것을 단념할 수도 있다. 그런데 과연 그렇게 될까? 감금이 구체적으로 어떤 결과를 가지고 오는가를 결정하는 것은 어려운 일이다. 많은 요인이 그 상황에 처한 개인에게 영향을 미치기 때문에 감금 효과만 별도로 분리하여 살펴보는 것은 불가능하다.[118] 교도소에 가두면 석방 후 재범을 저지를 가능성을 낮추면서 대부분의 재소자에게서 공격성을 몰아낼 수 있을까? 아니면 출소 후 그들의 범법 행위를 지지한 세계로 복귀하는 데 더 큰 영향을 줄까?

이상의 가정은 대개 현실에서는 검증하기 어렵지만, 자연 상태에서 이루어진 실험에서 나온 증거는 교도소 자체만으로는 출소한 재소자들의 재범을 방지하는 데 실패한다는 사실을 보여준다. 미국 대법원의 결정으로 감금이 상습적 재범에 미치는 영향을 분리해서 연구하는 것이 가능하게 되었다. 1963년에 변호사 없이는 중죄를 선고받을 수 없다는 Gideon 대 Wainwright 사건에 대한 판결이 나온 후에, 플로리다

주 소재 감옥의 많은 죄수가 형기를 끝내기 전에 석방되었다. 석방된 죄수들과 감옥에 남아있는 죄수들 사이의 유일한 제도적 차이점은 석방된 죄수들은 이전에 변호인의 변론을 받지 않았다는 것이었다. 따라서 연구자들은 거의 동일했던 두 집단의 죄수들을 비교할 수 있었다. 즉, 이때 조기 석방된 죄수들과 그렇지 않은(잔여 형기를 다 마치고 출소한) 두 집단을 비교할 수 있게 되었다. 두 집단 사이에 놀랄만한 차이가 있었다. 만기 복역한 죄수들은 조기에 석방된 죄수들보다 두 배나 많이 재범으로 교도소에 다시 들어왔다.[119]

이것은 구금이 범죄를 감소시키지 못한다는 것을 의미하는가? 반드시 그런 것은 아니다. 이 연구는 장기간의 감금이 석방된 죄수들의 범죄 행동을 억제하지 못한다는 설득력 있는 증거를 제공하지만, 단순히 가혹한 처벌을 예상만 하더라도 전혀 범죄를 저지르지 않는 사람들의 범죄 억제 가능성을 전적으로 배제하지는 못한다. 확실히 처벌의 위협은 많은 예비 범죄자들을 처음부터 법을 위반하지 못하도록 억제할 수 있을 것이다.

비록 이것이 가능은 하겠지만, 필자는 그렇지 않을 거로 생각한다. 한 가지 이유는 있음직한 처벌은 훨씬 멀리 있고, 다른 하나는 살인범에 대해 사형 제도와 같은 엄격한 처벌이 있는 주가 사형 제도가 없는 주보다 훨씬 더 높은 살인 범죄율을 보인다.[120] 필자가 알고 있기로 심한 처벌이 가끔은 복종을 가져오지만, 개인을 내면화시키는 경우는 드물다. 예를 들어, 아이가 자기 부모, 형제, 아니면 동료를 때린다면, 우리는 이 아이를 때려주거나, 야단을 치거나, 특정 행동을 금지함으로써 죄의식을 느끼게 할 수 있다. 이때 우리가 가지는 가정은 이런 처벌이 아이에게 "교훈을 가르치는 것"이고, 아이는 추후 잘못된 행동을 하기 전에

"한 번 더 생각"할 것이며, 처벌의 정도가 심할수록 더 좋다는 것이다. 그러나 처벌은 일시적으로 효과적일 수 있지만, 장기적으로 보면 그 반대 효과를 가지는 경향이 있다.[121] 체벌로 맞은 아이들 모두가 폭력적으로 되는 것은 아니고, 아이들을 가르칠 때 부모들의 행동은 사회적 학습에서 강력한 교육이다: "아, 그래서 내가 다른 사람 때문에 화가 나면 저렇게 해야 하는구나: 고함치든지 때려주든지."

우리가 장기적으로 지속되는 비공격적인 행동 유형을 가지려면, 아이 때부터 공격적 반응을 반대하는 일련의 가치관을 내면화해야 한다. 3장에서 다룬 두 개의 다른 실험에서 메릴 칼스미스Merrill Carlsmith와 필자 그리고 그 뒤에 조나단 프리드먼Jonathan Freedman은[122] 아동들에게는 약한 처벌을 준다는 위협이 심한 처벌을 준다는 위협보다 훨씬 더 효과적임을 증명하였다. 이런 실험들이 단지 어린이의 장난감 선호도를 다룬 것이라 할지라도, 혹독한 처벌 위협보다 약한 처벌 위협이 동일한 방식으로 공격성을 억제시킨다는 것을 강하게 시사하고 있다.

3장에서 제시된 것처럼, 약한 처벌이 어떻게 작용하는지 살펴보자. 나이가 조금 더 든 아들이 자기 여동생에게 시비하지 못하도록 하기 위해서 어머니가 벌을 주겠다고 위협하는 것을 가정해보라. 만약 어머니가 성공한다면 아들은 부조화를 경험할 것이다. "나는 여동생을 때리고 싶다."라는 인지는 "나는 내 여동생을 때리지 못하도록 금지당하고 있다."라는 인지와 부조화를 이룬다. 만약 아들이 혹독한 위협을 받았다면, 자제해야 할 좋은 이유를 충분히 갖게 될 것이다. 그는 "내가 내 여동생을 때리지 않는 이유는 때리고 싶지만 때렸다면 내가 호되게 두들겨 맞을 것이기 때문이다."라고 말하면서 부조화를 감소시킬 수 있다.

그러나 어머니가 심한 처벌보다는 약한 처벌, 즉 아이의 공격성을 중

지시키는 데만 충분한 처벌을 사용했다고 가정해보라. 이 경우에 '왜 나는 때릴 수 있는 어린 여동생을 당분간 때리고 있지 않은가?'라고 자문해 볼 때, 그는 부조화를 감소시키는 방법으로 어머니의 처벌 위협을 사용할 수 없다. 그것은 사실이 아니기 때문에, 단순히 여동생을 때린다면 매를 맞을 것이라고 쉽게 확신할 수 없다. 그러나 그는 여동생을 때리지 않고 있다는 사실을 정당화시켜야 한다. 바꾸어 말하면, (위협의 심각성에 의한) 외적 정당화는 최소화가 된다. 그러므로 그는 자신의 억제를 정당화하기 위해 자신의 정당성을 추가해야만 한다. 예를 들어, 그는 어린 여동생을 때리는 것을 더는 즐기지 않는다고 스스로 확신할지도 모른다. 그 외에도 자기보다 작은 사람을 때리는 것은 잘못된 것이라고 자신을 설득한다. 이런 것이 자신의 일시적인 평화적 행동을 설명하고, 정당화하고, 이해할 수 있게 해줄 뿐만 아니라 더욱 중요한 것은 장래에 어린 여동생을 때릴 가능성을 감소시킬 것이라는 사실이다. 간단히 말하면, 이 아이는 반공격적 가치관을 내면화시킨 것이다. 그에게 누군가를 때리는 것은 바람직하지도, 재미있지도 않다는 것을 자신에게 확신시킨 것이다.

이런 일반적 생각은 학교 현장에서 성공적으로 적용됐다. 노르웨이 학교 제도에서 일하고 있는 댄 올베우스Dan Olweus[123]는 문제에 주의를 기울이고 신속한 조처를 하되 처벌을 완화하도록 선생님들과 학교 행정 직들을 훈련시킴으로써 학생들의 왕따 문제를 약 50% 정도 줄일 수 있었다. 이 연구는 아직 자신의 가치관이 형성되지 않은 아이들의 경우는 공격적 행위에 대한 처벌이 적절한 시기에 온건하게 이루어진다면 공격성에 대한 혐오감을 발달시키기가 더욱 쉽다는 것을 의미한다.

공격적 모델의 처벌 아이들에게 마지막이 좋지 않게 끝나는 공격적인 모델을 제시함으로써 공격성을 감소시킬 수 있을까? 이 이론에 따르면 아이들이 보는 폭력이 처벌받는다면, 아이들은 자신이 가진 공격성에 대해서 사실상 간접적으로 처벌받는 것이고, 따라서 덜 공격적으로 될 것이고 관찰한 것을 모방하는 경향이 덜할 것이다. 그러나 불행하게도 연구에서 나오는 결과들은 이처럼 널리 퍼져 있는 믿음을 지지하지 않는다. 통제된 실험으로부터 얻은 증거는 더욱 명확하다. 이 실험에서는 공격적인 행동을 한 사람이 추후에 보상을 받거나 처벌을 받는 영화를 아이들에게 보여 주었다. 그 후, 영화에서 본 것과 비슷한 상황에서 아이들에게 공격적으로 행동할 기회를 제공하였다. 공격적인 사람이 처벌을 받는 영화를 본 아이들은 그 사람이 보상을 받는 영화를 본 아이들보다 유의미하게 더 적은 공격적 행동을 나타낸다는 것이 일관된 결과이다. 공격적인 영화 주인공이 처벌을 받는 것을 본 아이들은 그 주인공이 보상을 받지도 않고 처벌을 받지도 않는 것을 본 어린이들보다 공격적 행동을 훨씬 적게 보여주었다는 증거도 일부 있다.[124] 그러나 논의에서 중요한 것은 공격성 때문에 처벌을 받는 모델을 본다고 해서 공격적인 모델에 전혀 노출되지 않았던 아이들 수준 이하로 공격성이 감소하지는 않는다는 것이다. 바꾸어 말하면, 이 연구의 주요 골자는 다음과 같다. (1) 공격자가 보상받는 것을 보면 아동의 공격적 행동이 증가하며, (2) 공격자가 처벌받는 것을 보면 아동의 공격적 행동은 증가하지도 않고 감소하지도 않는다. 따라서 아동을 공격적 모델에 전혀 노출시키지 않는 것이 효과적이다.

공격성에 대한 보상적 대안 이미 연구되었던 다른 가능성은 아이들이 공격적으로 행동할 때는 무시하고 비공격적인 행동을 할 때는 보상을 하는 것이다. 이런 전략은 부분적으로 아이들(어른도 마찬가지겠지만)은 흔히 주의를 끌기 위한 하나의 수단으로써 공격적인 행동을 할 때가 많다는 가정에 근거를 두고 있다. 아이들은 무시당하는 것보다 처벌을 받는 것을 더 좋아한다. 역설적으로 말하면, 공격적 행동에 대한 처벌이 실제로는 하나의 보상으로 해석될 수 있다. "봐! 우리 엄마는 내가 동생을 때릴 때마다 나에게 관심을 기울여. 그래서 동생을 또 때릴 작정이야."라고 생각하는 것이다.

이런 생각은 폴 브라운Paul Brown과 로저스 엘리어트Rogers Elliot가[125] 유치원에서 실시한 한 실험에서 검증되었다. 유치원 교사들은 아이들의 모든 공격적 행동을 무시하라고 지시받았다. 동시에, 교사들에게 아이들을 주의 깊게 지켜보면서, 특히 아이들이 공격성과 상반되는 행동인 친근한 태도로 서로 노는 것, 장난감을 함께 나누는 것, 다른 아이들과 협동하는 것과 같은 행동을 할 때는 그 아이에게 더 많은 관심을 기울이도록 요청하였다. 몇 주가 지나자 아이들의 공격적 행동은 현저하게 감소하였다. 이 연구보다 더욱 정교한 실험에서, 조엘 다비츠Joel Davitz는[126] 좌절이 항상 공격성을 일으키는 것은 아니라고 밝혔다. 그는 건설적인 행동이 사전 교육을 통해서 호소력을 갖게 된다면 좌절이 건설적인 행동을 끌어낼 수 있음을 입증하였다. 이 연구에서는, 아이들을 네 명씩 한 집단을 이루어 놀게 하였다. 어떤 집단은 건설적인 행동에 대해 보상을 받았고, 반면에 다른 집단은 공격적이거나 경쟁적인 행동에 대해 보상을 받았다. 그런 다음에 연구자는 아이들에게 고의로 좌절감을 주었다. 아이들에게 일련의 재미있는 영화를 보여주고 재미있게 놀게 될 것이라는 기대를 갖게 했다. 실험자는 아이들에게 영화를 보여주기 시작하고 나중에 먹을 캔디를 나누어주기까지 했다. 그러나 그 다음에 좌절이 주어졌다. 즉, 실험자는 영화의 가장 재미있는 부분에서 갑자기 영화를 중단시키고 캔디를 도로 빼앗아 버렸다. 그런 다음 아이들을 자유롭게 놀게 하였다. 이것은 공격적 행동을 일으키기 위한 장치이다. 그러나 건설적 행동을 훈련받았던 아이들은 다른 집단의 아이들보다 훨씬 더 많은 건설적 활동과 훨씬 더 적은 공격적 활동을 보여주었다.

이 연구는 실로 고무적이지만, 미국 사회의 많은 어린이가 대인 관계의 갈등과 좌절을 겪는 상황에서 공격적 해결책보다 오히려 건설적 해결책을 스스로 선택할 것이라고 기대하는 것은 순진하다고 생각하는 필자의 확고한 신념을 언급해야 할 필요성을 느낀다. 왜냐하면 사회 전반에 걸쳐 갈등과 좌절에 대한 폭력적 해결책들이 널리 사용되고 있을 뿐만 아니라 또한 값진 것으로 수용되고 있기 때문이다. 복수하는 액션 영웅으로 또는 점잖은 비밀 요원으로 분장하여 색다르고 재미있는 방식으로 사람들을 날려버리는 이런 영화의 주인공들은 아이들에게, 명시적으로 혹은 묵시적으로, 사회가 무엇을 가치 있게 보고 또 보상하는가를 증명한다.

말할 필요도 없이, 문제에 대한 폭력적인 해결책을 볼 수 있는 것이 영화와 비디오에만 한정된 것은 아니다. 이런 사건들은 매일 밤 뉴스에도 많이 보도된다. 따라서 성인들은 자신들의 갈등을 폭력에 의지하여 해결할 때가 많다는 것을 아이들이 배운다는 것은 그리 놀랄만한 일이 아니다. 더욱이 많은 어린이들은 대안적 해결책들이 가능하거나 적절하다는 것을 학습조차 못 하고 있다. 만약 우리가 아이들이 비폭력적 전략을 선호하면서 성장하기를 원한다면, 이런 기법을 사용하도록 격려할 뿐만 아니라 이러한 기법에 대해 특수한 훈련을 제공하는 것이 좋은 생각일 것이다. 그런 훈련을 가정과 학교에서 함께 제공하지 못할 이유는 전혀 없다.

비공격적 모델의 제시 공격적 행동을 억제하기 위한 중요한 방법은 그런 행동이 부적절하다는 것을 명확하게 지적해 주는 것이다. 그리고 가장 효과적으로 지적해 주는 방법은 사회적 상황을 활용하는 것이다. 다시 말하면 여러 사람이 있는 데서 보복 대신에 화해하는 것이다. 로버트 바론Robert Baron과 리처드 케프너Richard Kepner의 연구에서[127] 피험자들은 실험 조수로부터 모욕을 당한다. 그다음에 모욕을 준 사람이 제3의 인물에 의해 전기 충격을 받는 것을 관찰하도록 하였다. 이때 이 제삼자는 강하거나 매우 약한 전기 충격을 주었다. (통제 집단 피험자들은 제삼자가 전기 충격을 가하는 방식을 관찰하지 않았다) 그다음에 피험자들은 자기들을 괴롭힌 사람에게 전기 충격을 가할 기회를 얻었다. 제삼자가 강한 충격을 가하는 것을 본 피험자들은 통제 조건의 충격보다 더 강한 충격을 주었으며, 약한 충격을 주는 것을 목격한 피험자들은 통제 조건의 충격보다 더 약한 충격을 가하였다. 이러한 패러다임은 이미 잘 알고 있는 사실 같이 보이지 않는가? 다른 모든 행동과 마찬가지로, 공격적 행동을 하는 것도 동조의 한 행위로 볼 수 있다는 것을 독자들도 쉽게 알 수 있을 것이다. 좀 더 자세히 말하면, 애매한 상황에서 사람들은 어떤 것이 적절한가를 파악하기 위해서 다른 사람을 관찰한다.

4장에서 설명한 프리도니아 고위층의 저녁 식사 자리에서 당신이 트림을 할 수 있는 상황을 회상해보라. 여기서 필자는 다음과 같이 가정한다. 만약 당신과 당신 친구들이 좌절당하거나 화난 상태인데, 당신이 속한 집단의 모든 사람들이 가해자에게 눈덩이를 던진다면, 당신도 눈덩이를 던질 확률이 높다. 또한 만약 그들이 단순히 강한 말로 반발한다면, 당신도 말로만 할 가능성이 높다. 그리고 슬프게도, 만약 당신의 집단에 있는 사람들이 가해자의 머리에 야구 방망이를 휘두른다면, 당신도 방망이를 휘두를 가능성이 높다.

공감대 형성 다음 장면을 상상해 보자. 혼잡한 교차로의 신호등 앞에서 차량이 길게 정지해 있다. 신호등이 녹색으로 바뀐다. 맨 앞차의 운전자가 출발하지 않고 한 15초 동안 머뭇거리고 있다. 어떤 일이 일어날까? 그러면 경적이 사방에서 터져 나온다. 이때 길고 오래 계속되는 경적은 단순히 신호등이 바뀌었다고 맨 앞차의 운전자에게 알려주는 것이 아니라, 좌절당한 사람들이 자신의 분함을 표출하는 것이다. 잘 통제된 실험에서, 이런 종류의 상황을 만들었을 때 두 번째 차 운전자의 약 90%가 공격적으로 경적을 울린다는 것이 밝혀졌다. 동일한 실험의 일부로, 신호등이 아직 운전자에게 적색일 때 보행자가 첫 번째 차와 두 번째 차 사이로 횡단하면서 신호등이 녹색으로 바뀔 때 교차로를 벗어났다. 이번에도 두 번째 차 운전자들의 거의 90%가 신호등이 녹색으로 바뀌자마자 경적을 울려댔다 — 첫 번째 차 운전자가 보행자가 안전하게 건널 수 있는지 확인하고 싶었을 수도 있다는 점은 무시하자. 그런데 보행자가 다리가 불편해서 목발을 하고 있다면 어땠을까? 확실히 목발을 한 사람을 보고서 감정 이입 반응이 유발되었다. 이 경우는 감정 이입이 공격적 갈망을 압도하였으며, 그 결과 경적을 울리는 사람의 비율이 극적으로 감소하였다.[128]

감정이입은 인간 생활에서 대단히 중요한 현상이다. 이것은 비인간화에 대한 해독제이다. 우리가 앞에서 살펴본 것처럼 대부분의 사람은 자기들의 희생자에게 공격적 행동을 하는 것을 정당화하기 위해서 희생자를 비인간화 한다. 그러나 사람들 간에 공감대가 형성되면 공격적 행동은 더 어렵게 된다. 실제로 노마 페쉬바흐Norma Feshbach와 세이모어Seymour 페쉬바흐는[129] 아동의 경우 공감과 공격성 사이에 마이너스 상관관계가 있다는 사실을 밝혀냈다. 공감 수준이 높을수록 공격적으로 행동할 가능성이 낮아졌다. 노마 페쉬바흐는[130] 최초로 초등학교에서 공감을 가르치기 시작한 연구자로 아동용 30시간짜리 공감 훈련 프로그램을 개발하였다. 아이들은 다음과 같은 질문을 받고 이에 대해 열심히 답을 찾아야 했다: "만일 네가 고양이처럼 작아진다면 세상은 너에게 어떻게 보이겠니?" 또 "어떤 생일 선물이 네 가족 각자를 가장 행복하게 만들까?" 이런 질문에 대한 답을 생각해 봄으로써 아동들은 다른 사람의 입장에 서보는 것이다. 다음 단계에서 아이들은 이야기를 듣고 각 이야기에 나오는 등장인물의 입장이 되어서 이들의 관점에서 말하게 시킨다. 아이들은 각 등장인물의 역할 연기를 해본다. 그리고 이들이 하는 활동은 비디오로 녹화되었다. 아이들은 비디오테이프를 보고 이들이 다른 감정을 표현할 때 사람들이 어떻게 보이는지 또 어떤 말을 하는지 등을 말하도록 시켰다. 프로그램의 마지막에는 아이들이 좀 더 공감적으로 되는 것뿐만 아니라 더 높은 자존감을 가지는 것과 좀 더 관대해지는 것도 학습하였다. 이들은 프로그램에 참여하지 않은 학생들과 비교해서 공격성이 낮아졌다.

조지나 해모크Georgina Hammock와 데보라 리처드슨Deborah Richardson은[131] 감정 이입이 주는 이점을 증명하였다. 이들은 실험에서 대학생들이 동료 학생에게 전기 충격을 가해야 하는 상황을 만들었다. 다른 사람들에 대한 배려하는 감정인 감정 이입을 학습했던 대학생들은 덜 감정 이입적인 학생들보다 심하지 않은 충격을 주었다. 일본 학생들을 대상으로 연구한 겐이치 오부치Kenichi Obuchi와 그의 동료들도[132] 유사한 결과를 발견했다. 오부치는 학생들이 다른 학생들에게 학습 실험의 일부분으로 전기 충격을 가하도록 지시했다. 한 조건에서는, 전기 충격을 받기 전에 희생자가 먼저 자신에 관한 개인적인 사실을 노출하도록 함으로써 감정 이입이 형성되는 기회를 주었다. 통제 조건에서 희생자들은 자기 노출의 기회를 얻지 못 했다. 결과를 보면 자기 노출 조건의 학생들은 비노출 조건의 학생들보다 훨씬 더 약한 충격을 가했다.

이타주의와 마음 챙김 가르치기 공격성에 대한 가장 강력한 해독제는 이타주의이다. 이것은 다른 사람을 위해서 무엇인가를 하는 것으로 자기 자신의 불편이나 즐거움을 희생하면서 행하는 것을 말한다. 이타주의는 우리들의 기분을 좋게 만든다. 이것은 다른 사람이 고통을 받는 것을 볼 때 느끼는 불쾌한 감정을 제거시켜 준다. 또한 다른 사람에게 무엇인가를 주는 것은 자신에게 무엇인가를 주는 것보다 기분을 훨씬 더 고양시켜준다는 것이 반복해서 발견된다. 예를 들면, 행복과 웰빙이라는 면에서 보면 우리가 돈을 어떻게 쓰는가는 적어도 얼마나 많은 돈을 버는가와 똑같이 중요하다. 라라 애크닌Lara Aknin과 동료들은[133] 세 가지 다른 연구 방법을 이용하여 이 질문을 연구하였다. 1) 첫 번째 측정은 전국 대표 집단에 대한 조사, 2) 장기적 현장 연구로서 사람들이 기대하지 않은 "뜻밖의 횡재" 수입을 어떻게 사용하느냐이다. 이 두 개의 연구에서 자신을 위해서 돈을 쓴 사람보다 타인을 위해서 쓴 사람이 더 행복하다고 나타났다. 물론 이 결과는 다음과 같은 양방향으로 작용할 수 있을 것이다: 이타주의가 행복을 가지고 오는 것인가? 아니면 행복을 느끼는 사람이 좀 더 이타적으로 행동하는 것인가? 그래서 연구자들은 참가자들이 자신을 위해서 돈을 쓰든지 타인을 위해 돈을 쓰든지 두 가지 조건에 임의로 배정해서 실험을 하였다. 이번에는 인과 관계를 분명하게 살펴볼 수 있었다: 이타적으로 행동하는 것이 더 큰 행복한 감정을 불러일으킨다.

사회 인지 학습 이론의 논의에서 본 것처럼 우리가 어떤 사건에 대해서 어떻게 생각하는가는 — 즉, 귀찮고, 좌절을 주고 또 화를 나게 하는 어떤 것을 우리가 어떻게 지각하고, 해석하고, 설명하는가는 — 우리가 어떻게 반응할 것인가를 결정하는 중요한 중간 단계이다.

마음 챙김과 명상이야말로 필자가 언급하고 싶은 공격성에 대한 최종 해독제라고 생각한다. 마음 챙김과 명상을 하면 사람들은 현재 순간에 주의를 집중하는 것을 배우며, 사람들은 지각된 도발이나 모욕에 대한 반동적, 공격적 반응을 줄일 수 있다. 나아가 명상은 좀 더 조용하게 그리고 건설적으로 반응하는 방법을 생각하고 결정하도록 시간을 준다. 마음 챙김을 하는 사람은 다음과 같은 말에 동의하지 않는다: "내가 지금하고 있는 일에 대해서 별로 자각하지 못하고 '자동적으로 반응'하는 것 같다." 그리고 마음 챙김과 명상의 목적은 사람들에게 자각하는 능력을 부여하는 것이다. 실험을 살펴보면 마음 챙김 훈련을 짧은 시간만 실시해도 현재 당면하는 과제에 면밀한 주의를 기울이는 능력을 방해하는 "딴생각"을 축소시킨다. 가끔 백일몽을 꾸는 것은 무난하고 즐거운 일이지만 습관적으로 딴생각을 하는 것은 나쁜 기분, 더 큰 스트레스, 더 낮은 자존감, 나아가 타인의 안녕에 대한 더 적은 관심을 불러올 수 있다.[134] 그러므로 마음 챙김 훈련이 가지고 오는 장점에는 신체적인 면(스트레스 호르몬 수준 저하), 정서적인 면(적대감 축소), 행동적인 면(공격성

감소)이 있다.[135]

명상 역시 비슷한 장점을 가지고 있다. 명상을 하는 사람은 과거나 미래의 기억이나 이미지가 아닌 현재 이 순간에 자기가 느끼는 감각에 집중해야 한다. 왜냐하면 과거의 기억이나 미래의 이미지는 흔히 분노나 불안을 불러오기 때문이다. 수많은 젊은 성인들을 대상으로 실시한 무작위로 통제된 명상 실습에서 이들은 혈압이 떨어지고, 심리적 절망감이 줄어들고, 스트레스에 좀 더 건설적으로 대처하는 도움을 받았다고 보고하였다.[136] 이처럼 마음과 신체를 안정화시키는 명상은 도발을 받았을 때 공격적으로 앙갚음하고자 하는 충동을 억제한다.[137]

인간 본성에 대한 마지막 고찰

본장을 시작할 때 인간은 "태어날 때부터" 공격적인지 아니면 "태어날 때부터" 선한지 그 여부에 대해 철학자들과 과학자들이 논쟁하는 것을 살펴보았다. 찰스 다윈의 뛰어난 발견과 진화론적 접근은 인간 행동은 "원래부터 공격적"이란 쪽으로 추가 기울어진다. 개인 간 그리고 집단 사이의 공격성은 생존을 위해서 필요한 것이라고 본다. 그 이유는 다른 사람을 지배하고 상처를 주는 것이야말로 자원과 성 파트너를 확보하는 데 효율적인 방법이기 때문이다. 동물학자 콘라드 로렌츠Konrad Lorenz는[138] 공격성이야말로 "본능을 가진 생명체의 생을 유지하기 위한 필수 불가결한 요소"라고 설명하였다.

그러나 이에 대해 다른 학자들은 회의적이다. 문화 인류학자 애슐리 몬터규Ashley Montagu는[139] 진화론에 대한 과도한 단순화와 잘못된 해석은 사람들에게 잘못된 생각인 갈등을 자연법칙이기 때문에 필요하고 공통적인 것이라고 인식하게 하였다. 몬터규는 이 같은 견해를 산업 혁명 시 부유한 기업가들의 노동자 착취를 정당화하는 편리한 변명으로 보았다. 결국 인생은 투쟁이기 때문에 가장 강한 자와 가장 공격적인 자가 살아남는다. 그러나 여기에서의 위험은 이런 종류의 사유가 자기실현적이기 때문에 우리들에게 비공격적이고 비경쟁적인 행동이 가지고 오는 자명한 생존 가치를 무시하거나 경시하도록 만든다고 몬터규는 주장하였다.

100여 년 전, 러시아 출신의 과학자이며 사회 개혁가인 피터 크로포트킨Peter Kropotkin — 귀족 집안에서 태어난 왕자 — 은[140] 협력과 상호 부조야말로 인간의 생존을 위한 가장 위대한 가치라고 주장하였다. 따라서 인간은 집단으로 살아가기 위해 반드시 협조하는 것을 배워야 한다고 주장하였다. 또 그는 많은 사회적 동물들처럼 인간 역시 공격적 성향과 친사회적 성향을 동시에 갖고 진화했다고 강조하였다. 크로포트킨의 생각은 대부분 무시당했다. 그 이유는 그의 주장이 그 시대의 조류에 맞지 않았고, 산업 혁명 덕분에 큰 이득을 보는 자본가들의 욕구와 일치하지 못했기 때문이다. 그러나 그가 옳았다는 것이 증명되었다. 그는 흰개미, 개미, 그리고 벌 등과 같은 사회생활을 하는 곤충들이 가진 협동 능력을 잘 정리하였고,[141] 우리가 제2장에서 살펴본 것처럼 오늘날 협력은 생물학에서 공격성만큼이나 내재되어 있다는 것을 알고 있다.

하지만 공격성은 어디에나 적용되기 쉽고 도움이 된다는 믿음은 우리의 실제 언어와 문제 해결 접근법에 내재되어 있다 — 그리고 우리가 협력적 대안을 찾지 못하게 방해한다. 사람들은 다른 사람을 죽이는 것과 같은 메커니즘으로 다른 사람들도 우주를 "정복"하고, 어려운 수학 공식을 "해치우고," 논리적 문제를 "공략"하고, 마약과의 "전쟁"을 개시하며, 질병과의 "한바탕 일전"을 벌이며, 삼라만상을 "마스터"한다고 가정한다. 그런데 이 같은 식의 사고는 공격성에 대한 과장된 정의에 근거한다. 높은 성취와 진전을 적대감 및 공격성과 동일시하는 것은 사안을 혼동하는 것이다. 문제나 기량은 다른 사람에게 해를 끼치거나 타인을 정복하고자 시도하는 것 없이 마스터될 수 있다. 무서운 질병에 대한 치료법을 발견하려는 노력과 견고한 사회 문제에 대한 해결책을 찾고자 하는 노력을 "전쟁"에 비유하는 것은 문제에 대한 정의를 잘못된 방향으로 이끄는 것이기 때문에 이를 풀어내는 우리의 능력을 제한한다.

특히 미국인은 성공을 승리와, 어떤 일을 잘해내는 것을 누군가에게 이기는 것과 동일시하도록 교육받았기 때문에 이와 같은 구별을 이해하기란 어렵다. 미국은 경쟁 속에서 번영하는 문화를 가지고 있다. 왜냐하면 승자에게는 보상을 주지만, 패자는 경멸하기 때문이다. 미국 교육은 거의 200년 이상 경쟁에 기반을 두고 발달해 왔다. 몇몇 예외는 있지만, 대부분의 학교는 학생들에게 학습하는 것을 좋아하도록 가르치지 않는다. 그 대신 더 좋은 점수를 받도록 노력하는 것과 특히 SAT에서 더 높은 점수를 받는 것을 가르쳐 왔다.[142] 스포츠 전문 작가 그랜틀랜드 라이스Grantland Rice는 "문제는 우리가 이기거나 지는 것이 아니라 게임을 어떻게 하느냐 입니다."라고 말했다. 이 말은 그가 미국 사람들의 생활을 지배하는 생각을 기술한 것이 아니고 자기 희망을 말한 것이다. 즉, 우리는 수단과 방법을 가리지 않고 이기는 것에 관한 병적인 선입견을 제거해야만 하고 존엄, 역량 그리고 관대한 정신을 가지고 행동하는 데 집중해야 한다는 희망 표현이다. 아동들 사이의 시합에서 자기 팀이 지면 아이들은 눈물을 흘리는 것, 미식축구 경기장에서 "우리가 최고다"라고 외치며 응원하는 것, 전임 대통령 린든 존슨이 "나는 미국 대통령 중 최초의 전쟁 패배 대통령이 되고 싶지 않습니다."라는 욕심 때문에 베트남 전쟁에서 비뚤어지기 시작한 것, 수학 시험에서 자기 반 학생의 성적이 자기보다 더 잘 나오면 그를 질투하고 저주하는 초등학교 3학년생까지, 우리 모두는 이기는 것에 대한 문화적 강박 관념에 빠져 있다. 그린베이 패커스의 전설적인 감독 빈스 롬바르디는 "이기는 것이 모든 것은 아니다. 그러나 이기는 것은 유일한 것이다."라는 말로 잘 표현하였다. 이 철학은 승리를 위해서는 어떤 수단을 사용해도 정당화된다는 것을 함의하고 있으며, 처음에는 여가 활동으로 출발한 미식축구 시합에서조차도 예외가 아니다. 확실히 경쟁과 공격성은 — 어떤 조건에서 어떤 집단에게는 — 적응이 쉽다. 하지만 주위를 둘러보면 국제적, 인종적, 민족적 증오와 불신으로 가득 차 있고, 무의미한 살육, 테러리즘, 매일 일어나는 대량 총격, 나아가 수십 번 이상 지구의 모든 인간을 파괴시킬 수 있을 만큼 충분한 핵탄두의 세계이다. 필자는 이 같은 행동에 대한 오늘날의 생존 가치에 대해서 질문을 하고 싶다. 문화 인류학자 로렌 아이슬리Loren Eiseley는[143] 선조들에 대해 경의를 표하면서도 이들을 모방하는 것에 대해서는 경고하였다. "오늘날 필요한 것은 좀 더 점잖고 관대한 사람이지 빙하와 호랑이, 곰과 싸워서 이기는 사람이 아닙니다."

다행히 좋은 소식은 오늘날 무기들이 인류에게 엄청난 파괴를 가능케 하고 있지만, 현대 사회는 우리들에게 과거 선조들처럼 폭력적으로 행동하는 심리적 성향을 떨어뜨리는 경향을 보이고 있다는 점이다. 현대성은 인류에게 가족, 종족, 그리고 국가를 뛰어 넘어 다른 사람들과 협력하고 교류하는 능력을 부여하였다. 우리는 다른 사람들이 만드는 물건을 사고, 이들이 제공하는 음식을 먹고, 이들이 쓴 문학 서적을 읽는다. 이 같은 사회적, 문화적 교류가 이방인의 생활을 볼 기회를 제공하고 있기 때문에 그 결과 우리는 좀 더 인간적으로 되고 나아가 타인을 해치는 것을 훨씬 더 어렵게 만들었다. 아마도 우리는 에이브러햄 링컨 대통령이 갈파한 "우리들 본성에 있는 더 착한 천사"를 불러내고 따르는 방법을 찾을 수 있다.

7

편견

Prejudice

내가 젊은 교수였을 때 서드굿 마샬Thurgood Marshall이 라디오에서 인터뷰하는 것을 들었다. 그 인터뷰는 나에게 큰 영향을 미쳤다. 마샬이 전국 유색 인종 진보 연합에서 일하는 젊은 변호사였을 때, 그는 중범죄로 고소당한 흑인을 변호하러 남부의 작은 마을로 출장을 갔다. 마을에 도착한 그는 피고인이 이미 화가 난 백인 무리에게 집단 구타당하여 죽었다는 소식을 듣고 공포와 경악을 금치 못하였다. 마샬은 무거운 마음으로 기차역으로 돌아가서 뉴욕행 기차를 기다렸다. 그는 기다리는 도중에 배고픔을 느꼈고, 플랫폼에 작은 음식 판매대가 있다는 것을 발견하였다. 그는 판매대로 걸어가면서, (자신에게 주어진 법적인 권리대로) 계산대로 가서 주문을 할지, (그 당시 남부의 흑인들이 따랐던 관례대로) 판매대 뒤로 돌아서 갈지 고민하였다. 그러나 그가 판매대에 다다르기 전에 크고 튼실한 체구를 가진 백인 남자가 와서 그를 수상하게 쳐다보았다. 그가 걸으면서 풍기는 권위적인 분위기와 권총이 아니면 만들어질 수 없는 툭 튀어나온 바지 주머니를 보고, 마샬은 그가 일종의 법조인이라는 사실을 눈치챌 수 있었다.

> "야, 꼬마야. 너 지금 여기서 뭐하니?"라고 그 남자는 마샬에게 고함쳤다. "저는 제 기차를 기다리고 있어요."라고 마샬은 답했다.
> 그는 인상을 쓰며, 몇 걸음 더 다가오더니 위협적으로 마샬을 쳐다보며 말했다, "잘 안 들리는데, 다시 한 번 말해줄래, 꼬마야?"
> 마샬은 그의 첫 번째 대답이 충분히 비굴하지 못하였다는 것을 알아차렸다.
> 마샬은 말하였다, "죄송합니다, 선생님. 저는 기차를 기다리고 있습니다."
> 그 남자는 아무 말 없이 오랫동안 마샬을 훑어보더니 말하였다. "그러면 저 차를 타는 게 낫겠네, 꼬마야 — 곧 해가 질 거고, 이 마을에서는 해가 지는 순간 흑인은 죽은 목숨이거든."
> 후에 마샬이 회상한 바에 따르면, 그 시점에서 어떻게 샌드위치를 사먹을까 하는 그의 고민은 현실과 동떨어진 고민으로 드러났다. 그의 머릿속에서 샌드위치는 사라졌고, — 어느 방향으로 가는 기차든지 — 바로 다음 기차를 타고 이 마을을 떠나야겠다는 생각만 남았다. 또한, 그는 더 이상 배고픔을 느끼지도 못하였다.[1]

서드굿 마샬은 전국 유색 인종 진보 연합의 최고 자문가가 되었다; 1954년, 그는 연방 대법원에서 열린 <브라운 대 교육 위원회> 재판에서 승소하였다. 그의 승리는 합법적인 인종 차별 공교육 정책에 마침표를 찍었다. 마샬은 사후에 대법원장으로 추대되었고, 1991년 은퇴할 때까지 차별과 싸웠다. 참고로, 그 때 그 튀어나온 바지 주머니의 남자가 어떻게 되었는지는 나도 모른다.

편견이란 무엇인가?

편견은 인간 경험의 가장 공통적이고도 골치 아픈 특성이지만, 밝혀진 바가 없는 특성이기도 하다. 많은 백인들은 마샬의 이야기를 지나간 시대의 이야기라고 생각하며, 현대 사회는 많은 진전을 이루어 "인종 차별이 종식된", 피부색은 아무런 문제가 되지 않는, 평등한 시점에 와있다고 믿는다. 결국 미국인들은 흑인 대통령을 선출하였다; 오프라, 비욘세, 르브론은 우리가 그 이름만 들어도 알 수 있을 정도로 성공하였다; 현재는 명시적으로 "니그X" 같은 인종차별적 단어의 사용을 금지하고 있다. 따라서 조사를 해보면, 많은 사람들이 더 이상 취약한 소수자들을 편견과 차별에서 보호하는 정책에 대해서 걱정할 필요가 없다고 말한다; 실제로 어찌됐든, 미국 시민은 너무나도 민감하고, 너무나도 "정치적으로 올바른"[2] 사람이 되어버렸다. 이는 2013년에 어느 정도 의미가 있는 쟁점이 되었다. 그 해에 "차별은 끝났다" 논쟁은 연방 대법원에서, 주 정부에서 아프리카계 미국 시민의 투표권을 제한하는 것을 불법으로 규정한, 1964년에 제정된 무조건적인투표권보장법을 폐기하였을 때, 엄청난 핫이슈가 되었다.[3]

미국은 축하할 만한 수많은 발전을 이루어냈다: 버락 오바마의 당선은 서드굿 마샬의 시대에는 상상도 못할 일이었다. 그 시대에는 유색 인종과 여성은 비주류로 살아야만 했고, 다른 인종 간의 결혼이 법적으로 금지되었으며, 게이나 레즈비언들이 "성도착자"나 정신병자로 취급되어 몇몇 주에서는 징역을 살아야 했고, 남부에서는 흑인을 테러하기 위해 집단 구타를 자행하였던 시대였다. 1960년대에 수행된 조사에 따르면, 백인들은 노골적으로 아프리카계 미국인들과 최대한 거리를 두고 싶어 하였다 — 거의 80퍼센트가 자신의 이웃으로 흑인 가족이 온다면 다른 곳으로 떠날 것이라고 말하였다. 오늘날에는 84퍼센트의 백인들이 인종 간의 결혼을 편안하게 생각하고, 인종 간 결혼을 하는 커플의 수는 꾸준히 증가하고 있다.[4]

그러나 이러한 발전이 있었음에도 인간이 "인종 차별을 종식할" 수 있거나 자신의 편향된 부분을 외투로 감싸듯이 숨길 수 있다고 믿는 사회 심리학자는 없다. 편견은, 우리가 보는 것처럼, 인간이면 모두 가지고 있다. 직관적으로 말하면, 우리는 편견으로 만들어진다. 편견이 모든 문화에 존재하는 것으로 보아, 편견은 수렵 사냥꾼이었던 우리의 조상에게 낯선 사람을 경계하게 하여 생존을 도운 메커니즘이라는 것이 합리적인 결론인 듯하다. 낯선 사람을 잠재적 공격자로 대하는 것은 낯선 사람을 친구로 대하는 것보다 이 위험한 세상에서 생존하는 더 좋은 방법이다. 따라서 우리의 편견으로 덮인 태도와 행동들의 상당수가 사회적 규범의 변화와 집단 간의 관계 개선, 그리고 반차별적인 정책들의 도입에 맞춰 변해왔다고 하더라도, 우리의 편견대로 생각하고 행동하려는 본성은 지금이나 1960년대에나 — 1860년대에나 1360년대에나 — 변한 게 없다.

오바마의 대통령 당선 후에, 혐오 집단의 수가 3배로 급증한 현상은, 강해져가는 아프리카계 미국인의 정치적 권력에 대한 반발을 암시한다. 온라인에서 수십만 명의 백인 국가주의자를 자처하는 사람들이 무슬림, 게이, 흑인, 멕시칸, 유대인, 그리고 자유주의자들을 매우 자랑스럽게 경멸한다.[5] 이 나라와 해외에서 테러리스트들은 이슬람 교리에 충성할 것을 맹세하고, 수천 명의 무고한 희생양을 살해하며, 세계 도처에 무슬림이라는 집단에 대한 공포와 경각심을 퍼뜨렸다.[6] 2015년, 21살의 한 백인 지상주의자는 남부 연방기를 들고 있는 사진과 함께 혐오 선언서를 게시하고 사우스캐롤라이나주에 있는 기도회에서 9명의 아프리카계 미국인에게 총기를 난사하였다. 난사 사건 이후 오바마 대통령이 인터뷰에서 말한 대로, "대중들에게 '니거nigger'라고 말하는 것은 단순히 예의가 없는 정도의 문제가 아니다. 인종 차별주의가 여전히 존재하는지는 경중을 판단할 문제도 아니다. 명백한 차별은 분명히 심각한 문제다. 이 사회는 2~300년 전에 일어난 역사조차도 완전히 청산하지 못하였다."[7]

실제로 최근의 미국 역사는 인종 차별주의, 성차별주의를 비롯한 수많은 차별이 없어지지 않았다는 것을 다시 한 번 상기시켜주는 강력한 단서이다. 그리고 우리에게 편견이 있는 한, 이를 이용하려는 정치인들은 반드시 있다 — 그리고 이들은 자신만의 예시를 설정하여, 다른 사람으로 하여금 자신의 증오를 합리화할 수 있게 한다. 도널드 트럼프의 캠페인과 대통령 재임 중 행보는 수많은 여성, 무슬림, 히스패닉, 장애인들에 대한 명백한 비방으로 점철되어 있었다. 그는 자신의 의견을 다음과 같이 설명하였다: "사실, 나는 잘못된 정책을 모두 다 바로잡을 수 있는 시간이 없다. 그리고 솔직하게 말하자면, 이 나라 또한 시간이 없다."[8] 이 나라는 겉보기에는 이 말에 수긍하는 것으로 보였다. 여기 선거 이후의 기간에 뉴스가 되었던 미국인들의 편견의 예시가 있다.

- 2017년 2월, UCLA의 법대 학생 다인 서는 꿈에도 그리던 친구들

과의 휴가를 위해 에어비앤비에 숙박 시설을 예약하였다. 그녀는 혹한의 눈 폭풍을 뚫고 차를 운전해서 숙박 시설로 가는 도중에 숙박 시설의 소유주로부터 예약이 취소되었다는 일방적인 통보 메시지를 받았다. 서가 항의하고, 계약서의 사진을 들고 가자, 시설 주인은 다음과 같이 대답하였다: "나는 세상이 두 쪽 나도 당신에게 숙박을 허가할 수 없습니다. 그 이유는 간단합니다: 당신은 아시아인이기 때문입니다." 서가 에어비앤비에 이 차별적인 행위를 보고하겠다고 하자, 시설 주인은 대답하였다. "그러세요. 그래서 제가 트럼프를 뽑았죠."[9]

- 아프리카계 미국인을 향한 편협과 증오의 상징인 올가미는 2017년에 판매량이 급증하였다. 노예 제도가 폐지된 후로, 올가미는 수천 명의 흑인들을 구타하는 데에 사용되었고, 그 관행은 1960년대 후반에 들어서야 줄어들었다. 올가미의 재등장은 아프리카계 미국인들에게 끔찍한 메시지를 던진다: 우리는 너희를 증오하고 너희의 죽음을 원한다. 선거 후 올가미는 내셔널 몰 박물관, 국립 아프리카계 미국인 역사 문화 박물관의 갤러리, 초등학교, 중학교, 흑인 사교 모임 장소 외부, 그리고 미국 대학교 캠퍼스와 같은 수많은 공공장소에 걸려있는 것이 발견되었다가, 최초의 흑인 여성 교육부 장관이 취임하고 나서야 치워졌다.[10]

- 2017년 5월, 오리건주의 포틀랜드에서 라마단(무슬림들에게는 가장 신성한 달)의 첫째 날에 제레미 조셉 크리스천은, 두 명의 여성과 통근 열차에 함께 앉아있었는데, 그 중 한 명이 히잡을 쓰고 있었다는 것

을 포착하자, 그들에게 다가가서 화난 채로 무슬림을 모독하는 말들을 큰소리로 외치기 시작하였다. 두 명의 남자가 개입하여 그를 진정시키려고 시도하였을 때, 그는 두 사람을 칼로 찔러 죽인 다음에, 세 번째 사람에게도 부상을 입히고, 기차에서 뛰어내렸다.[11]

- 2017년 7월, 대통령은 독단적으로 모든 트랜스젠더 병사는 능력과 상관없이 군 복무가 금지된다고 선언하여, 16,000명으로 추정되는, 공개적으로 복무 중인 트랜스젠더 병사들에 대한 장기적인 금지를 해제하였던 국방부의 2016년 정책을 뒤집었다.

- 2017년 8월, 버지니아의 샬로츠빌에서 네오나치, KKK, 극우주의자를 비롯한 여러 부류의 백인 우월주의자의 집회가 있었다. 배너와 함께 나치 문양과 남부 연합 심볼들을 들고 다니며, "우파 연합" 가두 시위자들은 그들이 경멸하는 모든 인종과 민족 집단으로부터 "나라를 탈환할 것"을 맹세하였다. 한 네오나치는 자신의 차를 끌고 와 상대 데모꾼 무리로 돌진하여, 1명의 여성 사망자와 19명의 부상자를 내었다.

공격성만큼이나 편견도 인간의 고유한 본성이다; 편견은 사회적 상황의 변화에 따라 밀물과 썰물처럼 없어지기도 하고 생겨나기도 한다; 편견은 시대를 타고 돌고 돌기도 한다. 편견의 외부로의 표출은 문화적 규범과 반사회적인 법률에 의해 억제된다 — 혹은 다른 사람들의 대중적 편협함에 의해서 촉진될 수도 있다. 그러나 어떤 방법을 쓰더라도 편견을 완전히 없애는 것은 불가능하다. 다만 우리가 이러한 본성을 잘 이해할수록, 사람에 대한 우리의 편견적 경향을 최소화할 더 좋은 기회가 온다. 편견이란 무엇일까? 편견은 어떻게 생겨날까? 편견은 사람들에게 어떠한 영향을 미치는가? 편견을 감소시키기 위해 우리는 무엇을 할 수 있을까? 여기에 대해 사회 심리학은 어느 정도 유용한 답변을 줄 수 있다.

정의부터 시작해보자. 사회 심리학자들은 **편견**prejudice을 다양한 방식으로 정의해왔지만, 필자는 집단 내의 멤버십에만 국한시켜, 눈에 띄는 집단의 모든 멤버들을 향한 부정적인 태도라고 정의한다. 편견은 복잡하다; 태도란 것이 다 그렇듯이, 이는 부분적으로는 인지적이고, 부분적으로는 정서적이고, 그리고 부분적으로는 행동적이다. 따라서 우리가 어떤 사람은 게이에 대한 편견을 가지고 있다고 말할 때, 이 말은 그 또는 그녀가 게이에 대해 선입견을 가지고 있고, 게이에 대해 부정적으로 느끼고, 그들을 편향적이거나 적대적으로 대하는 경향이 있다는 것을 의미한다. 태도가 그렇듯이, 편견도 행동에 영향을 주기도 하고, 영향을 받기도 한다.

편견의 인지적 요소: 고정 관념

어떤 편견은 매우 인지적이며, 잘못된 정보에 근거한다. 이 경우 편견은 상대적으로 쉽게 변할 수 있다. 당신이 아이슬란드는 대부분 얼음투성이에다가 춥기 때문에 여행 장소로는 적절치 못하다는 편견을 가지고 있다고 해보자. 그러나 실제로 아이슬란드는 푸른 잔디가 펼쳐진 언덕이 많고, 아이슬란드라는 이름은 그곳에 정착한 노르웨이의 탐험가들이 추격자들을 따돌리기 위해서 붙였다는 사실을 알게 된다면, 당신의 편견은 아마도 연기처럼 사라질 것이다. 그러나 불행히도, 대부분의 편견은 이런 식으로 쉽게 바뀌지 않는다.

우리가 정신적으로 물리적인 세상을 범주화하는 것처럼, 주요한 특성에 따라 사람들을 집단화한다. 주요 특성을 가지고 사물과 사람을 집단화하는 것은 인지의 기본 과정이며 이를 '범주화'라고 한다. 아기들은 거의 태어나자마자 범주화를 시작한다.[12] 신생아들은 인종에 따른 얼굴 선호도가 없다. 하지만 "단일 인종"의 환경에서 살게 되는 신생아는 3개월만에 자신과 같은 인종의 얼굴을 선호하게 된다.[13] 그러나 반복적으로 다양한 인종의 얼굴을 접하게 되는 신생아에게서는 이러한 얼굴 선호도가 나타나지 않는다. 이를 보면, 우리의 유전자는 무조건 인종을 기준으로 사람을 범주화지는 않지만, 일반적으로 자신과 닮은 사람들을 선호하고, 다른 사람을 경계하는 듯하다. 사회적 동물에게 있어서 가장 기본적인 범주는 '우리 아니면 그들'이다. 어린 나이에, 우리는 시각적으로 어떤 것인지 쉽게 결정한 것을 성별, 나이, 인종으로 범주화할 수 있다. 나중에 우리는 민족성, 성적 지향성, 종교, 정치적 이념과 같은 시각성은 다소 떨어지지만, 누가 '우리'이고, 누가 '그들'인지 식별하는 데 의미 있는 범주를 '학습'한다. 범주화는 자동적으로 편견을 낳지는 않지만, 편견 형성의 도화선이 될 수 있다.

우리는 세상을 범주화하고 나면, 집단의 본질을 망라하는 범주에 — 고정 관념이라는 — 라벨을 붙인다. **고정 관념**stereotype은 집단 내 구성원들의 차이점을 고려하지 않고, 하나의 특정한 속성이 그 집단 전체의 속성이라고 믿어버리는 것을 말한다. 이 용어를 처음 사용한 뛰어난 저널리스트인 월터 리프먼은 "저기 밖의 세상"인 현실과 "우리 뇌 안의 작은 그림들" 간에는 차이점이 있다고 기술하였다.[14] 고정 관념을 만든다는 것은 이 작은 그림들이 우리의 사고를 지배하여, 사람들과 그들의 행동에 대해 근거 없는 기대를 하게 만들고, 우리만의 이야기를 구상하도록 허용하는 것이다. 고등학교 치어리더, 컴퓨터 전문가, 흑인 뮤지션, 혹은 테러리스트라는 용어를 들으면 어떤 이미지가 떠오르는지 생각해보라 — 이렇게 보면 굉장히 쉬운 개념이지 않는가? 우리는 누구나 자신의 머릿속에 있는 다양한 부류의 사람들의 이미지를 가지고 살아간다. 주어진 문화 속에서, 이러한 이미지들은 사회적 교류와 미디어를 통해 공유된다. 그렇기 때문에, 나는 당신이 가지고 있는 컴퓨터 기술자의 이미지와 내가 가지고 있는 컴퓨터 기술자의 이미지가 달라서 놀랄 수도 있다: 내가 가지고 있는 이미지에 의하면, 그들은 대부분이 남자고, 외골수이며, 내향적이다. 나는 당신이 상상하는 컴퓨터 기술자가 라틴 계열의 사람이거나, 흑인 뮤지션하면 오케스트라의 지휘자가 떠오른다거나 혹은 테러리스트가 사우스캐롤라이나에서 온 10대 백인 소녀라는 이미지를 그린다면 놀랄 수도 있다.

생각해보면 세상에는 남자 치어리더도 있고, 라틴 계열의 컴퓨터 프로그래머도 있으며, 흑인 클래식 뮤지션도 있고, 정상적인 가정에서 자란 백인 테러리스트도 있을 수 있다. 그러나 많은 경우에 우리는 이를 생각하지 못한다. 우리는 자신이 생각하는 정상과 전형에 따라 다른 사람을 범주화함으로써 신속함을 구하는 인지적 구두쇠이다. 모든 사물과 사람에 대해 일일이 다른 태도를 취하기에 이 세상은 너무도 복잡하기 때문에, 우리는 자신이 속한 집단에 세밀하고 정확한 개략도를 그리고, 함께 소속되어 있는 사람들에게서 보는 모든 변화도를 그려내지만, 다른 집단에 대해서는 단순한 스케치 수준의 밑그림에 의존한다. 철저하게 통제된 실험은 이러한 고정 관념의 에너지 절약 기능을 확인해준다. 한 실험에서 갈렌 보덴하우젠Galen Bodenhausen은[15] 아침 이른 시간에 가장 머리가 잘 돌아가는 “아침형 인간” 한 집단에게, 시험에서 부정행위를 저지를 것 같은 사람을 한 명 보여주고 그 사람이 실제로 부정행위를 하였을 가능성을 평가하라고 지시하였다. 참가자들은 그 사람이 운동부로 파악되었을 때, 그가 실제로 부정행위자였을 가능성을 높게 평가하였다 — 그리고 그 경향은 이들이 정신적으로 피곤한 시간대인 밤에 시험을 보았을 때 더 높았다. 올빼미형 인간 집단은 반대의 결과를 보였다. 이들의 ‘운동부는 불량한 학생’이라는 고정 관념은 아침에 더 높게 나타났다.

기존의 통념과는 다르게, 고정 관념은 정확한 경우가 많으며, 그런 만큼 복잡함을 다루는 적응적이고 편리한 방법이다.[16] 실제로, 이주심Lee Jussim과 동료들이 밝혀낸 바와 같이,[17] 고정 관념은 우리를 항상 잘못된 판단으로 이끈다는 수많은 어림짐작이 있지만, 고정 관념의 정확성은 사회 심리학이 밝혀낸 가장 강하고, 신뢰성 있는 것 중 하나이다. 그리고 어찌 보면 이는 당연한 사실이다. 고정 관념이 항상 우리를 오류에 빠뜨린다면, 어떻게 이 고정 관념이라는 것이 인지 기능의 중심적인 특성으로 남아있을 수 있었겠는가? 많은 고정 관념은 도움이 되고 적응할 수 있을 만큼 충분히 현실을 잘 담아내서 우리를 곤란에 빠지지 않게 한다. 예를 들어, 현재까지 이 세상에서 발생한 대부분의 폭력 범죄는 젊은 남자들에 의한 것이다. 따라서 당신이 늦은 밤 골목을 혼자 걷고 있는데 따라오는 발자국 소리가 들린다면, 이 발자국의 주인이 노년의 남자나 여자일 때보다 젊은 남자일 때 더 무서운 것은 지극히 당연하다. 마찬가지로 특정한 집단은 다른 집단보다 학교에서 더 잘하는 경향이 있으며, 민족과 관련된 고정 관념을 이용해서 어떤 집단이 평균적으로 더 잘할 것임을 예상한다면, 우리는 대개 올바르게 예상할 수 있다.

그럼에도, 이러한 예상은 정확도는 높지만 관찰된 차이점에 대해서 근본적인 이유를 말할 수 없기 때문에 안타깝지만 불완전하다. 당신이 가지고 있는 고정 관념이 당신으로 하여금 아시아권의 학생이 라틴 계열의 학생보다 SAT에서의 수학 점수가 높을 것이라고 예상하게 한다면, 대부분의 경우에는 당신이 맞을 것이다. 집단으로 보았을 때, 아시아권의 학생은 라틴 계열의 (그리고 흑인과 백인 계열의) 학생들보다 수학 점수가 높은 경향이 있다. 그러나 당신의 고정 관념이 이러한 점수 차이가 바뀔 수 없는, 지능이나 수학 스킬의 유전적인 차이라고 믿게 한다면, 당신은 실수를 범하는 것이다.[18]

또한 우리가 이러한 고정 관념을 개인에게 적용한다면, 이는 우리를 오판으로 이끌 수 있으며, 심지어는 그 고정 관념이 긍정적인 것이라도 그로 인해 부당하고 남에게 해를 끼치는 결과로 이어질 수도 있다. 아시아 혈통의 미국인들은 종종 근면하고, 야망 있고, 지적이고, 수학에 탁월한 "소수 민족의 모범"으로 간주된다. 그러나 특정 아시아 혈통의 학생이 수학을 안 좋아하거나 강의를 수료하는 데 도움을 필요로 한다면 어떤 일이 발생할까?[19] 조슈아의 학생 중 한 명은 수학을 싫어하는 중국인 학생인데, 자신에게 부과된 "타고난" 수학적 재능에 대한 다른 사람들의 기대 때문에 수치스럽고, 당황스럽고, "필요 이상의 멍청함"을 느끼는 수많은 악몽 같은 에피소드가 있었다고 털어놓았다. 교사들은 종종 그가 열의가 없고 게으르다고 속단하였다. 학우들은 수학과 과학 시험을 칠 때, 그와 가까운 책상에 앉아서 컨닝을 시도하고는 하였지만, 유감스럽게도 그 결과는 좋지 않은 경우가 많았다. 또 다른 중국인 학생은, "사람들은 저를 학교생활에 어려움을 겪지 않는, 일종의 감정도, 문제도 없는 로봇처럼 봤어요. 그들은 나에게는 고뇌가 없는 줄 알았죠. 그러한 취급에 나는 끔찍하리만큼 외로웠어요."라고 고백했다. 결론적으로, 어떠한 고정 관념도 모든 집단원의 특징이 될 수는 없기 때문에, 일반적으로는 긍정적이고 좋아 보이는 고정 관념이라도 때로는 오판을 초래할 수 있다.

실험들은 우리가 특정한 개인에 대한 명확하고 구체적인 정보를 가지고 있을 때에는, 그 사람이 어떤 인물인지를 알려주는 지표로서의 고정 관념을 신속히 거부한다는 것을 보여준다.[20] 알고 지내는 중국인 친구가 수학을 싫어하고 수학에 능한 것도 아니라는 사실을 알고 나면, 우리는 그 친구가 중국인이기 때문에 수학에 능하다는 고정 관념에서 벗어날 수 있다. 결국 인간은 사람을 이해하도록 동기 부여되어 있으며, 많은 경우에 개인에 대한 구체적인 정보는 "범주"를 가지고 우리의 상호 작용을 유도하는 고정 관념보다 더 소중하다. 우리가 그 사람에 대해서 잘 모르는 경우에, 그가 속한 집단에 대한 고정 관념은 그의 성격과 행동에 대한 우리의 판단과 평가에 영향을 줄 수 있다. 그리고 이러한 고정 관념이 특정 집단의 개인을 정확히 설명하지 못할 경우, 이에 기반을 둔 판단과 평가는 자신과 상대방 모두에게 오해와 갈등을 유발할 수 있다.

이것이 고정 관념의 일반적인 정확성과 유용성에도 불구하고 사회 심리학자들이 한 민족 집단이 다른 민족 집단을 "게으르다" 혹은 "폭력적이다"라고 간주할 때처럼, 현실을 왜곡하고, 차별을 정당화하고, 갈등을 조장하고, 편견을 점화하는 등의 고정 관념의 부정적인 측면에 초점을 맞추는 이유이다. 나아가 "앵글로족", "아시아인", "히스패닉", "흑인"을 모두 싸잡아 하나의 범주에 넣음으로써, 사람들은 종종 뜻하지 않게 다른 종류의 실수를 저지른다. 스페인어를 쓰는 나라는 20개가 있지만, 그 20개의 나라는 각자의 문화, 정체성, 자랑거리를 가지고 있다. 그러나 스페인에서 왔든, 푸에르토리코나 페루, 쿠바, 도미니카 공화국에서 왔든, 미국에 사는 스페인어를 쓰는 사람들은 일반적으로 멕시코인으로 간주된다. 따라서 다른 사람의 입장에서는 친절하거나 긍정적인 고정 관념이라고 해도 우리에게는 개인성, 문화, 인간성에 대한 침범이 될 수 있다.

연구실의 실험은 우리 안에 고정 관념이 얼마나 뿌리 깊게 박혀있는지 보여준다. 한 실험에서, 제프 스톤Jeff Stone과 동료들은[21] 대학생들에게 20분짜리 대학 농구 경기의 녹음본을 들려주었다. 그들은 "마크 플릭"이라는 이름을 가진 선수에 초점을 맞추어 들으라는 지시를 받았으며, 그 선수의 정보가 사진과 함께 저장되어 있는 폴더를 볼 수 있도록 허락받았다. 참가자들 중 절반은 그 선수의 사진으로 아프리카계 미국인 남성을 보았다. 그리고 나머지 절반은 백인 남성의 사진을 보았다. 시합의 녹음본을 다 듣고, 학생들은 플릭의 퍼포먼스을 평가하였다. 그들의 평가는 이 세상 전반에 퍼져있는 고정 관념을 반영하였다. 플릭이 아프리카계 미국인이라 믿었던 학생들은 그가 백인이라고 믿었던 학생에 비해서 그에 대해 타고난 운동 재능을 가져서 더 좋은 퍼포먼스를 보여주었다고 평가하였다. 그가 백인이라고 생각했던 학생들은 그에 대해 열정이 남다르고 지능적으로 경기를 하는 선수로 평가하였다.

고정 관념은 그 대상이 우리가 속해있는 집단이라도 우리에게 영향을 미친다. 버트 던컨Birt Duncan은[22] 사람들에게 흑인 남성과 백인 남성이 논쟁을 펼치는 영상을 보여주었다. 영상의 한 장면에서 한 명이 상대방을 맹렬히 공격하였다. 던컨은 사람들이 누가 맹렬한 공격을 하였느냐에 따라서 이를 다르게 해석한다는 것을 발견하였다. 이 행위를 시작한 사람이 흑인이었을 때, 그들은 이를 더 노골적인 공격으로 해석하는 경향이 강하였다. 그러나 이 행위를 시작한 사람이 백인이었을 때, 그들은 이를 즐거움의 요소로 해석하는 경향이 강하였다. 이러한 편향은 — 같은 행위라도 흑인이 하였을 때 더 폭력적으로 보는 것은 — 해석하는 사람이 인종상 같은 흑인이었을 때도 마찬가지였다.

고정 관념, 성차별, 그리고 젠더 모든 사람들은 남성과 여성에 대한 고정 관념을 가지고 있다. 이 중에는 긍정적인 것도 있고, 부정적인 것도 있다. 여성은 공감적이고 언어적이며, 남성은 경쟁력 있고 진취적으로 생각된다.[23] 그러나 성에 관한 고정 관념은 두 집단 사이의 차이점을 과장하고, 집단 속에서의 개인적 성향과 능력의 차이점은 간과하는 경향이 있다.[24] 정말 여성이 남성보다 "더 공감적"인가? 어떤 여성이 공감적인가? 누구에게 공감적인가? 여성은 자신이 적이라고 지각하는 사람들에게는 오히려 남자보다 덜 공감적이다. 그리고 남성도 상처받은 아이에 대해서는 여성 못지않게 공감적이다. 다양한 조건에서 체계적으로 남성과 여성의 실제 행동을 관찰해 보면, 다른 사람들에게 공감을 느끼고 표현하는 능력에서 양성은 별다른 차이가 없다.[25] 또한 통속 심리학적 고정 관념인, 여자가 남자보다 "더 수다스럽다"는 것에 대해 생각해 보자. 제임스 페너배커James Pennebaker와 동료들은 표집된 남성과 여성들에게 녹음기를 소지하고 다니면서 그들이 일상적인 삶에서 하는 대화를 녹음하도록 요청하였다. 남녀 모두 평균적으로 16,000개 정도의 단어를 사용하였다. 분명히 말을 많이 하는 사람과 적게 하는 사람이 있었지만, 성별에 따른 차이는 없었다. 여자들은 말이 많다는 고정 관념은 단순한 거짓말에 불과한 것이다.[26]

여성에 대한 긍정적인 고정 관념도 오해를 불러일으킬 수 있다 — 그리고 부정적인 결과를 낳을 수 있다. 19개국 15,000명의 남녀를 대상으로 한 연구에서, 피터 글릭Peter Glick과 수잔 피스크Susan Fiske는,[27] 이 세상에는 **적대적 성차별**hostile sexism과 **온정적 성차별**benevolent sexism로 불리는 두 가지 형태의 성차별이 있다는 것을 발견하였다. 적대적 성차별주의자는 여성에 대한 부정적인 고정 관념을 가지고 있다: 그들은 여성이 선천적으로 지능이 떨어지고, 무능하며, 용기가 없고, 수학과 과학에 능하지 않다고 주장하면서 여성이 남성보다 열등하다고 말한다. 온정적 성차별주의자는 여성에 대한 긍정적인 고정 관념을 가지고 있다: 그들은 여성이 남성보다 친절하고, 더 공감적이며, 양육에 능하다고 말한다. 그러나 이 두 형태의 성차별은 모두 여성을 약한 성으로 치부한다: 온정적 성차별주의자는 여성을 이상화하는 경향이 있고, 그들을 로맨틱한 용어를 통해 바라보고, 요리사와 엄마로서의 그들의 모습에 감동하고, 그들을 지켜주고자 한다. 로맨틱한가? 그럴 수도 있지만 어떻게 보면 쓸데없이 오지랖 부리는 격이다. 글릭과 피스크는 두 형태의 성차별이 모두 성차별을 합법화하여, 여성을 고정 관념화된 전통적인 역할의 수행자로 치부하고, — 결국 여성은 "보호"가 필요한 존재라는 결론을 이끌어내어 — 직장과 정치권에서 남성의 지배를 정당화한다.[28]

여성에 대한 고정 관념은 놀랍고 어처구니없는 결과를 유발하기도 한다. 1950년에서 2012년 사이에 남성보다 여성의 이름을 따온 태풍의 사망자가 두 배나 많았다. 왜 이런 현상이 발생한 것일까? 정기주와 동료들은[29] 사람들이 남성보다 여성의 이름을 딴 폭풍에 느끼는 두려움이 상대적으로 작아서, 그에 대한 필수적인 대비 조치를 미흡하게 한 것으로 보았다. 이 가설은 흥미로웠지만, 연구의 결과는 두 가지 치명적인 약점이 있었다: (1) 이 연구는 태풍에 여성의 이름만을 붙인 시기

(1950~1978)의 태풍을 포함하고 있었다. 그리고 (2) 태풍 이름의 성별에 따른 사망자의 차이는 매우 강력했던 소수의 태풍에만 기반을 두었다. 그래서 실제 세계의 데이터는 그 속에 의미가 있지만, 결론을 뚜렷하게 제시하는 경우는 드물다 — 여기서 알 수 있듯이, 이것이 우리가 실험을 하는 이유이다. 그들이 제시한 가설을 실험을 통해 검증하기 위해, 연구진은 참가자들에게 10개 태풍의 위력을 예상해보게 하였다. 참가자들 중 절반에게는 남성 이름을 가진 태풍을 제시하였고, 나머지 절반에게는 여성 이름을 가진 태풍을 제시하였다. 참가자는 남성 이름의 태풍을 여성 이름의 태풍보다 더 강하게 생각하였다. 그들은 알렉산더 태풍을 알렉산드라 태풍보다 더 위협적으로 간주하였으며, 또한 똑같이 묘사된 태풍이라도, 다가오는 태풍의 이름이 크리스티나일 때보다 크리스토퍼일 때 대피하겠다고 말한 사람이 많았다.

편견의 정서적 요소: 직감과 증오심

고전 저서 『편견』The Nature of Prejudice에서, 고든 올포트Gordon Allport는 다음의 대화를 통해 편견의 근본적인 문제를 묘사하였다:

Mr. X: 유대인의 문제는 자신들만 생각한다는 거야.

Mr. Y: 하지만 사회사업 공동 모금 캠페인의 기록에 따르면, 그들은 다른 민족들보다 더 관용적으로 기부를 많이 한다는군. 그 액수는 인구수에 대비하면 많은 편이래.

Mr. X: 그건 그들이 항상 돈으로 환심을 사서 기독교와 관련된 일들에 침범하려는 수작이야. 그들의 머릿속엔 돈밖에 없어. 그래서 은행가에는 유대인들이 많잖아.

Mr. Y: 그러나 최근의 연구는 은행가 중에 유대인이 차지하는 비율은 무시할 수 있는 수준이고, 다른 민족들에 비해서 훨씬 작다고 해.

Mr. X: 바로 그거야. 그들은 명예를 위한 사업을 하지 않아. 그래서 그들은 영화 산업에 투자하거나 나이트클럽을 운영하는 것 말고는 하는 게 없잖아.[30]

결과적으로, 여기서 볼 수 있는 Mr. X의 모습은 다음과 같이 말하고 있다, "실제 사실을 들고 와서 나를 괴롭히지 마세요. 나의 마음은 이미 정해졌어요." 그는 Mr. Y가 제시한 데이터를 반박할 시도를 아예 하지 않고 있다. 그는 이 데이터를 곡해해서 유대인에 대한 그의 증오심을 지지하는 자료로 만들거나 이를 무시해버리고, 새로운 계열의 공격을 한다. 뿌리 깊게 편견에 빠진 사람은 자신의 소중한 고정 관념에 반하는 정보에는 눈에 띄게 방어적으로 대응한다. 명망 높은 법학자 올리버 웬델 홈즈 주니어는 고집불통인 사람의 마음을 안구의 눈동자에 비유하였다: "더 많은 빛을 비출수록, 더 움츠러든다."[31]

왜 그럴까? 편견의 두 번째 요소는 정서와 관련이 있으며, 합리적인 논리에 저항하는 직감에 근거한다. 올포트가 말한 대로, "편견이란 지성적으로 패배하면, 감성적으로 남게 된다." 이것은 사람에게 편견에서 빠져나오라고 설득하는 것이 소용없는 행위인 이유이기도 하다. 이러한 관념은 논리에 기반하는 경우가 거의 없기 때문에, 사람들이 이를 내려놓는 경우는 매우 드물다. 실제로, 편견의 정서적인 뿌리는 종종 고정 관념과 앞뒤가 안 맞는 속성을 초래한다. 예를 들어, 나치 독일과 아르

헨티나에서 유대인들은 공산주의자란 죄목으로 구속되었지만, 정작 공산주의 진영인 소비에트 연방에서는 이들을 탐욕스러운 반공산주의 자본가로 간주하였다. 그들을 구속한 사람이 유대인을 증오하였던 이유는 지나치게 세속적이면서도 신앙 중심적이며, 약하고 무능하면서도 (어떤 면에서 보면) 세계를 지배할 수 있을 정도로 막강해서였다.[32] 편견의 직감이 배를 앞으로 나가게 한다면, 논리적 이유가 편견의 직감을 합리화하기 위하여 배가 나간 흔적을 따라간다. 달리 말하면, 사람들은 유대인들이 공산주의자라서 증오하고 공격하였던 것이 아니다. 사람들은 유대인을 증오하였기 때문에 그들을 공산주의자라고 부른 것이다. 따라서 고정 관념은 두 가지의 독립된 목적을 가지고 있는 듯하다: 에너지를 아낄 수 있는 정보 처리의 지름길 그리고 편견화된 감정을 위한 사후 합리화를 제공한다.[33]

사회 신경 과학자들은 뇌의 어떤 부위가 민족적 집단 혹은 낙인찍힌 집단에 대한 고정 관념의 생성, 편견화된 관념의 유지, 그리고 역겨움, 분노, 짜증 등과 같은 감정의 발현에 관여하는지를 연구한다.[34] 엘리자베스 펠프스Elizabeth Phelps와 동료들에 의해 추진된 일련의 연구에서는,[35] 흑인이나 백인의 사진을 보고 있는 아프리카계 미국인과 백인의 뇌를 스캔하였다. 연구자들은 이 사람들이 외집단 구성원의 사진을 보고 있을 때에는 (공포를 비롯한 부정적인 정서와 연관이 있는 뇌의 부위인) 편도체의 활성화가 상승하지만, 자신이 속해있는 집단 구성원의 사진을 보고 있을 때에는 그 반응이 미미하다는 사실을 발견하였다. 이러한 차이는 걱정 또는 위험의 감각을 불러일으키는데, 그때 우리의 의식적 마음이 그러한 감각들을 평가하거나 합리화하기 위해 작동한다. 그러나 이러한 연구가 참가자들이 다른 집단의 사람들에 대한 "편견에 사로잡혀 있다거나" 편도체가 뇌의 "편견" 중추라는 것을 의미하지는 않는다. 유사한 실험에서, 참가자들이 얼굴 사진을 흑인이라는 범주의 집단 구성원이 아닌, 개인이나 단순한 시각 검사의 부분으로 받아들였을 때에는 편도체의 활성화 정도가 상승하지 않았다. 우리의 뇌는 차이점을 기록하도록 설계되어 있을 수도 있다. 그러나 차이점의 모든 부정적인 연관은 맥락과 학습에 달려있다.[36]

우리 모두는 그 대상이 민족이 되었든, 국가, 인종, 다른 성적 지향점을 가진 사람, 국내의 주거 지역, 혹은 음식이 되었든 어느 정도의 편견을 가지고 있다. 미국 문화에서 대부분은 곤충을 먹지 않고, 그런 구역질나는 생각을 해본 적도 없을 것이다. 가령, Mr. Y가 당신에게 완전히 조리된 번데기와 집게벌레가 훌륭한 단백질원이고, 맛도 끝내준다고 말한다. 당신은 당장 집으로 달려가서 벌레를 한 무더기 튀기겠는가? 회의적이다. 아마도 Mr. X처럼, 당신은 본능적으로 곤충의 생김새가 징그럽다는 등의, 곤충을 먹지 않을 이유를 어떻게든 찾아내려 할 것이다. 결국 미국 문화에서 우리는 미적으로 아름다운 피조물만 먹는다—랍스터 같은![37]

편견의 행동적 구성 요소: 차별

편견은 낙인이 찍힌 집단의 구성원에 대한 부당한 대우라고 정의되는 **차별**discrimination로 이어지는 경우가 많다. 학교나 직장에서 일어나는 차별의 형태는 대부분 현재 미국에서는 불법임에도, 편견은 미묘하지만 유의미한 행동의 형태로 그 모습을 드러낸다. 편견에 입각하면 모든 종류의 사람이 차별의 대상이다: 키가 작은 사람, 나이가 많은 사람, 장애가 있는 사람, 뚱뚱한 사람 등. 미국 인구의 40퍼센트가 비만이라는 사실에도,[38] 뚱뚱한 사람은 종종 농담, 놀림, 모욕의 대상이 된다; 뚱뚱한 사람은 날씬한 사람보다 취업을 하거나 승진을 하기가 더 어렵다; 뚱뚱한 사람은 내과 의사한테서 적절한 약물치료를 받기가 더 힘들다. 몸무게 차별은 현재 남아있는, 몇 안되는, "수용이 되는" 편견인데, 이는 비만이 개인이 통제할 수 있는 영역이라는 잘못된 인식이 널리 퍼져있기 때문인 듯하다.[39]

특정 집단에 대한 차별이 법적으로 금지된다 해도, 이는 다른 형태로 바뀐 채 계속될 수 있다. 2015년에, 대법원에서는 동성끼리의 결혼을 허가한다는 결정을 내렸고, 이는 전적인 수용을 목표로 하는 LGBTQ 운동이 큰 진전을 거두고 있다는 것을 상징하는 기념비적인 사건이었다. 그럼에도 게이 남성, 레즈비언, 트렌스젠더들은 여전히 편견과 차별의 희생양이 되었다.[40] 2016년에 수행된 조사에서는 게이와 레즈비언 성향의 고등학생들은 이성애자 고등학생들보다 강간과 데이트 폭력의 희생양이 될 가능성이 3배 가까이 높다는 결과가 나왔다; 그중 1/3 이상은 학교에서 왕따를 당한다고 보고되었다; 왕따를 당한 학생 중 40퍼센트는 심각하게 자살을 고민하였다; 자살을 고민한 학생 중 29퍼센트는 이 조사가 수행된 해에 자살을 시도하였다.[41]

인종과 민족에 따른 차별 역사의 초창기부터, 인종 차별은 미국을 좀먹어왔다. 필자가 앞에서 말한 바와 같이, 이러한 상황은 여러 가지 면에서 굉장히 많이 개선되었지만, 차별은 여전히 존재하며, 그 방식은 불분명한 경우가 많다. 학교에서 흑인 어린이는 백인 어린이에 비해 정학당하는 비율이 3배 가까이 높으며, 이러한 현상은 유치원에서도 나타난다 —

그러나 이는 흑인 어린이가 더 공격적으로 행동하고, 면학 분위기를 어지럽히는 행동을 해서가 아니다. 흑인 어린이를 정학시키는 경우는 백인 어린이를 정학시키는 것과 비교해서 그 정도가 더 모호한 경향이 상당히 강하다. 예를 들면, 흡연, 무허가 외출, 욕설하기, 기물 파손 등의 심각한 교칙 위반 시 훈육의 대상은 흑인과 백인 학생 모두에게 해당되는 반면, 흑인 학생은 공손하지 못하고, 너무 시끄러운 소음을 내고, 위협적인 태도를 취하고, 늑장을 부리는 것과 같은 주관적인 행실 불량에 대해서도 문제의 대상이 된다.[42] 교사는 종종 흑인 어린이에 대한 부정적인 고정 관념에 입각해서 자기가 담당하는 학생의 애매모호한 행동을 실제보다 더 나쁘게 판단한다. 한 실험에서, 연구진은 교사들에게 네 명의 학생이 놀고 있는 영상을 보여주었다: 흑백 남녀 학생 각 한 명. 교사들은 실제로 이 영상에서 발생하지는 않았지만 발생할 가능성이 있는 행동을 찾아보라는 지시를 받았다. 비디오 전반에서 어린이들은 별다른 사고 없이 잘 놀고 있었다. 교사의 주의가 어디로 향해있는지를 정확히 보여주는 안구 추적 기술은 모든 교사들이 — 자신의 인종에 상관없이 — 흑인 어린이, 특히 흑인 남자 어린이를 관찰하는 데에 훨씬 더 많은 시간을 투입한다는 사실을 밝혀내었다.[43]

인종 차별은 불행히도 법 집행에서도 큰 영향력을 행사한다. 아프리카계 미국인은 동일한 범죄에 대해서 체포당하고, 유죄 판결을 받고, 투옥되는 경우가 백인에 비해서 훨씬 많다. 따라서 아프리카계 미국인 공동체에서 — 똑같은 화학 물질로 된 마약류라도 — 더 흔한 크랙 코카인을 소지한 사람은, 백인 공동체에서 더 흔한 파우더 코카인을 소지한 사람보다 더 엄중한 형벌을 받는다.[44] 백인은 상대적으로 소수인 다른 집단보다 훨씬 더 많이 약물을 남용하지만, 이들이 체포되고, 기소되어, 처벌받는 경우는 훨씬 적다. 대략 140만 명 정도 되는 미국 죄수들 중에, 40퍼센트는 흑인이고, 30퍼센트는 히스패닉이다.[45] 법학 교수 미셸 알렉산더는 실제로 자신의 저서인 『뉴 짐 크로우: 인종 차별이 없는 시대에서의 대규모 투옥』에서 오늘날에는 노예 제도가 존재했던 1850년대보다도 더 많은 흑인들이 엄중히 구금되거나 형사 사법 제도의 관찰 아래에서 살아간다고 보고한다.[46] 경찰 기록을 조사한 연구들은[47] 흑인이나 라틴 계열의 용의자가 경찰에게 멈추라는 지시를 받고, 거칠게 다뤄지고, 수갑을 차게 되고, 체포되는 경우가 똑같은 "수상한" 행동을 한 백인 용의자에 비해 4배 가까이 더 많다는 것을 발견한다. 필립 고프Philip Goff에 의해 주도된 연구에서, 대학생과 경찰관들은 젊은 흑인, 백인, 혹은 라틴 계열의 범죄 용의자를 평가하고, 그들의 나이와 유죄일 가능성을 측정하라는 지시를 받았다. 흑인 소년은 백인 소년에 비해서 상당히 나이가 많고, 무죄일 가능성이 낮다고 인식되었으며, 경찰력 집행의 대상이 되어야 마땅하다는 평가를 받았다. 또 다른 사례로 공저자인 조슈아가 근무하는 학교의 아프리카계 미국인 학생은 뉴욕의 차터스쿨에 다닌 경험이 있고 A학점을 못 받은 과목이 없는 모범생이었음에도 경찰과의 관계를 다음과 같이 묘사하였다: "따뜻한 날 제가 교복만 입고 있으면, 경찰은 대부분 나를 내버려둡니다. 그러나 날씨가 추워져서 후디를 입으면, 갑자기 저는 갱스터가 되고 경찰들은 모두 저에게 와서 제 주머니에 마약이나 총기가 없는지 뒤적거립니다."

현장 실험은 인종이 채용에 얼마나 중요한지를 보여준다. 일자리에 지원할 때 동일한 이력서를 제출하여도, 드숀이나 퀴니샤와 같은 흑인 이름을 가진 지원자는 에밀리나 그렉 같은 백인 이름을 가진 지원자에 비해 면접을 보러 오라는 연락을 더 적게 받았다.[48] 사회학자 데바 페이저

Devah Pager는[49] 말끔하게 차려입은, 언변에 능한 대학교 졸업생을 두 명씩 짝을 지어 동일한 이력서를 가지고 밀워키에서 초보 수준의 신입 직원을 채용하는 350명이 넘는 고용주들을 방문하게 하였다. 지원자 중 절반은 백인이었고 절반을 흑인이었다. 그들은 모든 고용주에게 예의 바르게 행동하게 하였다. 각 그룹 내에서, 절반은 지원서에 코카인 소지죄로 18개월간 복역한 사실을 기재하였다. 누가 면접에 오라는 연락을 받았을까? 전과가 없는 백인 지원자는 전과가 없는 흑인 지원자보다 연락을 받은 경우가 세 배나 많았다. 전과자들 중에서도, 백인 지원자가 흑인 지원자보다 고용주로부터 연락을 받은 경우가 두 배 많았다. 실제로 고용주 측에서는 전과가 없는 흑인 지원자보다 전과자인 백인 지원자들을 선호하였다.

성차별 미국의 많은 사람들은 인종 문제처럼 성차별도 더 이상 여성의 발전을 가로막는 장애물이라고 생각하지 않는다. 결국 오늘날 많은 선진국의 경우와 같이 미국의 여학생은 대부분의 교과 과목에서 남학생보다 높은 성적을 보이며 대학 진학률과 졸업률도 높다.[50] 그럼에도 그들은 여성이 남성보다 유능하지 않다는 편견화된 통념으로 인해 계속 차별을 받고 있다. 일류 대학의 과학 교수들에게 연구실을 운영하는 자리에 지원한 학생들의 이력서를 평가하라는 지시를 했을 때, 교수들은 남녀를 불문하고 남자 지원자가 여자 지원자에 비해 우수하다고 평가하였다 — 즉, 더 능력 있고, 그 자리에 더 적합하며, 높은 첫 월급과 커리어 멘토링을 받을 자격이 있다고 생각하였다. 그러나 이력서에는 똑같은 경력이 적혀있었다; 유일한 차이점은 임의로 배정된 이름이 남성의 이름이냐 여성의 이름이냐는 것뿐이었다.

1963년 국회에서는 동일급여시행법을 통과시켜, 동일 직장에서 동일한 업무를 하는 사람에게는 남녀 구분 없이 동일한 급여를 주도록 요구하였다. 그러나 성별에 따른 급여의 차이는 여전히 존재한다. 2014년 일반적인 미국 여성은 일반적인 미국 남성이 1달러를 벌 때 77센트를 벌었다. 아프리카계 미국인과 라틴 계열의 미국인이 받는 차별은 훨씬 더 심하였다. 백인 남성이 1달러를 벌 때 아프리카계 미국 여성은 64센트를 벌었으며, 라틴 계열의 미국 여성은 56센트밖에 벌지 못하였다.[51] 그들이 하는 일의 종류와 교육과 경력 등의 자격 요건을 고려한다 치더라도, 급여의 차이는 명백히 존재하였다.[52]

채용 관행에서 편향이 미치는 효과를 평가하는 방법 중 하나는 사람들이 자신의 인종과 성을 밝히지 않은 채 일자리를 구하거나 오디션을 볼 때, 어떤 일이 일어나는지를 보는 것이다. 1970년에는, 일류 오케스트라에 있는 여성 뮤지션의 비율이 5%에 불과하였다. 심포니 오케스트라는 남자 지휘자와 남자 회원들에 의해 주도되는 남자들의 모임이었다. 그 당시 심포니에 참여하는 사람들에게는 남성이 여성에 비해 더 훌륭한 뮤지션이기 때문에 오케스트라에도 남성이 많다는 믿음이 깔려있었다. 그러나 심포니 오케스트라에서 가림막을 이용한 오디션을 도입하자 — 그래서 지휘자가 오디션을 보고 있는 뮤지션의 정체를 알 수 없게 하자 — 주요 심포니 오케스트라에 고용되는 여성의 숫자는 폭증하였다. 오늘날 블라인드 오디션의 대활약으로 대부분의 심포니 오케스트라는 동일한 남녀 비율을 갖게 되었다.[53]

무의식적인 편견 파악하기

과거 사람들은 자신의 편견을 직설적으로 드러냄으로써 편안함을 느꼈다. 그렇기에 1960년대와 1970년대의 사회 심리학자는 사람들에게 그들이 다양한 집단의 구성원들에게 느꼈던 바를 편하게 물을 수 있었다 — 그리고 그들은 모든 것을 과할 정도로 솔직하게 자신이 "그 사람들을" 얼마나 싫어하는지를 밝히곤 하였다. 그러나 시민 권리 운동이 늘어남에 따라 언어를 통해서든, 행동을 통해서든 대놓고 편견을 표현하는 것은 점점 더 금기시되어갔다; 그들은 솔직한 표현의 대가로 친구와 직장을 잃을 수 있다. 수많은 사람들은 현재 자신의 편견에 대해 (인터넷에서는 확실하게) "정치적으로 정당하지 않을" 허가증을 가지고 있다고 느끼지만, 사회 과학자는 상당히 많은 수의 사람들이 여전히 편견을 가지고 있으며, — 자기 자신에게조차 — 이를 숨기려 하는 것뿐이라고 믿는다.

암묵적 편향 측정하기 자기 자신도 알지 못하는 편견을 탐지할 수 있다고 주장하는 한 방법은 전 세계적인 주목을 받아왔다. 마자린 바나지Mahzarin Banaji와 안토니 그린왈드Anthony Greenwald가 개발한 **암묵적 연관 검사**IAT: Implicit Association Test는 개인이 대상 집단에 대해 긍정적이거나 부정적인 연관을 짓는 속도를 측정한다.[54] 그 과정은 다음과 같다: 당신은 콘솔 앞에 앉아서 일련의 얼굴 사진을 보고, 흑인 얼굴이 나오면 왼쪽 키를 누르고, 백인 얼굴이 나오면 오른쪽 키를 누르면서 이들을 최대한 빠른 속도로 분류해야 한다. 그 다음, 당신은 똑같은 방식으로 긍정적인 단어와 부정적인 단어를 분류하는 작업을 한다: (승리, 즐거움, 명예와 같은) 긍정적인 단어가 나오면 왼쪽 키를 누르고, (악마, 구더기, 실패와 같은) 부정적인 단어가 나오면 오른쪽 키를 누른다. 당신이 이러한 분류 작업을 완전히 익히고 나면, 얼굴과 단어는 결합된다. 이때부터 당신은 최대한 빠른 속도로 흑인 얼굴이나 긍정적인 단어를 보면 왼쪽 키를 누르고, 백인 얼굴이나 부정적인 단어가 나오면 오른쪽 키를 눌러야 한다. 당신은 빠르게 지나가는 단어-얼굴 세트를 본다: 흑인 얼굴 + 승리, 흑인 얼굴 + 독, 백인 얼굴 + 평화, 백인 얼굴 + 증오 등 당신이 이 작업을 하는 동안, 짝짓기의 난이도는 계속 올라간다.

수차례에 걸쳐 반복된 연구는 백인 얼굴과 긍정적인 단어가 짝이 되거나 흑인 얼굴과 부정적인 단어가 짝이 될 때 사람들의 반응 속도가 빠르다는 사실을 발견하였다. 이러한 속도의 차이는 사람이 무의식 수준에서 아프리카계 미국인을 긍정적인 단어와 연결하기 어렵기 때문에 발생하며, 이는 아프리카계 미국인을 향한 암묵적 태도의 측정치라고 설명된다. 여러 버전의 암묵적 연관 검사가 시행되었으며, 그 대상은 젊은층과 노년층, 남성과 여성, 아시아인과 백인, 장애인과 비장애인, 동성애자와 이성애자, 뚱뚱한 사람과 날씬한 사람 등 여러 가지 부류를 포함하고 있다. 전 세계, 전 연령대, 전 직업의 1,500만 명이 넘는 사람이 학교나 직장에서 온라인으로 이 검사를 시행하였고, 대부분의 사람들이 자신이 암묵적인 편견의 소유자임을 알게 되었다.[55]

바나지와 그린왈드는[56] 사람들이 자신도 알지 못했던 편견의 소유자라는 사실을 듣게 되면 놀라거나 무서워하는 경우가 많다고 보고한다. 바나지 본인도 인도에서 태어나서 자란 유색 인종 여성임에도 자신은 인종 관련의 암묵적 연관 검사를 "통과하지 못하였으며", 그로 인해 의식적으로 부인하고 있던 반흑인적 편견이 마음속에 있다는 사실이 드러났다고 말하였다. 그들에 따르면 한 동성애 운동가는 "그녀의 마음속에 있는 동성애=긍정 연관보다 동성애=부정 연관이 더 강하다"는 사실을 알고 뒤통수를 세게 맞은 느낌이었다고 한다. 젊은 사람은 '늙은 얼굴 + 좋은'보다는 '늙은 얼굴 + 나쁜'에 대한 반응 속도가 더 빨랐지만, 젊은 사람뿐만 아니라 늙은 사람도 대부분이 동일한 양상을 보였다. 그리고 혼혈인 작가 말콤 글래드웰 또한 암묵적 연관 검사에서 자신의 반응을 보고 충격을 받았다. 연구진은 그가 오프라 윈프리와의 인터뷰에서 한 말을 인용하였다: "내가 이 세상 누구보다도 사랑하는 내 인생의 인물[어머니]은 흑인이십니다. 그런데 여기서 시행한 검사는 '솔직히 네가 그렇게까지 흑인을 좋아하는 사람은 아니야'라고 말하네요. 당신도 알고 있었나요?"[57]

너무 빨리 속단하지는 말아줬으면 좋겠어, 말콤! 암묵적 연관 검사는 당신이 편견을 가지고 있다는 것을 의미할 수도 있지만, 반드시 그런 것만도 아니다. 심리학자들은 이 검사의 해석이 명료하지 않은 부분 투성이라고 논박한다. '흑인 얼굴 + 좋은'에 대한 글래드웰의 반응 속도가 '흑인 얼굴 + 나쁜'에 대한 반응 속도에 비해서 수 밀리초 정도 느리다면, 그것은 그가 무의식적으로 (암묵적인) 편향을 가지고 있음을 의미할 수 있다. 그러나 이는 암묵적 연관 검사가 항상 '암묵적 연관'을 측정하는 것은 아님을 의미할 수도 있다. 어떤 연구자들은 이 검사는 사람들이 '빵 + 아보카도'를 짝짓는 것보다 '빵 + 버터'를 더 빨리 짝짓는 것과 같은 원리로 문화적 연관이나 고정 관념을 포착하는 것에 불과하다고 생각한다. 즉, 검사의 결과는 늙은 사람도 젊은 사람처럼 늙은 타인에 대해 편향되어 있음을 보여주는 것일 수도 있지만, 또는 늙은 사람과 젊은 사람이 노인이나 다른 집단에 대해 동일한 문화적 고정 관념과 연관을 인식하고 있는 것일 수도 있다.[58]

암묵적 연관 검사의 타당성을 판단하는 한 방법은 높은 점수가 늙은 사람, 뚱뚱한 사람, 아프리카계 미국인을 비롯한 다른 집단에 대한 실제적인 행동을 예견하는지를 보는 것이다. 이 연구를 시작한 학자들은 검사 점수가 높은 사람일수록 그 대상 집단을 차별한다고 주장한다. 예를 들면, 한 연구는 검사에서 인종적 편향을 드러내는 백인은 흑인을 불신하는 경향이 있다는 사실을 발견하였으며,[59] 다른 한 연구는 높은 점수를 받은 백인은 직장에서 백인보다 흑인을 대할 때 더 차가웠다는 사실을 발견하였다.[60] 그러나 전체적으로 보았을 때, 암묵적 연관 검사와 외현적인 행동을 연결하는 증거는 빈약하다. 즉, 어떤 사람이든 이 검사를 받고 높은 점수가 나왔다고 해서 무조건적으로 자신이 편견의 소유자라고 생각할 필요는 없으며, 그 사람이 몇 주 후에 다시 검사를 할 때 같은 점수가 나온다는 보장도 없다.[61]

또한, 아담 한Adam Hahn과 동료들은[62] 암묵적 연관 검사에서 사람들에게 다섯 개의 다른 집단에 대한 반응을 예측하라고 직접 지시하였다. 그 결과 그들은 사람들이, 암묵적인 태도가 "진정한" 편견인지 문화적으로 학습된 연관인지에 상관없이, "놀라울 정도로 정확하다"는 사실을 발견하였다. 연구진은 "이러한 발견은 암묵적 연관 검사에 의해 측정되는 태도나 평가가 반드시 무의식적인 태도를 반영한다는 믿음에 의문을 던진다."고 결론지었다.

암묵적 편향과 행동 암묵적 연관 검사가 실제로 무의식적인 편견을 측정하는지는 불확실하지만, 필자는 바나지와 그린왈드가 중요한 업적을 세우기 위해 노력한다고 생각한다. 우리는 진실로 자신에게는 편견이 없다고 생각하는 많은 사람들이 특정한 조건에서는 편견에 사로잡힌 행동을 한다는 것을 매우 잘 알고 있다.[63] 사람들은 자신이 암묵적인 부정적 감정을 가지고 있는 사람과 교류할 때 불편함을 느끼고, 이를 상대방이 어렴풋이 느낄 수는 있지만 완전히 눈치채지는 못하게 은밀한 표현을 사용할 수도 있다.

사람이 자신의 편견(을 비롯한 다른 편향)을 잘 드러내는 한 조건은 정신적 피로이다. 예를 들면, 피곤하거나, 술에 취하고, 산만하고, 놀라고, 화났을 때와 같이 인지적 자원을 고갈시키거나 흩어지게 하는 상황 등이다. 이러한 상황에 처하면 사람은 대상을 있는 그대로 보려는 높은 수준의 동기 부여를 받은 상태에서도 자신의 고정 관념에 의존한다.

예를 들면, 사람은 화가 났을 때 자신의 편견을 더 잘 드러낸다. 한 실험에서,[64] 백인 학생은, 표면적으로는 바이오피드백에 관한 연구에서 자신이 "학습자" 역할을 맡은 다른 학생에게 전기 충격을 주는 역할을 맡을 것이며, "학습자"는 백인이나 아프리카계 미국인이라고 들었다. 처음에 이 학생은 백인 학습자보다 흑인 학습자에게 더 낮은 강도의 전기 충격을 주었는데, 이는 실험자에게 (그리고 스스로에게) 자신이 편견이 있는 사람이 아니라는 것을 보여주려는 욕구가 반영된 듯하였다. 그러고 나서 이 학생은 우연히 학습자가 인신공격적인 욕설을 하는 것을 듣게 되었고, 당연히 화가 났다. 그 후, 전기 충격을 가하는 기회가 다시 한 번 주어지자, 흑인 학습자와 작업하던 학생은 백인과 작업하던 학생에 비해 더 높은 수준의 전기 충격을 주었다. 이러한 결과는 영어를 쓰는 캐나다인이 프랑스어를 쓰는 캐나다인을 어떻게 대하는지, 비동성애자가 동성애자를, 비유대인이 유대인을, 남성이 여성을 어떻게 대하는지에 관한 연구에서도 똑같이 나타났다.[65]

크리스티안 크랜달Christian Crandall과 에이미 에쉴러만Amy Eshleman에

의하면,[66] 정확히 말해서 편견을 억누르는 것은 노력을 수반하기 때문에, 사람들은 자신의 부정적인 감정을 합리화하고, 이를 표현하는 것을 허락해줄 정보에 특히 끌린다. 한 집단을 싫어하는 것에 대한 타당한 합리화는 우리에게 편협한 사람이 된 것 같은 느낌을 받지 않고도 편견을 표현할 수 있게 해준다 — 합리화로 인해 이들은 "나는 공평하고, 정의롭고, 편견이 없는 사람이야"와 "그러나 나는 실제로는 이 사람들을 싫어해"라는 두 가지 어긋난 인지가 만들어내는 부조화를 피할 수 있다. 데이비드 프레이David Frey와 사무엘 개트너Samuel Gaetner는[67] 백인이 도움이 필요한 흑인을 도와줄 가능성이 높은 조건을 연구함으로써, 이 갈등을 증명했다. 이 연구에서, 그들은 백인 학생 참가자가 백인 학생과 흑인 학생을 가리지 않고 도움의 손길을 내밀었지만, 이는 도움을 청하는 사람이 이미 충분한 노력을 하였음을 보여준 경우에 한정되었다는 것을 발견하였다. 백인 학생 참가자가 어떤 학생이 과제를 해결하기 위해 충분한 노력을 쏟지 않았다고 믿도록 유도되었을 때, 흑인 학생은 백인 학생보다 도움 요청을 거절당하는 경우가 많았다. 그들은 도움을 요청한 사람이 게으르고 도움을 받을 자격이 없다는 자신의 고정 관념을 확인하였을 때, 요청을 거절하는 행동에 대해 합리성을 느꼈다.

우리의 편향을 합리화하는 또 하나의 주요 요인은 그 사람이 자신의 상황에 대한 통제력을 가지고 있는지 여부이다. 앞에서 필자는 뚱뚱한 사람을 무시하는 편견은 인류가 있는 한 끝까지 "받아들여질" 형태의 편견이며, 그 중심에는 뚱뚱한 사람은 자신의 체중을 조절할 수 있다는 대부분 사람들의 믿음이 있다고 말한 바 있다. (오늘날의 과학자들은 사람이 노력하면 약간의 체중을 줄일 수는 있지만, 비만은 이와 별개이며 "의지력"의 문제가 아니라는 것을 알고 있다.) "받아들여진다"의 다른 표현은 "합리화가 쉽다"이다. 우리는 자신의 편견을 합리화하기 쉬울수록, 이 편견을 고집하고, 이에 따라 행동하는 경향이 강하다. 우리는 상대방의 수용할 수 없는 특성이 순전히 상대의 잘못이라는 확신을 가질 때, 보다 편한 마음으로 차별할 수 있다. 이든 킹Eden King과 동료들이 한 실험은 이 논리를 검증하였다.[68] 한 젊은 여자는 백화점으로 가서 직원들과 대화를 주고 받았다. 절반의 경우에 그녀는 안에 "뚱뚱한 옷"을 입고 비만인처럼 보이게 하였다; 나머지 절반의 경우에 그녀는 평균 체중인 원래의 모습으로 직원을 만났다. 어떤 경우에 그녀는 다이어트 소다를 마시며 백화점을 방문하였다; 다른 경우에 그녀는 밀크쉐이크를 마시며 방문하였다. 그녀가 다이어트 소다를 마심으로써, 뚱뚱하지만 살을 빼려는 동기부여가 된 것처럼 보일 때, 직원은 그녀를 날씬한 사람을 대하듯이 친절하게 대하였다. 그러나 그녀가 밀크셰이크를 마실 때, 그녀의 비만은 잘못된 선택의 결과로 보였기 때문에 직원은 그녀에게 대놓고 적대감을 드러내지는 않았지만 평소보다 미소를 짓거나 눈을 마주치는 횟수가 적었으며 대화 중에도 더 퉁명스럽고 친절하지 못한 태도를 보였다.

편견의 원인

편견을 갖게 하는 요인에는 어떤 것이 있을까? 무엇이 편견을 부추기고 유지할까? 우리는 이 책에서 수차례에 걸쳐, 인간은 부족 동물이며, 세상을 '우리와 그들'로 보는 경향이 있다는 것을 보아왔다. 2장에서, 필자는 '우리와 그들' 사고방식을 논의하는 데 많은 페이지를 할애하여, ("당신은 'X 집단'입니까? 'Y 집단'입니까?"와 같이) 연구실이나 ("우리 팀이 최고다"와 같이) 스포츠 행사에서 사소한 특성만으로도 손쉽게 하나의 "우리"를 만들 수 있으며, 종교나 국적을 비롯한 사회적 정체성과 관련된 중요한 부분에서의 차이로도 집단을 나눌 수 있다는 것을 보여주었다. 사람이 우리와 그들을 구별할 때, 고정 관념, 편견, 차별, 그 후의 합리화를 위한 무대가 준비된다. 이러한 집단 보호적인 메커니즘과 그로 인한 내집단 편향은 혈족과 부족에 호의적이고, 외부자를 경계하도록 유도하는 생물학적인 생존 메커니즘이다. 지리학적인 장벽으로 인해, 고대에 살았던 우리 조상들은 다른 인종의 낯선 모습을 본 적이 없고, 이것이 우리가 "인종주의자"가 아닌 "다름주의자other-ist"로 진화한 이유임은 거의 기정사실이다.

그러나 사회 심리학자는, 진화를 통해 획득한 어떤 기질과도 상관없이, 편견의 구체적인 내용은 태도와 행동의 규범을 정해놓은 관습, 다른 이들의 태도와 행동에 대한 모방과 순응, 그리고 우리가 자신의 심리학적인 현실을 구축하는 방식을 통해 학습되는 것이 확실하다는 사실을 알고 있다.

이 섹션에서, 나는 편견에 관한 기본적인 사회 심리학적 요인을 네 가지로 살펴볼 것이다: (1) 경제적 및 정치적인 경쟁 또는 갈등, (2) 전위 공격성, (3) 지위와 자기 이미지의 유지, 그리고 (4) 기존의 사회적 규범에 대한 순응. 이 요인들은 상호배타적인 것이 아니다 — 실제로, 모두 한꺼번에 작용한다. 그러나 우리가 편견을 감소시키기 위해 추천하는 적절한 행동은 우리가 믿는 편견의 주원인이 무엇인지에 따라 달라지기 때문에, 각각의 중요성을 판단하는 것은 도움이 될 수 있다. 내가 사회 심리학에 입문하게 된 이유 중 하나는 수많은 연구들이 끊임없이 변화하고 발전하는 분야라는 것이었다. 편견이 전적으로 타고난 개인 특성의 문제라고 믿었다면, 필자는 절망에 모든 것을 그만두고, 깊은 수준의 심리 치료가 동반되지 않는 한, 편견에 사로잡힌 사람 중 절대 다수는 죽을 때까지 편견에 사로잡혀 있을 것이라고 결론지었을지도 모른다. 그리고 그 결론 때문에 필자는 경쟁심을 감소하거나 동조 압력에 저항을 시도함으로써 편견을 감소시키려는 노력에 냉소를 지었을 수도 있다. 자, 이제 이 네 가지 요인을 하나씩 살펴보자.

경제적 및 정치적 경쟁 편견은 종종 경제적이고 정치적인 힘에 의해 생성된다. 이 관점에 의하면, 자원이 한정되어 있을 때, 지배층 집단은 소수 집단을 착취하여 물질적 이득을 취하려 할 수 있다. 편견에 사로잡힌 태도는 집단들이 상호 배타적인 목적을 가지고 갈등할 때 증가하는 경향이 있다. 이는 목적이 경제적이거나, 정치적이거나, 이데올로기적이거나에 상관없다. 그 예로, 지난 백 년 동안 백인 미국인은 유대인, 일본인, 독일인, 아일랜드인, 이란인, 멕시코인을 비롯한 다른 나라에서 온 시민권자를 향해 명백한 증오를 표출하였으며, 이들을 모두 해당 시기에 자신의 직업을 빼앗은, 비난받아야 마땅할 대상으로 싸잡아 생각하였다. 존 달러드John Dollard는, 작은 공업 단지에서 시행한 그의 고전적인 초기 연구에서, 독일인이 이 지역에 왔던 당시에는 뚜렷하게 드러난 편견이 없었음에도 일자리가 줄어듦에 따라 편견은 심해졌다: "토박이 백인들은 독일인을 향한 경멸과 비난을 쏟아냄으로써, 그들에 대한 우월감을 느끼며 만족하였다... 이러한 독일인을 향한 공격이 용인될 수 있었던 것은, 전적으로 그 시점이 목공소에서의 일자리와 지위를 놓고 독일인과 경쟁해야 하는 시점이었기 때문이다."

다른 사례로 미국에서 중국인 이민자에 대한 태도가 19세기 전반에 걸쳐, 경제적 경쟁 상황의 변화에 따라 극과 극을 오갔던 과정을 생각할 수도 있다. 중국인 이민자들이 캘리포니아에서 금을 채굴하려 할 때, 일확천금의 꿈을 가지고 와서 중국인 이민자와 경쟁하게 된 백인들은 그들을 "사악하고… 폭력적인… 악착스러움의 결정체이며, 살인도 서슴지 않는 잔혹한 사람"이라고 묘사하였다. 그러나 정확히 10년 후 대륙 횡단 철도를 건설할 때, 그들이 백인 미국인은 맡기를 꺼려하는, 위험하고 고된 일을 적극적으로 도맡아 하자 그들에 대한 전반적인 평가는 열의 있고, 근면하고, 준법적인 사람들로 바뀌었다. 실제로, 서부 철도 업계의 거물이었던 찰스 크로커는 다음과 같이 서술하였다: "그들은 최고의 백인만큼이나 훌륭한 사람들이다... 그들은 매우 믿음이 가고, 매우 지적이며, 착실히 계약을 이행한다." 그러나 철도 공사가 끝나고, 직업을 다시 구하기가 어려운 상황이 되었다; 설상가상으로 남북전쟁이 끝나고 퇴역한 군인들이 구직 시장에 유입되자, 상황은 더 악화되었다. 이러한 상황은 즉각적으로 중국 이민자에 대한 부정적인 태도의 극단적인 증가로 이어졌다. 그들에 대한 고정 관념은 또다시 범죄를 저지르고, 남을 음해하며, 교활하고, 어리석은 사람으로 바뀌었다.[69]

이러한 데이터는 경쟁과 갈등이 편견을 낳는다는 것을 암시한다. 1970년대에 수행되었던 한 연구에서, 대부분의 반흑인 편견은, 사회 경제적인 지위가 흑인보다 딱 한 단계 높은 집단에게서 발견되었다. 그리고 이러한 경향은 대부분 백인과 흑인의 취업 경쟁이 심해졌을 상황에서 나타났다.[70] 오늘날 멕시코인에 대한 — 그리고 백인의 일자리를 빼앗으려고 경쟁한다는 오해를 받는 다른 국가의 사람에 대한 — 부정적인 감정은 증가하고 있다.

그러나 경쟁이라는 변인은 교육 수준, 가정 배경, 언어 능력, 직업 스킬과 같은 다른 요인과도 얽혀 있기 때문에, 이러한 데이터를 해석하는 데에는 어느 정도의 애매한 부분이 있다. 경쟁 자체가 편견을 유발하는지를 판단하기 위해서는 실험이 필요하다. 무자퍼 셰리프Muzafer Sheriff와 동료들은[71] 로버스 케이브라고 불리는 보이 스카우트 캠프의 자연적인 환경에서 이를 위한 실험을 수행하였다. 건강한 신체와 정신을 가진 12살 소년들은 이글스와 래틀러스라고 하는 두 개 집단 중 한 집단에 무작위로 배정되었다. 소년들은 각 집단 내에서 수영장 다이빙 보드 만들기, 단체 식사 준비, 밧줄 다리 만들기 등, 집단의 구성원을 매우 상호 협력적으로 만드는 활동을 통해 협동심을 기르게 되었다.

보이 스카우트 캠프의 각 집단은 강한 유대감을 형성한 후에, 집단 간 경쟁을 위한 무대가 마련되었다. 연구진은 축구, 야구, 줄다리기 등으로 이어지는 일련의 경쟁 게임을 준비하였고, 이긴 팀에게는 상을 수여하였다. 이러한 상황 설정은 게임이 진행되는 동안 팀 간의 적대감을 불러일으켰다. 또한 연구진은 이 두 집단을 갈등에 빠뜨리기 위해 다소 열 받을 만한 상황을 고안하였다. 한 상황에서, 연구진은 캠프 파티를 마련하고, 이글스 팀이 래틀러스 팀보다 일찍 도착할 수 있도록 하였다. 이 파티에 준비된 다과는 매우 다른 두 종류의 음식으로 구성되어 있었다: 절반은 신선하고 먹음직스러운, 그 나이대 소년이라면 좋아할 수밖에 없는 음식이었고, 나머지 절반은 모양이 어그러졌고, 이상하고, 맛없는 음식이었다. 아마도 이미 존재하고 있던 경쟁심 때문에, 일찍 온 이글스 팀은 대부분의 맛있는 음식을 선점하고, 상대 팀에게는 맛이 떨어지는 음식만 남겨놓았다. 래틀러스 팀이 마침내 도착해서 자신이 누려야 할 이득을 빼앗겼음을 보게 되자, 그들은 화를 냈다 — 너무 화가 난 나머지 그들은 이글스 팀에게 다소 험한 말을 하였다. 이글스 팀은 자신이 당연히 누릴 수 있는 것을 누렸다고 (먼저 온 사람의 혜택이라고) 생각하였기에 상대팀의 험담에 분개하였으며 이에 똑같이 맞불을 놓았다. 이러한 험담은 음식 던지기로 이어졌고 얼마 안 있어 전면적인 싸움으로까지 격화되었다.

이러한 사고 후에, 셰리프와 연구진은 경쟁 게임을 없애고 소년들에게 어울려 노는 것을 허락하였다. 그러나 일단 일어난 적대감은 단순히 경쟁을 중단시킨 것만으로는 제거되지 않았다. 실제로, 두 집단이 단순히 앉아서 영화를 볼 때조차도 악감정은 계속 커졌다. 결과론적으로는, 연구진은 이글스 팀과 래틀러스 팀의 불화를 감소시키는 데에 성공하였고, 그 과정은 이 장의 후반부에 내가 다룰 내용이기도 하다.

전위 공격성: 희생양 이론 앞 장에서 필자는 공격성이 부분적으로 좌절이나 다른 혐오 상태(고통과 지루함과 같은)에 의해 유발된다는 점을 지적한 바 있다. 그 장에서, 우리는 좌절에 빠진 사람에게는 좌절의 원인이 되는 것에 복수하려는 강한 경향성이 있음을 보았다. 그러나 상당수의 경우에, 좌절의 원인이 너무 강하거나 모호하면 직접적인 복수를 하는 것은 불가능했다. 예를 들면, 6살 소년이 선생님에게 수치스러운 일을 당했다면 선생님에게 복수할 수 있을까? 그러기에는 선생님의 힘이 너무 세다. 그러나 이 좌절은 이 소년이 상대적으로 약한 방관자들을 공격할 가능성을 높인다 — 심지어 방관자는 그가 당한 수치스러운 일과는 아무런 관계가 없을 때에도 말이다. 학교 밖에서도 똑같은 이치가 적용된다. 대량 실업이 발생한다고 해도, 이 좌절된 실업자가 경제적 시스템에 반하여 이를 공격할 수 있겠는가? 그러기에는 이 시스템이 너무나도 크고 비인간적이다. 그렇기 때문에, 이 실업자는 비난할 사람이나

집단을 찾으려할 수 있다.

고대의 유대인은 이 문제에 대한 해답을 알고 있었다. 속죄의 기간 동안, 사제는 한 손을 염소의 머리 위에 올리고 사람들의 죄를 읊으며, 사람에게 있던 죄와 악을 상징적으로 염소에게로 보낸다. 그러고 나서 그 염소는 야생으로 방생되는데, 이는 집단의 죄가 정화됨을 상징한다. 이때 그 염소는 희생양이라고 불린다. 현 시대에, 희생양 만들기scapegoating는 무고한—그리고 힘없는 — 다른 사람을 문제의 원인으로 돌리는 과정이다. 세계화가 당신의 직업을 빼앗았는가? 인플레이션이 당신의 통장을 털어갔는가? 당신은 대통령과 경제 시스템을 물리칠 수 없다. 그러나 희생양을 찾을 수는 있다. 역사 전반에서 희생양은 야생으로 방생되는 대신에 끔찍한 처분과 죽음을 맞이한다. 나치 독일에서 희생양은 유대인이었다; 19세기 캘리포니아에서 희생양은 중국인 이민자였다; 남부 지방에서 희생양은 아프리카계 미국인이었다.

연구실에서의 실험은[72] 개인은, 특히 좌절감을 느낄 때, 자신이 싫어하고, 눈에 띄며, 상대적으로 힘없는 집단에 공격성을 전가한다고 말한다. 외집단에 대한 학대가 전위 공격성의 산물로서 스스로 발생한다고는 하지만, 그 형태는 사회적 맥락, 즉 내집단에서 허용되거나 승인되는 것에 따라 달라진다. 예를 들면, 아프리카계 미국인에 대한 집단 린치나 유대인에 대한 조직적 학살은 지배적인 혹은 하위의 문화가 이러한 폭력적인 행위를 승인하고, 심지어는 요청하였을 때에나 가능한 것이었다.[73] 규범은 중요한 요인이다. 사람은 많은 편견을 가지고 있지만, 사회적 규칙이 시민성과 친절함을 강조할 때에는 이를 검열한다. 반대로, 선동적인 정치인이나 설교자가 추종 세력에 이러한 규칙을 깨버리고, 모든 편견을 험한 말로, 노골적으로 표현하라고 부추긴다. 이것은 정확히 사람들의 편견, 공포, 분노를 이용하고, 이러한 감정을 모든 문제를 뒤집어씌울 수 있는 희생양 — 소수 집단이나 외부에서 온 "적" — 에게로 돌림으로써 권력을 잡으려 하는, 선동 정치가가 하는 행동이다. 1949년에, 두 명의 사회 심리학자는 역사 전반에 있는 다수의 선동 정치가 연설을 분석하였다.[74] 그들은 선동 정치가의 메시지에는 소름끼치도록 놀라운 공통분모가 존재함을 발견하였다:

- 당신은 속아왔습니다. 사회에서의 당신의 위치가 위협받는 것은 당신의 잘못이 아닙니다.
- 세상에는 널리 퍼진 음모가 있습니다; 이 시스템은 여러분에게 불리하게 조작되어 있습니다.
- 우리와 같은 선한 사람은 항상 사기의 표적이 됩니다.
- 우리의 적은 하등 동물입니다; 파충류, 곤충, 그리고 사람의 탈을 쓴 비인간입니다.
- 우리는 외국인을 믿을 수 없습니다; 그들은 우리의 일자리를 빼앗아 갑니다.
- 우리는 정부를 믿을 수 없습니다; 정부는 부패합니다. 시민의 자유는 "어리석은 자유"입니다.
- 재앙이 닥쳐오고 있습니다. 운명의 날이 얼마 남지 않았습니다. 여러분처럼 진실하고, 단순하고, 선한 사람에게는 지도자가 필요합니다. 여길 보세요, 제가 바로 그 지도자입니다! 나는 이 썩어빠진 세상을 뜯어고칠 겁니다!
- 모두가 저를 욕합니다 – 언론, 유대인, 부패한 관료들은 제 입을 닫으려 합니다. 적들은 저의 인생에 훼방을 놓습니다. 하지만 신은 저

를 보호할 것입니다. 그리고 제가 여러분을 이끌 겁니다.

이는 1949년에 쓰인 것이다! 그러나 당신은 최근의 선거에서도 이러한 연설의 복사본을 들었을 것이다. 선동 정치가는 긴장과 불확실성의 시기에 등장하여, 특히 사회 질서에서 뒤처지고 지위를 잃어가고 있음을 느끼는 이들에게 자신을 어필한다.[75] 예컨대, 교육 수준이 낮은 백인 남성은 경제 상황이 점점 더 지식 위주로 변하고, 자동화와 세계화가 공장 생산직의 수를 줄여감에 따라 기회를 잃어갔다. 이러한 이들에게 시스템이 자신에게 불리하게 조작되어 있다는 – 자신의 실패가 자신의 잘못이 아니라 자신의 번영과 안녕을 위협하는 외국인이나 이민자의 잘못이라는 – 선동 정치가의 주장은 심리적인 달콤함을 준다.

지위와 자기 이미지의 유지 편견의 강력한 결정 요인은 자신의 행동과 자기 인식을 정당화할 필요와 밀접한 연관을 가진다. 이미 사람이나 집단에게 잔인한 언행을 할 때 대부분의 사람은 이를 피해자의 탓으로 돌리고, 피해 집단을 비방하면서, 자신의 언행을 정당화하려 한다. 스스로에게 그 집단이 잘못을 하였고, 비윤리적이었고, 멍청하고, 비도덕적이었음을 설득시킴으로써 우리는 자신의 도덕성에 대한 일말의 의심도 없이 그 집단 구성원을 노예처럼 대하고, 고등 교육의 기회를 빼앗고, 공격할 수 있다. 우리가 피해를 끼친 대상은 훌륭한 인간이 아니라 "비인간에 해당하는" 무언가이기 때문에, 우리는 선량한 크리스천이나 유대인 또는 무슬림이 된 듯한 느낌을 받을 수 있다. 이러한 합리화에 충분히 능숙해지면, 우리는 늙은 사람, 여자, 아이를 대상으로 한 야만적인 살인까지도 종교적인 가치라고 스스로에게 설득할 수 있게 된다. 이는 크리스천 십자군이 수백 년 전에 모든 것을 평화의 왕자라는 미명 하에 수천 명의 무슬림을 도살하기 위해 성지로 가면서, 유럽의 유대인을 도살하였던 이유이기도 하다; 그것은 ISIS가 했던 것이기도 하다. 그들은 “가장 자비로운 성인인” 알라의 이름으로 크리스천, 유대인, 무슬림 동지들을 무차별적으로 도살하였다. 다시 말하자면, 자기합리화의 이러한 형태는 이후의 잔인성을 키우는 데 일조한다. 자기 이미지를 지킴과 동시에 타깃이 되는 사람과 집단에 대한 적대감은 더 키운다.

반대로, 사회 경제적인 위계에서의 지위가 낮다면, 억압받은 소수 집단의 존재는 우리에게 우월감을 느낄 수 있도록 해준다. 여러 연구는 사회적 지위가 낮거나 낮아지고 있는지의 여부가 편견의 훌륭한 예측 변인임을 보여주었다. 예를 들어, 제니퍼 크로커Jennifer Crocker와 동료들은 낮은 지위의 여성 클럽에 소속된 여대생이 높은 지위의 여성 클럽에 소속된 여대생에 비해 다른 여성 클럽에 대한 편견과 비난을 더 많이 표현하였다는 사실을 발견하였다. 이와 유사하게, 연구진이 백인의 흑인에 대한 편견과 기독교인의 유대인에 대한 편견을[78] 연구할 때, 사회적 지위가 낮거나 낮아지고 있는 사람이 사회적 지위가 높거나 높아지고 있는 사람에 비해 더 편견에 사로잡혀 있음을 발견하였다. 스티븐 페인Steven Fein과 스티븐 스펜서Stephen Spencer는 자존감에 대한 위협이 편견을 강하게 하는 경향이 있다는 사실을 발견하였다. 그들의 실험에서, 반유대주의 학생은 지능 검사라고 생각되는 시험에서 낮은 점수를 받았을 때, 자신이 유대인이라고 생각한 여성에 대해 특히 편향된 평가를 하였다. 실제로, 외집단을 폄하하는 것은 우리의 자존감을 향상시킬 수 있다.

동조를 통한 편견

사람들의 편견은 유년 시절의 갈등, 보고 자란 롤 모델, 경험, 성격 특성 유형에 뿌리를 두고 있을 수도 있다(이는 5장에서 논의한 내용이기도 하다). 그러나 많은 사람들은 자신이 속한 공동체에 퍼져있는 규범을 따라 단순히 다른 사람에게서 편견을 학습한다. 미국 남부에서 인종 차별이 합법적인 시기에 웨스트버지니아의 작은 탄광촌을 대상으로 한 연구에서 나온 유명한 예시가 있다.[76] 흑인 광부와 백인 광부는 지하에 있을 때는 완전히 협력하고, 지상에 있을 때는 완전히 차별을 하는 삶의 방식을 개발하였다. 이러한 비일관적인 생활을 어떻게 설명해야 할까? 성격 특성과 경제적인 경쟁은 이를 설명할 수 없다. 누군가를 진실로 증오한다면, 당신은 그와 계속 거리를 유지하고 싶을 것이다; 왜 지하에서는 동료가 되다가 지상에서는 차별의 대상이 된단 말인가? 토마스 페티그루Thomas Pettigrew는 동조에서 그 답을 찾았다. 이 경우에 백인 광부는 지상에서는 공동체 전반에 존재하였던 편견화된 규범에 동조하고 있었지만, 지하에서 함께 일을 할 때는 서로를 동일한 인격체로 존중하는 편견 없는 규범에 따랐다.

수많은 편견화된 행동은 사회적 규범에 동조함으로써 일어난다. 편견에 동조가 큰 역할을 한다는 것을 어떻게 확신할 수 있을까? 한 가지 방법은 사람의 편견이 다른 나라로 갈 때 어떻게 변하는지를 관찰하는 것이다. 동조가 편견의 한 요인이라면 편견화된 사람이 더 편견화된 규범을 가진 나라에 갈 때는 더 편견이 심해지고, 덜 편견화된 규범을 가진 나라에 갈 때는 편견이 약화됨을 기대할 수 있다. 그리고 이는 실제로 일어나는 현상이다. 한 연구에서, 진 왓슨Jeanne Watson은[77] 큰 도시로 최근에 이사 와서 반유대주의 편견을 가진 사람과 직접적으로 교류했던 사람은 스스로도 반유대주의 편견을 가진 사람이 되었다는 사실을 발견하였다. 1950년대에 수행된 한 연구에서 페티그루는 남부 사람이 군에 입대하여 덜 차별적인 사회 규범을 접할 때에 흑인에 대한 편견이 줄어듦을 발견하였다.

동료와 동업자의 편견에의 동조 압력은 애쉬의 실험에서처럼 명확할 수도 있지만(4장을 보라), 이는 정확한 증거가 없고 잘못된 정보가 우세하기 때문일 수도 있다. 예컨대, 크리스토퍼 말로의 연극 『몰타의 유대인』과 윌리엄 셰익스피어의 『베니스의 상인』은 모두 유대인을 권모술수에 능하고 돈만 밝히는 겁쟁이로 묘사한다. 우리는 말로와 셰익스피어가 비도덕적인 유대인에게 당했던 경험이 있어서 유대인을 인정머리 없고 사회성 없는 사람으로 묘사하였다고 결론짓자는 유혹에 빠지게 된다. 그러나 그렇게 결론지어버리면 한 가지 오류가 생긴다: 유대인은 이 작품이 나오기 300년 전에 이미 영국에서 추방당하였다. 따라서 말로와 셰익스피어는 그 시대에 살았던 대부분의 영국인이 가지고 있었던 유대인에 대한 고정 관념에 동조하였던 것으로 보인다.

우연히 편견에 노출되는 것도 우리의 태도와 행동에 영향을 미칠 수 있다: 단지 누군가가 인종과 민족을 멸시하는 용어를 사용하는 것을 듣게 되는 것만으로도 멸시된 집단에 대한 부정적 견해에 대한 동조는 커질 수 있다. 샤리 커클랜드Shari Kirkland와 동료들은[78] 사람들에게 흑인 변호사의 사진이 붙어있고 그 사진의 변호사가 백인 피고인을 변호하는 내용을 기록한 형사 재판의 필사본을 읽으라고 지시하였다. 참가자는 이를 읽는 도중에 두 실험 보조자 사이의 짧은 대화를 듣게 된다. 참가자 일부는 첫 번째 실험 보조자가 흑인 변호사를 인종 차별적인 험한 단어로 묘사하는 것을 들은 반면, 나머지 참가자는 첫 번째 실험 보조자가 그 변호사의 인종과는 상관이 없는 경멸적인 평가를 하는 것을 들었다. 두 조건 모두에서, 두 번째 실험 보조자는 첫 번째 실험 보조자의 경멸적인 견해에 동의를 표했다. 이러한 동조가 활발히 일어나는 상황에서, 실험자는 각 참가자에게 변호사와 피고인을 평가하라고 지시하였다. 인종 차별적인 단어를 들었던 참가자는 경멸적인 평가를 들은 참가자에 비해 흑인 변호사를 더 부정적으로 평가하였다. 편견화된 규범에의 동조는 불쌍한 피고인에게까지 영향을 미쳐, 흑인 변호사에 대한 인종 차별적인 단어를 들었던 참가자는 피고인에게 더 가혹한 평결을 내렸다.

마지막으로, 편견은 사회 조직의 법과 관습으로도 자라날 수 있다. 차별을 부추기는 사회는 특정 집단이 다른 집단에 비해 열등하다는 사상을 지지한다. 남아프리카 공화국에 아파르트헤이트(인종 차별 정책)가 있었던 시기에, 한 연구자가 백인 남아프리카 공화국 국민과 인터뷰를 하여 그들의 인종 편견에 대한 이유를 찾으려 시도하였다. 전형적으로 백인 남아프리카 공화국 국민은 절대다수의 범죄가 흑인에 의해서 일어난다고 믿고 있었다 — 이는 잘못된 믿음이었다. 이런 심각한 오해는 어떻게 발생하였을까? 인터뷰를 한 사람은 자신이 많은 흑인 범죄자가 공공장소에서 일하고 있는 것을 보았으나 백인 범죄자가 공공장소에서 일하고 있는 것은 본 적이 없다고 말하였다. 이것이 흑인이 백인보다 범죄를 더 많이 일으킨다는 것에 대한 증거일까? 그렇지 않다. 사실, 그 당시 규정상 백인 범죄자는 공공장소에서 일할 수가 없었다!

사람은 자신이 속한 주요 조직에서 수용되는 관행에 동조하기 때문에, 사회는 이러한 방식으로 편견화된 믿음을 만들어낸다. 최근의 역사에서, 흑인에게 버스의 뒷좌석 이용을 강제하였고, 여성의 클럽 가입,

대학 진학, 경력 쌓기를 금지하였으며, 유대인은 특급 호텔에 투숙하지 못하게 하였던 법과 관습은 모두 동조를 통해 편견을 영속시켰다. 규율이 우리에게 "그런 사람들"을 그런 방식으로 대할 것을 요구한다면, 결국 우리는 그에 따르게 될 것이다. 나의 조국, 나의 클럽, 나의 직장, 그리고 이 호화로운 호텔은 그 이유를 가져야만 한다 — 그렇지 않겠는가?

고정 관념과 귀인

고정 관념은 귀인의 특수한 형태이다. 2장에서 보았듯이, 인간은 설명하는 종족이다; 우리는 평생 동안 자신과 다른 사람의 행동을 설명하기 위한 귀인을 만든다. 확실하지 않은 상황에서, 사람은 자신의 편견에 부합하는 나름의 논리를 구축한다. 미스터 편견은 잘 차려입은 백인 앵글로 색슨족 남자가 수요일 오후 3시에 공원 벤치에 앉아서 햇볕을 쬐고 있는 모습을 보면 그에 대해 별다른 생각을 하지 않는다. 그러나 잘 차려입은 흑인이 똑같은 행동을 하고 있는 모습을 보면 미스터 편견은 아무런 망설임 없이 그가 실직하였다는 결론을 내려버린다 – 그리고 미스터 편견은 자신이 힘들게 모아 정부에 낸 세금이 무능하고 쓸모없는 사람의 멋진 옷을 위한 복지 보조금으로 지출된다는 것에 분노할 가능성이 높다. 미스터 편견이 미스터 앵글로의 집을 지나가다가 버려진 캔이 뒤집혀 있고, 쓰레기통 주변이 어지럽혀져 있는 것을 본다면 들개가 음식을 찾고 있다고 결론짓는다. 그러나 미스터 편견이 미스터 라티노의 집을 지나가다가 똑같은 광경을 본다면 짜증을 내면서 "이 족속은 돼지처럼 사네!"라고 생각할 가능성이 높다. 편견은 그의 귀인과 결론에 영향을 미치고, 그로 인해 만들어진 잘못된 결론은 그의 부정적인 감정을 합리화하고 강화시킨다. 즉, 이 전체적인 귀인 과정이 잘못된 방향으로 갈 수가 있다.

이 장의 상당 부분에서, 필자는 편견을 가지고 있는 사람에 초점을 맞추어서 편견을 논의하고 있다. 편견에 종속되면 어떤 일이 일어날까? 그리고 당신이 편견을 만들기 위해 필요한 것을 가지고 있지 않다는 귀인에 종속된다면 어떤 일이 일어날까? 예를 들어, 여성에 대한 편견이 있어서 여성은 선천적으로 남성에 비해 능력과 역량이 떨어진다고 믿는 사람은 어떤 여성이 어려운 일을 잘해낸다는 증거를 어떻게 받아들일까? 자넷 스윔Janet Swim과 로렌스 사나Lawrence Sanna는 50개가 넘는 실험을 분석하여 놀라울 정도로 일관된 성별 효과를 발견하였다: 남자가 주어진 일을 성공적으로 해냈을 때, 이를 본 사람은 그의 성공을 선천적인 능력으로 원인을 돌리는 경향이 있었다; 여성이 똑같은 일을 성공적으로 해냈을 때, 이를 본 사람은 그녀의 성공을 고된 노력으로 귀인하는 경향이 있었다(즉, 그녀에게는 그것이 "당연하지" 않았다는 의미였다). 남성이 주어진 일을 처리하지 못하였을 때, 이를 본 사람은 그의 실패를 불운이나 노력 부족으로 귀인하였다; 여성이 그 일을 처리하지 못하였을 때, 이를 본 사람은 그녀의 능력으로 처리하기에는 일이 너무 어려웠다고 느꼈다 – 즉, 그녀는 "필수적인 역량을 가지고 있지" 않았다.

이제, 이러한 성공과 실패의 원인에 관한 귀인은 다른 사람이 스스로를 보는 방식에 어떤 영향을 미칠까? 재니스 제이콥스Janis Jacobs와 재클린 에클레스Jacquelynne Eccles는,[79] 11살 아들과 12살 딸을 지각하는 방식에 어머니가 가지고 있는 성별 고정 관념적인 신념이 미치는 영향과 그러한 신념이 자신의 능력에 대한 아이의 지각에 미치는 영향에 대해 연구하였다. 가장 강한 수준의 고정 관념적인 성별 신념을 가지고 있었던 어머니는 자신의 딸이 상대적으로 수학적 능력이 떨어지며, 자신의 아들이 상대적으로 수학적 능력이 뛰어나다고 믿었다. 고정 관념적 신념을 가지고 있지 않았던 어머니는 딸이 아들에 비해 "선천적으로" 수학적 능력이 떨어진다고 보지 않았다. 이러한 신념은, 부모의 태도에 그치지 않고, 자신의 아이에게까지 영향을 미쳤다: 강한 성별 고정 관념을 가지고 있었던 어머니의 딸은 자신이 수학에 뛰어나지 않다고 믿게 되었다. 성별 고정 관념이 없었던 어머니의 딸은 이러한 자기 패배적인 신념을 보이지 않았다.

귀인적 모호성 다른 사람의 행동을 해석하는 것은 불확실성으로 가득 차있다. 이 사람이 나를 좋아하는가? 혹은 그들이 무엇을 원하는가? 우리의 사회적 정체성은 해당 행위자의 행위에 대한 더욱 그럴듯한 이유를 찾는다. 가령, 당신은 아프리카계 미국인이고, 당신의 교수는 백인이다. 당신은 지난번의 보고서가 형편없는 점수를 받은 이유가 궁금할 수 있다. 교수가 당신의 글을 싫어하였을까? 아니면 그녀가 흑인 학생에 대한 편견의 소유자였을까? 만약 당신이 끝내주는 고득점을 하였다면 어떨까? 교수가 당신의 글을 좋아했을까? 아니면 그녀는 자신이 편견 없는 사람임을 드러내기 위해서 의도적으로 원래 마음과는 반대로 행동하였을까? 이렇게 한층 더 복잡해진 상황적 특성을 우리는 **귀인적 모호성** attributional ambiguity이라 부르며, 이는 소수 집단의 구성원이 자신이 한 일에 대한 피드백을 해석하는 데 어려움을 겪게 한다.

특히 교수나 고용주가 인종 차별과 같은 편견을 가진 사람으로 보이는 것을 피하기 위해 솔직한 피드백을 주지 못하였다면, 이것은 실제로 문제가 된다. 켄트 하버Kent Harber는[80] 백인 학생들에게 글쓰기 워크숍에 참가한 다른 학생이 쓴 것으로 추정되는 조잡하게 쓰인 에세이를 읽고 평가하게 하였다. 평가자 절반은 이 에세이를 쓴 학생이 흑인이라고 믿도록 유도되었다; 나머지 절반은 그 학생이 백인이라고 생각하였다. 당신은 흑인 학생이 훨씬 혹독한 피드백을 받을 거라 예상할 수도 있다. 그러나 결과는 예상과 달랐다. 오히려 평가자들은 자신의 방식을 벗어나 흑인 학생의 에세이의 내용에 긍정적인 피드백을 하였다. 이제, 편견이 없음을 드러내 보이려는 그들의 적극적인 노력은 좋은 일이다. 그러나 솔직한 피드백을 할 의지가 없다는 것은 그리 좋은 일이 아니다. 어떤 민족이나 인종에 속하는 학생이 솔직한 피드백이 없다면 어떻게 자신을 발전시키며 열심히 학습하겠는가?

마린 터너Marline Turner와 앤소니 프랫카니스Anthony Pratkanis는 귀인적 모호성이 소수 집단 우대 정책의 안타까운 부작용으로부터 어떻게 발생하는지를 보여주었다. 이전에는 평가 절하 당하여 높은 지위의 직업을 갖지 못하였던 능력 있는 여성이나 다른 소수 집단에게 취업의 기회를 준다는 점에서, 소수 집단 우대 정책은 일반적으로 수혜 정책이다. 그러나 불행히도, 몇몇 정책은 본의와는 다르게 능력 있는 여성에게도 능력이 아닌 성별로 인해 그 직업을 얻게 되었다는 오명을 씌우기도 한다. 이는 여성에게 어떤 영향을 미칠까? 철저히 통제된 한 실험에서,[81] 터너와 프랫카니스는 일부 여성에게는 자신이 회사의 성비를 맞추기 위해서 고용되었다고 믿게 하였고, 나머지 여성에게는 자신의 취업이 어려운 시험을 합격하고 우수한 역량을 인정받은 결과라고 믿게 하였다. 자신이 (능력이 아닌) 성별로 인해 취업되었다고 들은 여성은 후에 자신의 능력을 썩혔다 - 그리고 더욱 안타깝게도, 이들은 자신의 능력으로 인해 취업하였다고 믿는 여성에 비해 어려운 업무를 성공적으로 처리하고자 하는 노력을 하지 않게 되었다.

자기 충족적 예언 다른 사람에 대한 우리의 고정 관념은 그들을 대하는 우리 자신의 행동에만 영향을 미치는 것이 아니다; 고정 관념은 우리로 하여금 다른 사람에게서 예상되는 성격과 행동을 유추하여 그에 맞추어 행동하게 한다. 이는 필자가 2장에서도 기술한 바 있는 '자기 충족적 예언'이다. 이는 다음과 같이 작동한다: 당신과 나는 만난 적이 없지만, 내가 당신이 속한 집단에 대한 편견 때문에 당신을 적대적이고, 차갑고, 냉담한 사람이라고 의심하는 상황을 생각해보라. 마침내 우리가 만날 때, 나는 당신과 거리를 두고 허심탄회한 대화를 하려고 하지 않는다. 당신이 따뜻하고 외향적인 사람이라도, 나의 행동은 당신이 훌륭한 본모습을 보여줄 기회를 앗아갈 것이다. 나의 냉담함에 대한 반응으로 당신은 나와 거리를 두려할 것이고, 나의 행동에 대한 당신의 당연한 반응으로 나는 당신이 차갑고 정 없는 사람이라는 나의 예측이 맞았다는 확신을 얻을 것이며, 또 한 번 나의 편견이 맞았다고 확신할 것이다. 당신이 나의 적대적이고 차가운 태도에 적대감과 차가움으로 응수하였을 때, 나는 나 자신에게 다음과 같이 말할 것이다, "거봐, 이 사람들에 대한 내 예상은 틀린 적이 없어."

다른 사람이나 집단에 대한 신념을 가지고 있을 때, 자기 충족적 예언은 우리가 자신의 기대대로 사회 현실을 창조한다는 것을 확실히 보여준다. 예를 들어, 우리가 여성은 남성보다 "감정적"임을 믿는다면 이 고정 관념을 확인하는 상황을 인식하거나 떠올리면서 우리가 보았던 축구 경기에서 남성이 화를 못 이겨 고함을 지르거나 기쁨의 환호성을 지르는 상황 — 혹은 여성 CEO, 정치인, 승무원이 스스로의 감정을 삼켰던 순간 — 을 배제하는 경향이 있다.

고정 관념 위협 자기 충족적 예언은 아이러니하게도 부정적 고정 관념의 대상이 되는 사람이 이를 부정하려 함으로써 오히려 이를 확신시키는 예상치 못한 결과를 낳기도 한다. 아프리카계 미국인과 백인 대학생의 평균적인 학업 성취도 차이를 생각해 보자. 이 차이를 설명하는 역사와 사회 활동에 관련된 수많은 일리 있는 설명이 있었지만, 클로드 스틸Claude Steele과 조슈아 애런슨Joshua Aronson은,[82] 이 설명들은 (초기의 학점과 시험 성적을 통해 측정하였을 때) 점수의 차이가 상대적으로 교육을 못 받은 학생에게서만 아니라 교육을 잘 받은 학생에게서도 일어나는 이유를 설명하지 못한다고 주장해왔다. 무엇인가 밝고, 동기부여가 충분하고, 교육을 잘 받은 흑인 학생이 똑같은 수준의 능력을 가지고 있는 백인 학생만큼 잘하지 못하게 방해하는 요인이 있는 것으로 보인다.

이 문제를 연구하면서, 스틸과 애런슨은 이 현상이 주로 노예 제도 시절부터 흑인을 얽매었던 "지적 열등함"이라는 부정적 감정을 확인시키는 것에 대한 불안이 흑인 학생들 사이에 퍼져있기 때문이라고 추론하였다. 스틸과 애런슨은 이 불안을 **고정 관념 위협**stereotype threat이라고 불렀고, 고정 관념을 확인시킬 거라는 불안감이 시험에서 좋은 성적을 얻을 수 없도록 그들을 방해할 것이라는 가설을 세웠다. 한 실험에서,[83] 이들은 흑인 학생과 백인 학생에게 개인적으로 고난도의 언어 능력 시험[GRE]을 치게 하였다. 학생 중 절반은 연구진이 자신의 지적 능력을 측정하는 것이라고 믿도록 유도되었다; 나머지 절반은, 이것은 단순한 시험일 뿐이며, 연구진은 지능 측정에는 아무런 관심이 없다고 믿도록 유도되었다.

결과는 굉장히 놀라웠다: 백인 학생은 자신이 믿는 시험이 목적과는 상관없이 일정하게 점수가 나왔다. 그러나 흑인 학생은 이에 영향을 받았다. 평가를 한다는 상황적 특성은 흑인 학생의 마음속 고정 관념을 활성화시켰고, 이들을 불안하게 하였다. 시험의 목적이 지능 평가라고 믿었던 학생은 그렇지 않은 학생의 절반 정도의 점수밖에 받지 못하였다. 이것이 고정 관념의 위력이다; 자신의 행동이 자신과 소속 집단에 대한 부정적인 평판을 확인시킬 수도 있다고 생각할 때 그로 인해 초래되는 불안은 수행 능력의 발휘를 방해할 수 있다.

세상의 고정 관념은 여성을 남성보다 수학에 약한 사람으로, 라틴계 학생을 앵글로계 학생에 비해 언어 능력이 떨어지는 사람으로, 노년층을 기억력이 떨어지는 사람으로 그리고 있기 때문에, 고정 관념 위협은 수학 문제를 푸는 여성, 언어 능력 시험을 치는 라틴계 학생, 기억력 테스트를 하는 노년층과 같은 다른 집단도 괴롭게 한다.[84] 실제로, 다른 집단보다 특정 분야에서 떨어진다는 고정 관념의 대상이 되는 집단은 그 분야의 모든 지표에서 뛰어남을 보인다 하더라도 유의미한 수준의 고정 관념 위협을 경험할 수 있다. 조슈아 애런슨과 그의 동료들은,[85] SAT 수학 시험에서 만점에 가까운 성적을 받고 공학을 전공한 백인 남성에게 고난도의 수학 시험을 치게 하고, 이 시험은 수학 능력을 측정하는 시험이라고 말하였다. 그러나 이 뛰어난 전공자 중 절반은 고정 관념 위협에 직면하게 되었다: 실험자는 아시아계 사람이 수학에 우수해 보이는 이유를 이해하려 한다고 피실험자들에게 말하였다. 이 집단은 아시아계 사람의 "수학적 월등함"을 신경 쓰지 않은 집단에 비해 점수가 유의미한 수준으로 낮았다. 우수하다는 평가를 받는 집단과 불편한 비교를 당하는 백인 공학 전공자에게 부여된 상황은 어떤 교육 현장에서도 이러한 비교 속에서 경쟁해야 하는 흑인과 라틴계 학생에게는 흔히 있는 일이다. 분명히 똑똑하고 우수한 공학 전공자도 고정 관념 위협에 직면하였을 때는 시험을 망칠 수 있다는 사실은 무턱대고 흑인과 라틴계 사람의 낮은 수행 능력을 능력 부족으로 보는 것이 맞는지 한 번 더 생각하게 한다.

이 연구에도 좋은 정보는 있다. 결국 부정적인 고정 관념에 대해서 생각하는 것 자체가 사람의 수행 능력을 방해한다는 말은 그 고정 관념을 무력화하는 다른 종류의 마음가짐이 수행 능력을 향상시키는 대안이 될 수 있다는 말이 된다. 매튜 맥글론Matthew McGlone과 조슈아 애런슨Joshua Aronson은[86] 젊은 남성과 여성에게 은근슬쩍 입학이 매우 어려운 명문대생이라는 사실을 상기시킨 후 고난도의 공간 능력 시험을 치르게 하였다. 이러한 상기는 수험자가 단순히 "북동부의 주민"이라는 사실을 상기한 통제 조건에서 관찰되었던 남녀 간의 차이를 완전히 없애버리기 충분하였다. "나는 명문대의 훌륭한 학생이야"라는 마음가짐이 "여성은 수학에 약해"라는 고정 관념을 무력화한 것이다. 마찬가지로 흑인 수험자를 훌륭한 지성인 W.E.B 두보이스나 천체 물리학자 닐 디그래스와 같은 성공한 아프리카계 미국인 롤 모델의 사진 앞에 있게 하고 그를 떠올리도록 하거나 시험 감독관으로 흑인 교수를 배치하는 것도 흑인의 평가 불안을 완화할 수 있다.[87] 유사하게, 소수 집단의 학생에게 능력은 고정된 것이 아니라 자라난다는 사실과 표준화된 시험에 대한 불안은 인간이라면 다 가지고 있다는 사실을 상기시키는 것도 고정 관념의 대상이 되는 집단원의 시험 불안을 덜어주고, 점수를 올리고,[88] 성적을 향상시키는 데 도움을 준다.[89]

고정 관념 위협은 자신이 중요시하는 측면에 집중함으로써 완화될 수 있다는 점에서 다른 자기 개념의 위협과 작용 방식이 상당히 유사한 것으로 보인다. 한 연구에서, ("수학적 지능"을 측정한다고 들은 시험을 치면서) 고정 관념 위협을 느끼고 있는 여성이 먼저 자신이 중요시하는 가치를 선언할 때 남성만큼, 그리고 위협이 없는 통제 조건에 있는 여성만큼 우수한 점수를 받았다.[90] 자기 선언은 사람에게 자신감과 좋은 자의식을 선물한다. 제프리 코헨Geoffrey Cohen과 동료들은[91] 이러한 발견을 학교로 가져왔고, 소수 집단의 학생들이 자신이 특정 가치를 좋아하는 이유를 설명하는 짧은 에세이를 쓰는 과제를 받은 후에 성적이 올랐음을 발견하였다. 자기 개념을 완화시키고, 좋고 특별하고 가치 있다는 느낌을 주는 대상에 초점을 맞추는 것은 수행 능력이나 학습에서 작용하는 고정 관념의 부정적인 효과를 상쇄할 수 있다.

희생양 탓하기 편견을 경험한 적이 없는 사람이 편견의 표적이 되는 것이 어떤 느낌인지를 이해하는 것은 결코 쉽지 않다. 다수로 구성된 기득권층에서 상대적인 안정을 누리는 사람에게, 공감이란 쉽게 다가오지 않는 단어이다. 그들은 편견의 희생자를 동정하고, 편견의 희생이 사실이 아니기를 바랄 수도 있지만, 그들 속에 스며든 독선은 희생자에게 그 책임을 씌우는 경향성을 유발하는 경우가 많다. 이는 "마땅히 받아야 할 평가"라는 형태를 띨 수도 있다. 예를 들면 다음과 같다: "유대인이 역사 전반에서 계속 희생되었던 것을 보면 틀림없이 무언가 잘못을 저질렀을 거야." "그 여자가 강간을 당했다면 틀림없이 성적으로 도발적인 무언가를 하였기 때문일 거야." "그 사람들[아프리카계 미국인, 라틴계 사람, 미국 원주민, 동성애자들]이 곤란해지는 것을 원하지 않았다면, 그런 행동[이슈를 만들기, 시끄럽게 떠들기, 자신을 원하지도 않는 곳에 가기]을 안 하면 됐을 거 아냐?" 이러한 주장은 외집단에게 다수 기득권층에서 정해놓은 기준보다 더 엄격한 기준을 따를 것을 요구한다.

역설적으로 이러한 희생자에게 희생당한 책임을 돌리며 희생자가 당한 일을 희생자 본인의 성격 탓으로 돌리는 경향성은 세상을 공정하고 정의로운 곳으로 보려는 욕구에 의해 동기 부여된 경우가 많다. 멜빈 러너Melvin Lerner와 동료들은[92] 사람은 공정하지 못하다고 볼 수밖에 없는 일에 대해서도 개인의 책임으로 돌리는 경향이 있다는 사실을 보여주었다. 예컨대, 두 사람이 똑같은 업무를 똑같은 강도로 수행하고도 동전 던지기를 하여 한 사람은 막대한 보수를 받고 한 사람은 아무것도 받지 못하는 상황에서도, 대부분의 관찰자는 운이 없는 것 외에는 죄가 없는 사람에게 일을 적게 한 죄를 씌우는 것이다. 유사하게, 그들이 처한 상황은 그들에게 책임이 있다는 등의 가난한 사람과 실업자에 대한 부정적인 태도는 이 세상이 정의로운 곳임을 가장 강하게 믿는 사람들 사이에서 만연하다.[93]

눈치 빠른 독자라면 이는 우리가 희생양으로 삼는 사람을 멸시하는 경향성의 가벼운 형태라는 것을 알아차렸을 것이다. 3장과 6장에서 우리는 누군가를 공격하는 사람은 희생자를 탓하고, 그를 비인격적인 존재로 둔갑시키고, 그러한 방식으로 또 다른 누군가를 공격한다는 것을 보았다. 이제 우리는 희생자가 증오의 메시지나 다른 편견의 표현을 받았다는 사실을 알게 된 사람은 그가 피해를 입는 게 당연한 행동을 하였다고 느낀다는 것을 보고 있다. 이로 보아 우리는 잘못이 없는 사람이 자신에게 주어져야 할 것이나 필수적인 것을 빼앗기고, 똑같은 일에 똑같은 급여를 받지도, 기본적인 생필품도 – 혹은 삶 그 자체도 – 보장받지 못하는 세상에 살고 있음을 생각하는 것을 두려워한다: 6백만 명의 유대인이 유대인이라는 이유만으로 끔찍한 학살을 당했다 해도 그들이 학살당할 만한 언행을 하였다고 믿는 것이 속 편한 것이다. 이러한 사고 방식은 우리에게 자신의 운명을 통제할 능력이 있다고 생각하게 한다.

접촉과 친밀감을 통한 편견 감소

1954년 미국 대법원은 똑같은 학교라도 분리되어 있다면 엄연히 다른 학교라고 선언하였다. 수석 재판관 얼 워렌은 "흑인과 백인 아이들이 인종이 다르다는 이유만으로 분리되는 것은 그들의 마음에 지울 수 없는 상처를 남길 수 있는, 공동체 속에서의 지위에 대한 열등감을 초래할 수 있다"고 말하였다. 우리는 이 말의 진정한 의미를 깨닫지 못했지만 이 판결은 나라를 이제껏 수행되었던 그 어떤 실험보다도 흥미로운 큰 스케일의 사회적 실험장으로 만들었다.

이 역사적인 판결 이후에 정치인과 학교 운영자 등 수많은 선의를 가진 사람들은 "인본주의적인" 이유로 학교를 통합하는 것에 반대하였다. 그들은 흑인과 백인이 학교에 함께 있게 되면 재앙이 일어날 것이라고 예상하였다. 그들은 반세기 전에 "주에서 정한 법은 전통이 정한 법을 바꿀 수 없다."라는 말을 남겼던 위대한 사회학자 윌리엄 그레이엄 섬너 William Graham Sumner의 정신을 되새기며 법률이 사람을 강제로 어울리게 할 수는 없다고 말하였다. 섬너의 말은 도덕과 관용은 입법으로 이루어지는 것이 아니라는 뜻이었다. 많은 사람은 차별 폐지 정책의 시행에는 태도의 변화가 선행되어야 한다고 주장하였다. 고집 센 백인 어른이 흑인에 대한 편견을 줄인다면 그 후에는 자신의 아이가 여러 인종이 있는 학교에 입학하는 것을 허락할 가능성이 훨씬 높아질 것이라고 그들은 믿었다.

미국 대중의 마음을 변화시키기 위한 초기의 노력은 올바른 정보가 잘못된 정보를 물리칠 수 있다는 아이디어에서 출발하였다. 편견을 가진 사람이 무능하고 게으르다고 믿는다면 이 편견을 깨부수기 위해 해야 할 유일한 작업은 흑인을 근면하고 훌륭한 사람으로 묘사한 영화를 보여주는 것이다. 대부분의 남아프리카 백인이 모든 범죄는 흑인에 의해 발생한다는 것을 믿는다면 그들에게 백인 범죄자를 보여줌으로써 그들의 신념을 바로잡을 수 있다. 이것이 전부라면 문제는 굉장히 단순하고 쉽다. 편견이 경제적인 갈등의 결과이든, 사회 규범에 대한 동조, 지위 유지의 필요성, 전가된 공격성의 결과이든 그것이 깊은 적대적인 정서를 반영한다면 올바른 정보 캠페인만으로 이를 바꾸기란 어렵다. 이 나라의 역사와 함께 자라온 사고와 행동 방식을 바로잡는 방법으로 영화는 역부족이다.

또한 독자 여러분도 지금은 알고 있듯이, 중요한 사건이 관련되어 있을 때, 사람은 가만히 앉아서 자신의 신념과 태도에 부조화 되는 정보를 받아들이기를 거부하는 경향이 있기 때문에 올바른 정보 캠페인은 대부분의 경우에 실패한다. 폴 라자스펠드는 따뜻하고 호의적인 목소리로 다양한 민족에 대한 올바른 정보를 알려줌으로써 편견을 감소시키려는 목적으로 기획된 1940년대 초반의 라디오 방송 시리즈를 서술하였다.[94] 한 프로그램은 폴란드계 미국인을 설명하기 위한 프로그램이었고, 다른 프로그램 하나는 이탈리아계 미국인을 설명하기 위한 프로그램이었으며, 그 외에도 다양한 민족을 설명하기 위한 많은 프로그램이 있었다. 이 프로그램의 청취자는 누구였을까? 폴란드계 미국인을 다룬 프로그램 청취자의 대부분은 폴란드계 미국인이었다. 그럼 이탈리아계 미국인을 다룬 프로그램 청취자의 대부분은 누구였을지 추측해보자. 바로 이탈리아계 미국인이었다. 또한 우리가 보아왔듯이, 사람은 자신의 마음속 깊이 박힌 태도와 어긋나는 정보를 억지로 듣게 하면 이를 거부하고, 왜곡하고, 무시한다 – 이는 Mr. X가 Mr. Y의 정확한 반박 자료에도 불구하고 유대인에 대한 부정적인 태도를 고집하였던 것과 정확히 같은 원리이다. (한 단계 더 확장해보면 똑같은 프로세스가 오늘날 소셜 미디어의 "필터 버블"에서도 작동한다.) 확실히 사람은 때때로 새로운 증거가 나오면 그에 맞춰 자신의 고정 관념을 수정하는 대신, — "유능한 여성"이나 "내가 존경하는 아프리카계 미국인"과 같은 — 별도의 하위 항목을 만들어 부조화를 감소시키고 자신의 앞에 있는 사람을 몇 안 되는 예외적인 경우로 취급하거나 오히려 "규칙을 증명하는 예외"로 만들어 고정 관념을 고수한다.

따라서 대부분의 사람에게 편견은 자신의 신념 체계 깊은 곳에 뿌리를 내리고 있고, 일상적인 행동 하나하나에 일관성 있게 작용하고, 주변의 사람도 이를 매우 지지하고 권장하기 때문에 책이나 영화, 팟캐스트로 이를 뒤집는 것은 불가능하다. 그렇다면 이를 뒤집는 방법에는 도대체 어떤 것이 있을까?

접촉 가설 1954년의 대법원 판결은 많은 사람에게 충격을 주었을 것이다. 그러나 오래 전부터 행동의 변화는 태도의 변화에도 변화를 일으킨다는 사실을 알고 있었던 사회 심리학자들에게 이 판결은 흥분과 낙관을 가져다주었다. 그들은 흑인과 백인 아이가 직접적으로 접촉할 수 있다면 편견이 있는 아이와 그의 부모도 고정 관념이 아닌, 실제의 인간을 마주할 것이며, 이는 궁극적으로 훌륭한 상호 이해와 친밀한 관계로 이어질 것이라고 예상하였다. 이러한 견해는 후에 '접촉 가설'이라는 이름을 가지게 되었다.

이는 일리 있는 이론을 넘어서 두 집단 간 관계의 힘을 지지하는 경험적 증거도 가지고 있는 이론이라는 점에서 사회 심리학자들에게 낙관론을 가지게 하는 이유가 되었다. 1951년에 모튼 도이치Morton Deutsch와 마리 엘렌 콜린스Mary Ellen Collins는[95] 두 개의 공공 주택 사업에서 아프리카계 미국인에 대한 백인 미국인의 태도가 인종적 통합의 정도에 따라 달라진다는 사실을 검증하였다. 한 사업에서 흑인과 백인 가족은 그 사업으로 지은 별개의 건물에서 살았다. 다른 한 사업에서 흑인과 백인 가족은 같은 건물에서 살았다. 몇 개월 후에 흑인들과 같은 빌딩에 살았던 백인들은 처음부터 이들과 같이 거주할 계획이 아니었음에도 별개의 빌딩에 살았던 백인에 비해 흑인 이웃에 대한 자신의 태도가 훨씬 긍정적으로 변하였다고 보고하였다.

접촉 가설은 연구실 안과 밖에서 이루어진 수많은 연구의 지지를 받았다: 노년층에 대한 젊은 층의 태도, 정신 질환자에 대한 건강한 사람의 태도, 장애아에 대한 비장애아의 태도, 게이나 레즈비언에 대한 일반인의 태도에 대한 수많은 연구가 있었다.[96] 실제로 오늘날 다양한 민족이 모인 대학 캠퍼스는 접촉 가설의 생활 속 연구실이다. 여러 계통의 인종과 민족에서 온 룸메이트, 친구, 지인을 가진 백인 학생은 상대적으로 편견에 얽매이지 않고 공통점을 찾으려는 경향이 강하였다.[97] 집단을 초월한 친구 관계는 소수 집단에 도움을 주며 그들의 편견 또한 감소시킨다. 짐 시다니우스Jim Sidanius와 동료들은[98] 민족 중심 학생 조직에 참여한 소수 집단의 학생들은 시간이 흘러감에 따라 우리가 예상한 대로 민족적 정체성과 자부심이 더 강해지는 경향이 있지만, 동시에 민족적 피해 의식이 강해지기도 한다는 사실을 발견하였다. 백인 학생회에 가입된 백인 학생처럼, 이들은 자신의 집단이 다른 민족 집단과는 너무나도 다르다고 느끼게 된다. 그러나 로돌포 멘도자-덴톤Rodolfo Mendoza-Denton과 엘리자베스 페이지-굴드Elizabeth Page-Gould가[99] 백인 학생이 압도적으로 많은 대학에 다니는 흑인과 라틴계 학생을 대상으로 수행한 종단적 연구는 백인 학생과의 친밀한 접촉이 소속감을 높여주고 학교생활에 대한 불만족을 감소시킨다는 사실을 발견하였다. 이러한 사실은 예전부터 소수 집단의 구성원으로서 거절에 대해 불안정과 예민함을 느끼고 있던 학생들에게서 더 분명히 나타났다.

대학교에서 나타나는 민족 집단 간의 차이가 쌍방에게 이롭다고 할지라도, 대법원 판결 이후에 나타난 공립 학교에서의 차별 폐지 과정은 사회 심리학자들의 예상처럼 순탄치 않았다. 이는 오히려 교실 내에서의 긴장과 혼란을 야기하였으며, 인종 집단 간의 편견을 심화시키기도 하였다. 그리고 당신이 차별 폐지 학교의 교정 풍경을 사진으로 찍었다면 그 사진에서 통합을 찾아보기란 매우 어려웠을 것이다: 백인 아이는 백인 아이끼리, 흑인 아이는 흑인 아이끼리, 히스패닉 아이들은 히스패닉 아이끼리 무리지어 노는 모습이 사진 풍경의 대부분이었을 것이다. 이러한 상황에서 분명히 알 수 있는 사실은 단순한 접촉만으로는 예상하였던 대로의 통합이 일어나지 않는다는 것이다.

무엇이 잘못되었을까? 왜 차별이 폐지된 주택은 효과가 있는데, 차별 폐지 학교는 효과가 없는 것일까? 이 질문에 대답하기 위해, 우리는 접촉이 효과가 있었던 상황과 효과가 없었던 상황을 면밀히 관찰할 필요가 있다.[100] 사람의 편견이 전적으로 다른 집단과의 비친밀함에 기반할 때, 접촉은 상대의 언행을 알지 못하는 데서 오는 불안을 감소시키는 데 좋은 방법이다. 그러나 편견의 감소와 친밀한 관계의 생성에 효과적이기 위해서, 접촉은 흑인과 백인이 똑같은 지위를 가지고 있는 상황에서 이루어져야 한다. 역사 전반에서 상당수의 백인들은 흑인들과 엄청난 횟수로 접촉해왔다. 그러나 일반적으로 이들이 접촉을 한 상황에서 흑인은 짐꾼, 설거지꾼, 화장실 관리인, 잡부 등으로서 백인을 시중 드는 역할이었다. 이러한 종류의 접촉은 백인의 고정 관념을 지속시키고, 그들이 가진 흑인에 대한 분개심과 분노를 가중시키면서, 그들의 편견에 연료를 공급할 뿐이다. 상당 부분의 미국 역사에서 흑인과 백인이 동등한 지위로 접촉한 것은 매우 드물었는데, 이는 교육과 직업에서의 불평등 때문이기도 하며 거주지의 분리 때문이기도 하다.

이제 미국의 학교가 차별 폐지 정책을 시행하였을 때 어떤 일이 일어났는지를 그려보자. 백인과 소수 인종 학생 간 접촉은 (특히 이 접촉이 고등학교에서나 시작되었을 때에는) 대부분의 경우에 동등한 지위에서 일어나지 않았다. 미국 전역에서 학생 대다수가 소수 인종인 학교는 학생 대다수가 백인인 학교에 비해서 시설, 장비, 교육 환경이 나빴다. 가난한 흑인이나 라틴계 가족의 10학년 소년은 낮은 수준의 교육 대상이 되고 난 후에, 백인 중산층 학교에서 백인 중산층 교사가 가르치고, 백인 중산층의 가치관을 가지고 있는 백인 중산층 학생과 경쟁해야 하는 교육 환경에 예고도 없이 떨어진다. 결론적으로 그는 준비도 안 된 채로 자신이 경험하지도 못한 규칙이 지배하고, 자신이 개발하지도 못한 능력에 대해서 평가를 받게 되는, 매우 경쟁적인 환경으로 밀려나는 것이다. 그는 심리적으로 자신이 살아온 환경 요소가 완전히 제거된 환경에서 경쟁해야 한다. 이러한 요인은 그의 자존감을 떨어뜨리는 경향이 있다 – 이는 처음에 나온 대법원의 판결에 영향을 미친 요인이기도 하다. 차별 폐지에 대한 연구를 분석하면서 월터 스테판Walter Stephan은[101] 어떤 연구에서도 흑인 아이의 자존감이 올라간 경우는 없었으며, 자신이 수행한 연구의 25%에서 차별 폐지 이후의 흑인 아이의 자존감이 떨어졌다는 사실을 발견하였다. 또한 백인의 편견이 크게 감소하지도 않았다; 스테판은 백인의 편견이 증가한 경우와 감소한 경우의 수가 비슷함을 발견하였다. 소수 집단의 학생은 자연스럽게 자기들끼리 뭉치고, 백인 학생을 배척하고, 자신의 개성을 주장하고, 교육에서 "백인"의 가치를 거부함으로써 자존감을 높이려 한다.

접촉은 분명히 편견 문제를 해결하는 첫 번째 단계이다. 그러나 이 접촉만으로는 충분하지 않다. 그렇다면, 다음 단계는 무엇일까? 좀 더 자세히 살펴보자.

협력과 상호 의존을 통한 편견의 감소

문제는 단순히 다양한 인종과 민족적 배경을 가진 학생들을 같은 학교에 다니게 해서 해결되지 않는다는 것이다; 중요한 것은 그들이 학교 안에서 겪는 일이다. 학교의 차별 폐지에서 오는 긴장 상태를 보며 여러분은 무자퍼 셰리프와 동료들이 수행한 실험에서의 여름 캠프 소년들을 떠올릴 수 있다. 이 소년들을 갈등과 경쟁의 상황에 처하게 하였을 때 발생한 두 집단 간의 적대감을 떠올려 보라. 적대감이 한 번 일어나자 단순히 소년들을 갈등과 경쟁의 상황에서 빼내는 것만으로는 적대감을 감소시킬 수 없었다. 불신의 감정이 굳어버리자 집단을 비경쟁적인 상황에서 함께 있게 할 때도 적대감과 불신은 늘어나기만 하였다. 이글스와 래틀러스는 같이 앉아서 영화를 보기만 할 때조차도 갈등이 생겼다.

셰리프는 어떻게 적대감을 감소시키는 데 성공하였을까? 그 방법은 두 소년 집단에게 협동해야만 목표를 이룰 수 있는 상황을 만들어주는 것이었다.[102] 한 번은 연구진에서 수도를 파손하여 비상사태를 유발하였다. 수도를 고치려면 모든 소년이 즉시 힘을 합쳐야만 했다. 다른 경우에서는, 캠핑 여행을 가던 중에 캠프 트럭이 멈춰버렸다. 이 트럭이 다시 가기 위해서는 소년들이 다소 가파른 언덕 위로 트럭을 끌어올리는 수밖에 없었다 — 이 또한 모두가 자신의 집단을 떠나서 함께 끌어올려야 이룰 수 있는 과제였다. 결과적으로 이전의 적에 대한 소년들의 적대감은 줄어들었고, 그들은 집단을 넘어 친구가 되었고, 더 잘 어울리기 시작하였으며, 거리낌 없이 협력하기 시작하였다.

이 과정이 성공한 주요 요인은 공동의 목표에 도달하기 위해 필요했던 **상호 의존성**interdependence으로 보인다: 그 상황을 성공적으로 타개하기 위해서 서로를 필요로 하였다. 여러 연구진은 엄격히 통제된 연구실 실험에서 상호 의존의 이로움을 증명해내었다. 예를 들어, 모튼 도이치는[103] 문제 해결 집단은 협력적인 분위기가 퍼져있을 때보다는 협력적인 분위기가 시작될 때 더 우호적이고 상냥해진다는 것을 보여주었다. 유사하게, 패트리샤 키넌Patricia Keenan과 피터 카니발리Peter Carnevale의 연구는[104] 집단 내 협력이 집단 간 협력도 기른다는 것을 보여주었다. 즉, 한 집단 내에서 정착된 협력적인 관계는 후에 다른 집단과 협력하게 될 때에도 빛을 발한다. 그들의 연구에서 협력적인 작업에 참가한 집단은 처음부터 경쟁적인 형태로 작업하였던 집단보다 이후의 다른 집단과 교섭할 때 더욱 협력적이었다.

직소 교실 개발하기 안타깝게도 협력과 상호 의존은 미국 내에서 초등학교 수준의 교과 활동에서도 보기가 어려운 특성이다. 반대로 치열한 경쟁은 미국의 대부분의 교실에 만연해 있다. 나는 텍사스주 오스틴의 공립 학교 대위기 동안에 개입을 해달라는 요청을 받고 이를 관찰할 기회가 있었다. 그때가 1971년이었다. 차별 폐지는 이제 막 시작되고 있었으며, 다수의 끔찍한 사건이 일어났었다. 오스틴 거주자들은 계속 분리되어 살아왔기 때문에, 다양한 민족과 인종의 젊은이들은 서로를 처음 만나게 되었고, 이러한 상황은 서로에게 의심과 고정 관념을 만들게 하였다. 접촉은 독이 되었다. 비웃음은 주먹다짐으로까지 번졌다. 이 상황은 추하고 위험했으며, 차별 폐지가 편견을 자동적으로 감소시킬 것이라는 착각을 산산이 깨부수었다.

교장이 도움을 요청하였을 때, 나는 대학원생들과 함께 이 시스템 속에 들어가, 부정적인 부분을 다듬기보다는 차별 폐지 정책이 원래 이루고자 하였던 긍정적인 목표를 달성하는 데 우리가 도울 수 있는 부분이 있는지를 파악하고자 하였다. 우리가 가장 먼저 한 일은 다양한 교실에서 일어나는 동태를 체계적으로 관찰하는 것이었다. 우리가 관찰한 가장 흔한 과정은 단연코 6학년 교실에서 다음 시나리오로 대표되었다: 교사는 교실의 앞쪽에 서서 질문을 던지고 학생들이 답을 말하기 위해 손을 들 때까지 기다린다. 가장 많은 경우에 6명에서 10명의 학생이 자리에서 기를 쓰면서 교사의 시선을 끌기 위해 열렬히 손을 흔든다. 다른 상당수 학생들은 조용히 앉아 눈을 피하며 투명 인간처럼 앉아 있다.

교사가 학생 한 명을 지명할 때, 열렬히 손을 흔들었지만 지명 받지 못한 학생들의 얼굴에는 실망, 낙담, 불만의 표정이 역력하다. 학생이 정답을 말하면, 교사는 미소 지으며 정답이라는 의미로 고개를 끄덕이며 그 학생에게 상당한 보상을 준다. 그 순간, 교실 여기저기서 지명을 받기 위해 노력하였지만 무시당한 어린 학생들이 내쉬는 한숨소리가 선명하게 들려온다. 그들은 교사에게 자신의 똑똑함을 보여줄 기회를 잃음에 화가 난다.

이러한 과정을 통해 학생들은 다루고 있는 수업 내용과 함께 몇 가지 사실을 배우게 된다. 첫째, 그들은 교실에는 단 한 명의 전문가밖에 존재하지 않는다는 사실을 배운다: 바로 교사이다. 그들은 적극적으로 자신의 똑똑함을 보여 교사를 기쁘게 하는 것이 보상을 받는 유일한 방법임을 배운다; 동료 학생들과 의논하는 행위에는 보상이 없다. 실제로 다수의 학생이 동급생들은 자신의 적이며 격파해야 할 대상이라는 사실을 배운다. 또한 대부분의 교사는 수업 시간 중 협업에 짜증을 낸다; 교사는 이를 수업에 지장을 주는 행위로 간주한다.

이러한 매우 경쟁적인 역학 속에서 당신이 정답을 알고 있는데 교사가 다른 학생을 지명한다면 지명 받은 학생이 틀린 답을 내놓아 당신의 똑똑함을 보여줄 기회가 다시 오기를 바라는 것이 사람의 마음일 것이다. 지명을 받았지만 틀린 답을 말하거나 경쟁하려고 손을 드는 것조차 하지 못한 학생은 정답을 말한 학생에게 분개할 것이다. 정답을 말한 학생은 상당수의 경우에 그러지 못한 학생을 멸시할 것이다; 정답을 말한 학생은 그러지 못한 학생을 멍청하고 시시한 학생으로 생각할 것이다. 이러한 과정은 친밀감과 이해가 자라기 어렵고, 같은 인종 집단에서도 적대감이 형성되기 쉬운 교실을 만든다. 이미 인종 간 불신으로 긴장감이 도는 상황에서 이러한 경쟁적인 교실 역학이 더해진다면, 교실은 우리가 오스틴에서 마주하였던 혼란의 장이 되어 버린다.

그 시대에는 교실에서의 경쟁이 거의 보편적이었지만, 우리는 사회 심리학자로서 이대로 가서는 안된다는 사실을 깨달았다. 부분적으로, 우리는 로버스 동굴에서 있었던 무자퍼 셰리프의 실험에 기반하여 이 상황에서 필요한 것은 협동 과정이라는 결론을 도출하였다. 그러나 이를 어떻게 실행에 옮길까? 실제로 그리 어렵지 않았다. 대학원생들과 나는 며칠 지나지 않아서 교실의 상황에 맞추어 설계된 간단한 협동 방법론을 개발하였다. 우리의 방법론은 한눈에 봐도 이해할 수 있을 만큼 간단명료하였다. 우리가 설계한 방법론 속에서 수업 내용을 배우고 다가올 시험을 대비하기 위해서 학생들은 서로 함께 작업하고 협동하여야 했다. 이 방법론 속에서 이기려는 시도는 역기능적인 노력이 되었다. 이 방법론은 직쏘 퍼즐처럼 작동하기 때문에, 우리는 이를 **직소 교실**jigsaw classroom이라고 불렀다.[105]

여기 명확한 예시가 있다: 5학년 교실에서 학생들은 유명한 미국인의 자서전을 공부하고 있었다. 다가올 수업의 주제는 유명한 저널리스트인 조셉 퓰리처의 자서전이었다. 우리는 먼저 학생들을 여섯 명으로 구성된 집단으로 나누었다. 이 때 각 집단은 가능한 한 다양한 인종과 성별을 포함하도록 구성되었다. 그러고 나서 우리는 여섯 문단으로 구성된 퓰리처 자서전을 만들었다. 1문단은 퓰리처의 조상과 그들이 미국으로 온 과정을 다루었다; 2문단은 퓰리처의 어린 시절과 성장 과정을 다루었다; 3문단은 퓰리처의 청년 시절, 교육, 초기 커리어를 다루었다; 4문단은 그의 중년과 자신의 첫 번째 신문사를 차리기까지의 과정을 다루었다; 5, 6문단도 이런 식으로 전개되었다. 조셉 퓰리처의 삶에 대한 각 중요한 부분은 별개의 문단에 그 내용이 있었다. 우리는 조셉 퓰리처의 자서전을 복사하고, 이를 한 문단짜리 6개로 나누어, 학습 집단의 6명 각각에게 하나씩 주었다. 이로써 각 학습 집단은 조셉 퓰리처의 자서전을 한 권씩 가지지만, 각 학생은 한 문단 이상의 내용을 가질 수 없게 되었다. 각 학생은 전체적인 내용을 파악하기 위해서 집단의 다른 학생이 발표를 할 때 주의 깊게 들어야만 했다.

교사는 학생들에게 정해진 시간 내에 서로에게 자신의 지식을 전달해야 함을 알려주었다. 또한 그녀는 정해진 시간이 끝난 후에 자신이 전달받은 지식에 대해 시험을 친다는 사실도 알려주었다.

학생들은 며칠 지나지 않아 집단원의 도움 없이는 그 어느 누구도 시험을 잘 칠 수 없다는 사실을 알게 되었다. 그들은 각 집단원이 (인종, 성별, 민족을 불문하고) 자신의 이해도와 이후의 시험 성적에 다른 사람이 대체할 수 없는 중요한 공헌을 한다는 사실을 존중하게 되었다. 이제 단 한 명의 전문가(교사) 대신에, 학생 한명 한명이 각자가 맡은 부분의 전문가가 되었다. 동료 학생이 최선의 방법으로 내용을 전달하는 것은 각자가 그에게 최선의 관심을 가질 때 가능하였기 때문에, 학생들은 서로를 비웃는 대신에 서로를 격려하였다.

이 새로운 방법론이 교실에 스며드는 데에는 며칠 정도의 시간이 걸렸다; 협력하는 행동은 갑자기 생기는 것이 아니다. 이 실험 집단의 학생들은 학생 시절 전반을 경쟁 속에서 보내며 자라왔다. 처음 며칠 동안, 이들 중 대부분은 — 경쟁이 역기능적이었음에도 — 서로 경쟁하려고 시도하였다. 여기에 협력 과정의 배움에 저항하는 학생의 전형적인 예시가 있다: 한 집단에 내가 카를로스라고 부를 멕시코계 미국인 소년이 있었다. 카를로스의 과제는 퓰리처의 젊은 시절을 다루는 것이었다. 그는 그 내용에 대해 알고 있었지만, 긴장된 모습을 보였고, 힘들어했다. 이전 몇 주 동안, 앵글로계 학생 몇 명이 억양을 가지고 그를 놀렸고, 그는 또 다시 놀림을 받을까봐 두려워하였다.

그는 더듬거리고, 주저하면서, 불안해하였다. 당연히 그 집단의 다른 아이들은 도움이 되지 않았다. 경쟁적인 교실의 거칠고 몰아붙이는 전략에 능숙한 학생들은 한 아이가 말을 더듬을 때, 특히 그 아이가 멍청하다고 생각되는 아이일 때 무엇을 해야 하는지 알고 있었다: 그들은 그를 놀렸다. 내가 마리라고 부를 한 아이는, "오, 모르는구나; 너 바보네; 너무 멍청한 거 아냐? 네가 무엇을 하고 있는지는 알고 있니?"라고 말하였다. 우리의 첫 번째 실험에서, 집단은 교실을 이리저리 둘러보는 연구 보조자에 의해 느슨하게 관찰되고 있었다. 이 사건이 발생하였을 때, 보조자는 잠시 개입을 하였다: "좋아, 마리, 네가 카를로스에게 원하는 대로 말해도 돼. 그게 재미있을 수 있어. 그러나 그게 퓰리처의 젊은 시절을 공부하는 데에 도움을 주지는 못할 거야. 그나저나 이제 시험까지 한 시간도 남지 않았구나." 강화 수반성이 어떻게 바뀌었는지를 주목하라. 카를로스의 마음에 상처를 입힘으로써 마리가 얻을 수 있는 것은 더 이상 없었다; 이 상황에서 그녀는 많은 것을 잃을 판이었다.

카를로스 집단의 학생들은 몇몇의 유사한 경험 이후에 카를로스가 설명하려던 부분을 배울 수 있는 유일한 방법은 카를로스가 말해야 하는 것에 주의를 기울이는 것이라는 사실을 알게 되었다. 점차 그들은 훌륭한 청취자가 되어 갔다. 어떤 학생은 이를 넘어 훌륭한 대담자가 되기도 하였다. 카를로스가 자신의 지식을 전달하다가 약간의 잡음이 발생할 때 그를 무시하고 놀리는 대신에 그들은 정중하게 탐색적인 질문을 하였다 — 이러한 질문은 카를로스가 대답하기 더 쉽게 만들었다. 카를로스는 이러한 대우에 긴장이 완화되었다. 그리고 긴장이 완화되면서 그의 의사소통 능력은 개선되었다. 몇 주가 지나자 다른 아이들은 카를로스가 자신이 생각했던 것보다 훨씬 똑똑하다는 것을 알게 되었다. 그들이 그를 주목하고 있었기 때문에 이전에는 보지 못했던 그의 능력을 볼 수 있었다. 그들은 그를 좋아하기 시작하였다. 카를로스의 입장에서, 그는 학교생활을 더 즐기기 시작하였고 같은 집단에서 수업 듣는 앵글로계 학생을, 괴롭히는 사람이 아닌 도움을 주는 친구로 보기 시작하였다. 또한 그가 점점 교실에서 편안함을 느끼고 자신감을 얻어감에 따라, 그의 학업 성취도도 향상되었다. 폭력의 사이클은 반전되었다; 그가 빠져 있던 악순환의 늪은 선순환의 연속으로 바뀌었다. 몇 주 지나지 않아 교실의 전체적인 분위기가 바뀌었다.

우리는 무작위로 몇 개의 교실을 선정하여 직소 교실을 도입하였고, 이들을 전통적인 경쟁 방식을 채택하고 있는 교실과 비교하였다. 우리는 최고로 만족스러운 결과를 얻었다: 직소 교실의 학생은 전통적인 교실의 학생보다 객관식 시험에서 더 점수가 높았고, 서로가 친하게 지냈으며, 학교를 좋아하고, 높은 자존감을 가지게 되었다. 결석률도 감소하였다. 직소 교실의 학생 간의 친구 관계는 민족과 인종의 경계를 뛰어넘어 형성되었고, 이는 편견과 고정 관념의 급격한 감소를 가져왔다. 우리는 똑같은 실험을 복제하여 여러 도시의 수십 개의 교실에서 시행하였다. 그리고 그 결과는 항상 유사하였다.[106]

수년 동안의 연구에서 직소 교실의 효과성은 미국인과 어린 학생들에게만 국한되는 것이 아님을 보여주었다. 직소 교실은 유럽, 아프리카, 중앙아시아, 오스트레일리아의 초등학생에서 대학생까지 모든 수준의 학생들에게서 큰 성공을 거두었다.[107] 연구진은 직소 교실의 방법론을 신체적, 정서적 장애가 있는 사람을 향한 편견과 같은 다른 편견에도 적용하였다. 이러한 한 실험에서,[108] 대학생은 정신 질환이 있었다고 설명된 동료 학생과 상호 작용하였다. 이 상호 작용은 구조화된 학습 상황의 일부로, 몇몇 학생은 "정신 질환이 있었던 학생"과 직소 집단에서 상호 작용하였고, 나머지 학생은 더 전통적인 학습 분위기에서 그 학생과 상호 작용하였다. 직소 집단의 학생들은 빠르게 자신의 고정 관념에서 벗어났다; 그들은 더 전통적인 학습 상황에서 그를 만났던 학생보다 그를 더 좋아하였고 그와의 상호 작용을 즐겼다. 더 나아가 직소 세션을 통해 "정신 질환이 있었던 학생"을 경험하였던 학생들은 이후에도 정신 질환자를 훨씬 긍정적으로 묘사하였다.

직소 방법론은 왜 효과가 있을까? 직소 방법론이 이와 같이 좋은 결과를 낳을 수 있었던 이유는 무엇일까? 이 기법이 성공한 한 가지 이유는 협력적인 집단에 참가하는 과정이 내집단 대 외집단의 지각을 부수고 개인에게 "하나됨"이라는 인지 항목을 계발하기 때문이다 — 우리는 이 집단에서 함께 한다.[109] 이것이 효과적인 이유는 사람이 이 협력 전략으로 호의를 베푸는 상황에 놓이기 때문이다. 즉, 집단의 개인은 자신의 지식을 다른 사람과 나눔으로써 호의를 베푸는 것이다. 인지 부조화 이론이 예상하고, 마이크 리피Mike Leippe와 도나 아이젠스타트Donna Eisenstadt의 실험이 보여주는 바와 같이,[110] 다른 사람에게 베푸는 행동을 하는 사람은 이후에도 다른 사람에게 호감을 가지고 대하게 된다: "내가 그를 도와주는 것은 분명 그가 도와줄 가치가 있는 사람이어서야."

사무엘 개트너Samuel Gaertner와 동료들의 실험에서 드러나는 또 다른 보완적인 메커니즘은,[111] 협력이 사람이 사용하는 인지적 분류 체계를 바꾸어 집단 간의 장벽을 낮춘다는 사실을 입증하였다. 다르게 말하면, 협력은 우리의 경향성을 변화시켜 외부 집단을 "남들"에서 "우리"로 바꾸게 한다. 그러나 이러한 "남들"에서 "우리"로의 변화는 어떻게 일어나는가? 나는 함께 소속된 집단 구성원이 경험하는 바를 경험하는 능력인 공감이 중재자의 역할을 한다고 믿는다. 경쟁적인 교실에서 제1의 목적은 단순히 자신의 똑똑함을 교사에게 보여주는 것이다. 그렇기 때문에, 학생은 다른 학생에게 큰 신경을 써야 할 필요가 없다. 그러나 직소 상황은 다르다. 직소 교실에 효과적으로 참여하기 위해서, 각 학생은 발표를 하고 있는 집단원이 누구인지 간에 그에게 주의를 기울여야 한다. 이 과정에서 참가자는 훌륭한 결과를 얻기 위해서는 자신이 다른 학우에게 다가갈 때, 그의 특수한 요구 사항에 맞추어야 한다는 사실을 배우게 된다. 예를 들면, 엘리스는 카를로스가 약간 수줍은 성격이기 때문에 정중하게 탐색 질문을 해야 하는 반면에, 필리스는 수다스럽기 때문에 가끔씩 대화 속도를 늦춰야 한다는 사실을 알게 된다. 피터는 함께 농담을 주고받을 수 있지만, 세레나는 진지한 제안에만 반응을 한다.

이러한 분석에 오류가 없다면, 직소 집단에서의 작업은 어린 아이의 일반적인 공감 능력을 다듬어준다는 결론이 따라 나온다. 이 개념을 검증하기 위해서, 다이앤 브리지먼Diane Bridgeman은[112] 10살짜리 아동을 데리고 영리한 실험을 수행하였다. 이 실험에서 10살짜리 아이들 절반은 2달 동안 직소 교실에 참여하고, 나머지 절반은 전통적인 교실에 참여하였다. 브리지먼은 실험에서 아이들에게 만화 인물의 입장에서 생각할 수 있는, 공감 능력을 테스트하기 위한 일련의 만화를 보여주었다. 한 만화에서 첫 번째 장면은 공항에서 아빠한테 작별 인사를 하며 슬퍼하는 소년을 보여준다. 다음 장면에서 우편집배원은 소년에게 우편물을 배달한다. 세 번째 장면에서 소년은 우편물을 뜯어보고 그 안에 있는 장난감 비행기를 보고 울음을 터뜨린다. 브리지먼은 아이들에게 이 소년이 장난감 비행기를 보고 울음을 터뜨린 이유가 무엇이라고 생각하는지 물어보았다. 거의 모든 아이가 정답을 말하였다: 장난감 비행기가 그로 하여금 그리워하는 아빠를 떠올리게 하였기 때문이다. 그러고 나서 브리지먼은 중요한 질문을 하였다: "우편물을 뜯어보더니 울기 시작하는 아이를 보면서 우편집배원은 무슨 생각을 하였을까?"

이 연령의 어린이 대부분이 똑같은 에러를 범한다; 그들은 모든 사람이 자신이 아는 것을 알 거라고 가정한다. 따라서 전통적인 교실의 어린 아이는 우편집배원이 그 소년이 슬퍼한 이유가 떠나간 그의 아빠가 생각나서라는 것을 안다고 생각하였다. 그러나 직소 교실에 참가하였던 아이들은 다르게 반응하였다. 그들은 직소 방법론의 경험 덕분에 우편집배원의 관점으로 보고 그의 입장에 서보는 능력을 개발하였다. 그 결과, 그들은 공항에서의 이별 장면을 보지 않았던 우편집배원이 멋진 선물을 받고도 울음을 터뜨리는 소년을 보면서 당황스러웠을 거라는 것을 알아차렸다.

얼핏 보면 이는 중요하지 않아 보인다. 결국 아이가 만화 인물의 마음속을 알 수 있다는 것을 누가 신경 쓰는가? 사실대로 말하자면, 우리는 모두 이를 신경 쓴다 — 따라서 이는 매우 중요하다. 앞의 장에서 콜럼바인 사건에 대해 논의한 내용을 떠올려보자. 그 장에서 우리는 공감이 공격성을 억제하는 데에 중요함을 암시하였다. 어린 아이가 다른 사람의 관점에서 세상을 보는 능력을 어디까지 계발할 수 있는지는 그가 이루는 관계 전체에서 깊은 함의를 가진다. 우리가 다른 사람이 경험하는 바를 이해하는 능력을 계발할 때, 우리의 마음이 그 사람에게 열릴 가능성은 높아진다. 우리의 마음이 다른 사람에게 열리고 나면, 그 사람에 대한 편견을 가지고, 그 사람을 괴롭히고, 비웃고, 수치스럽게 하는 것은 사실상 불가능해진다. 필자의 추측이지만, 직소 전략이 콜럼바인 고등학교에서 (혹은 콜럼바인 고등학교로 이어지는 초등학교나 중학교에서) 사용되었다면, 그러한 비극은 발생하지 않았을 것이다.[113]

대학원생들과 나는 1971년에 직소 기법을 개발하였고, 그 이후에 다른 사람들도 유사한 협력적인 방법론을 개발하였다.[114] 이 작업의 함의는 시간이 지날수록 명확해졌다. 당신이 편견을 감소시키고 싶다면 사람들을 공동의 목적을 가진 팀에 편성하라. 무의식 속에 자리 잡은 "암묵적 태도"조차도 팀워크나 공감에 의해 수정될 수 있다. 제이 반 바벨Jay Van Bavel과 윌리엄 커닝햄William Cunningham은[115] 참가자 몇 명을 인종이 섞인 집단(6명의 흑인과 6명의 백인)에 편성하고, 다른 참가자를 동일 인종 집단에 편성하여, 이들에게 암묵적 연관 검사를 실시하였다. 단순히 친숙하지 않은 얼굴을 보기만 한 통제 집단의 백인은 기존과 유사한 결과를 보였다: 이들의 인종적 편향은 흑인보다 강하였다. 그러나 인종이 섞인 집단의 참가자는 외집단의 백인보다 내집단의 흑인에 대해 더욱 긍정적인 자동적 평가를 내렸다. 이는 외집단의 배척보다도 내집단 편향에 의한 선호가 반영된 것이다("그들은 우리 팀이야!"). 그리고 앤드류 토드Andrew Todd와 동료들이[116] 수행한, 5개로 된 일련의 실험은 참가자에게 관점 취하기 — 적극적으로 다른 사람의 경험을 관찰하는 것, 일종의 공감이라고 볼 수도 있다 — 를 시킴으로써 인종적 편향의 자동적인 표현을 상당히 감소시킬 수 있음을 보여주었다.

이 장에서 기술된 충격적인 결과는 미국 전 지역에 있는 수천 개의 교실에서 계속해서 재현되어 왔다. 인종 관계의 일류 전문가인 존 맥커너히John McConahay는[117] 협력 학습을 차별이 폐지된 학교에서 인종 관계를 개선하는 독보적인 효과를 가진 교수법이라고 하였다. 대부분의 교사는 안타깝게도 직소를 비롯한 협력 교육을 배우지만, 이러한 방법론이 사용되는 경우는 예상보다 적다. 모든 관료 체계가 그렇듯이 교육 시스템은 변화에 저항하는 경향이 있으며, 기존의 경쟁적인 교실은 계속해서 규범으로 자리 잡고 있다.

다양성에서 오는 문제

국가, 도시, 이웃, 학교에서의 다양성은 흥미로운 점이거나 혼란의 근원이다. 차별 폐지는 우리에게 이 다양성이 주는 혜택을 누릴 기회를 준다. 그러나 이 혜택을 최대화하기 위해서 반드시 인종과 민족의 계열을 넘어, 가능한 한 조화로운 방식으로 서로 관계를 맺는 법을 배워야 한다. 조화로운 나라를 어느 정도라도 실현하기 위해서 갈 길이 멀다는 것은 두 말하면 잔소리이다.

다양한 민족이 사는 나라에서 일어나는 문제는 미국 전역을 여행하며 매우 다양한 사람에게 인종적 감정과 태도를 인터뷰한 퓰리처상 수상자 데이빗 쉬플러David Shipler에[118] 의해 그래픽으로 묘사되었다. 다소 암울한 그의 결론은 모이고 모여 『낯선자들의 나라』라는 이름의 책으로 출판되었다. 쉬플러는 대부분의 미국인이 인종, 종교, 민족적으로 다른 집단의 사람하고는 친밀한 관계를 맺지 않는다는 사실을 관찰하였다. 따라서 미국 전역에는 엄청난 의심과 오해가 만연해 있다. 필자는 그의 책을 읽으며 차별 폐지가 학교에서 문제를 일으킨다며 나에게 불만을 토로했던 텍사스 학교의 교장이 생각났다. 그는 말하였다: "교수님, 보세요. 정부에서 흑인과 백인 학생이 같은 학교에 다니도록 강제할 수 있어요. 그러나 누가 이 학생들이 어울러 다니는 것까지 강제할 수 있단 말인가요." (나는 그 교장이 윌리엄 그레이엄 섬너의 책을 읽었다고는 생각하지 않는다. 그러나 그는 그와 같은 주장을 하였다.)

그의 주장에 대한 근거라도 제공하듯이 같은 날 점심시간에 필자가 교정을 돌아다니며 본 것은 통합된 학교와는 거리가 멀었다. 대신, 교정에는 스스로 분리된 집단의 무리로 가득하였다: 흑인 학생은 흑인 학생들끼리 무리를 이루었다; 라틴계 학생은 라틴계 학생끼리 무리를 이루었다; 백인 학생도 역시 백인 학생끼리 이루었다. 같은 인종과 민족의 사람이 자기 집단의 사람을 선호하는 것은 놀라운 일이 아니다. 그리고 그것이 — 이러한 선호가 굳어져서 배타적인 행동이 되지 않는 한 — 그 자체로 잘못된 행위도 아니다. 직소 기법을 똑같은 학교에서 시작한지 몇 달 후에 필자는 교정을 거닐다가 사실상 모든 무리의 학생들이 완전히 통합되었다는 사실을 알아차리게 되었다. 아무도 이 학생들에게 서로를 좋아할 것을 "강제하고" 있지 않았다; 그들은 실제로 인종과 민족의 경계를 넘어 서로와 관계를 맺는 것을 선택하고 있었다. 직소 경험은 분명히 초기의 불신과 의심을 완화시키고 있었다.

"낯선 자들의 나라"라고 한 쉬플러의 말은 의심의 여지없이 참이며, 아마도 미국은 항상 그래왔을 것이다. 그러나 이 협력 학습을 경험한 수만 명의 아이는 우리에게 미래에 대한 희망을 준다 — 그들은 자라서 다양성을 즐기고, 다양성에서 오는 혜택을 누리고, 서로를 좋아하고 존중할 줄 알며, "그들"도 결국은 "우리"임을 이해하는 어른으로 자라날 것이다.

위대한 인본주의자는 끊임없이 이 메시지를 설파하기 위해 노력하였다. 넬슨 만델라는 그의 활동이 남아프리카 공화국의 아파르트헤이트(남아프리카공화국의 인종 차별 정책)가 끝나는 데 일조하였다는 이유로 27년을 감옥에서 복역하였다. 그리고 복역이 끝난 후 남아프리카 공화국의 첫 번째 흑인 대통령으로 선출되었을 때 그는 복수나 피의 보복을 시도하지 않았다; 그는 백인 전 대통령, F.W. 더 클러크와 업무적 관계를 맺고 남아프리카 공화국을 완전한 다인종 민주주의 국가로 변모시켰다. (기념비적인 협력 관계로 인해 이 두 사람은 노벨 평화상을 공동 수상하게 된다.) 만델라는 서술하였다: "그 어떤 사람도 태어나면서부터 피부색과 배경, 종교 때문에 사람을 증오하지 않습니다. 사람은 틀림없이 증오를 배웁니다. 그리고 증오를 배울 수 있다면 사랑을 배울 수도 있을 것입니다. 심장의 본질은 증오가 아니라 사랑입니다."

8

좋아하기, 사랑하기, 그리고 관계 맺기

Liking, Loving, and Connecting

1946년에 개봉된 뮤지컬 “애니여 총을 잡아라Annie Get Your Gun”는 1875년 15세의 나이로 26세의 명사수를 이긴 전설적인 명사수 애니 오클리와 ‘버펄로 빌 웨스트 쇼’의 유명한 스타인 프랭크 버틀러의 실제 삶에 기반하여 제작되었다. 이 뮤지컬에서 애니는 그녀의 잘생긴 경쟁자와 금세 사랑에 빠지지만, 그녀의 뛰어난 사격 실력이 그의 자아를 위협할 수 있다고 인정하게 된다. 그녀는 명사수로서의 커리어와 사랑 사이에서 하나를 선택해야 함을 깨닫는다. “총으로는 사랑을 얻지 못하네”라는 노래를 부르며, 그녀는 2차전에서 펼쳐진 프랭크와의 시합에서 의도적으로 패배하고, 남성으로서의 자존심이 회복된 프랭크는 즉시 애니와 사랑에 빠진다; 그들은 ‘와일드 웨스트 쇼’의 스타로서 평생을 행복하게 살아간다.

이 뮤지컬은 엄청나게 흥행하였고, 할리우드 영화와 TV 쇼에 영감을 주기도 하였지만 몇 가지 중요한 사실을 각색하였다. 실제로 애니와 프랭크는 평생을 행복하게 살았으나, 프랭크는 애니의 실력을 질투하지 않았다. 그는 애니의 사격 실력에 기뻐하였으며, 기쁜 마음으로 스타로서의 명성을 포기하고 비즈니스 매니저와 실전에서의 보조자 역할을 하면서 그녀를 지지하였다. 이 커플은 미국과 유럽을 여행하였으며, 애니는 자신의 라이플로 청중을 감탄시켰다. 그녀는 총알로 촛불을 끄고, 공중에 던져진 동전을 맞추고, 프랭크의 입술에 달려있는 담배를 맞추는, 소름 끼칠 정도의 사격 솜씨를 선보이며 자신의 명중률과 프랭크와의 신뢰를 증명하기도 하였다. 프랭크와 애니의 행복한 결혼 생활은 애니가 빈혈로 사망할 때까지 50년 동안 계속되었다. 애니가 사망하였을 때, 프랭크는 그 충격에 삶의 의지를 잃고 식음을 전폐하다가 애니의 장례식이 끝난지 18일만에 사망한다.[1]

왜 뮤지컬은 사랑 이야기를 있는 그대로 전하지 않았을까? 이 뮤지컬의 각색된 버전은 그 당시에 퍼져 있던(그 후로도 수십 년 동안 남아있던), 여자는 예쁘고 사랑스러워야 하며, 무엇보다도 자신보다 재능이 없거나 지능이 낮은 남자보다 빛나서는 안 된다는 성 고정 관념을 반영한다. 이 뮤지컬에서 각색된 애니는 프랭크의 호감을 얻기 위하여 모든 노력을 쏟아부었다. 그들의 이야기는 이 장에서 나올 내용 — 매력, 친구 관계, 사랑, 인간관계 — 에 대하여 많은 것을 말해준다. 매력이란 무엇인가? 무엇이 좋아하기, 열정, 그리고 우리가 사랑이라 표현하는 신비로운 현상의 연료가 되는가? 왜 애니와 프랭크 같이 죽을 때까지 함께하는 연인도 있는 반면, 다른 연인은 순식간에 사랑이 식어버리고, 결혼한 부부의 절반은 8년쯤 후에 이혼을 하게 되는가?

"누가 누구를 좋아하는가?"라는 질문은 고대부터 있었던 질문이다. 동굴 속에 살았던 한 아마추어 사회 심리학자는 틀림없이 이웃 동굴에 사는 동료가 자신을 더 좋아하게 하거나 덜 싫어하게 하는 — 적어도 그에게 뒤통수를 맞을 일은 없게 하는 — 방법을 궁금하게 여겼을 것이다. 아마도 그는 약간의 검치 호랑이 고기를 선물로 주면서, 이 선물이 효과가 있기를 기대하였을 것이다. 그는 자신의 이빨을 보이는 — 으르렁거리거나 위협적인 찡그린 표정이 아닌, 보다 부드럽고 유순한 — 새로운 감정 표현을 시도하였을 것이며, 그 방법은 결과적으로 미소라고 부르는 표정으로 발전하였을 것이다.[2]

기본적인 생존 욕구를 만족시킨 후에, 가장 강력한 동기는 다른 사람과 유의미한 관계를 맺는 것이다.[3] 좋은 관계는 우리를 행복하게 하면서, 그야말로 살 맛 나게 해준다. 보스턴에 사는 두 남자 집단(하나는 하버드에 입학한 상류층이고, 하나는 노동자 계층)을 청소년기부터 노년기까지 75년간 따라다니며 수행한 하버드 대학의 기념비적인 연구를 생각해 보자. (이 연구가 시작된 시기에는 여성의 입학이 허용되지 않아서 참가자는 모두 남자였다.) 이 연구의 목표는 삶의 후반부의 건강, 심리적 안녕, 행복을 가능하게 하는 요인(경험, 자원, 삶의 조건 등 포함)을 파악하는 것이었다. 어떤 결과가 나왔을까? 이 연구의 책임자인 로버트 월딩거Robert Waldinger에 의하면, "우리가 75년의 연구에서 얻은 가장 명확한 메시지는 '좋은 관계는 우리를 더 행복하고, 건강하게 해준다'는 것이다."[4] 하버드 연구에서 가장 행복한 사람은 가장 훌륭한 성취를 이루어냈거나, 가장 많은 돈을 벌었거나, 가장 행복한 어린 시절을 보낸 사람이 아니었다. 이들은 다른 사람과의 관계를 최우선시하였던 사람이었다. 이들은 80대나 90대까지 사는 경우가 많았다 — 그리고 즐겼다.

많은 연구에서 힘들거나 행복한 동안에 지지와 동료애, 사랑을 제공하는 관계가 얼마나 중요한지 확인해준다.[5] 대조적으로 외로움은 스트레스 받는 사건을 발생시키지는 않지만 스트레스를 재앙으로 변화시키는 위험 요인이다. 외로운 사람은 효율적인 수면을 취하지 못하고, 혈압이 높으며, 상처를 입었을 때 그렇지 않은 사람에 비해 회복 속도가 느리다.[6] 그러나 이 데이터를 통해 장기적인 관계의 혜택을 얻기 위해서 반드시 결혼해야 하고 연인과의 관계에 전념해야 한다고 해석해서는 안 된다. 혼자 산다고 해서 건강에 손해 보는 것은 하나도 없다. 문제는 외로움을 느끼고 고립된다는 것이다.[7] 사람은 다른 사람들에 둘러싸여도 외로움을 느낄 수 있다; 그들은 혼자 살아도 풍요로운 사회생활을 할 수가 있다. 1950년대에 대부분의 사람은 싱글족을 "부도덕하거나" "신경증이 있다"고 믿었지만, 오늘날에는 이러한 오명이 사라졌다. 미국 성인의 절반은 혼자 사는 것을 선택하는데, 이는 1950년대의 두 배가 넘는 수치이다. 실제로 혼자 사는 삶은 그것대로 사회적, 시대적 이점을 가지고 있다. 혼자 사는 사람은 결혼 생활을 하거나 동거하는 사람보다 친구와 더 자주 식사, 운동, 예술 및 음악 클래스를 즐기고 자원봉사 활동을 하는 경향이 있다.[8] 당신은 관계에 헌신할 필요 즉, 관계를 맺을 필요가 없다.[9] 외로운 홀아비 프랭크 버틀러가 했음직한 말을 하버드 보건대학의 전 이사인 조지 베일런트가 실제로 그 연구에 대해 다음과 같이 말하였다: "관계 맺기는 모든 것이다."[10]

좋아한다는 것: 무엇이 우리가 다른 사람을 좋아하게 하며, 다른 사람이 우리를 좋아하게 만드는가?

사람들에게 자신의 친구를 다른 사람보다 왜 더 좋아하는지를 물으면 다양한 대답이 나온다. 가장 일반적인 대답은 신념과 흥미가 비슷하다거나, 유용한 기술이나 능력을 가지고 있다거나, 미모, 귀여움, 재치, 충심, 정직, 친절과 같은 자신이 좋아하고 높게 평가하는 특징을 가지고 있거나, 자신의 호감에 호감으로 반응하는 사람을 좋아한다 등이다.

이러한 이유는 합리적이다. 이 이유들은 『인간관계론』이라는 데일 카네기의[11] 저서에 나오는 조언과도 일맥상통한다. 이 인간관계를 위한 비법서는 사람들이 찾고 있던 '마법의 책'으로 보인다. 1937년에 처음 출판된 이 책은 아직도 출판되고 있으며 역사상 최고의 베스트셀러이다. 이는 그리 놀라운 일이 아니다. 사람은 어딘가에 소속되고 중요한 사람임을 느끼고 싶어 한다. 우리는 호감을 얻기를 원한다. 수십 년에 걸쳐 고등학생을 대상으로 조사한 연구에 따르면,[12] 이들이 가장 소중하게 여기는 것은 다른 사람이 자신을 대하는 방식이다 — 그리고 이들은 사람들이 자신을 더 좋아하기를 바라는 굉장히 강력한 욕구를 가진다. 이러한 걱정은 동급생 집단이 삶에서 큰 부분을 차지하는 청소년기에 가장 심하다. 그러나 호감을 얻고자 하는 욕구는 분명히 미국 청소년만의 문제가 아니다. 다른 사람의 마음을 끄는 단일 공식에 대한 탐색은 전 세계 어디에서나 찾아볼 수 있다. 이러한 이유로 데일 카네기의 저서는 35개의 언어로 번역되었으며 아직도 세계 곳곳에서 읽히고 있다.

카네기의 조언은 간단하다. 사람들이 당신을 좋아하기를 원한다면 편한 사람이 되고, 당신도 이들이 좋아하는 행동을 하고, 이들의 관심사에 흥미를 가지며, 이들에게 칭찬을 아끼지 말고, 수용적인 태도를 취하며, 비판을 삼가라 — 그리고 "평범한 사람은 어떤 이름보다도 자신의 이름에 관심을 갖기" 때문에 가능한 한 그 사람의 이름을 부르며 앞에서 언급된 행위를 하라. 카네기는 대부분의 사람이 극 속의 프랭크 버틀러와 같다고 확신하였다; '당신이 사랑을 얻고 영향력을 발휘하기를 바란다면 사람을 기쁘게 하는 모든 것을 행하고, 치열한 논쟁에서 패배를 안기는 것과 같이 사람을 기분 나쁘게 하는 모든 것을 금하라'라고 가르친다.

정말로 이러한 전략은 효과적일까? 적어도 친밀감을 형성하는 초기 단계에서는 어느 정도 맞는 말이다. 연구실에서 실시된 실험에 따르면, 사람은 불편한 성격의 소유자보다 편한 성격의 소유자를 좋아한다.[13] 자신에게 반대하는 사람보다 동의하는 사람을 더 좋아하고, 자신을 싫어하는 사람보다 좋아하는 사람을 더 좋아하고, 경쟁자보다는 협력자를 더 좋아하고, 자신을 비판하는 사람보다는 칭찬하는 사람을 더 좋아한다. 이러한 호감의 조건은 하나의 포괄적인 명제로 정리될 수 있다. 우리는 최소한의 비용으로 최대한의 보상을 받을 수 있는 사람을 좋아한다.[14]

일반적으로 알고 있듯이, 우리는 어떠한 방식으로든 자신에게 좋은 느낌을 주는 사람을 좋아한다. 하지만 이러한 다소 뻔한 이유를 넘어, 서로를 끌리게 하는 것은 무엇일까? 존 시벗John Thibaut과 해롤드 켈리Harold Kelley는[15] 오래전에, 우리가 누구를 친구나 연인으로서의 가치를 따질 때, 그가 우리에게 가져오는 것과 다른 친구나 연인이 가져오는 것을 비교하는 경향이 어느 정도 있다고 주장하였다. 매력의 결정적인 요인 중 하나는 우리가 판단하는 '대안과의 비교 수준'이다. 맥스는 좋은 사람이지만, 로저는 훨씬 귀엽고 교육 수준이 높으며 나와 더 가까이 산다면 그리고 내가 매력으로 로저의 호감을 얻고 친해질 수 있다고 생각한다면, 맥스는 매력이 떨어지게 보일 수도 있다.

그러나 관계란 이렇게 단순하지만은 않다. 모든 관계가 비용과 이익의 측면에서 계산되기만 하는 것도 아니다. 사람은 좋은 느낌을 얻기를 바라지만, 그것이 전부는 아니다. 장기간의 친구 관계나 연인 관계는 단순히 현시점에서 서로를 행복하게 하는 것 이상이 필요하다. 따라서 우리는 단순한 매력의 보상 이론을 넘어 복잡하고 때로는 난해한 매력, 친밀감, 사랑의 본질을 이해하여야 한다.

이제 친구와 연인을 선택하는 데 중요한 영향을 미치는 5가지 공통적인 요인을 살펴보려 한다. 우리는 '근접'해서 살고, 우리 생각에 우리와 '유사하고,' '우리를 좋아하고,' '신체적으로 매력적인' 사람을 좋아하는 경향이 있다. 그리고 마지막 요인은 하이테크 시대가 만들어낸 최근의 요인이다. 이 요인을 우리는 '선택의 역설'이라고 한다.

근접성 매력적인 누군가를 발견하여 그를 알아가는 것은 얼마나 가까이에 사느냐에서 출발한다. 이것보다 확실한 것이 있을까? 자신이 가장 좋아하는 사람의 이름을 말하라는 요구에 무작위로 기숙사 방에 배정된 대학생은 반 정도가 옆방의 이웃 학생의 이름을 말하였다.[16] 만나지 않는 사람과 친분을 쌓기는 어렵고 가까운 사람과의 친분은 유지하기 쉽다는 것을 볼 때, 이는 일리가 있다. 확실히 가까이 사는 사람들끼리는 적은 비용으로 큰 보상을 얻을 수 있다. 그러나 근접성이 호감을 증가시키는 이유가 만나는 것이 쉬워서만은 아니다. 근접성은 서로를 반복적으로 노출케 하며, 다른 조건이 모두 동일할 때, 사람은 익숙한 사람에게 호감과 매력을 느끼게 된다. 반복해서 듣는 노래처럼, 사람은 자라면서 오랜 시간 계속 봐온 사람과 친하게 된다. 또한 3장에서도 말한 바 있듯이, 우리는 상호 작용을 계속할 것이라 예상하는 사람에게 더 매력을 느낀다. 누군가를 한동안 계속 보게 될 것이라는 사실에 발동하는 인지부조화는 우리에게 그의 좋은 면모만 보게 하고 그의 결점에는 그다지 개

의치 않게 한다.[17]

근접성은 언제나 결혼에 막대한 영향을 미치는 요인이었다. 제임스 브로사드James Brossard는[18] 1930년대 필라델피아의 결혼 기록을 분석하여 대부분의 결혼은 가까이 사는 사람끼리 이루어진다는 사실을 발견하였다. 결혼한 사람의 3분의 1은 다섯 블록 이내의 거리에 사는 사람이었고, 6분의 1은 같은 블록에 사는 사람이었고, 8분의 1은 같은 아파트에 살던 사람이었다. 배우자가 다른 도시에서 온 사람인 경우는 5분의 1에 불과하였다. 코미디언 아지즈 안사리Aziz Ansari와 사회학자 에릭 클리넨버그Eric Klinenberg는[19] 뉴욕시의 은퇴한 사람을 대상으로 포커스 그룹 연구를 수행하여, 이 노인들이 인생의 반려자를 만난 장소에 일관성이 있다는 사실을 발견하게 되었다. 안사리는 기술한다. "다들 같은 이웃, 같은 거리의 사람끼리 결혼하고, 심지어 같은 빌딩에 있는 사람끼리 결혼하기도 해요. 이게 너무 이상해서 내가 물어봤어요. '여러분, 뉴욕시에 살면서, 집 밖에 있는 사람들은 생각해보지 않았어요? 너무 자신을 제한하는 거 아니세요?' 그들은 어깨를 으쓱하며 일부러 그렇게 한 것은 아니라고 말했지요."[20]

그때처럼 지금도 논쟁의 여지가 없는 것은 지리적으로 당신과 가장 가까이 있는 사람이야말로 가장 아끼는 사람이 될 가능성이 크다는 사실이다. (아마도 외딴 시골이나 불가리아에) 당신을 기다리는 천생연분이 있다는 것은 로맨스 신화를 엉망으로 만든다. 사람은 태고적부터 지금까지도 가까운 동굴에 사는 사람, 집 가까이 사는 사람, 같은 직장, 사무실, 공장에 근무하는 사람과 사랑하거나 어울려 살 확률이 높았다. 오늘날처럼 인터넷 시대에 데이트 앱을 이용하는 시대에도 근접성은 사랑하는 사람을 찾아내는 첫 단계에 해당한다: 당신과 당신의 천생연분은 같은 시간에 같은 소개팅 사이트에 접속하고 여기에 더해 어느 나른한 오후나 "매혹적인 밤"에 두 사람 중 한 쪽이 충분한 시간과 동기를 가지고 유혹하는 글을 보내면서 사이트에서 우연히 만날 수 있다. 그러면 상대방은 그 한 쪽의 글을 읽어야만 할 것이고 다른 수많은 잠재적 구혼자로부터 온 글 중에서 한 쪽의 글에 답할 것을 기억해야만 할 것이다. 외딴 시골에 사는 당신의 진정한 사랑은 오늘날 접근이 더 쉬울 수도 있지만 그 진정한 사랑은 수많은 디지털 군중 속의 한 명일 뿐이다. 즉, 당신이 외딴 시골에 거주하는 경우에만 그 외딴 시골에서 사랑을 찾을 수 있다는 것을 의미한다. 사람들은 결국 자기 집과 더 가까이 사는 사람을 연인으로 선택할 것이다.

유사성 린은 파티에 가서 수잔을 알게 되었다. 잠시 동안의 대화였지만, 그들은 조지 부시, 조지 클루니, 조지 엘리엇, 영국의 조지 3세에 대해 완전히 똑같은 견해를 가지고 있음을 알게 되었다. 각자는 숙소로 돌아가서 룸메이트에게 자신이 멋지고 지적인 여자를 만났다고 얘기한다. 린과 수잔의 경우처럼 태도, 견해, 관심사가 유사한 것처럼 보이면 보일수록 그 사람을 더 좋아하게 된다는 사실은 수백 번의 실험에서 나타나고 있다. 자신과 반대인 사람한테 끌릴 수는 있다. 그러나 그 사람과 잘 맞을 수는 없다.

왜 지각된 유사성은 사람을 매력적으로 만드는 것일까? 적어도 두 가지 주요 이유가 있다. 첫 번째로, 대부분의 경우에 주요 이슈에서 태도와 견해를 공유할 수 있음은 그 사람이 굉장히 지적이고 사려가 깊다는 사실을 뚜렷하게 보여주며, 이러한 똑똑하고 사려 깊은 사람과 어울리는 것은 확실히 도움이 되고 흥미로운 일이다. 당연히 그들은 똑똑하고 사려깊다 — 우리 말에 동의하니까! 두 번째로, 이러한 사람은 우리의 신념에 대한 사회적 타당성을 가져다준다. 즉, 자신이 옳다고 느끼고 싶은 욕구를 충족시켜준다.

더욱이 인간은 태도의 유사성과 호감의 관계를 확신하기 때문에, 예를 들어 들새 관찰과 같이, 아무런 관련이 없는 이유로 사람을 좋아하게 되면 정치, 종교, 영화에 대한 태도도 공유한다고 추정할 것이다. 따라서 인과 관계는 쌍방향으로 작용한다. 우리는 태도가 유사한 사람을 좋아하고, 누군가를 좋아하는 이유를 태도의 유사함에서 찾는다.[21] 우리는 다른 사람과의 유사성을 '지각하는' 것만으로도 호감을 느낄 수 있다.[22] 이 원리는 모든 종류의 관계에 적용되며 효과적인 마케팅 기법이라고 증명되었다. 텔레마케터는 대상자와의 유사성을 파악하면 ("우와, 저도 학생이에요!" 하고) 목소리 톤을 높여 그 부분을 지적하도록 많은 훈련을 받는데, 이는 자신이 좋아하거나 자신과 닮았다고 생각하는 사람에게 제품을 구입할 가능성이 더 높다는 사실을 이용한 것이다.[23]

헌터 겔바흐Hunter Gehlbach와 동료들은[24] 유사성과 호감 효과를 이용해서 학생과 교사의 관계를 개선하였다. 큰 고등학교의 교사와 학생은 자유 시간에 하고 싶은 행동의 우선순위를 포함하는 다양한 범위의 주제에 대한 설문에 답변하였다. 여기서 얻은 응답을 가지고, 연구진은 교사와 학생을 무작위로 배정하여 5가지 유사점을 알게 하였다. 절반의 학생은 자신의 교사가 이 5가지 점에서 유사하다는 사실을 알게 되었고, 교사들 또한 학생에 대해 똑같은 사실을 알게 되었다. 이 작은 개입 즉, 당신이 교사나 학생이라는 미지의 사람과도 공통된 관심사를 가질 수 있음을 가르쳐준 것이 상호 호감과 존중을 증가시킨 것이다. 이러한 관계의 개선은 소수 민족 학생에서 특히 두드러지는데, 이는 활동, 가치,

기호에서의 공통점을 알게 되는 것이 일차적으로 지각되는 인종이나 민족의 차이를 극복할 수 있음을 함의한다.

개인적 특성: 유능함 공적인 설문 조사나 데이트 사이트에서 자신이 좋아하는 성격 특성을 비롯한 여러 특성을 기술해보라는 질문을 받을 때, 사람들은 흔히 정직함, 유능함, 지성과 같은 특성을 나열한다. 그러나 이러한 부류의 연구에서, 인과 관계의 방향성을 확립하는 것은 어려운 과제이다. 우리는 대하기 편한 성격의 소유자를 좋아하는 것일까, 아니면 우리가 좋아하는 사람을 대하기 편한 사람이라 생각하는 것일까? 어느 쪽으로든지 인과 관계는 성립될 수 있다. 각 요인이 어떤 영향을 미치는지를 구명하기 위해서는 이들을 설문지에 남겨놓기보다는 각각의 관련성을 더욱 통제된 환경에서 실험하는 과정이 필요하다. 여기서는 가장 중요한 두 가지 개인적 특성인 유능함과 신체적 매력을 실험하려고 한다.

우리가 유능한 사람을 더 좋아하는 것은 분명해 보인다. 여기서 "유능함"이란 영리함, 수행 능력, 판단력 등을 포함한다. 주변에 자신이 하는 일을 알고 많은 것을 가르쳐줄 수 있는 사람이 많을 때, 우리의 삶은 훨씬 더 수월해질 수 있다. 그러나 연구 증거는 이와 모순된다. 문제 해결 집단에서는 가장 유능하고 최고의 안을 제시한 참가자가 가장 많은 호감을 얻는 것이 아니었다.[25] 왜 그럴까? 한 가지 가능성은 유능한 사람이 주변에 있는 것은 좋지만 지나치게 유능한 사람은 우리를 불쾌하게 만든다는 것이다. 이들은 다가갈 수 없고, 거리가 멀고, 상위 차원의 사람으로 보일 수 있으며, 우리는 이들과 자신을 비교할수록 부족함을 (그리고 불쾌함을) 느끼게 된다. 이것이 사실이라면 이들이 완벽하지 않다는 증거를 내보일 때 우리는 이들을 더 좋아할 수도 있다. 예를 들어, 똑똑한 수학자이고, 뛰어난 운동선수이면서, 고급 요리사인 친구를 둔 사람은 한 번이라도 그가 실수하는 것을 본 후에 그를 더 좋아할 수도 있다.

1961년 존 F. 케네디 대통령이 피델 카스트로를 몰아내기 위해 쿠바의 피그스 만을 침략하는 끔찍한 오판을 한 사건은 이 가설에 관련한 실험적 연구에 불을 붙였다. 이 침략은 실행 직후에 "피그스 만의 실패"라는 별명이 붙여져 아직도 회자되고 있을 정도로 경악스러운 실책이었다. 그러나 케네디 대통령의 인기는 떨어지지 않고 급격히 치솟았다. 사람들은 그를 더 좋아하였으며, 그의 인기는 결코 떨어지지 않았다. 그 이유가 무엇인지는 굉장히 흥미로운 주제였다. 한 가지 가능성은 케네디가 "지나치게 완벽했다"는 것이다. 그해 케네디는 매력의 정점에 서있었다. 그는 소설에서나 나올 법한 수준의 캐릭터였다. 실제로 그의 정권은 카멜롯에 비견되었다. 그는 젊고, 잘생겼으며, 밝고, 재치 있고, 호감형이었으며, 운동까지 잘하였다. 그는 독서광이었고, 베스트셀러의 작가였으며, 만성적인 신체적 고통도 묵묵히 안고 살아가는 전쟁 영웅이기도 하였다. 그는 여러 개의 외국어를 할 줄 아는 지성과 미모를 갖춘 여성과 결혼하였는데, 그녀는 케네디와 사이에서 깨물어주고 싶은 1남 1녀의 자식을 두었으며, 부유하고 저명하며 케네디 가와 긴밀히 맺어진 집안의 일원이었다. 즉, 그는 질투 날 정도로 완벽하였다. 그렇다면 중대한 전략적 실책의 책임자라는 사실이 그에게 인간미를 부여하였고, 그 인간미를 본 대중이 그를 더 좋아하게 된 것이었을까?

다시 말하면 입이 아플 정도이지만, 실제 세상은 이러한 가설을 검증하기에는 매우 부적절한 장소이다. 실제 세상에서는 너무나 많은 것들이 동시다발적으로 일어나며, 그들 중 어떤 것이라도 케네디의 인기를 올린 요인일 수 있다. 예를 들어, 피그스 만의 실패 이후에 그는 변명을 하거나 책임을 떠넘기지 않았다. 그는 자신의 행동에 대해 온전히 책임을 졌다. 이러한 행동이 케네디의 대중적인 인기가 증가한 데에 큰 공헌을 했을 수도 있다.

케네디의 급상승한 인기에 대한 호기심으로 벤 윌러먼Ben Willerman과 조앤 플로이드Joanne Floyd는[26] 실험적 연구를 시작하였다. 연구자는 남자 대학생으로 이루어진 참가자들에게 소속 대학을 대표하는 제퍼디 쇼 형식의 퀴즈 쇼에 나갈 후보자를 평가하라고 요구하였다. 그들의 일은 후보자가 자신에게 준 인상과 그들이 느낀 호감의 정도를 평가하는 것이었다. 그 후에 그들은 한 젊은 남자(자극원)와 일련의 어려운 질문을 하는 대담자 간의 인터뷰를 녹음본으로 듣게 되었다. 이 인터뷰의 녹음본에는 4가지 버전이 있었다. 첫 번째 버전에서, 후보자는 높은 수준의 유능함을 보였다. 실제로 그는 질문의 92퍼센트에 정확하게 대답하는 완벽에 가까운 모습을 보였고, 고등학교 시절에 했던 활동에 대한 질문을 받았을 때 담담하게 자신이 우등생이었고, 학교 신문 편집장이었으며, 육상팀의 멤버였음을 말하였다. 두 번째 버전에서, 후보자는 평균 수준의 능력치를 가진 사람으로 나왔다. 그는 질문의 30퍼센트에만 정확한 대답을 하였으며, 인터뷰에서 자신이 고등학교 시절에 평균 정도의 성적을 받았고, 학교 신문의 교정원이었으며, 육상팀에 들어가려 했지만 그러지 못했음을 말하였다. 다른 두 개의 버전에서, "우수한" 후보자와 "평범한" 후보자는 서투르게 커피를 쏟아 옷을 전부 버리는 당혹스러운 실수를 범하였다. (사실 이 "실수" 버전에서 후보자가 커피를 쏟아 옷을 버리는 상황은 덜커덕거리는 소음, 의자 끄는 소리, 깜짝 놀라는 소리를 합쳐서 듣는 사람이 그렇게 생각하도록 만든 것이었다.)

이 실험의 결과에서 우리는 소위 말하는 **실수 효과**pratfall effect를 확인할 수 있었다. 실수를 저질렀던 우수한 후보자는 가장 매력적인 사람으로 평정되었고, 똑같은 실수를 저지른 평범한 후보자는 가장 매력 없는 사람으로 평정되었다. (실수를 하지 않은) 완벽한 후보자는 두 번째로 매력적인 사람으로 평정되었고, (실수를 하지 않은) 평범한 후보자는 세 번째로 매력적인 사람으로 평정되었다. 커피를 쏟은 것은 확실히 그 자체로 매력적인 행동은 아니었다. 그 행동은 완벽한 사람에게는 애정을 유발하는 또 다른 매력 요소로 작용하였지만, 평범한 사람에게는 그의 평범함만 배가시켜 매력을 감소시키는 요소로 작용하였다. 이 실험은 높은 수준의 유능함이 매력적인 사람을 만들지만, 그를 더욱 매력적인 사람으로 만드는 것은 이 사람 또한 완벽하지는 않다는 증거라는 우리의 주장을 지지하는 근거를 주었다.

이 일반적인 현상은 장기적인 관계에도 영향을 미친다. 에이브러햄 테서Abraham Tesser는[27] 매우 유능한 친구나 친척이 우리에게 대단한 만족감과 자신감을 준다는 사실을 발견하였다. 유능한 사람과 가까운 사이라는 것은 우리에게 여러 가지 이익을 준다. 우리는 그에게서 많은 것을 배울 수 있고, 그의 후광에 편승할 수 있으며, 그의 성공을 즐길 수 있다.[28] 그러나 그가 '우리와 관계있는 분야'에서도 우리보다 뛰어나서 우리를 무능하고 비교할수록 더 못난 사람으로 만든다면 그에 대한 우리의 호감은 감소할 것이다. 테서의 연구는 형제자매, 가까운 친구, 애인은 서로가 다른 분야에서 뛰어날 때 더 가까운 관계를 유지하기 쉬울 것임을 암시한다. 애니 오클리의 매니저가 되기 위해 사격 선수로서의 커리어를 포기함으로써 실제 프랭크 버틀러는 평생 동안 그녀와 행복하게 살 수 있었다. 그는 그녀의 경쟁자로 살면서 그녀의 유능함에 자신의 가치를 훼손시키는 대신, 그녀의 후광에 편승하였다.

개인적 특성 : 신체적 매력 데이트를 한다고 생각해보라. 때는 저녁의 끝자락, 이제 앞에 있는 이를 다시 만날지 결정할 순간이다. 이 데이트에 가장 큰 영향을 미치는 것은 무엇일까? 온화함, 섬세함, 지성, 연민? 느낌이 오지 않는다. 그렇다면 수려한 외모? 바로 그것이다!

대부분의 사람은 이 사실을 부정한다. 우리는 미모란 껍데기에 불과하며 호감의 작은 결정 요인에 불과하다고 믿는다. 신체적 매력과 같이, 인간이 어찌할 수 없는 것이 중요하다는 것이야말로 엄청난 문제 아닌가? 정말 불공평한 것처럼 보인다. 많은 사람이 통상적으로 신체적 매력은 여성보다 남성에게 더 중요하다고 생각하지만, 29,000명 이상의 사람을 분석한 한 연구에 의하면 신체적 매력은 양성에 똑같이 중요하다.[29] 그리고 이들의 실제 행동을 분석한 사후 연구에 의하면 일반적으로 대학생이 다른 사람의 외모에 특히 큰 영향을 받는다.[30] 수년 전에, 일레인 월스터Elaine Walster와 동료들은[31] 미네소타 대학의 신입생을 블라인드 데이트에 초대하여 임의로 상대를 매칭시켰다. 학생들은 이전에 두 번의 개인 특성 검사를 받았다. 이들이 가진 수많은 특성 중에 어떤 것이 호감에 가장 큰 영향을 미쳤을까? 지성, 남성성, 여성성, 지배성, 복종성, 의존성, 독립성, 섬세함, 진실함 등 여러 가지의 개인 특성이 있지만, 호감에 가장 큰 영향을 미쳐서 데이트가 이어지게 만든 요소는 신체적 매력이었다. "개인 특성 프로필"과 "이상적인 메이트 특징"을 없앤 틴더를 비롯한 데이트 앱의 엄청난 성공은 우리가 프로필 사진이라는 유일한 근거를 가지고 얼마나 빠르고 완벽하게 다른 사람을 거절하는지를 보여준다.

그러나 유사성 효과가 암시하는 바와 같이, 사람은 같은 수준의 신체적 매력을 가진 사람끼리 만나는 경향이 있다. 월스터와 동료들의 연구에 의하면 잘생긴 남자가 아름다운 여자와 매칭되었을 때 데이트가 이어질 가능성이 가장 높았다. 그레고리 화이트Gregory White는[32] UCLA의 비교적 오래가는 젊은 커플들을 연구하면서 신체적 매력은 중요하지만, 커플 관계가 오래 지속되는지를 결정하는 중요한 요인은 두 사람이 가진 신체적 매력의 '유사성'이었다. 데이트를 시작한지 수개월이 지난 후에 비슷한 수준의 신체적 매력을 가진 커플은 그렇지 않은 커플에 비해 관계가 더욱 깊어지는 경우가 훨씬 많았다. 심지어 미녀의 야수도 결국에는 잘생긴 본래의 모습을 드러낸다.

미모는 다른 사람에 대한 귀인의 방식에도 영향을 미친다. 카렌 디온Karen Dion과 동료들은[33] 대학생에게 비슷한 연령대의 세 사람의 사진을 보여주었다. 한 명은 외모가 수려했고, 한 명은 평균 수준의 외모를 가지고 있었으며, 한 명은 못난 외모의 소유자였다. 참가자는 이 세 명을 27개의 성격 특성을 들어가며 평가하고, 이 중 누가 미래에 가장 행복할 것인지를 예상하였다. 확실히 신체적인 매력은 가장 훌륭한 특성으로 평가되었으며, 신체적으로 매력적인 사람은 가장 행복할 것이라고 예상되었다. 평가자와 평가 대상의 성별에 상관없이 이 결과는 일정하게 나타났다.

일부 진화 심리학자는 사람이 '아름답다'고 생각하는 특정 측면은 내면에 공식화되어 있으며, 이는 건강해보이고 질병의 위험이 없어 보이는 짝을 선호하는 특성을 반영한다고 생각한다.[34] 그러나 통가에서는 촉망의 대상인 둥근 얼굴과 풍만한 몸매가 서양에서는 비호감을 받는 등 지역과 문화의 차이가 뚜렷이 존재하기 때문에 이 견해에는 상당히 많은 논란이 있다. 특정 인종과 민족에서는 매력적인 특징이 다른 인종과 민족에서는 매력적이지 않을 수도 있다. 그럼에도 서구에서의 '미'와 '선'의 연관은 어릴 때의 경험과 문화적 요소에서 시작된다. 월트 디즈니 영화와 인기 만화는 백설공주, 신데렐라, 잠자는 숲속의 공주, 인어공주, 최근에는 티아나, 포카혼타스, 오로라, 뮬란, 쟈스민, 모아나와 같은 여자 주인공을 잘생긴 왕자님이 데려간다는 내용을 어린이에게 가르친다. 그런데 이 여자 주인공들 모두는 작은 코, 큰 눈, 예쁜 입술, 주름 없는 피부, 날씬하고 육감적인 몸매 같은 공통적인 특징을 가지고 있다. 이들은 모두 바비와 켄 인형을 닮았다. 그럼 악랄한 계모와 그 딸, 거인과 트롤, 사악한 여왕은 어떻게 그려질까?

여기에 덧붙여서 한 병의 아름다움은 사람을 호감형으로 만들고, 사회적으로 성공하게 만들며, 따라서 완전한 행복을 만끽할 것이라는 관념을 팔기 위해 수많은 선전이 끊임없이 광고된다. 따라서 이와 같은 이미지에 노출되는 것은 특히 사춘기 청소년들에게 큰 영향을 미친다. 여고생을 대상으로 실시한 실험에서 미용 제품을 극찬하는 15개의 상업 광고를 제시하였다.[35] 10대 소녀로 구성된 통제 집단에게는 미용 제품과 관계없는 15개의 상업 광고를 제시하였다. 추후 이 실험에 참가한 어린 여성들 전원에게 섹스 어필, 지능, 예쁜 얼굴, 부지런함 등이 포함된 10가지 속성을 상대적인 중요성에 따라 순위 매기도록 요청하였다. 미용 광고를 본 피험자들이 통제 집단에 속한 피험자들보다 미와 관련된 속성이 다른 어떤 것보다 더 중요하다고 반응하였다.

슬픈 사실이지만, 이 같은 아름다움을 강조하는 편향은 매력적이지 않은 아이들에게 외모로 인한 손해를 보게 한다. 카렌 디온은[36] 교사가 작성한 것으로 보이는 수업 방해에 대한 보고서를 여학생들이 읽고 평가하는 연구를 실시하였다. 각 보고서에는 문제를 일으킨 학생들이라고 생각되는 아이들의 사진을 첨부하였다. 어떤 사진의 학생은 매력적이고, 반대로 어떤 학생은 매력적이지 않았다. 평가에 참여한 여성들은 덜 매력적인 아이들이 비난 받아야 한다고 반응하고 교실에서 소란을 피우는 것 같은 수업 방해는 이런 학생들이 매일매일 하는 행동이라고 간주하였다. 아이가 매력적인 모습을 가진 경우에는 평가자들은 소란을 피우는 행동에 대해서 이해를 한다고 반응하였다. 어떤 평가자의 반응은 다음과 같았다: "그 여학생은 다른 아이들과 잘 지내지만 그날은 운이 나빠서 그렇게 행동한 것이에요. 따라서 그 아이가 한 행동은 너무 심각하게 받아들이지 않아도 됩니다." 그런데 매력이 없는 소녀가 똑같은 상황에서 장본인이 되어서 동일한 방식으로 기술된다면 응답자들은 흔히 다음과 같이 말할 것이다: "그 아이는 아마도 꽤 반항적이어서 선생님에게는 골칫거리라는 생각이 드네요." 매력이 있는 아이에 대해서는 그가 한 잘못이 상황이 여의치 못했을 것이라고 용서해줄 것이다. 이에 비해 매력이 떨어지는 아이에게는 이처럼 쉽게 용서해주지 않는다. 즉, 후자와 같은 아이들은 자기가 저지른 나쁜 행동이 지속적인 부정적 성격 및 성향 때문이라고 귀인시킨다. 이 같은 결과는 모든 연령대에서 발견되었다. 나아가 비지니스 세계에서도 같은 결과가 발견되었는데, 매력적인 직원은 더 나은 급여를 받고 승진의 속도 역시 그렇지 않은 직원들보다 빨랐다.[37]

아름다움은 권력을 부여하지만, 미모에는 불리한 면도 있다: 사람들은 자신을 비판하는 아름다운 사람들에게 더 매정하게 대할 수 있다. 필자와 해롤드 시걸Harold Sigall이 공동으로 실시한 실험에서,[38] 우리는 한 여성을 신체적으로 매력적으로 보이게 또 매력적으로 보이지 않게 조작하였다. 이때 우리는 옷과 못생긴 가발을 사용하였다. 그리고 이 여성은 남자 대학생들을 대상으로 인터뷰를 실시하였다. 그 후 이 여성은 각각의 학생들을 대상으로 간단한 평가를 하고 이를 알려주었다. 남자 대학생의 절반은 우호적 평가를, 나머지 절반은 비우호적인 평가를 받았다. 평가자가 매력적으로 보이지 않게 꾸미고 평가를 했을 때 남학생들은 좋든, 나쁘든 자신이 어떤 평가를 받든지 별로 신경 쓰지 않았다. 어느 경우든 학생들은 그 여성 평가자를 좋게 보았다. 그런데 여성 평가자가 예쁘게 꾸미고 남학생들에게 좋은 평가를 줄 때 남학생들은 그녀를 엄청 좋아 했다. 그런데 그녀가 남학생들을 비판적으로 대할 때 이들은 어떤 조건에서보다 그녀를 더 싫어 했다.

이 연구 전체를 고려해보면, 아름다움이란 단지 피상적인 것 이상이라는 사실에 직면해야만 한다. 우리는 못생긴 사람보다 아름다운 사람을 더 좋아하고, 더 우호적으로 대하며, 더 온화하고 섹시하고 재밌다고 생각하며, 나아가 운이 나빠서 어떤 일이 실패로 끝나는 경우에 누구에게 그 책임을 돌릴 것인가와 같은 애매모호한 상황에서도 잘생긴 사람이 유리하게 해석하는 경향이 있다. 마크 스나이더Mark Snyder, 엘리자베스 덱커 탕커Elizabeth Decker Tanke, 엘렌 버샤이드Ellen Berscheid가 고전 연구에서[39] 보여준 것처럼 이 "아름다움 선호 편향"은 아주 어릴 때부터 시작하고, 불행히도 시간이 흐르면서 자기 충족적 예언을 가져올 수 있다. 여러분을 그들의 연구에서 남자 학부생의 위치에 놓아보자: 여러분은 "어떻게 사람들이 서로 사귀게 되는가?"에 대한 조사에 참여하기 위해 자원하여, 다른 방에 있는 여학생과 짝을 이루게 되었다. 표면상 두 사람이 연구의 "비언어적 의사소통 금지" 조건에 배정되었기 때문이다. 비록 여러분은 파트너를 보지 못했지만 그녀의 사진이 포함된 정보자료 한 꾸러미를 받았다. 이제 여러분이 인터컴을 통해 그녀와 대화를 진행할 때 사진으로 본 그녀의 신체적 매력도가 그녀에 대한 여러분의 인상에 영향을 미칠 것이라고 생각하는가?

눈치 챘겠지만 사진은 참가자의 실제 파트너를 담지 않았다. 사진 중 절반은 매우 매력적인 여성의 모습을 담고 있었고, 나머지 절반은 상대적으로 매력적이지 않은 여성의 모습을 담고 있었다. 자신이 아름다운 여성과 대화했다고 생각한 사람은 자신이 매력 없는 여성과 대화했다고 생각한 사람에 비해 그 여성을 더욱 열의 있고, 유머 있고, 사회성도 뛰어난 사람이라고 평가하였다. 지금까지는 우리가 예상한 대로이다. 그러나 놀라운 것은 독립적인 관찰자가 대화에서 여성이 말한 절반 부분만 녹음본을 (사진을 보지 않고) 들었을 때, 이들은 신체적으로 매력적이라고 생각했던 남성 파트너보다 그 여성에게서 훨씬 더 큰 감명을 받았다. 이는 남성 파트너가 자신이 미모의 여성 파트너와 대화 중이라고 생각할 때, 그녀의 최고 자질을 이끌어내는 방식으로 그녀에게 이야기했다는 것을 의미한다. 독립적인 관찰자는 남성 파트너가 아름답다고 생각했던 여성의 대화에서 더 강한 매력과 자신감, 생동감, 온화함을 보았다고 평가하였다. 이 연구는 자기 충족적 예언의 극적이고 감동적인 예시를 보여준다. 신체적인 아름다움과 상관없이, 매력적인 것처럼 대하면 바람직한 특성이 나온다.

여기서 강조할 점은 이 논의에서의 "아름다움"은 시각적인 아름다움에 초점이 맞춰졌다는 것이다. 지각 메커니즘이 인간의 감정과 행동, 그리고 일반적인 사람의 매력을 판단하는 방식에 끼치는 영향은 끔찍할 정도로 오래간다. 그러나 아름다움에는 시각적인 것만 있지 않다. 집단 감수성 트레이닝의 인기가 절정에 다다랐던 1960년대와 1970년대에 많은 사람들이 시각 상실 체험에 참여하였다. 지도했던 한 집단에서 50명의 사람은 눈을 감고 방을 돌아다니며 감촉과 대화를 통해서만 친분을 형성하라는 지시를 받았다. 이 과정에 참가한 대부분의 사람들은 이전에 자신이 가지고 있었던 고정 관념이 깨졌다고 보고하였다. 다른 사람을 보지 않고는 그 사람이 "못생겼다고" 생각할 수가 없고, 따라서 그 사람이 일반적으로 말하는 "못생긴" 사람의 특성을 가졌다고 가정할 수도 없다. 눈을 뜨고 난 후 참가자들은 놀라지 않을 수 없었다. 큰 코를 가졌고, 여드름도 많은, 우스꽝스럽게 생긴 남자가 5분 전에 (눈을 감고 있었을 때) 자신의 앞에 서서 엄청난 온화함과 교양미 넘치는 섬세함으로 자신에게 좋은 인상을 남긴 사람과 동일 인물이었다. 많은 참가자에게 이 경험은 평생 잊을 수 없는 기억이 되었다.

수많은 판단 속에서 마음은 눈을 따라간다. 그러나 시간이 흐르면서, 눈 또한 마음을 따라가게 된다. 상당수의 사람은 좋아하는 사람일수록 그 사람을 아름답게 보게 된다. 그를 향한 감정이 강렬해졌기 때문에 그의 외모와 다른 특성을 평소처럼 전체적으로 평가하지 않고 그저 아름답게 보는 것이다.[40] 이 현상은 역으로도 일어난다. 잘생기거나 멋지다고 생각한 사람이 짜증나는 성격이나 불쾌한 신념의 소유자라는 것을 알게 되었을 때 그 사람은 아름답게 보이지 않는다. 아름다워서 좋아할 수도 있지만, 좋아해서 아름다울 수도 있다.[41] 사회 신경 과학자 존 프리먼Jon Freeman은[42] 사람은 얼굴을 지각할 때 엄청난 양의 "심리적 앙금"을 동원한다고 지적한다. 사람이 전적으로 눈에만 의존해서 잠재적인 파트너를 평가한다면, 우리가 틴더를 할 때처럼, 실제로 상당히 멋진 사람이라도 한눈에 그 아름다움을 알 수 없다는 이유로 그냥 지나칠 수 있다. 프랭크 버틀러의 경우는 존 프리먼이 한 지적의 훌륭한 예시이다. 애니 오클리는 아름답지 않았지만, 프랭크의 가슴에 불을 지핀 것은 그녀의 외모가 아니었다.

호감을 받는 것 누군가를 좋아하게 되는 가장 강력한 한 가지 결정 요인은 그 사람도 나를 좋아한다는 믿음이다. 이것이 무슨 말일까? 당신이 파티에서 친구가 소개해준 사람과 짧고 일상적인 대화를 나누는 모습을 상상해보라. 며칠 후 당신은 캠퍼스에서 친구를 만나게 되는데, 이 친구는 파티에서 얘기를 나눴던 사람이 당신을 매우 긍정적으로 말했다고 알려준다. 다음에 그 사람을 만날 때 당신의 행동은 어떠할까? 그 사실을 아는 것 자체가 당신이 그를 좋아하게 할 것이며, 그도 당신의 행동에서 이를 알 수가 있을 것이다. 당신은 그 사실을 모를 때보다 더 저주 웃고, 더욱 자신을 개방하며, 일반적으로 더 온화하고, 관심을 가지고 우호적인 태도로 행동할 것이다. 그리고 당신의 행동이 그에게 어떠한 영향을 미치겠는가? 당신의 온화하고 우호적인 행동에 그도 당신을 더 정답게 볼 것이며, 그에 따라 당신에게 호감을 표현하면서 당신을 훨씬 더 좋아하게 될 것이다.

그러나 이것도 생각해 보자: 친구가 사실을 말하지 않았다면? 당신과 그가 만나기만 하면 서로를 굉장히 좋게 보게 될 것이라고 판단하고, 판을 깔아주기 위해서 그는 아무 말도 하지 않았는데도 그가 당신을 좋게 본다고 말한다면 어떻게 될까? 훌륭한 의도가 깔린 친구의 작전은 성공할까? 당신과 그가 레베카 커티스Rebecca Curtis와 킴 밀러Kim Miller의[43] 실험 참가자라면, 친구의 작전은 대성공을 거두었을 것이다! 이 연구진은 참가자의 일부에게는 다른 사람이 자신을 좋아한다고 믿게 하였고, 나머지에게는 다른 사람이 자신을 좋아하지 않는다고 믿게 하였다. 사후의 상호 교류에서 전자는 후자에 비해 우호적인 방식으로 행동하였다. 이들은 자신을 더욱 개방하였고, 거절을 하는 경우가 적었으며, 더 온화하고 호의적인 태도로 행동하였다. 또한 전자는 실제로도 이후에 다른 사람에게 호감을 얻은 반면, 후자는 다른 사람에게 호감을 얻지 못하였다. 이는 자기 충족적 예언의 또 다른 훌륭한 예시이다. 우리의 믿음은, 진위 여부와 상관없이, 현실을 형성하는 데 중요한 역할을 한다.

그렇기에 호감을 받는 것은 마음을 더 우호적으로 만들 수 있다. 더욱이 우리의 불안과 자기 의심이 커질수록 우리는 우리를 좋아하는 사람을 더 좋아하게 될 것이다. 일레인 월스터 (햇필드)가[44] 실시한 흥미로운 실험에서, 여대생들은 개인 특성 검사의 결과를 기다리는 동안 실험자의 동료인 부드럽고 잘생긴 젊은 남자의 접근을 받았다. 그는 각 학생에게 말를 걸면서 호감을 드러냈고 데이트를 신청하였다. 이 시점에서 실험자는 학생에게 와서 그녀를 연구실로 데려가서 검사 결과를 알려주었다. 학생의 절반은 일시적으로 자존감을 올리는 매우 긍정적인 결과지를 받았고, 나머지 절반은 일시적으로 자존감을 낮추는 다소 부정적인 결과지를 받았다. 마지막으로 실험자는 이들에게 목록을 주며 목록에 적힌 부류의 사람을 얼마나 좋아하는지 평가하라고 하였다. 이 목록에는 교사, 친구 등의 부류가 적혀 있었다. 그리고 실험자는 말하였다. "칸이 하나 남았으니 같이 기다렸던 남성분도 평가해봅시다." 전자의 학생은 후자의 학생에 비해 이 남성을 더 좋게 평가하였다. 결론적으로 우리는 호감받는 것을 좋아한다. 그리고 더 큰 불안감을 느낄수록 자신을 좋아해주는 사람을 더 좋아한다.

이 실험의 한 가지 함의는 자신에 대해 안정적인 사람은 덜 "절박하다"는 것이다. 즉, 이들은 자신에게 다가온 누군가의 제안을 수용하는 경우가 적었다. 마치 굶주린 사람은 종류를 가리지 않고 모든 종류의 음식을 먹는 반면 배부른 사람은 빵이 물렁한 치즈 샌드위치를 거절할 수도 있는 것처럼, 불안정한 사람은 자신에게 흥미를 보이는 사람이면 거의 다 수용하는 반면 안정적인 사람은 더욱 선별적일 것이다. 또한 불안함을 느끼는 사람은 자신이 거절당할 가능성을 줄이기 위해 보다 덜 매력적인 사람을 찾아 나선다. 이러한 생각은 사라 케이슬러Sara Keisler와 로버타 바랄Roberta Baral의[45] 실험에서 검증되었다. 이 실험에서 남대생은 자신이 지적 성취도 검사에서 매우 높거나 매우 낮은 점수를 받았다고 믿도록 유도되었다. 그 후 휴식 시간에 실험자는 학생에게 커피 한잔하러 가자고 제안하였다. 카페에 들어서자, 실험자는 혼자 앉아있는 여학생을 "인지"하였고, 그녀에게 다가가서 남학생을 소개하였다. 물론 여학생은 의도적으로 배치된 실험자의 동료였다. 이 실험 중 절반의 여학생은 매우 매력적인 사람이었으며, 나머지 절반의 여학생은 평범한 사람이었다. 실험자는 남학생 참가자가 보이는 연애 관심을 관찰하였고, 남학생이 그녀를 다시 보자고 하는가, 그녀의 커피값을 지불하려 하는가, 전화번호를 묻는가, 더 오래 있으려 하는가 등을 조사하였다. 자신에 대해 안정감을 느꼈던 학생은(즉, 검사에서 높은 점수를 받았다고 믿는 학생은) "매력적인" 여성에게 더욱 연애 관심을 보였다. 하지만 자신에 대해 불안감을 느꼈던 학생은 "매력적이지 않은" 여성에게 연애 관심을 보였다.

확실히 불안감은 자신을 받아줄 사람이면 누구든 이어지고 싶은 욕구를 증가시키지만, 데이트의 맥락에서 사람은 '자신만'을 좋아하는 것처럼 보이는 사람에게 더 많이 끌리는 경향이 있다. 다른 스쳐가는 사람들을 뒤로하고 나만을 바라보는 사람을 원하는 것이다. 모든 사람을 좋아하는 사람의 애정은 분별없이 모두에게 주어지기 때문에 특정인을 좋아하는 사람의 애정보다 그 가치가 떨어진다. 이러한 현상은 폴 이스트윅Paul Eastwick과 엘리 핀컬Eli Finkel의 실험에서[46] 연구되었다. 이 실험에서 젊은 남성과 여성으로 된 한 집단은 다수의 짧은 데이트를 포함하는 스피드 데이팅 세션에 참가한다. 이후에 이들은 바람직함, 매력도, 케미, 애프터 동의 여부, 그리고 가장 관심 있는 지표인 지각된 선별성, 즉 얼마나 많은 사람에게 데이트가 좋았다는 소리를 들을지를 가지고 각 데이트를 평가해줄 것을 요청받았다. 전반적으로 모든 데이트에 더 많은 흥미를 보인 사람이 모든 잠재적인 애프터에 대한 허락을 받을 가능성이 높을 것으로 지각되었다. 그러나 그들의 데이트 파트너는 적극적이고 쉽게 만족하는 참가자를 덜 바람직하고 개인적으로 케미가 일어나지 않은 사람으로 생각하였다. 파트너가 자신에게만 애프터를 희망한다고 생각하였을 때, 참가자는 신속하게 답장을 보냈다. 이 연구는 연애를 위한 대화가 잘 이어지고 방 안에 자신과 그 특별한 사람만 있는 것처럼 생각될 때 두근거리는 느낌을 설명할 수도 있다. 이런 느낌은 그 "특별한 사람"이 방 안의 모든 사람을 거쳐서 당신에게 오는 것을 지켜보는 것보다 훨씬 더 재미있고, 들뜨고, 자존감이 서는 느낌이다.

선택의 역설 그래서 이제 당신은 '바로 그 이'를 발견하였다. 당신 근처에 살고, 당신과 수많은 가치와 신념을 공유하고, 당신만을 '엄청' 좋아해주며, 상당한 외모까지 갖춘 인연을 드디어 발견한 것이다! 그럼 이제 뭘 할까? "내가 드디어 내 님을 찾았구나! 절대 놓치지 않을 거야!"라고 말하겠는가? 아니면 "흠… 잠시만, 정말 이 사람이 나의 님이 맞을까? 더 나은 사람도 있지 않을까?"라고 말하겠는가?

현대에 와서 우리의 일상은 모든 부분에서 선택의 범위가 넓어졌다. 예전에는 청바지의 브랜드와 스타일이 리바이스 하나밖에 없었고, 이 바지가 당신에게 어울릴 수도 있었고, 그렇지 않을 수도 있었다. 지금은 셀 수도 없이 많은 브랜드가 있고, 그 브랜드가 다들 부츠컷, 스트레이트 레그, 슬림핏, 릴랙스핏, 하이 웨이스트, 로우 웨이스트, 립 등의 옵션을 가지고 있다. 예전에 당신이 먹을 수 있는 시리얼의 종류는 몇 가지 안 되었지만, 지금은 400개도 넘는 시리얼들이 복도 전체를 꽉 채우고 있는 것을 볼 수 있다. 배리 슈왈츠Barry Schwartz가[47] 지적하듯이, 사람은 무조건 옵션이 많을수록 좋다고 믿으며, 항상 많은 선택을 원한다고 '말한다.' 그러나 슈왈츠는 과도하게 많은 선택지는 독이 된다는 것을 발견하였다. 다양한 대안이 있다는 것은 분명히 좋은 것이지만, 이 수많은 선택지가 결정을 방해할 때에는 전혀 좋은 것이 아니다. 사람은 충분히 오래 살펴보면 완벽한 바지, 시리얼, 학교, 직업…파트너까지도 항상 발견할 수 있다고 믿는다. 완벽함에 대한 기대는 선택지가 늘어남에 따라 상승하고, 이는 더 오래 보면 더 나은 선택을 할 수 있다는 사고가 우리 안에 깔려있다는 것을 의미한다. 그러나 슈왈츠는 선택지가 너무 많으면, 사람은 계속 따지게 되고, 최종적으로 고른 선택지에 덜 행복해지며, 완벽함을 이루기 위해 너무나도 많은 옵션을 저울질하다가 결국 오래 살펴보는 것만으로는 모든 것을 다 고려할 수 없다는 사실에 지칠 것이라고 주장한다. 사람은 때때로 선택지의 개수에 얼어붙어 아무것도 할 수 없게 된다.

선택의 역설을 다룬 초기 실험에서, 쉬나 아이엔가Sheena Iyengar와 동료들은[48] 슈퍼마켓에 가서 테이블을 세팅하고 잼의 무료 샘플을 올려

놓았다. 이들은 시간 간격을 두고 잼 종류를 24개와 6개로 바꾸었다. 24개의 샘플은 확실히 많은 이목을 끌었다. 지나가던 사람의 60퍼센트는 테이블 쪽으로 왔으며, 이는 6개의 샘플이 있었을 때 20퍼센트만이 테이블 쪽으로 온 것과 비교하면 굉장히 인상적이었다. 테이블에 올려져있는 잼의 개수와 상관없이, 일반적인 쇼핑객은 두 개의 샘플을 맛보았다. 맛을 보고 난 후, 쇼핑객은 하나의 잼을 1달러 할인된 가격으로 살 수 있는 쿠폰을 받았다. 과연 누가 잼을 샀을까? 24개의 잼이 더 많은 쇼핑객을 테이블로 불러왔지만, 이들 중 3퍼센트만이 잼을 구매하였다. 반면, 6개의 잼이 있는 테이블에 온 쇼핑객은 30퍼센트가 잼을 구매하였다.

우리의 조부모님처럼, 애니 오클리는 수많은 바지, 잼, 연인 등에서 수많은 선택지의 화려함을 보지 못하였다. 그녀는 앞의 실험에서의 6개 잼이 올려진 테이블에 온 쇼핑객과 같았다. 매우 적은 선택지만이 있고 매력적인 누군가를 찾았다면, 당신은 곧장 가서 그를 선택할 수 있다. 당신은 과거에 만났던 소수의 사람과 그를 비교할 수도 있겠지만("프랭크는 길에서 만난 지루한 양치기 농부보다 훨씬 재밌어!" — 그리고 그는 의심할 여지없이 그랬다), 바다같이 넓은 선택의 폭에서 가능한 모든 파트너를 비교해보지는 않았을 것이다. 오늘날에는 기술이 근처에 사는 수많은 잠재적인 연인을 연결해주기 때문에 조부모 세대가 평생에 걸쳐 만난 사람보다 많은 사람을 즉각적으로 만날 수 있을 정도로 사람을 만나는 것이 쉬워졌다. 그러나 잼의 예시에서도 알 수 있듯이, 끊임없이 쏟아지는 선택지의 홍수는 사람을 마비시킬 수도 있다.

예전에는 "이 사람과 함께 있으면 행복할까?"라는 질문으로 연인을 찾았다. 그러나 오늘날에는 앱이 현재의 선택지 화면을 보여주면서 "더 좋은 사람도 있을까?"라고 우리에게 질문한다. 아지즈 안사리는 "즉각적으로 끌리지도 사랑스럽지도 않은 상당히 지루한 남자, 데릭의 이야기를 들려준다.

> 맨하탄의 온라인 데이트에 관련된 우리의 포커스 그룹의 일원인 데릭은 OKCupid에 가입하여 자신이 보았던 선택지를 우리에게 보여주었다. 그가 클릭한 첫 번째 여성은 매우 아름다웠고 위트 있는 프로필 페이지와 좋은 직업을 가지고 있었으며 스포츠와 같은 공통 관심사를 공유하기도 하였다. 페이지를 몇 분 정도 보다가 데릭은 말하였다. "음, 괜찮아 보이네. 다른 데도 잠시 좀 더 돌아봐야지." 무슨 문제라도 있냐는 나의 물음에 그는 대답하였다: "그녀는 레드삭스를 좋아해." 나는 완전히 충격을 받았다. 나는 그가 이렇게나 빨리 마음을 움직였다는 사실을 믿을 수 없었다. 20년 전의 데릭을 상상해보면, 그는 이렇게나 아름답고 사랑스러운 여자를 보면 굉장히 데이트를 하고 싶어 했다. 그녀가 바에서 만난 1993년의 데릭에게 미소를 지었다면, 그는 완전히 녹았을 것이다. 그 정도까지는 아니었다 하더라도 앞에서처럼 "아니, 레드삭스 좋아하세요? 죄송합니다!" 하면서 거절하는 식의 행동은 절대 하지 못했을 것이다. 그러나 2013년의 데릭은 간단히 웹 브라우저 탭의 X 버튼을 클릭함으로써 두 번 생각 않고 그녀를 지워버렸다. 그가 여러 여성의 프로필을 훑어보는 것을 지켜보면서, 현재 온라인의 세계에서는 별 볼일 없는 남자라도 완소남이 될 수 있다는 사실을 분명히 알 수 있었다.[49]

배리 슈왈츠의 간결한 결론대로, "이것은 불행의 길이다." 사후 연구에서, 슈왈츠와 다른 연구자들은 선택지의 풍요가 만든 마음가짐이, 자신이 관계나 커리어에서 원하고 필요하다고 말한 객관적인 기준에 부합하는 최종 선택을 한 사람에게도 왠지 모를 아쉬움을 남긴다는 사실을 발견한다.[50]

많은 경우 모든 이가 자신의 이상형 파트너를 찾았는데 나만 못 찾은 것처럼 보이기 때문에, 사회적 비교라는 불가피한 인간 행위는 선택의 역설을 훨씬 심화시킨다. 안사리는 친구의 결혼식에 가서 신랑 신부가 "서로에 대해 무엇보다도 감동적이고 사랑스럽게" 말하는 것을 전한다. "'당신은 인생이라는 빛을 아름다운 무지개로 만들어준 프리즘입니다', '당신은 내 마음을 촉촉하게 하는 로션이라서 당신이 없으면 내 영혼은 건조해질 거에요'와 같은 말이 오갔다. 결혼식이 끝나고, 나는 4개의 커플이 깨지는 것을 보았다. 아마도 자신의 사랑이 위의 맹세에 표현된 바와는 너무나도 달랐기 때문일 것이다. 너무 이른 파탄이었까? 이런 비보를 들으면 나도 무섭다. 나에게도 이런 일이 일어날까?"[51] 그리고 이 이야기는 선택의 역설이 보여주는 훌륭한 예시가 된다. 무한정 많은 선택지는 현재의 선택을 판타지와 비교하게 한다. 그리고 그 누구도 판타지를 이길 수는 없다.

칭찬과 호의가 주는 효과

데일 카네기는 독자에게 친구를 얻는 좋은 방법은 "칭찬을 아끼지 않는 것"이라고 조언한다. 이는 좋은 고전 상식으로 보인다. 하지만 이 고전 상식이 항상 맞을까? 이 상식은 또한 비판이 칭찬보다 더 유용할 때도 있다는 것을 암시한다. 당신은 기술 회사의 신입 사원이며, 소속 팀에 제안서를 제출하였다고 가정하자. 동료 한 명은 고개를 끄덕이고 미소를 지으며 당신의 말에 매료되어 자리가 끝난 후 당신을 천재라 추켜세우며 자신이 들은 최고의 아이디어라고 말한다. 이는 당연히 듣기 좋은 말이다. 반대로, 다른 동료는 고개를 저으며 발표 내내 비판을 하였고 자리가 끝난 후 당신의 제안에는 논리가 맞지 않는 부분이 많다고 얘기한다. 그날 저녁, 그들이 말한 것을 돌아보면서, 당신은 후자가 한 평가가 좋게 들리지는 않지만 타당한 부분도 있으며 제안을 개선하기 위해서는 가정의 일부를 재고할 필요가 있다는 점을 깨닫는다. 당신은 이 두 사람 중 누구를 더 좋아하겠는가? 칭찬은 고래도 춤추게 한다지만, 발전으로 연결되는 비판 또한 좋은 보상이기 때문에 이 문제에 대해서는 확답을 할 수 없다.

일부 연구는 평가의 화살이 인신공격이 되지 않는 한, 부정적인 평가는 평가자에 대한 존경심을 높인다는 사실을 보여준다. 한 실험에서, 테레사 아마빌Teresa Amabile은[52] 대학생에게 소설의 학술적 논평에서 발췌한 두 가지 글을 읽게 하였다. 이 두 발췌문은 스타일과 필력 면에서 비슷했지만, 하나는 극도의 호평이고, 하나는 극도의 혹평이었다. 학생은 혹평의 저자를 좋아하지는 않았지만 그를 호평의 저자보다 훨씬 더 지적이고, 유능하고, 전문적인 사람으로 생각하였다.

공유된 이해와 정확성을 향한 인간의 모티브는 때로는 호감, 감사, 칭찬 받고 싶어 하는 욕망을 이기기도 한다. 사람은 분명 사랑과 존경을 원한다. 그러나 그것만큼이나 사람은 알려지고 이해받기를 원한다.[53]

가까운 친구나 연인이 데일 카네기의 전술을 맹신한다면, 이들이 우리를 진심으로 대하는지 믿기 어려워진다. 이들의 칭찬이 행동과 부합하지 않는다고 생각할 때, 우리는 이들이 우리를 제대로 모른다고 생각하거나 칭찬으로 우리의 환심을 사려 한다는 의심을 키워나갈 수도 있다.

따라서 칭찬의 이유에 대한 지각은 사람이 자신을 칭찬하는 사람에게 나오는 반응에 영향을 미친다. 제이슨 로렌스Jason Lawrence와 동료들은[54] 흑인 여대생에게 어려운 시험을 치게 하였다. 절반의 시행에서 평가자인 백인 여성은 (12/14)라는 식으로 이들이 맞힌 문제의 개수를 적어주기만 하였다. 그러나 나머지 절반에서 평가자는 "잘 했어요!"라는 문구를 함께 적었다. 칭찬은 자신의 성적에 대한 학생의 기분을 좋게 만들었지만, 이들은 칭찬을 무작정 쏟아내는 평가자를 경계하며 그녀를 단순히 점수만 적어놓은 평가자보다 예의바르지 못하다고 평가하였다. "잘 했어요!"라는 문구의 첨언은 평가자가 "흑인인데 이 정도면 잘한 거야."라고 하는 듯한 느낌을 주었다. 칭찬은 경우에 따라 보상으로 기능할 수 있지만, 평가자에 대한 수험자의 신뢰를 감소시킬 수도 있다.

우리가 이미 알고 있듯이, 우리는 칭찬받기를 좋아하고 우리를 칭찬하는 사람을 좋아하는 경향이 있지만, 기만하거나 얕보는 듯한 칭찬은 좋아하지 않는다. 칭찬이 터무니없을 때나("이 에세이는 내 평생 최고의 에세이야!"), 기대보다 잘 했다는 듯한 느낌을 줄 때("잘 했어! 네가 이렇게 잘할 줄은 몰랐어!"), 혹은 칭찬의 이면에 다른 목적이 깔려있는 것처럼 보일 때 칭찬은 역효과를 일으킨다. 에드워드 존스Edward Jones의 실험에서,[55] 참가자는 자신에게 부정적인 평가자보다 자신을 칭찬하는 평가자를 더 좋아하였다. 그러나 칭찬의 이면에 다른 목적이 있는 듯한 상황에서 칭찬하는 평가자의 인기는 급락하였다. "아부는 아무짝에도 쓸모가 없다"는 격언은 잘못되었다. 존스가 말하는 대로, "아부는 '때때로' 쓸모가 있다." 그러나 어쨌든 칭찬은 만능이 아니다.

호의는 칭찬처럼 보상으로 생각될 수 있고, 우리는 호의를 베푸는 사람을 좋아하는 경향이 있다. 그러나 칭찬과 마찬가지로, 이 사실에는 호의에 다른 이해관계가 얽혀있지 않다는 조건이 붙는다. 여기서 이해관계란 호의를 받는 자의 자유에 대한 위협을 말한다.[56] 우리는 답례를 해야만 한다고 느끼는 선물이나 우리에게 호의를 베풀어서 혜택을 누릴 수 있는 사람의 호의를 좋아하지 않는다. 당신이 교사이고, 학생이 주는 선물에서 존경심이나 애정, 재미를 보았다면, 그 선물은 당신에게 기쁨을 줄 것이다. 그러나 당신이 학생의 시험지를 채점하려는 시기에 낙제점 부근의 학생이 비싼 선물을 가지고 온다면, 그 선물은 당신에게 불편함을 줄 것이다.

굶주린 쥐나 사람에게 시리얼 한 그릇은 큰 선물이 되며, 이 사실은 그 시간대가 낮이든 밤이든, 그 시기가 겨울이든 여름이든, 주는 사람이 남성이든 여성이든 변함이 없다. 물에 빠진 사람에게 구조대의 출동은 어떤 상황에서라도 큰 선물이 된다. 이러한 선물은 상황을 불문한다. 그러나 삶의 대부분의 영역에서 칭찬과 호의가 선물이 되는지 여부는 구체적인 상황에 따라 다르다. 칭찬하거나 호의를 베푸는 것이 가만히 침묵하거나 호주머니에 손만 넣고 서있을 때보다 매력을 떨어뜨릴 수도 있다. 이것은 카네기가 한 조언과 반대이다. 누군가가 당신을 좋아하기를 원할 때, 그의 환심을 사기 위해 호의를 베푸는 전략은 실패할 수도 있다. 대신, 당신은 상대방이 당신에게 호의를 베풀도록 시도할 수 있다. 3장에서 기술된 잔인성의 합리화 현상을 떠올려보자. 개인이 다른 사람을 다치게 한다면, 많은 경우에 이들은 피해자를 탓하거나 깎아내리면서 자신의 행동을 합리화하려 한다. 합리화 과정은 친절한 행동과 관련해서도 일어난다. 당신이 누군가에게 호의를 베푼다면 호의를 받은 대상자가 매력적이고, 호감형이고, 호의를 받을 만한 사람이었다고 자신을 설득하며 행동을 합리화하려고 노력할 것이다. 결과적으로, 당신은 자신에게 말할 것이다. "내가 미쳤다고 윌리엄에게 그 많은 돈을 쓰고, 그 많은 시간 써가면서 이사까지 도왔겠어? 그 사람이 멋진 사람이어서 그랬지. 그게 이유야!"

이러한 개념은 새롭지 않다. 1869년 가장 위대한 소설가인 레오 톨스토이는 『전쟁과 평화』라는 소설에서 다음과 같이 쓴 바 있다. "사랑은 얼마나 받았는가의 문제가 아니라 얼마나 주었는가의 문제이다." 톨스토이의 관찰이 있기 100년 전, 벤자민 프랭클린Benjamin Franklin은[57] 이러한 전략을 정치에 적용하였으며 확실한 성공을 거두었다. 그는 자신을 반대하고 적대시하여 곤욕을 치르게 하였던 펜실베니아주 입법부의 정적을 포섭하기 위해 이 전략을 꺼내들었다.

> 나는 그에게 굴욕적으로 존경을 표함으로써 그의 환심을 사려고 하지 않았다. 오히려 나는 정반대의 작전을 썼다. 그의 서재에 매우 귀하고 신기한 책이 많다는 사실을 알고, 나는 그에게 쪽지를 써서 그 책을 읽고 싶으니 호의를 베풀어 며칠 동안 나에게 빌려 달라고 청하였다. 그는 즉시 책을 빌려주었으며, 나는 일주일 정도 후에 깊은 감사를 표하는 쪽지와 함께 이를 돌려주었다. 다음에 의회에서 만났을 때, 그는 (이전과는 다르게) 나에게 정중히 말을 걸었으며, 이후에는 모든 경우에 나를 돕겠다는 적극적인 의사를 표명하기도 하였다. 이를 계기로 우리는 막역한 사이가 되었으며, 우리의 우정은 죽을 때까지 계속되었다. 이는 예전에 배웠던 오랜 격언을 증명하는 또 다른 예시가 된다: "친절이 강요와 다른 점은

한 번 베풀면 계속 베풀게 된다는 것이다."

벤자민 프랭클린은 분명히 전술의 성공에 기뻐했지만, 이 성공이 실제로 '상대가 스스로 베풀도록 하는' 전략 덕분인지, 성격상 매력적인 요인 중 하나 때문인지는 분명하지 않기 때문에 과학자는 이를 완전히 믿지는 못할 것이다. 정확한 이유를 파악하기 위해서는 엄격히 통제된 실험이 필수적이다. 프랭클린이 책을 빌린 지 230년도 더 된 후에 존 제커Jon Jecker와 데이비드 랜디David Landy는[58] 엄격히 통제된 실험을 수행하였다. 실험에서 학생은 과제를 수행하였고, 과제를 완료하면 상당한 양의 보상금을 받기로 되어 있었다. 실험이 끝난 후에 실험자는 일부 참가 학생에게 접근하여 자신이 실험을 진행하는 데에 사비를 쓰고 있어서 자금이 부족하여 실험을 중지해야 할지도 모른다고 하였다. 이러한 상황을 설명한 후에 실험자는 부탁하였다. "특별히 호의를 베풀어, 보상금을 나에게 돌려주면 안 될까?" 연구원의 직원은 다른 참가 학생의 집단에 접근하여, 심리학 연구실이 자금에 쪼들리는 상황을 설명하면서 보상금을 돌려달라고 부탁하였다. 그 외 참가 학생은 보상금을 돌려달라는 부탁을 받지 않았다. 마지막에, 모든 참가 학생은 설문지를 작성하였고, 그 설문지에는 실험자에게서 느낀 감정을 기술하는 칸이 있었다. 그 결과, 특별히 호의를 베풀어달라는 꾐에 넘어간 학생이 실험자에게 가장 좋은 감정을 가지고 있었다. 호의를 베푼 행동으로 인해, 이들은 실험자를 훌륭한 인격자로 보면서, 보상금을 돌려주는 희생을 정당화할 동기를 찾은 것이다.

매력의 획득-손실 이론

당신이 바에서 소개팅 앱을 통해 이성을 만났고, 서로 좋아하게 된 상황을 상상해보라. 둘은 생기발랄한 대화를 나누었다. 얼마 후에, 양해를 구하고 잠시 화장실에 간 당신은 자리로 돌아오면서 이 사람이 전화로 당신에 대해 얘기하는 것을 엿듣게 된다. 자연스레 당신은 멈춰서 귀를 기울이게 된다. 그가 당신을 밝고, 재치 있고, 사랑스럽고, 끝내주는 사람으로 묘사한다면 그에 대한 당신의 호감은 증가할 것이다. 그가 당신을 멍청하고, 지루하고, 매력 없는 사람으로 묘사한다면 그에 대한 당신의 호감은 감소할 것이다. 사실 이는 놀라운 사실이 아니다. (속이려는 의도가 있지 않는 한) 자신에 대해 좋은 말을 하는 사람을 좋아하고, 나쁜 말을 하는 사람을 싫어하는 것은 당연한 사실이다. 그런데 알고 보면 반드시 그런 것만도 아니다.

몇 년 전에, 필자는 **획득-손실 이론**gain-loss theory이라는 이름의 대인간의 매력에 대한 이론을 개발하였는데, 이 이론은 다양한 예측을 가능하게 한다. 이 이론의 요점은 끊임없는 베풂보다 늘어나는 베풂이 더 큰 영향을 미친다는 것이다. 사람은 자신을 항상 좋아하는 훌륭한 죽마고우보다는 시간이 지날수록 자신을 점점 더 좋아하는 사람을 더 좋아할 것이다. 이 사실은 죽마고우가 더 많은 친절과 호의를 베풀고 더 많이 자신을 칭찬한다고 해도 변하지 않는다. 유사하게, 사람은 자신을 항상 싫어하는 원수보다 시간이 갈수록 자신을 점점 더 싫어하는 사람을 더 싫어할 것이다. 이 이론에 따르면 당신은 (상대가 처음에는 당신을 싫어하다가 점차적으로 좋아하는) '획득 상황'에서 상대를 가장 좋아할 것이고, (상대가 처음에는 당신을 좋아하다가 점차적으로 싫어하는) '손실 상황'에서 상대를 가장 싫어할 것이라고 예상된다.

이론을 검증하기 위해, 필자는 위에서 언급한 바에서 일어난 상황을 실험적으로 재구성해야만 했다. 여기서 매우 중요한 점은 참가자가 상대방은 자신이 엿듣고 있는 것을 모른다고 확신해야 한다는 것이다. 참가자가 상대방이 의도적인 아부를 한다고 의심하는 순간, 이 실험은 그 의미를 잃을 것이다. 필자는 다윈 린더Darwyn Linder와 협력하여,[60] 참가자가 상대적으로 짧은 시간에 사전에 준비된 동료와 소통하다가 그가 제삼자에게 자신을 평가하는 이야기를 하는 동안 이를 엿듣고 다시 대화를 하다가 다시 엿듣기를 여러 번에 걸쳐서 하게 되는, 신뢰성 높은 상황을 고안하였다. 참가자가 의심하지 않도록 영리하게 상황을 조성하는 것은 불가능해 보였지만, 우리는 상상력과 집념에 가까운 끈기로 이를 가능케 하였다.

우리가 설계한 실험에는 네 가지 조건이 있었다. (1) 긍정—상대방은 끊임없이 참가자에 대해 긍정적인 말만 한다. (2) 부정—상대방은 끊임없이 참가자에 대해 부정적인 말만 한다. (3) 획득—상대방은 처음에는 부정적인 말을 하다가 점점 긍정적인 말을 하면서 긍정 상황만큼 참가자를 칭찬하기에 이른다. (4) 손실—상대방은 처음에는 긍정적인 말을 하다가 점점 부정적인 말을 하면서 부정 상황만큼 참가자를 깎아내리기에 이른다.

결과는 우리의 예측이 사실임을 보여주었다: 참가 여성은 실험이 끝난 후 실시한 인터뷰에서 긍정 상황의 상대방보다 획득 상황의 상대방을 훨씬 더 좋아했고, 부정 상황의 상대방보다 손실 상황의 상대방을 더 싫어했다고 말하였다. 결론적으로, 획득된 긍정은 일관된 긍정보다, 손실된 부정은 일관된 부정보다 호감도에 더 큰 영향을 미친다. 300년 전 철학자 바뤼흐 더 스피노자는[61] 이러한 원리를 알고 있었던 듯하다.

그는 다음과 같이 말하였다.

> 사랑으로 완전히 사라진 증오는 사랑으로 바뀐다. 그러므로 증오를 통해 사랑은 더욱 깊어진다고 할 수 있다. 증오에 익숙하고 모든 것을 고통이라 여기며 살아온 사람은 사랑을 시작할 때 사랑하는 그 자체만으로도 기쁨을 느낀다. 증오의 고통을 없애기 위한 노력에 주어진 보상으로서의 기쁨에 사랑의 기쁨이 더해진다.

획득-손실 효과가 작용하기 위해서는 두 가지 조건이 필요하다. 첫째, 획득과 손실의 상황은 단순히 일련의 긍정적이거나 부정적인 문장이 아닌 일련의 진실된 심적 변화를 암시하는 일관성 있는 문장으로 구성되어야 한다.[62] 당신이 상대방은 멍청하고 진실 되지 못하다고 말하고 나서, 후에 그가 관대하고 운동 신경이 뛰어나다고 한다면 이는 획득-손실 이론의 획득이 아니다. 그러나 당신이 상대방이 멍청하고 진실되지 못하다고 말하고 나서, 후에 생각이 바뀌어 지금은 그가 똑똑하고 진실되다고 믿는다면 이는 획득-손실 이론에서 말하는 획득이다. 여기서 전자와 후자의 차이는 역전 현상, 즉 부정적인 태도에서 긍정적인 태도로의 전환이 있는지 여부이다. 둘째, 심적인 변화는 점진적으로 일어나야 한다. 당신이 갑자기 상대방에 관한 견해가 정반대로 바뀌었다고 말한다면, 상대방은 혼란스러워 하고 상황을 의심할 가능성이 높다. 특히 아무런 이유도 없는데 당신이 상대방에 관한 마음을 바꾼다면, 그는 "아니, 세 번째 만날 때까지만 해도 나보고 엄청 멍청하다고 했던 양반이 이제 와서 내가 매우 똑똑하다고요? 나에게서 뭘 원하는 거에요?"라고 말할 수도 있다. 따라서 상대방에 대한 자신의 호감이 증가했다는 상황이 적

절해보이고 의심스럽지 않게 하려면 점진적인 변화가 필요하다.[63]

필자는 획득-손실 이론이 유혹 테크닉으로 사용될 것이라고는 생각도 못하였다. 그러나 이는 현실이 되었다. 수년 전, 저널리스트 닐 스트라우스는 픽업 아티스트의 세계를 잠입 취재하였다. 픽업 아티스트는 연애 감정에 필요한 대부분의 특징인 자신감, 외모, 부, 지위, 애교, 또는 스트라우스의 경우는 머리숱 등이 부족하더라도 매력적인 여성을 유혹하는 데 성공하는 사람을 말한다. 그의 저서 『더 게임』에서 그는 여성이 이러한 단점을 따지지 않고 즉각적으로 끌리지 않는 남성도 좋아하게 만드는 트릭을 상세히 기술하였다. 특히 비틀어 말하기라고 하는 전략이 필자의 시선을 사로잡았는데 그 전략은 획득-손실 현상에 좌우되기 때문이다. 누군가를 비틀어 말한다는 것을 칭찬의 형태로 은근슬쩍 부정적인 말을 하면서(예를 들면, "와우, 이 신발은 디자인이 별로니까 분명 신을 때 편할 거야") 상대와의 관계를 시작하는 행위를 의미한다. 비틀어 말하기는 이론적으로 두 가지 효과가 있다. 첫째, 이 전략은 칭찬을 하면서 접근하는 다른 구애자와 자신을 차별화할 수 있으며 이로써 여성의 흥미를 유발할 수 있다. 둘째, 이 전략은 여성의 자존심을 세게 건드려서 그녀가 인정받길 원하게 만듦으로써 그녀에게 자신과 더 많은 시간을 보낼 동기를 부여할 수 있다. 그 후 처음에 비해 그녀를 높게 평가함으로써 이 전략의 사용자는 그녀를 상당히 만족스럽게 할 수 있다. 이는 상당히 교묘한 트릭이며, 스트라우스는 여성과 대화를 트는 것을 넘어 그녀를 집에 데려오는 데에도 큰 효과가 있었다고 말한다. 그러나 이것이 정말 좋은 관계를 위한 발판일까? 그것은 아니라고 본다. 실제로 스트라우스 본인도 책의 끝부분에서는 한 여성과 사랑에 빠지는데, 그 이유 중 하나는 그녀에게 그의 전략이 하나도 통하지 않았기 때문이었다.

솔직히 말해서, 진심보다 트릭에 의존하는 관계는 결국 실패하게 된다. 스트라우스는 자신의 저서 『더 게임』의 후속작인 『진실』에서 다음과 같이 논의한다. "『더 게임』은 관계의 주도권에 관한 책이다 - 맞다. 연애를 통제할 수 있고 상처받을 일이 없으므로 안전하다." 여러분은 안도할 수 있다. 그가 덧붙이길, "하지만 그로부터 결코 친밀감을 가질 방법은 없다."

공동 관계와 교환 관계

실물로는 본 적이 없는 페이스북 친구에서부터 어릴 적부터 알고 지내온 오랜 인생의 동반자에 이르기까지 세상에는 셀 수도 없이 다양한 관계가 있다. 그리고 우리의 행동은 관계에 따라 달라진다. 가령, 어쩌다 보니 아파트에서 동거하게 된 재키라는 친구가 깨끗하고 정돈된 집을 원하는 당신과는 달리 설거지, 쓰레기 수거, 거실 청소를 거의 안 하는 사람이라면 당신 혼자서 모든 일을 할 수밖에 없다. 얼마 지나지 않아 당신은 혼란과 좌절을 느낄 것이다. 그러나 재키가 매우 특별한 친구라 해도 당신의 좌절감은 여전할까? 매우 특별하다는 게 어떤 의미인지에 따라 그럴 수도 있고, 아닐 수도 있다. 그렇다면 재키가 인생의 동반자라면 당신은 어떻겠는가?

마가렛 클락Margaret Clark과 저드슨 밀스Judson Mills는[65] '교환 관계'와 '공동 관계'라는 근본적으로 다른 두 종류의 관계 사이에 중요한 차별점을 밝혔다. **교환 관계**exchange relationship에 해당하는 사람은 호혜성을 중요시하여, 보상의 분배와 비용의 부담을 항상 공정하게 이루어지게 하는 등 완벽한 등가성을 실현하려 한다. 이러한 거래와 같은 종류의 관계는 그 속에서 상당한 불균형이 발생한다면 두 사람 모두를 불행케 한다. 자신의 공헌에 비해 적은 보상을 받은 사람은 분노나 우울을 느낄 것이며, 자신의 공헌에 비해 많은 보상을 받은 사람은 죄책감을 느낄 것이다.[66] 이와 대조적으로, **공동 관계**communal relationship는 이해타산을 따지지 않는 관계이다. 이 관계에 속하는 사람은 상대방의 반응을 보고 필요한 것을 제공하며, 자신이 급박한 경우에도 같은 종류의 보살핌을 신속히 받는 관계이다.

공동 관계의 파트너가 일반적으로 공정성을 철저하게 따지지 않고, 양자가 모두 관계의 공정성, 균형성, 호혜성에 집착하지 않는다 하더라도,[67] 이들은 장기적으로는 모두가 행복해질 것임을 믿기 때문에 이해타산의 문제에서 자유롭다. 이러한 현상은 과학적으로 연구하기가 어렵다. 그럼에도 불구하고, 클라크와 밀스는 데이비드 코크란David Cocoran과[68] 함께 매우 기발한 실험을 수행하여 이러한 차별점의 본질을 포착하는 데 성공하였다. 한 실험에서 각 참가자는 매우 친한 친구나 처음 보는 사람과 짝이 되었다. 그 후 파트너는 다른 방으로 가서 복잡한 과제에 착수하게 되었다. 참가자 절반은 파트너가 도움을 구할 경우 스위치를 눌러 참가자의 방의 불빛 패턴을 바꾸는 것으로 신호를 보낼 것이라는 고지를 받았다. 나머지 절반은 불빛 패턴의 변화는 파트너가 과제 수행을 잘하고 있고 아무런 도움 없이 과제를 완료하여 둘이서 나누어 가질 보상금을 탈 것이라는 의미일 뿐이라고 고지받았다. 그 후 실험자는 참가자가 불빛을 보면서 파트너가 보내는 신호를 얼마나 자주 확인하는지를 관찰하였다. 파트너가 처음 보는 사람인 조건에서(교환 관계에서), 참가자는 불빛이 자신의 보상을 의미한다고 들은 경우에 훨씬 더 많은 시간을 불빛 관찰에 투자하였다. 파트너가 가까운 친구인 조건에서(공동 관계에서), 참가자는 불빛이 자신의 도움을 필요로 하는 신호로 생각한 경우에 불빛을 훨씬 더 많이 보았다. 결론적으로, 단조로운 과학적 실험에서도 연구자는 공동 관계의 사람이 파트너의 필요에 더 적극적으로 반응하였다.

파트너뿐 아니라 친한 친구 사이에서도 관계가 더 가깝고 친밀할수록 더욱 공동체화된다. 클라크와 밀스는 결혼 생활이 파탄에 이를 때 - 그리고 요즘에는 점점 더 결혼 생활이 지속되는 중에도 - 정확하게 상대방에게 기대하는 바를 정한 혼전 합의서가 서로에 대한 감정을 강화하기보다는 약화시킨다고 주장하였다. 연인 관계가 아닌 친구 관계에서도 공정성에 명시적으로 집중하는 것은 감정을 억압하는 결과를 가져온다. 필자의 친구 한 명은 새로운 동료랑 식사를 함께하였고 즐거운 시간을 보냈기에 속으로 이 동료와 아름다운 우정을 시작할 수 있겠다고 생각하였다. 그 친구는 다음과 같이 말하였다. “계산서가 나왔을 때, 나는 ‘이번에는 내가 사고 다음에는 이 친구가 계산하면 되겠지’라고 생각하면서 지갑을 꺼내려 했지. 근데 이 친구는 생각이 다르더라고. 계산서를 꼼꼼히 훑더니, 내가 더 비싼 와인을 먹었느니 내가 스시를 더 많이 먹었느니 하면서 각자의 몫을 칼같이 10원의 오차도 없이 계산하더라고. 덕분에 내가 반 넘게 결제했지 뭐야. 그 일을 겪고 나서 나는 그에게 정이란 정은 다 떨어졌어.” 자신이 줄 몫과 돌려받을 몫을 일일이 다 계산하는 사람은 그 행동을 통해 상대에게 자신이 원하는 관계는 공동 관계가 아닌 교환 관계라고 말하는 것이나 다름없다.

사랑이란 무엇이며 어떻게 일어나는가?

사람의 마음을 끈다고 생각했던 모든 요인을 고려해보며, 이제는 사랑이라는 복잡하고 유쾌한 경험으로 넘어가 보자. 호감과 사랑은 몇 가지 공통된 주요 전제 조건을 가지고 있음을 고려해볼 때, 사랑은 단순히 강렬한 호감일까? 아니면 사랑은 호감에는 없는 어떤 특별한 특성을 가지는 것일까?

사랑을 연구하는 대부분의 사람은 사랑을 열정적인 사랑과 동료애적 사랑으로 구분한다.[69] **열정적인 사랑**passionate love은 강렬한 감정, 흥분, 주체할 수 없는 성적 욕구, 사랑하는 대상에의 강렬한 몰입과 같은 특성을 가지고 있다. 많은 이는 열정적인 사랑을 문자 그대로 마리화나나 알코올에서 얻을 수 있는 의식의 각성 상태라고 기술한다.[70] 실제로 연인은 약물에 취한 사람과 유사하다. 연인의 뇌에는 코카인을 흡입할 때 분비되어 행복감, 흥분, 불면, 식욕 상실을 일으키는 신경 전달 물질인 도파민이 흘러넘친다. "사랑에 빠질 때" 일어나는 급격한 변화는 생리적으로 초콜릿을 먹거나 복권에 당첨되었을 때의 변화와 크게 다르지 않다. 실제로 갬블러가 돈을 따거나 자신이 좋아하는 초콜릿을 먹을 때, 뇌의 부위 중 도파민이 풍부한 곳의 활동이 증가한다.[71]

그러나 약물이 그렇듯이, 열정적인 사랑에서 오는 흥분은 1년에서 18개월 정도 지나면 사라진다. 그 시간 동안 연인의 관계가 굳어지면 상호 신뢰, 확실성, 단란함으로 특징되는 좀 더 완만하고 안정된 경험인 **동반자적 사랑**companionate love이 열정적인 사랑의 자리를 대신하게 된다. 짧고 강렬한 열정적인 사랑에 비해, 동반자적 사랑은 일반적으로 오랜 시간에 걸쳐서 깊어지면서 지속된다. 동반자적 사랑을 하는 연인은 서로에게 어떤 것이라도 자유롭게 말하고 서로를 깊게 이해하는 듯한 느낌을 가진다. 따라서 열정적인 사랑이 코카인이라면, 동료애적 사랑은 맛있는 한 잔의 와인에 가깝다. 와인은 맛있고 즐거움을 주지만 심장 박동을 느리게 하며 흥분을 누그러뜨리는 작용도 한다.

뜨거운 사랑을 하는 것은 분명 끝내주는 경험이지만, 당신은 그 끝내주는 경험에 빠져 장기적이고 중대한 결정을 내리고 싶지는 않을 것이다. 실제로, 『행복의 가설』이라는 저서에서 조너선 하이트Jonathan Haidt는[72] 모든 연인 관계에 있는 두 개의 위험 시점을 다룬다. 하나는 열정적인 사랑이 최고조에 다다른 시점이며, 이 시점에 파트너는 이성보다 흥분이 앞선다. 열정적인 사랑에 취한 연인은 서로를 1초라도 더 보고 싶어 하며 이러한 욕구를 못 이겨 지나치게 빨리 동거하거나 결혼한다. 때때로 이러한 커플은 열정적인 사랑에서 동반자적 사랑으로 넘어갈 수도 있다. 그러나 이 중요한 순간에 진실한 사랑이란 집착, 성적인 열정, 뜨거운 감정으로 정의된다고 믿는 사람은 처음의 이끌림이 사라지는 국면에서, 이는 당연한 것임에도, 사랑이 끝났다고 결정을 내릴 수 있으며 반복해서 실망할 것이다. 철학자 로버트 솔로몬은[73] 다음과 같이 주장한다. "우리는 사랑을 잘못 이해하고 있다…… 우리는 사랑을 시작하는 시기에 스파크가 너무 강렬하여 사랑으로 모든 어려운 고비를 헤쳐나갈 것이라고 기대하지만, 실제로 사랑이란 시들기보다는 시간이 지남에 따라 증가하는 경향이 있는, 통제 가능한 과정이다."

따라서 두 번째 위험 시점은 열정적인 사랑이 식어갈 시점이다. 연인 관계가 처음의 고점에서 내려올 때 이때까지는 무시하였던, 사랑하는 파트너의 결점을 인지하기 시작한다. 이들은 성적이거나 열정이 넘치는 메시지 전송을 중단하고 고양이에게 먹이 주라는 알림 메시지만을 보내기 시작한다. 하이트는 연인이 이러한 단계를 맞이할 때 인내를 발휘

해야 한다고 주장한다. 운이 좋아서 각자가 별다른 갈등 없이 다른 사람과의 관계에 더 투자한다면, 이들은 어느새 진실로 훌륭한 인생의 동반자가 되어있는 서로를 보게 될 수도 있다. 그러나 동반자적 사랑은 운만의 문제가 아니며, 열정의 희생이 필수인 것도 아니다. 그렇다면 처음의 강렬한 사랑의 발견이 열정을 잃지 않고, 만족스럽고, 친밀한 평생의 동반 관계로 부드럽게 넘어가려면 어떠한 요인이 있어야 할까?

이 질문에 답하기 위해, 자기 계발서나 페로몬과 러브 포션 광고는 일단 제쳐두고 세 가지 뻔하지 않은 연구 분야의 발견점을 고려해보자: 사랑의 암묵적 이론이 미치는 영향, 안정적인 애착이 가능한지 여부의 효과, 강렬한 욕망의 초기 단계에서 벗어나면서 욕망 상실에 대한 보상을 위해 할 수 있는 것.

사랑의 암묵적 이론 우리는 십대 시절 이 세상에 자신과 진실한 사랑을 나누며 열정의 황홀함 속에서 함께 살아갈 유일한 단 한 사람이 있다는 낭만적인 신념에 사로잡혀 있었다. (그리고 앞서 서술한 바와 같이, 과거에는 수천 명의 사람을 만날 수 있는 소개팅 앱도 없었다.) 그 시절 유행가도 이 신념의 전파에 일조하였다. 그 유행가의 가사처럼 우리는 "어느 황홀한 저녁에, 붐비는 방에서 운명의 그녀를 볼 것이고, 그녀를 본 이후로는 절대로 그녀를 놓아주지 않으리라"는 것을 알고 있었다. 그녀와 함께 춤추고, 그녀를 품에 안은 채로 속삭이리. "나는 그대를 위한 사람이며, 그대는 나를 위한 사람이라고. 천사가 이 세상에 태어나 나에게 온 것에 나는 너무나 행복하다고."

어느 날 완벽한 인연이 혜성처럼 찾아와 평생의 동반자가 된다는 "영혼의 동반자" 이론이 우리의 머릿속 한편을 차지하고 있는 것은 이상한 현상이 아니었다. 수많은 젊은이의 머릿속에는 이 이론이 있었으며, 그것은 지금도 마찬가지이다. 이것이 사랑과 관계의 '암묵적 이론'이었고, 이 이론은 우리의 행동과 로맨스의 규범이었다. 다양한 연인(과 문화)은 저마다의 암묵적 이론을 가지고 있다. 어떤 이는 사랑을 시간이 지나면서 깊어지는 무언가로 생각하고, 관계 속의 문제를 "헤쳐 나가야" 하며, 관계는 처음부터 완벽한 짝을 만나는 것이 아니라 성장과 노력 속에서 맞추어 나가는 것이라 믿는다. 이는 확실히 연인이 결혼하고 난 후에 사랑을 키워나가는 중매결혼의 뒤에 깔린 가정이다.[74] 안사리는 자신의 인도인 부모가 중매결혼한 이야기를 기술한다.

> 아버지는 조부모님께 결혼 준비가 되었다고 말씀을 드렸고, 아버지의 가족은 세 명의 이웃과의 만남을 주선했어요. 아버지는 첫 번째 여자를 보고는 "키가 너무 커요"라고 말했고, 두 번째 여자를 보고는 "키가 너무 작아요"라고 말했고, 세 번째로 어머니를 만나셨어요. 아버지는 빠르게 어머니의 키가 적당하다고 (드디어!) 판단하셨고 어머니와 30분 정도 얘기를 나누셨습니다. 두 분은 죽이 어느 정도 맞으셨고 일주일 뒤에 결혼하셨습니다.
> 그리고 저희 부모님은 35년이 지나도 여전하십니다. 두 분은 아마 자유의사로 결혼한 대부분의 사람보다 행복하게 지내시는 것 같아요."

광범위한 연구는 안사리의 부모님이 특이한 경우가 아님을 보여준다.[75] 대부분의 중매결혼한 커플이 눈에서 꿀이 흘러내리고 어딜 가나 욕정이 넘치는 사랑의 열정이라는 착각 속에서 시작한 커플만큼이나 행복한 생활을 한다고 드러난다.

사랑의 암묵적 이론은 사람의 관계를 강화하거나 상처입힐 수 있다고 밝혀졌다. 스파이크 W.S. 리Spike W.S. Lee와 노버트 슈왈츠Nobert Schwartz는[76] 사랑을 일체로 보는 영혼의 동반자파("우리는 서로를 위해 태어났어", "그녀는 나의 반쪽이야")의 사람들과 사랑을 여행으로 보는 헤쳐나가기파("우리가 걸어온 길을 봐", "우리는 이 모든 것을 함께 해왔어")의 사람들을 비교하였다. 이들은 관계에 대한 이 두 가지 사고방식에 따라 연인 관계에 지장을 줄 수 있는 갈등에 대처하는 방식이 달라진다는 것을 발견하였다. 결국, 두 사람이 천국에서 지상으로 내려오면서 헤어진 "하나의 영혼"이라면, 왜 둘 사이에 갈등이 일어나는가? 그리고 이 둘이 갈등을 겪는다면, 이는 결국 이 둘이 하나의 영혼이 아니라는 말밖에는 되지 않는다. 한 실험에서, 리와 슈왈츠는 장기간 관계를 맺어온 사람에게 일체나 여행과 관련된 표현을 포함한 상식 퀴즈를 완성하고, 자신의 파트너와의 갈등이나 행복을 떠올리고, 마지막에는 이들의 관계를 평가하라고 하였다. 예상한 대로, 사랑을 일체라 보는 사람은 갈등을 회상하면서 자신의 관계를 덜 만족스럽게 평가하였다. 그러나 사랑을 여행이라 보는 사람은 갈등을 회상하여도 관계의 만족도에 아무런 영향을 받지 않았다.

C. 레이몬드 니C. Raymond Knee의 종단 연구는[77] 함께 한 기간과 만족의 관계가 낭만적인 운명을 믿는 사람에게서 더 강했다는 것을 밝혀냈지만, 이는 스트레스 원천을 다루는 회피 전략과도 관계가 있었다. "운명" 관계는 잔잔한 바다에서는 가장 행복하지만 폭풍우가 치면 사랑의 보트는 침몰한다. 이러한 연인은 필연적으로 자신의 파트너가 더 이상 자신의 이상적인 기준을 만족시키지 않는다는 것을 알게 되고,

이때 자신의 관계에 여전히 만족하기란 어렵다는 것을 알게 된다. 대조적으로, 사랑이 성장이라는 암묵적 이론을 가진 연인은 대응 전략에 더 큰 노력을 기울인다. 이들은 파트너가 시간이 흐르면서 발전하고 변할 것이라고 '기대'하며, 일시적인 관계의 슬럼프가 오는 것은 당연하다고 쉽게 받아들인다. "헤쳐 나가는" 커플의 경우, 갈등은 관계의 질에 대한 평가에 아무런 연관이 없다. 이들은 자신의 파트너와 대화를 통해 문제를 다루고자 하며, 관계의 이음새에서 갈등이 새어 나올 때마다 이를 수리하려고 한다.

안정적 애착 사랑할 누군가를 찾은 후, 행복과 안정감을 느끼는가, 아니면 사랑하는 사람이 스타벅스에서 당신을 차버릴 것이라는 걱정부터 드는가? 필립 쉐이버Phillip Shaver, 신디 하잔Cindy Hazan, 마리오 미쿨린서Mario Mikulincer에 의하면,[78] 성인은 자신의 애착을 안정적이거나, 걱정스럽거나, 회피적으로 가질 수 있다. '안정적인 애착'을 가진 사람은 질투가 거의 없고, 거절에 대한 걱정을 하지 않는다. 이들은 불안정한 애착을 가진 사람들에 비해 온정적이고, 배려심이 깊으며, 파트너의 생각 없거나 짜증나는 행동을 더 빨리 이해하고 용서한다. '걱정스러운 애착'을 가진 사람은 항상 자신의 관계에서 흔들린다. 이들은 파트너와 가까워지길 원하지만, 파트너가 자신을 떠날까봐 걱정한다. 다른 사람은 종종 이들을 "집착하는 사람"으로 묘사하며, 이들은 집착하는 성격 때문에 안정적인 애착을 가진 사람에 비해 혼자서만 사랑하는 것이 고통이라고 호소한다고 말한다. '회피적인 애착'을 가진 사람은 의심이 많으며, 친밀한 애정 관계를 모두 피하는 경우가 많다. 이들은 관계에서 거리를 두고 파트너에게 더 이상 다가오지 말라는 신호를 보내며, 이러한 성향은 부상

과 좌절, 일의 실패 이후와 같이 친밀한 관계가 그에게 가장 도움이 될 때 특히 심해진다.[79]

사랑의 애착 이론에 따르면, 사람 성격에 따른 애착 유형은 부분적으로 부모의 양육 방식에서 시작된다.[80] 아이는 유아기에 관계의 내적 "작동 모델"을 형성한다. 내가 타인을 믿을 수 있을까? 내가 사랑받을 자격이 있는 사람일까? 부모님이 나를 떠나지 않을까? 부모가 차갑고 냉정한 사람이라면, 그 밑에서 자란 아이는 다른 관계도 자신과 부모와의 관계와 비슷할 것이라는 기대를 배운다. 반대로, 부모와 안정적이고 믿을 수 있는 애착을 형성한 아이는 타인을 더 신뢰하게 되고, 성인이 되어서도 친구나 연인과 안정적인 애착을 형성할 것이라는 기대감을 형성한다.[81] 그러나 아이의 기질과 유전적 성향도 아동기에 형성되는 관계의 작동 모델뿐만 아니라 아동기부터 성인기까지의 애착 유형의 일관성을 설명하는 데 도움이 될 수 있다.[82] 기질적으로 관계를 겁내거나 어려워하는 아이는 자신을 포용하려는 가장 친근한 부모의 노력도 내칠 수 있다. 그러므로 이 아이는 성인이 되어도 관계에서 걱정이나 애증이 엇갈리는 감정을 느끼게 된다.

위기와 적응에 관한 미네소타 종단 연구는[83] 많은 아동의 표본을 가지고 이들이 성인이 될 때까지의 과정을 추적하면서, 초기의 애착 유형이 어떻게 성인기의 관계에까지 연쇄적으로 영향을 미치는지를 관찰하였다. 냉대받으며 자라서 안정적인 애착이 결여된 아이는 결국 헌신적인 관계 맺기가 어려운 인생을 살게 된다. 이들은 아동기에는 부정적 감정을 제대로 다스리지 못하고, 10대 시절에는 갈등에 대처하거나 그로 인한 상처를 회복하기 어려워하며, 성인이 되어서는 관계 속에서 헌신을 덜 함으로써 자신을 "보호"하려고 한다. 그렇게 함으로써, — 이쯤 되면 어떤 말이 나올지 뻔한데 — 이들은 자기 충족적 예언을 만들어낸다. "나는 불안정해. 그래서 네가 나를 정말로 사랑하는지 모르겠고 네가 나에게 다정한지도, 내편인지도 잘 모르겠어. 네가 나에게 다정하지도 내편이지도 않기 때문에, 네가 나를 사랑하지 않는다는 결론을 내릴 수밖에 없어."[84] 불안정한 애착을 가진 사람은 진실한 칭찬도 의심하며, 사소한 잔소리에도 과하게 공격적으로 반응하는 경향이 있다. 시간이 흐르면서 그의 파트너는 계속 듣지도 않는 재확인만을 반복하는 것에 지치게 된다. 이러한 자기 충족적인 역학 관계 속에서 버림받는 것에 대한 공포는 실제로 버림받을 가능성을 높이고 점차적으로 사람은 사랑받을 자격이 없다는 비관을 강화시킨다.

그러나 불안정한 애착을 가진 사람이라고 해서 모두가 모진 운명을 마주하지는 않는다. 운이 좋아 안정적인 애착을 가진 파트너와 관계를 맺게 된 사람의 경우, 안정된 관계 유지에 취약하다는 단점이 극복되기도 한다.[85] 수년 동안 가까운 관계를 연구한 심리학자 일라이 핀컬Eli Finkel는 자신의 회피적 애착 유형에 대한 얘기를 하였다.

> 엘리슨도 분명 회피적인 성향을 가진 남편을 원하지는 않았을 거예요. 그러나 그녀는 회피적인 남편의 성향에 적응해야 했죠. 그녀는 안정적인 애착을 가졌기 때문에, 자신이 사랑하는 이가 괴로워할 때 그에게 다가가서 보듬어 주고자 하였지만 나에게는 그것이 소용없었죠. 해가 지나면서, 그녀는 나와 같은 사람에게는 평소의 자신과는 반대로 행동해야 됨을 알게 되었어요. 직접 보듬어주는 대신 나에게 시간을 주어 스스로 자신을 치료하게 하는 것이었죠. 요즘에 내가 문에 손가락이 끼이고서 아픔을 호소하거

나 직장에서 좌절을 느끼고 평소와 달리 조용해지면, 그녀는 일단 나와 거리를 유지합니다. 함께 산지 얼마 되지 않았을 때에는, 압박을 받는 나의 날카로운 독립성이 그녀에게 상처를 주기도 하였지만, 그녀는 조금씩 그 원인이 자신에게 있는 것이 아님을 알게 되었어요. 나에 대한 그녀의 이해와 사랑은 이러한 상황에서 내가 스스로 회복하게 시간을 주는 기다림에서 나타납니다. 그리고 그 기다림은 나를 조금씩 덜 회피적인 사람으로 바꾸어갔어요. 나에게 시간을 주는 그녀의 기다림이 나의 독립성에 대한 보호 성향을 옅게 하고, 덜 방어적인 사람으로 변화시킨 겁니다.[86]

핀컬은 씨메나 아리아가Ximena Arriaga와 그의 동료들과 함께[87] 연구를 진행하였는데, 이 연구에서 그들은 파트너를 믿는 능력, 즉 "우리가 약할 때, 우리의 욕구에 섬세하게 맞추어 우리를 치료해줄 수 있는 사람이 파트너임을 믿는 능력"이 시간이 흘러감에 따라 회피적인 성향을 감소시킬 수 있다는 사실을 밝혀냈다. 연구 결과도 지지하듯이, 핀컬의 사례는 불안정한 애착을 가진 사람이 안정적인 애착을 가진 파트너를 만나는 것이 바람직한 일임을 보여준다. 그러나 이제부터 알게 되겠지만, 그것이 유일한 치료법은 아니다.

고슴도치 딜레마 열정적인 사랑이 파도 같이 요동치는 리듬인 것에 비해 꾸준하고 예측 범위 내에서 지속되는 동반자적 관계의 리듬은 특유의 특별한 보상을 제공한다. 깊어지는 장기적인 관계는 정서적인 안정감과 자신의 단점과 장점이 아는 이에게 수용된다는 값진 편안함을 준다.

그러나 이러한 유익함에 더하여 잠재적인 어두운 이면이 장기적인 가까운 관계에 존재한다.[88] "그대는 항상 사랑하는 이에게 상처를 줘요."라는 고전 발라드의 가사는 이 아이러니를 직관적으로 표현하고 있다. 왜 그럴까? 앞서 획득-손실 이론에서 다루었던, 항상 호감이었던 사람보다 비호감이었다가 점차 호감이 되는 사람이 더 매력적으로 느껴진다는 다소 놀라운 사실을 떠올려보라. 역으로, 항상 비호감이었던 사람보다 호감이었다가 점차 비호감이 되는 사람이 더 불쾌하게 느껴졌다는 사실도 함께 떠올려보라.

이 과정은 오래된 파트너의 보상 행동에 확신이 생기면, 그 파트너가 보상의 공급원으로서는 낯선 사람보다 못하다는 것을 암시하기도 한다. 우리에게 획득은 중요하지만, 오래된 연인이나 배우자는 항상 획득을 제공하기 때문에, 이들은 많은 획득을 주지 못한다. 그러나 이들은 이제껏 주었던 존중과 이해, 다른 보상들을 철회함으로써 우리에게 큰 상처를 줄 수 있다. 관계가 더 가까울수록, 그리고 꾸준했던 존중과 보상의 역사가 길면 길수록 이들의 철회는 더 큰 상처를 남긴다. 사실상 오랜 연인은 추가적인 획득을 제공하는 것보다 손실을 안길 수 있는 힘이 더 커서 사랑하는 사람에게 상처를 줄 수 있다.

결혼 20년차인 도팅 씨 커플을 생각해 보자. 두 사람이 차려입고 친구와의 저녁식사에 갈 때, 그는 아내의 외모를 칭찬한다. "당신, 오늘 멋진데." 그녀는 그의 말을 좋게 듣기는 하지만 그 말에 크게 기뻐하지는 않는다. 그녀는 이미 남편이 자신을 매력적이라고 생각한다는 것을 알고 있고 이미 알고 있는 사실을 수천 번 들어봤자 기쁘지 않다. 반면에, (20년 동안 항상 칭찬만을 해왔던) 도팅 씨가 아내에게 매력적이지 않다는 말을 하기 시작하면, 그 말은 그녀에 대한 호감이 떨어지고 있음을 의미하기 때문에, 아내는 매우 큰 상처를 입게 된다. 그래서 그가 칭찬을 멈추면, 그녀는 무시당했다고 느끼기 시작한다. 다행히도, 세상의 다른 사람들이 그녀를 칭찬해주면 그녀가 자부심을 느끼고, 그에 대한 보답으로 이들을 좋게 보게 한다. O. J. 하비Harvey는[89] 친구보다 모르는 사람에게 칭찬을 들을 때 더 긍정적인 반응을 한다는 사실을 밝혀내었다. 솔직히 당연한 것이다. 모르는 사람에게서의 인정도 획득이고, 획득-손실 이론에 따라, 우리에게 더 큰 기쁨이 된다.

이러한 결과는 인간이 가지고 있는 다소 씁쓸한 단면을 넌지시 보여준다. 사람은 평생 자신의 가장 친한 친구와 연인과의 익숙함 때문에 상처받거나 실망하는 반면, 알지도 못하는 이의 눈에서 호의의 시선을 끝없이 찾는 듯하다. 로마의 정치인 키케로Cicero가 기원전 46년에 제안한 바와 같이, 이 현상을 해결하기 위해서는 손실과 상처의 감정을 흥미로운 획득과 새로운 이해로 전환시켜야 한다. 어떻게 이를 실현할 수 있을까?

연인이 해야 할 첫 번째는 '고슴도치 딜레마'를 해결하는 것이다. 이 고슴도치 딜레마란 상처를 입지 않으면서 깊은 친밀감을 이루고 싶은 욕망이다. 이는 철학자 아서 쇼펜하우어의 우화에서 나온 용어이다.

> 어느 추운 겨울 날, 고슴도치 한 무리가 추위로부터 자신을 지키기 위해 서로가 가까워지도록 몸을 움츠려 서로에게 온기를 전달하였다. 그러나 얼마 지나지 않아 이들은 가시가 서로를 찌르는 것을 느꼈고, 서로에게서 즉시 떨어졌다. 온기가 필요할 때마다 이들은 다시 서로에게 다가갔으며, 그때마다 가시에 찔리는 상황이 반복되었고, 이들은 계속 붙었다 떨어졌다 하면서, 온기를 취하고

> 가시를 피하는 적절한 거리를 찾을 수밖에 없었다… 확실히 이는 완벽하지는 않지만 어느 정도의 온기를 주었으며, 가시에 찔리는 고통도 피하게 해주었다.[90]

심리학자는 사람이 친밀함의 욕구와 안정의 욕구를 모두 만족시키는 해결책을 찾는 방식을 연구해왔다.[91] 즉, 파트너가 자기를 진실로 깊이 이해하고 수용한다고 느끼기를 바라며, '나의 가장 깊숙한 곳에 있는 가장 수치스러운 약점과 실수를 "진실로" 알게 된다면 그가 나를 밀어내거나 거부하지 않을까' 하는 두려움 없이 이를 알기를 원한다. 불안정한 애착을 가진 사람은 둘 사이의 균형점을 찾는 것을 굉장히 어려워한다. 자존감이 낮고 거절에 매우 민감하여 자신이 사랑받을 자격이 없다고 생각하는 연인은 이러한 어려움을 겪을 것이다. 산드라 머레이Sandra Murray와 존 홈즈John Holmes는 이러한 사람은 거절을 두려워하기 때문에, 자기 보호를 자기 개방보다 우선시한다는 사실을 밝혀냈다. 이들은 자신을 가시로 둘러싸기 바빠, 자신이 정말로 갖길 원하는 교제의 온기를 잃어버린다.

다른 사람과 살기 위해서는 오늘 볼 영화부터 자녀의 양육 방식에 이르기까지 셀 수 없는 희생과 타협이 필요하다. 불화를 일으키는 사건이 일어날 때, 파트너의 관심에 대한 지각은 자신의 대응 방식에 영향을 미친다. 회피하고 이해관계를 보호할 것인가, 부족한 부분을 인정하고 화해할 것인가? 파트너와의 유대를 깊게 하는 - 그리고 수많은 새로운 정서적 '획득'을 주는 — 더 위험하지만 더 정직한 길을 갈 것인지, 관계를 더 이상 훼손시키지 않는 — 하지만 추후의 '손실' 가능성을 증가시키는 — 길을 갈 것인지를 커플은 선택해야 한다. 인생의 많은 것이 그렇듯,

관계에서도 하이 리스크는 하이 리턴을 부른다.[93]

도팅 씨가 자신의 부인을 비판하여 상처를 입힐 수 있는 큰 힘을 가지고 있다 해도, 둘의 관계가 중요하기 때문에, 그녀는 이러한 비판을 유심히 듣고 적절히 반응하며 그의 칭찬을 다시 얻기 위하여 여러 변화를 꾀할 것이다. 그 반대 또한 참이다. 도팅 씨를 좋게 말하던 도팅 부인이 갑자기 태도를 바꾸려 한다면, 도팅 씨는 이에 주의를 기울이고, 결과적으로 다시 그녀의 인정을 얻기 위해 행동에 변화를 줄 수 있다. 상당수의 영혼의 동반자 이론을 믿는 커플이 하는 것처럼 갈등을 미봉책으로 푸는 것이 아니라 커플이 함께 창조적인 방향으로 성장하고 변화하려고 힘쓰면서 갈등을 헤쳐 나갈 때, 관계에서는 진정으로 창조적이고 발전이 지속된다. 이러한 과정에서, 파트너와의 진실된 감정과 믿음을, 부정적인 것이라도, 자유롭게 나눌 수 있는 **진솔성**authenticity은 관계의 파멸로 이어지는 정체기를 피해가는 열쇠이다. 진솔성은 관계가, 도팅씨 부부도 맞이하게 될, 암담한 침체기의 가능성을 감소시킨다. 자신의 짜증을 억누르고 서로에 대한 부정적 감정과 실제로 하고 싶은 말을 참고 사는 이들은 겉으로는 무탈하고 좋아 보이지만 갑작스럽게 감정이 변화하면 언제라도 깨져버릴 수 있는 살얼음판과도 같은 침체기를 겪게 된다.

진솔한 관계의 커플은 지속되는 침체기에 들지 않는다. 오히려 각각 서로의 높은 관심 속에서 감정이 지속적으로 왔다 갔다 한다. 이러한 관계에서, 파트너는 자연스럽게 획득 — 손실 실험에서의 획득 조건에 가까워진다. 긍정적이든 부정적이든 '자신'이라는 친밀한 단면의 교환은 필수적이다. 일반적으로, 사람은 자신이 중요한 부분을 - 그것이 불미스러운 것이라도 — 드러내고 난 후, 상대방도 자신의 사적이고 부정적인 부분을 드러내며 존중을 나타낼 때 그 상대방을 더 좋아한다.[94]

사랑을 유지하는 필수적인 요건은 파트너가 자신을 이해하고 지지한다는 믿음이다. 그이가 나를 믿고, 나를 걱정하고, 나를 안심시키고, 우리의 중요한 것을 알고 있고, 필요할 때 나를 적극적으로 도와줄 것이고, 나를 누구보다 잘 안다. 이러한 믿음이야말로 그 사람을 사랑하는 것을 넘어, 떨어져 있어도 함께 있는 듯, 그 사람에게 사랑받음을 느끼게 하는 열쇠이다. 이러한 이해받고 있다는 든든한 느낌은 집에서 누가 무엇을 하는 것 같은 현실적인 행동 지표보다도 더 좋은 웰빙감, 안정감, 적응감을 기대하게 한다.[95]

힘들고 불안한 시기에 서로를 지지한 사람은 그렇지 않은 사람에 비해 건강한 관계를 더 많이 가지는 경향이 있다. 그러나 상황이 순조로울 때는 어떨까? 밝혀진 바에 따르면, 힘든 시기에 파트너가 곁에 있어주는 능력만큼이나 가까운 관계에서 행복의 강력한 지표는 성공의 시기를 함께 하는 능력이다. 셸리 게이블Shelley Gable과 동료들은[96] 자신이 최근에 성공한 경험을 얘기할 때 파트너에게서 "대박이야! 난 네가 해낼 줄 알았다니까! 기념으로 놀러 한번 가자!"와 같은 긍정적인 반응을 얻는 사람이 "오 잘했네, 자기야. 그나저나 오늘 저녁 뭐 먹을까?"와 같은 시큰둥한 반응을 받은 사람보다 몇 달 후에 관계에서 더 행복하다는 사실을 밝혀냈다. 그리고 이는 일리가 있다. 많은 관계에서 파트너의 성공은 복잡한 정서를 불러온다. 분명 이는 기쁜 일이지만, 왠지 모를 질투심에 기쁨이 반감된다. 게이블의 연구는 어떠한 질투라도 그보다 훨씬 큰 기쁨에 가려질 때 커플은 가장 행복하다는 것을 보여준다.

요약해보자. 데이터에 의하면, 관계에서 친밀함이 더해짐에 따라, 열정과 헌신, 발전의 지속에 점점 더 중요해지는 것은, 좋은 인상을 만드는 것을 포기하고, 불쾌하더라도 자신과 관계에 대한 솔직한 감정을 드러낼 수 있는 능력인 진솔성이다. 따라서 진솔성을 가진 사람은 적절한 상황 속에서 배려심을 가지고 친구와 애인을 향한 자신의 다양한 감정을 있는 그대로 표현하려 한다.

친밀감, 진솔성, 그리고 소통

사랑하는 이와의 솔직한 소통이 좋은 결과를 가져오지만, 그 과정은 생각보다 어렵다. 앞서 말한 바 있듯이, 솔직한 소통에서는 부정적인 감정과 자신의 약점이 되는 부분도 공유하고 관계나 행동, 문제 해결 방식에서 특정 부분이 맘에 들지 않거나 화가 난다고 여과 없이 말할 수 있어야 한다. 갈등 상황에서, 친밀하고 비공격적이지만 직설적인 화법으로 이를 해결하는 부부는 더 행복한 결혼 생활을 하게 된다.[97] 그러나 이 또한 생각보다 어렵다.

존 고트먼John Gottman은 수년 동안 여러 부부를 추적 연구하면서, 끝까지 함께 살아갈 부부와 깨질 부부 구별법을 검증하였다. 밝혀진 바에 따르면, 그는 이 둘을 구별할 수 있었다.[98] 그는 특히 파괴적이지만 너무나도 흔한, 실패한 결혼의 강력한 지표가 되는 의사소통 유형 네 가지를 파악하였다.

1. **적대적인 비난**: 이 유형의 의사소통에서, 각자는 분노에 차서 "당신은 늘 그런 식이야." 혹은 "당신은 한번도 그런 적이 없잖아." 식의 말을 하면서 서로를 비난한다. 이러한 의사소통에서는, "당신은 항상 늦었잖아! 그리고 당신은 한번도 내 말에 귀 기울인 적이 없잖아!", "내가 언제 늦었다고 그러는데! 그리고 사람 말 제대로 안 듣

는 거는 당신도 마찬가지잖아!"라는 식의 대화가 오간다. 파트너는 공격받는다는 느낌을 받을 것이고, 이에 방어적인 자세를 취할 것이다. 결국 어느 쪽도 쇠귀에 경 읽는 느낌만을 받게 될 것이다.

2. **방어적 소통**: 이 유형의 의사소통에서, 비난받는 사람은 상대방의 진의를 듣기보다는 피장파장으로 맞선다. "늦어? 늦었다고? 장소에 이틀이나 일찍 온 네가 강박적인 거 아니야!"

3. **모욕적 소통**: 관계에서의 최악의 충격을 주는 유형인 이 의사소통에서 한 사람이 상대방을 모욕적인 호칭으로 부르면서 비웃고, 혐오감을 느끼게 하고, 언어적 표현과 비언어적인 제스처를 사용하여 모멸감을 느끼게 한다. 임상심리학자 줄리 고트먼Julie Gottman은 치료 현장에서 화가 난 커플을 다루었다. 그녀가 "두 분은 어떻게 만나셨나요?" 하고 묻자, 아내는 경멸이 섞인 목소리로 말하였다: "학교에서요. 제가 그때는 눈이 삐었는지 남편이 똑똑해 보이더라고요."[99]

4. **담을 쌓는 소통**: 이 유형의 의사소통에서, 듣는 사람은 물러남으로써 대화 자체를 거부하고 그 자리를 피해버린다.

이어지는 논의에서는 이런 식의 쳇바퀴 돌듯이 아무런 의미 없이 지속되는 목청 높이기의 대안을 제안하고자 한다. 다음의 시나리오를 상상해보라. 필과 앨리스는 설거지를 하고 있다. 이들은 저녁에 친구들을 불러서 만찬을 했던 참이었고 친구들이 떠난 후 뒷정리를 하는 중이다.

저녁 동안, 앨리스는 평소와 다름없이 밝고, 재치 있고, 명랑한 모습이었다. 그러나 평소에 그녀의 명랑함에서 기쁨을 얻는 필은 상처를 받았고, 약간 화가 나 있다. 아마도 이 현상의 원인은 정치 토론 중에 앨리스가 필의 입장에 반대하고 톰의 입장을 따라간 것인 듯하다. 또한 앨리스는 저녁의 토론 중에 톰을 굉장히 호의적으로 대하는 것처럼 보였다. 사실 앨리스의 행동에 지나친 애교가 섞여있기는 했다.

필은 생각한다. "나는 앨리스를 너무나도 사랑해. 그래서 앨리스가 앞으로는 이런 식의 행동을 하지 않았으면 좋겠어. 아마도 앨리스는 나에 대해서 매력을 느끼지 못하는 것 같아. 젠장, 그녀가 나를 떠나가 버리기라도 한다면 나는 어떡하지? 정말로 앨리스가 톰에게 매력을 느끼고 있다면 어떡하지?" 그러나 필은 자신의 취약성을 공유하기를 주저하며 다음과 같이 말한다: "오늘 보니까 톰에게 꼬리치더군. 모두가 다 봤어. 더 이상 바보 같은 짓 하지 않길 바라."

앨리스는 필을 사랑한다. 그녀는 저녁에, 특히 정치 토론에서는, 굉장히 밝은 분위기의 대화를 나누었다고 생각하였고, 필이 자신의 지적인 공헌을 인정하지 않았다고 생각하였다. "필은 내가 흥미로울 것 없는 주부로만 생각하나봐. 그는 아마도 나와 함께하는 대화를 지루해 할 거야." 이 둘의 대화는 다음과 같이 이어진다.

앨리스: 당신이 무슨 말 하는지를 모르겠어. 당신은 내가 대통령이 제안한 세금 정책에 반대했다고 화가 난 것 같은데, 톰과 나는 견해가 일치하였고, 나는 내가 맞다고 생각하는 바를 말하였을 뿐이야.

필 : 그가 당신의 견해를 따라한 거겠지! 지금 장난해? 그 자식이

그것 말고 뭘 할 수 있었겠어? 당신 실제로 그의 무릎 옆에 바짝 붙어 앉았잖아. 다른 손님들도 다들 당황한 거 알아?

앨리스: (눈물을 터뜨리며) 필, 뭔지는 몰라도 당신 지금 질투하는 거야!

필 : 질투하는 게 아니야! 합리적 의심이라고! 그런 식으로 매춘부처럼 행동할 거라면 말리지는 않을게. 당신 인생이니까.

앨리스: (화를 내며) 이봐, 당신은 완전히 늙은 구닥다리야. 당신 말은 빅토리아 시대 때의 남자들이나 하던 말이야! 근데 당신은 항상 그러더라!

필 : (차가운 목소리로) 그거야말로 당신이 나에 대해 쥐뿔도 모르고 있다는 방증이야. 나는 당신보다도 페미니스트고, 나랑 같이 일하는 여자들은 다들 나를 좋게 생각해.

앨리스: (비꼬는 말투로) 그래, 당신 사무실에 있는 여자들은 다들 당신에게 끝내주는 여자들이겠지.

필 : '그게' 방금 무슨 뜻이야?

앨리스는 침묵한다. 필은 그녀에게서 반응을 끌어내고자 여러 번 시도하지만 실패하고 방문을 박차고 나간다. 뭐가 어떻게 되어가는 걸까? 서로를 사랑하는 두 사람의 대화가 어떻게 이토록 폭력적이고 상처만 남기는 논쟁이 되어버린 것일까?

사람을 다른 생명체와 구별하는 한 가지 주요 특성은 복잡한 정보를 전달할 수 있는 의사소통 능력이다. 언어는 인간에게 대화라고 하는 진실로 어마어마한 힘을 준다. 그러나 대화는 서로 가깝고 아끼는 관계 속에서도 빈번히 오해를 불러일으키기도 하는 이유이기도 하다. 필과 앨리스의 대화는 가상의 대화이긴 하지만 현실성이 없는 것도 아니다.

오히려 관계 속에서 혼동되고, 간접적이고, 오해의 여지가 있는 대화를 나누는 커플에게 올바른 대화를 하도록 도와주는 상담가가 듣게 되는 수백 개의 대화의 전형이다.

필과 앨리스는 각자 주요 걱정거리가 있었다. 그렇지만 두 사람 모두 이를 직설적으로 표현하지 않았거나 못하였다. 앨리스의 주요 걱정거리는 지적 유능함이었다. 그녀는 필이 자신을 멍청하고 지루한 여자라고 생각할까봐 불안하였다. 이 논쟁의 '이면에 깔려있던' 그녀의 불만은 필이 정치 토론 동안에 나온 자신의 논리적 설득력을 인정하지 않았다는 것이었다. 그리고 필이 한 말 속에는 톰이 앨리스에게 주의를 기울였던 이유는 순전히 그녀의 성적 매력이었다는 내용이 함의되어 있는 것처럼 느껴졌다. 결과적으로, 필이 한 말은 그녀에게 상처를 주었고, 그녀의 자존감을 위협하였으며, 그녀를 화나게 하였다. 그러나 그녀는 자신의 상처를 드러내지 않았다. 앨리스는 화를 표출하였을 뿐, 자신이 화난 이유를 드러내지는 않았다. 오히려 그녀는 공격적인 자세로 필에게 '꽉 막혔고 재미도 없는 사람'이라고 말하며 필을 공격하였다.

필의 주요 걱정거리는 다른 종류의 불안정감에서 나왔다. 그는 앨리스의 활기찬 모습을 좋아하지만 나이를 먹으면서 자신의 성적 매력을 잃어버릴까봐 두려워한다. 따라서 그는 앨리스가 톰의 정치 견해에 동의하는 것을 그를 버리고 톰에게 '줄서는 행위'라고 가정하게 되었고, 자신의 불안정감을 못 이겨 성적인 내용을 함의하는 말을 덧붙였다. 앨리스가 필에게 "늙은 구닥다리"라고 하였을 때, 그는 대부분의 신경을 "늙은"이라는 단어에 쏟았을 것이다. 그래서 재빨리 자신의 남성성과 성적 매력을 방어하려고 하였고, 화를 주체 못한 앨리스의 반응은 즉각적인 조롱이었다.

이는 함께 사는 사람들에게 일어나는 일상적인 논쟁이다. 양쪽 모두 감정과 걱정거리가 있지만 이를 터놓고 얘기하고 올바르게 파악하는 대신, 서로 할 말만 하다 보니 감정은 격앙되어 적대감이 되고, 논쟁이 시작되었을 때보다 더 큰 상처와 불안정만이 남았다. 서로에게 마음을 쓰는 사람 사이의 모든 분노, 갈등, 상처, 적대감 등이 부적절한 의사소통의 결과물이라고 말할 수는 없다. 많은 경우, 가까운 관계의 사람이라도 일, 돈, 육아, 섹스, 가사 등, 살아가는 데 중요한 것들에 대한 욕구, 가치관, 욕망, 목표가 다르며, 이러한 필연적인 차이는 스트레스와 긴장을 유발하기 때문에 사람은 이를 안고 살거나 타협과 양보, 관계의 해소를 통해 이를 해결해야 한다. 그러나 많은 경우에 나타나는 문제는 잘못된 의사소통이다. 필과 앨리스는 어떤 식으로 더 좋은 의사소통을 할 수 있었을까? 잠시 필의 입장이 되어보자. 그리고 당신이 사랑하는 앨리스가 다가와 비난과 판단이 섞이지 않은 목소리로 다음과 같이 말하는 상황을 그려보자.

> "자기야, 내 말 좀 들어봐. 나는 똑똑한 것 같지 않고, 적어도 사람들이 나를 똑똑하게 보지 않는 거 같아. 왜냐하면 나는 자기같이 학위가 많은 사람이 아니거든. 내 인생에서 가장 소중한 사람인 자기가 내 말에도 예리한 논리와 지성이 묻어나는 부분이 있다고 인정해주었다면, 나는 정말 기뻤을 거야. 우리가 중대한 토론에서 의견이 갈렸고, 자기가 내 논리를 신랄하게 반박했을 때, 나는 불안했고 무시당한다고 느꼈어. 아까 전 저녁 때 정치 토론에서 자기가 내 생각과 소신 있게 말하려는 노력을 조금이라도 칭찬해 주었다면, 나는 잊지 못할 저녁을 즐겼을 거야."

이제 앨리스의 입장이 되어보자. 그리고 필이 다음과 같이 저녁 토론에서 느꼈던 바를 솔직하게 말한다고 생각해 보자.

> "자기야, 음… 조금 힘들긴 하지만 솔직하게 얘기해볼게. 내 마음 속에서 어떤 일이 일어났는지는 모르겠는데, 아까 전에는 좀 질투가 났어. 설명하기가 좀 어렵긴 한데, 자기랑 톰이 왠지 모르게 가까워 보였고 서로 생각하는 것도 비슷해 보였어. 그래서 나는 마음이 상했고 외롭기도 했어. 자기는 몰랐겠지만, 나는 의기소침해지고, 피곤해지고, 복통도 느끼고 있었어. 나는 일종의 재확인이 받고 싶어. 자기에게 나는 지금도 잘생긴 사람이야? 자기가 오늘 저녁 톰을 대했던 눈길로 나를 봐준다면 나는 이 순간의 모든 것을 사랑할 거야."

사랑하는 사람이 이렇게나 사랑스러운 **직설 화법**straight talk을 구사한다면, 절대 다수의 사람은 받아들이고 반응할 것이다. 여기서 말하는 직설 화법이란 자신의 감정과 고민을 상대에 대한 일절의 비난과 나무람, 판단, 조롱 없이 명확하게 말하는 것이다. 상대가 방어를 풀고 들을 수 있다는 점에서 직설 화법은 매우 효과적인 방법이 된다.

직설 화법은 어렵지 않아 보이고 실제로 효과적이다. 그런데 왜 사람들은 이 좋은 화법을 자주 쓰지 않는 것일까? 대부분의 사람은 경쟁 사회에서 자라면서 약점을 없애면서 자신을 보호하는 법을 배운다. 고슴도치의 딜레마에 대입해보면 가시를 기르는 것이다. 따라서 우리는 상처를 받을 때 이 상처를 보여주지 말라고 배워왔으며 오히려 자신에게 상처 입히는 사람을 피하거나 그를 분노와 비판, 조롱으로 공격하라고 배웠다. 그리고 고트먼이 관찰한 바와 같이, 이러한 공격은 상대가 방어적인 자세를 취하거나 또 다른 반격을 하게 만들어 논쟁을 격화시키는 결과를 낳는다.

또한 우리는 비난하기에 급급해서 상대에 대해 '선의의 해석'을 하지 못하는 경우가 많다. 타인에 대한 한 사람의 판단은 행동의 원인을 성격의 결함에서 찾는 기질적 귀인과 그 당시의 내, 외부 상황에서 찾는 상황적 귀인의 형태를 취한다. 당신의 죽마고우나 인생의 반려자가 이상하고 불쾌한 행동을 하거나 자신이 하겠다고 한 행동을 하지 않을 때, 당신에게는 두 가지 선택지가 주어진다: 우선, 당신은 적개심에 불타올라, "이 망할 여자가 또 생각 없이 행동하는군!", "이 남자는 자기밖에 모르는 놈이지!" 하고 기질적 귀인을 하거나, 아니면 "그녀도 스트레스를 받아서 그랬을 거야", "그의 엄마가 또 아픈 건 아니겠지"라는 선의의 해석과 함께 그/그녀가 한 행동의 이유를 알게 될 때까지 기다리며 상황적 귀인을 할 수 있다. 프랭크 핀첨Frank Pincham과 토마스 브래들리Thomas Bradley는[100] 신혼부부 130쌍을 오랜 시간 연구한 결과, 결혼 초기에 기질적 귀인을 하는 부부는 점점 결혼 생활에 불행을 느낀다는 사실을 발견하였다. 반대로, 직설 화법에 익숙하고 상황적 귀인을 하는 부부는 점점 결혼 생활이 행복해졌다.

당신의 약점을 당신을 공격하는 도구로 쓸 것이 분명한 적에게 그 약점을 노출하는 것은 현명하지 못하다. 그러나 당신에게 마음을 쓰는 사랑스러운 친구에게 약점을 숨기는 것도 또한 현명하지 못하다. 앨리스와 필이 상대의 불안정감을 알고 있었다면 각자 상대가 바라는 재확인을 해주는 행동을 할 수 있었을 것이다. 이들은 "드러냄보다는 공격이 낫다"는 사회적 교훈을 과도하게 학습한 나머지, 자신도 모르게 무너지는 길을 가는 것이다.

많은 경우, 문제는 필과 앨리스의 이야기보다 훨씬 더 복잡하다. 앨리스와 필은 자신의 감정에 대해 알고 있고, 이들의 갈등은 전적으로 의사소통 문제로부터 나왔다. 그러나 많은 경우 사람은 자신의 욕구와 바람, 감정을 확실하게 알지 못한다. 대신, 이들은 집어서 말할 수 없는 어렴풋한 불편과 불행을 느낄 수도 있다. 이러한 어렴풋한 감정은 잘못 귀인되기 쉽다. 처음에, 필은 실제로 자신이 중년에 접어든다는 사실에 불안정감을 느낄 때 앨리스의 경박한 행동을 비난하였다. 따라서 우리가 자신의 감정을 파악하지 못해 스스로에게 명확히 설명할 수 없다면 이 감정을 남에게 표현할 수 없다. 여기서 가장 중점이 되는 문제는 민감성이다. 우리가 자신의 감정에 민감해질 수 있을까? 우리가 다른 사람의 감정에 민감하도록 학습해서, 사람이 쉽게 마음의 상처를 받을 때, 이를 신경 쓰고 존중하면서 대할 수 있을까?

즉각적인 피드백의 중요성 가까운 관계에서 의사소통이 효과적으로 이루어지기 위해서, 우리는 자신의 말과 행동이 어떻게 해석되는지에 대해 즉각적인 피드백을 주고받을 수 있다. 이 피드백은 자신의 행동과 사용하는 어휘와 문장이 주는 영향에 대한 통찰을 얻게 하고, 자신과 파트너의 욕구를 충족시키는 선택지를 고르기 위한 정보를 준다.

당신이 가장 친한 친구이기도 한 아내를 화나게 하는 일을 했다고 가정해보자. 아내가 화를 표현하지 않는다면, 당신은 무엇이 아내를 화나게 했는지를 알 방법이 없다. 그런데 아내가 즉각적인 피드백을 주었다면 어떨까? 아내가 당신의 언행에 대해 받은 느낌을 말한다고 가정해보자. 이제 당신에게는 두 가지 선택지가 있다. 당신은 전와 똑같은 언행으로 아내를 계속 화나게 할 수 있고 전과 같은 언행을 반복하지 않을 수도 있다. 선택은 당신의 몫이다. 당신의 그 언행은 당신에게 너무 중요해서 그만두기 싫은 언행일 수 있다. 반대로, 아내가 화나지 않는 것이 당신에게 너무 중요해서 그러한 언행을 멈출 수도 있다. 그러나 아무것도 모르는 상태의 당신에게는 아무런 선택지도 주어지지 않는다. 또한 특정 행동에 대한 아내의 감정을 정확하게 아는 것은 당신과 아내가 모두 만족할 수 있는 방식을 찾을 기회를 줄 수도 있다.

즉각적인 피드백은 받는 사람에게만 가치가 있는 것이 아니다. 많은 경우, 우리는 상대에게 피드백을 주는 과정에서 스스로에 대해 모르고 있었던 부분을 발견하기도 한다. 예를 들어, 어떤 식으로든 화를 표출하는 것은 파괴적인 행위라고 믿었던 샤론은 피드백을 주면서, 화를 무조건 참는 게 능사가 아님을 깨닫게 될 수도 있다. 그녀가 화를 표출해도 문제가 없음을 배울 때 이 감정을 공개적으로 표현하고 이를 보면서 자신이 화를 표출한다고 해서 세상이 망하지 않음을 알게 될 수 있다. 또한 감정의 직접적인 표현은 그 감정이 쌓여서 해소하기 어렵게 되는 상황을 예방하기도 한다. 당신의 아내가 화를 표출하는 법에는 고함과 비난만 있는 것이 아니라 자신의 감정과 불만을 직설적으로 말하는 것도 있음을 알게 된다면, 당신과 아내는 감정을 조절하며 대화를 할 수 있다. 아내가 때와 상황을 가리지 않고 화를 억누르기만 하고 이를 다른 방법으로 표출하지 않거나 잠잠하고 침울한 표정만 짓는다면 당신은 아내가 표출하는 적대감의 출처를 알 방법이 없고, 이러다 보면 당신도 혼란스럽고 상처받거나 화나게 될 수도 있다.

감정 대 비판 사람은 건설적인 피드백을 제공하는 방법을 몰라서, 피드백을 받는 사람을 당혹스럽게 하며, 문제를 해결하기보다는 악화시키는 경우가 많다. 역기능적인 피드백의 예시를 보면서, 어떤 부분을 개선하면 피드백의 내용을 희석하지도 않고 의사소통과 이해를 극대화할 수 있는지 살펴보자. 이 예시는 기업 임원진과 함께 수행한 의사소통 워크숍에서 일어난 실제 사건이다.

워크숍 과정에서, 마이크라는 멤버는 데이브라는 멤버를 똑바로 쳐다보며 대놓고 말하였다. "데이브, 하루 반 동안 당신의 언행을 지켜본 결과, 나는 당신에게 이런 피드백을 하고 싶어. 당신은 위선자야."

지금 이 피드백은 명백한 비난이다. 데이브는 어떻게 반응할 수 있을까? 그에게는 몇 가지 선택지가 있다. 그는 (1) 마이크의 말에 동의하거나, (2) 그의 비난을 반박하면서 자신이 위선자가 아니라고 말할 수도 있고, (3) 보복성으로 문제는 마이크에게 있다는 식으로 말하며 화를 낼 수도 있고, (4) 자신에게 유감을 느끼며 침울해질 수도 있다. 이 중의 어떤 선택지도 생산적이지는 않다. 그러나 마이크에게 이러한 판단을 표현할 권리가 있는가? 결과적으로, 그는 개방적이고 솔직하게 말하였다. 우리는 개방성과 진솔성이 가지는 가치를 인정하지 않았는가?

이는 딜레마처럼 들린다. 효과적인 소통은 솔직함을 요구하지만, 솔직함은 경우에 따라서 듣는 사람에게는 상처가 될 수도 있다. 이에 대한 해결책은 솔직하게, 동시에 듣는 사람에게 고통을 최소화 하면서 당신의 불만을 최대한 이해시킬 수 있는 방식으로 자신의 생각을 표현하는 것이다. 효과적인 소통은 비판보다는 감정/느낌을 얼마나 더 잘 표현하느냐에 달려 있다. 여기서 다른 사례에서 마이크는 자기의 느낌을 표현하지 않았다. 그 대신 데이브가 하는 행동에 대해 설명하고 이를 비판한 셈이다. 감정/느낌이란 말은 몇 가지 의미를 가지고 있다. 이상의 맥락에서 필자는 "나는 옳다고 느낀다."라고 말할 때처럼 "직감"이나 "가설"을 의미하지 않는다. 필자는 감정/느낌으로 분노나 기쁨, 슬픔이나 행복, 귀찮음, 두려움, 불편함, 따스함, 고통, 질투, 그리고 흥분 등을 의미한다.

워크숍에서 필자는 마이크에게 데이브에 대해 어떤 감정을 가지는가를 질문하면서 개입을 시작하였다. 마이크는 잠시 생각하더니 "예, 데이브는 사기꾼 같다고 느껴요"라고 답했다. 이것은 정의한 것처럼 감정/느낌을 말한 것이 아니다. 그 대신 이것은 감정/느낌이라는 언어를 통해서 자기 자신의 의견이나 비판을 표현한 것이다. 비판은 부적절하게 이해되거나 부적절하게 표현된 감정/느낌일 따름이다. 여기서 더 나아가서 마이크에게 그가 가진 감정이 무엇인가를 다시 물었다. 그래도 마이크는 데이브를 사기꾼이라고 주장하였다.

"그러면 그것이 당신에게는 어떤 영향을 미칩니까?"라고 필자가 물었다.

"그건 나를 엄청 짜증나게 만들지요."라고 마이크가 답한다.

"당신을 짜증나도록 데이브가 어떤 일을 했나요?"

그의 대답은 "집단에서 사람들을 꼬시기 위해 데이브가 하는 사기꾼 같은 행동이지요."

계속적인 탐색 결과 마이크를 진짜 짜증나게 한 것은 데이브가 여성들에게 매력적으로 보인다는 사실이었다. 이를 통해 마이크는 질투심이라는 진짜 감정을 가지고 있었고 나아가 자기도 데이브처럼 매력과 인기를 갖기를 희망하고 있었다.

여기서 마이크는 자신이 가진 질투심이란 감정을 처음에는 숨긴 사실에 주목해보자. 그는 데이브는 사기꾼이라고 말함으로써 자신의 감정을 멸시의 방식으로 표현하였다. 이는 그가 자기 자아를 보호한 것이다. 그 이유는 다음과 같다. 우리는 경쟁 사회에 살고 있다. 마이크 역시 성장을 통해서 자기가 남을 질투하고 있다고 느낀다는 것을 인정하면 자신이 가진 나약성과 연약성을 보이는 것이라고 학습했기 때문이다. 따라서 마이크는 경멸과 분노를 표현함으로써 자신의 강함과 단호함을 보여주었다.

마이크가 한 행동이 자기 보호 장치로서는 성공적이었지만, 그럼에도 불구하고 이것이 자기감정을 이해하고 이런 감정을 일으킨 원인을 파악하는 데는 도움이 되지 못했다. 이는 마이크와 데이브가 서로 상대방을 이해하는 데 진정 별 도움이 되지 못한 것이다. 자기보호 방식을 통해서 한 마이크의 행동은 적절했다고 할 수 있지만, 소통의 방식으로는 부적절했다고 할 수 있다. 데이브를 질투했다는 진실을 인정해서 마이크가 약하게 되었지만, 이 같은 인정이야말로 양자 사이에 더 나은 소통과 상호 이해의 문을 열어준 셈이다.

우리는 감정을 나타내는 피드백인 "화가 난다"라는 표현을 "당신은 별 생각이 없는 바보야."라는 비판이나 비난이 포함된 피드백보다 훨씬 더 자주 듣게 된다. 앞에서 든 사례에서 마이크가 데이브에게 '사기꾼'이라고 말했을 때 마이크는 데이브에게 그가 어떤 종류의 사람인가를 말하고 있는 것이다. 우리는 자기가 어떤 종류의 사람인지 그 말을 듣게 되면 대체로 화를 낸다. 이 같은 귀인이야말로 순전히 추측에서 나오기 때문이다. 마이크가 한 데이브에 대한 기질적 귀인은 그의 본질을 반영할 수도 있고, 그렇지 못할 수도 있다. 그런데 실제로 이것은 마이크가 데이브에 대해서 가지는 이론일 따름이다. 사실 데이브만이 자기 자신이 진실 되지 못한 사기꾼인지 확실히 알고, 마이크는 단지 짐작만 할 따름이다. 그럼에도 불구하고 마이크가 질투심을 느낀다든지 또는 화가 난다고 표현하는 것은 짐작이나 이론이 아니다. 그 대신 이는 마이크에게 절대적인 사실이다. 즉, 마이크는 자기가 느끼는 감정을 짐작하는 것이 아니다. 그는 이 사실을 알고 있다. 데이브는 마이크의 판단에 유념할 수도 있고, 하지 않을 수도 있다. 그러나 만일 데이브가 마이크와 친구가 되기를 원한다면, 그의 감정을 알고 싶어 할 수 있고 나아가 도대체 어떤 원인이 그에게 이런 생각을 가지게 했는지 탐색하게 할 수 있다. 그렇다면 데이브에게는 한 가지 선택이 남는다. 데이브는 다른 사람들이 자기에 대해서 가질 수도 있는 질투심, 적개심, 또는 경쟁심을 일으키는 행동을 자신이 한다는 사실을 인정하면서 이를 수정하든지, 아니면 그 반대로 계속해서 하든지 양자택일을 해야 할 것이다.

마이크와 데이브는 서로 사랑하는 사이는 아니다. 이들은 소통 기술을 배우는 워크숍에 참가한 사람일 따름이다. 이들이 자기감정을 상대방에 대한 비판 없이 표현하는 법을 배운다면, 두 사람 사이의 악감정은 확대되지 않는다. 이때 나타날 수 있는 나쁜 감정은 상대가 잘못한다든지, 무감각하다든지, 부주의하다든지 등을 예로 들 수 있다. 효과적인 소통은 누구에게나 유용하다. 특히 가족 구성원, 친구, 그리고 사랑하는 파트너 등과 같이 우리에게 가장 가깝고 중요한 사람들과의 좋은 관계를 유지하는 데 중요하다.

사회 과학자 및 역사학자들은 결혼에 대한 연구를 오래 전부터 해왔다. 이들은 결혼에 대한 과거와 미래에 대해서도 연구하였다. 그 결과 오늘날 결혼이 가지는 과거보다 더 좋은 점과 반대로 과거보다 더 나빠진 것이 무엇인가를 파악하였다.[101] 과거의 결혼은 주로 사람보다는 비즈니스 중심으로 이루어졌다. 여기에는 가족 구성원으로의 단합, 자원을 함께 모으는 것, 농사를 승계하기 위한 자녀 생산 등이 포함되었다. 이에 비해 오늘날의 결혼은 사랑이 그 중심에 있고 여러 면에서 과거보다 훨씬 더 나아졌다. 우선 남자와 여자의 성 역할이 훨씬 더 평등해졌고 가사 노동 역시 더 공평해졌다. 능력있는 여자가 사랑 때문에 재능이나 야망을 포기할 필요가 없는 세상이 되었으며, 능력 없는 남자가 남성 지배의 개념에 집착하고 여자 파트너의 권리를 자신의 권리로 주장할 필요가 없어졌다. 그러나 엄밀히 말하면 오늘날의 결혼은 비즈니스 관계가 중심이 아니라 사랑과 평등에 기반을 두고 있기 때문에 쌍방이 가지는 무거운 기대와 책임이 뒤따른다. 따라서 우리는 배우자가 동반자, 섹스 파트너, 열정을 가진 사람이기를 기대하고 나아가 자녀 양육에 조력하고, 같이 재산을 모으고, 모험, 자유, 자기표현 등도 하는 평생 파트너가 되기를 기대한다. 필자는 오늘날 사람들이 가지는 결혼에 대한 비현실적인 기대감을 떨쳐버리고, 현대 결혼이 가진 파트너 사이의 친밀감과 연결성이 주는 장점을 지속한다면 지금까지 우리 인류 역사상 보지 못한 그 어느 때보다 더 오래 지속되는 사랑, 더 나은 결혼 그리고 훨씬 좋은 인간 관계를 이룩할 것이라고 확신한다. 이를 잘 나타낸 비틀스의 히트송, 「The End」를 같이 음미해 보자.

그리고 종국에는 And in the end
당신이 받는 사랑은 the love you take

당신이 베푸는 사랑과 is equal to the love

같아진다. you make.

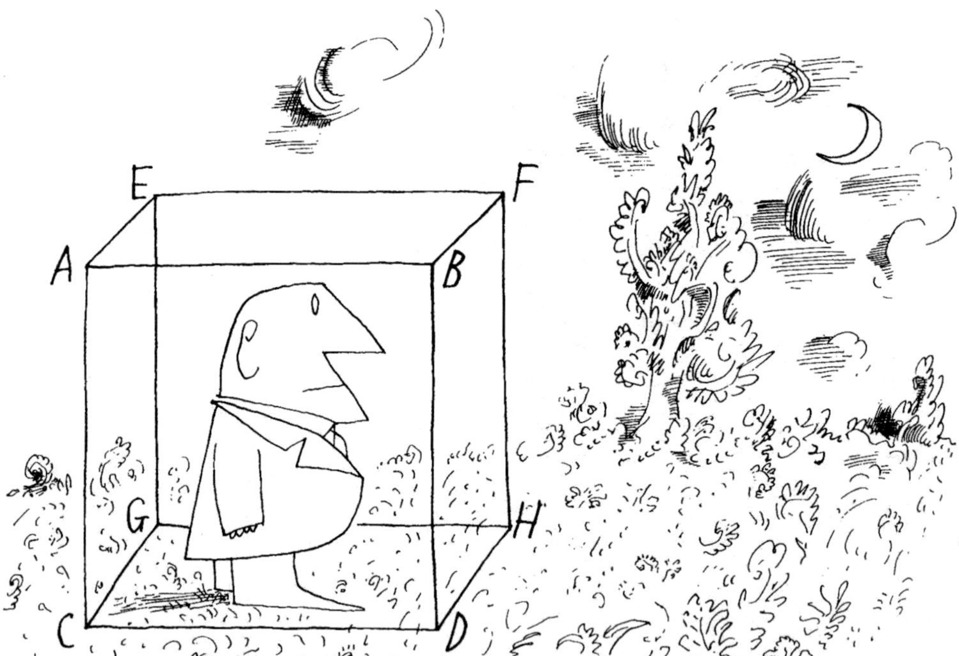
E
F
A
B
G
H
C
D

9

과학으로서의 사회심리학

Social Psychology as a Science

나(필자)는 사람이라는 존재의 가장 흥미로운 측면을 다룬다는 이유로 사회 심리학에 처음으로 흥미를 느낀 것은 대학생 때였다. 사랑, 증오, 편견, 공격성, 이타성, 사회적 영향력, 동조 등은 굉장히 흥미로운 주제였다. 그 당시 이토록 놀라운 지식의 체계가 어떻게 만들어졌는지에 대해서는 그다지 큰 관심이 없었으며 단지 이제껏 밝혀진 바를 알고 싶었을 뿐이었다. 그러나 대학원에 들어가고 지식의 소비자를 넘어 생산자가 될 수 있다는 갑작스러운 믿음이 생겼다. 그리고 과학적 사회 심리학이라는 완전히 새로운 세상이 내 앞에 펼쳐졌다. 나는 유의미한 질문을 하고 그 질문에 대한 답을 찾기 위해 실험을 하는 법을 배웠으며 이러한 방법은 학창 시절에 접했던 지식 체계에 내 나름의 작은 방식으로 일조하였다. 그리고 나는 그때 이후로 이 활동에 모든 열정을 쏟아 부었다.

이 장을 읽는다고 해서 당신이 과학자가 되지는 않을 것이다. 당신을 향한 나의 의도는 그리 거창하기도 않고 그렇다고 해서 그리 사소하지도 않다. 나의 목표는 당신의 삶에서 일어나는 일들에 대한 과학적 사고 능력을 키우는 데 도움을 주는 것이다. 과학적 사고를 할 수 있다는 것은 매우 유용하지만 가끔씩은 환멸을 가져다주기도 한다. 수년 전 구매한 『뉴요커』 한 부에서 나는 제임스 쿠넨James Kunen이[1] 감옥에서의 대학 수준 교육 프로그램에 대해 쓴 훌륭하고 매우 유익한 에세이를 읽었다. 쿠넨은 이 프로그램의 효과성에 대해 열심히 서술하였다. 그는 일반적으로 처벌에 호의적인 대부분의 국회의원이 이러한 프로그램을 범죄자에게 온정을 베푸는 낭비라 단정 지으며, 이런 프로그램들을 없애려 하는 현실을 앞장서서 비난하였다.

쿠넨의 에세이는 수감자가 감옥에서 대학 프로그램을 이수하고 출소한 뒤에 생산적인 삶을 주도적으로 살아가고 있다는 내용의 몇 가지 직관적이고 감동적인 사례를 들었다. 그러나 나는 과학자로서 이 사례들이 프로그램의 전반적인 효과성을 평가하는 데 쓰일 수 있는 체계적인 데이터인지를 알고 싶었다. 쿠넨은 뉴욕 주립 교정 서비스 본부에 연구를 보고하였다. 이 연구에서는 수감자의 출소 4년 후를 조사했는데, 그 결과 수감 기간에 고등 수준의 교육을 1년 이상 이수한 남자 수감자의 재범률은 남자 수감자 전체 평균보다 20%나 낮았다.

이는 매우 고무적으로 들린다. 그렇지 않은가? 그러나 좀 더 자세히 살펴보자. 과학자로서 우리는 기본적이고 필수적인 질문을 던져야 한다. 수감자들의 프로그램 참가에 앞서, 이 프로그램에 등록한 수감자는 등록하지 않은 수감자랑 비슷한 부류였을까? 프로그램에 등록하여 1년의 과정을 이수한 수감자는 그렇지 않은 수감자와 애초에 다르지 않았을까? (예를 들면, 동기, 능력, 지성, 교육 경험, 정신 건강 등에서 차이가 있지 않았을까?) 이들이 보통의 수감자와 근본부터가 달랐다면, 굳이 교육 과정을 이수하지 않았더라도 이들의 누범률은 낮지 않았을까? (적어도 이 가능성을 생각해볼 만하다.) 만약 이것이 사실이라면, 낮은 누범률의 원인은 프로그램이 아니었을 것이다.

쿠넨의 글을 읽으면서, 내 안의 휴머니스트는 이 연구 결과에 흥분하고 싶었다. 수감자를 대상으로 한 교육이 효과가 있다는 것을 증명하는 설득력 있는 데이터가 있다는 것은 몹시도 흥분되는 일일 수 있다. 그러나 그럼에도 내 안의 과학자는 이를 의심하며 비판적인 자세를 취하였다. 따라서 과학자의 눈으로 사회를 보기 위해 우리는 자신의 편향과 선호와 마주해야 한다. 그러나 그럼으로써 우리는 한 번 더 생각하고, 사려 깊은 시민으로서, 혁신적인 프로그램의 올바른 평가를 요구할 수 있다. 우리는 이러한 방식으로 일정 수준의 명확성을 가지고 수천 개의 프로그램들 중에서 어떤 프로그램이 우리의 시간과 노력, 자금에 값하는지를 판단할 수 있다. 그리고 실제로 대부분의 경우에 적절한 실험을 하는 것은 앞으로 보게 될 바와도 같이 생각보다 어렵지 않다.

과학적 방법이란 무엇인가?

물리학, 화학, 생물학, 사회 심리학 모두에서 과학적 방법은 우리 인간이 가지고 있는 지식과 이해에 대한 갈증을 해소하는 최고의 방법이다. 대상이 화학 물질이든, 행성이든, 인간 편견과 사랑의 전제 조건이든, 우리는 사물 간의 법칙 관계를 밝혀내기 위하여 과학적 방법을 사용한다.

과학적 과정의 첫 번째 단계는 관찰이다. 물리학에서 단순한 관찰은 다음과 같은 형태로 진행된다. 손녀의 손수레에 고무공이 있고, 그녀가 수레를 앞으로 당길 때 공은 손수레의 뒤쪽으로 굴러가는 것처럼 보인다. (실제로 이 공은 뒤로 굴러가지 않는다. 단지 그렇게 보이는 것뿐이다). 그녀가 갑자기 움직임을 멈출 때 공은 수레의 앞쪽으로 급격히 굴러갈 것이다. 사회 심리학에서 단순한 관찰은 다음과 같은 형태로 진행된다. 내가 테이블에 서서 좋은 분위기에서 손님들에게 환한 미소를 짓는다면, 나의 팁은 우울한 분위기에서 약간의 미소만을 지을 때보다 더 많을 것이다.

다음 단계는 사건의 원인에 대해 추측한다. 이 추측은 내가 말한 "법칙 관계"를 밝혀내기 위해 시도이다. 세 번째 단계는 이 추측을 검증 가능한 가설의 형태로 만든다. 마지막 단계는 가설을 입증하거나 반박할 (일련의) 실험을 설계한다. 훌륭히 설계되고 수행된 일련의 실험이 가설을 입증하는 데 실패한다면 우리는 이를 폐기한다. 내가 가장 좋아하는 물리학자 리처드 파인만Richard Feynman이 말한 바 있듯이,[2] "추측이 얼마나 아름답고, 그 제시자가 얼마나 똑똑한 사람인지와는 별개로, 실험이 추측을 반박한다면, 그 추측은 틀린 추측이다. 이것이 실험의 전부다." 내 생각에, 이는 과학의 본질이며 동시에 미의 본질이기도 하다. 과학에 신성불가침의 진리란 있을 수 없다.

과학과 예술 내 생각에, 우리의 과학에는 예술이 들어갈 여지가 매우 많다. 나는 예술과 과학이라는 두 과정이 다르면서도 관련이 있음을 믿는다. 러시아의 저명한 심리학자 파벨 세모노프Pavel Semonov는[3] 이 둘의 차이를 훌륭히 정의하였다. 과학자로서, 우리는 환경을 면밀히 관찰하고 미지의 세계를 일리 있고 의미 있는 방식으로 조직하려 노력한다. 예술가로서, 우리는 알고 있는 환경을 재조직하여 완전히 새로운 것을 창조한다. 이를 보며, 나는 훌륭한 실험을 위해서는 과학과 예술의 기법이 모두 필요하다고 첨언한다. 정확히 말하자면, 실험자로서 우리는 과학의 발전을 위해 과학에 예술성을 불어넣어야 한다. 사회 심리학 실험의 경우에 이는 더욱 참이라고 믿는다.

예술과 과학의 혼합성이 사회 심리학에서 특히 참인 이유는 무엇일까? 사회 심리학에서, 우리는 비커 안의 화학 물질이나 손수레의 고무공의 운동 양상을 연구하지 않는다. 우리가 연구하는 것은 사회에서 삶 전반을 살아온 성인의 행동과 그들이 세상에 가져오는 모든 정서, 지각, 신념, 편향, 경험이다. 말할 필요도 없이, 이들을 연구하는 실험자처럼, 참가자의 역할을 하는 사람들도 자신과 주변 사람의 감정과 행동의 원인에 대한 저마다의 생각과 이론을 개발해왔다. 이는 화학 물질이나 실험용 동물, 비사회적 상황에 놓인 사람을 가지고 실험을 수행하는 것과는 경우가 다르다.

우리가 사회적으로 섬세한 인간을 다룬다는 사실은 실험적 연구의 주제로서 사회 심리학이 매력적인 이유 중 하나이기도 하다. 그러나 이는 동시에, 실험자가 타당성과 신뢰성을 갖춘 발견을 이끌어내기 위해서는 상당한 수준의 예술성을 가지고 있어야 하는 이유이기도 하다. 이 장에서, 나는 이러한 과정이 어떻게 발생하는지를 정확하게 전달하기 위해 노력할 것이다.

추측에서 실험까지

나는 8장에서 엄청나게 큰 실패 직후 인기가 상승했던 존 F. 케네디 대통령의 이야기를 하였다. 갤럽 조사에 의하면, 피그스만의 실패로 알려진 비극적인 실책을 범한 후에 케네디에 대한 국민들의 호감은 그 이전보다 더욱 높아졌다. 대부분의 사람들처럼, 나 또한 이러한 결과에 어이가 없었다. 어떻게 그렇게 큰 실패를 했는데 사람들은 그를 더 좋아하단 말인가? 과학자로서, 나는 그 이유가 무엇인지에 대한 가설을 세워보았다. 나의 가설은 케네디가 외모, 성격, 매력, 위트, 능력을 모두 갖춘 너무나도 완벽한 사람으로 비춰졌기에, 이러한 실패를 한 것이 그를 더 인간적으로 보이게 하였으며, 보통의 사람들이 그를 자신과 같은 사람으로 보게 하였을 수도 있다는 것이다.

흥미로운 가설이기는 하지만 참이었을까? 이를 어떻게 증명할 수 있을까? 음, 우리는 단순히 사람들에게 "지난주보다 케네디가 좋아진 이유가 무엇인가요?" 하고 물었을 수도 있다. 이는 상당히 단순해 보인다. 그러나 불행하게도 이는 그렇게 간단한 문제가 아니다. 사회 심리학자들은 많은 경우에 사람은 자신의 행동과 신념이 변한 이유를 알지 못한다는 것을 이미 알고 있다. 그렇기 때문에, 복잡한 상황에서, 단순히 사람들에게 자신의 행동을 설명해 달라고 묻는 것만으로는 신뢰성 있는 결과를 얻지 못하는 것이 일반적이다.[4] 이는 사회 심리학자가 실험을 하는 이유다. 그러나 존 F. 케네디의 인기를 가지고 어떻게 실험을 수행할 수 있을까? 그것은 불가능하다. 이러한 경우에, 우리는 그 상황의 구체적인 예시를 가지고 실험을 하기보다는 우리의 가설을 기반으로 실험을 수행할 수 있다. 그리고 실제로 내가 흥미 있는 것은 구체적인 사건이 아닌 그 사건 밑에 깔려있는 이유이다. 과연 실패를 하는 것이 완벽에 가까운 사람의 인기를 증가시키는가?

이에 따라, 나는 동료들과[5] 외생적인 변인을 통제하고, 단순화된 상황에서 실수가 매력에 미치는 영향을 검증할 수 있는 실험을 설계하였다. 그 실험에서, 우리는 실패의 정확한 성질과 실패를 하는 사람의 부류를 통제할 수 있었다. 그리고 이 단순한 상황에서, 우리는 예측했던 대로

“다소 평범한” 사람에게 실패는 매력을 감소시키는 요인이지만 “완벽에 가까운” 사람에게 실패는 매력을 증가시키는 요인이 될 수 있었다. (그 세부적인 사항에 대해서는 8장에서 다룬 바 있다.)

보는 바와 같이 통제를 위해 노력하면서, 실험자는 반드시 자신의 아이디어를 실제 세계의 소용돌이에서 다소 확고하게 한정된 연구실로 가져와야 한다. 이러한 환경 조성은 전형적으로 가설이 출발한 실제 상황과의 유사성을 희생시킨다. 실제로 많은 경우 실험을 비판하는 이들은 연구실의 실험이 실제성이 없으며, 사람 간의 상호 작용을 제한하여 실제와는 전혀 다른 환경을 만든다고 말한다. 이러한 비판은 올바른 것일까?

아마도 이 질문에 답하는 최선의 방법은 연구실의 실험 하나를 해부해보면서 그 장점과 단점 그리고 문제를 연구하는 대안이 될 수 있는 더욱 현실적인 접근법을 생각해보는 것이다. 저드슨 밀스Judson Mills와 함께 진행했던 신고식 실험은[6] 연구실의 수많은 장점과 단점을 담고 있다는 점에서 이 목적에 이상적으로 부합한다. 여러분은 밀스와 내가 인간은 똑같은 것이라도 더 많이 고생하면서 획득하였을 때 이를 더 좋아할 것이라는 가설을 세웠음을 기억할 것이다. 가설을 세우고 난 후 우리는 연구실 실험을 설계하고 수행함으로써 (혹독한 신고식을 겪으면서) 집단의 멤버 자격을 얻은 데 엄청난 노력을 투자한 사람이, 적은 노력을 하거나 아무 노력도 하지 않고 멤버 자격을 얻은 사람에 비해 집단을 더욱 좋아했음을 보았다. 여기에 우리가 어떻게 이 실험을 구상하였는지를 다룬다.

애런슨-밀스 실험 근접 관찰 처음에 성 심리학 토론에 자원한 63명의 여대생이 연구에 참가하였다. 각 학생은 개인적으로 테스트를 받았다. 시작 시, 나는 “집단 토론 과정에서 일어나는 역동”을 연구하고 있다고 설명하며, 토론의 주제가 무엇이든 나에게는 상관이 없으나 대부분의 사람이 성에 흥미를 가진다는 점을 고려해 많은 참가자를 모으기 위해 성을 주제로 택했다고 말하였다. 그러면서 나는 성을 주제로 택함으로써 부딪히게 된 커다란 장애물에 대해서도 설명하였다: 많은 사람이 집단 속에서 성을 주제로 토론하는 것을 쑥스러워하며 말하기를 꺼린다. 대화 흐름에서 조그만 장애물도 결과의 유효성을 심각하게 훼손하기 때문에, 참가자가 성에 대해 주저 없이 토론할 수 있는지의 여부를 알아야 한다고 설명하자 이들 각자는 아무런 문제가 없다고 말하였다.

이러한 주도면밀한 사전 작업은 앞으로 일어날 사건의 무대를 설정하였다. 이 시점까지는 모든 참가자에게 동일한 작업이 이루어졌다. 그러나 그 후부터 참가자들은 각자 다른 실험 조건에 놓이게 되었으며, 그에 따라 다른 경험을 하게 되었다. 그리고 이 경험이야말로 우리 실험자들이 차이를 만들 것이라 믿었던 부분이었다.

우리는 사전에 참가자들을 무작위로 세 가지 조건에 배정하였다. 이들의 1/3은 혹독한 신고식을, 다른 1/3은 약한 강도의 신고식을 거치며, 나머지 1/3은 아무런 신고식도 거치지 않는다. 세 번째 조건에서, 나는 참가자들에게 지금 토론 집단에 들어갈 수 있다고만 말하였다. 첫 번째와 두 번째 조건에서, 나는 참가자들에게 개방적으로 성적인 얘기를 할 수 있는지를 확실히 하기 위해 고안된 시각적인 방법인 당혹감 테스트에 참가할 것인지를 물어보았다. 이 테스트는 신고식을 구성하였다. 이 테스트가 혹독한 신고식 조건에서 주는 당혹감은 굉장히 강했다. 이 테스트에서 참가자는 12개의 외설적인 단어와 그 시절에 읽힌 소설에서 성적 활동을 자세하게 묘사한 부분 2개를 읽어야 했다. (오늘날의 시점에서 보면 이는 "혹독한" 신고식이 아니었지만, 연구는 상당히 오래전에 수행되었으며, 이러한 단어를 큰소리로 읽는 것은 몹시 낯 뜨거운 행위였다.) 강도가 약한 신고식에서, 참가자는 성과 관련은 있지만 외설적이지는 않은 단어를 낭독하기만 하면 되었다.

참가자에게 부여된 세 가지 조건은 이 연구의 **독립 변인**independent variable이었다. 실험을 설계하고 수행하는 모든 연구자의 목표는 '참가자에게 일어난 무언가'가 참가자의 반응에 영향을 미치는지를 판단하는 것이다. 우리의 목표는 신고식의 혹독함이라는 독립 변인이 참가자의 행동에 체계적인 차이를 일으키는지를 판단하는 것이었다. 혹독한 신고식을 치른 참가자가 강도가 약한 신고식을 치르거나 아무런 신고식도 치르지 않은 참가자와 다른 행동을 할 것인가?

그러나 어떤 식으로 다르게 행동할 것인가? 신고식 후에, 각 참가자는 이제 막 가입하게 된 집단의 멤버가 벌이는 토론을 엿듣게 되었다. 이 토론의 내용을 통제하기 위해서 우리는 녹음된 테이프를 틀어놓고 참가자에게는 현재 진행되는 토론을 듣고 있는 것이라 말하였다. 이러한 방식으로 우리는 모든 참가자가 신고식 조건과는 관계없이 같은 내용의 집단 토론을 듣고 있음을 확실시하였다. 우리는 이 집단 토론을 경악스러울 정도로 따분하고 지루하게 만들었다. 테이프에 녹음된 사람들의 목소리는 오랜 침묵, 헛기침과 잡음, 말 끊김, 불완전한 문장으로 가득 찼으며, 그 내용도 새들의 유혹 방식의 변화, 특정 거미종의 복잡한 교배 춤사위 등 하등 동물의 부수적인 성 특성을 무미건조하게 늘어놓는 것에 불과했다.

토론이 끝날 무렵, 나는 평정 척도를 가지고 돌아와서, 참가자들에게

이 토론이 얼마나 흥미로웠으며 가치가 있었는지를 평가하라고 하였다. 이때의 반응을 **종속 변인**dependent variable이라 하는데, 이는 여기서의 반응이 참가자가 부여받은 실험 조건에 "종속되는" 것으로 간주되기 때문에 붙여진 이름이다. 즉, 독립 변인이 '원인'이라면, 종속 변인은 '결과'인 셈이다.

결과는 우리의 가설을 지지하였다. 강도가 약한 신고식을 치렀거나 신고식을 치르지 않았던 참가자는 녹음된 집단 토론을 있는 그대로 보았고 이를 시시하다고 평가하였다. 그러나 이 집단에 가입하기 위해서 당혹감을 감내했던 참가자는 이 토론이 매우 흥미롭다고 생각하였다. 모든 참가자는 정확히 똑같은 토론을 평가하였다는 것을 기억하라.

실험은 왜 하는 것일까? 이 실험을 설계하고 수행하는 것은 매우 힘든 작업이었다. 밀스와 나는 이 실험을 계획하고, 참가자가 눈치 채지 못하는 상황을 만들고, 집단 토론의 녹음테이프의 대본을 쓰고, 집단 멤버 연기자들을 연습시키고, 신고식과 사전 작업을 구상하고, 자원 참가자를 모으고, 과정을 사전 점검하고, 참가자에게 실험 과정을 진행케 하고, 각 참가자에게 실험의 진짜 목적을 설명하고, 이들을 속인 이유와 모든 요소의 의미, 우리가 알아내고자 했던 것을 말하느라 수백 시간을 투자하였다. 이렇게 우리는 혹독한 신고식을 거쳐 집단에 가입한 사람이 강도가 약한 신고식을 치르거나 신고식 없이 가입한 사람에 비해 훨씬 더 집단을 좋아하였음을 밝혀내었다.

물론 더 쉽게 가는 방법도 분명히 있다! 여러분은 우리의 실험 절차가 대학 사교 클럽이나 다른 독자적인 클럽과 단체의 신고식과도 유사함을 알아차렸을 것이다. 그렇다면 왜 우리는 연구하기 쉬우면서도 훨씬 더 극적이고 현실적이라는 실제 상황의 장점을 취하지 않았을까? 이 장점을 한번 살펴보자. 실제 신고식은 더 혹독할 수 있다(즉, 멤버에게 더 큰 영향을 준다). 우리는 참가자가 납득할 만한 집단 환경을 설계하기 위해 먼 길을 돌아갈 필요가 없을 수 있다. 사회적 상호 작용은 녹음테이프보다 생생한 목소리를 가진 실제 사람을 담을 수 있다. 우리는 속임수를 사용함으로써 발생하는 윤리적 문제와 과학의 이름으로 사용되는 어렵고 불쾌한 경험을 제거할 수 있다. 그리고 우리는 실험에 사용된 것의 일부에 불과한 시간만을 가지고 이 모든 것을 이룰 수 있다.

따라서 자연적인 상황을 피상적으로 살펴보면, 밀스와 나는 기존의 사교 클럽을 연구함으로써 훨씬 더 간단히 작업할 수 있었을 것으로 보인다. 사교 클럽을 연구하였다면, 우리는 각 사교 클럽의 신고식 과정이 혹독한 정도를 평가하고 후에 멤버들을 인터뷰하여 혹독한 신고식을 거친 멤버가 강도가 약한 신고식을 거쳤거나 신고식을 거치지 않은 멤버에 비해 집단을 좋아했다는 사실을 알아낸 다음, 이 사실이 우리의 가설을 지지한다고 결론내릴 수 있다. 그런데 왜 우리는 굳이 실험을 하였을까? 연구자들이 왜 실험이라는 고생을 사서 하는지 자세히 살펴보자.

내가 학생들에게 연구실 실험의 가장 중요한 특성을 말해보라고 하면, 대다수가 "통제"라는 대답을 내놓는다. 실험의 장점은 환경과 변인을 통제하여 각 변인의 영향에 관한 정확한 연구를 가능케 한다는 데 있다. 우리의 가설을 연구실에서 다룸으로써, 밀스와 나는 실제 세계에 존재하는 수많은 무관한 변수들을 제거하였다. 혹독한 신고식은 강도 면에서 모두 동일하였다. 우리가 여러 가지의 혹독한 신고식을 가진 사교 클럽을 이용하였다면, 이 조건은 성립되기가 어려웠을 것이다. 또한 참가자들은 모두 똑같은 집단 토론을 들었다. 그러나 실제 세계에서의 사교 클럽 멤버는 서로 다른 사교 클럽을 평가하고 있었을 것이다. 그렇기에 우리가 혹독한 신고식을 가진 사교 클럽과 강도가 약한 신고식을 가진 사교 클럽의 새로운 멤버들이 자신이 갓 들어간 클럽을 좋아하는 정도에 차이가 있음을 발견하였다 하더라도, 우리는 이것이 신고식의 강도에 의한 것인지 혹은 사교 클럽 멤버끼리 이미 존재하고 있었던 호감과 같은 다른 원인이 있는 것인지를 알 수가 없다. 그러나 실험에서는, 각 조건의 유일한 차이점이 신고식의 강도이기 때문에, 모든 차이가 신고식의 강도에서 발생함을 우리가 확실히 알 수 있다.

무작위 배정의 중요성

통제가 연구실 실험의 중점적인 사항이지만 주된 장점은 아니다. 훨씬 더 중요한 장점은 참가자가 다양한 실험 조건에 무작위로 배정된다는 것이다. 이는 각 참가자가 연구의 어떠한 조건에도 들어갈 확률이 동등하다는 것을 의미한다. 실제로 어떤 조건에 참가자를 무작위로 배정하는 것은 비실험적 방법에는 없는, 실험적 방법만이 가진 중요한 특성이다. 그리고 참가자를 조건에 무작위로 배정함으로써 얻을 수 있는 큰 장점은 이것이다: 완전한 통제가 불가능한 모든 변인이, 이론상으로는, 조건에 관계없이 무작위로 분배된다. 이는 통제불가능한 변인이 체계적인 형태로 결과에 영향을 미치는 것을 원천봉쇄할 수 있음을 의미한다.

한 예시가 이 점을 명확히 하는 데 도움을 줄 것이다: 당신은 과학자고 지적인 여성과 결혼한 남성이 지적이지 않은 여성과 결혼한 남성보다 행복하다는 가설을 다루려 한다. 당신은 이 가설을 어떻게 다룰 것인가? 당신이 지적인 여성과 결혼한 천 명의 남성과 지적이지 않은 여성과 결혼한 천 명의 남성을 찾아내어 이들 모두에게 행복 측정 설문지를 준다고 치자. 오호, 당신은 지적인 여성과 결혼한 남성이 지적이지 않은 여성과 결혼한 남성보다 행복하다는 사실을 발견한다. 그렇다면 이것이 지적인 여성과의 결혼이 남성을 행복하게 만든다는 것을 의미할까? 아니다. 아마도 행복한 남성은 더 부드럽고, 유머가 있으며, 함께 지내기 더 편한 사람이고, 지적인 여성은 이러한 남성과의 결혼을 추구한다. 그렇게 행복해서 지적인 여성과 결혼한 것일 수 있다. 문제는 여기서 끝나지 않는다. 몇 가지 제3의 변인이 행복과 지적인 여성과의 결혼을 둘 다 일으킬 수도 있다. 돈이 그 예시가 될 수 있다. 아마도 부유함은 남성을 행복하게 만들면서 지적인 여성을 유혹하는 메리트도 될 수 있다. 이 경우에는 어느 인과 관계도 성립하지 않는다. 행복이 지적인 여성과의 결혼을 가져온 것도 아니며, 지적인 여성과의 결혼이 행복을 불러온 것도 아니다.

우리는 대개 제3의 변인이 무엇인지 갈피를 잡지 못하기 때문에, 문제는 훨씬 더 복잡하다. 행복 연구의 경우는 제3의 변인이 부일 수도 있고, 성숙한 인격이 남성을 행복하게 만들고 지적인 여성의 호감을 유발한 것일 수도 있다. 사회적 고상함, 운동 능력, 권력, 인기, 가지런한 칫솔 사용, 훌륭한 패션 센스와 같은 수천 개의 특성이 있을 수 있고, 실력 없는 연구자는 이를 알지 못하고 고려하지 못할 가능성이 크다. 그러나 연구자가 실험을 수행한다면 무작위로 참가자를 다양한 실험 조건에 배정할 수 있다. 이러한 과정이 변인들(돈, 인격, 운동 능력, 패션)로 인한 차이를 제거하지는 못한다 하더라도, 무작위 배정은 이러한 특성을 조건에 상관없이 분산시킴으로써 이를 중화시킨다. 참가자가 무작위로 배정된다면, 각 실험 조건에는 거의 똑같은 수의 부유한 남성이 있을 것이고, 거의 같은 수의 사회적으로 고상한 남성이 있을 것이고, 비슷한 수의 신체 능력이 뛰어난 사람이 있을 것이다. 따라서 우리가 조건 사이에서 차이점을 발견한다면, 모든 특성들이 모든 조건에 동등하게 (혹은 거의 동등하게) 분배되었기 때문에 그 차이점이 어떤 단 하나의 특성의 개인적 차이로 생겼을 개연성은 낮다.

물론 지적인 여성과 행복한 남편이 실험실 연구의 한계를 쉽게 보여주는 훌륭한 예시는 아니다. 그러나 할 수 있는 한 방법을 상상은 해보자. 이상적으로, 우리는 50명의 남성을 데려와, 25명은 지적인 여성과 결혼하게 하고, 25명의 남성은 지적이지 않은 여성과 결혼하게 한다. 몇 달 후에, 우리는 돌아와서 행복 측정 설문을 수행할 수 있다. 지적인 아내와 결혼한 남성이 지적이지 않은 아내와 결혼한 남성보다 행복하다면, 우리는 이들이 행복한 이유를 알 수 있다. 우리가 해낸 것이다! 즉, 이들의 행복은 사회적 고상함, 잘생긴 외모, 돈, 권력과는 연결 짓기 어렵다. 이러한 변인들은 실험 조건에 무작위로 분배되었기 때문이다. 따라서 이 행복은 온전히 아내의 특성에 의한 것이 거의 확실하다.

이 예시는 사실상 환상이다. 사회 심리학자라도 과학적인 목적으로 결혼을 주선하는 것은 절대 하지 말아야 한다! 그러나 이는 우리가 통제된 연구실 조건에서 유의미하고 연관성 있는 사건을 검증할 수 없다는 말이 아니다. 이 책에는 수많은 예시가 있다. 실험적 방법의 장점을 명료하게 설명하는 예시를 하나 보자: 어린이가 텔레비전에서 폭력적인 장면을 보는 시간의 양과 자신의 문제에 대한 해결책으로 공격적인 방법을 택하는 경향성의 상관관계이다(6장 참조).

이러한 상관관계가 텔레비전에서 공격성을 보는 것이 젊은이들의 공격성을 유발한다는 것을 의미할까? 반드시 그렇지만은 않지만, 그럴 수도 있다. 공격적인 어린이가 공격성을 시청하는 것을 좋아하고, 이들이 하루 종일 『뽀뽀뽀』만 본다 해도 그 공격성은 그대로일 수 있다. 그러나 우리가 본 바와 같이, 실험자들이 와서 폭력성의 시청이 폭력성을 증가시킴을 입증할 수 있었다. 어떻게? 실험자는 무작위 배정을 실시하여, 일부 어린이들은 폭력적인 TV 시리즈 에피소드를 시청하게 하였다. 그 에피소드에 등장한 사람들은 25분 동안 서로를 때리고, 물어뜯고, 죽였다. 실험자는 다른 어린이들한테 똑같은 시간의 운동 경기를 보게 하였다. 여기서 중요한 점은 이것이다: 각 어린이가 폭력적인 비디오와 비폭력적인 비디오를 볼 가능성은 50대 50이었다. 따라서 성격상의 차이는 두 실험 조건에서 중화되었다. 폭력적인 비디오를 시청한 어린이가 운동 경기를 실험한 어린이보다 후에 더욱 공격적으로 변한 것은 폭력성의 시청이 폭력성을 유발할 수 있다는 강력한 근거가 된다.

여러분은 이것이 이 장의 시작 부분에서 설명된 교도소 내 대학 교육 프로그램 평가와도 정확히 맥을 같이 하는 문제임을 떠올렸을 것이다. 프로그램에 자원했던 죄수들은 그렇지 않았던 죄수들과는 여러 면에서 다를 수 있었기 때문에, 이들의 누범률을 다른 죄수들의 누범률과 비교하는 것은 정확한 결과를 이끌어내지 못하였다. 이러한 비교는 자기 입맛에 맞추어 프로그램을 실제보다 더 효과적으로 보이게 할 수 있다. 어떻게 이 문제를 해결할까? 한 가지 방법은 당신이 관리할 수 있는 프로그램 자원자의 두 배에 해당하는 수의 사람을 모으는 것이다. 그 후에 당신은 무작위로 이들 중 절반을 프로그램에 참가하게 하고, 나머지 절반은 통제 조건에 둔다. 이 선택 과정이 엄격하게 무작위로 이루어졌다면, 이 두 집단의 누범률을 비교함으로써 당신은 유의미한 데이터를 얻을 수 있을 것이다.

다시 신고식 실험으로 돌아가보자. 우리가 설문을 수행하여 혹독한 신고식을 치렀던 멤버들이 약한 신고식을 치렀던 멤버들보다 서로를 더 좋아하였음을 발견했다면 신고식의 강도가 다른 멤버에 대한 호감과 정비례하는 상관이 있다는 근거를 찾을 수 있다. 이는 신고식이 혹독할수록, 멤버는 사교 클럽의 형제들을 더 좋아할 것임을 의미한다. 그러나 이 두 변인이 얼마나 높은 상관을 보이느냐와 상관없이, 우리는 설문 데이터만으로는 혹독한 신고식이 집단에 대한 호감을 유발하는지를 결론내릴 수 없다. 이 설문에서 우리는 두 변인이 서로 관련이 있다는 결론만을 얻을 수 있을 뿐이다.

혹독한 신고식과 다른 멤버들에 대한 호감 사이의 정비례하는 상관은 혹독한 신고식이 사교 클럽의 다른 멤버들에 대한 호감 증가를 유발하기 때문에 나온 것이 아니라 그 반대이기 때문에 나온 것일 수도 있다. 집단 속의 높은 개인적인 매력이 이 혹독한 신고식을 만든 것일 수도 있다. 집단 멤버들이 서로를 최고 중의 최고로 여긴다면 자신들만의 엘리트 그룹을 유지함으로써 현 상황을 지키려 할 수도 있다. 그리고 이러한 방법으로 이들은 혹독한 신고식을 사용하여 가입 의지가 어중간한 사람을 미리 검열하는 것을 택한 것이다. 이는 설문 결과만 가지고 우리가 거짓이라고 판단할 수 없는 문제이다. 따라서 우리는 혹독한 신고식이 실제로 호감을 불러일으킨다고 결론내릴 수 없다. 데이터가 인과 관계에 대해서는 아무것도 말해주지 않기 때문에, 우리는 인과 관계를 결정할 근거를 얻을 수가 없다.

또한 우리가 보아왔듯이, 제3의 변인이 혹독한 신고식과 호감을 '모두' 야기할 수도 있다. 누가 혹독한 신고식을 제공하고 치르는가? 이들은 강한 사도마조히즘을 가진 사람일 수 있다. 이러한 사람들은 신고식 때문에 서로를 좋아하는 게 아니라, "깃털 색깔이 같은 새(여기서는 매우 잔인한 새)"는 서로를 아끼는 것과 같은 이치로 서로를 좋아하는 것일 수도 있다. 억지스러운 설명으로 들릴 수도 있지만, 이는 확실히 가능한 설명이다. 연구자를 더욱 곤경에 빠뜨리는 것은 생각지도 못한 무수히 많은 설명들이 있을 수 있다는 사실이다. 실험 조건에 무작위 배정 기법을 기반으로 하는 실험 방법은 이러한 제3의 변인에 의한 모든 고민을 한숨에 없애버린다. 이 실험의 사도마조히스트들은 동일한 확률로 신고식이 없는 조건에 들어갈 수도 있고, 혹독한 신고식 조건에 들어갈 수도 있다. 실제 세계의 연구에서는, 거의 모든 사도마조히스트들이 스스로를 혹독한 신고식 조건에 배정되게 하여 결과를 해석 불가능하게 만들기도 한다.

사회 심리학 실험의 문제

실험이라고 해서 모든 것이 만사형통은 아니다. 실험의 수행과 연관된 몇 가지 심각한 문제들이 있다. 통제는 실험의 주요 장점 중 하나이지만, 인간 참가자의 실험 환경에 완전한 통제를 가한다는 것은 불가능하다. 많은 심리학자들이 사람보다 쥐를 가지고 연구하는 한 가지 이유는 연구자가 이들의 출생 시점에서 실험 종료 시점까지 참가자에게 일어나는 모든 사건을 통제할 수 있기 때문이다. 쥐의 경우에는 기후, 식단, 운동, 놀이 동무에의 노출 정도, 트라우마 경험의 부재 등이 모두 통제 가능하다. 사회 심리학자가 인간 참가자를 철장에 넣고 이들의 경험을 통제하지는 않는다. 이것이 참가자를 위한 더 행복한 세상에 기여한다 하더라도, 이는 다소 엉성한 과학을 만든다.

통제 대 임팩트 사람은 모두가 수없이 많은 부분에서 미묘하게 다르기 때문에, 통제란 한계가 있을 수밖에 없다. 사회 심리학자는 사람의 행동을 설명하려 한다. 물론 이때 사람의 행동이란 대부분의 사람이 특정 조건에서 가장 많이 하는 행동을 말한다. 측정되지 않는 개인의 차이가 우리의 결과에 존재하는 한, 우리의 결론은 모든 사람에게 정확하게 적용될 수 없다. 태도, 가치, 능력, 성격 특성, 그리고 최근의 경험의 차이는 실험에서 참가자의 반응 방식에 영향을 미칠 수 있다. 따라서 우리한테 실험 상황 자체를 통제할 수 있는 능력이 있다 하더라도, 똑같은 상황이 각각의 사람에게 정확히 똑같은 방식으로 영향을 미치지는 않을 것이다.

더 나아가 우리는 실험 환경을 통제하는 데에 성공하여 모든 사람에게 정확히 똑같은 환경을 만든다 하더라도, 참가자가 이러한 환경을 심각하게 받아들이지 않도록 변인 이외의 어떠한 요인도 상황에 영향을 주지 않게 만들어야 하는 위험을 각오해야 한다. 상황에 영향을 주지 않는다는 말은 적어도 두 가지 의미한다: (1) 결과에 오염 가능성이 없고 (2) 그 요인이 쓸모없거나 무시 가능하다는 뜻이다. 실험자는 실험 상황이 무미건조하고 생명력을 잃지 않게 하면서 가능한 한 "오염 가능성이 없도록" 만들기 위해 노력해야 한다. 참가자가 실험이라는 사건에서 흥미와 몰입감을 느끼지 못한다면, 이들의 반응은 자발성을 잃고, 그에 따라 그 결과도 의미를 잃을 수 있다.

통제에 더하여, 실험은 참가자에게 임팩트를 주어야 한다. 참가자들은 실험을 진지하게 받아들여야 하며, 실험이 의미 있는 방식으로 그들의 행동에 영향을 미치도록 실험에 참여해야 한다. 심리학자들이 겪는 어려움은 이 두 가지 중요한 요인인 임팩트와 통제가 많은 경우에 반비례한다는 것이다. 즉, 하나가 증가하면, 다른 하나는 감소하는 경향이 있다. 실험이 직면하는 딜레마는 어떻게 상황에 대한 통제를 희생하지 않고 참가자에게 임팩트를 극대화하느냐이다. 이 딜레마를 풀기 위해서 실험 상황을 설계하고 구상하는 데 상당한 창의력과 독창성이 필요하다. 이는 현실성의 문제로도 이어진다.

현실성 이 장의 초반부에서, 나는 연구실 실험이 인공적이며 세상을 모방하려 한다는 비판이 빈번히 제기됨을 언급한 바 있다. 연구실 실험은 "현실"이 아니다. 그렇다면 현실은 무엇을 의미할까? 수년 전에, 실험적 방법에 대해 서술하며, 메릴 칼스미스Merill Carlsmith와 나는[8] '현실'의 정의를 콕 집어 말하려고 시도하였다. 우리는 실험이 두 개의 독립적인 방식으로 현실적일 수 있다고 추론하였다. 첫째, 실험이 참가자에게 임팩트를 주어서, 참가자들이 실험 과정을 진지하게 받아들이게 하고, 이들을 절차에 몰입시킨다면, 우리는 이 실험이 '실험적 현실성'을 이루었다고 말할 수 있다. 둘째, 연구실 실험이 바깥세상의 사람에게 빈번히 발생하는 사건들과 유사하다면, 우리는 '일상적 현실성'을 이루었다고 말할 수 있다. 많은 경우, 실험적 현실성과 일상적 현실성 사이의 혼동은 실험이 실제 세상을 반영하지 못하기 때문에 인공적이며 쓸모없다는 비판을 불러일으킬 수 있다.

이 두 현실성 사이의 차이점은 실험적 현실성은 높으나 일상적 현실성은 낮은 한 연구를 예시로 설명할 수 있다. 4장에서 논의되었던 스탠리 밀그램Stanley Milgram의 실험을 떠올려보라. 이 실험에서 각 참가자는 인접한 방의 전기의자에 묶여있는 것으로 보이는 사람에게 점점 강도를 높여 충격을 주라는 지시를 받았다. 솔직히 말해서, 일상적인 삶 속에서 우리가 다른 사람에게 전기 충격을 주라는 지시를 받을 일이 몇 번이나 있겠는가? 이 설정은 비현실적이다. 그러나 이때 비현실적이라는 것은 일상적 현실성의 관점에서이다. 이 절차는 실험적 현실성을 가지고 있었을까? 다시 말해, 참가자는 이 실험에 몰입하여 이를 진지하게 받아들였으며, 이 실험은 참가자에게 임팩트를 주었고 그 순간만큼은 실제 삶의 일부로 다가왔는가? 아니면 이들은 단순히 역할극을 하였을 뿐이며, 이를 진지하게 받아들이지 않았고 하라는 대로 몸을 움직이면서 콧노래나 불렀겠는가? 밀그램은 그의 실험 참가자들이 상당한 긴장과 불편을 경험하였다고 보고한다. 그러나 나는 밀그램이 실제로 전형적인 참가자가 어떻게 보였는지를 직접 묘사한 바를 말해보려 한다.

> 나는 처음에는 평온하였던 성숙한 직장인이 웃으면서 자신 있게 들어오는 것을 보았습니다. 그러나 20분도 안 되어, 그는 몸을 떨고 말을 더듬으며 위축되었습니다. 그의 평정심은 빠른 속도로 무너졌습니다. 그는 끊임없이 귓불을 당기고, 손을 꼬았습니다. 어느 시점에서 그는 주먹으로 머리 앞부분을 두들기며 중얼거렸습니다. "오, 신이시여, 제발 그만하라고 해주세요." 그러나 이후에도 그는 계속해서 실험자의 말에 반응하였고, 결국에는 이에 복종하였습니다.[9]

이는 비현실적인 상황의 사람이 하는 행동으로는 보이지 않는다. 밀그램 실험에서 참가자에게 일어난 일들은 일상에서 일어나지 않음에도 불구하고 현실이었다. 그렇기 때문에, 이 실험의 결과는 비슷한 흐름의 사건이 실제 세상에서 일어날 때의 사람들의 반응을 알려주는 합리적이고 올바른 지표라고 결론 내려도 문제가 없다.

속임수 실험적 현실성의 중요성은 두말하면 입이 아플 정도이다. 이 필수적인 여건을 갖추는 최고의 방법은 참가자에게 몰입감과 흥미를 줄 수 있는 상황을 설계하는 것이다. 동시에, 연구의 실제 목적을 숨겨야 하는 경우도 많다. 이러한 거짓 꾸밈은 왜 필요한 것일까?

나는 이 책의 시작부에서 사회적 세상에 살면서 자신에게 일어나는 일에 끊임없이 가설을 만든다는 점에서 모든 사람은 아마추어 사회 심리학자라고 말한 바 있다. 이는 실험 참가자도 마찬가지라서, 이들은 언제나 실험을 풀어내려 한다. 따라서 이들이 우리 실험의 목적을 알게 된다면 평소의 자신의 모습대로 자연스럽게 행동하기보다는 각자의 가설에 부합하는 태도로 행동하기를 택할 수 있다. 실험자는 이러한 이유로 실험의 진실을 참가자에게 드러내지 않으려 한다. 우리는 항상 지적인 성인을 상대하기 때문에, 이는 쉬운 일이 아니다. 그러나 이는 대부분의 실험에서 우리가 타당하고 신뢰있는 데이터를 얻기 위해 절대적으로 필요한 요소이다.

사회 심리학자는 이 필요조건 때문에 연기를 위한 무대는 만들지만 배우에게 영화의 전부를 말해주지 않는 영화감독이 된다. 이러한 무대를 표면상 스토리라고 하며, 이는 참가자가 자신의 어떤 행동이 연구되는지를 앎으로써 행동의 자연스러움을 억제하지 않게 하여 실험적 현실성을 증가시키기 위하여 설계된다. 예를 들어, 애런슨-밀스의 신고식 연구에서 참가자에게 이 테스트의 목적은 성 심리학을 논의하게 될 집단의 멤버가 되기 위해 자신을 내비치면서 당황하는 정도를 측정하는 것이라고 말하였다. 이것이 표면상 스토리였다. 이는 완전히 속임수였다. 실제로 우리의 주제는, 조건에 상관없이, 신고식이 참가자의 집단에 대한 호감에 어떤 영향을 미치는가였다. 참가자가 이 연구의 진짜 목적을 사전에 알고 있었다면, 결과는 총체적으로 무의하였을 것이다.

실제로 이 문제를 연구했던 연구자들은 참가자가 실험의 진짜 목적을 알고 있을 때 자연스럽게 행동하지 않고 자신을 좋은 사람으로 보이게 행동하거나, 실험이 원한다고 생각하는 방식대로 행동함으로써 실험자를 "도와주려" 한다는 사실을 보여주었다. 이러한 결과는 둘 다 실험자에게는 재앙과도 같다. 실험자는 대개 참가자의 도와주고 싶은 욕구는 억제할 수 있지만 좋은 모습을 보이려는 참가자의 욕구를 억제하기는 매우 어렵다. 대부분의 사람은 순종적이거나, 약하거나, 비정상이거나, 동조주의자이거나, 매력이 없거나, 멍청하거나, 미친 사람으로 보이고 싶어 하지 않는다. 따라서 대부분의 사람은 실험자가 찾고 있는 것을 알아낼 기회가 주어지면 좋은 모습이나 "정상적"이라 생각하는 모습을 보이려 노력할 것이다. 예를 들어, 이 현상을 조사하는 목적에 맞추어 설계된 실험에서,[10] 동료들과 나는 참가자에게 특정한 행동이 좋은 성격 특성의 소유자임을 보여준다고 말하였을 때와, 똑같은 행동이 부정적인 성격 특성을 반영한다고 말하였을 때를 비교하였는데, 그 결과 전자의 경우에 그 행동이 나타나는 빈도가 훨씬 높았다. 이러한 행동의 변화는, 이해는 되지만, 유의미한 결과의 생산을 방해한다. 이러한 이유로, 실험자에게는 참가자에게 실험의 진짜 목적을 속일 필요가 있다.

설명을 위해, 솔로몬 애쉬Solomon Asch의 동조 실험을[11] 다시 보자. 이 연구에서, 한 학생은 몇 개 선의 상대적인 길이를 판단하는 과제를 부여받았다. 그러나 실험자의 동료였던 다른 몇 명의 학생들은 의도적으로 올바르지 않은 판단을 하였다. 이 상황에서, 상당수의 참가자는 암묵적인 집단 압력에 굴복하여 잘못된 판단을 진술하였다. 참가자들은 속은 것이다. 이들은 자신이 지각과 관련된 실험을 수행중이라고 생각하였지만, 실제로 이들이 참가한 실험은 동조 실험이었다. 이러한 속임수는 필요하였을까? 나는 그렇다고 본다. 속임수 없이 실험을 다시 진행해보자. 가령, 당신이 이 연구에 참가하고, 실험자가 당신에게 "나는 당신이 집단 압력을 마주할 때 이에 순응할지의 여부를 연구하는 것에 흥미가 있습니다."라고 말하며, 실험이 어떻게 돌아가는지를 설명한다면 어떤 결과가 나올까? 나는 당신이 동조하지 않을 것이라 추측한다. 거의 모든 사람이 동조하지 않을 것이다. 동조는 나약하고 매력 없는 행동으로 생각되기 때문이다. 이럴 때 실험자는 어떤 결론을 내릴 수가 있을까? 사람에게는 동조 경향이 없다고 결론을 내려야 할까? 이는 오류가 많고 잘못 해석된 결론일 수 있다. 그리고 이러한 실험은 의미가 없을 것이다.

밀그램의 복종 실험에서, 평범한 시민의 65퍼센트 정도가 실험자의 명령에 복종하여 다른 사람에게 강력한 충격을 주었다. 그러나 수업 시간에 학생들에게 이 실험 상황을 설명하면서 여러분은 이러한 명령에 따를 것인지를 물으면, 단 1퍼센트만이 그럴 것이라 대답한다. 이것이 나의 학생들이 밀그램 실험의 참가자보다 훌륭한 사람임을 의미할까? 나는 그렇지 않다고 본다. 나의 판단에 따르면, 이는 사람이 두 개의 행동 선택지가 주어지면 그 중에서 좋은 모습을 보이는 선택을 할 것임을 의미한다. 따라서 밀그램이 속임수를 쓰지 않았더라면 사람들이 실제 상황에서 선택할 것으로 믿어지는 행동 방식을 반영하지 못하는 결과를 얻었을 것이다. 사람들에게 뒤돌아 앉아 휴식을 취하면서 특정 상황에서 어떤 행동을 할 것인지를 추측할 기회를 준다면, 우리가 얻는 것은 이들의 본모습이 아니라 이들이 자신에게 기대하는 모습에 불과할 것이다.

재현 문제

과학적 조사는 실험을 한다고 해서 끝나지 않는다. 완벽히 구상되어 아름답고 명쾌한 결과를 내는 실험조차도 단 한 번으로 우리에게 궁극적인 답을 주는 경우는 거의 없다. 과학적 과정의 다음 단계는 '재현'이다. 이 재현 과정에서 원래의 연구는 다른 연구실에서 다른 연구자에 의해 반복된다. 재현은 연구를 명확히 하는 것을 돕고, 연구 결과가 적용되는 조건과 적용되지 않는 조건, 그리고 대부분의 경우에 적용되는 대상을 규명한다. 예를 들어, 이 결과가 젊은 성인, 미국인, 대학생에게만 적용될 수 있는지, 노년층, 유럽인, 노동자층에게도 적용될 수 있는지를 밝혀내는 것이다. 재현은 또한 현상이 확고하고 지속적인 것인지 혹은 우연적인 것인지를 판단할 수도 있다. 과학자가 원래의 결과를 똑같이 낼 수 없다면, 둘 중 하나가 틀림없는 사실일 것이다: 실험자가 올바르고 적절한 재현을 못 했을 수 있거나, 원래 연구자의 결론이 제한되거나 틀린 것일 수 있다.

이 장의 초반부에서 나는 훌륭한 실험의 수행은 예술과 과학 모두와 관련이 있다고 말하였다. 예를 들어, 내가 동료들과 일하며 부조화 실험을 수행할 때 많은 시간을, 내가 말한 대로, 과학적 연구자이자 영화감독으로 일하며 실험의 틀을 짰다. "과학" 부분은 "예술" 부분에 비해서 재현이 쉽다. 결국 나는 화려한 수플레를 먹고 셰프의 창작물에 너무 깊은 인상을 받아서 완벽한 수플레를 만드는 방법에 관한 그의 요리책을 즉시 구매할 수 있다. 나는 책에 적힌 레시피를 보고 그 창작물을 "재현"하려고 노력할 수 있지만, 내가 만든 수플레의 외형이 (그리고 맛도!) 셰프의 가볍고 폭신한 창작물보다는 벽돌에 가까우리라 확신한다. 이론과 절차는 레시피와 같다. 때때로 재현의 실패는 기법상의 실패이고 레시피의 오독이지, 가설의 실패가 아니다.

때때로 재현은 원래 실험의 데이터 분석 오류나 의도치 못한 편향과 같은 절차상의 실수를 잡아내기도 한다. 1970년대에 수행된 하자 없고 실로 매력적인 연구는 신생아가 성인의 표정을 흉내 낸다는 것을 보여주었다. 예를 들어, 실험자가 자신의 혀를 내밀면, 아기도 똑같이 혀를 내민다는 것이다. 이 결과는 아이가 흉내 내는 능력을 가지고 태어난다는 주장을 제기하였다. 그러나 최근에 훨씬 더 정교한 통제하의 실험에서 흉내 내는 기술은 생후 6개월부터 학습된다는 것이 밝혀졌다.[12]

마지막으로, 때때로 재현에는 실패하지만 원래의 연구에 필수적인데 두 번째 연구에서는 빠졌던, 이전에는 알려지지 않은 숨겨진 재료를 찾아내기도 한다. 중요한 개인적 가치를 기술하는 에세이를 썼던 소수 민족 학생이 후에 다른 사람의 가치에 대해 에세이를 썼던 통제 집단의 학생들보다 높은 점수를 받았던 연구를 생각해 보자.[13] 이는 드라마틱한 발견이기 때문에 이를 재현하려는 수많은 시도가 있었지만, 그중 몇 개만이 재현에 성공하였다. 이는 원래의 연구가 거짓이었음을 의미할까? 전혀 그렇지 않다. 이 개입이 모든 학교에서 작용하지는 않는다는 것이 밝혀진다. 즉, 이 실험은 소수 민족 학생이 자신에 대한 편견을 많이 느끼는 학교에서 시행될 때만 재현된다.[14]

그럼에도 소셜 미디어는 모든 과학을 관통하는 새로운 문제를 등장시켰다. 다수의 "뜨거운" 발견이 지금은 즉각적인 주목을 받고 (많은 경우 TED 강의에 초대되고) 그 후에 다른 연구자가 이를 재현하려 할 때쯤이면 식어버린다. 여기 엄청난 속도로 전파되었지만 다른 실험자의 지지를 받는 데는 실패한 몇 개의 연구 예시가 있다: 나이와 관련된 단어 목록을 읽는 것은 "늙은 사람"의 이미지를 떠올리게 하여 젊은 사람의 걸음을 늦추고, 손을 씻는 행위가 죄책감을 덜어주고, 사람 눈이 응시하고 있는 커다란 포스터가 있는 방에서 일할 때 더욱 정직하게 되고, "사랑의 호르몬"인 옥시토신을 흡입하는 것이 공감 능력을 증가시키고, 커피가 든 따뜻한 컵을 잡고 있는 것이 매력을 증가시킨다는 것 등. 가장 유행했던 발견 중 하나가 미신적인 "파워 포즈"이다: 손을 양 옆구리에 놓고 자세를 넓게 취함으로써 사람들은 담대함과 자신감을 올리며 자신의 테스토스테론 수준까지 높일 수 있다. 이 연구의 수행자 중 한 명이 쓴 책은 얼마 후에 베스트셀러가 되었고, 그가 TED에서 한 "당신 몸의 언어가 당신을 만든다"는 TED 역사상 가장 많은 사람이 본 강의가 되었다. (사실, 이 아이디어는 전 세계 수백만 명의 사람이 전신 거울 앞에 서서 원더우먼 파워 포즈를 취하면서 하루를 시작한다고 해도 전혀 놀랍게 들리지 않을 정도로 '크게' 유행하였다.) 불행하게도, 이 연구의 수많은 재현 시도 중 대부분이 특히 테스토스테론 주장과 효과의 지속성과 관련하여 유의미한 결과를 낳는 데 실패하였다. 조셉 시몬스Joseph Simmons와 유리 시몬손Uri Simonsohn은[15] 사후에 발행된, 원래 실험보다 훨씬 많은 표본을 가지고 한 33개의 연구를 가지고 통계적 분석을 수행하였다. 그 결과, 그는 "파워 포즈가 삶을 더 좋게 한다는 사람들을 지지하기에는 현존하는 증거가 너무 빈약하다."라고 말하였다.

오늘날의 사회 심리학에는 불행히도 대중의 관심을 얻지만 재현의 시험을 통과하지 못하는 반짝 "발견"이 많다.[16] 그러나 이는 사회 심리학적 실험이라는 기본적인 '방법'이 잘못되었다는 것을 의미하지 않는다. 이는 과학이 필요에 따라 변하며, 실수를 바로잡고, 관련된 발견을 다듬는다는 것을 의미한다. 그러나 이는 또한 대중이 자극적이고, 신빙성 없고, 지극히 단순한 발견을 경계하며, "그러나 이 발견이 재현될 수 있을까?" 하는 의문을 가져야 함을 의미한다.

윤리 문제

속임수의 사용은 복잡한 상황에서의 사람들의 행동 방식에 대한 유용한 정보를 얻는 최선의 (그리고 많은 경우 유일한) 방법일 수 있다. 그렇지만 이는 실험자에게 세 가지 윤리적 문제를 제시한다.

1. 사람에게 거짓말을 하는 것은 비윤리적이다. "가짜 뉴스"와 정치인의 노골적인 거짓말이 넘쳐나는 오늘날의 세상에서 사회 심리학자들이 현재의 속임수 오염을 확산시키는 것이 정당화될 수 있을까?
2. 속임수는 많은 경우에 사생활 침해로 이어진다. 실험자의 실제 연구 주제를 모를 때 참가자는 자신의 동의 여부를 알릴 수가 없다. 예를 들어, 애쉬의 실험에서 몇몇 학생은 애쉬가 지각 판단보다는 동조의 경향성을 연구하려 한다는 사실을 미리 알았더라면 실험에 참가하지 않았을 수도 있다.
3. 실험 관찰자는 많은 경우 고통, 지루함, 초조함, 당혹감 등의 불쾌한 경험을 수반한다.

윤리적 문제는 속임수가 사용되지 않을 때나 실험 절차가 극단적이지 않을 때에도 발생한다. 때때로 가장 민감하고 배려심 깊은 실험자가 실시한 가장 인도적으로 보이는 실험조차도 쉽사리 예상할 수 없는 방식으로 소수의 참가자에게 심각한 영향을 미친다. 로빈 다우스Robyn Dawes, 진 맥타비쉬Jeanne Mctavish, 해리엇 샤클리Harriet Shaklee가[17] 수행한 "소셜 딜레마"에 관한 일련의 실험을 생각해보자. 일반적으로, 참가자는 파트너와의 협력과 "도주" 사이에서 결정을 내려야 했다. 모든 사람이 협력한다면, 모두 금전적인 이득을 취하게 된다. 그러나 한 명의 참가자라도 도주를 한다면, 도주한 사람은 높은 보수를 받지만, 협력을 선택한 사람은 금전적인 손해를 보게 된다. 참가자의 답변은 실험 과정 전체에서 익명으로 처리된다. 게임의 규칙은 시작부에 연구의 모든 참가자에게 빠뜨린 부분 없이 설명된다. 그리고 이 실험에는 일절의 속임수도 없다. 이 시나리오는 충분히 무해하다.

그러나 한 실험 세션이 끝나고 24시간 후에, 한 남성이 실험자에게 전화를 하였다. 그는 자신의 집단에서 유일한 도주자였고 190달러를 벌었다. 그는 자신이 번 돈을 돌려주고 이를 (협력을 택하여 1달러밖에 벌지 못한) 다른 참가자들에게 분배하기를 원하였다. 그는 자신의 탐욕스러운 행동에 절망했고 밤새 잠을 설쳤다고 말하였다. 유사한 실험 후에, 다른 사람들이 도주할 때 협력을 택한 한 여성은 자신이 속기 쉬운 사람이라 느꼈으며 예전의 신념과는 달리 사람은 믿을 게 못 된다는 것을 배웠다고 보고하였다. 따라서 이 실험들은 연구자의 주의 깊은 기획에도 불구하고 참가자에게 생각지도 못한 강력한 임팩트를 주었다. 내 말의 요지는 단순하지만 중요하다. 어떠한 윤리의 성문법도 모든 문제를 예상할 수는 없으며, 특히 참가자가 실험 과정에서 자신이나 타인에 대한 불쾌한 부분을 발견하였을 때 발생하는 문제에 관해서는 더욱 그렇다.

실험은 윤리적 딜레마 위에서 구성되기 때문에, 이를 수행하는 사회 심리학자는 윤리적 문제에 대해 깊이 생각해야 한다. 설명하자면, 이 딜레마는 대부분의 사회 심리학자가 지켜야 하는 두 가치의 충돌에 기반한다. 한쪽에서, 사회 심리학자는 자유로운 과학적 의문의 가치를 믿는다. 다른 한쪽에서, 이들은 인간의 존엄성과 사생활 권리를 믿는다. 이 딜레마는 현실적인 것이며, 경건하게 인간 존엄성 보존의 중요성을 지키거나 그럴싸하게 과학의 원인에 충성을 맹세하는 식으로 피할 수 없다. 그리고 사회 심리학자는 일회성이 아니라 실험을 설계하고 수행하는 모든 경우에 이 문제를 입체적으로 다루어야 한다. 왜냐하면 모든 실험에 적용될 수 있는 확실하고 보편적인 규정과 가이드라인은 존재하기 않기 때문이다.

분명히 몇몇 실험 기법은 다른 기법들보다 더 많은 문제를 제시한다. 일반적으로, 속임수를 사용하는 실험은 진실을 밝히는 도구라 할지라도 거짓말이라는 행위 자체가 문제가 될 수 있기 때문에 고민의 원인이 된다. 그리고 고통, 당혹감, 죄책감과 같은 강렬한 느낌을 야기하는 절차는 분명히 윤리적 문제를 낳는다.

더 미묘한 윤리적 문제는 다우스, 맥타비쉬, 샤클리의 실험에서와 같이 참가자가 자신의 불편하고 부정적인 단면을 볼 때 초래된다. 그리고 상당수의 솔로몬 애쉬 실험 참가자는 자신이 집단 압력에 순응할 것이라는 사실을 배웠다. 우리의 실험의(애런슨과 멧티[18]) 수많은 참가자는 자신이 카드 게임에서 속임수를 쓸 수 있음을 배웠으며, 밀그램 실험의 참가자 대다수는 권위가 (누가 봐도) 다른 사람을 해하는 행위를 지시하여도 자신이 권위에 복종할 것이라는 것을 배웠다.

이러한 자기 발견이 치료적이고 교육적인 효과를 제공한다는 주장도 있을 수 있다. 실제로 많은 참가자들이 스스로 이를 반면교사로 삼았다. 그러나 이것이 그 자체로 절차를 정당화하지는 않는다. 결국 실험자가 자신의 실험이 치료 효과가 있을 것이라고 사전에 알 수는 없지 않는가? 또한 어떤 과학자든지 자신이 사람들에게 치료적 경험을 사전 동의도 없이 제공할 권리와 기술을 가지고 있다고 판단하는 것은 일종의 거만이다.

이러한 문제와 관련하여, 사회 심리학적 연구의 결과가 수단을 정당화할 수 있는가? 이는 논란이 일어나는 부분이다. 어떤 이는 과학의 목적이 무엇이고, 어떤 좋은 결과를 낳는지와 관계없이 사람을 속이거나 불편함을 느끼게 한다면 이는 쓸모가 없다고 주장한다. 스펙트럼의 반대쪽 극단에서, 다른 이들은 사회 심리학자가 인류에 막대한 혜택을 줄 수 있는 발견들을 하기 때문에 거의 모든 비용이 결과를 위해 투자될 수 있다고 주장한다.

나의 입장은 두 주장의 중간이다. 나는 사회 심리학이라는 과학이 가치 있다고 믿으며, 또한 실험 참가자의 건강과 복지도 반드시 보호되어야 한다고 믿는다. 나는 특정 실험 절차가 윤리적인지를 판단할 때에는, 비용-이익 분석이 적절한 방법이라고 믿는다. 즉, 우리는 실험에서 얼마만큼의 이득을 취할 수 있을지와 실험 참가자들에게 얼마만큼의 피해가 갈지를 생각해야 한다. 다르게 말하면, 과학과 사회에 주는 혜택이 참가자가 감수하는 손해와 비교되어, 그 비율이 결정을 위한 계산에 반영되어야 한다는 것이다. 불행히도, 우리는 실험 이전에 그 이해타산을 정확히 알 수가 없기 때문에, 이러한 비교를 한다는 것은 어렵다.

복종 실험을 생각해 보자. 이 실험을 보면, 이는 매우 어려운 절차이다. 이에 대해서는 아무도 토를 달 수 없을 것이다. 그러나 밀그램은 실험에 깊이 들어가 보지 않고서는 이 절차가 얼마나 어려운지를 알 수가 없었다. 내 생각에, 이는 또한 우리에게 인간의 행동에 대한 많은 것을 가르쳐준 매우 계몽적인 실험이었다. 균형의 측면에서, 나는 밀그램의 실험으로 인한 이득이 그 손해를 상회한다고 확신한다. 그러나 모두가 나에게 동의하지만은 않을 것임은 자명하다. 공개 직후, 이 실험은 윤리적 측면에서 대중 매체와 진지한 과학자 양측 모두에게 공격받았다.

결과를 공개한지 몇 년 후에, 스탠리 밀그램은 슬픔과 비탄에 빠진 채, 자신의 실험이 공격받는 이유는 자신이 사용한 실제 절차보다도 그 결과의 성격에 있는 것 같다고 나에게 털어놓았다. 이것은 그 자체로 흥미로운 질문을 불러 일으킨다: 밀그램의 실험에서 참가자들이 보통 수준을 초과하는 전기 충격을 주지 않았다면, 그 절차를 향한 비판의 강도도 낮아졌을까? 십년 후에, 레너드 비크먼Leonard Bickman과 메튜 자란토넬로Metthew Zarantonello는[19] 밀그램 실험이 가져온 반향이 타겟이 되었음을 발견하였다. 이들은 100명의 사람에게 밀그램의 실험 진행 세션을 읽게 하는 단순한 소규모의 실험을 하였다. 상당한 비율의 참가자가 완전히 복종하였다는 내용을 읽은 이들은 소수만이 완전히 복종하였다는 내용을 읽은 이들에 비해서 실험을 훨씬 나쁘게 (즉, 윤리적이지 못하다고) 평가하였다.

더욱 일반적으로 말하면, 나는 모든 실험은 우리가 모르고 있던 인간 본성을 밝힐 때보다 긍정적이고 기대한 대로의 결과를 내놓을 때 윤리적 문제가 없을 것이라 주장한다. 그러나 이것은 절대로 우리가 기대대로의 인간 본성만을 발견하도록 연구를 제한시켜야 하는 이유가 될 수 없다. 밀그램의 복종 실험은 이 점을 설명하는 훌륭한 예시이다. 나는 과학자가 사람이 다른 사람을 어느 정도까지 해할 수 있는지에 관심이 있다면 연구 과정에서 어느 정도의 불쾌함이 발생하는 것은 필연적이라고 믿는다.

요약하면, 특정한 실험의 수행에 대한 사회 심리학자의 결정은 실험의 잠재적인 비용과 이득의 평가에 기반하여 이루어져야 한다. 필자는 학생들에게 다섯 가지의 가이드라인을 따를 것을 조언해왔다.

1. 강력한 고통과 불쾌함을 야기하는 절차는 가능한 한 지양해야 한다. 그러나 검증하려는 가설의 성질에 따라, 어느 정도의 고통은 불가피할 수 있다.
2. 실험자는 참가자에게 과도한 불쾌함을 느낄 때 실험 참가를 종료할 수 있는 현실적인 옵션을 제공하여야 한다.
3. 실험자는 속임수에 대한 대안이 없는지를 항상 염두에 두어야 한다. 대체 가능한 훌륭한 절차가 발견된다면, 반드시 이를 사용하여야 한다.
4. 실험자는 실험 세션의 종료 시점에 참가자들에게 오랜 시간을 할애하여 실험의 세부 사항과 진짜 목적, 속임수와 불쾌함의 이유를 주의 깊게 설명해야 한다. 이 **디브리핑**debriefing 세션 동안, 참가자의 존엄성을 보호하고, 이들이 속임수에 "빠진" 것에 대해 멍청함이나 순진함을 느끼지 않도록 각고의 노력을 해야 한다. 이들은 참가자가 자신과 실험에서의 역할에 좋은 감정을 느끼며 현장을 떠날 수 있도록 해야 한다. 이는 자신의 과학적 기획물에서 필수적인 역할을 해준 것에 대한 보상으로 각 참가자에게 진심을 다해 시간과 노력을 투자하는 실험자라면 모두 할 수 있다.

5. 마지막으로, 실험자는 별다른 이유도 없이 속임수와 불쾌함을 생산하는 절차에 의존하는 실험을 해서는 안 된다. 실험자는 연구실에 들어서기 전에 자신의 실험이 건전하고 가치있으며, 자신이 흥미로운 질문의 대답을 찾고 있고, 주의 깊고 잘 준비된 방식으로 이를 수행하고 있음을 확실히 해야 한다.

사회 심리학의 실험자는 자신의 참가자의 요구에 가능한 한 민감할 수 있도록 최선을 다해야 한다. 많은 실험자들이 어느 정도의 불쾌감을 야기하는 절차를 실험에 포함시키지만, 이들 중 절대 다수는 참가자 보호를 위한 수많은 안전장치를 가지고 있다. 다시 복종 실험으로 돌아가 보자. 이는 단순히 참가자의 관점에서, 이 실험이 이 책에서 서술된 가장 불쾌한 실험이기 때문이다. 밀그램은 실험 이후에 전체적인 경험을 참가자에게 유용하고 즐거웠던 기억으로 만들기 위해서 많은 노력을 하였고, 그의 노력은 빛을 보았다. 실험이 끝나고 몇 주 후에, 참가자 중 84퍼센트는 자신이 실험에 참가하게 되어 기뻤다고 보고하였고, 15퍼센트는 무난하였다고 보고하였으며, 단 1퍼센트만이 불쾌했다고 보고하였다. (그러나 우리는 이러한 발견을 신중하게 보아야 한다. 3장에서의 인지 부조화 논의가 가르쳐준 바와 같이, 참가자들이 자신의 태도를 바꿈으로써 행동을 정당화한 경우도 충분히 있을 수 있다.) 사후 연구는 더욱 설득력 있는 증거를 내놓는다. 실험 프로그램이 종료되고 나서 일 년 후에, 한 대학교 정신과 의사는 참가자를 무작위로 인터뷰하였는데, 그 결과 상처의 흔적을 발견하지 못하였다. 오히려 일반적으로 참가자들은 실험이 삶에 도움이 되었고, 이를 윤택하게 해주었다고 보고하였다.

참가자에게 우리가 진 빚 나는 실험적 방법의 이점을 논의해오면서, 사회 심리학에서 연구실 실험을 설계하는 것이 얼마나 복잡하고 어려운지를 보여주었다. 나는 어려움을 극복하면서 느낀 쾌감을 어느 정도 공유하였고, 실험 참가자의 건강과 배움을 함께 보장할 수 있는 방법을 논의하였다. 이 책에서 논의된 인간의 사회적 행동에 대한 지식과 정보, 통찰은 이 장에서 논의된 기법과 절차에 기반한다. 이들은 또한 세계 곳곳의 연구실에서 자신의 행동을 연구하는 것을 허락해준 수만 명의 참가자의 협조에 기반한다. 우리는 이들에게 큰 빚을 지고 있다. 궁극적으로, 인간이라는 복잡한 존재에 대한 우리의 이해는 실험 참가자로 봉사함으로써 우리의 이해에 공헌하는 이들의 본질적인 존엄성을 훼손하지 않으면서도, 훌륭한 통제와 효과를 취할 수 있는 행동 연구 기법을 개발하는 우리의 독창성에 달려있다.

우리의 발견이 오용된다면?

고려해야 할 윤리적인 사항이 하나 더 있다. 바로 발견에 대한 과학자의 책임이다. 이 책의 전반에서, 나는 설득의 강력한 선행 조건을 다루고 있다. 이는 자기 설득을 유발하는 기법을 논의하였던 3장과 이 기법들의 적용에 관해서 논의하였던 이후의 장에서 특히 사실이었다. 자기 설득에 말린 사람은 무엇이 자신을 휘어잡았는지 알지 못하기 때문에, 자기 설득은 강력한 힘을 가지고 있다. 선동가나 광고, 페이스북 친구가 설득한 것이 아니라 자신이 스스로를 설득하기 때문에, 이들은 특정 사실이 참이라고 믿게 된다. 게다가 많은 경우에 이들은 자신이 이를 믿게 된 이유나 방식을 알지 못한다. 이러한 특성은 자기 설득을 강력할 뿐만 아니라 무서운 현상으로도 만든다. 내가 X를 믿게 된 이유를 알고 있다면, 나는 비교적 자유롭게 마음을 바꿀 수 있다. 그러나 내가 아는 전부가 X는 참이다라면, — 그리고 그게 다라면 — 나는 이 사실을 반박하는 증거가 쏟아져도 그 믿음에 더욱 사로잡히게 될 것이다.

내가 묘사한 이 메커니즘은 사람이 양치를 생활화하고, 약자를 그만 괴롭히며, 고통을 감소시키고, 이웃을 사랑하게 만들 수 있다. 많은 사람들이 이를 좋은 결과라고 생각할 수 있지만, 이들은 동시에 조작력을 가지고 있다. 또한 똑같은 메커니즘이 사람들이 특정 브랜드의 칫솔을 사고, 특정 정치 후보에게 투표하게 만들 수도 있다. 정치계의 스핀닥터, 선전자, 광고업자로 가득 찬 이 시대에 사회적 영향력이라는 강력한 기법을 사용하는 것은 비도덕적이지 않은가?

독자들도 이쯤 되면 틀림없이 알고 있겠지만, 실제 세상에서 살아가는 한 명의 실제 사람으로서 나는 많은 가치를 가지고 있고, 이를 전혀 숨기려 하지 않는다. 이들은 이 책 곳곳에서 보인다. 예를 들어, 나에게 힘이 있다면, 나는 편협과 잔인함을 뿌리 뽑기 위하여 가장 인본적이고 효과적인 방법을 내 마음대로 쓸 것이다. 그러나 이러한 방법이 개발되면, 다른 사람들은 내가 동의하지 못하는 목적을 이루기 위해 이를 사용할 수도 있음을 잘 알고 있다. 우리 인간이 발명한 모든 도구는 선과 악, 건설과 파괴 모두를 위해 쓰일 수 있다. 이러한 깨달음은 나에게 깊은 고민을 안겨준다. 나는 또한 다른 사람들은 나의 가치를 공유하지 않을 수도 있음도 알고 있다.

동시에 이 책에서 내가 설명해온 현상은 새로운 것도 아니며, 사회 심리학만의 영역도 아니다. 결국 미스터 랜드리를 말보로에 중독시키거나 로우볼링을 발명한 사람은 사회 심리학자가 아니었으며, 군인들이 터무니없는 민간인 학살을 정당하게 생각하도록 한 사람도, 나치에게 "새빨간 거짓말"로 독일 시민들을 선동하는 법을 가르친 사람도 사회 심리학자가 아니었다. 이들은 모든 것을 스스로 하였다.

사회 심리학자는 이러한 현상과 매일 전 세계에서 일어나는 수십 개의 다른 현상을 이해하려 애쓰고 있으며, 태고부터 사람들이 자신의 행동과 이유를 이해하도록 도와주는 데 능한 사람이었다. 이러한 목적이 우리를 도덕적 책임에서 자유롭게 하지는 않는다. 많은 경우 우리의 연구가 쉽게 이용할 수 있는 사회적 영향력의 기법을 만들어내면, 어떤 사람은 이 기법을 개인적인 이득을 취하거나 다른 사람을 통제하는 데 쓸 수도 있고, 선동가는 우리 사회를 조지 오웰의 소설에나 나오는 악몽과도 같은 세상으로 만드는 데 쓸 수도 있다. 나의 의도는 사회 심리학자가 일반적으로 가져야 할 책임에 대해서 설명하는 것이 아니다. 나는 단지 내가 나의 책임이라 믿는 것을 구체적으로 말할 수 있을 뿐이다. 대중에게 어떻게 사회 심리학적 지식과 기법이 더 큰 선을 위해 쓰일 수 있는지를 교육하고, 사회 심리학적 지식과 기법의 악용을 항상 경계하고, (우리의 사고와 행동 방식, 우리를 공격적으로 만들거나 사랑하게 만드는 요인 등의) 우리 사회적 동물의 이해를 발전시키기 위한 훌륭한 연구를 촉진시키는 것 등이 내가 생각하는 나의 책임이다. 솔직히 말하자면, 나는 이들이야말로 가장 흥미롭고 가장 중요한 시도라고 생각한다.

<미주>와 <용어 설명>은 본문을 보면서 간편하게
휴대폰으로 확인할 수 있도록 QR 코드로 연결시킵니다.

---

https://bit.ly/3LGZgfE

미주QR

https://bit.ly/3dH3wz8

용어QR

찾아보기

제12판
인간, 사회적 동물

초판 1쇄 발행 2022년 9월 30일

지은이 엘리어트 애런슨·조슈아 애런슨
옮긴이 박재호·박지원·박낭규

펴낸이 홍정수
펴낸곳 탐구당

등록 1950. 11. 1 서울 제03-00993호
주소 서울특별시 용산구 한강대로 62 나길 6
대표전화 02-3785-2211
팩시밀리 02-3785-2272
홈페이지 www.tamgudang.co.kr
전자우편 tamgudang@paran.com

값 26,900원
ISBN 978-89-6499-064-3 03180